宿白集

藏传佛教寺院考古

生活·讀書·新知 三联书店

Copyright © 2021 by SDX Joint Publishing Company.
All Rights Reserved.
本作品版权由生活·读书·新知三联书店所有。
未经许可，不得翻印。

图书在版编目（CIP）数据

藏传佛教寺院考古／宿白著．—北京：生活·读书·新知三联书店，2021.3（2022.5 重印）
（宿白集）
ISBN 978-7-108-06944-3

Ⅰ．①藏…　Ⅱ．①宿…　Ⅲ．①喇嘛宗-寺院-佛教考古　Ⅳ．① B947.2

中国版本图书馆 CIP 数据核字（2020）第 154306 号

责任编辑	杨　乐
装帧设计	蔡立国
责任印制	董　欢
出版发行	生活·讀書·新知 三联书店
	（北京市东城区美术馆东街 22 号 100010）
网　　址	www.sdxjpc.com
经　　销	新华书店
印　　刷	天津图文方嘉印刷有限公司
版　　次	2021 年 3 月北京第 1 版
	2022 年 5 月北京第 3 次印刷
开　　本	720 毫米 × 1020 毫米　1/16　印张 33.5
字　　数	480 千字　图 393 幅
印　　数	6,001-9,000 册
定　　价	218.00 元

（印装查询：01064002715；邮购查询：01084010542）

出版说明

宿白，1922年生，字季庚，辽宁沈阳人。1944年毕业于北京大学史学系。1948年北京大学文科研究所攻读研究生肄业，1951年主持河南禹县白沙水库墓群的发掘，1952年起先后在北京大学历史系和考古系任教。1983年任北京大学考古系主任，兼校学术委员，同年任文化部国家文物委员会委员。1999年起当选中国考古学会荣誉理事长至今。2016年获中国考古学会终身成就奖。

宿白从事考古研究和教学工作逾一甲子，被誉为"百科全书式"的学者，尤其是在历史时期考古学、佛教考古、建筑考古以及古籍版本诸领域，卓有成就。著名考古学家徐苹芳在《中国大百科全书·考古卷》中如此评价宿白："其主要学术成果是，运用类型学方法，对魏晋南北朝隋唐墓葬作过全面的分区分期研究，从而为研究这一时期墓葬制度的演变、等级制度和社会生活的变化奠定了基础；他结合文献记载，对这个时期城市遗址作了系统的研究，对当时都城格局的发展、演变，提出了创见。对宋元考古作过若干专题研究，其中《白沙宋墓》一书，体现了在研究方法上将文献考据与考古实物相结合，是宋元考古学的重要著作。在佛教考古方面，用考古学的方法来研究中国石窟寺遗迹。"宿白的治学方法是"小处着手，大处着眼"，在踏实收集田野与文献材料的基础上，从中国历史发展与社会变革的大方向上考虑，终成一代大家。宿白集六种，收入了田野考古报告、论著、讲稿等作者的所有代表性著述，分别可从不同侧面体现宿白的学术贡献。

《白沙宋墓》《藏传佛教寺院考古》《中国石窟寺研究》《唐宋时期

的雕版印刷》《魏晋南北朝唐宋考古文稿辑丛》和《宿白讲稿》系列，曾先后由文物出版社出版，皆是相关专业学者和学生的必读经典。三联书店此次以"宿白集"的形式将它们整合出版，旨在向更广泛的人文知识界读者推介这些相对精专的研究，因为它们不仅在专业领域内有着开创范例、建立体系的意义，更能见出作者对历史大问题的综合把握能力，希望更多的学者可以从中受益。此次新刊，以文物出版社版为底本，在维持内容基本不变的基础上，统一了开本版式，更新了部分图版，并由北京大学考古文博学院的多位师生对初版的排印错误进行了校订修正。所收著述在语言词句方面尽量保留初版时的原貌，体例不一或讹脱倒衍文字皆作改正。引文一般依现行点校本校核。尚无点校本行世之史籍史料，大多依通行本校核。全集一般采用通行字，保留少数异体字。引文中凡为阅读之便而补入被略去的内容时，补入文字加〔〕，异文及作者的说明性文字则加（），缺文及不易辨识的文字以□示之。」表示碑文、抄本等原始文献的每行截止处。

宿白集的出版，得到了杨泓、孙机、杭侃等诸先生的大力支持，并得到北京大学考古文博学院的鼎力相助。在此，谨向所有关心、帮助和参与了此项工作的朋友表示衷心的感谢，并诚恳地希望广大读者批评指正。

生活・讀書・新知 三联书店
2017年8月

目 录

前　言 ………… 1

西藏拉萨地区佛寺调查记 ………… 1

西藏山南地区佛寺调查记 ………… 68

西藏日喀则地区寺庙调查记 ………… 100

西藏日喀则那塘寺调查记 ………… 135

西藏江孜白居寺调查记 ………… 152

阿里地区札达县境的寺院遗迹 ………… 171

　　——《古格王国建筑遗址》和《古格故城》中部分寺院的有关资料
　　　　读后 ………… 171

西藏寺庙建筑分期试论 ………… 213

拉萨布达拉宫主要殿堂和库藏的部分明代文书 ………… 247

赵城金藏、弘法藏和萨迦寺发现的汉文大藏残本 ………… 266

榆林、莫高两窟的藏传佛教遗迹 ………… 282

张掖河流域13—14世纪的藏传佛教遗迹 ………… 301

武威蒙元时期的藏传佛教遗迹 ………… 316

永登连城鲁土司衙和妙因、显教两寺调查记 ………… 329

呼和浩特及其附近几座召庙殿堂布局的初步探讨 ………… 347

西夏古塔的类型 ………… 363

元大都《圣旨特建释迦舍利灵通之塔碑文》校注 ………… 383

居庸关过街塔考稿 ………… 406

元代杭州的藏传密教及其有关遗迹 ………… 438

后　　记——节录《安多政教史》的有关部分 ………… 467

征引汉译藏文文献简目 ………… 475

附录　20世纪50年代西藏建筑摄影选辑 ………… 481

插图目次

图 1-1　大昭寺第一层平面（据《大昭寺》图 4-1）………… 2

图 1-2　大昭寺中心佛殿第一、二两层平面原状示意
　　　　（据《大昭寺》图 5 改制）………… 3

图 1-3　印度那烂陀寺遗址平面略图
　　　　（据 *Archaeological Survey of India*，pl.LXXI）………… 4

图 1-4　印度那烂陀寺第 1A、1B 僧房院遗址平面示意 ………… 5

图 1-5　大昭寺中心佛殿廊柱正、侧面示意 ………… 5

图 1-6　大昭寺中心佛殿第二层松赞干布殿所藏银瓶速写 ………… 12

图 1-7　大昭寺中心佛殿后壁正中小室前两组高起的构架示意 ………… 14

图 1-8　大昭寺中心佛殿廊道后侧小室门额上方的矮柱与托木速写 ………… 14

图 1-9　大昭寺中心佛殿第二层东北隅底层壁画（据《大昭寺》图版 77）………… 15

图 1-10　大昭寺中心佛殿廊柱前面四方抹角柱和托木速写 ………… 18

图 1-11　大昭寺千佛廊院柱头托木（1）及中心佛殿第三层
　　　　 柱头托木（2）速写 ………… 21

图 1-12　大昭寺中心佛殿第三层佛堂所用斗拱（据《大昭寺》图 22）………… 22

图 1-13　大昭寺噶厦办公室柱头托木速写 ………… 22

图 1-14　大昭寺达赖拉让柱头托木（1）及威镇三界阁柱头托木（2）速写 ………… 25

图 1-15　小昭寺平面示意 ………… 26

图 1-16　小昭寺佛堂柱头托木速写 ………… 28

图 1-17　札拉鲁浦石窟平、剖面示意 ………… 30

图 1-18　旧木鹿寺藏巴堂平面示意 ………… 33

图 1-19　甘丹寺拉基大殿第一层平面示意 ………… 34

图 1-20　甘丹寺拉基大殿柱头托木速写 ………… 34

图 1-21　甘丹寺阳拔健平面示意和宗喀巴塔速写 ………… 35

图 1-22　甘丹寺阳拔健第一层柱头托木速写 ………… 36

图 1-23　哲蚌寺措钦大殿平面示意 ………… 38

图 1-24　哲蚌寺措钦大殿第一层柱头托木速写 ………… 38

图 1-25　哲蚌寺措钦大殿第二层文殊殿内的药师银塔速写 ………… 39

图 1-26　哲蚌寺阿巴札仓平面示意 ………… 39

图 1-27　哲蚌寺阿巴札仓柱头托木速写 ………… 40

图 1-28　哲蚌寺古玛札仓第一层平面示意 ………… 41

图 1-29　哲蚌寺古玛札仓门廊柱头托木速写 ………… 41

图 1-30　哲蚌寺德曩札仓第一层平面示意 ………… 41

图 1-31　哲蚌寺德曩札仓柱头托木速写 ………… 41

图 1-32　色拉寺措钦大殿第一层平面示意 ………… 43

图 1-33　色拉寺措钦大殿柱头托木速写 ………… 43

图 1-34　色拉寺措钦大殿前之幢竿速写 ………… 43

图 1-35　色拉寺吉札仓第一层平面示意 ………… 44

图 1-36　色拉寺吉札仓柱头托木速写 ………… 44

图 1-37　色拉寺巴第康村经堂柱头托木速写 ………… 45

图 1-38　色拉寺阿巴札仓第一层平面示意 ………… 45

图 1-39　色拉寺阿巴札仓柱头托木速写 ………… 46

图 1-40　色拉寺麦札仓柱头托木速写 ………… 46

图 1-41　功德林平面示意 ………… 47

图 1-42　功德林柱头托木速写 ………… 47

图 1-43　策默林东西两殿平面示意 ………… 48

图 1-44　苍姑寺佛殿平面示意 ………… 48

图 1-45　聂塘度母堂平面示意 ………… 49

图 1-46　聂塘度母堂噶当觉顿式铜塔速写 ………… 50

图 1-47　聂塘度母堂廊柱柱头托木速写 ………… 50

图 1-48	堆龙德庆楚普寺顿级康平面示意	52
图 1-49	堆龙德庆楚普寺内江浦建殿碑速写	53
图 1-50	堆龙德庆楚普寺措康第一层平面示意	53
图 1-51	堆龙德庆楚普寺措康柱头托木速写	53
图 1-52	堆龙德庆楚普寺措康门匾速写	53
图 1-53	堆龙德庆楚普寺塞东清波和银青清波第一层平面示意	55
图 1-54	堆龙德庆楚普寺塞东清波顶层梁架示意	56
图 1-55	堆龙德庆楚普寺塞东清波金顶（1）、滴水（2）和拉萨大昭寺慈尊殿滴水（3）速写	56
图 1-56	堆龙德庆楚普寺堡垒式围墙平面示意	56
图 2-1	桑耶寺四塔平面示意	71
图 2-2	桑耶寺乌策大殿第一层平面示意	72
图 2-3	桑耶寺乌策大殿立面示意（1988年）	73
图 2-4	桑耶寺兜率弥勒洲平面示意	73
图 2-5	桑耶寺天竺译经洲平面示意	73
图 2-6	桑耶寺三界铜殿洲第一层平面示意	73
图 2-7	阿里托林寺迦莎殿平面示意	74
图 2-8	桑耶寺总体布局示意	75
图 2-9	桑耶寺兴佛证盟碑速写	75
图 2-10	桑耶寺乌策大殿铜钟速写	76
图 2-11	桑耶寺乌策大殿外匝礼拜道廊柱托木速写	77
图 2-12	桑耶寺乌策大殿外围墙正门柱头托木速写	78
图 2-13	札塘寺大殿平面、立面示意	80
图 2-14	札塘寺大殿柱头托木三种速写	80
图 2-15	札塘寺佛堂前门罩速写	80
图 2-16	札塘寺佛堂后壁遗迹速写	80
图 2-17	札塘寺佛堂后壁壁画中的部分形象速写	81
图 2-18	阿钦寺大殿第一层（1）、第二层（2）平面示意	83
图 2-19	朵阿林大殿第一层平面示意	83

图 2-20　朗色林主楼立面示意 ………… 84

图 2-21　朗色林主楼第六层平面示意 ………… 84

图 2-22　朗色林主楼柱头托木速写 ………… 84

图 2-23　敏珠林祖拉康平面（1）及桑俄颇章平面（2）示意 ………… 85

图 2-24　敏珠林柱头托木速写 ………… 85

图 2-25　敏珠林逊琼第一层平面示意 ………… 85

图 2-26　敏珠林朗杰颇章第二层平面示意 ………… 86

图 2-27　敏珠林朗杰颇章柱头托木速写 ………… 86

图 2-28　昌珠寺铜钟速写 ………… 87

图 2-29　昌珠寺大殿第一层平面示意 ………… 87

图 2-30　昌珠寺大殿第二层平面示意 ………… 87

图 2-31　昌珠寺大殿较早的柱头托木两种速写 ………… 87

图 2-32　昌珠寺内回廊柱础速写 ………… 88

图 2-33　昌珠寺经堂前部的柱头托木速写 ………… 88

图 2-34　玉意拉康第一层平面示意 ………… 90

图 2-35　玉意拉康佛堂柱头托木速写 ………… 90

图 2-36　玉意拉康斗拱速写 ………… 90

图 2-37　泽当寺白加衮巴平面示意 ………… 92

图 2-38　泽当寺白加衮巴托木速写 ………… 92

图 2-39　泽当寺则措巴第一层平面和立面示意 ………… 92

图 2-40　泽当寺则措巴柱头托木两种速写 ………… 92

图 2-41　安爵寺旧殿第一层平面和剖面示意 ………… 93

图 2-42　安爵寺旧殿门廊托木速写 ………… 93

图 2-43　噶丹曲果林第一层平面示意 ………… 93

图 2-44　噶丹曲果林门廊托木速写 ………… 93

图 2-45　日务德清大殿第一层平面示意 ………… 95

图 2-46　日务德清大殿较早的柱头托木速写 ………… 95

图 3-1　夏鲁寺第一、二、三层平、剖面示意 ………… 103

图 3-2　夏鲁寺门楼各局部速写 ………… 104

图 3-3　夏鲁寺佛殿局部速写 ………… 106

图 3-4　夏鲁寺佛殿第二层佛堂柱头铺作和梁架速写 ………… 108

图 3-5　夏鲁寺佛殿第二层佛堂局部速写 ………… 108

图 3-6　札什伦布寺措钦大殿第一层平面示意 ………… 111

图 3-7　札什伦布寺却康机平面（1）及觉干厦平面（2）示意 ………… 111

图 3-8　札什伦布寺吉康札仓底层平面示意及托木速写 ………… 111

图 3-9　关帝庙大殿平面示意（1）及柱头托木（2）速写 ………… 112

图 3-10　萨迦北寺部分殿堂平面示意 ………… 115

图 3-11　萨迦北寺部分建筑局部速写 ………… 116

图 3-12　萨迦北寺佛塔速写 ………… 118

图 3-13　萨迦北寺宣旺确康内两塔实测 ………… 119

图 3-14　萨迦北寺宣旺确康后室壁画分布示意 ………… 119

图 3-15　萨迦北寺宣旺确康后室南壁壁画下方供品摹绘 ………… 119

图 3-16　萨迦北寺得勿纠前廊柱头托木速写 ………… 121

图 3-17　萨迦南寺平面示意 ………… 121

图 3-18　萨迦南寺康萨钦莫大佛殿平面示意 ………… 121

图 3-19　萨迦南寺康萨钦莫大佛殿柱头托木速写 ………… 121

图 3-20　萨迦南寺康萨钦莫大佛殿内正中的大释迦坐像 ………… 125

图 3-21　萨迦南寺康萨钦莫大佛殿内金刚持坐像 ………… 125

图 3-22　紫金寺索伯札仓（1）及却顿札仓（2）平面示意 ………… 128

图 3-23　雪囊寺外噶当觉顿式塔速写 ………… 129

图 4-1　那塘寺觉冈大殿平面示意 ………… 137

图 4-2　那塘寺觉冈大殿柱头托木速写 ………… 137

图 4-3　那塘寺措钦大殿第一层平面示意 ………… 139

图 4-4　那塘寺措钦大殿第二层平面示意 ………… 141

图 4-5　那塘寺措钦大殿第三层平面示意 ………… 141

图 4-6　印度菩提伽耶寺院木石模型平面示意 ………… 142

图 4-7　那塘寺强巴殿平面示意 ………… 144

图 4-8　那塘寺文殊殿平面示意 ………… 144

图 4-9　那塘寺托巴桑殿平面示意 ………… 144

图 4-10　那塘寺春哥布札仓平面示意 ………… 145

图 4-11　那塘寺岭西林札仓平面示意 ………… 145

图 4-12　那塘寺朗董敦罗追札塔速写 ………… 145

图 4-13　那塘寺南札桑波沛所建塔速写及平面示意 ………… 145

图 5-1　白居寺大佛殿立面示意 ………… 154

图 5-2　白居寺大佛殿第一层平面示意（1988 年）………… 156

图 5-3　白居寺大佛殿柱头托木速写 ………… 156

图 5-4　白居寺大佛殿第二层平面示意 ………… 157

图 5-5　白居寺大佛殿第三层平面示意 ………… 157

图 5-6　白居寺大佛殿第三层夏耶拉康四壁坛城壁画的布局示意 ………… 158

图 5-7　白居寺吉祥多门塔剖面示意（据《文物》1961 年 1 期页 51

　　　　图 12 改绘）………… 158

图 5-8　白居寺吉祥多门塔第一层至第九层平面示意 ………… 159

图 5-9　白居寺洛布康札仓第二层平面示意和门廊柱头托木速写 ………… 164

图 5-10　白居寺仁定札仓门廊和上层平面示意 ………… 165

图 5-11　白居寺古巴札仓第一、二层平面示意 ………… 165

图 5-12　白居寺围墙的布局和白居寺平面示意 ………… 166

图 6-1　古格王国建筑遗迹平面与东立面示意

　　　　（据《遗址》图 1-6、1-7 改制）………… 拉页

图 6-2　托林寺平面示意（据《阿里地区文物志》图 41）………… 173

图 6-3　托林寺朗巴朗则拉康平面（据《阿里地区文物志》图 42）………… 174

图 6-4　托林寺白殿柱头托木（1）和 Ⅵ F35（坛城殿）柱头托木（2）

　　　　（据《遗址》图 17、《故城》图版三三∶3 摹绘）………… 176

图 6-5　Ⅳ F48～60 平面（据《故城》图四八改绘）………… 177

图 6-6　Ⅵ 区以 F27 为中心的殿堂遗迹平面（据《故城》图三九改绘）………… 179

图 6-7　Ⅵ F35（坛城殿）平面（据《故城》图二二）………… 180

图 6-8　Ⅵ F35 外壁上方两种 "出跳椽头"

　　　　（据《故城》图版三四∶3、4 摹绘）………… 180

图 6-9　Ⅳ F189（白殿）平面（据《故城》图三。图内数字系表示各组壁画的所在位置，附黑点的数字组为本文摘录部分题名的壁画组。以下同）………… 184

图 6-10　Ⅳ F189 柱头托木（据《故城》彩版三：2 摹绘）………… 187

图 6-11　Ⅳ F208（红殿）平面（据《故城》图一八）………… 188

图 6-12　Ⅳ F208 柱头托木（据《故城》图版三：1 摹绘）………… 190

图 6-13　Ⅳ F136（大威德殿）平面（据《故城》图二六）………… 190

图 6-14　Ⅳ F136 柱头托木（据《故城》图版四八：2～3、《遗址》图 34 摹绘）………… 194

图 6-15　Ⅳ F185（度母殿）平面（据《故城》图二九）………… 194

图 6-16　Ⅳ F185 柱头托木（据《故城》图版五九：2 摹绘）………… 196

图 6-17　Ⅳ Y126（供佛洞）平、剖面（据《故城》图三三）………… 197

图 6-18　札布让宗政府佛殿平面（据《遗址》图 44）………… 197

图 6-19　札布让寺遗迹平面（据《故城》图四零）………… 199

图 6-20　托林寺杜康平面（据《阿里地区文物志》图 43 改绘）………… 205

图 6-21　札石岗寺平面示意（据《阿里地区文物志》图 44）………… 207

图 8-1　布达拉宫西南隅拉萨通向西郊的塔门速写（1959 年）………… 248

图 8-2　白宫东大殿平面示意 ………… 250

图 8-3　东大殿柱头托木（1）及红宫西大殿柱头托木（2）速写 ………… 250

图 8-4　红宫西大殿平面示意 ………… 250

图 8-5　明成化七年（1471 年）敕书 ………… 260

图 8-6　大昭寺达赖拉让壁画中的拉萨三塔（摹自《大昭寺》图版 31）………… 263

图 9-1　艺风堂抄本《顺天府志》卷七引《元一统志》书影 ………… 268

图 9-2　西藏萨迦寺所藏 1256 年印卷子装佛经卷首 ………… 273

图 9-3　西藏萨迦寺所藏 1256 年印卷子装佛经卷末 ………… 273

图 10-1　莫高、榆林两窟的西夏、蒙元时期遗迹平面示意 ………… 284

图 10-2　莫高窟、东千佛洞的元代遗迹速写 ………… 288

图 11-1　元代张掖河流域及与其有关的重要地点位置示意 ………… 302

图 11-2　亦集乃故城附近的覆钵塔速写 ………… 303

图 11-3　第一处佛殿遗址（Y2）平面示意与西藏佛寺佛殿平面示意比较 ………… 303

图 11-4　第二处佛殿遗址（Y3）平面示意 ………… 304

图 11-5　第三处佛殿遗址（F6）平面示意 ………… 304

图 11-6　坛城殿式塔殿遗址（Y4）平面示意 ………… 304

图 11-7　护法堂遗址（Y7：F191）平面示意 ………… 306

图 11-8　东门内东街西端殿堂遗址平面示意 ………… 306

图 11-9　西门内西北侧殿堂遗址平面示意 ………… 306

图 11-10　马蹄寺上千佛洞覆钵塔龛速写 ………… 308

图 11-11　马蹄寺上千佛洞三塔龛 ………… 308

图 11-12　马蹄寺北寺第 7 窟藏传佛教造像 ………… 309

图 11-13　马蹄寺北寺第 7 窟藏传佛教造像速写 ………… 309

图 11-14　马蹄寺北寺第 7 窟平面示意 ………… 310

图 11-15　马蹄寺北寺第 8 窟平面示意 ………… 310

图 11-16　青海乐都瞿昙寺前殿及左右小殿平面示意 ………… 312

图 11-17　青海湟中塔尔寺夏敦拉康平面示意 ………… 312

图 12-1　白塔寺残存大塔立面与平面速写 ………… 316

图 12-2　海藏寺藏经阁平面及现存斗拱速写 ………… 320

图 12-3　原火神庙大殿内的铁身铜头藏僧造像 ………… 320

图 12-4　亥母洞平面和 A 塔（自前第三塔）速写 ………… 325

图 13-1　连城的地理位置 ………… 330

图 13-2　鲁土司衙主院与妙因寺平面示意（据鲁土司衙门文物管理所 1986 年测图改绘）………… 332

图 13-3　鲁土司衙大门（六扇门）………… 333

图 13-4　鲁土司衙大堂 ………… 333

图 13-5　鲁土司衙祖先堂 ………… 333

图 13-6　鲁土司衙祖先堂上层后檐柱内向的斗拱结构速写 ………… 334

图 13-7　妙因寺万岁殿 ………… 337

图 13-8　妙因寺万岁殿外檐柱头铺作速写 ………… 339

图 13-9　妙因寺万岁殿平面示意 ………… 339

图 13-10　妙因寺德尔金堂 ………… 339

图 13-11　妙因寺德尔金堂平面示意 ………… 339

图 13-12　妙因寺大经堂平面示意 ………… 339

图 13-13　显教寺大殿平面示意 ………… 341

图 13-14　显教寺大殿柱头铺作速写 ………… 341

图 13-15　显教寺大殿外檐铺作 ………… 341

图 14-1　大召大殿平面示意 ………… 349

图 14-2　大召乃迥庙平面示意 ………… 349

图 14-3　席力图召"古庙"平面示意 ………… 350

图 14-4　席力图召"古庙"复原平面示意 ………… 350

图 14-5　席力图召"古佛殿"平面示意 ………… 350

图 14-6　席力图召大殿平面示意 ………… 351

图 14-7　席力图召大殿柱头托木速写 ………… 351

图 14-8　麦达力召平面示意（据《美岱召》）………… 353

图 14-9　麦达力召大雄宝殿平面示意 ………… 353

图 14-10　麦达力召乃迥庙平面示意 ………… 354

图 15-1　西夏佛塔类型示意 ………… 拉页

图 16-1　妙应寺白塔平面（据《中国建筑简史》第一册图 5-31）………… 384

图 16-2　妙应寺白塔立面（据《妙应寺白塔》）………… 384

图 17-1　艺风堂抄本《顺天府志》卷一四引《析津志》《松云闻见录》书影 ………… 407

图 17-2　艺风堂抄本《顺天府志》卷一四引《松云闻见录》书影 ………… 408

图 17-3　居庸关过街塔门券西壁多闻天王左胁侍所捧之喇嘛塔速写 ………… 427

图 17-4　居庸关过街塔复原示意 ………… 428

图 17-5　居庸关过街塔塔基（云台）………… 428

图 17-6　云南昆明筇竹寺玄坚雪庵塔（据《中国营造学社汇刊》7 卷 2 期图 24 重绘）………… 436

图 18-1　宝成寺麻曷葛剌像 ………… 444

图 18-2　宝成寺元代龛像平、立面示意（据 1989 年速写）………… 446

图 18-3　至治二年铭拓本 ………… 446

图 18-4　宝成寺三世佛中龛内正中佛像（头和右手系后接。徐苹芳摄）………… 446

图 18-5　拉萨布达拉宫藏不动明王（帕玛顿月珠巴）缂丝像

（据《西藏唐卡》图版 102）………… 454

图 18-6　《碛砂藏》地字号一扉画 ………… 458

图 18-7　《碛砂藏》宙字号一扉画 ………… 458

图 18-8　《碛砂藏》荒字号一扉画 ………… 458

图 18-9　杨琏真加施刊之扉画

（据《中国版画史图录·唐宋元版画集》图八）………… 465

前　言

这本《藏传佛教寺院考古》是按大区域划分为三个部分组织的。第一部分是西藏地区寺院遗迹，第二部分是甘青内蒙古地区寺院遗迹，第三部分是内地蒙元时期藏传佛教寺院遗迹。三个部分撰写的时间不同，写法也多有差异。

第一部分西藏寺院调查，包括三个地区（拉萨地区、山南地区、日喀则地区）的调查记和《阿里地区札达县境的寺院遗迹》《西藏寺庙建筑分期试论》等文章，共九个题目。前三个地区调查记主要资料是根据1959年下半年我参加中央文化部西藏文物调查工作组时的调查日记。调查日记原为当时撰写工作汇报而作，汇报讫，即搁置箱底。匆匆三十年过去，1988年8月再访西藏之后，关心西藏文物的同志以部分寺院遭受损失，督我整理日记，备追查文物、重修建置时参考。恰好此时，西藏自治区文物管理委员会和西藏工业建筑勘测设计院的有关著作陆续出版，可资补缀；许多重要藏文史籍也刊布了汉文译本，更可据以考订。因此，不揣简陋，自1988年底开始描图、编写，1989年6月大体撰竣。其中拉萨地区的布达拉宫以及日喀则地区的白居寺、那塘寺和萨迦北寺的汉文经卷，皆因故单独整理，所以，俱另立标题。此次汇集，为了尽量保存整理时原貌，虽体例参差亦未改动。《阿里地区札达县境的寺院遗迹》，原是1988年出版的《古格王国建筑遗址》、1991年出版的《古格故城》两书的读后记，是1994年写成的；该文据上述两书记录的寺院殿堂试作了初步的编年探索。《西藏寺庙建筑分期试论》，主要是前三个地区调查记中有关建筑年代问题的小结，草稿完成于1989年10月，1992年重写了一遍，《阿里地区札达县境的寺院遗迹》写就,《试论》又需作改动,一直到1994年底才写成了目前的文稿。该稿依据平面布局和一件常用的建筑构件——柱头托木的变化,试将约从7世纪起、迄于19世纪的西藏寺庙殿堂大致分了五期,第五期又分了前、后段。以上第一部分从1988年底到1994年底,断断续续写了六个年头。写的时间,实际也是我读书学习的时间,边读边写,临时抱佛脚,差错难免,只盼能有益于以后的工作,也就不顾及其他了。

第二部分甘青内蒙古寺院调查偏重于明末以前的兴建。藏传佛教向北传播,首及青海,自青海再行扩展,其主要通道有五路:出当金口抵敦煌;沿疏勒河上游,出龚岔口至安西;经祁连,出扁都口抵张掖;经乐都,渡大通河,出河桥驿,北上永登、武威;经化隆,走临夏、永靖,东抵兰州。以上五路又都可北去内蒙古、东进中原,后两路还可经由宁夏。因此,当此五路要冲的敦煌、安西、张掖、武威、乐都、永登等地,都存有较早的藏传佛教寺院或其遗迹。《榆林、莫高两窟的藏传佛教遗迹》虽撰稿于1989年,但调查记录却出于五六十年代。自张掖以东的资料,则是1988—1994年间两次去宁夏、内蒙古和河西公务之余所搜求的。早年记录自多遗误,近年聚辑更属仓促。藏传佛教于甘青渊源久远,宁夏、内蒙古元明遗迹分布亦多,这部分急就成篇挂一漏万的文字,如果能够补充一点在西藏本地与中原遗迹之间应有的必然联系,已是奢望,至于较有系统的论述,则非绵力之所及了。

第三部分内地的藏传佛教遗迹,现只辑录蒙元时期在当时大都即今北京修建的两处佛塔史料和对南宋旧都临安即杭州的一些元代遗迹的初步考察。前者即《元大都〈圣旨特建释迦舍利灵通之塔碑文〉校注》和《居庸关过街塔考稿》,两文俱撰于"文革"前。当时,从西藏归来不久,颇有以藏地的新知,整理京畿之旧闻的设想,所以,那两篇以注释碑文为主的文章,实际应是接触一个新的领域后的习作文字。后者即《元代杭州的藏传密教及其有关遗迹》,完稿于1990年初。该稿系1989年6月参观栖霞、剡溪南朝佛迹后,杭州同志邀我游览西湖,无意中于吴山宝成寺旧址发现麻曷葛剌像与三世佛残像及一空龛成组的遗迹的考述，并辅以其他与元代杭州有关的藏传佛教事物而杂缀成篇者。按蒙元一代，内地兴建藏传佛教寺塔成风，大都、杭州两地尤甚；藏传佛教主要流行于蒙元贵族间，故元明易代之际，其建置多遭摧毁，但参考文献对照遗址，规模较大的寺塔踪迹尚有可访求者，如近年对北京居庸关永明寺、白石桥附近的大护国仁王寺和杭州西湖南山南宋故内五寺等遗迹的勘察，俱获有可喜线索即是例证，唯此类工作之进一步扩充、落实则需建设工程机构与考古文物单位的合作，个人力量是很难奏效的。

西藏拉萨地区佛寺调查记

1959年6月迄11月，参加中央文化部西藏文物调查工作组，其间在拉萨地区工作五十三天[1]。1988年8月，应西藏文物管理委员会之邀，再访西藏，滞拉萨十二天，旧地重游，变化甚多[2]。现据两次日记，将拉萨地区记录较多的大小寺院十二处分别辑出，并试考述各寺现存建置之年代。予不谙藏文，1959年记录多凭当时正在拉萨校订《藏汉大辞典》之祝维汉先生和与我们同时调查西藏文物的中国科学院近代史研究所王忠先生的译释。1988年调查则赖西藏文物管理委员会索朗旺堆主任之引导。文中所引藏文文献皆据汉文译本。现谨向惠我以藏传佛教和藏族历史知识之诸专家致以衷心的感谢。

本文所录拉萨地区大小寺院计十二处，其顺序：1.大昭寺，2.小昭寺，3.札拉鲁浦石窟寺，4.旧木鹿寺，5.甘丹寺，6.哲蚌寺，7.色拉寺，8.功德林，9.策默林，10.苍姑寺，11.聂塘度母堂，12.堆龙德庆楚普寺。

一、大昭寺

大昭寺全名藏语汉译为逻些显幻之神殿。藏语简称为觉康。觉意为尊者，释迦之代称；康谓房所、殿堂。觉康者，供奉释迦之殿堂。寺位拉萨八廓街。旧拉萨的繁荣地段，实际是围绕大昭寺发展起来的，因此，藏文文献中往往又以拉萨（逻些）名该寺。大昭寺创建于吐蕃时期，由于它具有特殊的历史背景，所以为历代西藏官民僧俗所重视，不断进行补建增修[3]，因而使现存这座佛寺在平、立面布局和许多建筑装饰方面，都出现了显著的先后不同时期的时代特征。试析这些先

图1-1 大昭寺第一层平面（据《大昭寺》图4-1）
1. 外大门
2. 千佛廊院
3. 礼拜廊道
4. 外围佛堂
5. 中心佛殿
6. 主殿——释迦牟尼佛堂
7. 南院
8. 灶房
9. 各种库房
10. 唐蕃会盟碑（823年）
11. 劝人种痘碑（1794年）
12. 传唐公主所植柳
13. 供品制作场
14. 辩经院

后不同的时代特征，无疑对探讨西藏佛寺建筑的编年分期，有着重要的标尺性意义。

就目前所能了解到的大昭寺【图1-1】的情况，我们认为现在大昭寺在形制上，至少有四个不同阶段的遗存，这大约意味着大昭寺经历过四次较大的变动。

第一阶段 此阶段的遗存即大昭寺现存最早时期的遗迹：大昭寺中心佛殿的第一、二两层【图1-2】。

这两层都是外侧砌砖、石承重墙，与内侧木构架相接合的内院式建筑。其平面布局略作方形，面阔、进深各44米有余。第一层前壁（西壁）正中建突出之门庭，门庭中间设殿门，门西向，殿门内两侧沿前壁建小室四间（北侧三间，南侧一间）。左、右、后三壁前各建小室一列五间，正中一间略宽阔，后壁中心间尤为突出。此诸小室虽屡经后世重修，但其位置皆与其前原有的廊柱相对应，因可推测它们大体仍保存了原来的形制。原有的廊柱共二十八柱，即四壁小室前每面树

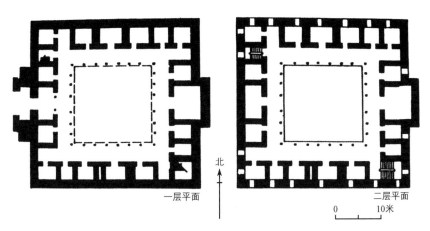

图1-2 大昭寺中心佛殿第一、二两层平面原状示意（据《大昭寺》图5改制）

八廊柱。小室与廊柱之间为通道，四面通道连结呈ㄩ形廊道，此廊道也应出于原始设计。ㄩ形廊道里侧即此内院式佛殿的方形天井。第二层除相当于第一层殿门处亦建小室和四壁各小室后壁皆开小窗外，大抵与第一层同。上述平面布局为西藏佛寺所仅见，亦与内地佛寺不同，与它极为类似的是印度佛寺建筑中的毗诃罗（Vihāra，僧房院）。印度现存地面上的僧房院建筑已极罕见，但可从石窟寺和考古遗址的情况推知之。有名的西印度奥蓝伽巴德（Aurangābād）县西北的阿旃陀（Ajaṇṭā）石窟，公元前后就开凿了这种绕建小室的僧房院，5、6世纪开凿的僧房院突出了位于后壁正中的佛堂[4]；和大昭寺中心佛殿最接近的是位于北印度巴特耶（Patna）县巴罗贡（Baragaon）村的那烂陀寺（Nalāndā）僧房院遗址【图1-3】。那烂陀寺，5至11世纪一直是印度佛教重要的教学和研究中心之一。7世纪中叶，我国内地的两位有名的高僧玄奘、义净都曾在此寺居住多年[5]。《大唐大慈恩寺三藏法师传》卷三记此寺云：

印度伽蓝数乃千万，壮丽崇高，此为其极。僧徒主客常有万人。

义净于《大唐西域求法高僧传》卷上《新罗慧轮法师传》中记有此寺建置：

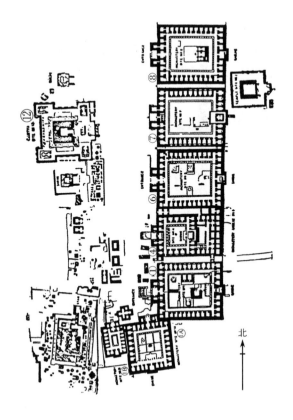

图1-3 印度那烂陀寺遗址平面略图（据 Archaeological Survey of India, pl.LXXI）

其寺形畟（略）方如域（城），四面直檐，长廊遍匝，皆是砖室，重叠三层，层高丈余，横梁板阗，本无椽瓦，用砖平覆。寺背正直，随意旋往，其房后壁即为外面……其僧房也，面有九焉；一一房中，可方丈许；后面通窗，户向檐矣……寺门西面，飞阁凌虚……如斯等类，乃有八寺，上皆平通，规矩相似。于寺东面西取房，或一或三，用安尊仪……如观一寺，余七同然，背上平直，通人还往。凡观寺样者，须南面看之，欲使西出其门，方得直（真）势。[6]

此记僧房"面有九焉"，正与那烂陀寺考古发掘编号的第1、4、6、7、8号僧房院遗址相应[7]；其他记录如"寺形略方""长廊遍匝""其房后壁即为外面""后面通窗，户向檐矣""面西取房，或一或三，用安尊仪""西出其门"等项，不仅与那烂陀遗址相应，也与大昭寺中心佛殿建置类似；而那烂陀遗址中约建于5、6世纪的第1A、1B两座僧房院遗址[8]，就其平面观察，除小室数字略有差异外，确与大昭寺中心佛殿惊人地相似【图1-4】。

大昭寺中心佛殿第一、二两层内部设置，引人注目的是，满施雕饰的木质门框和廊柱。殿门和部分小室室门的立颊、门额多雕云气，门楣有的分段雕佛传、因缘或供养天人，门额下面的券隅部分雕飞天。廊柱多斫成所谓金刚橛状[9]，即将柱身斫饰成断面形制不同的三段：下段断面方形，各面浮雕莲轮或人物，其上缘雕连珠、束叶。中段断面八角，每面上下缘皆分二格，格内浮雕花饰。上段目下向上斫出方形、八角、圆形、方形依次叠置之块饰；方形块饰各面雕珍宝或花叶，八角块饰各面雕花饰，圆形块饰雕重层仰莲，上层仰莲与其上之方形块饰颇类内地建筑中之栌斗，此颇类栌斗构件之上置扁长皿板，上承若内地替木状之拱形托木[10]，托木两侧端部浮雕飞天、动物或花草，正中则多雕人物。托木上方设枋、椽。托木枋椽之上置出檐之木质卧狮一匝，以承荷内出之檐椽。卧狮面部间有雕作人头者，各狮皆胸饰铃圈，下垂铜质圆镜一面[11]【图1-5】。以上遍体雕饰之木质框、柱

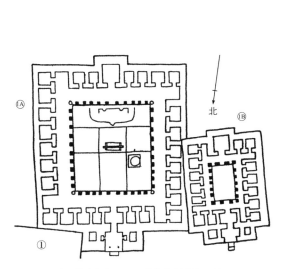

图1-4 印度那烂陀寺第1A、1B僧房院遗址平面示意

图1-5 大昭寺中心佛殿廊柱正、侧面示意

等之形制与风格,俱为西藏佛寺所罕见,而流行于印度6世纪开凿的石窟,其中与大昭寺雕饰最接近的是阿旃陀第1、27号两僧房窟和第19号塔庙窟[12]。前引《大唐西域求法高僧传》卷上《新罗慧轮法师传》也记当时那烂陀寺具奇形雕刻,且有人头雕饰:

> (房壁)垒砖峻峭,高三四丈,上作人头,高共人等……飞阁凌虚,雕刻奇形,妙尽工饰。

可惜该寺实物早毁,无可考索。20世纪40年代,藏族爱国学者根敦琼结撰《白史》,曾记一印度古寺云:

> 余在印度朝礼一已圮倾之古寺……主柱亦皆作槭形,非但这一切装饰结构均(与大昭寺中心佛殿)相同,甚至彼此柱量之大小,与吾人现在觉康之主柱似可互相更换使用。以是巴窝祖陈等人说拉萨大昭寺是以毘礼鸠尸罗之佛殿为蓝本而建筑者,此说似属真实。[13]

此已圮之古寺亦难复案,至于根敦琼结征引巴窝祖陈等人之说,约皆源于西藏古文献《五部遗教·王者遗教》的记载,该记载有云:

> 大昭寺是以天竺嘎摩罗寺为模式。嘎摩罗寺是天竺大寺。[14]

此天竺大寺——嘎摩罗寺或译作毗讫罗摩尸罗寺(Vikramaśilā),据多罗那它《印度佛教史》所载建于8世纪后半,其时那烂陀寺已归属该寺:

> (波罗王朝)达摩波罗王(法护王)……兴建了吉祥毗讫罗摩尸罗寺(超岩寺)。该寺建在摩揭陀北部恒河岸边一座小山顶上,中央是与大菩提像相等的佛像的殿堂,周围建有佛教密宗的小佛堂五十三座,一般的佛殿五十四座,总计有一百零八座佛殿,外

面墙垣围绕……凡是此寺的寺主都兼管那烂陀寺……与达摩波罗王同时,有印度西部的国王斫迦罗由陀,曾出现在杰德噶琼寺的碑文中,约略计算可知,他与西藏的赞普赤松德赞(755—797年在位)同时。[15]

嘎摩罗寺与那烂陀寺同时毁于12世纪的穆斯林战争。嘎摩罗寺的遗址尚未发掘,情况不明,意者其建置多摹仿那烂陀寺,故大昭寺中心佛殿布局与那烂陀寺的僧房院极为相似。

大昭寺第一阶段所建方形内院或绕置小室的布局和雕饰的木质构件,可以明确它较多地受到印度寺院影响[16]。大昭寺与印度寺院关系密切,既可与藏文文献所记松赞干布妃泥婆罗墀尊公主创建大昭寺的传说相比较;又可和赤松德赞、赤德松赞父子复兴佛教,遣使去印度迎请高僧和经典、建立僧伽、扩大大昭寺等一系列事迹相印证。

现存有关大昭寺的最早记录,见赤松德赞时所立的《桑耶寺兴佛证盟碑》:

> 逻些及扎玛之诸神殿建立三宝所依处。[17]

此事又见敦煌所出晚唐时抄写的《吐蕃历史文书》(页252、S.103)第二部分《吐蕃赞普传记》:

> 赤松德赞赞普之时……复得无上正觉佛陀之教法,奉行之。自首邑直至边鄙四境并建寺宇伽蓝,树立教法,一切人众入于慈悲。念处生死之间得以解脱,基业永固,寿元无疆。[18]

逻些神殿和首邑寺宇皆指大昭寺。赤德松赞在位时(798—815年)所立《噶迥寺建寺碑》更明确记载大昭寺为松赞干布(约629—650年在位)所建:

> 圣神赞普先祖赤松赞(即松赞干布)之世,始行圆觉正法,

建逻些大昭寺及诸神殿，立三宝所依处。[19]

巴卧·祖拉陈哇《贤者喜宴》引赤松德赞《第二诏书》亦记此事：

当第四代赞普先祖松赞干布之时，建造了逻些贝哈寺（即大昭寺），此为奉行佛法之始。[20]

此后，后弘期许多佛教史籍根据各种伏藏与传闻叙述了泥婆罗墀尊公主建寺事迹[21]，布顿《佛教史大宝藏论》云：

松赞干布王从印度南方迎请来蛇心旃檀自然现出的十一面观音像，又和尼泊尔王峨色阁恰王的公主泊姆赤准结了婚，由公主迎请来不动金刚像、弥勒像、旃檀救度母像等……王妃赤准很想修建寺庙……驱使山羊驮土填湖，而建成羊土幻现寺（即大昭寺）。仓促间，将房檐屋板等安装后，迎请自然显现的十一面观音像奉安在里面而供养。[22]

索南坚赞《西藏王统记》更详述建寺时之各种神异：

（松赞干布）王知修建寺宇无复障碍，遂偕臣民悉来所填湖上，加持地基，并作弹线……尔时王以酒食赏赐藏民，恣其满足，然后委以劳役，如令引砖，或令筑土，或为上泥，遂将殿堂下层修造完竣（陈庆英等译《王统世系明鉴》此句作"墙壁砌成"）……又伐柏木甚多，王乃变化一百零八化身，守护庙门，于内变化木土一百零八人，亦执斧斤而作匠事……或为斫柱，或为上梁，或架四方椽，或立柱木，或安横梁，或截檐桷，或铺木板，或盖金顶（陈译此句作"有的盖顶"），使此殿堂成为无比庄严。王复变化化身筑墙四昼夜，木工六昼夜，盖顶两昼夜，共七昼夜（陈译此句作"共计一十二天"），即将绕萨下殿全部修造完毕……又此四喜神变殿堂之门，皆令向于西方尼婆罗地。所余上殿，赤尊更自尼地召请来精巧工匠续为修造之。[23]

记录赤松德赞事迹较为简要的是廓诺·迅鲁伯《青史》：

> 赤松德赞在位时，（舅氏）玛香大臣有权势，他不喜佛法，以此将出家众都逐出藏境，拉萨市中的释迦车尼像运送到吉绒地方，将诸寺庙作为屠宰场。藏王对佛法虽有信仰而无权……藏王的信奉佛法的助手……坝·色朗等人……到尼泊尔和（曾任那烂陀寺主讲的）阿阇黎寂护相会，阿阇黎训示说，我们来于此世时，对佛教应有所表现……色朗复到印度金刚座菩提道场，作了盛大供养……继后返藏，在前藏来到藏王座前，陈述阿阇黎寂护所说的话……于是迎接阿阇黎到桑耶，在翁布宫中与藏王相见……阿阇黎说，我到尼泊尔去……乍扎岭寺有一名叫白玛桑坝哇（即莲花生）的大密师，我当派人前去请他，藏王你也遣使去迎请他来藏。于是阿阇黎去到尼泊尔，莲花生大师也应请前来……复迎诸阿阇黎寂护来藏，从芒裕地方迎释迦车尼佛像奉安在拉萨幻化寺（即大昭寺）中……藏王修马头金刚法而得成就……西藏最初有应试七人出家，继后有不少的具诚信和有智慧的人出家为僧。[24]

《贤者喜宴》根据《拔协》[25]等记载，对上述事迹作了重要补充：

> （舅臣玛香专权时）将逻些毕哈尔神殿（即大昭寺）处当作作坊，屠宰牲畜之后，即将牲畜之皮盖于泥塑神像之上，神像手中托着牲畜内脏及羊的腔体……此后……（赞普）以塞囊（色朗）为芒域之卡伦……他冲破了由舅氏所制订的小法的条令，直接到达印度，他朝拜了大菩提寺及那烂陀寺，并献了供物……塞囊向泥婆罗王请求援助，于是便将具有精通（经教）、明悉（事理）等多种功德之显达热格希达，即吐蕃所称之菩提萨达（寂护）迎到芒域……（赤松德赞）于是立派内属臣工朗卓囊热等三人往芒域迎请（寂护）……堪布（寂护）及朗卓居住于逻些毕哈尔神殿处。[26]

（莲花生来藏）决定推行佛法，建造神殿……在逻些（大昭寺）……所献之第一批木材建造了大门、牌楼以为装饰。[27]

菩提萨埵（寂护）任亲教师，首先是大信仰者拔墀斯出家为僧……此即所有吐蕃人出家者之初始，这些事亦即所谓在吐蕃建立了僧伽……赞普（赤松德赞）说道：如果实行佛教，则当需要僧侣，因之，未成年之后妃及尚论之子凡有信仰者，均令彼等出家……其时有三百人出家……至于经藏及陀罗尼咒凡印度所存者均译之。此后，赞普说道：印度和汉地之佛经已大部译就，俟后全部佛经凡存于那烂陀寺者遭到火焚，该寺中尚有部分未焚者及未译者，这些已铭记我之心中。[28]

赤松德赞子赤德松赞的事迹，亦见于《拔协》：

（赤德松赞）继承先辈的意愿，修整了大昭寺，扩建庭院，留下功绩。[29]

记录此事较为具体的是达仓宗巴·班觉桑布《汉藏史集》，该书还记录了赤德松赞子热巴巾在位时（815—838年）的兴佛事迹：

赤德松赞还修建了拉萨大昭寺的围廊（《贤者喜宴摘译（十二）》注37译此句作"他造了逻些大昭寺的华丽走廊"[30]）。并给所有的出家人提供生活供应。在大昭寺和桑耶寺等处建立了十二座讲经院……使得佛法大为弘扬。……（赤德松赞卒后）第三子热巴巾……即位为王……由勃阑伽·贝允……等三人担任大臣。热巴巾在位时期，迎请印度堪布止那米札……等，由班第意希德等人担任译师，对翻译佛经进行了认真的整理，并翻译了以前没有译出的经典……对祖先所建的各个寺院，按照盟誓的规定对残损的进行了修理……勃阑伽·贝允修建了其蔡寺和梅域麦垅塘寺。[31]

所记勃阑伽·贝允即主持唐长庆二年（822年）唐蕃在拉萨会盟的钵阐布，他在长庆三年（823年）《唐蕃会盟碑》上的署名是"同平章事兼理内外国政大沙门钵阐布允丹"[32]。该碑立于大昭寺门前右侧，位置迄今未变。综上文献与实物资料可知：1. 大昭寺创建于吐蕃松赞干布时期[33]。2. 松赞干布时期，大昭寺即与泥婆罗、印度关系密切。3. 8世纪中期，玛香专政时，佛教寺院横遭破坏。4. 从8世纪后期赤松德赞亲政时起，吐蕃迎来的印度高僧如寂护、莲花生以及曾与汉地大乘和尚诤辩并取得胜利的莲花戒[34]等皆出身于自6、7世纪以来已成为北印度佛教中心之一的那烂陀寺。5. 藏译佛经梵本多来自那烂陀寺，吐蕃佛教信徒亦去该寺朝佛。6. 寂护来吐蕃后，吐蕃始有出家僧人，并建立了僧伽制度，此事应与赤松德赞重整大昭寺和大昭寺现存最早建筑（中心佛殿的布局与那烂陀寺僧房院最为接近）有一定的联系；《王者遗教》所记大昭寺系以嘎摩罗寺为模式的说法，值得重视。7. 现存大昭寺中心佛殿满施雕饰的殿门框饰，疑即出于赤松德赞之修整；第一、二两层南北两列小室中，有门饰精致的若干间，这些较特殊的小室，或是赤松德赞为"未成年之后妃及尚论之子"出家所特备，其中第二层南侧正中小室，寺僧相传为赤松德赞修行所或有所据[35]。8. 大昭寺中心佛殿第一、二两层的金刚橛式的廊柱和其上方一匝出檐的大型木质卧狮，应都包括在赤德松赞修建的"围廊——华丽走廊"工程之内。9. 上述工程，赤德松赞时如未竣工，热巴巾当为修理完成。10.《唐蕃会盟碑》吐蕃与盟的第一人，是总揽政事、位诸论之上的大沙门——钵阐布；在拉萨立碑的地点又选择在大昭寺门前，因可推测热巴巾时特敬佛教的情况和大昭寺在当时所处地位之重要。根据上述史实和推断，我们怀疑松赞干布时创建的大昭寺，已基本毁于玛香专政之时，现存大昭寺第一阶段的建置，可能都是赤松德赞、赤德松赞、热巴巾祖孙三代扩建、修整后的遗存。所以，今天大昭寺中心佛殿已不是松赞干布时强调供奉佛像的神殿结构，而是一处以绕置小室——僧房为特征的，并树立有华丽廊柱等雕饰的典型印度内院式的方形伽蓝僧舍。

大昭寺第一阶段的遗迹，除前述之建筑结构和寺门外的《唐蕃会盟碑》外，似已不存年代确凿的其他遗物。唯第二层西侧正中供奉松

图1-6 大昭寺中心佛殿第二层松赞干布殿所藏银瓶速写
1. 银瓶 2. 瓶口部分 3. 瓶身成组人像之一

赞干布的小室——松赞干布殿内东侧有银壶一件颇值注目【图1-6】。寺僧相传是松赞干布生前遗物。又传自土中掘出。五世达赖昂旺·罗桑嘉措《大昭寺寺内六佛像目录智者传言》记：

> 是印、汉、藏、尼圣地的土石、各种珍宝等物做成的。[36]

该壶自外部观察，遍体银质，纹饰部分有鎏金痕迹。壶高约70厘米，上端开圆口，口缘饰八曲。口外壁饰山岳状花瓣一匝，其下饰一空心立体羊首，首后侧竖两耳，首前端上下唇间衔圆管形小流，羊首下接上敛下侈的喇叭状细颈，颈上端饰弦纹、四瓣球纹各一匝，颈下部接球形壶身，壶身最大径约为40厘米，颈身相接处饰连珠、叶纹、四瓣球纹和弦纹组成的纹带一匝，纹带之下为三组大型垂饰，垂饰外绕卷云，中心似作宝珠，垂饰下接由束叶、连珠、垂叶组成的纹带一匝，其下为该壶主要图像所在：单人弹琵琶和成组人像各二组，相间布置。弹琵琶者，其一琵琶置于背上，弹者较明确地作出背手反弹姿态；可见的一组人像内容为一系有鞶囊的壮胡持革带似拦护一长须醉胡，另一着高勒靴的幼胡屈蹲于上述壮胡胯下，并抱持其右足。主要图像下方，间饰花簇一列。以上各种形象、纹饰皆以锤鍱技法作出，原并鎏饰金色。壶身下部有焊接之流管一，系后世所加。多曲圆形口缘和其下作立体禽兽首状的细颈壶，为7至10世纪波斯和粟特地区流行的器物[37]，颈上饰羊首的带柄细颈壶曾见于新疆吐鲁番回鹘时期的壁画中[38]。西亚传统纹饰中的四瓣球纹尤为萨珊金银器所喜用[39]。人物形象、服饰更具中亚、西亚一带之特色。因可估计此银壶约是7—9世纪阿姆河流域南迄呼罗珊以西地区所制作[40]。其传入拉萨，或经今新疆、青海区域，或由克什米尔、阿里一线。如是后者，颇疑来自古格的亚泽王室；传来大昭的时间或不早于14世纪，因为14—15世纪正是亚泽王自日乌梅至布涅梅皆向大昭寺佛像作重要布施时期[41]。

第二阶段　　大昭寺第一阶段的建置，朗达玛（836—842年在位）废佛和其后的人民起义时期，似仅遭荒凉，并未摧毁。《西藏王统记》《贤者喜宴》综合各种记录，记述其事。《西藏王统记》云：

> （朗达玛）大肆摧毁佛教，令出家沙门或作屠夫，或改服还俗，或强使狩猎，苟不从者，则受诛戮。其毁坏寺宇，始自拉萨（陈译本作"大昭寺"），命将二觉阿像投于水中……寺内泥像悉投于水……封闭拉萨（陈译本作"大昭寺"）与桑耶寺院之门。[42]

《贤者喜宴》云：

> 在奴隶属民起义之际，拉萨等两地[43]已经没有侍奉寺院的人，那里的寺院变成了乞丐窝，他们在神殿内建造了炉灶，致使神殿被搞得暗然失色。[44]

以上情况，大约从9世纪40年代起，一直到11世纪；此后，迄14世纪中期，大昭寺经过阿里地区和蔡巴、萨迦等方面的多次维修，是为大昭寺的第二阶段。此阶段前半即所谓吐蕃分裂时期，后半即1231年以后归蒙元统治下的所谓萨迦时期。

属于第二阶段的现存较清楚的遗存有：

一、中心佛殿后壁正中小室前面两组高起的构架【图1-7】：前面一组于小室前两侧原来廊柱间架横枋，上置大叉手、蜀柱承托一斗三

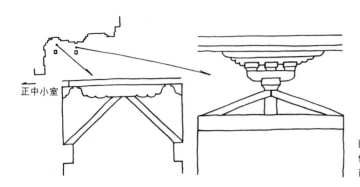

图1-7 大昭寺中心佛殿后壁正中小室前两组高起的构架示意

升,再上施曲线简洁的托木以荷枋椽;后面一组位于进入小室之甬道间,两侧各设斜撑,上置托木以承横枋。此两组高起的构架,显然是为了增设后面小室专用的甬道,并升高其顶部,使此小室成为中心佛殿中主要佛堂的形制更为突出。托木形制与雕饰俱与第一阶段廊柱托木有别。前面一组的斗拱结构,是西藏所见内地斗拱中之最早例。参考内地遗迹,其年代应在11世纪前期以后[45]。

二、为了升高中心佛殿四周廊道的高度和加强四周廊道外侧横枋的荷重,因而增补了多根廊柱(第一层增补6根,第二层增补2根)。此增补的廊柱,虽摹拟旧制,但所在位置和雕饰内容与技法俱与原柱有异,甚易辨识。

三、同样为了提升四周廊道的高度,在廊道后方原有小室门额之上,添置了八角矮柱和其上面的托木。托木的形制和前述两组高起的构架中的托木极为相似【图1-8】。

四、中心佛殿第一层殿门内两侧增设了龙王堂,故使原来雕饰的木柱半隐于墙内;大约同时,又在殿门前庭两侧兴建了护法堂和护法堂西侧的外重殿门;还改建第二层西侧中间小室(即龙王堂和殿门上方的小室)为松赞干布殿。

图1-8 大昭寺中心佛殿廊道后侧小室门额上方的矮柱与托木速写

图1-9 大昭寺中心佛殿第二层东北隅底层壁画（据《大昭寺》图版77）

五、中心佛殿第二层四周廊道壁面上发现的早期壁画【图1-9】，既有一定的印度风格[46]，又和传世的12—13世纪所绘唐卡有相似处[47]。

以上遗存约可与下列藏文文献相比较。《贤者喜宴》记大昭寺已成乞丐窝后，古格王额达则德时桑噶尔帕巴喜饶等人进行了修葺：

> 桑噶译师帕巴喜饶和堆琼巡视官为此（居住在大昭寺内的乞丐）另外建造了乞丐房，……从而清除了乞丐窝。此后，又见神殿主殿的诸佛像过于矮小，且不美观，遂将这些佛像迎请到上殿……此后，又建造了大雪能仁、海王菩萨及男女菩萨及门神等等。大力修葺并广为供养。[48]

五世达赖昂旺·罗桑嘉措《拉萨神变佛殿目录明鉴》亦记此事：

> 桑噶尔大译师在东面进行了扩建，并在殿内塑造许多佛像。[49]

桑噶译师扩建大昭的时间，约在第一绕迥丙辰年（宋熙宁九年·1076年）

译就《因明学庄严论》之后[50]。《贤者喜宴》又记第三绕迥庚辰年（宋绍兴三十年·1160年）四个下律部集团为了争夺大昭寺，在拉萨一带相互攻击后，促陈宁波的修复、蔡巴的经营和亚泽王等人的赞助：

> 所有佛寺毁于战事。当娘麦巴之时，依法王之预言，玛衮及宗赞请来杰贡巴促陈宁波（1116—1169年）平息战乱（后）……在（大昭寺）花廊环行道等地方建造了高顶建筑物，绘制了画面等等……又觉卧佛像原放在净宝殿南面，后迎至中间（佛殿），从而改变了原来面貌……正当杰贡促在此五年之际，杰冈波巴前来作为（此工程之）侍者。
>
> 贝卡厥旺波曾说，此后，（杰贡促将）拉萨二寺院[51]交予高徒祥仁波切（1122—1193年）护持[52]。此后，又依次交予其弟子蔡本达玛旬努等人。继之是大臣格尔（禄东赞）的家族蔡本桑杰约珠[53]等人，他们建造了（松赞干布）法王夫妇像、门房[54]、外部依怙门神像及紫檀门扇等[55]……（作为蔡巴噶举的供养者古格）亚泽王日乌梅……于阳铁狗年（元至大三年·1310年）在觉卧佛像头上造了金顶……又为十一面观音造了小金顶[56]。此后，亚泽王布涅梅又建造了大金顶。此后，卓衮东措日巴、楚托衮弃、涅巴云却等等多人，他们也做了许多修葺一新的工程。[57]

其间，祥仁波切的弟子拉杰哥瓦崩也进行过大修整，《拉萨神变佛殿目录明鉴》记：

> 拉杰哥瓦崩新修神殿外的围墙，加固河堤，完成楼上的四周屋檐。[58]

蔡巴经管修缮大昭寺，一直继续到蔡巴的末期桑杰约珠四世孙《红史》作者贡噶多吉（1324—1351年在位）时期。其时，不仅贡噶多吉对大昭多所建树[59]，元后至元六年（1340年）前后，萨迦本钦旺久旺尊也曾赀资兴建，事见《拉萨神变佛殿目录明鉴》：

>在佛主殿的楼上，由萨迦本钦旺尊塑造了五种性佛……紫檀大门楼阁上……（建）尊者堂。[60]

上述记录除了可以和现存遗迹比较外，还表明了这阶段：兴建了中心佛殿外的围墙，因而使中心佛殿出现了绕置的礼拜道；中心佛殿上层安装了多座金顶和四周屋檐。不过这些遗迹有的目前已看不到明确的迹象如前者；有的在下一阶段已被拆换如后者。

第三阶段　帕木竹巴万户长绛曲坚赞（1302—1371年）于元至正八年（1348年）击败蔡巴，至正十四年（1354年）又袭破萨迦，建立起帕竹地方政权。大昭寺即进入了第三阶段。大昭寺第三阶段的时间约与帕竹地方政权相始终，帕竹地方政权覆灭于明万历四十六年，即清天命三年（1618年）。

此阶段大昭寺仍受到各方面的维修施助，如出身于山南雅隆王室的释迦仁钦德明洪武九年（1376年）所撰《教法史》后记中记：

>（释迦仁钦德）为济利众生，大事培修总供施处拉萨大昭寺……[61]

又如明永乐五年（1407年）内邬宗宗本修缮大昭寺寺宇。是年秋，大昭寺面貌一新[62]；又如永乐六年（1408年）噶玛噶举五世噶玛巴得银协巴于大昭寺奉供物，放布施[63]；又如16世纪萨迦座主贡噶仁钦为大昭寺释迦像妆銮面容并为众生祈愿[64]。至于这个阶段大昭寺变动最大的，亦即现存属于此时期遗迹的主要内容是中心佛殿内天井部分的变革：

一、在原有四周廊柱前方建四方抹角柱一匝，柱顶设栌斗，其上置托木，上承外延之廊檐。托木下缘仅具简单曲线，面部无雕饰【图1-10】。

二、在原来平面略呈方形的天井的中后部分树高柱，其上建天窗。高柱与其上托木的形制略同上述新设的四方抹角柱和托木。由于以上

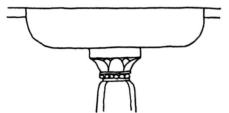

图1-10 大昭寺中心佛殿廊柱前面四方抹角柱和托木速写

两项建置，使原有天井面积大大缩小，只剩下原天井中部偏前部分。此缩小后的天井，即是现在中心佛殿殿门后的天井。

天井部分的变革，出于洪武七年至十四年（1374—1381年）扎巴绛曲任帕竹地方政权第三任第悉时，应宗喀巴之请求。事见《拉萨神变佛殿目录明鉴》：

> 乃东王（扎巴绛曲）责成柳乌朗喀桑布（吉雪宗本）和查噶瓦（潘达亏宗本）按照法王宗喀巴的要求去完成……从娘色曼的山上运来石头，把庭院和转经廊的地面换成石板；在天井里新安了十二根柱子，并接上了十根柱子，还树了廊柱十根，是柳乌宗受命完成的。[65]

永乐七年（1409年），受明册封阐化王的帕竹第五任第悉扎巴绛称（1385—1432年在位）又支持宗喀巴于大昭寺举行法会，《西藏王臣记》记此事云：

> 藏王扎巴绛称对于藏中各宗派均一视同仁，承事恭敬……三界法王宗喀巴大师也就是在这位藏王执政时和作出广大善业的期间，在那无尽胜慧所生方便多门开启而显出的一切智净饭王太子显现神变的殊胜时节——四月里，于西藏的金刚座——拉萨神变寺中，举起殊胜的大愿盛会。由那些不断进入永久和暂时两种福善事业的广大藏土众生的力量，成办了一切顺缘资具（即财物用费等）。[66]

此新建天井后部现存两件有关大昭寺史事的铭刻。一为明廷遣中官杨瑛宣慰乌思藏时所立碑[67]。碑正面为其前清乾隆元年（1736年）颇罗鼐所建弥勒倚像[68]所掩，碑文已不便摩读，碑阴镌题名十行，最前一名为"太监杨瑛"，末行最后镌"石匠朱顺、颜文桢"[69]，无纪年。杨瑛约即《明实录》（据梁鸿志本江苏国学图书馆传抄本，卷数与其他版本不同）所记之杨三保。杨于永乐十一年迄十七年（1413—1419年）曾三次入藏，《大明太宗文皇帝实录》记其事云：

> 永乐十一年二月己未……中官杨三保等使乌思藏等处还。乌思藏帕木竹巴灌顶国师阐化王吉剌思巴监藏巴里藏卜遣侄札结等与三保偕来朝贡，命礼部复遣中官赍敕赐之锦币，并赐其下头目剌麻有差。（卷八七）

> 永乐十二年春正月己卯，遣中官杨三保赍往谕乌思藏帕木竹巴灌顶国师阐化王吉剌思巴监藏巴里藏卜、必力工瓦阐教王领真巴儿吉监藏、管觉灌顶国师护教王宗巴干即南哥巴藏卜、灵藏灌顶国师赞善王著思巴儿监藏巴藏卜及川卜川藏陇答朵甘答笼匝常剌恰广迭上下邛部陇卜诸处大小头目，令所辖地方驿站有未复旧者，悉如旧设置，以通使命。（卷九一）

> 永乐十七年冬十月癸未……遣中官杨三保赍敕往赐乌思藏正觉大乘法王昆泽思巴、帕木竹巴灌顶国师阐化王吉剌思巴监藏巴里藏卜、必力工瓦阐教王领真巴儿吉监藏、思达藏辅教王喃渴烈思巴、灵藏灌顶国师赞善王著思巴儿监藏、灌顶弘善西天佛子大国师释迦也失等佛像、法器、袈裟、禅衣及绒锦彩币表里有差，盖答其遣使朝贡之诚也。（卷一一四）

杨碑立于天井后排中间左侧高柱之后，其位置似可表明：立碑时，天井即已缩小，不然该碑即孤立于原来的大天井之中，殊不合规则。另一件铭刻是高悬于天井后排中间右侧高柱正面的万历己酉（万历三十七年·1609年）银牌。此银牌镌文不见著录，因录其全文如下：

大明万历己酉年冬十二月初七日大智法王敬礼供养」金银宝殿一殿、金翅鸟宝顶金□一架、金字匾四面」金对字二排、金法王童子二尊、仙女二个、金吊柱二□」金柱带杵六个、金八吉祥一付、金斜角花六片、金□」六十八个、生花三十朵」银砠二层、银柱底八付、银照壁槅子二扇、银宝座」一座、银斗一百十个、银升花匾十三朵、银□……」个、银吊柱杵二个、银经箱一个」

末有两行上部残缺的文字：

……木孝奉金波罗花二树」……法臣和战牙奉金轮宝石一付。[70]

万历三十七年系帕竹末任第悉卓瓦贡布在位时。木孝疑与当时云南丽江土官知府木增为一家[71]。中心佛殿第三层上师堂藏一百零八函朱印本《大藏经》即为木增所献，因疑此银牌或是木增奉献于中心佛殿的供养物品的铭记。按丽江木家世奉噶举，自万历初木旺时代起，又重格鲁[72]，故于帕竹噶举尊奉格鲁之时，木氏家族一再向大昭寺奉献重要供养。

第四阶段 帕竹地方政权以后的藏巴汗彭错南杰、噶玛丹迥旺波父子侵据拉萨时期（1618—1642年），西藏重心在日喀则[73]。明崇祯十五年即清崇德七年（1642年），青海蒙古和硕特部固始汗入藏，五世达赖被尊为西藏宗教领袖，驻锡哲蚌寺甘丹颇章以来，开始对大昭寺进行大规模整修扩建，是为大昭寺建置第四阶段之始。第四阶段可分前后两期。前期即五世达赖（1617—1682年）时期和桑结嘉措任第巴时期（1679—1703年在位）。现存建置中，较为明确属于前期者，有以下四项：

一、大昭寺外大门、千佛廊院、中心佛殿外围的礼拜廊道[74]和中心佛殿第三、四两层。这些建置，显然与以前各阶段的遗存不同。外大门断面作复式十字形即十二棱的木柱为以前所罕见，其柱头托木的形制与千佛廊院、中心佛殿外围礼拜廊道和第三层的托木极为接近，约是建于同一时期的标志【图1-11】。

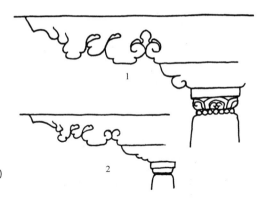

图1-11　大昭寺千佛廊院柱头托木（1）
及中心佛殿第三层柱头托木（2）速写

二、中心佛殿第三层佛堂所用九踩四翘、七踩三翘、五踩重翘等斗拱和重檐歇山、歇山金顶等屋顶形制与等级差别，俱与内地明清间流行的作法相似【图1-12】。

三、中心佛殿第四层四座角殿和部分屋顶各种金饰的形制与风格俱极相似，应是出于同一时期。

四、外大门南北两侧的仓库和第二层原噶厦办公室[75]等处柱头托木雕饰虽繁简有别，但其下层曲线却与千佛廊院、中心佛殿第三层者相似和接近，因知其建年约亦属于同一时期【图1-13】。

《大昭寺史事述略》据《五世达赖自传》和《拉萨神变佛殿目录明鉴》较详细地考述了此期建置，其中不仅包括了上述四项，还记录了不少其他内容，现按年代顺序摘录如下：

> 大规模修建围廊和厅庑不到三年，于藏历第十一绕迥乙酉年（清顺治二年·1645年）竣工。《拉萨神变佛殿目录明鉴》就是在当年编写流传的。关于修建围廊，在《五世达赖自传》中有记载："为修建逻娑神殿围廊，他来滚其阶茂敬献了后藏大寺院的木料等，其中有一百根柱子，八根门楼大柱子……"所谓后藏大寺院，是藏巴丹迥旺布在日喀则新建的噶举教派大寺院（扎西色弄寺），被蒙古兵毁掉后，由国始汗之妻他来滚其阶茂运到拉萨献给五世达赖作为修建之用。在大门门楼的上下两层，还补建了五世达赖拉（喇）让和第斯的寝室、两个库房等。自从"拉萨拉让"

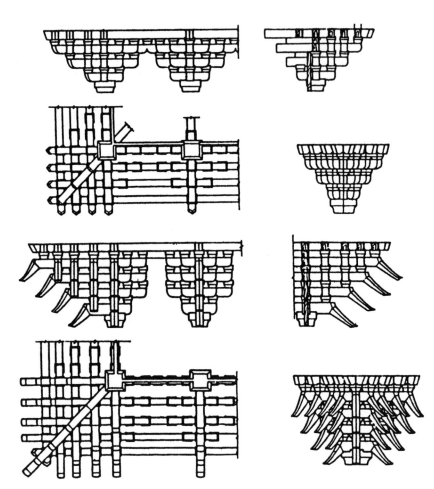

图1-12 大昭寺中心佛殿第三层佛堂所用斗拱（据《大昭寺》图22）

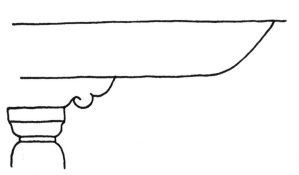

图1-13 大昭寺噶厦办公室柱头托木速写

出名后，大昭寺就成为地方政府直接管辖的一个重要寺院。此后按照达赖的旨意，由（第一任）第斯（第巴）索朗热登（1642—1659年在位）亲自主持，从各地招来大量工匠和乌拉，在大昭寺三楼进行大规模的修整扩建。楼顶东面的旧金顶被更换一新；西面的琉璃瓦顶及殿堂四周的瓦屋檐全部换成了金铜的；在南面新修了一个金顶，至此四方都对称地修了金顶。在三（四）楼还修了四个角楼神殿，都插有一面金铜的新法幢。四周的柽柳墙被金铜精美地镶嵌着。神殿的外表起了明显的变化，到处都可见到金光闪闪的壮丽景象。这项工程是在藏历第十一绕迥丁亥年（清顺治四年·1647年）完成的。关于金顶的资金来源，在《五世达赖自传》中是这样记载的："额尔德尼拖云资助了佛祖顶楼的金顶和四个角楼的四面幢。第斯承办，有所不足，增添了一些……我主张把西面的顶和有瓦的柽柳墙换成金铜的，第斯自己主动又把弥勒佛殿顶上的旧顶换成了新的。新金顶是从庸和桑当运来，正好可以换上。"在僧团内讧中，后藏绒庸和桑当曲廓林等地的许多噶举教派寺庙被毁，那里的顶便运来拉萨，这是毫无疑义的。

（《五世达赖自传》又记）戊子年（顺治五年·1648年）在大庭院的墙壁上画上了千佛像。藏历庚子年（顺治十七年·1660年）大昭寺主殿底层曾一度被香客占用的佛堂已全部腾出来，仍分别改建为兜率堂、观音堂、无量寿佛堂和法王殿，并塑造了各种佛像摆在佛堂内。藏历癸卯年（清康熙二年·1663年），（第二任）第斯赤勒嘉措（1660—1669年在位）把主殿的转经廊修复一新。藏历甲辰年（康熙三年·1664年），五世达赖在转经廊内侧重新画上了壁画……同时在神殿正门内两侧塑造了四大天王。大昭寺三楼北侧的金顶，虽曾由四世班禅洛桑曲坚（1567—1662年）整修过一次，但光泽减弱，与其他金顶不相称，于是五世达赖在藏历庚戌年（康熙九年·1670年）新建了一个与其他一模一样的金顶。藏历壬子年（康熙十一年·1672年）……在拉萨举行传召法会的时候，坛场集会非常拥挤，（第三任）第斯（桑日瓦洛桑土多，1669—

1675年在位）在拉让内为朗杰札仓新修一大殿……后来谓之伊昂的大经堂，当时就属于拉让的。现在存有的佛主的座背、座榻及其顶，都是五世达赖于藏历癸丑年（康熙十二年·1673年）新修的。

此后，《大昭寺史事述略》又作了一些补充：

> 大昭寺二楼在蔡巴时期只有一两个佛堂，到五世达赖时由于塑了各种佛像，便把一部分房子改成了佛堂。在（第五任）第斯桑结嘉措后期，不仅逐步地把二、三楼的空房子基本上改成了佛堂，而且在五世达赖去世（康熙二十一年·1682年）后，还把转经廊外侧东、南、北三面的房子全部变成了佛堂。总之，在这段时期里，大昭寺的建筑面积及其面貌等方面的变化都是最大的，已具有现在的规模了。

从现存遗存看，《大昭寺史事述略》对此期建置所作的结语是符合实际的。

第四阶段后期即指七世达赖罗桑格桑嘉措（1708—1757年）以来的建置。据《大昭寺史事述略》所记：

> 藏历第十三绕迥癸酉年（清乾隆十八年·1753年），清帝敕封七世达赖格桑嘉措统管西藏的政教事务，任命了四个噶伦，西藏地方政府的政权机构噶厦便设在大昭寺的南面……大昭寺主殿转经廊外侧东、南、北三面的壁画，以及整个庭院的壁画，最初是在藏历第十三绕迥癸卯年（乾隆四十八年·1783年）由八世达赖强白加措（1758—1804年）新画的，据《八世达赖传》载："癸卯，转经廊扩建后，因无壁画，便在度母殿外侧墙上画上七世达赖施主及随员，并顺着画了释迦百行传……在后门画上了极乐世界，门内两侧画有护法马头王、金刚手以及护贝龙王等，门外两侧画有天王。在南门里面左右边，顺序画了法王松赞、王臣吐巴岗简措和圣地班旦哲蚌、西藏三大圣地、布达拉宫、三大寺等印

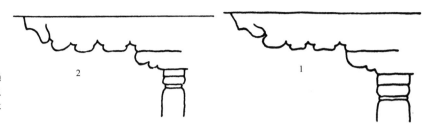

图1-14 大昭寺达赖拉让柱头托木（1）及威镇三界阁柱头托木（2）速写

藏的很多圣地，还有五欲乐。在楼顶天母的外廊上画有五世达赖阿旺洛桑加措、施主、随员、六臂护法神等，还有妙果福田，真是连绵不断……"这些壁画至今犹在……大昭寺楼上达赖的住处及其周围曾进行多次修整，规模最大的一次是在藏历第十六绕迥庚寅年（1950年）。北面的住宅区基本上是拆掉重建的，同时还新修了观会的康松司弄（威镇三界阁）。

18世纪中期以后以迄20世纪四五十年代修整的达赖拉让和新建的威镇三界阁，都大体上沿袭了五世达赖时的形制，但规模、用材皆已窄小，柱头托木日趋单薄、程式化【图1-14】。

二、小昭寺

小昭寺【图1-15】藏名甲达绕木切，位拉萨市八廓街北。寺最早见于《贤者喜宴》所录赤松德赞《第一诏书》：

> 赞普父子及母后均赌咒发誓不毁坏佛事，随后则写此由内外大小一切臣工所做之盟誓文书，由吐蕃上层贵族所建之三宝道场即大昭寺、汉人所建之小昭寺……等，故吐蕃乃得以进入解脱……有关叙述佛法在吐蕃前后产生情况之文书有正副两本，如是之抄本共十三份……分存于逻些之汉人所建小昭寺。[76]

与有关大昭寺的记录相同，《佛教史大宝藏论》也述及了小昭寺具体的修建人：

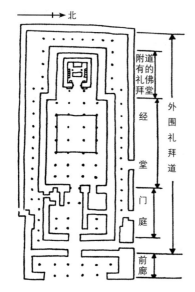

图 1-15 小昭寺平面示意

文成公主也修了拉萨小昭寺。[77]

贡噶多吉《红史》记录较详：

> （松赞干布）迎娶唐朝皇帝唐太宗的女儿文成公主，陪嫁物中有与释迦牟尼十二岁身量相等的觉卧释迦像，并修建嘉达日沃且神殿（即小昭寺），并建造自成五位一体现观音菩萨像等。[78]

《西藏王统记》更记录修建小昭寺有汉地工匠：

> 斯时（指建大昭寺时），汉妃亦自汉地召来木工及塑匠甚多，修建甲达绕木齐寺庙。庙门皆向于东方焉。[79]

现存小昭寺除寺门东向外[80]，表露在外面的全部建置中，不仅看不到任何吐蕃时期的遗物，甚至17世纪以前的遗留也极罕见。不过对比其他早期寺院兴建发展过程，并结合文献记载来分析，我们认为今天小昭寺的主体部分，由于和大昭寺处于相同的历史条件下，所以，大体上也可和大昭寺相似地分出四个阶段。

第一阶段　小昭寺第一层附有礼拜道[81]的佛堂部分，虽然没有保存像大昭寺中心佛殿内的古老构件，但它的布局却与8世纪后半赤松德赞所建桑耶寺中央神殿——乌策大殿，以及创建于吐蕃时期的其他佛堂[82]的原始形制相同。后来发现的《玛尼宝训》曾记录大、小昭寺的形制：

> 墀尊公主所建之大昭寺形如覆斗之形，文成公主所建之小昭寺形如狮子之上颚骨。[83]

按覆斗之形，指方形的大昭寺中心佛殿，狮子之上颚骨作∩形，应是对小昭寺佛堂形象的描绘。如此形制的佛寺不见于内地，藏文文献中对小昭寺也无具体的具有内地佛寺建置因素的遗迹的描述，因而不能不使人怀疑松赞干布时期的小昭寺，其遭遇与前述之大昭寺同，即创始时的建置已毁于玛香当政之时，《玛尼宝训》所记之"形如狮子之上颚骨"的形制，已是赤松德赞后期以来重建的样式。

第二阶段　第一阶段小昭寺的建置，经朗达玛废佛和12世纪下律部集团的战乱，也和大昭寺情况相同，并未彻底破坏，而促陈宁波、祥仁波切和蔡巴护持大、小昭寺时，既在大昭"新建神殿外的围墙"等建置，小昭亦不例外。桑结嘉措《黄琉璃史》记：

> 元代蔡巴万户长嘎德桑布[84]在小昭建造了为四部供养的房舍。[85]

蔡巴历世护持大、小昭，其在小昭兴建内容虽无法确指，但从蔡巴在大昭兴建高顶建筑物和向西扩展寺庭、修筑外门等工程推测，小昭寺经堂的扩大和第二层部分建置，疑即奠基于蔡巴护持之时。又小昭寺佛堂内现存的雕饰两瓣卷云曲线的柱头托木，式样古朴，与大昭寺中心佛殿12世纪前期以后增补结构上之托木相类，疑亦此时或后世摹拟此时遗物重修者【图1-16】。

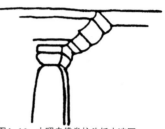

图1-16 小昭寺佛堂柱头托木速写

第三阶段 帕木竹巴地方政权时期，拉萨寺院多高建天井，小昭经堂中部由四根大柱撑起之高天井，约亦开始于此时[86]。明成化十五年（1479年）杰尊·贡嘎顿珠创建举堆扎仓（上密院）[87]，成化二十一年（1485年）小昭寺归属上密院，现小昭寺门庭西北隅建有供奉杰尊·贡嘎顿珠塑像之喇嘛拉康，为了兴建喇嘛拉康而向东扩建门庭的时间，应距贡嘎顿珠（1419—1486年）的时代不远。

第四阶段 主要是自明崇祯十五年（1642年）五世达赖开始被尊为西藏宗教领袖之后。现在小昭寺最前的建置——斫出十二棱的门廊廊柱，形制与大昭寺门廊同，当与大昭门廊同建于五世达赖时。《隆多喇嘛全集》记五世达赖时还新建了围墙：

（第三任）第斯（第巴）桑日瓦洛桑土多（1669—1675年在位）新建小昭寺围墙。[88]

新建小昭寺围墙，实际即整齐小昭寺外围的礼拜廊道。门廊与围墙的兴建，表明今日小昭寺主体建筑的规模，此时已告完成。至于门廊以内现存许多部分的大小构件，由于乾隆年间以及其后的多次火灾和近年人为的破坏，曾屡次重修，其绝对年代已难按上述阶段划分。大略言之，今天小昭寺的大部分建置已多近年补葺，原貌虽未尽失，但早年实物已难寻觅。

小昭寺近年破坏严重，1959年尚存之重要遗物已大部佚散，其中曾作记录的以丽江木增进献之金饰银质佛龛——"金银宝殿"和乾隆以来的匾额最为重要。

金饰银质佛龛，原置佛堂后壁前中部，为奉释迦像之神龛。龛作歇山顶殿堂形式，全龛装饰华丽，正面门额上方悬金字"寂默能仁"匾，两楹柱有金字联，上联书"如来色各尽，智慧亦复然，一切法常住，是故我归依"，下联书"如来妙色身，世间无圊等，无比不思议，是故今赞礼"，侧有木增所书"默"字牌，下款作"三宝灌顶法王牟尼子不动木增敬礼"。按此神龛，原供奉于大昭寺，故记录木增进献供品名单的银牌，1959年尚悬挂大昭寺中心佛殿天井高柱上方。至于此神龛何时移来小昭，《乾隆西藏志》已有著录：

（小昭）殿内之佛像……座上额书"默寂能仁"四字。[89]

推之，当在18世纪中叶以前。又大昭寺银牌所记"大智法王敬礼供养"云云之大智法王，疑即此默字牌下款所书之"三宝灌顶法王……木增"。木增具法王衔，不知所出。

小昭寺门庭门额上方悬乾隆二十五年（1760年）乾隆所书"耆阁真境"匾[90]。时当七世达赖逝世（乾隆二十二年·1757年）不久，清廷委派第穆呼图克图阿旺绛白德勒嘉措掌办商上事务管理格鲁教务时期（1757—1777年在位）。前廊后方大门门额悬"舍卫古刹"匾，下款署"光绪十四年（1888年）仲春月，奉管西藏军粮……黄绍勋"。其时正值驻藏大臣文硕积极支持西藏人民组织抗击英军入侵之际。前廊后排正中两柱上方悬民国三十三年（1944年）五月，国民党元老戴传贤所书"慈云广覆"匾。戴氏书匾之日，亦即接近国民政府原西藏掌办商上事务（摄政）热振诺门罕呼图克图（1934—1941年在位）与勾结英帝国主义之噶厦激烈斗争之时[91]。是此三方已佚之匾牌，俱与西藏近代历史联系密切。

三、札拉鲁浦石窟寺[92]

札拉鲁浦石窟寺【图1-17】系一塔庙窟，位布达拉宫西南药王山东麓，下距地面20余米，依山开凿，窟口东向，窟右壁前部崩毁，窟

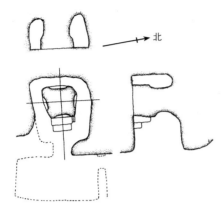

图1-17 札拉鲁浦石窟平、剖面示意

前凿出一段平坦崖面，疑旧有后接窟口兴建之木构建筑。《西藏王臣记》记元时蔡巴万户长嘎邓的次子默朗多杰：

> 曾修建拉萨的巴阁（八廓街）及札拉鲁布寺大殿顶……他作了很多无上的善业。[93]

此札拉鲁浦寺大殿不知与此有无关系。石窟略作长方形，深约6米，宽约5米，高约2.6米。窟内中部偏后凿出接近方形平面的中心柱，环绕中心柱的礼拜道平均宽约1米。中心柱四面各开一浅龛。正面即东面龛内雕坐佛，两侧各雕一弟子一菩萨，佛座前右侧露狮首，左侧狮首似已崩毁。左右两面龛内各雕一佛二菩萨。后面龛内雕一佛二弟子。四面坐佛皆右袒，作降魔相。窟四壁雕像无统一规划，多后世补雕。其内容有佛、菩萨、弥勒菩萨、护法和一佛二菩萨、三世佛等组像；有松赞干布夫妇和吞米·桑布扎、禄东赞像；还有莲花生和宁玛派祖师索尔迥喜饶扎巴（1014—1074年）像。窟上方有宽2.5米、深1.5米、高1.6米的僧房窟一处，该窟内左侧有凿出的石炕。钦则旺布《卫藏道场圣迹志》记此处"有松赞干布寝居的岩洞"[94]，约即指此僧房窟。

札拉鲁浦石窟寺见录于《西藏王统记》：

> （松赞干布）王又于札拉鲁浦修建神庙。此庙主神为吐巴札贡布（释迦现明王身之神像），其右旁自现舍利弗，左旁目犍连，

又右弥勒，左观世音，主从共五尊。虽然在岩石已自然现出，但为未来众生培积德福，复由尼婆罗匠师将其刻镂更加显明。在转经堂岩壁上，所有雕刻均由藏民竣其事功（陈译本此句作"其转经堂则由吐蕃臣民等在岩上凿出"）。斯时，盐价昂贵至六十倍，王许其雕岩粉一升即付以盐一升为酬。但仅雕得炭灰半升仍以一升之交换。诸神殿彩绘工程完毕，亦为其作迎神开光云。[95]

《西藏王统记》所记的主要佛像——主从五尊与石窟中心柱正面龛内的组像完全相同；臣民等在崖上凿出的转经堂，应即是周绕礼拜道的中心柱石窟。《松赞干布遗训》记有此寺的具体创建者：

> （松赞干布为波恭冬萨墀尊、香雄妃墀尊建寺奠基）此后，为茹雍冬妃，彼奠定查拉衮布寺之基。[96]

《贤者喜宴》又详述了茹雍妃的家世和该寺的形制：

> 松赞干布又娶……弥药王之女茹雍妃洁莫尊……茹雍妃在查拉路甫雕刻大梵天等佛像。当盐价（已涨至）八十（倍）时，每（雕）崖粉一升，其代价即给盐一升，由是在崖上雕凿成转经堂。[97]

弥药即《隋书》《两唐书》所记之党项羌。6、7世纪党项羌游牧于今甘肃、四川、青海三省交界地带[98]。出身于党项羌的茹雍妃于札拉鲁浦崖上创建的转经堂，实际是一座中心柱每面各开一龛的塔庙窟。这类石窟不见于印度、中亚和我国新疆地区，在西藏也只此一例，但却多见于当时中原以迄河西一带。河南巩县大力山北魏晚期开凿的第1、3两窟，是现知中心柱每面各开一龛的塔庙窟之最早实例[99]；其次是宁夏固原须弥山北周开凿的第45、46、51、67、70等窟[100]；再次是甘肃敦煌莫高窟第290、428、442等三窟北周窟；初唐开凿的莫高窟第39窟是此类石窟的最迟之例[101]。党项近固原、敦煌，茹雍妃兴建之札拉鲁浦石窟或渊源于此。

四、旧木鹿寺

旧木鹿寺或译作墨如宁巴,位大昭寺东邻,也是拉萨现存的有名古寺。《西藏王统记》记热巴巾时(815—838年在位)在大昭东、南、北三面建寺:

(热巴巾)王之受供僧娘·霞坚及少数臣僚等在拉萨东面(陈译本此句作"在大昭寺东面")建噶鹿及木鹿寺,南面建噶瓦及噶卫沃,北面建正康及正康塔马等寺。[102]

其中的木鹿寺,朗达玛之初,曾因班智达达拉尸罗在此掩关禅定并造喀萨巴哩像而名于时,不知因何缘故此寺于毁佛阶段竟被除外,《西藏王统记》记此事云:

赞普赤朗达玛·乌冬赞……不喜佛法,秉法暴恶。由于白达那坚诸恶臣权势极盛,乃拥立为王,执掌朝政。时班智达达拉尸罗在拉萨东之木鹿寺(陈译本此句作"在大昭寺东面")中,掩关修财神法,久无应验。班智达大怒,以禅杖末端击财神泥像之腹,乃由腹中现出多金,因以此为质,造喀萨巴哩像,为佛教身密所依……尔时,常有冰雹,田地荒芜,旱魃饥馑,人畜病疫,恶王之心又为魔鬼所乘,遂以此借口大肆摧毁佛教……封闭拉萨与桑耶寺院之门(原注:除木鹿寺外),其余小寺捣毁殆尽。[103]

现该寺主要建筑——三层佛殿和绕建的二层僧房皆十三世达赖土丹嘉措(1878—1933年在位)时重建,唯西侧僧房中部,东向的藏巴堂保存着值得注意的早期布局【图1–18】。

该堂分前庭、礼拜道、佛堂三部分。佛堂窄小,阔仅2.5米,深亦不足3米,左、右、后三面绕置宽约米余的礼拜道。佛堂、礼拜道之前有宽近8米的前庭。前庭前面的门廊系后世增设。此藏巴堂平面与桑耶寺乌策大殿中心部分类似,只是面积差距过大,似可看作乌策中

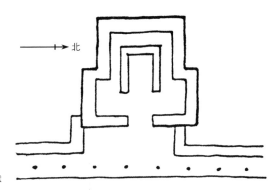

图1-18 旧木鹿寺藏巴堂平面示意

心部分的缩小型,因疑此堂的原始设计有出自前弘期的可能。

五、甘丹寺

甘丹、哲蚌、色拉与日喀则札什伦布并称西藏格鲁教派四大寺。前三者皆位拉萨郊区。

甘丹寺位拉萨东约40公里拉萨河南岸的卓日伍齐山上。《西藏王臣记》记其建置经过云:

> (札噶尔宗本)仲·仁清伯受大法王藏王扎巴绛秋(即帕竹第五任第悉)的任命,掌握地方长官的职务。他作了宗喀巴大师的主要施主,先后资助修建噶丹大寺。[104]

三世土观呼图克图罗桑曲吉尼玛《土观宗派源流》记此寺兴建的具体年代云:

> 宗喀巴大师己丑年(明永乐七年·1409年)……依如来授记建修卓日伍齐山的甘丹高胜州寺。[105]

1959年,承六十六任甘丹池巴土旦贡噶见告:该寺现存早期建筑是永乐丁酉(十五年·1417年)建成的阳拔健,寺的主要大殿——拉基为康熙(1662—1722年在位)末所扩建【图1-19】。

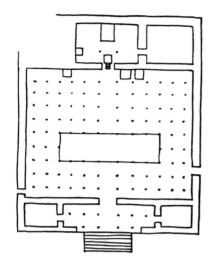

图1-19 甘丹寺拉基大殿第一层平面示意

拉基大殿底层后部正中建佛堂,堂门上方影塑兜率天宫。升阶入堂内。堂内前方置传为宗喀巴所用之宝座,座上方设伞盖。堂后壁坛上原应供奉弥勒倚像,不知何时改奉宗喀巴像,而移弥勒倚像于左壁坛上。佛堂前之经堂颇宽敞,阔十三间,深十间,用柱一百零二,中间偏前减六柱处为十四间面积的大天井。经堂之前设与大天井相应的十四间门廊。经堂、天井、门廊之制皆与康熙四十九年(1710年)所建色拉寺措钦大殿相似;柱头托木亦接近于18世纪初扩建后的色拉寺吉札仓【图1-20】,皆可证前述甘丹池巴所说之可信。

阳拔健位拉基大殿左侧,是甘丹寺专修密法的殿堂【图1-21】。周加苍《至尊宗喀巴大师传》(后简称《大师传》)记宗喀巴设计兴建此殿经过云:

木马年(永乐十二年·1414年)……宗喀巴大师开示说:修

图1-20 甘丹寺拉基大殿柱头托木速写

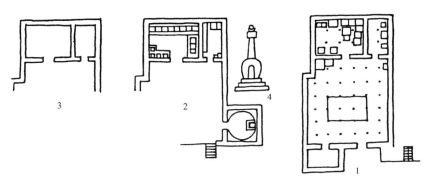

图1-21 甘丹寺阳拔健平面示意和宗喀巴塔速写
1. 第一层平面
2. 第二层平面
3. 第三层平面
4. 第二层宗喀巴灵塔殿中的宗喀巴灵塔

供等事,如果在僧会大殿中进行,未得灌顶诸人眼见曼荼罗等,是有极大的妨碍的。因此必须另有一所幽静的修供殿堂。按照所说,大师年届五十九时,于木羊年(永乐十三年·1415年)夏季,作好漾巴金(原注:拉萨甘丹寺的一殿名,意为广严城)的奠基诸事……此后,也就渐次建起了七十二柱的漾巴金殿堂和走廊、后殿等。于火猴年(永乐十四年·1416年)妥善完工。继后于火鸡年(永乐十五年·1417年)三月召集了许多极善工巧的工艺师,开始建造殊胜的诸像。在中后殿内建造释迦佛像,较大昭寺内的释迦像略为高大,即著名的释迦戒香像(原注:像身上放出如旃檀般的戒香),在上后殿中建造了密集金刚三十二尊的立体曼荼罗以及鲁哼巴师传胜乐轮六十二尊曼荼罗和金刚界立体大曼荼罗等,纯以诸宝制造而成……[106]

所记内容与现存情况,已有较大的差异。该殿底层经堂之后主要佛堂偏在右侧,内奉三世佛,后移入其他佛像和佛塔多座。佛堂左侧另辟护法堂,内奉护法像三。佛堂前为阔七间、深七间、用三十六柱(右上隅缩进一间,因减一柱)的经堂,经堂后壁画宗喀巴像,右壁画释迦说法,左壁中间画释迦,两侧为十八罗汉。全部壁画似非原作。经堂柱头托木形制与江孜白居寺大殿者似,当为建殿初期的遗迹。经堂中部天井下之柱头托木较拉基大殿者尤晚,可证经堂天井部分曾经重建或改动【图1-22】。重建或改动的部分,实不止底层的经堂天井,细审之,改动的主要内容似在中上两层。前引《大师传》云"七十二柱的漾巴金

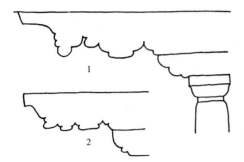

图1-22 甘丹寺阳拔健第一层柱头托木速写
1.经堂柱头托木 2.经堂天井下的柱头托木

殿堂",所记柱数,疑指底层经堂和其上面的中层用柱之合计数字,现中层只存建于底层佛堂上方的后殿。中层后殿亦分左右两室,右室面积大,为塔殿,内奉八大药师佛塔,后增置历代甘丹池巴塔七座;左室为经库,内右列甘珠尔经架,左奉塔多座。与《大师传》所记内奉较大昭寺略为高大的释迦戒香像不同。中层左前隅建有司东陀——宗喀巴灵塔殿,殿方形,内置传准噶尔王所进圆形毡帐一,毡帐内前列二柱,后部正中奉宗喀巴灵塔,塔方座,座上塔身作上侈下收的覆钵形,塔身正面作出塔门,塔身上树细高之十三天,再上为伞盖,伞盖上设仰月、宝珠。此塔较常见之格鲁派祖师塔为瘦高,与夏鲁寺布顿大师塔类似。宗喀巴塔左侧列宗喀巴弟子塔四,右侧列弟子塔三。殿后壁有印度传来之软石一块,传云石上有自现之护法像。此宗喀巴灵塔殿当系永乐十八年(1420年)所增建者,《大师传》记此事云:

奉安大师大宝遗体之处,是用各个具信大众敬供的十八升白银制造的奉安遗体的大银塔,并以难以估计价值的各种珠宝作美妙的嵌饰。塔的宝瓶中(即覆钵内)奉安遗体如意摩尼宝,穿着沙门应穿的祖衣装入以旃檀制成的箱子后,生成真实本尊的思想,遗体发散出无量的戒香芬芳。遗体之正面向着止贡方向,遗体的背面向后藏方面,就这样奉安了人天大众神圣福田。……此外,从各方面募化红铜,将收到的这些红铜,按两位阿阇黎(指贾曹杰和克珠杰)吩咐,用红铜铸造内供宝像——大师的鎏金大像,身量较大昭寺释迦佛像约高一肘,极为善妙优越。遗体和金像作为内供宝像,奉安之处,为新建的极为广大而且善美的殿堂内等,于铁鼠年(永乐十八年·1420年)内完成,举行之开光法事。[107]

上层建于中层八大药师佛塔殿和经库之上,亦分左右两室,右为池巴灵塔殿,殿后壁列铜佛台架,其前奉历代池巴银塔十;左为坛城殿,内置立体坛城三和铜塔八。此三立体坛城约即《大师传》所记在上后殿中建造的密集金刚等三座立体曼荼罗。上层之上建重檐歇山金顶,上下檐皆施斗拱,上檐用七踩三翘,下檐单翘,跳头皆承斫作耍头状之梁头,各升斗斗欹部分皆无颤线,作法与大昭寺金顶者似。顶四角戗脊端上套置象头饰,正脊两端立金刚杵,正中为宝瓶,杵瓶间各置一频伽鸟,皆鎏金耀目。脊正中之宝瓶顶端树金刚杵与他寺正脊之宝瓶不同。

阳拔健底层之护法堂内藏甲胄多件,其一嵌饰金珠,华丽异常;胄附皮签一,签上墨书藏、满、汉、蒙四体文字,汉文内容为:

> 乾隆□十二年七月□□□□广慧大国师□嘉耐□□赴西藏瞻礼,命赍御用宝胄绣甲一张,供奉佛座之右。

知是乾隆二十二年(1757年)乾隆遣三世章嘉若必多吉(1717—1786年)入藏寻访确认七世达赖转世灵童(即八世达赖降贝嘉措)时携来者,此事见录于土观·洛桑却吉尼玛《章嘉国师若必多吉传》:

> (乾隆二十二年)十二月,(章嘉)抵达拉萨……此后……(去甘丹寺)瞻仰了各佛殿内外的佛像,来到阎魔护法神塑像前……将文殊大皇帝寄献的一套珍奇铠甲奉献给护法神,请求护佑。[108]

六、哲蚌寺

哲蚌寺位拉萨西约10公里的根碚乌孜山南坡,内邬宗本为建寺施主,《西藏王臣记》记其事云:

仲钦·朗喀让波经藏王任命为勒乌城的长官，他以宗喀巴师徒为根本业师，特别是他对修建哲蚌寺捐助了不少的资财……生子为仲钦·朗喀伯觉，受藏王扎巴绛称的委任，当了地方长官……对哲蚌寺作了建寺最后完成的供奉。[109]

修建的具体年代，《土观宗派源流》云：

一切智根敦珠巴班桑波乃于后藏隆盛法主（宗喀巴）之教法者，甘丹寺建后八年建哲蚌寺。[110]

甘丹建于永乐七年，后八年即永乐十五年（1417年）[111]。

哲蚌寺最初的建置是该寺的主要大殿——措钦大殿的原始部分。现措钦大殿底层有明显的重修扩建迹象【图1-23】。大殿后面右侧保留右、后两面礼拜道的右佛堂（堆松拉康），应属早期布局，所用托木【图1-24】与甘丹寺阳拔健建殿初期托木相似；右佛堂内奉三世佛、八大菩萨，中部偏左有宗喀巴像，均属早期塑造。右佛堂前右侧设小殿内奉弥勒铜像，像前供一法螺，传为宗喀巴获自甘丹寺侧一小山之伏藏者[112]。此殿亦似为早期建置。右佛堂（堆松拉康）左侧礼拜道之废除，显然是由于左佛堂（弥旺拉康）之增建。左佛堂内奉弥勒倚

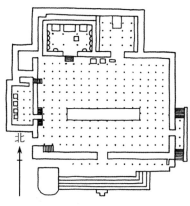

图1-23 哲蚌寺措钦大殿平面示意

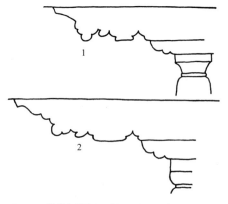

图1-24 哲蚌寺措钦大殿第一层柱头托木速写
1. 早期托木 2. 晚期托木

像，左右两侧列置经橱。此佛堂为颇罗弥旺所建，故名弥旺拉康。颇罗弥旺即七世达赖罗桑格桑嘉措时有名的颇罗鼐，其扩建哲蚌措钦当在雍正六年迄乾隆十二年（1728—1747年）被清廷委任总理藏卫事务期间。上述两佛堂前之大经堂，应是兴建左佛堂时所扩展，阔十七间、深十三间、用柱一百八十四，中间偏前减八柱，建十八间面积的大天井，是西藏寺院经堂建筑中之最大者。大经堂右侧有灵塔殿，内奉二世达赖根敦嘉措、三世达赖索南嘉措、四世达赖云丹嘉措灵塔[113]。此灵塔殿与大经堂前之门廊等建置，亦应是颇罗鼐时或稍后所增建或扩展者。措钦大殿第二层东侧有甘珠尔殿，殿内沿壁建经橱，藏明永乐八年（1410年）红印本甘珠尔[114]、万历四十二年（1614年）云南木增所奉理塘版甘珠尔和第三任第巴洛桑土登祝贺五世达赖六十大寿于康熙十年（1671年）金书的甘珠尔及康熙二十二年（1683年）北京版甘珠尔各一部。第二层西侧为文殊殿，内奉文殊，文殊像右侧有药师银塔，形制较古，约是格鲁早期所兴建【图1-25】。措钦大殿最

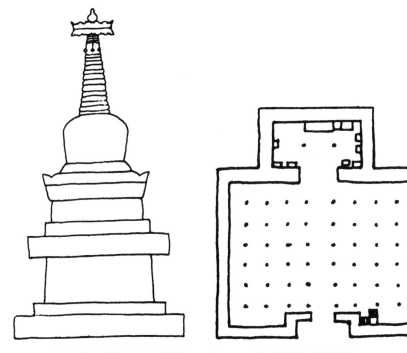

图1-25 哲蚌寺措钦大殿第二层文殊殿内的药师银塔速写　　图1-26 哲蚌寺阿巴札仓平面示意

上层设释迦殿，奉释迦银像。殿顶建歇山金顶。哲蚌寺现有四大札仓，古玛、罗塞林、德曩是三个显宗札仓，阿巴札仓是密宗札仓。阿巴札仓建年略晚于措钦大殿【图1-26】。该札仓位于措钦西北。《大师传》记宗喀巴于永乐十七年（1419年）秋，自甘丹往朵垅温泉，归途至哲蚌寺为阿巴札仓开光：

  时哲蚌寺修密法殿建设圆满，请大师开光。[115]

札仓大门凹入，门后底层为阔九间、深七间、四十八柱的经堂。经堂后正中建佛堂，内主像为大威德，其左有五世达赖像，前、左、右三壁前皆立护法像。经堂、佛堂托木俱与措钦大殿旧托木同【图1-27】，可证此札仓建年与旧措钦接近。三层有坛城殿，内奉坛城三，中间为大威德坛城、西胜乐坛城、东药师坛城。殿四壁亦绘坛城，唯南壁东侧绘四天王，西侧绘金刚手、马头明王和衔蛇禽鸟。

  古玛札仓位措钦大殿之东【图1-28】。底层后部设佛堂三，正中佛堂奉三世佛，两侧壁列经橱。三世佛前有五世达赖像。前壁前塑四天王。左佛堂内奉度母二十一尊。三佛堂之前为阔十三间、深十间、用一百零二柱的大经堂。经堂中间偏前有十四间面积的大天井。经堂后壁前列十一面观音、宗喀巴、弥勒等像，左右壁绘佛传、本生壁画。经堂前建十八间前廊，前廊右壁画六道轮回，左前壁书有戒律文字。门廊柱头托木与18世纪前半色拉寺重修之吉札仓之晚期托木相似【图1-29】。第二层东北隅建护法堂。

  罗塞林札仓形制略同古玛，正中佛堂奉弥勒倚像。经堂阔、深间数与用柱数字俱与古玛同，唯面积较古玛尤宽大，是哲蚌四大札仓中

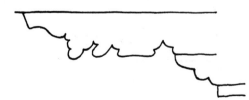

图1-27　哲蚌寺阿巴札仓柱头托木速写

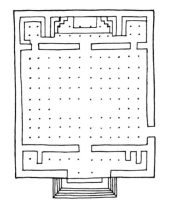

图1-28 哲蚌寺古玛札仓第一层平面示意

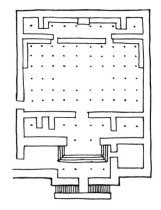

图1-30 哲蚌寺德曩札仓第一层平面示意

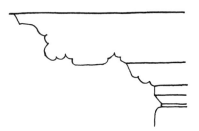

图1-29 哲蚌寺古玛札仓门廊柱头托木速写

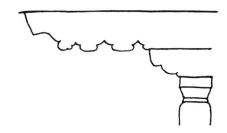

图1-31 哲蚌寺德曩札仓柱头托木速写

之最大者。

德曩札仓【图1-30】底层后部佛堂奉倚坐弥勒，佛堂两侧各设一库藏。佛堂前经堂阔十一间、深七间、用柱五十六。经堂中间偏前设十间面积之天井。经堂前有门廊二重，前重门廊为后建。护法堂设于第二层中部，与古玛位东北隅者不同。此札仓柱头托木与乾隆五十九年（1794年）所建日喀则关帝庙托木酷似【图1-31】。前重门廊大门挑檐用二层不出踩斗拱，即以正心瓜拱、正心万拱上承正心枋挑檐的做法；全部升斗欹部斜直，无颤线，其时代似略晚于上述之托木。

七、色拉寺

色拉寺位拉萨北约5公里色拉乌孜山南麓。《土观宗派源流》记此寺云：

> （宗喀巴弟子）降钦却吉·释迦耶协曾进京为永乐和其子宣德二代国师……回藏时，依宗大师命修建色拉贴钦林寺。[116]

> 噶丹寺建后……十一年，色拉寺建。[117]

甘丹建于永乐七年（1409年），后十一年即永乐十八年（1420年）[118]。寺内大型殿堂有四处：措钦大殿位寺内南北大道之东；吉札仓、阿巴札仓、麦札仓位大道之西。

措钦大殿是色拉寺的主殿，康熙四十九年（1710年）由当时主持西藏政务的蒙古和硕特拉藏汗助资兴建[119]【图1-32】。此殿底层经堂之后并建五室，中间三室为佛堂，内部通连。中室奉弥勒、八大菩萨；前壁两侧各立一护法；中部列经橱，内贮永乐八年（1410年）版红印本甘珠尔。此印本甘珠尔系释迦耶协于永乐十四年（1416年）自内地携归者。《大明太宗文皇帝实录》著录其事：

> 永乐十四年五月辛丑，妙觉圆通慧慈普应辅国显教灌顶弘善西天佛子大国师释迦也失辞归，御制赞赐之，并赐佛像、佛经、法器、衣服、文绮、金银器皿。（卷一零一）

右室奉释迦，两侧为十六罗汉，前壁塑四天王。十六罗汉相传据释迦耶协携来的内地木雕所摹塑，或谓以原木雕为胎包塑于像内。左室为内奉大威德之护法堂。经堂后壁正中设宝座，座前为释迦耶协像，其左为弥勒像，右为七世达赖罗桑格桑嘉措和十二世达赖陈列嘉措像，再右为文殊像；左壁画千佛；右壁画七佛。经堂、门廊的间数与柱网布局略同于甘丹寺拉基大殿；柱头托木亦极相似【图1-33】，可知两者建年接近。第三层西间经橱贮唐卡，其中十六罗汉、四天王共10幅（每幅二像），一派内地画风，约为15世纪前期所绘。15世纪前期色拉寺与明廷关系密切，建寺之后，释迦耶协再度来京，《明史·西域·大慈法王传》记其事云：

> 宣德九年（1434年）入朝，帝留之京师，命成国公朱勇、礼部尚书胡濙持节，册封为万行妙明真如上胜清净般若弘照普慧辅国显教至善大慈法王西天正觉如来自在大圆通佛。

寺藏至善大慈法王大幅缂丝当即织造于此时。缂丝长109厘米、宽65厘米[120]，正中为释迦耶协结跏座上，作转法轮之相，右上方织出"至善大慈法王之印"印文一方，左上方织出汉文三行，内容为上引《明史》所录之封号全文[121]；汉文之左又织藏文十行，内容应是上述汉文封号之藏译。缂丝下端有墨书藏文一行，记与此缂丝一并珍藏的还有时轮金刚等铜像六尊等记事[122]。

措钦大殿前立有木幢，幢竿修长，有若内地之幡竿。幢竿上设铜

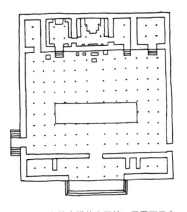

图1-32 色拉寺措钦大殿第一层平面示意

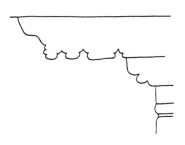

图1-33 色拉寺措钦大殿柱头托木速写

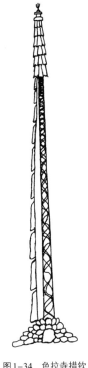

图1-34 色拉寺措钦大殿前之幢竿速写

质叉形法具及束腰小座，座下垂六层彩帛盖饰，自盖饰内依幢竿系粗绳，若干件绢质印或书写的藏文咒语附着绳上，迎风飘扬；幢竿自顶到底裹缠白、黑毛皮条；竿底埋入地内，外垒石堆固定。此种木幢应是内地石幢之原始形制【图1-34】。

吉札仓位寺内大道西侧北端，是该寺札仓中之最大者【图1-35】。寺僧云：吉札仓创建于乙卯年（宣德十年·1435年），颇罗鼐总理卫藏事务时（1727—1746年）扩建。门廊后底层为阔十间、深十一间、用柱八十六的大经堂。经堂后壁前正中奉释迦像，像前置宝座，释迦像之右列多座灵塔，释迦之左置佛坛奉佛像，左右壁主要画多组释迦说法，两组间绘佛传；前壁绘护法，入口右侧有五世达赖昂旺·罗桑嘉措像。经堂之后列三佛堂，左右佛堂设门通经堂，正中佛堂左右壁辟门通左右佛堂。正中佛堂后壁前中间为宗喀巴像，左右各一释迦，两侧壁前立高肉髻的八大菩萨和两护法，前壁列佛龛、经橱。左右佛堂主像皆为文殊，环壁列经橱。经堂左右壁亦辟有佛堂，右壁佛堂有奉三世佛者。札仓所用托木明显的有早、晚两种【图1-36】。

吉札仓在色拉寺中下属康村最多。康村规模较小，无佛堂，只具门廊、经堂。一般于经堂后壁前列佛像龛橱。吉札仓康村较完备的一处是巴第康村。巴第康村两层建筑。底层经堂后壁佛橱内奉师徒三尊，宗喀巴像居中，右为贾曹杰，左为克珠杰。左右两壁列经架。上层后

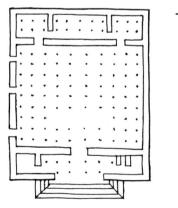
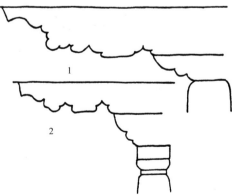

图1-35　色拉寺吉札仓第一层平面示意　图1-36　色拉寺吉札仓柱头托木速写
1. 早期托木　2. 晚期托木

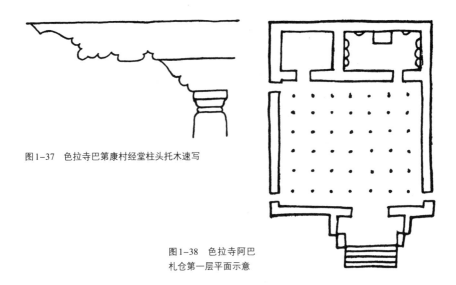

图1-37 色拉寺巴第康村经堂柱头托木速写

图1-38 色拉寺阿巴札仓第一层平面示意

壁画宗喀巴说法，侧侍八大弟子。门廊内东侧悬乾隆丙寅（十一年·1746年）湖南陈朝□所奉"出青天外"匾。门廊外有乾隆五年（1740年）署钦命驻藏管辖绿旂弁兵四川泰宁协署都督金事管副总府事加一级军功记录二次宋宗璋等所奉"佛国留芳"匾。经堂托木形制早于吉札仓之后期托木【图1-37】，是此康村之建，当在颇罗鼐扩建吉札仓之前。吉札仓与巴第康村俱以主要位置奉安宗喀巴，甚至处之于释迦、三世佛之上，如此突出格鲁祖师殊值注意。

阿巴札仓位吉札仓东南【图1-38】，寺僧介绍阿巴札仓即释迦耶协创寺时所建之措钦大殿，康熙四十九年（1710年）新措钦建成后，始改作密宗札仓。门廊之后，底层为阔八间、深七间、用柱四十二的经堂。经堂后壁前正中设宝座，座后建佛坛，奉像一列，中为释迦耶协像。经堂后辟二佛堂，右佛堂奉释迦，左佛堂奉大威德。门廊用粗壮之十六棱柱，柱头托木与新措钦大殿相近【图1-39】，疑拉藏汗兴建新措钦时，亦曾重修此札仓。

麦札仓位阿巴札仓之南，寺僧谓释迦耶协建措钦时一并营此札仓，后毁于雷火。乾隆二十六年（1761年）依原式扩建。札仓现存柱头托木有早晚两种形制：早者近似哲蚌措钦之早期托木，或存创建时原式；晚者接近功德林大门托木，似较扩建时尤晚【图1-40】。门廊后，

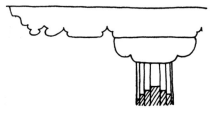

图1-39 色拉寺阿巴札仓柱头托木速写

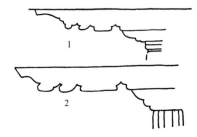

图1-40 色拉寺麦札仓柱头托木速写
1. 早期托木
2. 晚期托木

底层为七十柱经堂。经堂后列四佛堂：正中左侧者主像为释迦；其左佛堂主像为宗喀巴；正中右侧佛堂奉十六罗汉，最右佛堂为护法堂。第二层后部正中佛堂上方悬乾隆所书"福缘恒护"匾，堂内即底层释迦像之顶部，其右有弥勒像，左为文殊。

八、功德林

功德林汉名卫藏永安寺，位布达拉宫西磨盘山南麓【图1-41】。乾隆五十七年（1792年）结束廓尔喀入侵，清廷新建磨盘山关帝庙之后，即为办理战时军需有功的八世济咙呼图克图益西洛桑丹贝贡布兴建此寺。《嘉庆卫藏通志》卷六记此寺云：

> 卫藏永安寺，乾隆六十年（1795年）御赐庙名曰卫藏永安，颁四译字扁额，建在磨盘山之南麓。参赞公海兰察巴图鲁等捐资修建，为济咙呼图克图住锡之所。乾隆五十九年（1794年）工竣[123]。钦差驻藏内阁学士兼礼部侍郎和宁撰碑文，其辞曰："……憯彼廓番，蜗触坤维，皇帝震怒，乃命麾戈，大将军福（康安）、大司空和（希斋）军筹战律，秉算靡讹。巴图鲁海（兰察）霹雳摧阿，克震克捷。壬子（乾隆五十七年·1792年）之秋，元戎奏绩，虎将陈猷，爱发愿力，仰答神庥，布金五千，作庙山陬，载谋载度，济咙浮屠，鸠工阅岁，藏厥宏谟，翼翼（熠熠）辉辉，宝像金躯，于万斯年，永祝皇图。"

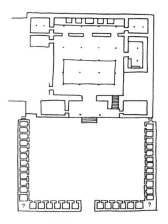

图1-41 功德林平面示意

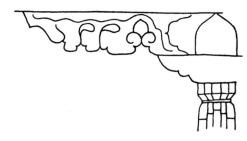

图1-42 功德林柱头托木速写

该寺前具僧房院,院后方建大殿。大殿底层后方建佛堂,佛堂原奉宗喀巴像,嘉庆十六年(1811年)八世济咙呼图克图卒后,扩展佛堂,改奉灵塔,正中金塔为八世济咙塔,两侧为九世济咙罗布藏丹贝坚赞、十世济咙阿旺班垫曲结甲木赞银塔。佛堂左侧通护法堂;右侧通经库,经库后壁前有瑜伽诸像,左壁前有无量光、尊胜佛母、度母三像。佛堂前辟三门通经堂。经堂前方门廊上悬钤有"太上皇帝之宝"的满、藏、汉、蒙四体字匾额,汉文作"卫藏永安寺"。门廊柱镌十二棱。经堂、门廊柱头托木已向窄长演变【图1-42】。柱与托木形制可视为18、19世纪之交,即乾隆末迄嘉庆初拉萨寺院建筑断年之标准。前引《嘉庆卫藏通志》所记和宁碑,立于功德林大门前,汉藏合璧的碑文刻在碑阴,碑阳未镌文。

九、策默林

策默林汉名崇寿寺,位小昭寺西,琉璃桥之北,是哲蚌寺策默呼图克图驻锡之所。寺主要建置有东西两殿【图1-43】。东殿建于一世策默呼图克图阿旺楚臣任掌办商上事务时(1777—1786年)。西殿建于二世策默呼图克图阿旺绛贝楚臣嘉措任掌办商上事务时(1819—1844年)。两殿在建置上的共同特点是底层经堂两侧都兴建有对称的

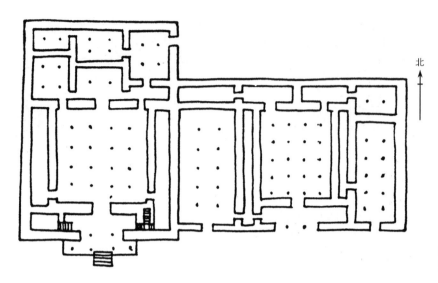

图1-43 策默林东西两殿平面示意

作为库藏的廊屋。西殿底层佛堂分前后两排,前排当中佛堂奉二世策默塑像。东殿底层经堂之后,有左右两佛堂,原奉二世策默灵塔、三世策默阿旺洛桑土旦丹巴坚赞灵塔[124]。策默林是拉萨大中型寺院中创建较晚的一处,两殿异于以前的格局,应是格鲁佛寺于18世纪末叶迄19世纪前期出现的新形式。

十、苍姑寺

苍姑寺是拉萨最早的一座女尼寺院,位大昭之南【图1-44】。据寺尼云:系宗喀巴八大弟子之一的多敦(1389—1445年)创建。原建规模较小,后经扩展但布局未变。现寺内佛殿只具门廊、经堂,无佛堂。经堂阔、深各五间,后壁前奉像一列,正中为十一面观音,其左为文殊,右为无量寿。左壁前奉宗喀巴、贾曹杰、克珠杰三像。右壁立吉祥天母。前壁绘马头明王、大黑天两护法。经堂兼具佛堂作用,是拉萨三大寺内康村流行的形制。

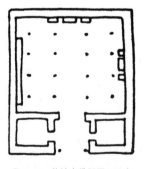

图1-44 苍姑寺佛殿平面示意

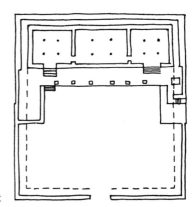

图1-45 聂塘度母堂平面示意

十一、聂塘度母堂

聂塘度母堂位拉萨西10公里聂塘村,属拉萨市曲水县【图1-45】。系纪念印度来藏高僧阿底峡所兴建。自宋庆历二年(1042年)起,阿底峡居藏十余年,其间在聂塘传法最久,并于至和元年(1054年)卒于聂塘。宗喀巴《菩提道次第广论》记其事迹云:

> (阿底峡)尊者行至阿里上部,是应整顿佛教的启请,遂将一切显密要义,归摄成为修行的次第,造《菩提道炬论》等,依于此门大兴教法。估计在阿里大约住了三年,聂塘住了九年,藏卫及其他地方共住五年。在这期间为有缘者讲授显密经论,教授罄尽无余,对于佛制败坏者重新建树,略存轨者培植光大,染有邪执之垢者为之涤净,遂使释迦教宝远离垢污。[125]

《青史》记阿底峡卒后,其弟子商议建寺事:

> 尊者遗体荼毗后,未发现加持物及舍利,但是业塘地方普降金雨,后来仍有人获得(降金)。仲敦巴心想现在应如何办呢?正焦忧之际,嘎哇·释迦旺秋及时来到,也就将灵骨分散给库师、峨师等诸人,而供他们满愿;尊者的佛像、经、塔及常修本尊佛

像等给仲敦巴；库师、峨师、嘎格哇诸师对于尊者灵骨建造了一座灵骨银塔。继后由嘎哇负责将诸供养物质收集起来，以作每年大祭奠之用；并说……在业塘也当修一寺庙。[126]

于是，于阿底峡逝世周年集会后，仲敦巴即修建供养阿底峡自修成就的本尊度母的殿堂——度母堂。其后，宋开禧元年（1205年）噶当派嘉钦汝瓦于其地扩建成寺院[127]。

现存聂塘度母堂寺门内为庭院，庭院中部两侧各建僧房一列，庭院后部高台基上建绕置礼拜道的横长方形佛堂，佛堂内以承重石墙截为三室，石墙前部起券门将截开的三室连成一体。中室前壁设窗，内奉二十一度母像，原置于后壁前的大度母像已毁，其位置现奉安释迦像；左右壁前各设上下两层龛，每层供奉中型度母像五，上层者为铜像，下层皆泥塑。右室前壁辟门，内奉六塔，中间大塔仅存塔身，其右四铜塔皆粗颈大伞盖的噶当觉顿式塔，其左一大型噶当觉顿，高约3米，塔座直径约1.5米【图1-46】。左室亦前壁设门，内奉三世佛、八大菩萨和二护法，室中部置阿底峡像。左、右两室门通前廊，廊深一间，前沿树六柱。自左第一、二柱间和前廊左端尽处各建细长十三天之白塔一座，前者传为阿底峡灵塔。按此寺主要建筑——外绕礼拜

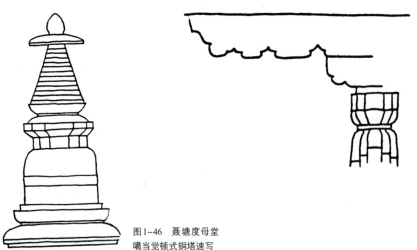

图1-46 聂塘度母堂噶当觉顿式铜塔速写

图1-47 聂塘度母堂廊柱柱头托木速写

道的横长方形佛堂与同属噶当派的日喀则那塘寺佛堂相似，因疑佛堂与前廊部分尚存 13 世纪旧制，但佛堂内分截三室与色拉寺措钦大殿和吉札仓的佛堂格局相同，廊柱托木与甘丹寺阳拔健天井后建托木接近，当皆出自后世重修【图 1-47】。

十二、堆龙德庆楚普寺

楚普（布）寺或作卒（簇）尔普（卜）寺、粗浦（朴）寺，位拉萨西北 65 公里堆龙河谷深处，属拉萨市堆龙德庆县。该寺为噶玛噶举黑帽派祖师都松钦巴于丁卯年（宋绍兴十七年·1147 年）兴建类乌齐噶玛丹萨寺后，又建的另一主寺。创建之年，《贤者喜宴》记：

> 都松钦巴（1110—1193 年）在八十岁时，建造了粗浦寺。[128]

都松钦巴八十岁时是 1189 年，即宋淳熙十六年。《贤者喜宴》又记：

> （二世噶玛巴什）在此粗浦寺居六年（即宋淳祐七年至十二年·1247—1252 年），对该寺进行了修缮和扩建。[129]

松巴呼图克图益西班觉《佛历年表》具体记录了修建大神殿的年代：

> 癸亥年（宋景定四年·1263 年），噶玛巴什返回藏区，并建粗朴寺大神殿。[130]

以上早期建置，现虽传有遗迹，但早已面目全非。

楚普寺现存最早建筑，相传为都松钦巴创建的顿级康，其次是措康，再次是塞东清波和银青清波。

顿级康创建时为石砌，何时改建成现存之木石结构【图 1-48】，因无可以断年的遗物，已难推测。但顿级康右侧和前右方存有部分礼拜道遗迹，可推知此殿或尚保有较早的形制[131]。顿级康分前后两部

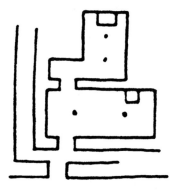

图1-48 堆龙德庆楚普寺顿级康平面示意

分。后部左侧现奉护法像，像左置噶当觉顿式铜塔一列。前部后壁前正中亦置铜塔一列，其左为都松钦巴像，相貌清癯，靠背精致；右壁前置铜塔和木雕背光各一；左壁前奉释迦、弥勒两银像。按顿级康传为都松钦巴生前诵经苦修之所，卒后改为供奉都松钦巴殿堂，因此除都松钦巴像为早期安置者外，其他诸像、塔虽皆14世纪以前遗物，亦当为后世移奉于此者。

楚普寺主殿——措康，前临寺正门，殿前立赤祖德赞（815—841年在位）时期《尚·蔡邦聂多于堆之江浦修建神殿碑》【图1-49】，此碑不知何时移来楚普[132]。措康应即前引松巴所记噶玛巴什所建之大神殿，但现存建置已无早期遗迹。现措康五层，底层前置门廊、前庭，其后为经堂、佛堂。经堂阔七间、深八间、用柱四十二，平面略呈方形，中部设九间大天井【图1-50】。经堂柱头托木有繁、简两种【图1-51】，简者位天井下，形制较大昭寺中心佛殿天井前部柱头托木为晚，繁者较大昭寺千佛廊柱头托木为早，因可推知此经堂建筑似不晚于16世纪。经堂四壁画释迦说法与噶玛巴宣扬佛法事迹，画中人物多内地衣冠，噶玛巴仪仗亦类内地制度，且多以山石林木作上下前后不同情节的间隔，线条遒劲，彩色平涂，内容技法极似内地风格。经堂之后为内树六柱的佛堂，佛堂柱距较经堂为宽。寺僧谓此佛堂为九世噶玛巴旺秋多吉（1556—1603年）所建，又经十三世噶玛巴堆督多吉（1733—1797年）扩建或不误。经堂后壁前奉释迦及二菩萨，左侧有十三世噶玛巴堆督多吉、十二世噶玛巴绛曲多吉、十四世噶玛巴台乔多吉像和十世噶玛巴却英多吉塔，右侧有十三世、十二世噶玛巴塔。经堂前之前庭内塑四天王，天王身躯修长与习见短腯造型者不同。再前之门廊塑二护法。门廊正中两柱上方悬华带匾额，匾右上方书"永乐五年（1407年）月日"，正中竖书"大转法轮之寺"金字二行，下方横书藏文寺名【图1-52】。此匾额当为永乐六年（1408年）五世噶

西藏拉萨地区佛寺调查记 53

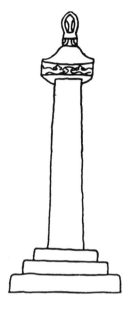

图 1-49 堆龙德庆楚普寺内江浦建殿碑速写

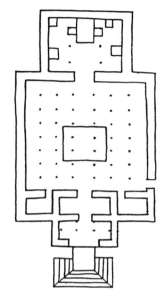

图 1-50 堆龙德庆楚普寺措康第一层平面示意

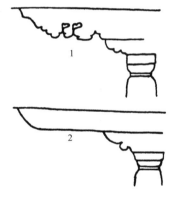

图 1-51 堆龙德庆楚普寺措康柱头托木速写
1. 大殿柱头托木
2. 大殿天井下柱头托木

图 1-52 堆龙德庆楚普寺措康门匾速写

玛巴得银协巴归自南京时携来。得银协巴来内地，事见《大明太宗文皇帝实录》：

> 永乐四年（1406年）十二月戊子，遣驸马都尉沐昕迎尚师哈立麻（噶玛巴）。先是，命中官侯显等往乌思藏，征哈立麻。至是，显遣人驰报，奏已入境，故遣昕迎之……己酉，尚师哈立麻至京入见上于奉天殿。庚戌，宴尚师哈立麻于华盖殿，赐金百两、

银千两、钞二万贯、绵币四十五表里及法器茵褥、鞍马、香果米茶等物。（卷四七）

永乐五年（1407年）春正月甲戌，赐尚师哈立麻仪仗……二月庚寅，尚师哈立麻奉命率僧于灵谷寺建普度大斋，资福太祖高皇帝、孝慈高皇后，竣事赐哈立麻金百两、银千两、钞二千锭、彩币表里百二十、马九匹……三月丁巳……封尚师哈立麻为万行具足十方最胜圆觉妙智慧善普应佑国演教如来大宝法王西天大善自在佛，领天下释教，赐印诰及金、银、钞、彩币、织金珠袈裟、金银器皿、鞍马……宴于华盖殿。（卷四八）

永乐五年秋七月癸酉，命如来大宝法王哈立麻于山西五台建大斋，资荐大行皇后（徐氏），赐白金一千两、锦缎绫罗绢布凡二百六十。（卷五一）

永乐六年夏四月庚子，如来大宝法王哈立麻辞归，赐白金、彩币、佛像等物，仍遣中官护送。（卷五六）[133]

该寺所藏大宝法王于灵谷寺建普度大斋图卷一轴，即详绘上引《明实录》所记之盛事。图卷采用连环画式，自永乐五年二月初五日起，逐日绘图并文字记录重要事迹，如二月初五藏事之始即现五色卿云等祥瑞，三月十八日斋事圆满，四月初五日永乐幸灵谷寺，十三日大宝法王启程去五台山等，共计49段，全长44.21米，高0.66米，洵楚普之第一重要的历史文物[134]。措康第二层为印经堂，内贮经板二万片。第三层为藏经堂，堂后壁前列经橱，内有永乐八年（1410年）内地红印本甘珠尔一部。第四层为寺办公室。第五层为库藏。再上建金顶，正脊中饰宝珠，两端置龙首装饰。

塞东清波或称金塔殿【图1-53】，为历代噶玛巴灵塔殿，位措康之东，寺僧云：为九世噶玛巴旺秋多吉所建。殿五层，底层内以长天井为界分前、后两部分。后部后壁前列塔三座。左侧为一世噶玛巴都

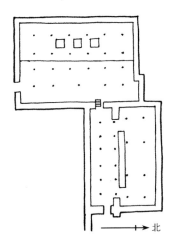

图1-53 堆龙德庆楚普寺塞东清波和银青清波第一层平面示意

松钦巴塔，塔前悬都松钦巴布质画像，画幅甚大，画心高2.6米，宽1.48米，都松钦巴戴黑帽，双手作转法轮印，结跏坐于仰覆莲座上，莲座下绘须弥座两层，上层以短柱隔为五格，格内画狮、象，下层画八壸门，门内各一护法。都松钦巴背后衬山岳树木，上、左、右缘分格画噶举祖师像，上缘正中三像为印度祖师。全幅画像竹笔细劲，朱红色重，间用泥金，绘制年代约在14世纪，是殿内所悬唐卡中之最早者。右侧为二世噶玛巴什塔。两塔皆作噶当觉顿式。正中为九世旺秋多吉塔；此塔较左右两塔高大，装饰瑰丽，通体鎏金，十三天高细，形制已与格鲁祖师塔接近。柱头托木作正心瓜拱上承正心万拱的形式，所用升斗敧部多数尚存出颧之制，使用内地斗拱之柱头，拉萨地区似以此处为最早。前部殿门开在左壁，门两侧画天王、护法，前壁画释迦多幅，画风俱与措康经堂壁画类似。此部分柱距显著缩短，与后部柱距不相应，疑为十三世噶玛巴堆督多吉时扩建。塞东清波最上层四周石墙上铺石板，板上置平板枋，枋上列五踩重翘斗拱一匝，以承面阔六间、进深六架的梁架。中间两架的组织：前后斗拱之上置前后相通之六架梁，梁上两端各设立柱架平枋，中部树立柱，两侧置斜撑上承平梁，平梁上方置方墩、托木承托脊榑。平枋、脊榑外侧铺木椽一层。全部梁架用料单薄【图1-54】。椽木之上即设金顶，金顶作歇山式，正脊两端吻作龙首。檐端列金滴水，其形制似较大昭寺三层慈尊

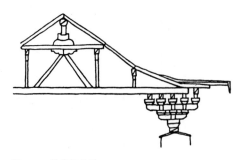

图1-54 堆龙德庆楚普寺塞东清波顶层梁架示意

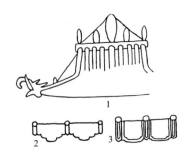

图1-55 堆龙德庆楚普寺塞东清波金顶（1）、滴水（2）和拉萨大昭寺慈尊殿滴水（3）速写

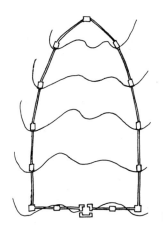

图1-56 堆龙德庆楚普寺堡垒式围墙平面示意

殿金顶半椭圆形滴水为早【图1-55】[135]。

塞东清波右前方连接南向设门之银青清波——银塔殿（参见图1-53）。银青清波底层亦奉三塔，五世噶玛巴得银协巴（1384—1415年）塔居中，六世噶玛巴通瓦顿丹（1416—1453年）塔位右侧，八世噶玛巴木居多吉（1507—1554年）塔位左侧。三塔遍体银装。塔前列九世噶玛巴旺秋多吉（1556—1603年）像。其左一高坛，上奉米拉日巴像。再左为十世噶玛巴却英多吉（1604—1674年）、十一世噶玛巴耶歇多吉（1676—1702年）、十二世噶玛巴绛秋多吉（1703—1732年）像。一世都松钦巴（1110—1193年）像北侧一金刚手银像，制作古朴，寺僧云：噶玛巴什时（1204—1283年）造。此殿柱头托木亦用内地斗拱形制，但较塞东清波后部者简略，其时代或与塞东清波前部相近。又此殿最前一列柱距加宽，应是建殿后扩展。

楚普寺四周建有石砌的堡垒式围墙【图1-56】，正门开在南面，外有两侧辟门的方形瓮城。南面两端建角楼，自两角楼向北依山势作内曲的弧形迤逦而上，交接于最北端之敌楼。全部围墙共建敌楼十一座。角楼、敌楼石基内外突出，外面还加砌有护脚一匝或二匝。建筑坚固，1959年尚大部完好。寺僧云：围墙系九世旺秋多吉时建。向以"游僧"见称的噶玛派[136]，自16世纪后期以来，日益参与世俗权势之争，楚普加强防御设施，应是在这样的历史背景下出现的[137]。

注释

[1] 此次调查拉萨地区寺院，王毅同志曾发表简报《西藏文物见闻记（一）》，刊《文物》1960年6期，可参看。

[2] 1983年，西藏自治区文物管理委员会组织文物普查队，对拉萨市区的文物进行了比较细致的普查工作。1984年，编写了《拉萨文物志》，1985年内部印行。该书记录了拉萨市各寺院近十多年的重修情况。

[3] 参看拉萨市政协文史资料组编《大昭寺史事述略》，恰白·次旦平措执笔，陈乃曲札、陶长松汉译，译文刊《西藏研究》创刊号，1981。

[4] 参看 Jas Burgess：*Buddhist Cave Temples and Their Inscriptions*，pl.14、28，1881.

[5] 玄奘（约600—664年）唐贞观四年（630年）抵那烂陀寺，受学于戒贤，在该寺五年，备受优遇。贞观十年（636年）离那烂陀寺。四年后又回那寺，戒贤嘱玄奘为寺僧讲《摄论》《唯识抉择论》。贞观十六年（642年）春东返。十八年（644年）抵于田，次年初抵长安。参看《大唐大慈恩寺三藏法师传》。义净（635—713年）唐上元元年（674年）抵那烂陀寺，前后于该寺留学十年。武周垂拱元年（685年）离那烂陀，仍循海路东返，证圣元年（695年）始抵洛阳。参看《大唐西域求法高僧传》卷下、《宋高僧传》卷一。

[6] 义净《大唐西域求法高僧传》原附有那烂陀寺图，故该书序前有云："沙门义净从西国还，在南海室利佛逝撰《寄归》并那烂陀寺图。"又寺图约附《新罗慧轮法师传》中，故《慧轮传》有"此是室利那烂陀莫诃毘诃罗样……凡观寺样者，须南面看之……"词句。

[7] 参看 *Archaeological Survey of India*, *1930-1934*，pl.LXXI；梅见逸荣、高田修《印度美术史》第六章"笈多朝の中部佛教美术"，1944。

[8] 从考古实测图上观察，那烂陀寺遗址东侧多建僧房院，其南端之第1A号僧房遗址东北隅为第1号僧房院遗址所打破，可知第1A号僧房院兴建于第1号僧房院之前。或谓第1号僧房院建于5、6世纪之际的呾他揭多笈多王，此说如无大误，第1A号僧房

院即应建于5、6世纪之际之前。第1B号僧房院遗址东壁外缘，略叠压于第1A号僧房院遗址西壁中北部之上，但第1A、1B两僧房院内部建置的相似部分，远比第1号僧房院为多，因可推测第1B号僧房院之兴建，虽晚于第1A号，但要早于第1号。有关那烂陀寺情况，参看季羡林等《大唐西域记校注》卷九那烂陀僧伽蓝条注（一），中华书局，1985。

［9］黄颢《贤者喜宴摘译（三）》："（大昭寺）中殿……所有柱子均呈金刚橛形。"黄颢注释40引《松赞干布遗训》："（将大昭寺）所有寺院柱子制成橛杵状。"以上译文刊《西藏民族学院学报》1981年2期，页26、44。《贤者喜宴》，噶玛噶举高僧巴卧·祖拉陈哇撰于明嘉靖四十三年（1564年），该书刊于洛扎，故又名《洛扎佛教史》。《松赞干布遗训》，传为阿底峡抵拉萨后，于大昭寺殿柱中发现。

［10］此拱形托木，索朗旺堆同志告我：藏语名"修"（xiu），其意为弓，盖取其形状若射箭之弓而名之者。

［11］木质卧狮，西藏古文献皆传建于松赞干布时，如《西藏王统记》："王（松赞干布）乃变化一百零八化身……雕刻一百零八座狮王之鼻"（据刘立千译本，页84～85。参看注［23］）。又如《贤者喜宴摘译（三）》："松赞干布变化五千化身，因之砌筑墙壁，制作木件……上下天窗的所有椽头处，如悬一百八十八个白狮子及绿狮子一般。"（《西藏民族学院学报》1981年2期，页26）近年中外学者俱谓出于西方影响，《贤者喜宴摘译（三）》注释40："作为初檐与重檐间的承檐，有些是用近似于古埃及狮身人面兽的半圆雕。"（页44）石泰安（Rolf Alfred Stein）《西藏的文明》第五章"文学和艺术"："当我们在一幅照片中，发现了檐下柱头上的一系列圆雕刻品的时候，简直是惊呆了，这些图案中都是卧狮，长有人类或动物的头，人们认为这是由于受到古代伊朗的影响。我们在尼泊尔加德满都河流的古老城市和不丹也发现过类似的艺术"（据耿昇译本，西藏社会科学院西藏学汉文文献编辑室《西藏学参考丛书》第一辑之一，1985，页308）。此种出檐木质卧狮，大昭寺中心佛殿以后，在西藏仅见于11、12世纪兴建的康马萨玛达寺（参看Giuseppe Tucci: *Archaeolo gia Mvndi Tibet*，pl.126，1973），杜齐据此谓大昭寺比较古老部分即中心佛殿重建的时间在后弘期。我们认为萨玛达寺卧狮躯体已缩小，形象益狰狞，更无人头者杂厕其间，其年代远较大昭寺卧狮为晚。又自17世纪以来，西藏佛寺建筑中流行的成列蹲狮，如位于大昭寺千佛廊院和殿门上方者，向更小、更凶怖的方向发展，此狮形演变趋势，亦可为萨玛达寺卧狮时代较晚，增一佐证。

［12］参看 *Buddhist Cave Temples and Their Inscriptions*，pl.18、19、30。

［13］据法尊译本，西北民族学院研究所，1981，页59。《白史》所记巴卧·祖陈之说，即指《贤者喜宴》而言。《白史》仅写完松赞干布、芒松芒赞两代事迹，作者根敦琼结（1903—1951年）即被迫害逝世。参看霍康·索朗班巴《藏族学者根顿群培生平简述》，罗桑且增汉译，刊《西藏研究》1985年2期。

［14］译文转引自《贤者喜宴摘译（三）》注释40（页43），《五部遗教》系由宁玛派高僧邬坚林巴于元至正七年（1347年）编辑成书。杜齐《西藏艺术》亦谓"拉萨的大昭寺则是古印度威克拉玛希拉寺的再现"（据张保罗译文，刊《民族译丛》1984年3期，

页57），当亦根据此记载。

[15] 多罗那它，西藏觉囊派高僧，所著《印度佛教史》撰就于明万历三十六年（1608年）。该书是一直被重视的研究印度佛教史的权威性著作。译文据张建木译本，四川民族出版社，1988，页207～208、216。嘎摩罗寺与那烂陀寺的关系和两寺被毁情况亦俱见此书。参看张译本，页220、226、231、233、238、243、246～250。关于多罗那它的事迹，可参看许得存译阿旺洛追扎巴《觉囊派教法史》第二章，西藏人民出版社，1993，页58～67。

[16] 自20世纪初以来，一些参观过大昭寺的西方学人也有类似的看法，石泰安《西藏的文明》第五章"文学和艺术"中，曾作简单介绍："沃德尔（Maddell）于1904年曾参观过此寺庙，并对某些雕刻有神龛的木柱与8、9世纪的印度石窟寺庙的风格作了比较。1948年，杜齐认为那些带有柱头的柱子出自尼泊尔工匠之手，他认为这些柱子比寺庙的其他部分更为古老。"（据耿昇译本，页307）

[17] 译文据王尧《吐蕃金石录》，文物出版社，1982，页169。

[18] 译文据王尧、陈践《敦煌本吐蕃历史文书》，民族出版社，1980，页143～144。

[19] 译文据《吐蕃金石录》，页160。

[20] 赤松德赞《第一诏书》亦记建大昭寺事："由吐蕃上层贵族所建之三宝道场，那大昭寺……。"此二诏书俱见《贤者喜宴摘译（九）》，《西藏民族学院学报》1982年4期，页35～37。杜齐曾就《贤者喜宴》辑录此两诏书，论《贤者喜宴》一书之重要性，参看所著《藏王墓考》，阿沛晋美汉译，刊《藏族研究译文集》第一集，中央民族学院藏族研究所，1983，页15～17。

[21] 最早记录泥婆罗墀尊公主建寺的是《玛尼宝训》，《贤者喜宴摘译（三）》注释40曾摘要汉译。《玛尼宝训》，传出自松赞干布，为阿底峡再传弟子扎巴恩协发现的伏藏之一。

[22] 据郭和卿译本，民族出版社，1986，页170。布顿·仁钦珠（1290—1364年），夏鲁派创始高僧，元人译作卜思端。曾首次编订了丹珠尔部目录，元至治二年（1322年），撰《佛教史大宝藏论》（亦称《布顿佛教史》），是研究藏传佛教发展史的名著。

[23] 据刘立千译本，西藏人民出版社，1987，页83～85。作者索南坚赞（1312—1375年），萨迦仁钦岗拉章继承人，曾兼任萨迦寺座主。《西藏王统记》末章附记："岁次阳土龙年（戊辰·明洪武二十一年·1388年）萨迦派索南坚赞详为撰写于桑耶大伽蓝。"按附记所记撰写之年，作者已殁十余年。刘立千附注813解释此附记云："估计此书是其未完的遗著，由他的后人继续补充完成，故此处所写年号不是作者自己所写成书之年，而是整个著作完成之年，他的后人署了他的名字而已。"帕尔·K.索白生的《王统世系明鉴的作者和成书年代》另有解释，谓附记的阳土龙年系阳土猴年（戊申·洪武元年·1368年）之误，这是"由于正字法拼写混乱"使雕版时出现了"纪年生肖……刊刻之误"（据熊文彬译文，刊《国外藏学研究译文集》第六集，西藏人民出版社，1989）。《王统记》有刘立千、王沂暖和庆英、仁庆扎西三种汉译本，本文用刘译，但参照了陈译。陈译本名《王统世系明鉴》，辽宁人民出版社，1985。

[24] 据郭和卿译本，西藏人民出版社，1985，页27～29。作者廓诺·迅鲁伯（1392—

1481年），噶举派著名译师。《青史》初稿完成于明成化十四年（1478年）。明成化十七年（1481年）即著者逝世之年始校正刊行。本书主要记录了佛教在西藏传播的历史和传承，以内容丰富，保存了许多久佚的史料而著称。参看王继光、才让《藏文史籍四种叙录》青史条，刊《西藏研究》1988年3期。

[25]《拔协》或译作《桑耶寺志》，为拔氏所记故名。此书相传系11世纪阿底峡弟子噶当派大师库敦发现，但一般认为现行世的广、中、略三本，皆写定于13世纪以后。参看王继光、才让《藏文史籍叙录之三》拔协条，刊《西藏研究》1989年4期。广本《拔协》有佟锦华、黄布凡汉译本《〈拔协〉（增补本）译注》，四川民族出版社，1990。

[26] 译文据《贤者喜宴摘译（五）》，《西藏民族学院学报》1981年4期，页57～62。

[27] 译文据《贤者喜宴摘译（七）》，《西藏民族学院学报》1982年2期，页38～40。

[28] 译文据《贤者喜宴摘译（八）》，《西藏民族学院学报》1982年3期，页38～43。

[29] 译文转引自《大昭寺史事述略》。

[30] 译文转引自《贤者喜宴摘译（十二）》，《西藏民族学院学报》1983年4期，页56。

[31] 据陈庆英译本，西藏人民出版社，1986，页120～122。《汉藏史集》又名《贤者喜乐赡部洲明鉴》，作者达仓宗巴·班觉桑布是15世纪前半和江孜夏喀巴家族关系密切的一位学者。该书主要内容撰于明宣德九年（1434年）。

[32] 参看《吐蕃金石录》，页49～50。

[33] 近代对大昭寺创建于松赞干布时期，颇多置疑，参看戴密微（Paul Demiévill）《吐蕃僧诤记》第一章"有关吐蕃僧诤会的汉文史料译注"、第二章"史料疏义"，耿昇译本，甘肃人民出版社，1984，页20、137、246～253。

[34] 参看《贤者喜宴摘译（十）》，《西藏民族学院学报》1983年1期，页61～63。

[35] 也有可能是赤松德赞为其长子"天子臧玛因喜爱佛法，遂出家为僧，居于僧众之中"建造的修行所。参看《贤者喜宴摘译（十三）》，《西藏民族学院学报》1984年1期，页96。

[36] 译文转引自《大昭寺史事述略》。

[37] 参看深井晋司《アナ——ヒタ——女神装饰金银制把手付水瓶》，该文收在《ペルシア古美術研究》论文集中，吉川弘文馆，1968。

[38] 参看Albert Grünwedel: Alt-Buddhistische Kultstätten in Chinesische-Turkistan, S.334, 1912.

[39] 参看Oleg Grabar: An Introduction to the art of Sasanian Silver, 该文收在Sasanian Silver论文集中。林良一《ペルシアの遺宝（2）》，新人物交来社，1979。

[40] 银瓶人物中反弹琵琶的图像，多见于吐蕃占领敦煌时期（781—848年）莫高窟所建的洞窟壁画中，如第112窟南壁东侧观经变相壁画，据此似可推测反弹琵琶的舞姿流行于8、9世纪。参看《中国石窟·敦煌莫高窟四》，图版54，文物出版社，1987。

[41]《贤者喜宴》记"亚泽王日乌梅迎请了学高望重的仁多大师及佐巴阿热祖等等，他们将十八克铜分包成一百另四包，另有五百两黄金，用这些于阳铁狗年（庚戌·元至大三年·1310年）在觉卧佛像头上造了金顶。所余黄金又为十一面观音造了小金顶。

此后，亚泽王布涅梅又建造了大金顶。"译文据《贤者喜宴译注（十八）》，《西藏民族学院学报》1985年4期，页35。《大昭寺史事述略》引《蔡目录》记万户长门勒多吉的事迹时说："庚戌年，牙孜王送来金、铜，于是在释迦牟尼顶楼及观世音楼修建了两座金顶。"《蔡目录》即《蔡贡塘寺目录》，为《红史》著者贡噶多吉的弟子觉日阿旺丹增所撰。

[42] 据刘立千译本，页142。

[43] 另一地指桑耶寺。

[44] 译文据《贤者喜宴译注（十八）》，《西藏民族学院学报》1985年4期，页34。

[45] 内地虽未见相同之例，但从平梁以上结构的变化可推知之。唐大中九年至十年（855—856年）建成之山西五台佛光寺东大殿（参看李裕民《佛光寺大殿修建年代新考》，刊《五台山研究》1986年3期）只用大叉手（参看梁思成《记五台山佛光寺的建筑》，该文收在《梁思成文集（二）》，中国建筑工业出版社，1984）。大叉手之下出现蜀柱最早之例，是10世纪末兴建的天津蓟县独乐寺山门（参看梁思成《蓟县独乐寺观音阁、山门考》，该文收在《梁思成文集（一）》，中国建筑工业出版社，1982）。11世纪前期所建河北新城开善寺大殿平梁以上结构虽与独乐寺山门同，但明次间两缝中间的横向结构却只用大叉手上承脊槫尽端，下斜撑在上平槫之襻间上（参看祁英涛《河北省新城县开善寺大殿》，刊《文物参考资料》1957年10期），此后的位置与大昭寺前面一组结构尤为接近，因知大昭寺此组结构的年代当较开善寺大殿为晚。又四川重庆井口宋墓后甬道后壁上方石雕拱形月梁上置一斗三升斗拱的作法亦与此组结构相类，该墓年代以所出铜钱最晚的是政和通宝推之，当在12世纪之初（参看重庆市博物馆历史组《重庆井口宋墓清理简报》，刊《文物》1961年11期）。

[46] 中心佛殿第二层四周廊道壁画多绘千佛，千佛中或现释迦。西北隅约存100平方米左右壁画，已于1985年剥离保存；西藏工业建筑勘测设计院《大昭寺》（中国建筑工业出版社，1985）页76、77各著录一幅。东南隅壁画画面已为油烟熏黑，近年试做清洗，已显露一部分。

[47] 参看Pratapaditya Pal：Tibetan Paintings，pl.7、8，1984.

[48] 译文据《贤者喜宴译注（十八）》，《西藏民族学院学报》1985年4期，页34。

[49] 译文据《大昭寺史事述略》转引。《拉萨神变佛殿目录明鉴》简作《大昭寺目录》，五世达赖撰于清顺治六年（1649年）。

[50] 事见《青史》："（赞布的后裔古格王）哲德在位时，于丙辰（宋熙宁九年·1076年）法轮大会，召集了卫、藏、康三区所有持法藏大师们，各尽其长，转所有诸法轮。桑噶译师所译《量释庄严论》也是在那时译出来的。"译文据郭和卿译本，页48。

[51] 指大昭、小昭两寺。

[52] 贡噶多吉《红史》记此事云："香卓微官布仁波且（即祥仁波切）……依上觉夏那尼之教法和达波贡巴的教诲，承侍于拉萨二寺。"译文据陈庆英、周润年译，东嘎·洛桑赤列校注本，西藏人民出版社，1988，页111。贡噶多吉曾任蔡巴万户长，《红史》成书于元至正二十三年（1363年）。东嘎·洛桑赤列《论西藏政教合一制度》解释这一段历史云："第三绕迥铁龙年（宋绍兴三十年）即公元1160年，在拉萨、雅隆澎波

的上述四个集团互相攻打了很久，将大昭寺、小昭寺和昌珠寺的一部烧毁，破坏极其严重。当时达布噶举达布拉杰的弟子达公木粗迟宁波在各集团间进行调解，并修复拉萨大、小昭寺，后把寺庙移交给当时拉萨地区经济、军事实力强大的宗教人士（蔡巴噶举教派的创始人）公堂喇嘛香（即祥仁波切）照管。"译文据郭冠忠、王玉平译本，西藏人民出版社，1985，页35～36。

[53] 五世达赖昂旺·罗桑嘉措《西藏王臣记》记有桑杰约珠事迹云："历代的元帝各有其信奉的教派和导师……元世祖忽必烈信奉的是蔡巴噶举派……他被选为大官长（即蔡巴万户长）后，奠定了噶举僧伽中蔡巴派教法的基础。他的儿子为大长官仁嘉，继掌父亲的长官职务后，曾到元都，元世祖命他培修……寺庙，并赐晓谕全体官民的诏书……他有子三人，长子名利玛协饶，曾经当过众生怙主帕思巴的侍从而去到元都，获得元帝的赐封，次子为大长官嘎邓，相传他是鸦面明王的化身转世，他为了察巴派寺众的事务，曾七次去到元都，亲谒元帝……他所作的这些广大善业，使得元帝对他十分欢喜。嘎邓有一兄弟名仁清旺秋，已出家为僧。嘎邓本人有子二人……次子名默朗多杰……曾修建拉萨的巴阁（八廓街）……并修造……光明神变寺的殿堂等……他作了很多无上的善业。"译文据郭和卿译本，民族出版社，1983，页102～105。《西藏王臣记》撰于明崇祯十六年（1643年）。

[54] 《大昭寺史事述略》引《贤者喜宴》和《蔡目录》皆作"外门"。

[55] 《大昭寺史事述略》引《蔡目录》记此事在蔡巴万户长格德伯及其二子当政时，即元至元十七年迄至正七年（1280—1347年）。

[56] 此事《汉藏史集》记为"阿吉梅的在扬孜出生的儿子期底梅及其大臣贝丹扎巴为……大昭寺的十一面观世音菩萨像奉献了金顶。"译文据陈庆英译本，页133。

[57] 译文据《贤者喜宴摘译（十八）》，《西藏民族学院学报》1985年4期，页34～35。

[58] 据《大昭寺史事述略》转引。

[59] 参看《红史》译本前附东嘎·洛桑赤列所撰"作者介绍"。

[60] 据《大昭寺史事述略》转引。

[61] 此据汤池安汉译《雅隆尊者教法史》，西藏人民出版社，1989，页107。

[62] 参看王森《西藏佛教发展史略》附录二《宗喀巴年谱》，中国社会科学出版社，1987。

[63] 参看卓嘉《哈立麻得银协巴与明廷关系综述》，《西藏研究》1992年3期。

[64] 此据陈庆英、高禾福、周润年译《萨迦世系史》，西藏人民出版社，1989，页305。《萨迦世系史》系明崇祯二年（1629年）萨迦昆氏家族传人达钦阿美夏·阿旺贡噶索南据其前若干家《萨迦世系》裒辑成书。

[65] 据《大昭寺史事述略》转引。

[66] 据郭和卿译本，页135～136。

[67] 此碑《乾隆西藏志》《嘉庆卫藏通志》俱记为明万历时太监杨英立。既误立碑之年，又误杨瑛为杨英。

[68] 策仁旺杰《噶伦传》："火龙年（清乾隆元年·1736年），遵照达赖喇嘛的指示，颇罗鼐兴建了释迦牟尼前的弥勒佛像。佛像是用镀金铜制成的。完工之后，由尊师珠白旺秋举行了开光典礼。"据周秋有译本，西藏人民出版社，1986，页21。

[69] 《拉萨文物志》第五章《金石匾额·杨瑛碑》条有碑阴录文。《文物》1985年11期刊西藏文管会文物普查队《大昭寺藏永乐年间文物》记太监杨瑛碑形制云："长方形碑身，长方形碑座。碑座大部分已埋入地下。碑首高0.36、宽1.05、厚0.26米，碑身高1.68、宽0.97、厚0.21米，碑座宽1.09、厚0.43米。此碑雕凿简拙，圆形碑首与常见同类碑首相异，较为扁平……碑石两面四周阴线镌刻宽5厘米的二方连续蔓草纹饰。"

[70] 1988年8月参观大昭寺时，已不见此银牌，盖"文革"中被拆除，存佚不详。

[71] 按《木氏宦谱》木增，木旺孙，明万历二十六年（1598年）袭职，明天启四年（1624年）致仕，清顺治三年（1646年）卒。增字生白，曾在鸡足山建悉檀寺，并招徐霞客来游丽江。参看云南文物工作队《丽江壁画调查报告》，刊《文物》1963年12期。

[72] 参看王森《西藏佛教发展史略》第八篇"格鲁派"。

[73] 传明万历四十六年（1618年）藏巴汗彭错南杰在堆隆地方战胜入侵的蒙古军队。这支蒙古军曾占据拉萨，毁坏了大、小昭寺。彭错南杰进据拉萨后进行了修复。此次修复的遗迹尚未发现。参看《西藏佛教发展史略》第六篇"噶举派"。

[74] 礼拜廊道指围绕中心佛殿外面的露天的石砌外壁的礼拜廊道。

[75] 噶厦成立于清乾隆十六年（1751年），即七世达赖罗桑格桑嘉措开始亲政之年，但此办公室托木形制似可早到17世纪末期。

[76] 译文据《贤者喜宴摘译（九）》，《西藏民族学院学报》1982年4期，页35～36。

[77] 据郭和卿译本，页170。

[78] 据陈庆英等译本，页32。

[79] 据刘立千译本，页85。

[80] 寺门或殿门东向，为吐蕃时期创建的许多寺所选用，如本文所收拉萨旧木鹿寺藏巴堂。此外，札囊桑耶寺乌策大殿（参看何周德、索朗旺堆《桑耶寺简志》，西藏人民出版社，1987）、札塘寺大殿（参看何周德《札塘寺若干问题的探讨》，刊《西藏研究》1989年3期），乃东玉意拉康、吉如拉康（参看西藏自治区文管会《乃东县文物志》玉意拉康和吉如拉康条，1986）、琼结若康（参看西藏自治区文管会《琼结县文物志》若康条，1986）等皆东向。

[81] 礼拜道指围绕佛堂兴建的并覆盖有屋顶的通道。

[82] 与小昭寺第一阶段形制最接近的是琼结若康，该寺传为牟尼赞普（797—798年在位）妃所创建，参[80]。其次是本文所收的拉萨旧木鹿寺藏巴堂。创建于吐蕃时期的如此布置佛堂的西藏寺院，可考其渊源者有桑耶寺，《佛教史大宝藏论》记："（赤松德赞）迎请……阿阇黎菩提萨埵（寂护）作了地土观察，并按照阿旃延那布尼寺的图样设计（桑耶寺）……"（译文据郭和卿译本，页174）。阿旃延那布尼寺或写作欧丹多补黎寺，意译为高翔寺或飞行寺。此寺8世纪时是印度大寺之一，参看吕澂《印度佛学源流略讲》第六讲"晚期大乘佛学"，上海人民出版社，1979年。

[83] 译文据《贤者喜宴摘译（三）》注释41转引，《西藏民族学院学报》1981年2期，页45。

[84] 嘎德桑布或译格勒让波，系继其父贡噶多吉任蔡巴万户长（1323—1352年在位），元

末曾受封司徒。其时，蔡巴已衰微，参看《西藏王臣记》，郭译本，页105，又《西藏佛教发展史略》第六篇《噶举派》。

[85] 译文据《贤者喜宴摘译（三）》注释41转引，《西藏民族学院学报》1981年2期，页46。《黄琉璃史》系桑结嘉措于清康熙三十一年至三十七年之间（1692—1698年）写成，时五世达赖已逝（1682年），第巴嘉措乞得王爵（1693年），寻被迫迎立六世达赖仓央嘉措（1697年）之际。

[86] 《松赞干布遗训》记小昭寺之兴建云："自汉地运来四根柱子，继之将柱子立起，据上梁柁，盖上石板，支撑起丝绸围幕，然后在其间以砖砌筑，建为房屋，令门东向。"译文据《贤者喜宴摘译（三）》注释41转引，《西藏民族学院学报》1981年2期，页45。此记录如不误，现经堂中部的四根大柱虽非原物，但可能沿袭了原柱的位置。

[87] 杰尊贡噶顿珠为宗喀巴八大弟子之一杰尊喜饶僧格的弟子。杰尊喜饶僧格于明宣德八年（1433年）创建下密院。关于拉萨上、下密院的情况，参看高禾夫《上、下密院历史沿革及所传密宗考略》，刊《西藏研究》1986年3期。

[88] 译文据《贤者喜宴摘译（三）》注释41，《西藏民族学院学报》1981年2期，页40。

[89] 《乾隆西藏志》据吴丰培整理本，西藏人民出版社，1982。此书前录乾隆五十七年（1792年）和宁序，序末记："是书传为国朝果亲王所撰，戊申（乾隆五十三年·1788年）得自成都抄本，爰付剞劂，以公同志云尔。"吴氏前言谓，果亲王允礼卒于乾隆三年（1738年），书中有记乾隆六年（1741年）事，证非允礼之作。按该志多记康熙、雍正两朝事，乾隆六年班禅坐床一事为最晚，因可推知撰人或非允礼，但成稿之日当距乾隆六年不远。

[90] 同时赐大昭寺"西竺正宗"匾，见光绪十二年（1886年）黄沛翘纂就之《西藏图考》。此匾不知佚于何时。

[91] 民国三十年（1941年）热振被迫退休，由大札佛代理摄政。民国三十六年（1947年）四月热振为亲英势力控制的噶厦诬以谋叛罪，逮捕下狱。当时国民党政府曾电令从宽发落，噶厦不采，是年五月竟勒毙热振于狱中。

[92] 参看西藏文管会文物普查队《拉萨查拉路甫石窟调查简报》，《文物》1985年9期。

[93] 据郭和卿译本，页105。

[94] 据刘立千、谢建君译本，刊《藏文史料译文集》，1985。钦则旺布（1820—1892年），宁玛派僧，清道光二十年（1840年）曾周游卫藏，朝拜圣迹，此书即据其当时见闻而编撰者。

[95] 据刘立千译本，页92~93。

[96] 译文据《贤者喜宴摘译（三）》注释13转引，《西藏民族学院学报》1981年2期，页37。

[97] 译文据《贤者喜宴摘译（三）》，《西藏民族学院学报》1981年2期，页24、29。

[98] 参看《隋书·西域·党项传》《旧唐书·西戎·党项羌传》《新唐书·西域·党项传》。

[99] 参看《中国石窟·巩县石窟寺》，图版74~76、117~118、123、128，文物出版社，1989。

[100] 参看《须弥山石窟》，图版44、69、93、118、126，文物出版社，1988。

[101] 敦煌莫高窟诸窟，见《中国石窟·敦煌莫高窟一》，图版160、174，文物出版社，1987；《中国石窟·敦煌莫高窟三》，图版2，文物出版社，1987，页163。

[102] 据刘立千译本，页138。

[103] 据刘立千译本，页142。

[104] 据郭和卿译本，页159。

[105] 据刘立千译本，西藏人民出版社，1984，页155。《土观宗派源流》成书于清嘉庆六年（1801年）。土观·洛桑却吉尼玛（1737—1801年）系青海佑宁寺格鲁派高僧，该书是较晚出的一部佛教史，第二章对藏传佛教各宗派的学说和历史都作了简要的论述，尤详于格鲁派，为研究西藏学者所重视。

[106] 据郭和卿译本，青海人民出版社，1988，页329~330、341。作者周加苍系色拉寺麦札仓妥桑罗布林僧人——达赖喇嘛的近侍达尔汗堪布活佛·罗桑称勒朗嘉。该书撰就于清道光二十五年（1845年）。郭和卿评介是书为集诸家宗喀巴传精华之作。

[107] 据郭和卿译本，页317~318、473~474。

[108] 据陈庆英、马连龙译本，民族出版社，1988，页254。作者土观·洛桑却吉尼玛系章嘉国师若必多吉（1717—1786年）弟子，该书嘉庆元年（1798年）雕版刊印。

[109] 据郭和卿译本，页161。

[110] 据刘立千译本，页164。承沈卫荣同志见告，创建哲蚌寺是宗喀巴弟子妙吉祥法主札西班丹，参看沈卫荣《评宿白〈藏传佛教寺院考古〉》，刊《贤者新宴》第2辑，2000，页207。

[111] 如将永乐七年计算在内，后八年应是永乐十四年（1416年）。《西藏佛教发展史略》附录一《宗喀巴传论》谓哲蚌"1416年始建"。

[112] 此法螺见录于《土观宗派源流》："降仰却结·札西白丹曾蒙大师（宗喀巴）……授以大师曾从果巴日山（甘丹寺旁一小山）伏藏中取出之法螺，由内邬宗本仁桑为施主，遂建哲蚌寺大道场。"译文据刘立千译本，页164。

[113] 自五世达赖起，达赖灵塔即兴建于布达拉宫。

[114] 此印本甘珠尔的来源见五世达赖自传《云裳》："（顺治十一年〔1654年〕七月）应喇嘛赞布的迎请前往赛柯合新寺（即青海大通县的广惠寺），寺院以荤素宴席侍奉，并奉献了大慈法王时代（1352—1435年）用汉式书带结扎的纯净的全套硃印本甘珠尔经……这部甘珠尔经现在供奉在哲蚌寺。"译文据陈庆英、马林摘译本《五世达赖喇嘛进京记（四续）》，刊《中国藏学》1993年1期。

[115] 译文据《拉萨文物志》哲蚌寺条转引。参看《西藏佛教发展史略》附录二《宗喀巴年谱》。

[116] 据刘立千译本，页165。

[117] 据刘立千译本，页167。

[118]《西藏佛教发展史略》附录一《宗喀巴传论》："1418年至1419年又建色拉寺。"如将永乐七年本年计算在内，后十一年即永乐十七年（1419年）。

[119] 参看《拉萨文物志》色拉寺措钦大殿条。

[120] 文竹《西藏地方明封八王的有关文物》记缂丝尺寸为："宽65、长76厘米"，《文物》

1985年9期。

[121]《明史·西域·大慈法王传》所记封号中之"弘照普慧",缂丝文字、《大明太宗文皇帝实录》卷一零一、《大明宣帝章皇帝实录》卷一一零俱作"弘照普应",因知《明史》讹误。

[122]据王忠同志译识。

[123]光绪末年随驻藏帮办大臣联豫入藏的张其勤撰《西藏宗教源流考》记工竣于嘉庆元年(1796年):"第八辈夷喜罗桑丹贝贡布奉旨进京,授为掌印喇嘛,寻奉命归藏协理商上事务,赏加毕呼图诺们罕名号,嘉庆元年修建寺院,工竣,赐名永安寺,年五十一岁圆寂。"

[124]道光二十四年(1844年)二世策默呼图克图阿旺绛贝楚臣嘉措为驻藏大臣琦善所诬陷,被革职,发遣回原籍卓尼,卒后不准转世。但为藏人深所怀念,不仅为之塑像、建灵塔;且于洮州觅得其转世灵童,即三世策默阿旺洛桑土旦巴坚赞。三世卒后,亦为建灵塔。参看张庆有《琦善与策墨林诺们汗》,刊《西藏研究》1990年2期。

[125]译文据刘立千译《土观宗派源流》页48转引。

[126]据郭和卿译本,页174。

[127]嘉钦汝瓦于聂塘建寺事,见《卫藏道场圣迹志》刘立千附注4。

[128]译文据《贤者喜宴译注(一)》,《西藏民族学院学报》1986年2期。

[129]译文据《贤者喜宴译注(二)》,《西藏民族学院学报》1986年3期,页24。

[130]译文据《新红史》黄颢注释240转引。《新红史》,班钦·索南查巴撰于明嘉靖十七年(1538年),黄颢译注本,西藏人民出版社,1984,页202。松巴《佛历年表》附在松巴呼图克图益西班觉乾隆十三年(1748年)所撰《如意宝树史》中,年表自第一绕迥第一年(火兔年·丁卯·宋天圣五年·1027年)始,迄于第十二绕迥第六十年(火虎年·丙寅·乾隆十一年·1746年)。松巴系青海佑宁寺格鲁派高僧,《佛历年表》是研究西藏历史的重要工具书。

[131]都松钦巴创建之类乌齐噶玛丹萨寺大殿即有礼拜道。50年代景家栋同志曾调查该寺,撰有调查记《西藏又在昌都地区发现一座元代建筑》,记该寺仓吉马大殿云:"有左转回廊……大殿建筑平面作'回'形,宽九间38米,进深九间37米,正中为长方形天井,东西长13.2米,南北宽9.1米。殿内塑释迦像和此寺祖师像……有三灵塔,为寺始祖桑吉温、乌金工布和仁那噶勒的灵塔……"据西藏自治区文管会资料室所藏抄本。

[132]参看《吐蕃金石录》,页180。

[133]参看韩儒林《明史乌斯藏大宝法王考》,刊《真理杂志》1卷3期,1944;佐藤长《明代西藏八大教王考》,刊《东洋史研究》21卷3期,1962。

[134]此图卷曾著录于《嘉庆卫藏通志》卷一:"前藏西北山后大寺住锡噶尔玛巴玛图克图系黑教喇嘛,云南人也,即明时所谓哈立玛(麻)者。藏手卷一轴,长二十余丈,乃绘永乐初哈立玛诵经灵谷寺图。"图卷现藏西藏自治区文管会。《西藏地方明封八王的有关文物》记录此卷情况,并附有局部图版可参看。

[135]大昭寺慈尊殿金顶工程完工于顺治四年(1647年)。《五世达赖自传》谓:"第斯(索

朗热登，1647—1659年在位）自己主动又把弥勒佛殿上的旧顶换成了新的。新金顶是从庸（后藏绒庸）和桑当（桑当曲廓林）运来，正好可以换上。"译文转引自《大昭寺史事述略》。

[136]《明史·西域·大乘法王传》末记："二法王（指大宝、大乘两法王）以游僧不常厥居，故其贡期不在三年之列，然终明世奉贡不绝云。"按九世旺秋多吉以前各世噶玛巴常以游历各地的方式传教收徒，扩大实力。参看《西藏佛教发展史略》第六篇《噶举派》。

[137]参看《西藏佛教发展史略》第十篇《明代卫藏地方政教情况》。

　　《藏传佛教寺院考古》共收文章十八篇，此次汇集大都做了不同程度的修改补正。《西藏拉萨地区佛寺调查记》原是《西藏佛寺调查记》中最早完稿的一篇。拉萨地区的佛寺不仅数量多，寺内殿堂的年代从前弘期一直到20世纪50年代西藏解放前后的具体实例也较为完备。所以尽先整理出来，既利于继续讨论其他地区殿堂建年时参考，也便于同志们对西藏佛寺调查记全稿的审核检查。因此，1989年秋即将《西藏拉萨地区佛寺调查记》初稿奉呈有关同志，预计刊露于《纪念陈寅恪先生百年诞辰学术论文集》。遗憾的是，该论文集1994年8月始出版（江西教育出版社，页182~236），我获得样书又迟了七个月即1995年3月，转眼之间，上距交稿之年已近六载。六年中，偶得新知，或增或减，加上补足了负责论文集编印同志的大块妄删部分，因使此次重刊有了较大的变动，凡与上述论文集所收初稿差异处，当以此重刊本为准。

西藏山南地区佛寺调查记

1959年9月和1988年8月，两次去西藏山南地区调查佛教寺院。现从两次日记中将记录较多的十二处佛寺辑出，其次第如下：1. 桑耶寺，2. 札塘寺，3. 阿钦寺，4. 朵阿林，5. 朗色林庄园，6. 敏珠林，以上六处今俱属札囊县；7. 昌珠寺，8. 玉意拉康，9. 泽当寺，10. 安爵寺，11. 噶丹曲果林，以上五处今俱属乃东县；12. 日务德清寺，属琼结县。调查各寺时，注意的重点在于佛寺布局、某些建筑构件的变化、个别壁画的内容和寺僧传闻，然后结合文献记载，以探讨现存遗迹之年代[1]。予不谙藏文，1959年记录多凭当时一起参加调查的中国科学院近代史研究所王忠先生之译释；1988年调查则赖西藏文物管理委员会主任索朗旺堆同志之引导，谨向两先生致谢。又此部分调查记，涉及《西藏拉萨地区佛寺调查记》处颇多，敬希留意西藏佛教遗迹和佛教史诸同志一并指正。

一、桑耶寺

桑耶（鸢）寺汉译或作萨木秧寺、三摩耶寺，位札囊县雅鲁藏布江北岸哈布山下，是吐蕃前弘期的中心佛寺。该寺自8世纪后半创建以来，屡经废毁、修复，现结合文献记载和有关资料对尚存遗迹试分三个阶段叙述如下。

第一阶段　创建阶段

寺创建的最早记录，即尚存该寺的《桑耶寺兴佛证盟碑》中所记之扎玛神殿：

> 逻些及扎玛之诸神殿建立三宝所依处，奉行缘觉之教法……祈请一切诸天神祇、非人来作盟证。赞普父子与小邦王子、诸论臣工与盟申誓。此诏敕盟书之详细节目文字正本存之于别室。[2]

此诏敕盟书，即巴卧·祖拉陈哇《贤者喜宴》辑录的赤松德赞（755—797年在位）第一、第二两诏。第一诏书的有关记事云：

> 当于羊年[3]春正月十七日建造了寺院（桑耶）之时。自此之后，吐蕃遂建三宝……由吐蕃上层贵族所建之三宝道场即……红岩之桑耶寺……有关叙述佛法在吐蕃前后产生情况之文书有正副两本，如是之抄本共十三份，其中……两份盖印之后，分存于大昭寺及红岩桑耶寺。[4]

赤德松赞（798—815年在位）所立《噶迥寺建寺碑》亦记桑耶建寺事：

> 父王赤松德赞之世，于扎玛建桑耶寺等寺庙，中央及四境遍建神殿，立三宝之所依处。[5]

较早综合记录此寺设计与总体布局的是布顿《佛教史大宝藏论》：

> （赤松德赞）迎请阿阇黎莲花生来到桑耶地区，修土地仪轨法。阿阇黎菩提萨埵作了地土观察，并按照阿旃延那布尼寺的图样[6]，设计出须弥、十二洲、日月双星，周围绕以铁围山以表庄严。于丁卯年（787年）奠基……己卯年（799年）完工后，阿阇黎菩提萨埵和阿阇黎莲花生作了开光法事，在十三年上办了庆祝盛会。[7]

专记桑耶寺历史的《拔协》，详细叙述了寺的重要建筑物，索南坚赞《西藏王统记》据以摘要云：

大阿阇黎（莲花生）为修建神殿，观察地形……于是王敕诸臣及吐蕃属民悉来服役。在场地中央，取山王须弥山形，甫筑就大首顶正殿地基，蒙尊胜度母来为授记云：此前应先修建阿耶波罗洲……。即于兔年开始修建大首顶正殿下层，殿中主尊为自然生成之释迦能仁石像，乃迎自海波日山，复包以宝泥。所有圣像……等主从十三尊，塑造风规一如藏制……前殿有藏王本尊图……。复次又修建正殿中层，其本尊为毗卢遮那佛……塑造风规一如汉制……转经绕廊外向有八大灵塔……正殿上层主尊为毗卢遮那……塑造风规一如梵制……又建中层转经绕道，南有三座龙王宝库，库中充满各种乐器……西有三座显密法藏宝库，库中满装梵藏各种经籍……北方有三座珍宝宝库，库中满装金银铜等……。此外，又建外屋转经绕道，塑造吉祥毗卢遮那佛救渡恶趣曼陀罗……殿后立有石碑。……复次，又仿东胜身洲三洲半月形相，于东建三偏殿，所建……中殿为智慧妙吉祥洲……。仿南赡部洲三洲肩胛骨形相，于南建三偏殿……中殿为天竺译经洲……。仿西牛贺洲三洲圆形之相，于西修建三偏殿……中殿兜率弥勒洲……。仿北俱卢三洲四方形相，于北修建三偏殿……中殿为发心菩提心洲……。又仿日轮所建偏殿，即上亚厦之满贤神殿……。仿月轮所建偏殿，即下亚厦之善财神殿……又后修建白色梵塔，即大菩提塔；依声闻之规，有八狮子作严饰……。修建红色梵塔，依转法轮之规，有莲花作严饰[8]……修建黑色梵塔，依独觉之规[9]……修建蓝色梵塔，依吉祥如来从天下降之规，有十六殿门作为严饰[10]……复次，在多角外围墙金刚步之处，有一百零八座梵塔[11]，每一梵塔内安放一粒如来舍利。复次，尚有王妃三洲……蔡邦萨·美多卓玛生有三子：牟尼赞普、牟底赞普、米牟赞普。塞拉勒三子。仿效王父大首顶寺之三种模式，修建三界铜殿洲……。如是妙善修造之吉祥永固天成桑耶大伽蓝和各部殿堂完成，其新颖处：论工艺为拉萨中最新巧之工艺，在中央威灵殿前大门饰以华丽之牌楼，并以鲜净泥土塑造护门四天王像等是也。按自兔年桑耶奠基，再一兔年内则修造完竣，历时一小甲子云。[12]

《王统记》摘录之众多建置，1959年调查时，仅四塔较为完整

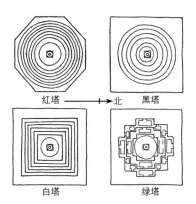

图2-1 桑耶寺四塔平面示意

【图2-1】，其他诸殿堂虽大部俱在，但迭经重修，只中央大首顶正殿——乌策大殿和十二洲中少数殿堂以及蔡邦萨·美多卓玛所建之三界铜殿洲尚部分保存较早形制。

四塔位乌策大殿外四隅。东南隅者为白塔，方形基座上砌六层叠涩，其上建扁平圆覆钵，再上置方座，上树细长相轮，轮数十七，愈上者愈小，相轮顶立刹置伞盖、宝瓶、宝珠等。相轮以下部分外表砌白石板块。《拔协》所记"有八狮子作严饰"，不知佚于何时。红塔位大殿西南隅，八角基座上覆六层覆莲，当即《拔协》所记之"有莲花作严饰"。最上层覆莲之上砌圆覆钵，钵顶方座上树之细长相轮、伞盖、宝瓶、宝珠等与白塔相似，但相轮分二段，下段九轮，上段七轮与白塔不同。相轮以下外表俱饰红琉璃砖。位大殿西北隅者为黑塔，圆形基座二层，上砌覆钟形覆钵，钵顶座、伞盖、宝瓶、宝珠等略与红塔同，相轮以下外表砌黑色条砖。绿塔位东北隅，十字折角基座三层，第一层四面各辟三龛室，第二层四面各辟一龛室，共计16龛室，此即《拔协》所谓"有十六殿门作为严饰者。第三层无龛室，其上砌扁圆形覆钵，再上为方座，座上树相轮，相轮分三段，下段九轮，中段七轮，上段五轮，轮上置伞盖、宝瓶、宝珠，相轮以下外表砌绿蓝色琉璃砖。上述四塔"文革"中被拆毁。

乌策大殿位桑耶寺正中，东向。中心建筑为绕建礼拜道之方形佛堂【图2-2】，第一层佛堂前设经堂，第二层绕建礼拜道佛堂之前附设平台，第二层佛堂之上建有暗层，再上为攒尖顶重檐大阁，此阁与其外四隅各建一攒尖形、表饰金刚杵的幢式建筑，构成以阁为中心四顶环峙的形制。第二层以上部分"文革"中被拆毁，近年按原式重修，1988年8月再度调查时已大部竣工【图2-3】。中心建筑外侧，绕建内匝礼拜廊道。内匝礼拜廊道左、右、后三面的外侧中部，又各建并列的三间殿堂。以上现存乌策大殿的布局与前引《拔协》记录对比，知佛堂即《拔协》所记之"正殿"；经堂即"前殿"；礼拜道、礼拜廊道即"转经绕道"或"转经绕廊"；内匝礼拜廊道即"中层转

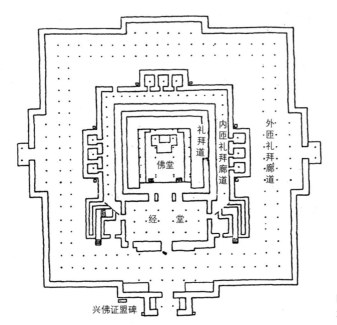

图2-2 桑耶寺乌策大殿第一层平面示意

经绕道";内匝礼拜廊道左、右、后三面外侧的三间殿即南、西、北"各有三座……宝库";三层大殿的整体造型即《拔协》所谓之"吉祥毗卢遮那佛救渡恶趣曼陀罗"。

位于乌策大殿周围的十二洲中，尚存早期形制者，有西牛贺洲中殿兜率弥勒洲（强巴林）【图2-4】和南赡部洲中殿天竺译经洲（札觉加嘎林）【图2-5】，两处佛堂外皆绕建礼拜道，前者佛堂建置犹有如《拔协》所记之"圆形之相"[13]。后者佛堂前还留有较宽敞的译经庭院[14]。

赤松德赞王妃蔡邦萨·美多卓玛所建之三界铜殿洲（康松桑康林）【图2-6】，位桑耶寺西南。现存建筑虽属后世重修，但其形制多存旧式[15]。大殿西向，三层，第一层佛堂外绕礼拜道，其前设有面积较佛堂为小的经堂，第二、三两层只建佛堂，亦皆具礼拜道。如此安排确似乌策大殿之中心部分，与《拔协》所记"仿效王父大首顶寺之三种模式"[16]大抵符合[17]。

关于创建阶段桑耶寺的总体布局，还可参照现尚保存早期形制的阿里地区札达县境的托林寺情况作进一步的考察。托林寺创建于10世

图2-3 桑耶寺乌策大殿立面示意（1988年）

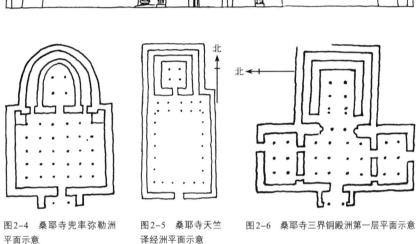

图2-4 桑耶寺兜率弥勒洲平面示意　　图2-5 桑耶寺天竺译经洲平面示意　　图2-6 桑耶寺三界铜殿洲第一层平面示意

纪，即后弘期之初，《佛教史大宝藏论》记此事云：

>（朗达玛毁佛后）佛教得以死灰复燃，从阿里地区开始了广弘的事业。先是，柯热藏王将西藏政权托付给他的兄弟松额王，自己出家为僧，起名耶喜峨（即拉喇嘛智光）……在象雄地方修建脱滴寺（即托林寺），许多译师和班智达作了出资建寺的施主。[18]

1981年，西藏工业建筑勘测设计院对阿里地区古格王国遗迹作了较详细的勘测和历史考察，所撰《古格王国建筑遗址》[19]中记录托林寺的现况云：

>古格王国辖区内，拥有许多寺院，遗址中的寺院和距遗址13公里处的托林寺，则是王国规模最为宏大的佛教建筑群……古格王益西沃（即耶喜峨）所创建的王国宗教中心托林寺迦莎

殿……在西藏千姿百态的佛殿之中自树一帜，独具风格。史籍记载，该建筑物系益西沃仿照桑鸢寺而建。

迦莎殿座西朝东，分内外二圈。内圈布置五座殿堂，呈十字形，正中系14×14米的方殿……方殿四向（面），分设6.5×7.1米四座佛殿。周围环绕3.7米回廊，系转经朝拜道。外圈东向为门厅，南、西、北三向各有殿堂三座，其中中间佛殿带转经道。外围四角，又各设佛殿两座并建塔一座……托林寺的迦莎殿则把桑鸢寺一组庞大建筑群所表现的设计思想和内容，组织在一幢建筑之中。中间的方殿，表示（桑耶中央的乌策大殿象征着世界中心的）须弥山，环廊外圈四向的四组佛殿，分别代表（桑耶乌策大殿四周的）东胜身三洲、南赡部三洲、西牛贺三洲、北妙声三洲；四角四座佛塔，代表四天王天等等。

设计院同志的考述，我们认为是有道理的。现再参考该文所附迦莎殿平面图【图2-7】，似乎还可提出如下推断，即迦莎殿外围所形成的复式十字折角平面，亦应是摹自桑耶寺的"多角围墙"（《拔协》）或"周围以铁围山"（《佛教史大宝藏论》）。此推断如无大误，则可以现在桑耶寺平面图为底图，拟出桑耶寺创建时期总体布局的复原略图[20]【图2-8】。根据此复原略图：1. 可初步判定桑耶寺现存十二洲中的四大洲江白林（智慧妙吉祥洲）、阿雅巴律林（降魔真言洲）、强巴林（兜率弥勒洲）、桑结林（发心菩提心洲）的位置变动不大，特别是上述的前三洲；2. 可了解桑耶创建时的范围较现在略小，现存圆形外围墙系后世改筑；3. 还可知道乌策大殿的外围墙、四门和门内的外匝礼拜廊道皆为以后增建。

创建阶段的遗物，以乌策大殿所存赤松德赞时代的石碑、铜钟最为重要。石碑即上述之《桑耶寺兴佛证盟碑》，《拔协》记此碑云：

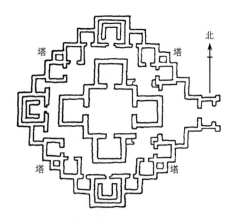

图2-7 阿里托林寺迦莎殿平面示意

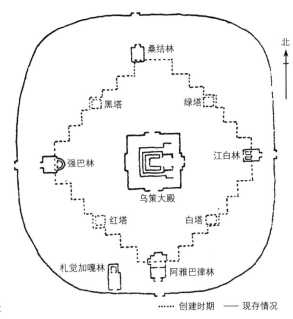

图 2-8　桑耶寺总体布局示意　　······ 创建时期　—— 现存情况

图 2-9　桑耶寺兴佛证盟碑速写

桑耶寺建成后，于后墙树立一碑，上镌莲花，勒铭敕誓之要义，并以石狮镇之。[21]

《王统记》据《拔协》亦云：

殿后立有石碑。[22]

碑现立于乌策大殿外围墙正门（东门）外北侧墙下【图2-9】，何时自"后墙"或"殿后"移树于此，已不可考。此碑身高3.61米，下厚0.43米，下宽0.87米，厚宽向上皆有收分。碑正面镌文二十一行，两侧面无文字，碑背石面未斫平。碑下承仰覆莲座，顶施盝顶翘角檐盖石。盖石上石狮已佚，现饰小覆钵、仰月和宝珠。

铜钟悬于乌策大殿外围墙正门门廊额枋【图2-10】，钟体高瘦，下端微向内敛，极具唐钟形制。钟面铸有铭文，文记：

王妃甲茂赞母子二人为供奉十方三宝之故，铸造此钟。[23]

第二阶段　　宁玛派主持时期

朗达玛禁佛，桑耶被封闭。达仓宗巴·班觉桑布《汉藏史集》记其后桑耶重新兴佛事：

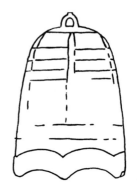

图2-10　桑耶寺乌策大殿铜钟速写

（云丹后裔）意希坚赞的儿子领主赤巴，他们父子二人历次派遣乌斯藏十人到朵思麻去寻求佛法，并建立僧伽，修建寺院，在桑耶建立法园和修行地，为佛法在吐蕃乌斯藏地区死灰复燃提供助缘，承担了重担。[24]

卢梅·喜饶楚臣（等十人自朵思麻）返回……以为拉萨虽是以前高僧们住持之地，但也是杀生行刑的地方，不能前往，所以都去了桑耶寺，会见了领主察拉那父子（即意希坚赞与赤巴）……十人到达桑耶，受到国王（即领主赤巴）敬奉，给重大赏赐，才使佛法死灰复燃。[25]

不久，卢梅等人各组集团，进行多次战乱，东嘎·洛桑赤列《论西藏政教合一制度》据《热振译师多吉扎巴传》记当时桑耶情况云：

藏历第二绕迥的火狗年即公元1106年，鲁（卢）梅集团和巴·惹集团间发生内乱，把桑耶寺大殿周围的庙堂大部烧毁，外面的围墙和里面的墙垣大部倒塌，后被热振译师多吉扎巴修复。修复时，从沃卡运去木料，做工的人共有五百名，修了两年多时间，修复工程费用开支合粮食10万多克。[26]

察拉那·意希坚赞一派传承之佛教，系王室原奉的莲花生教法，所以桑耶自进入后弘期即为宁玛派之重要寺院。宁玛重密法，其他教派重要人物多来桑耶修习；元后至元元年（1335年）噶玛黑帽派三世攘迥

图2-11　桑耶寺乌策大殿外匝礼拜道廊柱托木速写

多吉曾退居桑耶，抄录全藏[27]；元至正十四年（1354年）萨迦失势后，萨迦座主喇嘛丹巴·索南坚赞来桑耶，除整修寺院外，还撰写了有名的《西藏王统记》[28]。此后，桑耶又屡遭兵燹，又屡次重修，所以寺内大部建置变动殊多，唯以17世纪以来的历次修整规模更大，致使17世纪以前的遗迹已难确认，但乌策大殿外匝礼拜廊道下层似尚存有较早遗物。此外匝礼拜廊道廊柱每面二列，前列每面二十柱，柱上托木与柱下础石形制不一。其中托木最早者，形体宽厚，下缘曲线分组情况尚未鲜明【图2-11】，与乃东玉意拉康早期托木接近；其前端曲线尤与萨迦北寺宣旺拉康者相似。础石最早者，覆盆上雕颇类柿蒂纹样之尖瓣覆莲，形制与乃东昌珠寺下层经堂者同。以上最早的托木与础石其年代约不晚于14世纪，因可推知乌策外匝礼拜廊道与乌策外围墙以及围墙正面当中设门之制，俱出现于此阶段。

第三阶段　　萨迦派主持时期

寺主持介绍四百年前，即16世纪后期，桑耶又形荒废。17世纪初，萨迦派遣贡噶仁钦来寺修整，此后桑耶即改属萨迦。17世纪中叶又罹大火。18世纪初，第六世达赖仓央嘉措、第七世达赖格桑嘉措之际，曾陆续重修长达五年之久。清雍正十三年（1735年）后，七世达赖父清封辅国公的索南达结奉命常驻桑耶寺[29]。乌策大殿外围墙正门和大殿一、二两层的托木形制与大昭寺千佛廊接近【图2-12】，说明今天乌策大殿的面貌或即底定于此次重修。18世纪后半据乌策壁画中的记载，第穆呼图克图阿旺绛白德勒嘉措任掌办商上事务时（1755—1777年），对"桑耶寺中心大殿、四大洲、八小洲、王妃三殿等所进行的巨大修复和供施之功德，均比法王赤松德赞为高"[30]，可见此次重修规模之宏大。19世纪地震、火灾相继之后，噶厦又一再重修，据清咸丰四年（1854年）登记的房屋造册，知此次工程由于当时的需

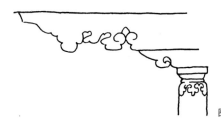

图2-12　桑耶寺乌策大殿外围墙正门柱头托木速写

要，对某些原来建筑物在形制上作了改变[31]，因可推知现存大小殿堂与自《拔协》以来所记形制不同者[32]和将多角围墙扩展成圆形围墙等[33]，疑均出现于此时。桑耶正门门楼上方所嵌咸丰所书"宗乘不二"匾，应是此次重修后所颁下者。此后，20世纪三四十年代，热振呼图克图土旦强白益西任掌办商上事务时（1934—1941年）和西藏解放后的几次兴建，皆属维修或新建性质，以前各建筑本身并无较大改变。此阶段桑耶与清廷关系密切。清雍正十二年（1734年），雍正派国师掌教喇嘛三世章嘉呼图克图若必多吉护送七世达赖进藏，章嘉曾去桑耶瞻礼敬献，清乾隆十六年（1751年）诏于热河避暑山庄之北仿桑耶寺建普宁寺，或即出自章嘉之建议，土观·罗桑曲吉尼玛《章嘉国师若必多吉传》记此事云：

> 约于此时，在热河避暑山庄附近，仿照西藏桑耶寺的形式修建了一座很大的僧伽乐园——佛教寺院（即普宁寺）。中间大屋顶殿代表密教三部（佛部、金刚部和莲花部），四边佛殿分别代表东胜身洲、南赡部洲、西牛货洲、北俱卢洲，还有佛家所说的中小洲和日月的佛塔。此寺建成之后，大皇帝和章嘉国师等亲临其地，举行庆祝典礼。[34]

皇室建寺取样桑耶，足证对桑耶的敬重，故此寺多清帝匾额，除上述"宗乘不二"外，1959年时，乌策大殿正门门楣悬"格鲁伽蓝"，大殿内门悬"大千普佑"，两匾皆龙纹边框，但题款脱落，前者似为乾隆所书。此外，《乾隆西藏志》《嘉庆卫藏通志》皆记该寺有奉关圣帝君处，疑是内地官员于此兴建者。

二、札囊札塘寺

札塘寺位札囊县雅鲁藏布江南岸,现札囊县人民政府即设在寺围墙之内。此寺为卢梅·楚臣喜饶再传弟子格西扎巴烘协所建,是卢梅派敬奉的四大圣寺之一。廓诺·迅鲁伯《青史》记寺创建云:

> 由(卢梅派)全体敬奉的格西扎巴烘协所建札塘寺,其庙堂特别殊胜。[35]

> 在他(格西扎巴烘协)年届七十岁时,岁次辛酉(宋元丰四年·1081年)为札塘寺奠基,直到他年届七十九岁时……大体完成,剩下一些须作的工程,则由其侄郡协和郡楚二人于癸酉(宋元祐八年·1093年)以前的三年中全部完成。总建此寺的时间计经十三年……格西扎巴逝世后,由著名的札塘却焦邓顶巴(法护)住持札塘寺座。[36]

寺范围甚大,有三重墙,相传按一曼荼罗形制修建。现大部建置已荒废,只中央大殿尚完好【图2-13】。大殿东向,前设门廊,其后为经堂,经堂之后为绕建礼拜道的佛堂。门廊、经堂的结构显然与佛堂不同。佛堂最前二柱为后增,堂内木柱亦多更换。后壁柱上托木下缘曲线前端雕饰二曲牙、其后斫成平直者属早期遗留【图2-14:1】,而后世增、换柱上之托木已同于经堂前廊【图2-14:2、3】,其形制或与17世纪末布达拉宫西大殿后部托木相近,或与18世纪甘丹寺阳拔健天井后增者似。至于经堂后部连接佛堂的门罩雕饰为时更晚,应是出自20世纪30年代热振呼图克图出任掌办商上事务时之维修【图2-15】。

大殿佛堂内部除上述增、换之木柱和近年拆除的塑像以及在左右壁上方开设通风窗口外,壁画和原塑像后面塑绘之背光、座背等大都保存完好,这是一组较罕见的15世纪格鲁教派兴起以前的遗迹。

后壁(正壁)中部残存满涂金色的立体佛座背饰。背饰上只雕塑出大鹏、蛇身摩竭和童子(童子骑在摩竭背上,大鹏两爪紧抓蛇身

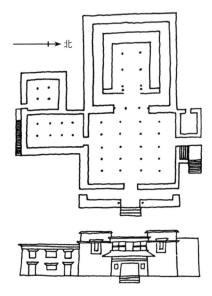

图2-13 札塘寺大殿平面、立面示意

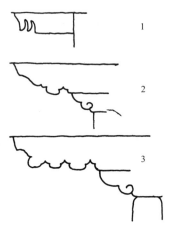

图2-14 札塘寺大殿柱头托木三种速写
1. 佛堂后壁柱头托木
2. 佛堂前二柱柱头托木
3. 经堂前廊柱头托木

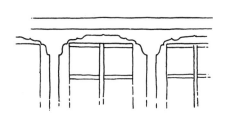

图2-15 札塘寺佛堂前门罩速写

图2-16 札塘寺佛堂后壁遗迹速写

尾部并纳于口中），应是"六拿具"[37]的较早形制【图2-16】。由连珠、光环、绿叶卷成、连续忍冬叶组成的佛像光背和左右壁上由光环、连珠、忍冬式火焰组成的菩萨头光以及护法的火焰光等，也都是难得的较早的背光实例。最值得注意的是壁画。左右两壁上方各三幅壁画，后壁两侧上下各一幅，共十幅，形象清晰，敷色完整，各幅皆以释迦坐像为中心，两侧绘有弟子、菩萨和供养人像。现以后壁下方两幅为例，简述其内容如下。两幅上下皆界以花叶卷成边饰。右侧画面正中释迦作转法轮印，双足着袜，结跏坐于枝条卷成的仰覆莲花高座之上，此莲花枝条下端似自一钵状器中升出，莲花枝条两侧上部各踞一狮，下部各绘二供养者立像，钵状器下方用墨线围一横长方形榜题栏，栏内文字已漫漶不可辨。释迦坐像上方铺地画枝条花叶，两侧上部画比丘众，中部以下画肤色不同的供养人，多数供养人在三角冠饰之后用头巾缠裹发髻成高帽状。左侧画面中央释迦作降魔触地印，跣足结跏坐于仰覆莲座上，莲座下方莲茎两侧各踞一狮，莲茎下绘枝叶承托大伞盖、细相轮、覆钵式之三塔，三塔两侧各一左右舒相坐的着冠菩萨，右侧菩萨除头光外，还具身光。释迦上方画铺地枝条花叶，两侧上部画比丘众，其一手捧卷子装佛经一卷，中部以下画不同肤色的供养人，供养人亦多在三角冠饰后，缠裹发髻作高帽状冠饰。此种高帽状冠饰，虽与敦煌莫高窟吐蕃占领时期壁画中绘出的吐蕃贵族供养像相似[38]，但冠饰前所列之三角饰件却为后弘期藏传佛像、菩萨所习见[39]【图2-17:1、2、3】，值得注意的是，在日喀则地区夏鲁寺大殿门楼底层壁画所绘极类供养人的形象亦有着此高帽状冠饰者。此外，供养人中有的外衣绘出排列整齐的外绕圆晕的花朵【图2-17:3】，此种服饰纹样出现于中原不早于9、10世纪之际[40]，其盛行似已迟到12世纪[41]。又全部壁画中莲座之仰覆莲瓣的前端绘出左右不对称的叶状线饰，是13、14世纪藏式莲瓣的特征[42]【图2-17:4、5】。上述覆钵

图2-17 札塘寺佛堂后壁壁画中的部分形象速写
1. 右侧壁画中供养人头饰 2. 左侧壁画中供养人头饰 3. 右侧壁画中供养人头饰与外衣纹样 4. 左侧壁画中的莲瓣 5. 右侧壁画中的莲瓣 6. 左侧壁画中的三塔 7. 左侧壁画中捧持卷子装佛经的比丘

式三塔兴建时间亦多在13、14世纪[43]【图2-17:6】。比丘手捧卷子装的佛经形式【图2-17:7】，其流行的下限，也正迄于13、14世纪[44]。1985年西藏自治区文物管理委员会的同志发现札塘寺壁画后，谓"如此题材、内容的壁画，除在同时的夏鲁寺残存外，西藏其他寺院还没有发现"[45]。的确，札塘寺佛堂内的十幅壁画皆以释迦为中心，布局紧凑，不空画地，人物造型又多内地影响，凡此诸项皆与夏鲁壁画有共同处[46]。而夏鲁壁画绘制的时间，当与现存13世纪晚期迄14世纪中期兴建的夏鲁佛殿为同时[47]。稽之札塘寺史，文管会同志访问该寺喇嘛得知："13世纪中期，萨迦王朝统治着整个西藏，萨迦教派寺院的势力也随之壮大，许多异教派的寺院改属萨迦派。札塘寺亦在此时改属萨迦教派，寺主是雅隆·札西曲德。"[48]是此包括壁画在内的札塘寺佛堂现存的早期绘塑，应是13世纪中期改属萨迦派后的遗迹。其时萨迦教派为中原政权所宠奉，与萨迦关系密切的夏鲁和改隶萨迦之札塘，出现较多的内地因素，自是不难理解。

三、札囊阿钦寺

阿钦寺位札囊县卓玉乡，寺僧介绍为14世纪中后期宁玛派掘藏大师邬坚林巴[49]所建。寺现存大殿一处。殿三层，南向偏西。第一层前设阔三间、深二间的窄小经堂。经堂后为绕建礼拜道的佛堂，佛堂内中部列二柱，后壁奉释迦像，侧塑莲花生像。第二、三两层布局与第一层略同，唯佛堂前为天井；第二层佛堂主要奉观音，第三层佛堂主要奉邬坚林巴像与灵塔，与底层有异【图2-18】。

四、札囊朵阿林

朵阿林位札囊县卡如乡一小丘上，隶属拉萨哲蚌寺阿巴札仓。大殿南向，二层。底层门廊左壁书有寺史，据引导之原寺僧介绍，内记寺为宗喀巴弟子创建[50]。门廊后为十六柱、阔深俱五间之经堂，经堂后壁正中建围绕礼拜道之佛堂。佛堂内设两柱，后壁奉释迦。第二层

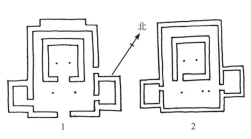

图2-18 阿钦寺大殿第一层（1）、第二层（2）平面示意

图2-19 朵阿林大殿第一层平面示意

后部佛堂亦具周绕之礼拜道，内建创建此寺之高僧灵塔，塔为格鲁派习用之细颈塔式【图2-19】。

五、札囊朗色林庄园

朗色林贵族庄园位札囊县朗色林乡，传为帕竹地方政权时期那曲杰所建。有名的五世班禅罗桑益西（1663—1737年）即出自此家族。庄园的主要建筑是建于该园中心的一座七层藏式高楼【图2-20】。底层圈牲畜，二层为库房，三、四两层有库房、有经堂。五层设佛堂。六层中间为通道，东侧为朗色林主人住房，房内南设凭栏，东北隅列佛橱，橱正中奉莲花生像，其东有白伞盖；西侧为佛堂，南亦设凭栏，北壁正中奉释迦，西南隅有噶玛噶举派实际创始人噶玛拔希之结跏像，西壁列经橱【图2-21】。七层前后为平台，中起建筑一列，中部三间为护法堂。第六、七两层柱头托木形制与桑耶乌策大门托木相似【图2-22:1】，其时代约在18世纪初期。高楼第三层入口前高台阶上的门廊经后世重建，托木下缘曲线与哲蚌寺措钦大殿扩建部分的托木接近【图2-22:2】，其时代约在18世纪中叶。1959年，此楼尚称完好。1988年再度调查时，高楼东墙、北墙俱有裂隙，楼内各层楼板残缺不全，已不能攀登，此三百年前封建庄园典型遗迹之培修维护已刻不容缓[51]。

图2-20 朗色林主楼立面示意

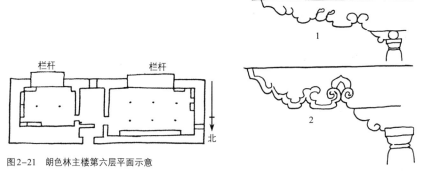

图2-21 朗色林主楼第六层平面示意

图2-22 朗色林主楼柱头托木速写
1. 主楼第六层托木
2. 主楼第三层门廊托木

六、札囊敏珠林

敏珠林位札囊县治东南米友山麓，属札期区民主乡。此寺为17世纪中叶以来宁玛派弘传"南藏"的主要寺院。《土观宗派源流》记此寺创建者德达林巴系11世纪建造札塘寺的格西扎巴烘协转世：

> 扎巴恩协（即扎巴烘协）的转世为多安林巴，他的转世为法主德达林巴，德达本名居美多吉，又建邬坚敏珠林寺……可惜为时不久，准噶尔率兵入藏，宁玛三寺（按即多吉札寺、邬坚敏珠林寺、尊胜寺）全部被毁……邬坚寺的达摩室利译师……等皆无故被害……此后不久，多吉札与邬坚敏珠林二寺逐渐恢复旧观。[52]

德达林巴建寺之年是清康熙九年（1670年），准噶尔毁寺是康熙五十七年（1718年）。据该寺经师多则确宗所述：重修敏珠林寺是总理藏政的颇罗鼐（1728—1747年在位），现存敏珠林之主要建置——祖拉康和桑俄颇章皆重修者【图2-23】。证以两殿托木俱18世纪流行之形制【图2-24】，知经师之言可信。

祖拉康是敏珠林之主要大殿，东向，前廊宽敞，佛堂释迦像右侧奉莲花生像。桑俄颇章是敏珠林最大佛殿，南向，门廊建于经堂东侧，设置较特殊；经堂内侧奉德达林巴铜像。另一座时代略晚的大殿，在桑俄颇章东北，曰逊琼【图2-25】。以上三殿经堂皆较宽大，经堂之后的佛堂俱无绕置的礼拜道，其布局的发展趋势与其他教派寺院大殿大抵一致，唯所奉祖师塔、像有别。此寺所奉多莲花生与德达林巴像。逊琼佛堂更有德达林巴之银镶金灵塔。桑俄颇章西北别有1943年所建朗杰颇章【图2-26】，其托木曲线与拉萨罗布林卡十三世达赖图丹嘉

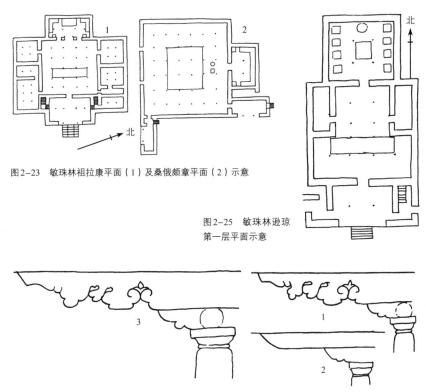

图2-23 敏珠林祖拉康平面（1）及桑俄颇章平面（2）示意

图2-25 敏珠林逊琼第一层平面示意

图2-24 敏珠林柱头托木速写
1、2. 祖拉康托木
3. 桑俄颇章托木

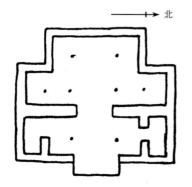
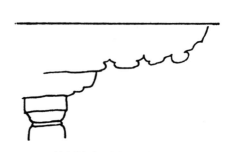

图2-26 敏珠林朗杰颇章第二层平面示意　　图2-27 敏珠林朗杰颇章柱头托木速写

措（1876—1933年）所建兼塞颇章和1954年为十四世达赖丹增嘉措所建罗布林卡新宫之托木极为近似【图2-27】。

七、乃东昌珠寺

昌珠（诸）寺或作察木珠寺，位乃东县昌珠区，西濒雅隆河，与河西玉意拉康遥遥相对。昌珠历史悠久，《贤者喜宴》记松赞干布划吐蕃领域为五大茹时，卫地之约茹即"以雅隆昌珠为中心"[53]。《松赞干布遗训》更记昌珠为松赞干布本尊寺院，并率先兴建此寺：

> 在建造昌珠这一王者本尊寺院竣工之后，乃又令建造边压及再压寺院。当建造大昭寺及小昭寺之时，松赞干布王正居昌珠寺……吐蕃雪域……在建造佛寺方面，则以昌珠寺为先。[54]

又该寺门廊后，前院前廊正中悬赤德松赞妃菩提氏聘唐匠所铸铜钟一口【图2-28】，钟铭云：

> 今一切众生齐皈善业之故，特铸造此大钟。钟声有如天神鼓乐，嘹亮于浩渺虚空，此亦增天神赞普赤德松赞之住世寿元也。施主为王妃菩提氏，由唐廷汉比丘大宝监铸。[55]

历代寺僧相传此钟即为本寺所铸，故奉为寺宝[56]。是昌珠创建在前弘期可以无疑。昌珠建寺后，频遭兵燹，亦屡经重修，所以现存建置已无早期遗迹。现寺内建筑有门廊、前院和其后的大殿【图 2-29】。门廊与前院多五世达赖昂旺·罗桑嘉措时兴建。大殿面积较大，结构复杂，试分如下六部分：1. 第一层绕建礼拜道的一组佛堂；2. 第一层佛堂前面阔五间、深三间之经堂和内回廊的外侧部分；3. 第二层后部的佛堂【图 2-30】；4. 第一层内回廊内侧和包括天井在内之扩大后的经堂部分；5. 第二层后部佛堂上覆盖之金顶；6. 环绕整个大殿的礼拜廊道。1、2、3 部分，从两种柱头托木【图 2-31】接近于夏鲁寺大殿第二层廊柱和萨迦北寺乌策大殿晚期柱头托木，约知其时代为 14 世纪，应是《约茹昌珠寺史》所记：

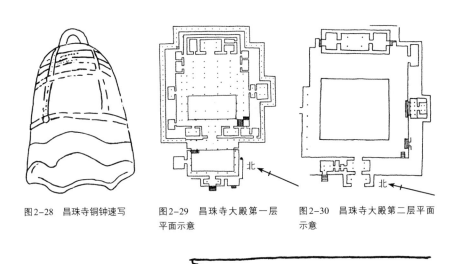

图 2-28　昌珠寺铜钟速写　　图 2-29　昌珠寺大殿第一层平面示意　　图 2-30　昌珠寺大殿第二层平面示意

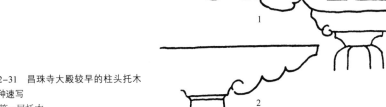

图 2-31　昌珠寺大殿较早的柱头托木两种速写
1. 第一层托木
2. 第二层托木

> 乃东贡玛绛曲坚赞（1302—1364年）对此寺大加修建。[57]

之遗迹。第一层礼拜道围绕的佛堂系由内部不相通的四个大小不同的佛堂所组成。正中佛堂面积最大，后壁前置金银宝殿式佛龛，内奉三世佛铜像。左侧佛堂后壁前立千手千眼观音塑像，以上似皆14世纪遗物。右侧佛堂后壁前正中塑松赞干布，右为文成公主，左为墀尊公主，皆坐像；两侧壁前右塑吞米·桑布扎，左塑禄东赞，俱立像。左侧佛堂后方另辟门南向之小间，原奉护法像。佛堂前宽五间、深三间之经堂与内回廊外侧部分虽经改建，但存旧制，部分础石之刻柿蒂状之覆莲者【图2-32】，当是14世纪原物。第二层后部并列三佛堂，内部通连，中间佛堂——祖拉康正中设一坛城，坛城后列三像，正中为宗喀巴，左莲花生，右金刚菩萨。左右佛堂皆置佛橱。三佛堂原绕之礼拜道，现尚残存两端之入口部分，由此可知第二层佛堂形制，基本与第一层佛堂相同。1、2、3部分建置俱拆毁，1988年再度调查时，正依旧式修复。4、5部分建置的形制与风格，俱与前三部分不同，内回廊西侧佛堂（喜珠节拉康，主像为十一面观音）和祖拉康等三佛堂上部之歇山重檐金顶，传为五世达赖时建。按自明崇祯十五年（1642年）固始汗图鲁拜琥进入拉萨掌管卫藏地方政权后，五世达赖每年来寺讲经，对寺的修整、扩建颇为重视，昌珠今日之规模约即奠定于此时。《约茹昌珠寺史》又记：

> 七世达赖喇嘛格桑嘉措亦曾修理此寺。[58]

七世达赖时的遗迹，有传七世达赖经师一世热振呼图克图所建位于内

图2-32 昌珠寺内回廊柱础速写

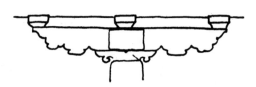

图2-33 昌珠寺经堂前部的柱头托木速写

回廊东侧具有前后室、供奉莲花生及其两明妃的乌金拉康；开间宽大的经堂前部和内回廊内侧立柱上置三个散斗的托木【图2-33】，都应是此时所遗留；从托木形制观察，第6部分即围绕大殿的礼拜廊道亦应竣工于此时。

八、乃东玉意拉康

玉意拉康位乃东县城东雅隆河西岸赞塘村。《西藏王统记》记松赞干布兴建镇压四边的四大寺云：

> 为压（女魔）左肩头故，在约茹之昌珠修札西宁庙（即昌珠寺），其分寺为赞塘庙。[59]

此赞塘庙或谓即玉意拉康之始。钦则旺布《卫藏道场圣迹志》则记玉意拉康建于赤松德赞时：

> 这庙（玉意拉康）是藏王赤松德赞为其母后昂楚绛曲所修建的。[60]

1959年调查时，县政府组织之重修工程尚未竣工。该寺规模较小，主要建筑即是东向之二层大殿。上层和金顶皆新装。下层前设门廊、经堂，后接绕设礼拜道之佛堂，礼拜道外围左、右、后三面另设礼拜廊道【图2-34】。佛堂与礼拜道合计之面积较经堂为大和礼拜道外围另设礼拜廊道，皆与桑耶寺乌策大殿中心部分情况相同；佛堂内部无立柱，与拉萨旧木鹿寺藏巴堂相同，俱是早期形制。佛堂两门柱皆二柱并置，柱下础石侧面线雕仰莲，式样古朴；柱上托木短厚，曲线简洁，正背面雕饰突出卷云，其形制与萨迦北寺列朗晚期托木相似而略早【图2-35】，佛堂主像三世佛面相方扁，与萨迦南寺大殿三世佛接近；佛像背光之大卷云与突出大鹏面部的构图以及三世佛两侧八大菩萨、二护法背光之作大火焰纹等，约与14世纪以后流行作法有别。以

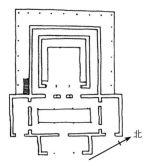
图2-34 玉意拉康第一层平面示意

图2-35 玉意拉康佛堂柱头托木速写

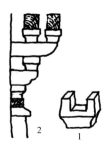
图2-36 玉意拉康斗拱速写
1. 所存旧斗
2. 金顶下的新斗拱

上诸项，似可说明此现存绕设礼拜道之佛堂的内部安排，除新绘之壁画外，大体还保存了13、14世纪的情况。又经堂西北隅存放拆下之旧料中，有绿釉筒瓦和木质斗拱零件，其中散斗作法与夏鲁寺大殿者近似，而与新建金顶下重翘斗拱斗欹下部附有垂直斫截部分者不同——此种附有垂直斫截部分的木斗【图2-36】，为拉萨17世纪以来各寺的建置所习见，因知此玉意拉康重修前之上层建筑亦有可能多存13、14世纪的形制。

九、乃东泽当寺

泽当寺或作乃东寺，位乃东县泽当镇宗山南麓，系属帕竹噶举之帕木竹巴绛曲坚赞（1302—1371年）所创建。创建的时间《朗氏家族史·开卷得益》原注谓：

> 此处当细说泽当大寺兴建之情况……大司徒绛曲坚赞（阳水虎年〔1302年〕生人）年届五十一岁，绛央国师释迦坚赞[61]（阳铁龙年〔1340年〕生人）年届十三岁之阳水龙年（元至正十二年·1352年）建此所大寺院。该年委任绛央国师为住持……一部分人认为此寺建于阳铁兔年（元至正十一年·1351年）[62]，此说不足为据。[63]

该寺第五任座主扎巴坚赞即明永乐四年（1406年）受封阐化王者[64]，曾大力扶植格鲁派。格鲁派兴起后，寺改属格鲁。《乃东寺建寺简史》记寺之经历云：

> 西藏各部之主大司徒绛曲坚赞乃东贡玛作施主，寺成，绛曲坚赞委其侄释迦坚赞为第一任座主，第六胜生（绕迥）火猴年（丙申·至正十六年·1356年）新建大经堂……第五任座主扎巴坚赞时，宗喀巴于雅隆南杰拉康从楚臣仁钦受比丘戒。此后，格鲁势盛，此寺改宗格鲁。[65]

1356年兴建之大经堂，据寺僧云即位于寺西小山上之白加衮巴；现寺之主要大殿则措巴系在原札仓基础上改建者。

白加衮巴南向，门廊之后为十八柱、阔七间、深四间经堂，正中六柱东西距略宽。底层经堂后列佛堂三，正中佛堂奉释迦，两侧有祖师像和灵塔，右前隅设门，通奉祖师像的右佛堂。左佛堂为护法堂【图2-37】。此殿托木形制不比则措巴早，可证该殿已非创建时原物【图2-38】。

则措巴亦南向，布局略同白加衮巴，但规模较大【图2-39】，门廊之后为三十柱、阔七间、深六间的经堂，正中十柱东西距较宽。底层经堂后列佛堂三。正中佛堂奉五佛、八菩萨、二护法。右佛堂后壁前为宗喀巴、贾曹杰、克珠杰三像，右隅有阿底峡，左隅有班京，两像俱着红帽。右壁前为三世佛。左壁前奉金刚菩萨、白伞盖和寺第六任座主绛曲多吉像。左佛堂辟后室，内奉大威德等护法像。经堂左右壁正中各建佛堂一，右者奉弥勒。则措巴大殿托木形制较大昭寺千佛廊托木为早【图2-40】，因可推知该殿改建时间约在16、17世纪之际，其时泽当寺已属格鲁派。

从创建泽当寺的乃东贡玛绛曲坚赞起，乃东作为卫藏政治中心长达二百六十四年（1354—1618年）。1406年，明封扎巴坚赞（1374—1432年在位）为阐化王以来，帕木竹巴地方政权一直与明廷保持较密切的册贡关系，所以泽当寺多传世明物。现存山南文管会的有"大明宣德年造"铭之铜钹和明代观音缂丝像以及长2.92米、宽1.78米之明初释迦

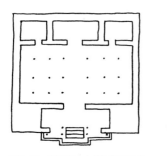

图2-37 泽当寺白加衮巴平面示意

图2-38 泽当寺白加衮巴托木速写

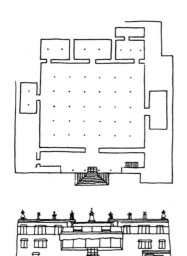

图2-39 泽当寺则措巴第一层平面和立面示意

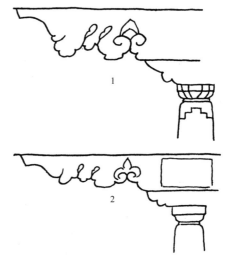

图2-40 泽当寺则措巴柱头托木两种速写
1. 门廊托木 2. 经堂托木

缂丝像都是泽当寺旧藏之物。此寺近世破坏较甚，现正计划重建[66]。

十、乃东安爵寺

安爵寺位泽当镇内，现存新旧两殿。旧殿门廊后为阔七间、深七间、三十六柱经堂，经堂正中高起四柱，建九间大天井。经堂之后无佛堂【图2-41】。经堂后壁前满列佛龛，则此经堂兼有佛堂性质。按经堂兼佛堂的大殿，多是晚期小型寺院的形制，此较大寺院建置此种佛殿殊值注意。该寺沿革不详[67]，据寺僧云，曾遭准噶尔破坏。从

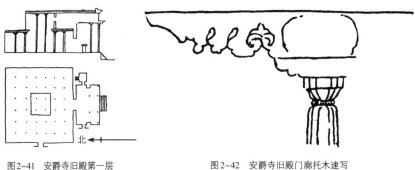

图2-41 安爵寺旧殿第一层平面和剖面示意

图2-42 安爵寺旧殿门廊托木速写

门廊、经堂之柱头托木样式观察【图2-42】，其建年应不晚于现存敏珠林寺之祖拉康，亦18世纪中前期的遗物，即准噶尔毁寺后所重建者。

十一、乃东噶丹曲果林

噶丹曲果林位泽当镇，原为噶玛噶举红帽派寺院，17世纪中叶改属格鲁，五世达赖时扩建为十三林之一。寺僧谓现存大殿系庚子年（1900年）新建，辛亥岁（1911年）完工。此寺是两次调查西藏寺院中建年最晚的一处。大殿底层建置与拉萨策默林东殿相似【图2-43】。门廊之后为阔七间、深六间、三十柱的经堂，中间二排柱距较宽。经堂后并列佛堂三，正中佛堂后壁前建通堂大佛坛，佛坛前树六柱，位置与经堂柱距相应。经堂左右侧各建狭长库房。该殿柱头托木形制与十四世达赖于大昭寺所建威镇三界阁接近【图2-44】。

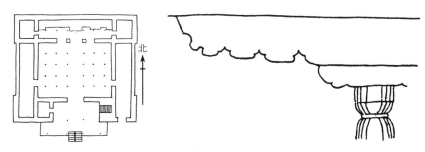

图2-43 噶丹曲果林第一层平面示意

图2-44 噶丹曲果林门廊托木速写

十二、琼结日务德清寺

日务德清寺位琼结县宗山西麓,是县内最大的寺院。15世纪末,帕竹政权重臣琼结巴多吉茨甸创建,班钦·索南查巴《新红史》记其事云:

多吉茨甸巴[68]依其父衮仁巴之嘱,建造了日波德钦寺。[69]

寺僧谓创建之年为明景泰十一年庚辰,即1406年。五世达赖《西藏王臣记》详记建年经过:

霍尔·多杰泽敦在藏王扎巴炯勒(1435—1466年在位)昆仲座前,亲近服役而当上了执行法令的大臣。他在青哇达哲山(按即琼结宗山)形如大象的山地上,修建了大乐山寺(按即日务德清寺)和寺中的佛像、经塔等,并迎请图弥桑补扎的后裔、精通五明的班抵达绛巴岑巴·索朗嘉弥滂嘎尾协业大师来作开光法事。[70]

此15世纪的建置早已不存,1959年所见之主要建筑物——门廊之后树七十柱、阔十一间、深八间的大经堂,经堂之后并建三佛堂的大殿【图2-45】,据寺僧云:系五世达赖昂旺·罗桑嘉措、七世达赖格桑嘉措扩建,八世达赖强白嘉措又曾修葺者。以大殿所用形制不同之托木验之,其早者确属17世纪后半,即五世达赖(1642—1682年在位)时流行的样式【图2-46】。五世达赖出生于附近之德巴生康,幼年还曾在寺学经,故对该寺殊多关注。右侧佛堂建有五世达赖舍利塔,传有拇指瘗其中,足证日务德清寺与五世达赖关系密切。经堂后三座佛堂内部布置与泽当寺两大殿的三佛堂同,即中间佛堂皆奉三世佛,右侧佛堂奉祖师像或塔,左侧佛堂为护法堂。如此布局为山南地区格鲁寺院所常见。五世达赖曾整顿格鲁寺院并制定了若干制度,此三佛堂之制不知见诸规定否。

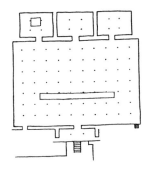

图2-45 日务德清大殿第一层平面示意

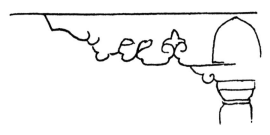

图2-46 日务德清大殿较早的柱头托木速写

注释

[1] 1959年西藏文物调查工作组负责同志王毅曾撰《西藏文物见闻记》，其山南部分刊《文物》1961年3期、4、5合期。该文记录较全面，可参看。

[2] 译文据王尧《吐蕃金石录》，页169。

[3] 桑耶建年众说纷纭，最近东嘎·洛桑赤列《论西藏政教合一制度》考述几个有关年代云："藏历绕迥前，佛灭后一千三百零六年，水虎年，即公元762年，开始修建桑耶寺大雄宝殿，历时四年竣工，至第二年是火羊年，即公元767年……从印度请来十二名根本说一切有部的比丘僧，由静命任堪布……给巴色朗……等七人剃度，并授具足戒。这是西藏最早的僧人，谓之七试人。"据郭冠忠、王玉平译本，页20～21。

[4] 译文据《贤者喜宴摘译（九）》（页35）。同文所译第二诏书中记有："（敬佛）誓文之略本则刻于桑耶寺石碑之上"（页37），此碑即上文所引《桑耶寺兴佛证盟碑》。

[5] 译文据《吐蕃金石录》，页160。

[6] 阿游延那布尼（Odantapuri）或作乌丹陀普罗（Uddandapura）。多罗那它（1575—1634年）《印度佛教史》记此寺缘起云："在瞿波罗王（685—720年）或提婆波罗王（730—777年）的时期……在摩揭陀的某地方，有一个成就了咒语、法力、本性正直的外道瑜伽行者，名叫那罗陀，他为了修炼起尸法……（请）一个佛教的优婆塞……（作）修持法者。快要成就之时，那罗陀（命侍者抓住起尸的舌头）……于是起尸的舌头变成宝剑，身体变成黄金。优婆塞拿过剑旋转，就飞向了天空……于是飞到须弥山顶，又在顷刻之间周游四大洲、各小洲……优婆塞依靠起尸得到的黄金，修建了欧丹多补黎大寺。'欧丹多'是能飞的意思，是仿照优婆塞上开天空后，亲眼所见的须弥山、四大洲的形状而修建的……"（据张建木译本，页198～199）1992年，敦煌研究院李崇峰同志曾往比哈尔邦调查该寺遗迹，云：遗址尚未发掘，现存遗迹是一片范围较大的土丘。

[7] 译文据郭和卿译本，页174。

[8] 《贤者喜宴摘译（七）》注释5引《五部遗教》作"以千朵莲花为饰"（页43）。

[9] 《西藏王统记》另一译本《王统世系明鉴》，陈庆英、仁庆扎西译，辽宁人民出版

社，1985，页171。于此后有"以佛遗骨为饰"句。《贤者喜宴摘译（七）》注释5引《五部遗教》作"以千座佛塔为饰"（页43）。《西藏王统记》撰写年代，参看本文注[28]。

[10] 《贤者喜宴摘译（七）》注释5引《五部遗教》作"以十六座神殿为饰"（页43）。

[11] 陈庆英、仁庆扎西译本作"依金刚步行的形状建造多角围墙，建成一百零八座佛塔"（页171）。此多角围墙应如后述阿里札达托林寺迦莎殿外围墙的形式，参看图2-7。

[12] 译文据刘立千译本，页121～128。

[13] 强巴林位乌策大殿西侧，西向，经堂之后的佛堂与围绕佛堂的礼拜道，俱略作圆形。参看西藏自治区文物管理委员会《札囊县文物志》桑耶寺条，1986。

[14] 札觉加嘎林位桑耶寺西南隅，南向，方形佛堂，周绕礼拜道，其前有阔五间、深六间的宽敞庭院，庭院四周绕建回廊，此即《贤者喜宴》引《拔协》所记之"在印度洲内……其前有译师之译场"（据《贤者喜宴摘译（七）》（页42）之译文）。参看《札囊县文物志》桑耶寺条。

[15] 此寺后弘期之初尚完好，《论西藏政教合一制度》据卢梅·楚臣喜饶《佛教后弘史》记卢梅等卫藏十学者自多麦南返后，"征·益西云丹主持康松桑康林"。译文据郭冠忠等译本，页34。

[16] 此大首顶寺之三种模式，即指乌策大殿下、中、上三层仿藏、汉、梵之三种形式。

[17] 参看《札囊县文物志》康松桑康林条。

[18] 译文据郭和卿译本，页189～190。

[19] 《古格王国建筑遗址》，西藏工业建筑勘测设计院编，中国建筑工业出版社，1988。该书参考了不少藏文文献，这大约是著者之一的木雅·曲吉建才（藏族，原是康定古瓦숙寺九世木雅活佛，现任西藏工业建筑勘测设计院建筑师）的重要贡献，参看晓浩《转世灵童·搞建筑的活佛》，团结出版社，1994。

[20] 现在桑耶寺平面底图系据何周德、索朗旺堆《桑耶寺简志》（西藏人民出版社，1987）线图3《桑耶寺鸟瞰面》绘制。

[21] 译文转引自《吐蕃金石录》，页169。

[22] 译文据刘立千译本，页125。

[23] 译文据《吐蕃金石录》，页186。

[24] 译文据陈庆英译本，页128。

[25] 译文据陈庆英译本，页271。

[26] 译文据郭冠忠等译本，页35。

[27] 参看王森《西藏佛教发展史略》第六篇《噶举派》，中国社会科学出版社，1987。

[28] 索南坚赞曾为开创帕竹地方政权的帕木竹巴绛曲坚赞之师，故于萨迦失势之后东来桑耶，明洪武八年（1375年）卒于桑耶。《西藏王统记》即索南坚赞在桑耶时所撰。该书后记谓："岁次阳土龙年（戊辰·洪武二十一年·1388年）萨迦派索南坚赞详为撰写于桑耶大伽蓝"（据刘立千译本，页156）。其时作者已卒十三年，故刘立千译注813谓："由他的后人继续补充完成，故此处所写年号，不是作者自己所写成书之年，而应是整个著作完成之年，他的后人署了他的名字而已。"

[29] 参看孟庆芬、陆莲蒂译《清代有关西藏的藏文史料·八世达赖噶桑嘉措给其父索南达吉之封文》，刊中国社会科学院民族研究所《藏文史料译文集》，1985，页174。

[30] 据《桑耶寺简志》转引。

[31] 同[30]。

[32] 如前述《拔协》等书所记十二洲中南方三洲皆三角形，西方三洲皆圆形，东方三洲皆肩胛形（半圆形），其中除西方兜率弥勒洲（强巴林）外，现存建筑皆与所记不合。

[33] 参看前引《西藏王统记》文和注[11]。《汉藏史集》记此多角围墙云："外围墙的拐角，按金刚舞步修建，象征一百零八座佛塔，每一个突出部分都有一粒佛陀舍利"（据陈庆英译本，页110）。改成圆形围墙后，仍于墙上每间隔约1米处，即树一红陶塔。这些陶塔，1959年调查时尚大部完好。传世一幅约绘于18世纪的桑耶寺鸟瞰唐卡，寺院外围墙正作多拐角状，该图曾于1991年在美纽约等地展览。参看 The Sacred Art Tibet，1991，pl. 150。

[34] 译文据陈庆英等译本，页221。

[35] 译文据郭和卿译本，页52。《青史》初稿完成于明成化十四年（1478年）。成化十七年（1481年）即著者逝世之年，始校正刊行。《土观宗派源流》记扎巴烘协"修建了札塘为首的一百零八处道场，取出伏藏甚多。"（据刘立千译本，页38）

[36] 译文据郭和卿译本，页64~65。

[37] 六拿除大鹏（伽噌拿）、摩竭（鲸鱼，布啰拿）、童子（婆啰拿）外，尚有那啰拿（龙子）、福啰拿（兽王）、救啰拿（象王）。参看清工布查布《造像量度经解》。

[38] 如敦煌莫高窟第159窟壁画下端所绘吐蕃装之供养人，参看《中国石窟·敦煌莫高窟四》，图91，文物出版社，1987。《新唐书·吐蕃传下》记赞普服饰云："身被素褐，结朝霞冒首，佩金镂剑"，莫高壁画吐蕃供养人头裹红色桶状物，是朝霞云者当指冒首之颜色而言。又西藏寺院多供奉松赞干布画塑，该像亦作此种发饰，如大昭寺中心佛殿第二层西侧松赞干布殿中之松赞干布像。参看西藏工业建筑勘测设计院《大昭寺》，图62，中国建筑工业出版社，1985。

[39] 此种前列之三角饰件系仿自印度佛像，其见于西藏佛画较早之例，有日喀则那塘寺琴南喀扎塔室壁画（参看刘艺斯《西藏佛教艺术》，图32，文物出版社，1957）、布达拉宫藏《贡塘喇嘛向绛丝》（参看西藏自治区文物管理委员会《西藏唐卡》，图62，文物出版社，1985）和敦煌莫高窟第465窟——元代秘密寺壁画（参看敦煌文物研究所《中国石窟·敦煌莫高窟五》，图157，文物出版社，1987），以上三例皆13世纪遗迹。

[40] 服饰上出现中型圆晕花朵，约始于中唐后期，其例如传周昉绘《挥扇仕女》《簪花仕女》两图（参看中国美术全集编辑委员会《中国美术全集·隋唐五代绘画》，图56、58、60、63，人民美术出版社，1988）。小型圆晕花朵出现于晚唐五代，如敦煌莫高窟所出、现藏英国不列颠博物馆的《引路菩萨》（参看同上书，图86）和传顾闳中绘《韩熙载夜宴图》（参看同上书，图131、136）。

[41] 宋元符二年（1100年）成书、宋崇宁二年（1103年）镂版刊行的《营造法式》卷33《彩画作制度图样》上所录各种团科纹样，皆属小型圆晕花朵，可见此类纹饰12世纪

已广泛流行。

[42] 莲瓣前端描绘左右不对称的叶状线饰之例，亦见注[39]所引《贡塘喇嘛向缂丝》、莫高窟第465窟壁画。又杭州吴山宝成寺三世佛摩崖所镌莲瓣亦作此式，但其东侧元至治二年（1322年）所镌麻曷葛剌龛莲瓣所着线饰已是对称样式（参看本集所收《元代杭州的藏传密教及其有关遗迹》），因疑此种莲瓣前端左右不对称的叶状线饰为13世纪藏式莲瓣所喜用。

[43] 13世纪安西榆林窟第4窟壁画（参看敦煌文物研究所《敦煌艺术画库》4《榆林窟》，图21，中国古典艺术出版社，1957）和张掖马蹄寺千佛洞石塔群摩崖（参看甘肃省文物考古研究所《河西石窟》，图103，文物出版社，1987）皆有三塔造型。14世纪遗迹有云南昆明玄坚雪庵宗主塔，玄坚殁于元延祐六年（1319年），此塔应建于其殁后不久（参看刘敦桢《云南之塔幢》，刊《中国营造学社汇刊》7卷2期〔1945〕）。其时大都（今北京）附近亦多建有此藏式三塔，较著名的是元至正二年（1342年）始建的居庸关过街塔（参看本集所收《居庸关过街塔考稿》）。

[44] 时代较晚的卷子装的佛经，以萨迦北寺发现的蒙哥皇帝丙辰年（1256年）大都印造的百余卷汉文佛经为最佳例，参看本集所收《赵城金藏、弘法藏和萨迦寺发现的汉文大藏残本》。

[45] 参看何周德《札塘寺若干问题的探讨》，刊《西藏研究》1989年3期。

[46] 参看《西藏佛教艺术》，图27。

[47] 参看本集所收《西藏日喀则地区寺庙调查记》夏鲁寺条。

[48] 引自《札囊县文物志》札塘寺条。

[49] 钦则旺布撰《卫藏道场圣迹志》记邬坚林巴发现掘藏的地点在乃东对面"（协扎）山左边的背后……白玛协浦（山洞）"，有名的《五部遗教》即发现于此。参看刘立千等译注《卫藏道场圣迹志》，《藏文史料译文集》，页16～17。钦则旺布，宁玛派高僧，清道光二十年（1840年）曾周游卫藏，朝拜佛迹，《圣迹志》即据当时见闻编撰者。

[50] 《札囊县文物志》朵阿林条："据《藏族历史年鉴》记载：朵阿林由宗喀巴的八大弟子之一强赛·滚嘎桑布（1366—1444年）于1438年创建"。

[51] 参看《扎囊县文物志》朗赛林庄园条。

[52] 译文据刘立千译本，页44。该书完稿于清嘉庆六年（1801年）。

[53] 译文据《贤者喜宴摘译（二）》，《西藏民族学院学报》1981年1期，页7。

[54] 译文据《贤者喜宴摘译（三）》注释40转引，《西藏民族学院学报》1981年2期，页43。

[55] 译文据《吐蕃金石录》，页192。

[56] 此钟已毁于"文革"中。

[57] 《约茹昌珠寺史》，昌珠寺藏木刻本，撰人不详。译文据王忠同志未刊译稿。

[58] 同[57]。

[59] 译文据刘立千译本，页85。

[60] 译文据刘立千等译本，刘注又记："玉叶拉康在赞塘境内，后弘初期卢梅弟子博穹楚逞炯乃建"，刊《藏文史料译文集》，页16～18。

[61] 释迦坚赞，《明实录》《明史》俱作"章阳沙加监藏"。

[62] 此说仍盛行于后世，嘉木样·谢贝多吉《佛历年表》即记："第六绕迥铁兔年，大司徒绛曲坚赞建泽当寺。"（据黄颢译文，《藏文史料译文集》，页120）

[63] 《朗氏家族史·开卷得益》即《绛曲坚赞之遗教》。此段原注之后，紧接的文字是"总之，旧水龙年建此寺，后经2个甲子，迄至今日之阳土狗年，已有一百二十七个春秋了"（据赞拉·阿旺、佘万治译本，西藏人民出版社，1989，页247）。按此阳土狗年即明成化十四年（戊戌·1418年），是该段原注作者撰写的时间，已在绛曲坚赞逝世百余年之后。

[64] 参看《明史·西域·阐化王传》。扎巴坚赞，《明实录》《明史》俱作吉喇思巴监藏巴藏卜。

[65] 《乃东寺建寺简史》，泽当寺藏木刻本，撰人不详。译文据王忠同志未刊译稿。

[66] 参看西藏自治区文物管理委员会《乃东县文物志》则措巴寺条，1986。

[67] 《卫藏道场圣迹志》记此寺云："桑日喀玛……对岸的泽当……有几座寺庙，但最有名的是安雀寺。安雀僧集会的大殿窟，内中供奉有金身释迦佛像等，可以朝拜瞻仰的圣像很多。"据刘立千等译本，《藏文史料译文集》，页14。

[68] 《卫藏道场圣迹志》刘立千注谓此人"为班禅一世弟子，格鲁派僧，公元15世纪时人"，《藏文史料译文集》，页19。

[69] 译文据黄颢译本，页108。班钦·索南查巴，曾任第十五任甘丹池巴，当时西藏佛教界以布顿大师转世来赞誉他在学问方面的成就。

[70] 译文据郭和卿译本，页155。

本文初稿发表于《季羡林教授八十华诞纪念论文集（上）》（江西人民出版社，1991年，页311～339）。此次汇集除更正讹误外，还改写了乃东泽当寺条和增补了五条注释。

西藏日喀则地区寺庙调查记

1959年8—9月，调查西藏日喀则地区寺庙和抗英遗迹近四十天，参观单位计二十余处。1988年8月，重游旧地，因时间仓促，又逢阴雨，仅在年楚河畔之日喀则市和江孜县两地停留四天。现以1959年记录为主，辑出较重要的寺庙九所：1. 那塘寺、2. 夏鲁寺、3. 札什伦布寺、4. 关帝庙，以上四处俱属日喀则市；5. 萨迦寺，属萨迦县；6. 紫金寺、7. 白居寺、8. 乃宁寺，俱属江孜县；9. 雪囊寺，属康马县。其中那塘寺与白居寺两目单独成文（见后文），故未录入本调查记。

1959年西藏调查，领队王毅同志曾撰《西藏文物见闻记》，其（二）、（三）、（四）部分系著录日喀则地区的遗迹，已刊于《文物》1960年第8、9合期、第10期和1961年第1期，希予参看，因王文所详，拙文即多简略也。

一、夏鲁寺

夏鲁寺位日喀则东南约20公里处，年楚河西岸，现属日喀则市甲措区。寺侧有元明时代沙鲁万户府城址。该寺即为沙鲁万户先世所创。达仓宗巴·班觉桑布《汉藏史集》记寺开创经过云：

> 夏鲁万户……的血统是则波（原注：赞普的后裔），是（微松后裔）杰则的后代，杰则以后，过了许多代，到了吐蕃佛法后弘的初期，有乌斯藏十人前去朵思麻地方，跟随喇钦·贡巴饶色出家，使得佛法在吐蕃死灰复燃。这十人中，有一个洛敦·多吉旺

秋……他有二十四个大弟子，其中有个名叫果玛玉仲……他的亲传大弟子杰尊·喜饶迥乃请堪布选择地址，修建了夏鲁昂莫寺，建立了僧伽。[1]

《夏鲁寺史》对选地和建寺年代记录尤详：

> 夏鲁寺建于兔年（丁卯·宋哲宗元祐二年·1087年）。建寺者为杰尊·喜饶迥乃。地基仿其师洛敦·多吉旺秋的办法，求一箭之地。此大师欲寺院规模弘大，特于箭杆中灌注金汁，使射程较远，故寺址特别宽广。时为后弘之始，此寺迎请印度及尼泊尔大师甚多，弘法及翻译经卷，在后藏成为佛教圣地。[2]

关于夏鲁始建之年，松巴《佛历年表》考订为龙年（庚辰·宋仁宗康定元年·1040年）[3]。至于现存夏鲁大殿则是13世纪晚期兴建、14世纪中期重修者。《汉藏史集》记兴建此殿事迹云：

> 最初是众生怙主（八思巴同母弟）恰那多吉娶了夏鲁家的女儿玛久坎卓本，生了达尼钦波达玛巴拉合吉塔（第三代帝师，《元史》作"答儿麻八剌乞列"，1279—1287年在位）。……从达玛巴拉开始，萨迦的法主喇嘛兄弟、喇钦贡噶坚赞父子等，直到现在的五代之中与夏鲁家是甥舅关系，十分亲密，夏鲁万户比起其他地方首领来，与萨迦的关系更为深远。上师达玛巴拉合吉塔到朝廷后，朝见蒙古完泽笃皇帝（原注：应是忽必烈薛禅皇帝）时，向皇帝奏请说：在吐蕃乌斯藏，有我的舅舅夏鲁万户家，请下诏褒封。皇帝说：既是上师的舅舅，也就与我的舅舅一般，应当特别照应。赐给夏鲁家世代掌管万户的诏书，并且作为对待皇帝施主与上师舅家的礼遇，赐给了金银制成的三尊佛像，以及修建寺院房舍用的黄金百锭、白银五百锭为主的大量布施。由于有了这些助缘，修建了被称为夏鲁金殿的佛殿以及大小大屋顶殿，许多珍奇的佛像，后来还修建了围墙。在这期间，还迎请了自现观世

音菩萨像，修建了神变门楼及各个山间静修洞窟等。[4]

《夏鲁派源流》记重修事迹云：

> 阳铁猴年（庚申·延祐七年·1320年），夏鲁寺迎请布顿大师主持寺务，遂开西藏佛教的夏鲁一派。布顿大师生于阳铁虎年（庚寅·至元二十七年·1290年），入夏鲁寺坐床时三十一岁，圆寂时已七十五岁，为阳木龙年（甲辰·至正二十四年·1364年）。元惠宗妥欢帖木儿闻布顿大师名，曾遣使迎请，但大师未去内地。此后大师重修夏鲁寺。[5]

夏鲁大殿的兴建与重修，皆与内地关系密切，故现存早期殿堂的布局与木构梁架、斗拱和布瓦屋顶等，其形制亦与13—14世纪内地建筑极为近似。

大殿东向，殿前周绕围廊。大殿平面作"T"形，凸出部分即《汉藏史集》所记之"神变门楼"；门楼之后为佛殿【图3-1】，为了便于叙述，即依前后次第分门楼、佛殿两部分记录如下。

门楼南北二十四步，东西十九步，三层【图3-2:3】。

第一层：前建四柱门廊，其后一横长门厅，左右各立一护法，左右壁亦画护法，后壁两侧皆画佛弟子众，俱旧绘。门厅后两侧各一狭长小室；正中有长门道，门道内两侧各砌短垣二堵，因分门道为三间横长小室。自外第一室左右各立一护法，系后塑。第二室左右各塑天王二，似旧塑。第三室两侧各立一护法，左者三面，皆旧塑；右侧前壁画着短装、头裹发髻作高帽状冠饰之供养人[6]；右侧后壁画骑马人，皆旧绘。门厅和门道部分光线昏暗，塑像狰狞，此西藏佛寺护法堂所习见之情况，但夏鲁置之于门楼下，似尚未见他例。

第二层：建佛堂，上施绿琉璃屋檐一匝。佛堂门东向，前设平台，壁面新绘七珍八宝。佛堂阔深各三间，堂内四柱，柱顶置普拍枋，上坐栌斗，其上出十字泥道拱，拱上承十字托木，此是托木与内地木构结合的一种新形式。托木曲线简练。托木之上承托上层楼板

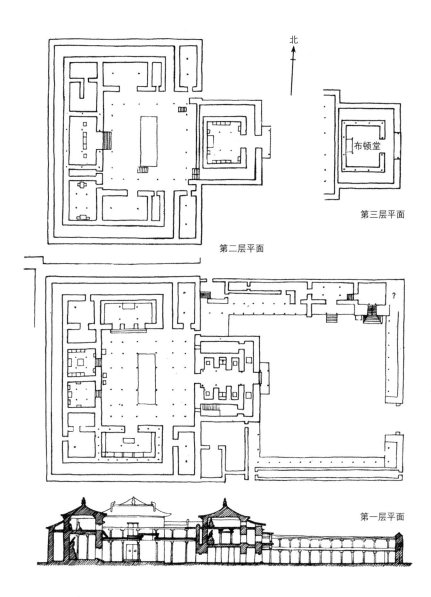

图3-1 夏鲁寺第一、二、三层平、剖面示意

【图3-2:2】。堂内四壁前满列佛像,后壁正中为大佛母,左一释迦,右一着新月冠饰、结定印之坐像,左右壁前各列四释迦,前壁入口两侧各一释迦。佛像多木雕,衣纹流畅,靠背满雕卷云,座下或雕蹲狮,或饰莲柱,皆与自萨迦以来的藏式佛像有异。壁画为诸像所掩,似皆

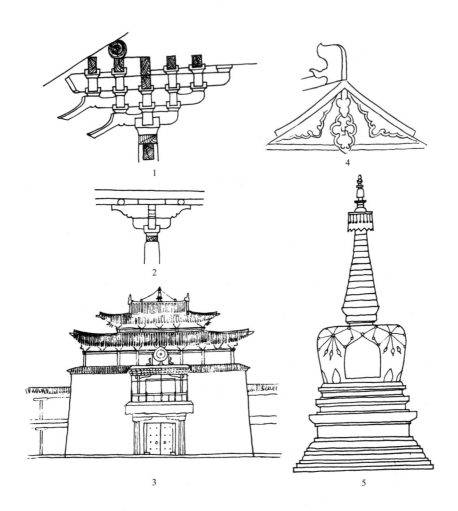

旧绘。佛堂外绕礼拜道，礼拜道壁画多佛传，画中有歇山殿堂，所绘鸱吻和山花处之悬鱼惹草【图3-2:4】，应是复原夏鲁各佛堂相同部件之最好参考资料[7]。

第三层：上建重檐歇山绿琉璃瓦顶：上檐下覆布顿堂；下檐覆围绕布顿堂之礼拜道。布顿堂门东向，阔深俱三间，无内柱，檐柱上施阑额、普拍枋。角柱出头处，普拍枋垂直截去，阑额自中部以下斫作斜面。普拍枋上置铺作。柱头组织为双下昂重拱计心五铺作，昂皆琴面，系假昂作法，内转为华拱。第二跳内转华拱上承平棋枋。假昂下皮假华头子曲线皆延至上面交互斗斗底中点之外。值得注意的是，有

图3-2 夏鲁寺门楼各局部速写
1. 门楼第三层上檐柱头铺作　2. 门楼第二层佛堂十字斗拱和托木　3. 门楼立面　4. 门楼第二层礼道壁画中的悬鱼惹草　5. 门楼第三层布顿塔

的假昂上皮还留出了凤凰台，此较晚出现之装饰手法，说明部分铺作14世纪以后曾有拆换[8]。上跳假昂之上置耍头，内转为第三跳华拱，上承四椽通栿，再上为平棋所掩【图 3-2:1】。中心间设补间铺作，其组织除耍头内转仍为耍头外，余同柱头。布顿堂内四壁除左右壁两端各绘一塔外，皆画坛城，计大者九，中者八，小者八，其布局略如表 3-1。

表3-1

前 壁		右 壁	后 壁	左 壁
右侧	左侧			
○○ ○○	○○ ○○	塔○○○塔	○○○	塔○○○塔

堂内后壁前正中建一世布顿塔【图 3-2:5】，塔右奉一世布顿像，左为二世布顿像。布顿塔十三天细长，与噶当觉顿式塔迥异，此式塔似在后弘早期和萨迦时期亦有兴建，但其流行则在萨迦后期以后，特别为格鲁寺院所沿用，成为 15 世纪以后藏传佛教习见之塔式。布顿堂外绕之礼拜道的外墙施木构以承下檐，下檐柱上铺作较上檐者简略。柱头铺作用一斗三升出耍头之把头绞项造作法，其上介替木以承檐槫。中心间和尽间置补间一朵，其组织略同柱头。阑额、普拍枋同上檐。角柱有明显的侧脚。礼拜道入口开在西壁南侧。礼拜道内外壁面满绘壁画。左侧外壁自后向前依次画罗汉、度母、祖师像。前面内壁即布顿堂入口外壁两侧各绘一塔，对面新绘七珍八宝供品，右侧外壁自前向后依次画释迦、罗汉、天王，天王系新绘。

佛殿紧接门楼之后，殿身南北六十六步，东西四十二步，为内院式外廊二层建筑。二层建筑中的主要佛堂皆起歇山绿琉璃瓦顶。

第一层：佛殿前方为阔、深皆七间、三十柱之经堂，柱距中心间最宽，次间、再次间、尽间依次递窄。西藏殿堂柱距依次递窄之例，似以夏鲁为最早。柱头托木与萨迦南寺大殿经堂者类似【图 3-3:1】，疑经改换。经堂中部建天井，现天井正中二高柱架天棚，皆系后设。经堂四壁俱有画：前壁绘四臂观音，近门道处画护法；右壁画释迦，

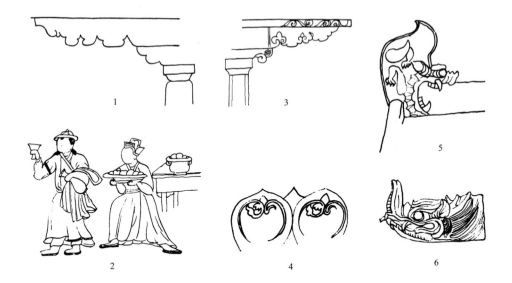

图3-3 夏鲁寺佛殿局部速写
1. 第一层经堂柱头托木 2. 第一层经堂壁画中蒙古装和汉装人物 3. 第二层回廊托木 4. 第一层左佛堂壁画中的莲瓣 5、6. 第二层佛堂屋脊上的鸱吻和龙首套饰

周绕小幅佛传；后壁南侧同右壁，北侧有千手观音，千手观音之前建二塔。左壁画释迦说法，左隅有六道轮回。经堂壁画虽间有后补，但原画细密，当是早期笔迹[9]。原画部分人物有汉装和蒙古服装者【图3-3:2】，亦多内地木构建筑和各种生活用具。经堂后方并列四室，两侧室未进入，正中两室为佛堂。

正中两佛堂皆阔、深各三间。左佛堂四壁有画，昏暗不可辨，后壁前塑释迦，左右壁前各立四菩萨，入口两侧各立天王，堂正中建一塔。右佛堂四壁影塑千佛，后壁前正中塑立佛和夹胁菩萨，左侧有四臂观音，右侧略前置三像：中、右皆释迦，左为文殊。右壁前一塔龛，内奉绿身菩萨。左壁前立三像，中为弥勒，两侧各一释迦，左隅一千手观音。

经堂左右两侧各辟一佛堂，皆阔三间、深二间。左侧佛堂前壁及左右壁前端影塑莲瓣，后壁和右壁后部影塑千佛，左壁画护法。后壁前奉三世佛，右端一释迦，其前置塔。左壁前一佛龛，龛前一金刚菩萨。右侧佛堂前、右、后三壁画释迦，为旧画；入口上方画坛城，亦旧作；左壁无画；后壁前亦奉三世佛，右端一文殊，左右两壁各列经橱一列。此左右侧两佛堂壁画中莲座的莲瓣纹饰不对称的样式，应属13世纪藏画莲瓣的习见画法【图3-3:4】[10]。

经堂和各佛堂外围绕建礼拜道。礼拜道内壁即各佛堂外壁影塑千佛。礼拜道外壁满绘佛传和因缘。外壁各面明窗下皆绘花卉一簇。礼拜道壁画皆旧作，间有新补处。

第二层：后、左、右三面各建内地式木构佛堂，堂外与门楼第二层佛堂后面绕建藏式回廊，廊檐后部高度位于各佛堂入口中部，应属后世改建。回廊托木形制较第一层者为早【图3-3:3】。

第二层后面并建佛堂三。正中佛堂阔三间、深二间，歇山绿琉璃瓦顶，正脊两端鸱吻【图3-3:5】和戗脊端的龙首套饰【图3-3:6】，疑俱为原物。檐柱上阑额、普拍枋形制与门楼第三层上檐者同。檐下铺作中心间补间二朵，尽间各一朵，斗拱组织与细部作法亦同门楼第三层上檐，唯柱头铺作耍头后尾仍作耍头，贴置于梁头伸出檐柱之外的四椽通栿之下。堂内二柱系后加。四椽通栿之上施托脚[11]、平梁，平梁上方正中立柱，柱上栌斗置泥道拱，与前后之翼形拱相交，泥道拱上置散斗接襻间、脊槫，脊槫两端设较粗大之叉手【图3-4】[12]。堂内四壁上方用佛道帐作法，设小木作屋檐一匝，檐下铺作单抄单昂上置耍头，插置壁内【图3-5:2】。其下满绘大小坛城，布局情况如表3-2。左壁坛城为佛橱所掩。佛橱三格，上格奉三世佛，中格奉三度母，下格为护法。堂正中置塔、像一列，正中为双手交持杵铃之金刚手，其右有布顿像，金刚手两侧各立一塔。此塔、像之后，即后壁下奉小型像一列，正中为文殊、度母，两侧皆各世布顿。该堂所奉布顿像共二十六世[13]。堂内平棋已毁，但入口处上方的透雕球纹菱格花窗尚是原物【图3-5:4】。正中佛堂右侧的佛堂前后壁影塑山岩置十六应真；右壁前奉释迦并二弟子，左壁有较早之文殊、财宝天壁画，壁前奉骑狮文殊并驭奴二、另一弟子、一老者，老者应是于田国

表3-2

前 壁		右 壁	后 壁	左 壁
右侧	左侧			
○○○	○○	○○○ ○○○	○○○○○ ○○○○○	?

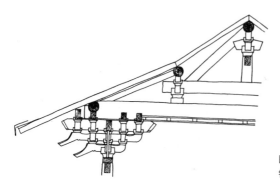

图3-4 夏鲁寺佛殿第二层佛堂柱头铺作和梁架速写

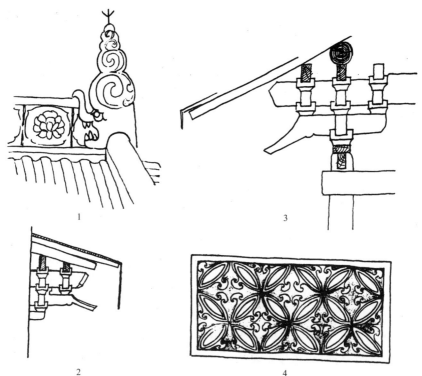

图3-5 夏鲁寺佛殿第二层佛堂局部速写
1. 左佛堂鸱吻与莲花脊砖 2. 佛堂内的小木作铺作 3. 左佛堂外檐铺作 4. 佛堂球纹菱格木窗

王像；前壁入口上方绘文殊、护法。左侧佛堂已改作库房。

第二层左右两面各建一佛堂，佛堂一侧各另辟一小室。佛堂皆阔三间、深二间，歇山绿琉璃瓦顶，堂门和球纹套十字金刚杵纹饰之窗棂，木雕俱精细，当是原物。檐下铺作为四铺作出假昂，内转为华拱

【图 3-5:3】。左面佛堂斗拱后尾彩画和堂内平棋彩画以及后壁上方拱眼壁所绘小坛城皆原作；又该堂于平棋脱落处，可见四隅平棋枋上设有抹角梁。此二佛堂四壁满绘坛城，其布局如表 3-3。左面佛堂之东有法台堂，四壁影塑千佛，堂内正中奉池巴像。

表 3-3

	前 壁			右 壁	后 壁	左 壁
	右侧	门上	左侧			
左面佛堂	 ○○○○	 ○○	 ○○○○	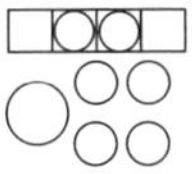 ▭○○○○	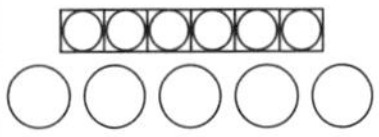 ▭○○○○○○	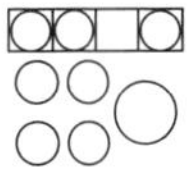 ▭○○○○
右面佛堂	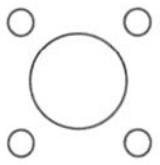 ○○○○	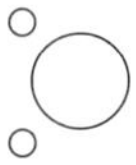 ○○	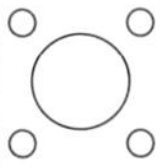 ○○○○	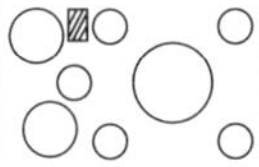 ▨○○○○	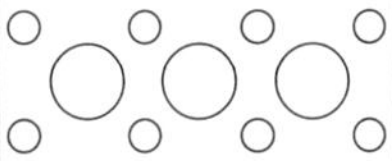 ○○○○○○	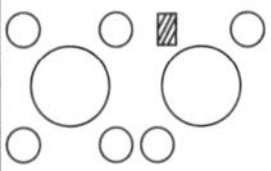 ▨○○○○

第二层后面正中佛堂和左右面二佛堂原俱为坛城殿，后面正中佛堂内所奉诸塔、像当为后设。后面佛堂两侧的佛堂和左面佛堂东侧的法台堂俱为后建。

围绕以上诸佛堂设礼拜道，礼拜道内壁绘千佛、度母，外壁绘释迦故事，多似新绘。

夏鲁大殿各层琉璃饰件纹饰繁多。鸱吻有的饰以上升之螺状卷云，其端且竖有铁拒鹊者【图 3-5:1】；正脊所用琉璃砖正面模印的图像，有十一面观音立像、化生、摩尼宝珠、莲花、走狮、奔虎等；瓦当、滴水纹饰有塔、摩尼、莲座、莲花、四瓣花、走狮、兽面等。从以上纹饰内容形制观察，疑多旧物或据旧物复制者。此种纹饰繁缛的琉璃饰件与西藏其他早期寺院易琉璃瓦顶为金顶后，脊、瓦纹样日趋一致者不同。

二、札什伦布寺

札什伦布寺位日喀则市西尼玛山南坡下，是后藏最重要的格鲁派寺院。该寺为宗喀巴弟子根敦珠巴（后被追认为一世达赖）以当时桑主孜宗本班觉桑波为主要施主所创建。土观·罗桑曲吉尼玛《土观宗派源流》记创建于色拉寺建后二十九年：

> 汤吉钦巴·根敦珠巴·白桑布以（宗喀巴）大师正教在后藏宏传，他依照上师本尊授记于⋯⋯色拉寺建后二十九年在后藏建扎什伦布寺⋯⋯师住持扎什伦布寺三十八年，主要是在此讲经说法，以宏扬正教。[14]

色拉寺建后二十九年即明正统十三年（1447年）[15]。

寺主要大殿是措钦【图3-6】。措钦大殿南向，门廊后大殿下层前为经堂，经堂阔九间、深七间，四十八柱，中心间柱距较其他各间为宽。经堂四壁绘画，左壁有宗喀巴像，后壁左侧画金刚持，右壁画十八罗汉，前壁右侧绘弥勒，皆旧迹。前壁弥勒之右的菩萨像系新补。经堂正中偏前十间为天井，天井后排中间四柱自右依次立尊胜佛母、白度母、白伞盖、大佛母四像，亦系后设，据云为护持经堂之诵经者。经堂之后列三佛堂，正中佛堂前壁画四天王，左、右壁画千佛，后壁前奉释迦并二弟子像，左右壁前各立四菩萨，以上应是原来布局。至于后壁左右端之药师、无量光，后壁释迦像前宗喀巴、贾曹杰、克珠杰三像，再前左右两柱上方所奉根敦珠巴、四世班禅罗桑曲结和八大菩萨前方所置之四臂观音、文殊等像，皆是后世陆续增入者。右侧佛堂四壁画弥勒，正中塑弥勒像，像座木雕精致。经堂左壁正中辟门，置门廊，廊左侧塑天王，前方偏左砌高阶十二级，疑非原来设计，约建于高阶之左兴建四世班禅罗桑曲结灵塔殿之后。

四世班禅灵塔殿——觉干厦兴建于康熙元年（1662年）四世班禅卒后不久。四世、五世达赖皆从四世班禅受比丘戒，明清易代之际，四世班禅协助五世达赖联络固始汗和结好清廷，都作出了重要贡献，也是弘大札什伦布寺规模的主要人物，所以他的灵塔殿为寺内诸塔殿中最大的一座【图3-7:2】。塔殿建有前廊，廊前壁画云气，后壁画四天王，左右壁书写四世班禅传记。殿内四壁画千佛，正中偏后立四世

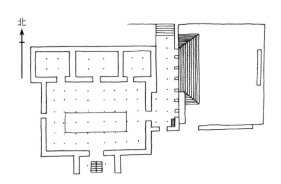

图3-6 札什伦布寺措钦大殿第一层平面示意

班禅灵塔,塔门内奉有四世班禅像,塔两侧各一小塔,右者为增寿塔,左为菩提塔,三塔皆细长相轮式。此塔殿毁于"文革"期间,近时移四世班禅灵骨于却康机五世班禅罗桑意希塔殿内【图3-7:1】,于四世班禅塔殿旧址新建五世至九世班禅合葬塔殿——班禅东陵札什南捷殿。

札什伦布寺原有四札仓。路孜、吉康两札仓创建于一世达赖根敦珠巴时。路孜已毁。吉康门廊外侧托木曲线与拉萨色拉寺吉札仓早期托木相似,年代不晚于15世纪,是札什伦布寺建筑中早期托木的形制【图3-8:3】。门廊内侧托木应是晚期形制【图3-8:2】。门廊后为阔七间、深五间、二十四柱经堂。经堂中心间柱距较宽,与措钦大殿同。经堂之后亦与措钦相同并列三佛堂。正中佛堂内除左右壁后部悬塑山岩,上奉应真,下置护法外,皆与措钦正中佛堂原来布置相似——后

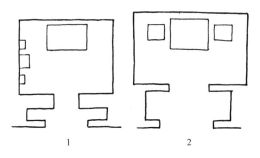

图3-7 札什伦布寺却康机平面(1)及觉干厦平面(2)示意

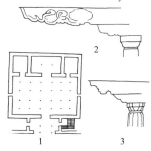

图3-8 札什伦布寺吉康札仓底层平面示意及托木速写
1. 吉康札仓底层平面
2. 吉康札仓门廊内侧托木
3. 吉康札仓门廊外侧托木

壁前正中奉释迦并二弟子，左右壁前部列八菩萨，释迦像后有上列五塔之鎏金佛龛。

三、关帝庙

乾隆五十七年（1792年）平定廓尔喀之乱后，卫藏各地多建关帝庙，拉萨、日喀则两处保存较好。日喀则关帝庙现为日喀则小学所在地【图3-9:1】。

小学大教室即原正殿，殿门上尚悬乾隆五十九年（1794年）夏四月和琳所书"慈悲灵祐"匾，署衔作"钦差总理西藏事务工部尚书镶白旗汉军都统世袭云骑都尉"。庙西侧有同年和琳所立帝君庙碑，碑文见录于《嘉庆卫藏通志》卷六。木构正殿虽是内地形式，但前廊檐下柱头却用藏式托木。此托木形制可视为18世纪末卫藏地区流行之式样【图3-9:2】。廊后为阔五间、深四间、十二柱殿堂。堂后壁塑关羽，其前右为周仓，左为关平，俱坐像。再前右侧一立卒，左侧只存像迹，据云原是一泥马。周仓、关平作坐姿和御卒及马置殿内，皆为内地所罕见。

西藏奉关羽似有三种情况：1. 随内地驻军兴建者，拉萨、日喀则两庙属此类。帕里汉房子和亚东北白堂之格萨拉康[16]亦属此类。此类所奉之关羽，似兼有军神性质。2. 汉藏商民兴建者，主像除关羽外，还奉有度母等像，如乃东县泽当镇关帝庙[17]。3. 建关帝堂或塑关羽像于佛寺内，前者如札囊桑耶寺之例[18]，后者如堆龙德庆楚普寺奉关羽像于护法堂中。此类关羽形象俱有护法性质。关羽护法形象之出现，疑与曾两次入藏的三世章嘉呼图克图若必多吉受到关羽一再卫

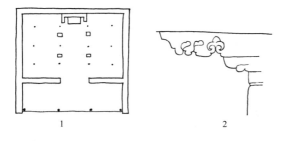

图3-9 关帝庙大殿平面示意（1）及柱头托木（2）速写

护之传说有关[19]。

四、萨迦寺

萨迦寺位于日喀则西南萨迦县境的仲曲河两岸。北岸傍白土山，是萨迦早期兴建寺院的所在，一般称为萨迦北寺。仲曲河南岸平地宽敞，元至元五年（1268年）萨迦第一任本钦释迦桑布于此为大殿奠基，是为萨迦南寺之始。自13世纪晚期以还，两寺分工渐趋明确。萨迦主要佛殿和法王拉章、颇章集中南寺，可知南寺已形成萨迦教派的宗教圣地；北寺佛殿个体面积较小，布置分散，现存最大的建筑物是位于主要佛殿——乌策大殿东侧的南朔拉康，为现地方行政机构所在地，其侧尚有萨迦地方政府的旧衙——喜多拉康。乌策大殿西侧有灵塔区，内分布萨迦历代座主（法王）与本钦灵塔和塔殿。是北寺者，由原来萨迦发祥地逐渐演变成为萨迦世俗官员集聚之所。

萨迦北寺 萨迦早期遗迹分布在北寺，《汉藏史集》记创建萨迦的官却杰波、贡噶宁布父子的建置云：

> 官却杰波师徒数人一起外出散心，在山顶上看见本波日山坡土色发白，而且有油光，山下有河水右漩，许多吉祥表征齐集于此，心想：若在那里建一寺院，必能对佛法和众生大有利益。于是向黑面觉卧佛像请示。佛像同意……于是上师官却杰波在他四十岁时（癸酉·1073年）……为具吉祥萨迦寺奠基，并在夏尔拉章所在的地方修建了一座拉章。[20]

> 贡噶宁布十二岁时（癸未·1103年），父亲（官却杰波）去世……巴日译师说：你是佛子的儿子，应当学习佛法……贡噶宁布修习了六个月，亲眼见到了文殊菩萨，他修行的房子被称为文殊岩洞，在夏尔拉康的正中。[21]

官却杰波为萨迦寺奠基之地，众说纷纭，但位于夏尔拉章正中的文殊岩洞，尚有遗迹可寻。本波日山即白土山南麓，其地现存傍山兴建左右毗连的小殿两处——拉卜朗厦，两殿后壁即接山崖各凿一窟室，右殿后壁的窟室入口右侧奉释迦，左侧奉文殊，窟室内塑贡噶宁布夫妇像。左殿空敞，窟室深处有一井。此处现存建筑虽不甚古，但右殿及窟室与记载相符，疑是后世按旧迹重修【图3-10:2】。

北寺现存最早的建筑是乌策大殿【图3-10:1】，即蔡巴·贡噶多吉《红史》所记贡噶宁布子札巴坚赞所建的旧大屋顶殿：

> （贡噶宁布）第三子杰尊扎巴坚赞生于阴火兔年（丁卯·1147年），修建了萨迦寺旧大屋顶殿，享年七十岁，逝于阳火鼠年（丙子·1216年）。[22]

阿旺·贡噶索南《萨迦世系史》记此殿为乌孜宁玛殿：

> 上师（索南孜摩）去世后，他（扎巴坚赞）把自己所有一切财物为上师施舍出去，毫不保留。为上师举行三次会供轮法会，平时他为数百名僧人建立常宿之地，修建乌孜宁玛殿……[23]

乌策大殿，东向，窄暗门屋之后为阔七间、深五间、二十四柱的经堂。经堂后为阔五间、深三间，内立八柱的西佛堂。西佛堂八柱间距较经堂柱距宽阔。佛堂后壁前主像为释迦。经堂左侧有北佛堂，阔七间、深三间，内立十二柱，柱距较经堂为窄。北佛堂正中设长坛，坛上主像为文殊。经堂右（南）壁内侧，后世加厚壁面时，中间留有一片传为萨班衮噶坚赞1216—1251年管理萨迦寺时期的文殊旧壁画[24]。乌策大殿原来外绕礼拜道，现仅存南侧礼拜道，前（东）、后（西）两面亦有遗迹可考，唯北侧部分不知废于何时。以上乌策下层托木有两种：早期者下缘雕波纹曲线，应是原物，多分布于佛堂和经堂外围；较晚者下缘已雕出云头，系后补换，多分布于经堂内侧和北佛堂【图3-11:1】。门屋外右侧有梯升上层。上层只于西佛堂之上建列朗（坛城殿），列朗木门外框和门扇皆施精致雕刻。外框和门扇间隔

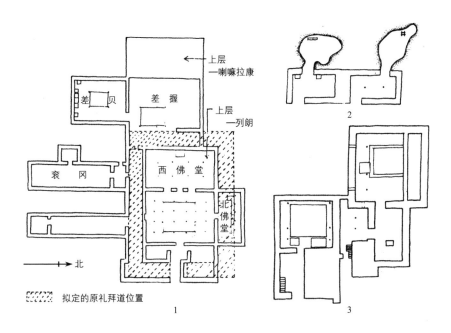

图3-10 萨迦北寺部分殿堂平面示意
1. 乌策大殿第一层平面
2. 拉卜朗厦平面
3. 岗噶确康（右）、宣旺确康（左）平面

带雕饰连珠，框和隔带之内或雕铺地卷云，或饰枝条莲花，云、花中间雕有佛教图像。全部雕刻流畅生动，当是建殿时原物。殿内右侧奉一文殊铜像，像左并列三大坛城，右侧者包饰铜皮，花纹别致，疑是印度或尼泊尔制作；中间和左侧坛城皆立粉彩塑。此两坛城与殿内所悬坛城"唐卡"和萨班画像，俱不迟于14世纪。殿四壁所绘坛城与护法，新旧杂陈，具体情况如表3-4。

旧绘者与彩塑坛城约略同时。此殿托木亦有两种，形制、年代略

表3-4

位置	内容 数量	坛城		护法	
		旧绘	新补	旧绘	新补
右壁		1	2		
后壁		3	1	2	1
左壁		1			
前壁	右侧		4		1
	左侧	4		1	

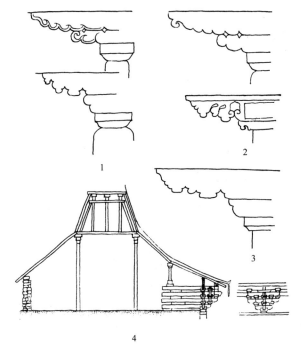

图 3-11 萨迦北寺部分建筑局部速写
1. 乌策大殿底层柱头托木 早期（上）晚期（下）
2. 乌策大殿上层列朗殿柱头托木早期（上）晚期（下）
3. 宣旺确康柱头托木
4. 乌策大殿上层列朗殿的梁架结构和斗拱

与乌策下层同【图 3-11:2】。又坛城殿内梁枋施简单彩画，梁枋之上架金顶【图 3-11:4】。前檐所用斗拱为双抄重拱五铺作。斗拱形制与梁枋彩画皆具内地元代风格，当是萨迦与内地关系密切后请内地工匠参加兴建之物证。

乌策大殿西侧接建谷务郭，谷务郭应是乌策的附属部分。谷务郭由差贝拉康、喇嘛拉康、差握和衮冈所组成。其原来建置似以差贝、喇嘛两拉康为主体。差贝拉康即一般所谓的北寺图书馆，面阔、进深俱三间，从现在布局看，西壁为主壁，壁前坛上原奉三世佛，后又增入三释迦、二文殊和一金刚菩萨。其他三壁前满树经橱，贮经文，其中金书者约占半数，经文多批注，传云出于历代座主之手。值得注意的，还藏有雕版印刷的卷子装汉文佛经五百五十六卷，每卷之末附印有蒙哥皇帝丙辰年（1256 年）燕京卢龙坊居民王从惠印造大藏安置于京大宝集寺的木记[25]。差贝拉康右侧后方上层为喇嘛拉康，面阔、进深各三间，内奉萨班和八思巴像，相传萨班、八思巴叔侄皆曾于乌策诵经习法，此喇嘛拉康应与此传闻有关。又此拉康内存"唐卡"甚多，皆绘萨迦祖师。差握、衮冈疑皆后世增建，二处皆满室悬兽皮、列兵器。衮冈北侧又辟小室，奉护法像。谷务郭一组建筑无托木可资断年，从内部情况估计，差贝、喇嘛两拉康设置甚早，后世重修或未尽失旧迹。

北寺西部建有一批噶当觉顿式塔。最西是尊胜佛母塔【图 3-12:1】，塔下部砌十字折角基座三层，其上建扁圆覆钵，覆钵设上檐，檐上向外叠涩三层作十字折角式，再上施束腰上承仰莲，仰莲之上即置向上急剧收缩的相轮柱，柱顶置宝盖、宝瓶和宝珠。该塔之东另一塔，除基座作方形高台并于台上内收五层叠涩以及覆钵、相轮柱间建圆座外，大体形制与前塔相似。再东为萨迦第一任本钦释迦桑布塔殿，塔殿具八角金项，细相轮伸出顶外，形制特殊，未见他例【图 3-12:2】。释迦桑布塔殿之东，有壁画精致的两塔殿，两殿毗连【图 3-10:3】，右者为岗噶确康即第四任本钦秀波岗噶哇塔殿，左者为宣旺确康即第七任、第十任本钦宣努旺秋塔殿[26]。

岗噶确康东向，前室左半部为上层的基台，右半部除右前隅设梯外，空敞无物。后室平面方形，正中偏后立岗噶灵塔，其前左右各一小塔系后建，三塔形制略同，塔身土色，有雨淋痕迹，室顶、东西壁和两壁前树立之三柱皆新建，南、北壁为原砌。南壁左侧正中绘本尊南巴南结，其下有五小幅本生故事，自左第一幅为舍身，第二幅为舍眼，第四幅舍子，第三、五两幅漫漶不可辨。北壁右侧绘两幅释迦。岗噶确康上层为新建分间住室。

宣旺确康紧接岗噶确康西北，亦前后两室。前室设南向门廊，门廊入口辟在东侧，旁有阶梯通上层。门廊北后方为前室，前室西侧通后室。后室平面原为方形。门廊、前室、后室傍大塔北侧之隔壁、全部木构和上层皆新建。后室前方两柱之柱头托木与列朗晚期托木接近【图 3-11:3】，此两柱后建两塔，正中大塔为宣旺灵塔，南侧小塔为尊胜塔，形制略同宣旺塔。两塔皆刷金色。宣旺塔覆钵、莲座和伞盖皆包饰鎏金铜皮，相轮和最上刹柱、宝珠皆为木质，其余外部皆泥塑。小塔除最上一串宝珠为木质外，外部亦泥塑；此塔覆钵正中辟塔门，内奉尊胜佛母；覆钵之上十字折角座正面开一小龛，现为空龛；又此

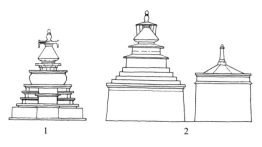

图 3-12 萨迦北寺佛塔速写
1. 尊胜佛母塔
2. 释迦桑布塔殿和其右侧的噶当觉顿式塔

塔基座最下层压在宣旺塔基座下沿之上，知建于宣旺塔之后。同行魏树勋同志实测两塔尺寸，现据以作图如次【图3-13】。宣旺塔殿后室东壁南侧和南、西两壁原壁画保存完好【图3-14】。东壁南侧画矮基座之噶当觉顿式塔两幅：右者相轮座上画双目，覆钵正中画塔门，内画本尊三头八臂的尊胜佛母，塔两侧各竖五格，每格绘一萨迦上师像，右侧竖格上方画两上师，其一为萨班，塔下方画二护法，上护法持幡骑狮，下护法为马头明王；左者塔门内画豕首八臂的金刚亥母，塔右侧竖五格，绘金刚菩萨五身，左侧和下方皆画护法。南壁并列画面七幅，正中为释迦，其右顺序为药师（？）、道结深巴、未瑶辛卡母，其左顺序为无量光、尊胜佛母二幅、文殊；七幅下方画出矮足黑色供桌，桌上列白色花瓶、金色高足灯，桌前方列白色长瓶和烛插，桌下列有金色注子、香炉、烛台和铃杵等【图3-15】。西壁并列三幅，自南第一幅为黄色左手立法轮的菩萨装坐像（仁杰忠德），座下有摩尼供奉，再下绘供品架，自上第一格列长颈瓶一、长瓶七和白碗二，第二格列金色碗五和高足碗一，第三格列金灯八，最下格列金炉五。次幅画蓝色左手心立交杵的菩萨装坐像（那瓦塔耶），座下绘舞女供奉。第三幅画白色左手立法轮的菩萨装坐像（南巴南结）。以上两塔殿壁画皆平涂颜色，竹笔勾勒，工整细致，尼泊尔风格较重，与所谓15世纪以来的萨迦派作品不同，当是14世纪以前的遗迹。萨迦南北两寺现存早期壁画，以此两塔殿者最为完整。此诸塔殿俱于16世纪中后期经萨迦俄吉旺布贡噶仁钦父子修缮，事见《萨迦世系史》：

（贡噶仁钦）为治理破旧的萨迦寺……（甲午·1534年迄壬

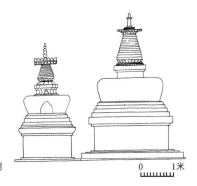

图3-13　萨迦北寺宣旺确康内两塔实测

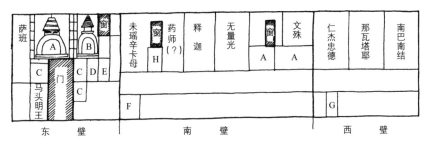

A: 尊胜佛母　B: 金刚亥母　C: 护法　D: 大黑天　E: 吉祥天母　F: 供桌　G: 供品架　H: 道结深巴

图3-14　萨迦北寺宣旺确康后室壁画分布示意

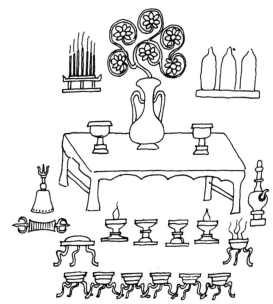

图3-15　萨迦北寺宣旺确康后室南壁壁画下方供品摹绘

申·1570年）修缮了释迦桑布、岗噶哇、宣努旺秋等人的殿堂。

这位达尼钦布（俄吉旺布贡噶仁钦之子俄强扎巴洛卓坚赞）自二十七岁至五十五岁之间（丁丑·1577年迄乙巳·1605年）担负了萨迦大寺的所有佛法重任……他修缮萨迦寺经堂的功业如下：修缮了玉妥拉康、夏迦桑布佛塔、宣旺佛塔、仁桑佛塔和昆氏佛塔等萨迦大寺西面诸经堂……[27]

岗噶、宣旺两确康的上方，有名得勿纠的一组建筑。该组建筑外绕围墙，内建两殿。前殿上下两层，传为萨迦第四祖萨班衮噶坚赞之父即萨迦第一祖萨钦·贡噶宁布之幼子贝钦沃布（1150—1203年）修行处，上层空置无物，下层贮有藏文写经。上下层皆建有前廊，廊柱托木简洁，就其形制言，似在拉萨大昭寺中心佛殿天井庭院的柱头托木（14世纪后期）与堆龙德庆楚普寺措康大殿经堂天井柱头托木（在16世纪）之间【图3-16】。此修行处门前和门内天井野草丛生，似已荒废多时。后殿为护法殿，未进入，但门窗外沿皆雕饰人面，为此次西藏之行所仅见。寺僧谓此组得勿纠建筑，在北寺诸殿堂中，其建年仅晚于拉卜朗厦、谷务郭之差贝拉康和乌策大殿。

萨迦南寺 南寺是八思巴晚年以降的萨迦主寺【图3-17】。寺外绕方形城垣，城外沿城尚存屈曲之羊马城和羊马城外侧的城濠遗迹。城垣四隅设角楼，南、北、西三面正中建敌楼，东面正中辟门，门外迎门筑短垣，此短垣上部与门楼接建，其作用与瓮城同。城内主要建筑为位于中心、向东开门的康萨钦莫大佛殿【图3-18:1、2】。大佛殿前设门廊，门廊后为门道。门道内第一层：中部为天井；天井东侧右有平措颇章灵塔堂等建置，左有卓玛颇章灵塔堂等建置；天井后方为阔十一间、深五间、四十柱之大佛堂。佛堂柱头托木下缘曲线简洁，面部浮雕朵云与乃东吉如拉康[28]、康马萨马达拉康托木尚有相似处【图3-19】[29]。天井右侧为阔六间、深三间之经堂（浦康）；左为阔五间、深三间之萨迦历代座主灵塔堂，灵塔堂左架桥北通北佛堂。门道外右侧设四十二级长梯，上通第二层。第二层天井西、南两侧建长廊式露台。西廊壁画坛城，中部有萨班像，北端有八思巴像。南廊壁

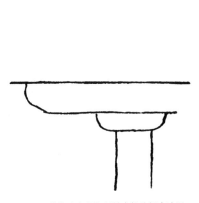

图3-16 萨迦北寺得勿纠前廊柱头托木速写

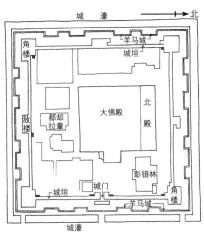

图3-17 萨迦南寺平面示意

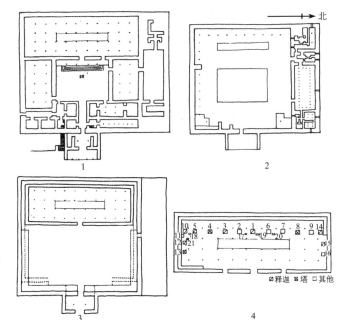

图3-18 萨迦南寺康萨钦莫大佛殿平面示意
1. 大佛殿第一层平面
2. 大佛殿第二层平面
3. 大佛殿平面复原
4. 大佛殿内像、塔布置位置

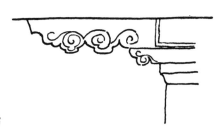

图3-19 萨迦南寺康萨钦莫大佛殿柱头托木速写

画释迦、弥勒文殊对坐、喜金刚、尊胜塔与萨迦五祖、萨班与八思巴、萨迦世系等画像。第二层北侧即北佛堂之上亦建佛堂，西端有护法堂。第二层东侧即第一层门道上方建小佛堂，主壁壁面多绘印度高僧，左侧有莲花生和赤松德赞像。第三层廊壁画千佛；北侧佛堂（却拉）奉萨迦五祖和十六应真；西北隅有喇嘛拉康，内除绘塑萨迦祖师外，还奉莲花生和噶举祖师像。此康萨钦莫大佛殿创建经过与当时之建置，《汉藏史集》据《萨迦世系史》有较详摘录：

> 上师八思巴之时，依薛禅皇帝的圣旨……任命他（释迦桑布）为乌斯藏本钦，他修建了康萨钦莫佛殿。阴火兔年[30]（至元四年·1267年）朝廷派人来迎请上师八思巴。八思巴动身前往时，本钦也去了。他们师徒一行到达杰日拉康的那天晚上，上师说：其人必有能干之侍从，才能修建起这样一座佛殿来。本钦在上师身后听见了这话，趁上师高兴，就请求修建一座能把杰日拉康从天窗中装进去的佛殿。由于坚持请求，上师同意了。本钦立即进行了测量，把图纸带回萨迦，向当雄蒙古以上的乌斯藏地方各个万户和千户府发布命令，征调人力，于次年（1268年）为萨迦大殿奠基，还修建了里（外）面的围墙、角楼和殿墙等……在运来了修建萨迦大殿的木料等器材，架好了底层的房梁时，（释迦桑布）在本钦的任上在萨迦去世……释迦桑布之后，由原来担任朗钦的贡噶桑布继任本钦，他一共任本钦六年（至元六年至十一年·1269—1274年），在这期间，建成了萨迦大殿的底层、顶层、外围墙和内围墙，建了黄金制成的屋脊宝瓶……并完成了大殿回廊的绘画；他还管理修建仁钦岗拉章、大屋顶北殿、拉康拉章的事务。[31]

据上述记录，知贡噶桑布1274年卸任本钦之前，不仅完成了南寺大殿，而且还管理修建了其他建置。南寺现存情况可与《汉藏史集》摘录相比应者："里（外）面的围墙、角楼"指南寺城垣；"大殿的底层"即大殿第一层；"顶层"即大殿第二层；"大屋顶北殿"即北佛堂；"大殿回廊"已不存在，浦康和历代萨迦座主灵塔堂以及平措、卓玛两颇章灵塔堂等，疑即扩展大殿回廊之左、右、前部分而兴建者；"外围墙和内围墙"，当是相互对应的建筑，其间应是原礼拜道的位置。以上对比和推测如无大误，康萨钦莫大佛殿之原来布局即可大略复原，复原后的布局，约与那塘寺觉冈大殿相近[32]【图3-18:3】。至于"仁钦岗拉章""拉康拉章"，此两支俱于15世纪末16世纪初绝嗣[33]，故两拉章早已改废，其旧址约在大佛殿之东南方。贡噶桑布之后，《萨迦世系史》还记有南寺续建情况：

> 第九任本钦阿迦仓修建了屋顶女墙和外围墙[34]。其后夏尔巴绛漾仁钦坚赞（1258—1306年）在任萨迦住持的三十年中，修缮各佛殿，并在任住持最后一年，即第五绕迥木蛇年（大德九年·1305年），从五月开始，用三个月修建了大殿露台的八根柱子和（顶层）走廊周围的密宗四部瑜伽部以下的一百四十八个坛城，密集部的六百三十九个坛城，总计七百八十七个坛城，每个坛城的图案都是由他画的。[35]

"屋顶女墙和外围墙"系指南寺城垣上修建之女墙，40年代杜齐所摄照片尚存女墙建置[36]，现已是藏式平顶；"大殿露台的八根柱子"现已改树十根；现"（顶层）走廊"只西廊壁面新绘大小坛城六十二个。第二层其他建置和第三层皆不见萨迦早期记录，可知统系后世增建。

萨迦南寺改变原貌和增设新建，主要有两次大规模修整。第一次是16世纪中期。其时，后藏连年战乱，大殿圮残，萨迦俄吉旺布贡噶仁钦主持重修。贡噶仁钦是八思巴第九代侄孙，出自明封辅教王的都却拉章这一支，《萨迦世系史》记其复兴萨迦寺云：

> 俄强（即俄吉旺布贡噶仁钦）自三十几岁时起，修缮和新建萨迦寺之大经堂等方面的情况……为治理破旧的萨迦寺……塑造旧大屋顶殿中的萨迦巴钦波等身像……俄强本人所塑的无数浮雕

身像，在克乌吉拉和萨迦大殿内是无处不有的……他绘制了无数大小不一之唐卡……修缮了果如森吉噶布护法神殿内室和外室；修缮了大书库、喇嘛拉康、大屋顶旧殿和昆氏佛像塔，玉妥、本唐、细脱护法神殿，苏康、宗穷、尼第、格泊、卓玛、桑木林、拉康拉章、拉康钦莫；修缮了西护法神殿、仁桑佛塔；修缮了释迦桑布、岗噶哇、宣努旺秋等人的殿堂。还有生命神护法殿、经堂、萨钦岩洞、孜莫岩洞、八思巴岩洞、恰那岩洞等等。总之，修缮了无数之经堂，使其犹如新建。[37]

寺僧介绍，修建康萨钦莫大殿时，还拆除了大殿原来的礼拜道和回廊；修建了大殿门廊、门屋和装修了檐下重层斗拱等；第二层以上的安排约亦出现于此时。第二次是1948—1952年的维修，此次修整的主要内容，据寺僧云有大佛堂内易木墙砌砖坯、增添柱础和新绘各殿、廊壁画以及拆改南寺城垣女墙等项。

南寺大殿向以藏书丰富，像、塔精美著称。现大佛堂后、右两壁前，约即原礼拜道后、右部分的位置，皆列通顶经架，架上满贮经函，据统计大小函多达两万件。20世纪60年代，西藏文物管理委员会与中央民族事务委员会合作编有草目。佛堂最后两排柱间、右壁经架前和左壁前方布满大小像、塔，其中主要像、塔的排列略如图【图3-18:4】。佛堂最后两排柱间的列像：正中为大释迦坐像①【图3-20】，其右依次为无量寿坐像②、释迦坐像③、塔④、释迦坐像⑤；其左依次为文殊坐像⑥、金刚持坐像⑦【图3-21】、塔⑧、文殊坐像⑨。此九像、塔俱位于毗邻之四柱之间。佛堂右壁经架前自后向前依次为释迦坐像⑩[38]、十一面观音立像⑪、释迦坐像⑫、塔⑬。佛堂左壁前自后向前依次为释迦坐像⑭、释迦坐像⑮、佛母坐像⑯[39]。此外，另有数量较多的中小型像、塔，杂厕于上述诸像间，其中较重要者有：①②之间前方的莲花生坐像⑰、⑤⑩之间前方的莲花生坐像⑱、①⑥之间前方的萨迦白衣三祖像⑲[40]、⑥⑦之间前方的弥勒倚坐像⑳、⑪⑫之间前方的释迦坐像㉑等。《红史校注》记佛堂诸塔、像之修造云：

图3-20 萨迦南寺康萨钦莫大佛殿内正中的大释迦坐像

图3-21 萨迦南寺康萨钦莫大佛殿内金刚持坐像

殿中的三座塔是从八思巴开始，历任萨迦住持修建的。他们修造了无数佛经、佛像、佛塔。详见达钦阿美夏阿旺·贡噶索南所著《萨迦世系史》。[41]

《萨迦世系史》又于八思巴事迹中记录八思巴为纪念萨班建塔事：

> 法王八思巴于四十一岁的鼠年（至元十三年·1276年）回到了萨迦大寺……在萨迦大殿建立纪念萨迦班智达的黄金过芒塔，并为此塔所在佛殿修建了大金顶。[42]

《汉藏史集》记贡噶桑布纪念萨班，又建造了观音菩萨像：

> 贡噶桑布……任本钦六年，在这期间……建了纪念萨迦班智达的观音菩萨镀金像。[43]

《汉藏史集》又记达尼钦波桑波贝为纪念八思巴、达玛巴拉两代帝师兴建事：

> 上师达尼钦波桑波贝返回乌斯藏以后……他为纪念八思巴和达玛巴拉而建造的佛像加造了金顶和玉顶。[44]

八思巴（1235—1280年）所建塔和达尼钦波桑波贝（1264—1324年）的兴建与佛堂现存塔、像的对应，寺僧传闻不一。贡噶桑布任本钦时（1269—1274年在位）所造观音菩萨，殿内只一座十一面观音像⑪可暂作拟定。此外，寺僧一致认为金刚持像⑦为达玛巴拉（1268—1287年）所建，塔④为阿旺土多旺秋塔。阿旺土多旺秋约即《元史·释老传》所记至治三年迄泰定二年（1323—1325年）任帝师之旺出儿坚藏。现以此13世纪70至80年代所造像和14世纪20年代所建塔为准，对佛堂主要像、塔试作初步分期，以探讨佛堂内部布置之变化。

一、金刚持⑦特征显著，面相宽扁，两目窄长，上睑中部明显下垂，颏部突起，光背大朵云纹铺地，六拿俱全。与金刚持特征最为相类的是①③⑫三释迦。位于佛堂内最后两排柱间的两大塔④⑧，皆噶当觉顿式，但从相轮向上收分愈大时间愈早这一特点考察，塔⑧显然比阿旺土多旺秋塔④为早，因疑此塔⑧或即前述八思巴所建之黄金过芒塔。以上①③⑫⑦像和塔⑧以及⑪之十一面观音应是佛堂初期即13世纪70至80年代的形象。其时，佛堂布局当以三世佛①③⑫为主像，八思巴建黄金过芒塔⑧于主像之左，贡噶桑布建观音菩萨⑪于主像之右，达玛巴拉补塑之持有诸佛密意之金刚持菩萨⑦亦位于主像之左。三世佛中之⑫原来当在①之左。现⑫与⑪所处位置逼近原礼拜道内墙，两像移位于此应在16世纪中期拆除礼拜道之后。

二、较上述五像一塔为晚的有⑨⑭⑯⑮四像，②⑥⑩⑤等五像和④⑬二塔似又略晚。以上⑭⑮⑩⑤四像皆为释迦。此四像与佛堂初期之三释迦相配，恰成七佛。因疑阿旺土多旺秋建塔后，即14世纪20年代以降之佛堂主像为七佛。至于其中⑭⑮⑩三像和⑯⑬被安置在逼近原礼拜道内墙处，亦当在拆除礼拜道之后。

三、将①③⑫⑭⑮⑩⑤七佛组像拆散的时间，约在16世纪中期拆除礼拜道之后，至于以何缘由组成现在之布局，尚待研讨。

四、位于上述诸像、塔前方，形体较小的⑳㉑⑲⑰⑱五像，虽非佛堂主像，但被安置于现在位置，是否皆在拆除礼拜道之后，亦是待考的问题。

五、紫金寺

紫金寺位江孜西约6公里处，依山兴建，规模弘壮。寺史不详，据寺僧云始创于元末，较白居寺略早。光绪三十年（1904年）英军入侵，此寺主要佛殿和大部札仓皆毁于战火。仅存之三札仓，又废于"文革"期间。1959年调查时，曾对建年较早之索伯札仓和面积较大的却顿札仓作有简单记录。

索伯札仓属萨迦派【图3-22:1】。札仓南向，前廊画四天王，前廊之后经小厅入经堂。经堂阔三间、深四间，六柱中间设平面竖长形天井。经堂前壁画天王；右壁列经橱，橱中间有释迦龛；后壁正中设座，座右奉度母像；左壁有释迦说法壁画。经堂后壁开两佛堂：右者设佛龛，中奉红身空行母，其下列护法像；左佛堂后壁正中奉莲花生，左佛堂之后有护法堂，堂右有法器库。

却顿札仓属格鲁派【图3-22:2】。南向，门廊设在经堂右壁南端。经堂阔八间、深七间、四十二柱。经堂正中建十八间高大天井。无单独佛堂，经像列置经堂后壁之前，中间奉释迦并二弟子像，其右置坛城一、经橱一列，左建佛橱、经架。四壁画千佛，后壁右隅有金刚菩萨。

六、乃宁寺

乃宁寺位江孜东南约10公里处，属康马县。光绪三十年为英军焚毁。现存经堂窄暗，系过去一札仓所改建。该寺原来主要建置俱在现经堂后方；其地残垣断壁一片废墟，近百年变化不大。此寺外围尚存

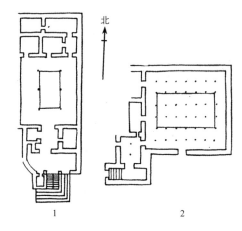

图3-22 紫金寺索伯札仓（1）及却顿札仓（2）平面示意

方形堡址，知寺原有若萨迦南寺之城堡；废墟中有塔院，塔虽半圮，但院墙大半完好，墙顶树擦擦成列，知擦擦不仅备装藏，且可置之墙上；1959年调查山南桑耶寺时，见寺围墙上每间隔1米建一红陶塔当同此制。废墟遍布瓦当、滴水，其纹饰与制造俱摹拟金铜制品，与夏鲁佛殿瓦饰风格接近。寺僧介绍，乃宁寺创自莲花生弟子剑白桑布，后弘之初原属宁玛，旋以阿底峡经此讲经因奉噶当。14世纪70年代宗喀巴一再停留此寺，松巴《佛教史》谓：洪武十年（1377年）宗住乃宁，受寺僧请，讲《集论》，是为宗在卫藏讲经之始[45]。15世纪20年代克珠杰参加兴建白居寺后，移住此寺。寺改宗格鲁当在14、15世纪之际。寺素以多藏文物闻名，英军焚寺前曾大肆掠夺。劫余文物中，以现悬挂经堂东侧喇嘛拉康佛龛内的着红色袈裟之释迦立像绢画一轴较为重要。像左侧有汉文金书《大明皇帝御制旃檀佛像赞》，末行年月为"永乐十年四月十七日"；像右侧列该赞藏文译文，亦金书[46]。按《大明太宗文皇帝实录》卷八七记：

> 永乐十一年二月己未……中官杨三保等使乌思藏等处还。乌思藏帕木竹巴灌顶国师阐化王吉剌思巴监藏巴里藏卜遣侄札结等与三保偕来期贡，命礼部复遣中官赍敕赐之锦币，并赐其下头目剌麻有差。

乃宁寺与阐化王关系密切，14、15世纪之际正是吉剌思巴监藏巴里藏卜及其重要家臣皆重格鲁教派之时[47]，因疑此轴绢画或即此次所赐下者。按乃宁寺早在永乐六年即曾派使者随阐化王及其属下的诸使人入朝明廷，并得到明廷的颁赐，事见《太宗实录》卷六零：

（永乐六年十二月）辛丑……乌思藏帕木竹巴灌顶国师阐化王吉剌思巴监藏巴里藏卜、丹萨替里（寺）大剌麻锁南藏卜、牛儿宗寨官喃哥藏卜……捫公堂剌麻擦力巴俄即儿藏卜、擦力巴都指挥葛谛藏卜、都指挥吞竹监藏、乃宁寺剌麻令真监藏等各遣使来朝，贡马及方物。赐钞、币、衣服有差。

因此，上述永乐十年绢画，或系永乐十一年随中官杨三保来朝的阐化王侄札结等带归的"赐其下头目剌麻"的赐物之一；似乎也不是全无根据的推测。

七、雪囊寺

雪囊寺位康马东南5公里之山坡上。寺内建置大部毁于1904年英军入侵。现存经堂系战后重修，但后壁前所列七躯佛像佛座雕饰精细，尚是早期遗留。寺外有噶当觉顿式塔一座，方形基座，内收四层，其上为扁圆之覆钵，覆钵正面辟门，内已空无像设。覆钵之上砌须弥座式之相轮座，相轮粗壮，向上有显著收分。相轮之上为大伞盖，盖顶露朽木一段，原套置之宝珠已佚。此塔造型与萨迦北寺尊胜佛母塔相似，其创建之年当不晚于14世纪【图3-23】。

图3-23 雪囊寺外噶当觉顿式塔速写

注释

[1] 译文据陈庆英译本，页230。

[2] 《夏鲁寺史》，夏鲁寺藏抄本，撰人不详。此据王忠同志摘译稿，未刊。

[3] 《佛历年表》附在清乾隆十三年（1748年）松巴所撰《如意宝树史》内。参看《国外藏学研究译文集》第5辑（西藏人民出版社，1989）所刊沈卫荣、汪利平译费拉丽《笺注卫藏圣迹志》注释426。

[4] 译文据陈庆英译本，页231。

[5] 《夏鲁派源流》，札什伦布寺藏木刻本，撰人不详。译文据王忠同志译稿，未刊。

[6] 头裹发髻作高帽状冠饰，又见札囊札塘寺壁画，参看已收入本集的《西藏山南地区佛寺调查记》札塘寺条。

[7] 夏鲁各殿歇山之山花部分的悬鱼惹草，1959年调查时均残破不全。

[8] 假昂上皮前端和齐心斗之间，出现凤凰台，准内地官式建筑应始于明代。此处凤凰台长度较短，且斜杀作法亦未显著，知属凤凰台的初期样式。

[9] 参看杜齐（Giuseppe Tucci）《西藏画卷》（Tibetan Painted Scrolls），Ⅰ，页117～180。

[10] 同注[6]。

[11] 内地建筑宋以后托脚逐渐废除，此处使用托脚，应是边远地区多存旧制之一例。

[12] 内地建筑宋制叉手如《营造法式》所记即已陡薄，元代已渐废除，此处叉手尚较粗壮，亦属旧制。

[13] 据寺僧介绍，1959年时，布顿已传三十世。

[14] 译文据刘立千译本，页167。

[15] 拉萨色拉寺建于明永乐十七年（1419年），详见已收入本集的《西藏拉萨地区佛寺调查记》色拉寺条。

[16] 格萨拉康系当地藏族对关帝庙之称呼。盖与藏蒙两族传说中勇武之格萨尔汗相混所致。帕里、亚东两格萨拉康，1959年时已残破。关于西藏地区建关帝庙和关羽与格萨尔汗的关系，海西希（Walther Heissig）《蒙古的宗教》（Les Religions De La Mongolie）有较详论述："早在中国前朝明代几位皇帝执政年间，尤其是在明神宗（万历·1573—1620年）皇帝临朝年间，便开始传播对3世纪时的中国英雄关帝的崇拜。继此之后，满族人也奉关帝为战神。在此问题上，1647年（清顺治四年）把汉文历史小说《三国演义》译作满文，并以刊本发行一举具有决定性意义。书中介绍了关羽——关帝的武功，在七十七回中，又述说了他的神化。在18世纪中叶，章嘉呼图克图乳贝多吉（1717—1786年）在北京皇宫中最高级别的喇嘛教官吏济仲呼图克图的倡导下，为关老爷写了一卷祭祀祈愿文，以藏文、满文和蒙文版本发行。中国古老的战神关帝于其中又被宣布为中国皇帝的大守护神（参看注[19]），并且与在格鲁巴教派诸神占统治地位的三位一体神集密——胜乐轮——阎曼德迦结合在一起了。召请关帝神是为了传播佛教和使居住在中华帝国者感到满足。在这部18世纪的对关帝的祈愿经……《祭祀护法神关老爷的全部仪轨》中，也没有出现格萨尔的名字一样，更谈不上把他考证成关帝了。从18世纪末一直到19世纪末，尤其是在嘉庆

（1796—1820 年）和道光（1821—1850 年）等大清皇帝执政年间，清朝政府安定了中华帝国的边界省份及其本族的故乡满洲，他们在这些领土上遍修关帝庙，关帝作为一种国家的守护神和战神，而受到清朝兵卒和官吏的崇拜。仅仅在甘肃、内蒙古、新疆和西藏等地，就为此目的而建立了六十六座关帝庙，并且由国库补贴，同时也终于实现了由喇嘛教把国家保护神、中国古老的战神关帝纳入喇嘛教万神殿的计划。关帝被当成了财神，而过去早就有人把喇嘛教中的格萨尔汗当成了此神。他们作为战神，在肖像方面的相似性是不言而喻的。因此，在边陲地区的关帝庙中，便把伟大的关圣帝当成关氏家族神圣的格萨尔汗，这完全符合嘉庆和道光时代的宗教民族融合政策……稍后不久，关帝的神启不仅仅被当成了战神，而且还被说成是格萨尔汗。"耿昇译《西藏和蒙古的宗教》，天津古籍出版社，1989，页 491～493。

[17] 参看西藏自治区文物管理委员会《乃东县文物志》关帝庙条，1986。

[18] 参看已收入本集的《西藏山南地区佛寺调查记》桑耶寺条。

[19] 此事见录于土观·罗桑曲吉尼玛《章嘉国师若必多吉传》："龙年（清乾隆元年·1736 年）之吉日良辰……章嘉活佛自大昭寺附近起程……途次四川地方一座名叫襄陵的大山（按此应指清时属湖北襄阳道之当阳玉泉山。山有玉泉寺，寺左翠寒山下珍珠泉有明万历间"汉云长显灵处"刻石），在山下住宿。章嘉活佛夜里梦见一个红大汉对他说：此山顶上便是我家，请往小憩。言讫，一步跨上山巅。章嘉活佛也随至那里，只见那里有许多富丽房舍。红大汉将章嘉活佛请到中间屋中，献上各种食品，还将妻子儿女引来拜会，说道：从此地以下的汉地都属于我管辖，给我布施食物者，在西藏也有不少，特别是后藏的老年高僧一再供我饮食，从今天起，我做你的保护者，明日，你在途中将遇八难，吾可排除。次日途中，有猴子从树林里抛出一块石头，打在侍从楚臣达杰头上，只是受了点轻伤，并不要紧。据说那个红大汉就是汉人所说的关云长，译成藏语称为珍让嘉布。"（回北京后）章嘉国师害上了一种好像是痛风的病……当时，巴桑曲杰举行天女圆光占卜，幻景中只见章嘉国师身边拥聚了很多非常大的蜘蛛，欲与章嘉国师抗衡较量，一个威风凛凛的红脸大汉手持宝剑，将那些蜘蛛赶往他处。那天晚上，章嘉国师梦见一个红脸人对他说：伤害您身体的那些小鬼已被我驱逐。他问：你居住何处。答：我住在皇宫前面大门外右方。次日，打发侍从前去察看，被称为前门的城门外有一座关帝庙，内供以前塑造的关老爷即关云长塑像，经历各代香火不断。想必是这位关帝保佑章嘉国师，遂举行了大祭。后来在达札济仲活佛的鼓励下，章嘉国师还撰写过一篇祭奠文。"（陈庆英等译本，页 130、145～146）按关羽于玉泉山护持佛法的传说，北宋时似已盛行。《佛祖统纪》卷六《东土四祖天台智者传》云："（开皇十二年·592 年）十二月，师至荆州……将建福庭，乃于当阳玉泉山创立精舍……初至当阳，望沮漳山色堆蓝，欲卜清溪以为道场。意嫌迫隘，遂上金龙池北，百余步有一大木，婆娑偃盖，中虚如庵，乃于其处跌坐入定。一日，天地晦冥，风雨号怒，妖怪殊形倏忽千变，有巨蟒者长十余丈，张口内向，阴魔列陈，炮矢如雨，经一七日，了无惧色。师闵之曰：汝所为者，生死众业贪着余福，不自悲悔。言讫，象妖俱灭。其夕，云开月明，见二人威仪如王，长者美髯而丰厚，少者冠帽而秀发。前致敬曰：予即关羽，汉末纷乱，九州瓜裂，故王此山，大德圣师何枉神

足。师曰：欲于此地建立道场，以报生身之德耳。神曰：愿哀闵我愚，特垂摄受，此去一舍，山如覆船，其土深厚，弟子当与子平建寺化供护持佛法，愿师安禅，七日以须其成。师既出定，见湫潭千丈化为平阯，栋宇焕丽，巧夺人目，神运鬼工，其速若是。师领众入居，昼夜演法。一日，神白师曰：弟子今日获闻出世问法，愿洗心易念，求受戒永为菩提之本。师即秉垆授以五戒。于是，神之威德，昭布千里，远近瞻祷，莫不肃敬。"此事，《统纪》撰者志磐附有说明云："章安（即智者弟子灌顶）撰别传（指灌顶所撰《智者别传》），略不及关王事，今据玉泉碑以补其阙。"检同书卷四九《名文光教志前序》有云："黼黻大教碑记论序何其多乎……不复别录全文……继智者以斯道盛行当世，古今名贤赞德之文，如……宋张商英《关王祠堂记》。"是志磐所据应包括此张氏祠堂记。张商英卒于宣和四年（1122年），因可推知智者大师与关羽之传说，最迟12世纪之初，已流行于世。《章嘉国师若必多吉传》所述之梦境，不过因袭智者故事耳。又《益州名画录》卷中记："赵忠义者，德玄子也……孟氏明德年（934—937），与父同手画福寿禅院……冠绝当时。蜀王知忠义妙于鬼神屋木，遂令画关将军起玉泉寺图。于是，忠义画自运材斲基，以至丹楹刻桷，皆役鬼神……"是荆蜀一带流行关羽与玉泉寺有关的说法，更可早到10世纪。

[20] 据陈庆英译本，页197。
[21] 据陈庆英译本，页198。
[22] 据陈庆英等译，东嘎·洛桑赤列校注本，页42。
[23] 据陈庆英等译本，页52。
[24] 钦则旺布《卫藏道场圣迹志》记萨迦佛宝中主要四大变化神品的第一品"为顶骨殿中的放光文殊像……顶骨殿内有萨班手画的文殊普观图"（据刘立千等译本，《藏文史料译文集》，页27），疑即指此壁画。
[25] 参看本集所收《赵城金藏、弘法藏和萨迦寺发现的汉文大藏残本》。大宝集寺位大都南城，唐辽旧刹，金承安以来迄元初，其寺皆统领释教。《元史·英宗纪》记至治元年（1321年）三月"乙酉，宝集寺金书西番波若经成，置大内香殿"。又张翥《蜕庵集》卷二《九月六日宿宝集寺诗》有"檜铎能蕃语，斋居发海音"句（此据四库本。明刊《蜕庵诗集》卷一录此诗，"蕃"字作"胡"），知元中期以后，此寺与藏传佛教关系密切，或已改为藏传佛教寺院，故其早年所藏之汉文经卷被辇来萨迦。
[26] 陈庆英译《汉藏史集》页226有陈对宣旺的考证："《元史》作软奴汪术。《元史》卷一五《世祖本纪》十二记载，至元二十五年（1288年）冬十月，'乌思藏宣慰使软奴汪术尝赈其管内兵站饥民，桑哥请赏之，赐银二千五百两'。可见他不仅是萨迦本钦，同时也是乌思藏宣慰使。大概从（第五任）本钦绛仁开始，大多数萨迦本钦都兼有乌思藏宣慰使的职务。"
[27] 据陈庆英等译本，页300～301、353～354。
[28] 《乃东县文物志》吉如拉康条。
[29] 参看杜齐《西藏考古》(*Archaeologia Mvndi Tibet*)，pl.74，1973。
[30] 原文为"阴火龙年"，译者附注："此纪年误，藏历无阴火龙年，当为阴火兔年丁卯，公元1267年。"

[31] 据陈庆英译本，页224～225。《萨迦世系史》记贡噶桑布还修建了都却拉章，见陈庆英等译本，页147。都却拉章现址在大佛殿之西侧。

[32] 参看本集所收《西藏日喀则那塘寺调查记》。

[33] 参看王森《西藏佛教发展史略》第五篇《萨迦派》，中国社会科学出版社，1987。

[34] 《汉藏史集》记此事作"阴木羊年（元贞元年·1295年）修建了萨迦大殿外面的大围墙"（据陈庆英译本，页226），因知此屋顶女墙系指大殿外面大围墙即南寺城垣的女墙。

[35] 据《红史》东嘎·洛桑赤列校注292转引。按此段记事，陈庆英等译《萨迦世系史》作"据说本钦阿迦仓为萨迦大殿设置了地毯和顶帘以及在供器上绘制图案，并于阴木羊年（乙未·元贞元年·1295年）为萨迦大殿修建了围墙。其次，夏尔巴绛漾仁钦波为加固萨迦大殿之配殿，下令自瑜伽部以下俱修建坛城。喇嘛罗钦和努益希坚赞遵照旨令，修建大坛城一百四十八个，各种类型的坛城共计六百三十九个。根据先师和夏尔巴绛漾钦波的同一意愿，从阴木蛇年（乙巳·大德九年·1305年）五月开始至八月间即完成安神等仪式。此外，在萨迦寺外面修建了许多坛城。"（页174）

[36] 参看杜齐《西藏考古》，图版7。

[37] 据陈庆英等译本，页300～301。

[38] ⑩光背系后世补缀者。

[39] ⑮、⑯两像光背已佚。

[40] 此像原为萨迦第一祖萨钦·衮噶宁波像。其侧之索南孜摩（萨迦第二祖）、扎巴坚赞（萨迦第三祖）两像系后增设者。

[41] 据陈庆英等译本，页218。按此段纪事陈庆英等译《萨迦世系史》中似无相应的文字。

[42] 据陈庆英等译本，页148～150。《汉藏史集》记此塔名"多门菩提塔"，据陈庆英译本，页209。

[43] 据陈庆英等译本，页225。

[44] 据陈庆英等译本，页209。

[45] 据王森《宗喀巴年谱》转引。王文收入《西藏佛教发展史略》。松巴《佛教史》即《如意宝树史》。

[46] 西藏文管会文物普查队《西藏康马县乃宁曲德寺的明代佛像绢画》（刊《南方民族考古》第四辑，1991）附此绢画图版，并有《佛像赞》的全文录文，可参看。

[47] 参看《西藏佛教发展史略》第十篇《明代卫藏地方政教情况》。

1992年3月看校样时，获读西藏自治区文管会欧朝贵同志《汉藏结合的建筑艺术夏鲁寺》（刊《西藏研究》1992年第1期），该文记重建夏鲁寺事迹云："大约在公元1329年，在一次特大山洪中遭到毁灭性的破坏……就在夏鲁寺遭受山洪冲击的同时，夏鲁万户长吉哉被召去大都，受到元朝皇帝的青睐，随即赐给吉哉大量钱物，命他重整夏鲁寺。公元1333年，吉哉从内地请来许多汉族工匠，同当地工匠合作，重新修建了夏鲁寺，形成了现在的规模。"其时正值布顿大师主持寺务（1320—1364年），与上文引《夏鲁派源流》所记"大师重修夏鲁寺"相符，故欧文可信，唯该文未记出处，不便核对，殊为憾事。

本文初稿发表于《文物》1992年5期（页32～42），1992年6期（页24～34及页75）。此次汇集除更正一般讹误外，对萨迦寺条、乃宁寺条作了增改。

西藏日喀则那塘寺调查记

那塘寺原为噶当教典派著名寺院，又是西藏雕印佛经、幡画的重要地点，且距日喀则市区不远，所以西藏解放前即有不少外国人前往调查，其中以意大利人杜齐（Guiseppe Tucci）和印度人罗睺罗（Rahula Sanktyayana）的工作最为重要，但他们或重于宗教艺术，或重于梵文经典，对寺院的建置布局则注意殊少。1959年8月，我们西藏文物调查工作组去日喀则，曾在那塘工作一整天，时间虽短，调查的建筑单位却较多。西藏归来，王毅同志曾将此次调查择要写入《西藏文物见闻记（二）》[1]。1988年8月，我因西藏文物管理委员会之邀，再去日喀则，始悉那塘寺院已大部摧毁，是该寺事迹的重新辑录已有必要，现谨就个人三十年前的工作日志，结合有关文献，整理出备用资料一份，供全面考察那塘遗址的同志们参考。

那塘寺位日喀则札什伦布寺东南约15公里，属日喀则市曲美区。噶当教典派起源于此，16世纪以后隶札什伦布寺，是后藏重要古寺之一。该寺系仲敦巴弟子博多哇的再传弟子朗董敦罗追札所建，蔡巴·贡噶多吉《红史》记建寺经过云：

> 噶当派的祖师仲敦巴·甲瓦穷乃……有很多弟子，著名的师兄弟三人……（中有）博多哇·仁钦色……（博多哇）有八大心传弟子……（中有）乌堆地方的尚夏拉哇·云丹嘉措……尚夏拉哇有……传授教法的四人……连同那塘巴曲隆古谢共五人……那塘巴朗董敦罗追札修建那塘寺，因他在曲隆圆寂，所以又叫曲隆

古谢。曲隆的住持定噶古谢南镇札命名此寺为那塘寺。[2]

朗董敦罗追札建那塘寺之年，据廓诺·迅鲁伯《青史》所记：

> 侠哇巴（即尚夏拉哇）弟子冻敦洛卓札（即朗董敦罗追札）……于癸酉年修建纳塘寺（即那塘寺）。[3]

释迦仁钦德《雅隆尊者教法史》亦记水鸡年（癸酉）为该寺奠基之年：

> 大善知识尚·夏热瓦之弟子善知识曲隆古竭出身都氏，诞生于阁阿贾卡，本名洛哲札，在纳之上达塘，有一处勒色微洛热，遂盖一草舍，言道：当在此红柳草舍行善，早在水鸡年（癸酉）破土奠基，建寺后，驻锡十二年。[4]

此癸酉年即宋绍兴二十三年（1153年）。据寺僧所述和调查印象，20世纪60年代以前那塘创寺初期的建置即已无存；所存最古遗迹似不早于13世纪。那塘改宗格鲁属札什伦布后，颇有兴建。18世纪发展雕印事业，益多维修。约自19世纪后期始，寺渐萧条。所以，那塘虽不乏较早文物，但大小建置多非旧貌。1959年调查时，颓垣残壁已趋荒凉。当时寺围墙内尚存佛殿十六座、札仓两处和塔若干座。我们调查、参观的单位有觉冈大殿、措钦大殿、弥勒殿、文殊殿、托巴桑殿、春哥布札仓、岭西林札仓、朗董敦罗追札塔、南札桑波沛所建塔共计九处。

觉冈大殿或作却康殿，即所谓那塘印经院。寺僧介绍此殿建于第四任堪布迥丹日见惹迟时，《那塘寺堪布传承史》记此堪布云：

> 第四世寺主迥丹日见惹迟生于曲郭绕，任堪布三十九年，八十岁圆寂。[5]

据《青史》记录推算，迥丹日见惹迟任堪布的年代系自宋庆元元年（1195年），迄宋绍定五年（1233年）[6]。因知该殿建于13世纪。殿

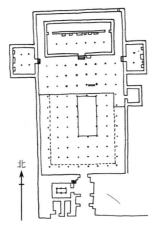
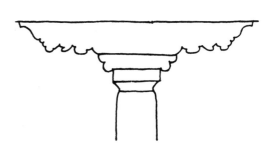

图 4-1　那塘寺觉冈大殿平面示意　　图 4-2　那塘寺觉冈大殿柱头托木速写

现存【图 4-1】，但屡经重修。殿南向，入门右侧有东向小室，现为茶房。门道之后，原为阔、深各七间，周绕回廊的大天井，其后为阔九间、深三间的经堂。经堂正中三排柱，共十二根，直径粗大，系用未经加工的原树干，应是建殿时原物；其中前排左侧二柱间，檐下悬清雍正所书"普恩寺"匾额[7]。经堂后为周绕礼拜道的佛堂。佛堂阔七间、深三间，堂正中奉佛像一排，除最右一像为金刚菩萨外，其左四像皆为释迦。位于正中的释迦，光背、佛座皆包饰铜皮，光背卷云流畅，挈相简劲；座下所雕诸天多具印度人形象，疑是建殿时原物。佛像后砌扇面墙，墙后留有通道。经堂后方左右侧各建一小佛堂：右侧小佛堂内奉三世佛，其右有阿底峡像；左侧小佛堂正中奉释迦，左侧有四臂观音，右侧为阿底峡。左侧小佛堂之南有护法堂。以上建置，经堂和佛堂部分似多旧制；而经堂前方周绕回廊之大天井和经堂两侧的小佛堂则俱非原式。至于该殿规模较大的一次重修，从经堂现存最早的托木形制推测【图 4-2】，其时间应不晚于 18 世纪前期。

那塘寺自第四任堪布迥丹日见惹迟起，即搜求整理流传于各地的藏文经论。第六任堪布俄桑格恰时（1244—1253 年在任），编辑出完整的甘珠尔与丹珠尔。第十一任堪布扎巴喜饶时（1316—1327 年在任），完成雕印第一部藏文藏经，是为那塘古版大藏。清雍正八年（1730 年）

总理全藏政务的颇罗鼐开始雕印那塘新版甘珠尔。此次雕版见重于雍正，故赐御书寺额。大约同时即重修印经院，扩大经堂，将原经堂之前的回廊和大天井与经堂连建一起，即今天所见之阔九间、深十一间、八十八柱的大经堂。那塘新版丹珠尔告竣于清乾隆七年（1742年）。之后，即于大经堂建置经板高架，贮全部经板于此[8]。1959年调查时，大经堂内、佛堂扇面墙后的通道间，左右两小佛堂的左、右、前三壁之前，皆遍树高架，架上经板整齐划一，皆长69厘米、宽16厘米、厚1.5厘米，排列有序。"文革"期间，印经院拆毁，殿内全部文物包括珍贵的经板均已散佚。被毁的雕板中，还有颇罗鼐长子居美才旦倡刻的颇为精致的佛本生故事、十六尊者和宗喀巴生平等幡画（唐卡）印板[9]。

措钦大殿即那塘寺大佛殿，《红史》记此殿为觉敦闷朗楚臣所倡建：

> （那塘寺第七任堪布）琴南喀札的弟子觉敦闷朗楚臣倡建那塘寺的大佛殿和大围墙。[10]

觉敦闷朗楚臣是那塘寺的第八任堪布，其倡建大佛殿之年，可据《那塘寺堪布传承史》推之：

> 第七世堪布琴南喀札……在任三十六年，于鼠年（戊子·元至元二十五年·1288年）圆寂……第八世堪布觉敦闷朗楚臣……任堪布十二年，于猪年（己亥·元大德三年·1299年）圆寂。[11]

是此殿应建于13世纪末。现存三层大殿迭经重修，原来建筑似已无存，唯底层布局尚可推察旧制【图4-3】。底层门廊之后为阔五间、深六间、用柱二十的经堂，经堂后为佛堂，佛堂两侧各有一长条小室，此长条小室当是原建围绕佛堂的礼拜道之遗迹。佛堂后壁正中奉释迦，释迦两侧依壁影塑山岩，岩间预留空处十八，内奉两胁侍菩萨立像和姿态各异的十六应真坐像[12]。佛堂左壁影塑山岩之左，依次有阿罗汉达磨多罗像、宗喀巴像和影塑小千佛。佛堂右壁影塑山岩之右，奉布袋和尚像和莲花生像。佛堂前壁入口两侧俱列经橱。经堂右侧两列内柱间设天井。后壁右侧设讲座，座右有宗喀巴像和本寺第五任堪布阿达却吉像（1234—1244年在任）。右壁绘十六应真。前壁绘四天王，左壁右侧列经橱，左壁左侧辟护法堂，内列供橱，上奉护法像十三座。此殿除佛堂所奉释迦与两胁侍和影塑山岩十六应真等像年代较早外，其他像、橱、壁画皆18世纪以来所布置。大殿多储法具，中有大明宣德五年（1430年）款的铜钹一副，钹面线雕双龙戏珠颇精细，铜色近明黄，当是内廷特制颁赠此寺者。

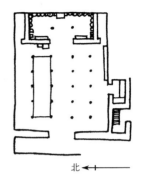

图4-3　那塘寺措钦大殿第一层平面示意

约自15世纪起，西藏佛寺绘塑十六应真者逐渐增多，但若此寺既塑于大殿佛堂释迦两侧，又绘于大殿经堂侧壁；且寺内其他殿堂亦多奉此群像，是那塘重视十六应真之情况，殊非他寺可比。按13世纪中叶，噶当教典派的大师即有与十六尊者多因缘的传闻，如《青史》所记怯喀、季布两寺堪布拉·卓尼贡波曾亲见十六尊者，并受到他们的维护：

> 拉·卓尼贡波……他从癸巳年（1233年）至己未年（1259年）之间，住持寺座任教主二十七年之久……这位卓尼贡波大师亲见许多本尊，据普遍传称的主要本尊……在季布驻锡时间中，见十六尊者现身来到。因此，发展出许多十六尊者围绕卓尼贡波的画像。在安居中也须取一根十六尊者的筹木；在斋僧茶时，也须念诵十六尊者祈祷文。[13]

又如那塘的觉热于阴火牛年（丁丑·元至元十四年·1277年）曾在那塘西南不远的另一座噶当派大寺——曲米仁摩（后改属萨迦），见十六尊者来聆听八思巴讲经，事见萨迦·达钦阿美夏《萨迦世系史·八思巴生平》：

> 当第十四天大法会结束时，八思巴来到聚集的人群中发愿、

回向、布施。这天上午,天空和大地充满奇异景象,据说当八思巴在法会上的时候,天空不断有彩虹和花雨。先前,有一个名叫觉热的住在那塘的大学者,他由于骄傲,听到法王举行大法会的消息也未去观看。到第十四天头上……(他)动身去观看。走到那塘西南边山梁时,听见山沟里有嗡嗡的说话声。他想:这是什么人?前去一看,是十六个穿着袈裟的老年尊者在议论。这时他想:八思巴确实是个杰出人物,连远处山沟里的这样的老者都能使他们前来。一边想着,一边到曲弥(即曲米仁摩)……他到八思巴所在的房间的屋檐下,从窗子外向里看,只见无量宫中摆着十六个软缎制成的五层坐垫,陈列着无数供品。他想起早上所见的山沟里的十六尊者,想到八思巴竟能迎至这些脾气十分倔犟古怪的僧人,自己不禁对先前的傲慢感到后悔,他对八思巴的疑惑顿时消除。这时香味越来越浓,他再向里看时,只见八思巴在向十六尊者献七支供奉。[14]

再晚则更传出那塘座主是十六尊者化身的说法,钦则旺布《卫藏道场圣迹志》记此事云:

> 很多噶当前辈祖师的用具遗物,特别是纳塘的历任座主都是十六尊者圣人的化身,他们用过的资具很多是非常珍贵的。[15]

因此,十六尊者在那塘受到特殊重视,即属当然之事。值得注意的是,那塘所奉十六应真和西藏其他寺院的十六应真皆作内地装束;影塑山岩亦是内地十六应真习见之背景;有的还附有达磨多罗和肯定为内地增入的布袋和尚[16]两像,因知西藏此组群像的来源皆自内地。从前引文献考察,十六应真事迹传来西藏当不晚于13世纪,但其绘塑出现于西藏时代则较晚。那塘现存最早的形象如佛堂之塑像亦较拉萨色拉寺措钦大殿之群像为晚,其具体年代疑在15世纪晚期。

大殿二层后侧建塔殿,左侧为护法堂【图4-4】。塔殿后壁前正中设大塔龛一。龛两侧各依壁立供台。左侧台叠四级奉铜塔,间有铜佛

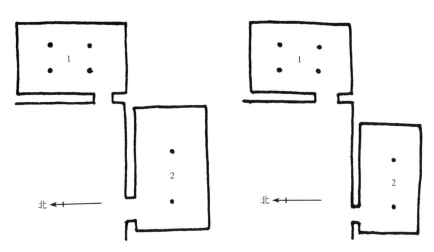

图 4-4 那塘寺措钦大殿第二层平面示意
1. 塔殿 2. 护法堂

图 4-5 那塘寺措钦大殿第三层平面示意
1. 喇嘛拉康 2. 度母堂

像；下级有三世佛。右侧台上奉六塔，间有铜佛。左右壁与前壁俱列经橱。护法堂外间悬面具和内实杂草之全羊模型；左壁前列神橱，置护法像；堂内四壁画面阴森可怖。

大殿三层后侧建喇嘛拉康，左侧为度母堂【图 4-5】。喇嘛拉康依后壁建供台三级，正中奉释迦，两侧列本寺历代喇嘛塑像二十七座，间有铜塔和铜佛母像。供台左侧悬本寺第四任堪布迥丹日见惹迟大型唐卡画像，高 1.7 米、宽 1.2 米，细线平涂，背光纹饰繁缛，从莲瓣纹饰验之，其年代应不迟于 14 世纪[17]。左壁、前壁依壁列经橱。度母堂，门设在前壁左侧。门内右侧壁面为该堂主壁，主壁正中奉释迦。其右依次为绿度母、宗喀巴和三级供台一列；供台上奉十六应真和四天王等像。释迦左侧列佛龛和供台，供台六级，奉以三世佛为中心的铜佛群。度母堂右壁奉释迦及两胁侍，像左置高座一，再左有"大明永乐年施"刻铭的木石雕印度菩提伽耶寺院模型一组【图 4-6】[18]。此模型罗睺罗在《再到西藏寻访梵文贝叶写经》中曾有著录：

> 1934 年 9 月 13 日到奈塘寺……（寺）有一套 12 世纪的佛陀伽耶大菩提寺的石制模型，那是用佛陀伽耶地方的黑色石料雕制的。

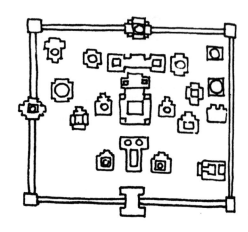

图4-6 印度菩提伽耶寺院木石模型平面示意

在模型中，除了主殿以外，还有许多小型佛殿，很多塔，一部分雄迦（Sunga）王朝式的栏杆，全寺围墙和三座大门；不幸那块用来安置全部建筑物，排定各建筑物的位置的木板丢掉了。因此，除了主殿和三座大门（上面刻有藏文字）的位置而外，其他建筑物的位置，我们无法知道了。由于年代久远，这套模型保存得不太好。另有一套木制的模型，那是仿照石制模型而制成的。这木制模型却保存得很好，可是这套模型原来做地的木板也丢了。我们由这套模型可以看到，大菩提寺有三座大门，正门是在东面，北面有一座门，南面有一座门，主殿的东面也有三个门，两边的两个门常关着不走，只有中间一个门出入通行。在主殿的西面也有一个门，却也是关着，不能由这个门进到殿里去。上一次（1929年）我来西藏的时候，我曾经发现就由这个奈塘寺到印度去的一位卓工采译经师（1153年生）写的一本旅途日记，当伊斯兰教军队冒犯并摧毁大菩提寺的佛教和殿堂的时候，那位大译师正在佛陀伽耶。他是一个亲眼看到这种摧毁行动的人。在他的笔记里，他叙述过大菩提寺围墙内外的许多建筑物的位置。我想这套石制的模型，就是写那本日记的那位译经师带到西藏去的。[19]

罗睺罗所见模型石制、木制各一套，此次所见只一套，且石、木制品混在一起，石制多于木制，两种质地的个体完全相同者少；罗睺罗所见两套模型均失底板，各个体的原来位置大多不详，此次所见有底板，各个体模型的安排如图4-6所示；罗睺罗怀疑模型是12世纪本寺的一位译经师从印度带回西藏的，我们在石制主要寺门模型上发现有"大明永乐年施"细线刻文[20]，因此，我们认为模型中的石制一组应是15世纪初由明廷赍施此寺者。此次所见模型存寺门、塔、殿等个体共二十一件和附有角楼的方形围墙一匝，其中最大佛殿和寺门顶部皆具五塔（中间大塔四隅各一小塔），其余殿堂门顶部亦皆高耸作塔状，雕镂精细，形制、工艺纯属印度风格，与明成化九年（1473年）竣工的北京真觉寺仿建的金刚宝座不同[21]。盖此组模型来自天竺，永乐施款当是模型抵中国后所补雕。按明初菩提伽耶在榜葛剌境内，《明实录》记自永乐六年（1408年）起，榜葛剌即不断遣使进方物；《明实录》和《星槎胜览》等书又记永乐十年（1412年）、十三年（1415年）、十八年（1420年）遣杨敕、侯显等出使榜葛剌，此组模型约即随此交往流入中土。永乐十七年（1419年）、二十一年（1423年）明廷又再三遣内官来那塘赍敕谕褒奖本寺堪布竹巴失剌，并颁赐绿币[22]，然则，模型之来那塘，或即与绿币等同为颁赐赍舍之品欤？[23]

强巴殿即弥勒殿【图4-7】。三间门廊之后即为阔四间、深三间、树十柱的佛堂。门廊两端各有通向佛堂两侧的通道，此两侧通道与门廊连接极似佛堂的礼拜道遗迹，此推测若无大误，则此殿早期建置虽已无存，但沿袭旧制尚可分辨。门廊后壁书戒文或殿史。佛堂后壁正中偏左奉释迦与两胁侍，其左为奉铜佛的长佛台。释迦及胁侍之右为手持军持之弥勒立像，立像背光雕饰佛传，此像系早期作品，应是此殿之主像[24]。弥勒右侧壁面画弥勒，再右依次为另一弥勒立像、文殊坐像和上列小型佛像的四级供台。殿右壁内侧有本寺堪布垂滇坚赞像[25]，像左侧壁面画弥勒，右侧画释迦及两胁侍和宗喀巴及二弟子即所谓师徒三尊像（宗左为贾曹杰，右为克珠杰）。殿左壁前奉一塔，塔右侧壁画漫漶，左侧画绿度母。前壁画护法、天王。殿中部偏右立十一面观音像，偏左有本寺第七任堪布琴南喀札像。

文殊殿【图4-8】。二间门廊之后即为阔五间、深二间的佛堂。佛堂后壁正中列三级供台，上级奉塔，中、下级列佛像。供台前奉弥勒

图4-7 那塘寺强巴殿平面示意

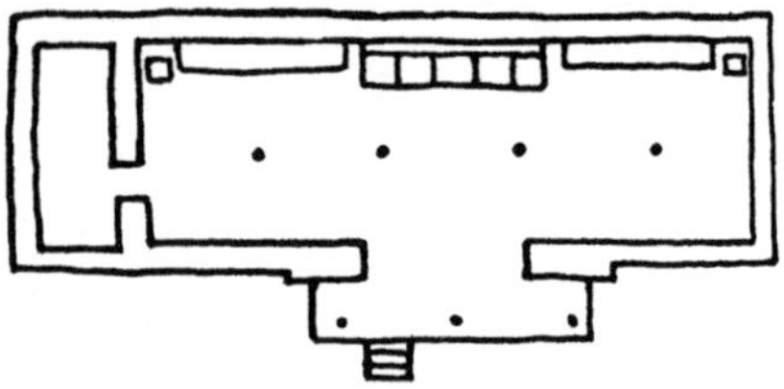

图4-8 那塘寺文殊殿平面示意

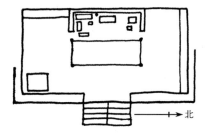

图4-9 那塘寺托巴桑殿平面示意

等三像，此三像雕饰精致为早期作品。供台左右各列经橱，尽端皆奉一塔。殿左壁画面漫漶，外侧有一世达赖根敦珠巴像。殿右壁内侧画阿底峡及其侍者，外侧画度母；内外侧间有门通右侧室，未进入。殿前壁两侧画护法、天王。殿内壁画皆改宗格鲁后所绘。

托巴桑殿【图4-9】。殿东向，阔深俱三间，殿内正中设天井。后壁前面中部建围屏，屏内中间奉释迦，左侧有十一面观音，再左有米拉日巴思惟像。释迦之右后方有二级供台，列小铜佛。供台前有阿底峡像。供台右侧有仲敦巴像，再右有仁钦桑波像。围屏之右和殿左壁前皆列经橱。围屏之左和殿右壁皆悬挂唐卡，屏左者悬释迦立像[26]，殿右壁者悬药师佛坐像[27]，两像尼泊尔风格浓重，绘画年代约在14世纪。殿右壁前端有木制大威德坛城。殿前壁画千佛，左侧千佛壁画之前悬双喇嘛对坐形象之唐卡[28]。此幅唐卡画风古拙，依莲瓣纹饰变化推之，应是13世纪作品。

春哥布札仓，那塘原有四札仓，后合并为二，即春哥布札仓与岭西林札仓。春哥布札仓系那塘属札什伦布寺以后所建。南向【图4-10】。门廊宽阔，左右壁画四天王，廊两侧各有一小室。廊后为阔五间、深四间、十二柱经堂。经堂前壁画四护法，左右壁前部画度母、金刚菩

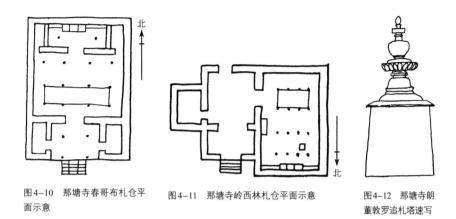

图4-10 那塘寺春哥布札仓平面示意 图4-11 那塘寺岭西林札仓平面示意 图4-12 那塘寺朗董敦罗追札塔速写

萨,再外侧列经橱。佛堂之左有护法堂。该札仓建置平面与札什伦布寺吉康札仓颇为近似,但面积较吉康窄小。

岭西林札仓,北向【图4-11】。门廊设在经堂右(东)侧;廊右通茶室,左(西)入经堂;廊右壁、后壁绘四天王。经堂阔深各五间,十六柱,南侧两列柱间建天井。经堂北壁为主壁,壁前设两级橱,上级正中奉释迦,两侧置小铜佛像和塔,下级奉佛像一列。经堂右(东)壁画护法和十六应真,左壁画十六应真和度母,前壁正中偏左画二十一度母和四臂观音,偏右画释迦和药师等像。

朗董敦罗追札塔,在弥勒殿左侧,传为一世达赖根敦珠巴时(1391—1474年)建【图4-12】。形制特殊,塔身作高桶状,其上内收置覆钵,再上为仰莲,莲上承宝瓶,瓶顶竖宝珠,塔全高仅及2米。朗

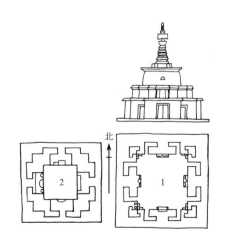

图4-13 那塘寺南札桑波沛所建塔速写及平面示意
1. 下层　2. 上层

表4-1

		东面	南面	西面	北面
上层		室内后壁影塑山岩，中奉释迦，两侧有十六应真，下为四天王。右壁绘释迦，左、右壁内侧各一高僧像。左壁外侧和前壁新砌，无画。	后壁影塑山岩，中奉四臂观音，右侧有高僧像。右壁绘千佛。左壁绘护法和供品。	后壁影塑山岩，上部有七佛，山岩正中奉释迦并二胁侍。左右壁满绘香花供养。前壁画护法。	后壁前奉南札桑波沛像，着黄帽。左侧供桌上奉木塔八。
下层	左室	室内后壁前塑骑狮文殊，左侧有驭狮力士，右侧一高僧。左右壁绘千佛。	后壁前奉绿度母。左右壁绘千佛。	后壁影塑山岩，中奉释迦。释迦前列二塔。左右壁绘千佛。	后壁前塑踏象护法。右壁绘千佛。
	中室	后壁前奉三世佛。左右壁绘千佛。	后壁前奉绿度母。左右壁绘千佛。	后壁影塑山岩，前奉释迦。左右壁绘释迦。前壁左侧绘绿度母，右侧绘护法。	后壁影塑山岩，中奉释迦。左右壁绘千佛。
	右室	后壁前塑骑象普贤，左侧驭象人天王装，右一老者像。普贤前有二高僧像。	后壁前奉文殊。左右壁绘千佛。	后壁前奉十一面观音。右壁绘千佛。	后壁前奉观音，左有龙女，右为善财童子。左壁金刚菩萨，周绕千佛。右壁绘千佛。

董敦罗追札是那塘第一任堪布，其任堪布的时间是1221—1235年。

南札桑波沛所建塔，位寺塔院内，是那塘诸塔中之最大者[29]【图4-13】。塔建于方形低台上，台边长15.2米，塔身下部为二层十字折角式基座，下层每面长12.5米，四面各辟三室；上层基座每面各辟一室。上下层各室皆有塑绘，其内容略如表4-1。上层基座之上为扁圆筒形覆钵，钵顶出檐，其上置十字折角座，座上竖细长式之十三天，再上为伞盖、宝瓶、宝珠。该塔兴建于14世纪，塔中塑绘尚多存建塔时原物，下层西面中室之释迦转法轮像上两隅画高僧，两侧分格画小型释迦，即是较典型之例[30]。又此塔塑绘中出现的内地因素，除影塑山岩和十六应真外，还增加了骑狮文殊、骑象普贤及驭狮、驭象人和观音像侧的龙女、善财。此两项新题材在内地寺院流行的时间，也大致与影塑山岩和十六应真流行的时间相当，约在10—11世纪；其传来西藏，俱应是元一统西藏后，内地与西藏特别是佛教界往来密切的结果[31]。

库藏与外流的重要文物，那塘所藏文物颇多，除各殿堂所奉像、塔、经、幢和诸法具等外，寺僧另从库藏中出示永乐十七年（1419年）、二十一年（1423年）敕谕各一件[32]。敕谕皆用描金龙纹黄蜡笺书写。敕谕前为汉文，后列藏文，汉藏文敕文末行纪年上俱钤朱印。永乐十七年敕谕印文为"广运之宝"，永乐二十一年敕谕印文为"敕命之宝"。现按原件行款照录两件敕谕的汉文文字如后。

根据敕谕颁下的年代，可知两敕褒嘉的那哩当（即那塘）堪布妙悟普济国师竹巴失剌即藏文史料所记之堪钦·仁波伽住协饶，《青史》记那塘寺住持：

> 从乙卯（1375年）起至丁酉年（1417年）之间，在这四十三年中为堪钦·衮嘎绛称（普庆幢）和他的侄子堪钦·仁波伽住协饶（成智）二人住持寺座的时期。于戊戌年（1418年）始推选堪钦·索朗却珠（福胜成）住持寺座，直至癸丑年（1433年），共住持寺座十六年。[33]

依那塘历代堪布次第排列，此堪钦·仁波伽住协饶应是那塘第十四任堪布。永乐十七年、二十一年已是堪钦·索朗却珠任第十五任住持时期。朝廷敕谕下达的是前任住持。又永乐十七年敕谕记杨三保等赍谕去西藏事，见录于《大明太宗文皇帝实录》卷一一四：

> 永乐十七年冬十月癸未……遣中官杨三保赍敕往赐乌思藏正觉大乘法王昆泽思巴、帕木竹巴灌顶国师阐化王吉剌思巴监藏巴里藏卜、必力工瓦阐教王领真巴儿吉（监）藏、思（达藏）辅教王喃渴烈思巴、灵藏灌顶国师赞善王著思巴儿监藏、灌顶弘善西

> 天佛子大国师释迦也失等佛像、法器、袈裟、禅衣及绒锦彩币表里有差，盖答其遣使朝贡之诚也。

永乐二十一年敕谕记戴兴等赍谕去西藏，原委见录于《大明成祖文皇帝实录》卷一二五：

> 永乐二十一年二月乙卯，乌思藏帕木竹巴灌顶国师阐化王吉剌思巴监藏巴里藏卜遣指挥端岳竹巴，必力工瓦阐教王领真巴儿吉监藏遣使汪东监粲，思达藏辅教王喃渴烈思巴遣使结摄端竹监藏，灵藏赞善王吉剌思巴监藏巴藏卜遣使汝奴星吉等及灌顶弘善大国师释迦也失并各部大小头目皆遣人贡方物，命礼部赐宴，仍赐端岳竹巴等织金纻丝袭衣及钞币有差……夏四月己巳，乌思藏帕木竹巴灌顶国师阐化王吉剌思巴监藏巴里藏卜等使臣端岳竹巴等辞还，遣中官戴兴等赍敕与俱往，赐吉剌思巴监藏巴里藏卜等锦绮等物。

上引《明实录》所记虽未明言去那塘，但杨、戴入藏行程：经甘青（赞善王）、必力工（阐教王）、拉萨（释迦也失）至乃东阐化王处，之后由乃东再西去萨迦（大乘法王）和思达藏（辅教王），那塘即适在去萨迦和思达藏必经之途中也。

西藏文物于西藏解放前即多散失，1929年至1948年间入藏八次的杜齐多方搜求，应是西藏文物重要的外流事件之一。杜齐的搜求除大量搜罗西藏文献外，还运走大量唐卡，其中多那塘旧藏。意大利罗马东方博物馆现藏一大批西藏唐卡即多得自杜齐。据《西藏画卷》和《西藏考古》两书所载，罗马东方博物馆藏15世纪以前的西藏早期唐卡中至少有三件来源于那塘，即《西藏画卷》图版68《大日如来》[34]、图版78《绿度母》[35]以及图版189～190《大威德》[36]。《大威德》时间较早，约属14世纪；《绿度母》次之，约属15世纪前期；《大日如来》较晚，疑是15世纪后期作品。杜齐谓此三幅唐卡画风皆属尼泊尔派。后藏毗邻尼泊尔，自11世纪始萨迦即与尼泊尔交往密切，所以萨迦所存15世纪以前的雕塑绘画，俱有浓重的尼泊尔风格，地近萨迦

皇帝敕谕那哩当堪卜妙悟普济国师竹巴失剌
兹者内官杨三保等回备言尔恭顺朝廷
始终不替使臣往来礼待有加良用嘉悦
今复遣内官杨三保等赍敕往谕并
赐以䌽币尔宜益效忠勤以副朕怀故谕
颁赐
绒锦　如意葵花丹矾红一段
纻丝　暗细花丹矾红一匹　素丹矾红一匹
　　　素浅桃红一匹　素深青一匹
彩绢　素黄绿一匹
　　　浅桃红二匹　木红一匹
　　　蓝青一匹
永乐十七年十月十二日
（以下为藏文，横书）

皇帝敕谕那哩当堪卜妙悟普济国师
竹巴失剌惟尔克广如来之教尊
事朝廷礼待使臣用褒嘉今复遣
眷兹诚悃良用敬谨
内官戴兴等赍敕赐以䌽币
尔其体朕至怀故谕
颁赐
绒锦　连胜宝相花丹矾红一段
纻丝　深青一匹　黑绿一匹
　　　丹矾红一匹
彩绢　蓝青一匹　木红一匹
　　　明绿一匹
永乐二十一年四月十七日
（以下为藏文，横书）

的那塘，其早期雕绘多尼泊尔影响，当非偶然。《西藏考古》图版 181 还著录博纳迪藏原悬挂在那塘寺的一件印花棉布制的壁衣残件。杜齐据壁衣的纹饰（斯瓦扬普那他塔和供养菩萨与飞天图案）和织染方法，考订是 16 世纪尼泊尔的产品。此件文物，既可进一步表明那塘在壁饰上可使用尼泊尔制品，然其雕绘受到尼泊尔影响自不足怪；同时又可明确地反映出某些人在那塘"调查"文物时，甚至连挂在墙上的残破花布也未放过，可见他们搜索为祸之厉之烈了。

注释

[1] 《西藏文物见闻记（二）》，刊《文物》1960年8、9合期，页58～61。
[2] 译文据陈庆英、周润年译，东嘎·洛桑赤列校注本，页55～57。
[3] 译文据郭和卿译本，页187。
[4] 《雅隆尊者教法史》撰于丙辰年即洪武九年（1376年）。译文据汤池安译本，页69。
[5] 那塘寺藏抄本，撰人不详。此据王忠同志译文（未刊）。
[6] 译文据郭和卿译本，页188。
[7] 参看《西藏文物见闻记（二）》，图20。
[8] 参看《西藏文物见闻记（二）》，图26。颇罗鼐刊印甘珠尔的经过，可参看策仁旺杰《颇罗鼐传》第十五章，汤池安译本，西藏人民出版社，1988，页372～378。
[9] 参看《红史》校注321，据陈译本，页224～225；杜齐《西藏画卷》（*Tibetan Painted Scrolls*，1949），II，页405～536、555～570和页615的注252。
[10] 译文据陈译本，页57。
[11] 同[5]。
[12] 参看杜齐《西藏考古》（*Archaeologia Mvndi Tibet*，1973），图176。
[13] 译文据郭译本，页184～185。
[14] 《萨迦世系史》成书于1269年。《八思巴生平》节陈庆英译文，刊《西藏研究》1986年1期，页132～133。
[15] 译文据刘立千、谢建君译本，《藏文史料译文集》，页25～26。又意大利费拉丽（Alfonsa Ferrari）撰《笺注卫藏圣迹志》，有沈卫荣、汪利平汉译，刊《国外藏学研究译文集》第五辑，页393～394，1989，可参看。
[16] 布袋和尚名契此，五代后梁僧人，《宋高僧传》卷二一有传。卒前曾说偈云："弥勒真弥勒，分身千百亿，时时示时人，时人自不识"，因被人们认为是弥勒显化，宋以来多雕塑绘画其形象，谓之为弥勒佛。
[17] 1955年，重庆西南美术专科学校刘艺斯先生曾拍摄那塘文物，所撰《西藏佛教艺术》（文物出版社，1957）图18即是此唐卡。
[18] 参看《西藏佛教艺术》，图10。
[19] 据王森（子农）先生译文，刊《现代佛学》2卷4期（1951）。
[20] 前引罗睺罗文谓大门"上面刻有藏文字"误。
[21] 《日下旧闻》卷二一引明宪宗皇帝御制《真觉寺金刚宝座纪略》："永乐初年，有西域梵僧曰板的达大国师贡金身诸佛之像、金刚宝座之式，由是择地西关外建立真觉寺，创制金身、宝座弗克易就，于兹有年。朕念善果未完，必欲新之，命工督修殿宇，创金刚宝座，以石为之，基高数丈，上有五佛，分为五塔，其丈尺规矩与中印土之宝座无以异也。成化癸巳（九年·1473年）十一月告成，立石。"
[22] 永乐所颁敕谕见本文末节。
[23] 永乐遣郑和等下西洋，留心天竺佛迹，并时通消息于西藏。1959年7月于布达拉宫登录所藏文物，获永乐十一年（1413年）《大明皇帝致大宝法王书》一通。该书即记永乐九年（1411年）帝夜坐宫庭，见圆光中有释迦之像，其时适与郑和击退锡兰山王

之迫害获得佛牙为同时,帝因此瑞命工铸黄金佛像,遣内官侯显致此像与大宝法王得银协巴。可见永乐以天竺事物联络西藏寺院,菩提伽耶模型之施那塘,并非孤例。

[24] 参看《西藏佛教艺术》,图65。
[25] 此堪布情况不详。
[26] 参看《西藏佛教艺术》,图23。
[27] 参看《西藏佛教艺术》,图19。
[28] 参看《西藏佛教艺术》,图17。刘艺斯谓此对坐之双喇嘛为"拉当(即那塘)建庙喇嘛"。若然,当即如《青史》所记之冻敦洛卓札(即朗董敦罗追札)和他弟子垛敦协饶札。译文据郭译本,页187。
[29] 参看《西藏画卷》,I,页186。
[30] 参看《西藏文物见闻记(二)》,图10。
[31] 参看《西藏画卷》,I,图41~49,页187~190论述了壁画的汉地结构与风格。类似文字又见《西藏考古》。
[32] 此二敕谕,《西藏文物见闻记(二)》,页60~61已刊露,但叙述过简,敕谕录文亦未完全按照原件行款;且有个别文字讹误。因据记录重刊如次。
[33] 译文据郭译本,页188。承沈卫荣见告:"竹巴失刺生于1357年,卒于1423年,乃那塘寺第十四任住持,自1386年起在住持位长达三十年。……索朗却珠生于1399年,卒于1452年,幼从竹巴失刺出家,于1418年继任那塘寺住持,在位至1433年。(二人)简传见于《雪域历史人物简介》。"参看《西藏拉萨地区佛寺调查记》注[110]。
[34] 又见《西藏考古》,图202。
[35] 又见《西藏考古》,图205。
[36] 又见《西藏考古》,图206。

本文初稿发表于《马长寿纪念文集》(西北大学出版社,1993年,页308~330)。此次汇集除一般正误外,还更正了《青史》的著作年代并将文末附记录入正文。

西藏江孜白居寺调查记

1959年8月、1988年8月两次来江孜白居寺参观调查。前一次我分工重点调查吉祥多门塔和措钦（大佛殿）的第二、三两层，后一次主要补记了大佛殿第一层。现综合两次衰辑之资料，选择过去刊布的调查文章所简略部分[1]，辅以示意图纸，并参考近年发表的有关文献，按大佛殿、吉祥多门塔、三个札仓、寺外围墙顺序记录如下。

白居寺或译贝阔德钦寺，意为吉祥轮大乐寺。寺位江孜旧街西北端，背靠山冈，与雄峙其左前方的宗山[2]形成犄角之势，为三代续任萨迦朗钦的江孜夏喀哇家所兴建[3]，是江孜地区最大的寺院。班钦·索南查巴于明嘉靖十七年（1538年）所撰《新红史》记寺的创建除江孜夏喀哇家的热丹贡桑帕外，还有被后世尊为一世班禅的克珠杰：

（江卡孜哇）衮嘎帕……其子热甸衮桑帕（热丹贡桑帕）……嗣后，凯楚仁波切（即克珠杰）被尊为供养师长，并建贝阔德钦寺（原注：以格丹巴〔格鲁〕为主）。据说还完成了建造大佛像、塔及缎制大佛像等三十六种不同的圆满善业。至于金写甘珠尔经，从那时以迄今日仍缮不竭。此（衮桑帕）代本所行之善业成绩卓著。[4]

五世达赖昂旺·罗桑嘉措《西藏王臣记》亦记此事：

达钦·饶敦衮让帕……与克珠仁波伽有上师与施主的因缘，以此他修建了伯柯邓清寺（即贝阔德钦寺）并安置僧众。他还兴立了修密僧众专研多种曼荼罗，以及习经僧众在夏季法会中，广习诸经、勤行辩论的常规。又修造吉祥多门大塔及锻制大佛像，并经常不断地书写甘珠尔佛经。在卫藏的大长官中，他所作的善业算得最大的。[5]

一个半世纪以前，宁玛派僧钦则旺布巡礼卫藏佛寺，撰《卫藏道场圣迹志》记此寺情况云：

> 此寺是江孜法王饶丹衮桑帕（热丹贡桑帕）所建。寺内有萨迦、布鲁、格鲁三大宗派的学僧，共分十六个僧学院。佛像经塔是无量无边的，在大殿内神像中最主要者是释迦佛的大像。大宝塔内装藏有百种修法的密宗本尊像，还有亟为庄严的殿堂等。这寺内四本续的本尊修法会供很多。[6]

今天白居寺大体还可看到上述规模及其遗迹。寺内主要建筑物即是位于寺中部的措钦——大佛殿和吉祥多门塔，其次是围绕殿、塔兴建的十多处札仓——僧学院。

大佛殿的位置适当白居寺中心地带的平地上，殿门南向【图5-1】。《娘地（江孜）佛教源流》记此殿始建之年云：

> 阴土蛇年（己巳·明洪武二十二年·1389年），饶丹衮桑帕生。阳木马年（甲午·永乐十二年·1414年）二十六岁时，于江孜宗山前年楚河上建六孔大桥。阳土狗年（戊戌·永乐十六年·1418年）三十岁时，去萨迦，接受明廷封赠。同年六月，为班廓德庆经堂奠基，开始兴建。[7]

大殿营建经过，15世纪达仓宗巴·班觉桑布所撰《汉藏史集》记录较详：

> 朗钦贡噶帕有三个儿子，长子为热丹贡桑帕巴……（他）为了弘扬佛法，迎请了……后来担任过金刚座的堪布的班钦室利夏

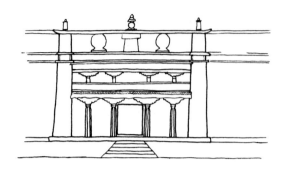

图5-1　白居寺大佛殿立面示意

日苏札玛哈衍那为首的印度班智达……为了使佛法兴盛并能长驻，应当立一大僧伽，修建一座大寺院。于是选择寺址，决定在此摩揭陀金刚座之北面……距金刚座一百零三由旬的地点建寺，此地曾受到许多贤哲加持，众生富于智慧学识，成为显密教之源泉，年楚河上游地区教法之源头，特别是共敬王的清净后裔领主贝考赞曾在此处建立过称为江喀孜的宫殿[8]。在此附近的大寺院，白天举行讲经说法的法会，犹如阳光催开智慧的莲花；晚上念诵经典之声，犹如流水，使如意之宝时常清净……此贝考德钦寺（白居寺）修建的时间是，于释迦牟尼圆寂后的三千五百五十三年的阳土狗年（戊戌·永乐十六年·1418年）六月二日奠基动工。它的佛堂有八根穿眼的形式特别的大柱子，有三解脱门，围廊有四十八根柱子的面积，整个佛堂有一百五十根柱子的面积。（佛堂）外面突出的有十二道大棱，高两层，并有女墙装饰四周。佛堂中有高二十五肘尺的金幡。佛堂中央有与摩揭陀金刚座的大佛像尺寸相等的大菩提佛像，用诸宝制成，它是阳铁鼠年（庚子·永乐十八年·1420年）六月八日由化身的工匠本莫且加布建造的。这尊大菩提佛的左右是燃灯佛与弥勒佛、十六菩萨像；护法堂内塑宝帐依怙兄妹像；殿门口塑四大天王像是由本莫且加多加塑造的。主要的两尊塑像以及内殿之中、吉祥大门、庭院中间的神变塔和天降塔、两边的静修塔和尊胜塔、五部佛等佛像，以及梵文书写的装饰等，是由化身工匠尼泊尔人札底札和铜匠阿瓦尔巴等人建造的……其中的大菩提佛像于阴铁牛年（辛丑·永乐十九年·1421年)三月八日吉时建成……在大佛殿及其上面的无量宫、走廊、上中下层转经堂、上面的围廊、东西上下的墙外护墙和房间、护法殿等处满是雕像和塑像,无量宫的墙壁上充满了珍奇的壁画。[9]

《汉藏史集》对大殿的描述,大部分可与现存情况相比较【图5-2】:大殿连门廊平面作复式十字折角形,即《史集》所记之"外面突出的有十二道大棱"[10];门廊之后的阔九间、深七间、四十八柱的经堂,即《史集》所记"围廊有四十八根柱子的面积";经堂后面阔五间、深三间、内竖八柱的后佛堂,即《史集》所记"佛堂有八根穿眼的形式特别的大柱子";门廊四天王虽是新塑,但内容却如《史集》所记"殿门口立四大天王像"之旧;后佛堂内主要形象,仍是《史集》所记之"大菩提佛像的左右是燃灯佛与弥勒佛、十六菩萨像"之原像;经堂和各层佛堂以及围绕第一至第三层后佛堂的礼拜道所奉之造像、壁画,也多与上引《史集》最末一段文字相一致。总之,今天大佛殿的建置和殿内布局尚多原物,或据原作所摹制。此外,佛殿情况应予补记者有:

一、经堂和第一、第三层后佛堂柱上托木的下缘曲线,与日喀则地区夏鲁寺大殿第二层廊柱托木下缘曲线(14世纪中叶)和拉萨地区习见之五世达赖时期之托木下缘曲线(17世纪)都有接近处[11],因可视作其间过渡之托木形制。这恰与白居寺大佛殿建于15世纪前期的年代相符合【图5-3】。

二、第一层后佛堂六字真言平棋之下,即四壁上方,设斗拱一匝承托之。斗拱组织为三下昂重拱计心六铺作;补间亦用六铺作,但出斜昂;四隅出内转角。铺作形式与作法尚是内地元代建筑制度。

三、第一层后佛堂后壁前燃灯、弥勒两像皆倚坐式,但燃灯无冠饰。两像光背只中部两侧雕摩竭,其他若最上为二飞天持伞盖,最下两侧各雕一飞天,正中大菩提佛靠背雕天宫,上建五塔[12],俱与一般之六拿具纹饰不同。前壁门内左侧画白伞盖,右侧画十一面观音,皆似新绘。

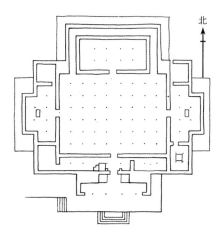
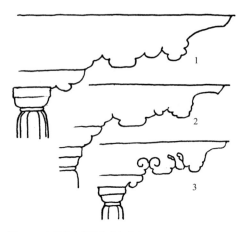

图 5-2　白居寺大佛殿第一层平面示意（1988 年）

图 5-3　白居寺大佛殿柱头托木速写
1. 经堂托木
2. 第一层后佛堂托木
3. 第二层后佛堂托木

四、第一层左佛堂为法王殿，后壁正中塑十一面观音。左塑三赞普，其后绘弥勒、千佛。右塑三祖师，后绘观音。堂正中奉弥勒龛。前排四柱悬绣幡，左右两柱有金书汉文对联，上联为绣幡掩盖，下联文曰："仙岛风和玉琈，光浮丹禁晓。"左佛堂之南有小室，四周列经架，正中奉一塔，饰金皮，疑即《史集》所记"两边的静修塔和尊胜塔"中之尊胜塔。

五、第一层右佛堂为金刚界殿，正中奉四面之毗卢舍那。四壁供养天造像和作千佛状排列之供养天壁画，皆甚精致。

六、第二层【图 5-4】后列两佛堂，右者现为小经堂。左者南侧是第一层经堂东北隅所奉之弥勒大像头部；北侧列像一排，自左为萨迦祖师、宗喀巴、布顿、二世达赖、三世达赖、一世班禅、七世达赖、敦吉灵贝活佛，此一排列像当非原来布局。

七、第二层左佛堂为罗汉殿，后壁前奉一佛二菩萨，左右绕壁影塑山岩，列十八罗汉。前壁新绘佛传故事。左佛堂之南有弥勒堂。

八、第二层右佛堂为道果殿，殿正中置制作精细的直径约 3 米之大型时轮曼荼罗一。后壁正中奉金刚持，两侧各列萨迦祖师像，最末一像是永乐十一年（1413 年）明封大乘法王的昆泽思巴。四壁绘双

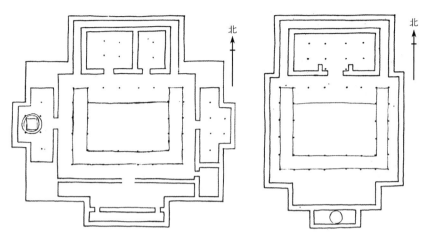

图5-4 白居寺大佛殿第二层平面示意　　图5-5 白居寺大佛殿第三层平面示意

身、单身或坐、或立之密像。北壁有萨班与外道辩论图像，南壁有忽必烈会见八思巴的形象。

九、第二层前部为全寺拉基会议堂和库房所在。库房多藏文物，其中来自内地者，以绀青纸地泥金描绘之救度佛母像最为重要。该像附书《御制救母赞》，赞后记："大明永乐十四年四月十七日施。"[13]

十、第三层只一后佛堂——夏耶拉康（无量宫）【图5-5】，堂内柱上承龟背格平棋，平棋每格绘一莲座，莲瓣上书六字真言。四壁满绘坛城，计大型十四幅、中型一幅、小型三十四幅，共四十九幅，其布置如【图5-6】。

十一、第一、二、三层后佛堂礼拜道的内外壁面满绘壁画。第一层绘有释迦、五方佛及其千佛、金刚持、度母等。第二层绘饶有内地画风之佛传故事。第三层绘千佛。

吉祥多门塔位大佛殿西侧。《汉藏史集》记此塔建造年代：

> 热丹贡桑帕巴……三十九岁的羊年（丁未·明宣德二年·1427年）为十万佛像吉祥多门塔奠基，不几年就全部完成。在这期间编写十万佛像及第二幅缎制大佛像的目录、噶丹静修地创建记。[14]

前 壁		右 壁	后 壁	左 壁
左侧	右侧			

图5-6　白居寺大佛殿第三层夏耶拉康四壁坛城壁画的布局示意

图5-7　白居寺吉祥多门塔剖面示意（据《文物》1961年1期页51图12改绘）

塔为噶当觉顿式【图5-7】。底座长宽各约40米。底座之上建复式十字折角基座四层（即塔的第一至第四层），每层四面各辟龛室；其上为覆钵，内开四龛室（即塔的第五层）；再上为十字折角相轮座，内为一中心柱式佛堂（即塔的第六层）；其上为承托相轮的仰莲，就此相轮内之仰莲范围建中心柱式佛堂一（即塔的第七层）；相轮上部亦建一佛堂（即塔的第八层）；最上层即塔的第九层，建于大伞盖覆盖下之相轮顶部。伞盖之上置宝瓶、宝珠。塔总高略与塔底座之长、宽等，约亦为40米。现按层简记其主要情况如下【图5-8】。

第一、第三两层每面各设龛室五，第二层每面各设龛室四，第四层每面各设龛室三。以上每层各龛室之分布位置与室内供奉之主要形

图 5-8 白居寺吉祥多门塔第一层至第九层平面示意

象（指塑像和塔）的具体情况略如下表（表中序号为图 5-8 编号）：

第五层外砌圆形围墙，墙上方设双昂重拱计心五铺作三十二朵，以承出檐。墙四面正中各辟一门，门外两侧影塑束莲柱，束莲柱外侧和门上方影塑六拏具。六拏具中大鹏只具头部与翅爪，龙子只具蛇身，前者与乃东玉意拉康主像背光相似，后者接近扎囊扎塘寺主像靠背，

表5-1

		第一层	第二层	第三层	第四层
南面	正中龛室	1. 三世佛及二弟子。前方右侧设宗喀巴塔	为第一层正中龛室的上部	37. 无量光佛及二胁侍。前方右侧一金刚夜叉	为第三层正中龛室的上部
	右侧龛室	2. 惹随加玛（具光佛母）塔	21. 长寿五佛	38. 金刚菩萨及二胁侍	57. 布顿及其译师和夏鲁寺法王
	右端龛室	3. 卡那杜杰（调伏金刚手）及二胁侍	22. 绿度母及二眷属	39. 忿怒母及二胁侍	58. 萨迦五祖
西面	左端龛室	4. 忿怒明王及二胁侍	23. 狮子吼观音及二胁侍	40. 大佛母及二胁侍	无
	左侧龛室	5. 白伞盖佛母及四胁侍	24. 观音及二龙女、二护法	41. 毗卢舍那及二胁侍	59. 印度祖师三
	正中龛室	6. 无量寿佛及四胁侍。前方两侧各设一塔	为第一层正中龛室的上部	42. 宝生佛及四胁侍	为第三层正中龛室的上部
	右侧龛室	7. 叶衣佛母及二眷属	25. 黑色马头明王及二眷属	43. 文殊智菩萨及四胁侍	60. 印度祖师三
	右端龛室	8. 马头明王及二眷属	26. 莲花佛母及二眷属	44. 金刚菩萨及二胁侍	61. 印度祖师二，噶举祖师：马尔巴、米拉日巴、塔布拉杰
北面	左端龛室	9. 不动明王及二眷属	27. 狮子吼文殊及狮奴、童子	45. 金刚手及二胁侍	无
	左侧龛室	10. 智慧佛母，左文殊，右观音	28. 摧破金刚及二胁侍	46. 文殊及二胁侍	62. 香巴噶举祖师琼波南交巴等
	正中龛室	11. 燃灯佛及四胁侍	为第一层正中龛室的上部	47. 不空成就及四胁侍	为第三层正中龛室的上部
	右侧龛室	12. 白度母及四胁侍	29. 无垢光鬘菩萨及四胁侍	48. 毗卢舍那及二胁侍	63. 三赞普、两公主和吞米·桑布札、禄东赞
	右端龛室	13. 护法及眷属	30. 白度母及四眷属	49. 无量寿佛及二胁侍	无

续表

		第一层	第二层	第三层	第四层
东面	左端龛室	14. 大力明王及二胁侍	31. 骑象普贤及二胁侍	50. 佛法护持王及二胁侍	64. 莲花生、噶玛拉西拉、仁钦桑布、罗登西绕等
	左侧龛室	15. 胜幢佛母及二胁侍	32. 金刚手及二胁侍	51. 日光佛及二胁侍	65. 格鲁祖师：宗喀巴、贾曹杰、克珠杰
	正中龛室	16. 弥勒佛及四胁侍。前方左侧设塔	为第一层正中龛室的上部	52. 不动佛及四胁侍	为第三层正中龛室的上部
	右侧龛室	17. 老者像及二胁侍。右壁画天王，两侧有王与王后供养像	33. 密迹及四胁侍	53. 日光佛及二胁侍	66. 印度祖师三
	右端龛室	18. 楼梯间。壁画四天王	34. 楼梯间。右壁画大孔雀母	54. 楼梯间。四壁画塔八	67. 楼梯间。壁面主要绘十大明王
南面	左端龛室	19. 大黑天及二眷属。前右方有酥油花供，东侧上方悬牦牛、秃鹰等标本	35. 狮子吼文殊、驯狮、狮奴、童子等	55. 金刚菩萨及二胁侍	无
	左侧龛室	20. 尊胜塔	36. 四臂观音及二胁侍	56. 金刚菩萨及二胁侍	68. 噶当祖师：阿底峡、仲敦巴、那措译师

当是早期形制。此外大鹏头上置莲座摩尼、童男作骑龙之相，亦皆与习见之六拏具形制不同。四门内皆为龛室，南龛室（图5-8编号69，以下只录数字）奉释迦及二胁侍，左右壁绘十六应真坐椅上。西龛室（70）奉弥勒，左右壁绘三世佛。北龛室（71）奉大佛母，左右各立一释迦。东龛室（72）奉毗卢舍那。东龛室外右侧设梯。

第六层外壁作十字折角形，壁端绕置铺作二十朵，以承出檐。铺作组织：凡折角处之转角铺作略同第五层；四正面两转角间之两朵补间则皆为单昂重拱四铺作。四正面各辟一门。南面门上画眉目和宝珠式白毫相。四门内共一十字折角形平面佛堂（73）。佛堂正中利用方形相轮柱基设中心柱。面对南门的中心柱壁画密迹，南门内右侧壁画红身新启歇玛（阎罗），左侧壁画黑身新启歇那波。面对西门的中心柱壁画深渥丢，西门内右侧设梯，左侧壁画蓝身新启歇那波。面对北门的中心柱壁画红身新启歇玛，北门内左右侧各画蓝身察卜松都。面对东门的中心柱壁画大威德，东门内右侧壁画白身绛巴多杰，左侧壁画红身吞惹尊巴。

第七层平面方形，四壁各辟一门。四门内共一利用方形相轮柱基建中心柱式佛堂（74）与第六层同。面对南门中心柱壁画绿身当妹，南门内右侧壁画红身卡纠玛，左侧壁画西路卡。面对西门的中心柱壁面画红身德纠，西门内右侧壁画红身卜多卡巴，左侧设梯。面对北门的中心柱壁面画红身金刚亥母，北门内右侧壁画绿身康珠，左侧壁画红身舒坐密像。面对东门的中心柱壁画时轮，东门内右侧壁画西路卡，左侧壁画一立形密像。

第八层内部为一平面抹角方形的佛堂（75），佛堂正中偏西、东向设坛，上置金刚持铜像，右立持铃杵菩萨，左立持颅钵菩萨。四壁画各派祖师像。

第九层即伞盖下的空间，平面圆形（76），内现无佛像，但伞盖底面分八格，各格画一菩萨。南面右格黄身奉摩尼，左格白身持一短棒，棒端置交杵，交杵横向一端作月刀形。西面右格白身持莲，左格褐身持杵、索。北面右格绿身持交杵，左格绿身持剑。东面右格蓝身持法轮，左格蓝身持短棒，棒端饰莲座宝珠。此层梯设东侧，上通伞盖之上。

以上第一层龛室二十（图5-8编号1～20）。第二层四面皆无正中龛室，共十六龛室（21～36）。第三层龛室二十（37～56）。第四层四面皆无正中龛室，南、西两面又皆缺右端龛室，北面更左右两端龛室并缺，计只十二龛室（57～68）。第五层四龛室（69～72）。第六、七、八、九层皆各设一佛堂（73～76）。总计全塔现布置诸像的空间共七十六座。从诸像布置状况观察：

一、第一、第三两层是主要龛室所在，每面正中龛室又是每面之主要龛室。第一层各主要龛室的佛像是显教诸佛，其中南面正中龛室（图5-8编号1）的三世佛，应是该塔的最重要佛像；像前右侧之宗喀巴塔当是17世纪格鲁势盛后所增设。第三层主要龛室（37、42、47、52）中出现密教五方佛像。此两层每面两侧的龛室大多置次要诸像，两端龛室多为护法堂。

二、第二、第四两层各面正中龛室的位置，俱为各自下层正中龛室的上部。其他龛室的地位次于第一、第三两层同位置的龛室。其中第四层各面龛室皆奉祖师像，如以南面龛室为尊，此塔所重者是布顿（57）、萨迦（58）、噶当（68）三教派。

三、第五层四龛室似显密并重，如顺左转礼拜，则先礼南、西两面显教诸像（69、70），后礼北、东两面密教诸像（71、72）。此次序与第一、第三两层先显后密的排列相同。

四、第六、第七两层奉无上密像（73、74）。

五、第八层奉护法之金刚持（75）。第九层伞盖下绘护法诸天（76）。此塔最上两层皆护法形象之所在。

白居寺大佛殿和吉祥多门塔四周现存15处札仓，分属格鲁、布顿、萨迦三教派。其中洛布康是格鲁派最早的札仓，仁定是布顿甫鲁派最大的札仓，古巴是萨迦派札仓中保存较为完整者。

洛布康札仓位吉祥多门塔西北，南向【图5-9】。底层设牛圈。寺僧云：此札仓为建寺时克珠杰所规划，可见早期札仓制度，与民居布局尚有联系；但现存建筑已经重修，故牛圈之上前方门廊托木已是17世纪五世达赖时期流行式样，门廊右侧为护法堂，内悬熊皮。门廊后壁画四天王，右壁书戒律。门廊后右为库房，左为阔五间、深四间、十二柱经堂。经堂后壁画宗喀巴，其右为贾曹杰，左为克珠杰，再左为十八罗汉。右壁自前依次画无量光、释迦、祖师像。左壁自后依次画长寿佛、罗桑曲结、释迦。前壁左侧自内向外依次为千佛、释迦、绿度母，右侧画长寿佛及礼佛供养人等。经堂后辟三室，右为护

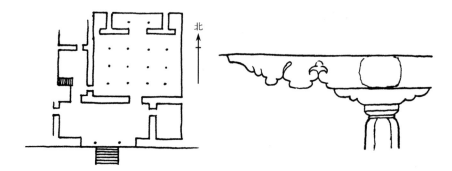

图5-9 白居寺洛布康札仓第二层平面示意和门廊柱头托木速写

法堂，左为库，正中为佛堂。佛堂后壁前奉释迦及两弟子，两侧影塑山岩，岩间设小龛，置罗汉像。门廊和佛堂皆有上层建筑，现空置无像设。

仁定札仓位寺北部，依山坡兴建。门廊南向，设在底层。上层为札仓主要殿堂【图5-10】。门廊壁画四天王，东侧升梯转北入经堂之东侧室。东侧室北端有护法堂，堂内梁枋间悬兽皮、兵器、面具和铜镜诸物，其右一套间满地铺青稞，内奉三护法像。经堂阔四间、深五间、十二柱，原来门设东壁，西壁后方置主要佛像，故东壁原绘四天王，后改为佛传。经堂南壁画宗喀巴、贾曹杰、克珠杰三像，其左画白度母，右画四臂佛母等像。西壁左右两侧皆绘释迦，正中辟西佛堂。西佛堂后壁中间塑释迦，其左有布顿甫鲁派祖师像；西南隅置一坛城，坛城上层奉金刚菩萨，下层奉释迦。经堂北壁正中为北佛堂，其外右侧壁画释迦、十八罗汉和多吉深巴，前有布顿塑像和为甫鲁派高僧、达赖各设之高座；左侧置护法像橱。北佛堂内奉释迦和八大菩萨，此以北壁为经堂主壁之安排，应是后来的布置。

古巴札仓位吉祥多门塔南方，寺内南墙之外。东向【图5-11】。门廊画四天王，门廊后有前厅。厅左侧置梯；右有小室，现为茶房。前厅之后接阔五间、深四间、十二柱经堂。经堂前壁左右皆书戒律、绘天王，左天王之后绘叶衣佛母和尊胜佛母，右天王之后绘白度母与大佛母。经堂右壁自外向内依次画尊胜佛母、文殊、二释迦。经堂左壁自内向外依次画萨迦祖师、长寿佛、无量光、二释迦。经堂后壁正中为佛堂，内奉三世佛，两侧置萨迦历代座主像，左壁前设护法像橱，

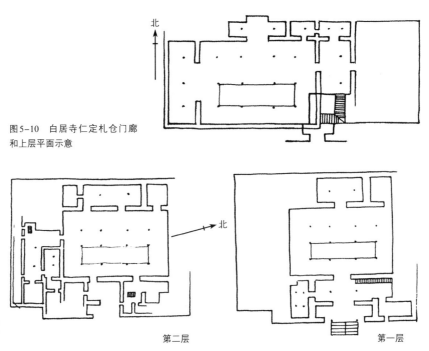

图 5-10 白居寺仁定札仓门廊和上层平面示意

图 5-11 白居寺古巴札仓第一、二层平面示意

四壁画萨迦祖师故事。佛堂外两侧壁亦绘萨迦祖师故事；右侧壁前列六像，自右由内向外依次为萨迦祖师二、释迦三、萨迦祖师一；左侧壁前竖经橱。上层围设回廊，回廊前壁自左依次绘度母、释迦、无量光、释迦、尊胜佛母、财宝天、白度母、萨迦祖师；左壁画三世佛与莲花生；后壁右侧画莲花生，左侧画释迦，释迦右有文殊，左有千手观音；后壁正中佛堂内奉释迦、莲花生和萨迦历代座主像，四壁原画萨迦祖师故事，佛堂前壁门两侧新绘莲花生（右）、护法像（左）。

热丹贡桑帕在创建大佛殿与吉祥多门塔之间，又依山冈形势为白居寺兴建了外围墙【图 5-12】[15]。《汉藏史集》记其事云：

> 热丹贡桑帕巴三十七岁的阴木蛇年（乙巳·明洪熙元年·1425 年）为贝考德钦寺修建了大围墙。每边长二百八十步弓。围墙上建有二十座角楼，作为装饰。开有六个大门，并在墙外种上树木。[16]

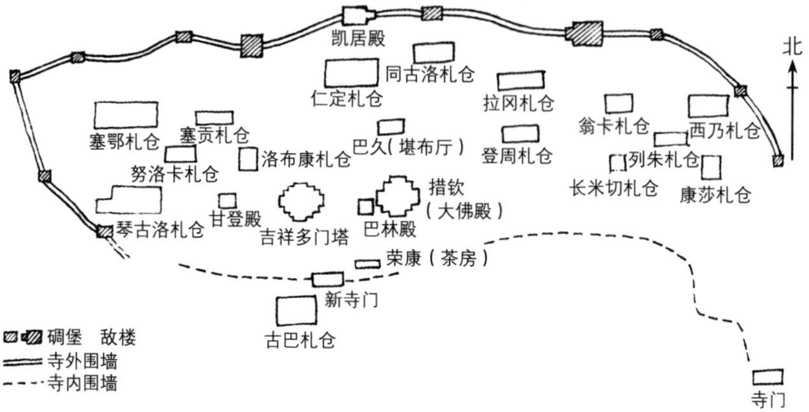

图5-12 白居寺围墙的布局和白居寺平面示意

此围墙北边一面和东、西两面的北段，1959年时保存尚好。墙间的碉堡、敌楼，即《史集》所记之"角楼"。东西两面的南段和整个南边一面与白居寺南部诸建置同时毁于1904年英军侵藏之役[17]。现存寺内围墙应是1904年以后所建，盖其时大佛殿以南已成废墟，不能不将寺的范围向北退缩。1959年尚存之旧寺门，其位置突出于现在寺址之东南端，约是原来设于南墙的大门；至于内围墙之新寺门则是与1984年江孜新街道形成同时所新建者。

附记：白居寺吉祥多门塔各层龛室、佛堂多存有记录诸室或堂内造像名称的榜题，予不谙藏文，上文中所记名称的音译，俱据1959年引导我们参观的寺僧那旺殷丁先生的读音。1988年再访白居寺时，没有打听到他，但三十年前他那严肃认真地查找尊像名号的神态，仍清晰地萦回于脑际，今趁祝贺选堂先生高寿发表这篇调查记的机会，同时向他顺致诚挚的谢意。

注释

[1] 参看王毅《西藏文物见闻记（四）》，刊《文物》1961年1期。
[2] 宗山之上，夏喀哇家已建有堡寨。白居寺藏抄本《娘地佛教源流》记建寨事云："朗钦帕巴贝桑布四十八岁的木蛇年（乙巳·元至正二十五年·1365年），建大宫寨于山

［3］ 参看陈庆英《江孜法王的家族与白居寺的兴建》，刊《拉萨藏学讨论会文选》，西藏人民出版社，1987。

［4］ 班钦·索南查巴曾任甘丹寺第十五任池巴。译文据黄颢译本，页60。

［5］ 译文据郭和卿译本，页163。《西藏王臣记》撰于明崇祯十六年（1643年），参看郭和卿译后记，页189~190。

［6］ 据刘立千、谢建君译本。译文刊《藏文史料译文集》，中国社会科学院民族所，1985，页24。

［7］ 参看［2］。贾湘云、何宗英《关于白居寺创建者及始建年代问题》亦引《娘地佛教源流》所记营建经堂的年代，其译文云："于阳土狗年夏末之箕宿月（六月）望初二日，该寺经堂等奠基。"（《西藏研究》1982年2期）

［8］ 贝考赞是吐蕃末代赞普达磨子斡松的后裔，9世纪据江孜地区时，曾于后来的江孜宗山上建堡寨，《娘地佛教源流》亦记此事："年楚河谷口，以前为藏王贝考赞的驻地，名雪卡江孜。"（译文据王忠节译本）

［9］ 据陈庆英译本，页238~241。《江孜法王的家族与白居寺的兴建》引多罗那它（1575—1634年，即《印度佛教史》的作者）《后藏志》记白居寺修建情况，内可补充《汉藏史集》处录如下："据说开始设计的经堂面积较小，次年（己亥·明永乐十七年·1419年）九月，热丹贡桑帕巴到仁钦孜去，寄寓于寺院边上的南僧舍中，当他修持时，胸前出现一卷旧文书，上面记载着印度金刚座的大菩提佛像的建造情况、佛像尺寸及消耗材料等，他认为这是得到神佛授记，因此决定新建的白居寺的主尊佛像应与金刚座的大菩提佛像尺寸完全相同，佛殿也要相应扩大。于是将已动工的经堂扩大为有八根大柱，有八座屋檐装饰，回廊有四十八根柱子的面积、东西两面各向外突出六根柱子的面积，总计有一百五十根柱子的面积的巨大建筑。经堂中央建有狮子宝座，一面铸有一尊与印度金刚座的大佛像尺寸完全相同的释迦牟尼佛铜铸像"，"为铸造此像，用了黄铜一千克，用了黄金八百两。像的胸前有印度高僧日苏达罗带来的佛像，作为胎藏。据说佛像头顶还藏有三十粒释迦牟尼的舍利。"

［10］ 西藏较早的佛寺建置多摹仿印度寺院，山南桑耶寺、阿里托林寺的主要佛殿平面皆作十二道大棱的复式十字折角形，与白居寺大佛殿极为近似，参看已收入本集的《西藏山南地区佛寺调查记》。此种复式十字折角平面，印度自4世纪笈多时期起，即为寺院流行的形制；而桑耶寺之设计，据元至治二年（1322年）布顿所撰《佛教史大宝藏论》，正摹自印度："阿阇黎菩提萨埵作了地土观察，并按照阿游延那布尼寺的图样……于丁卯年（唐贞元三年·787年）奠基……己卯年（唐贞元十五年·799年）完工。"（据郭和卿译本，页174）

［11］ 藏式建筑中柱头托木演变显著，是判断建筑物时代的重要标志之一。参看已收入本集的《西藏拉萨地区佛寺调查记》。

［12］ 靠背上建五塔，又见日喀则札什伦布寺措钦大殿和该寺吉康札仓的释迦像靠背。此两殿皆建于后被追认为一世达赖根敦珠巴时。根敦珠巴自明正统十二年（1447年）创

[13] 《汉藏史集》记:"热丹贡桑帕巴……作为具吉祥萨迦派首席大臣、执掌教法的栋梁、地方的大长官……当他登上执掌地方政务的职位后,汉地大明皇帝封他为大司徒,赐给印信、诏书,赠给许多礼品,并准许朝贡"(据陈庆英译本,页242)。热丹贡桑帕受明封赠,前引《娘地佛教源流》系于明永乐十六年(1418年)。此事又见《后藏志》:"热丹贡桑帕巴三十岁的阳土狗年(戊戌·明永乐十六年·1418年),接到(萨迦)大乘法王的信函,去到萨迦,宣读了任命他为大司徒、朗钦、土官的诏书"(据《江孜法王的家族与白居寺的兴建》转引),因疑此幅永乐所施的救度佛母像并赞,约是这次明廷所赐礼品之一。

[14] 据陈译本,页241。

[15] 图5-12所列努洛卡札仓或译作德娃今札仓;塞鄂札仓或译作四刚玛札仓;同古洛札仓或译作屯各洛札仓;登周札仓或译作杰木纠札仓。

[16] 据译本,页241。《后藏志》亦记大围墙,与《汉藏史集》不同处有"围墙为四方形……围墙上还建有二十座门楼和角楼……围墙四周共开有六座大门,并在墙外种植树木,以保护寺院"(译文据《江孜法王的家族与白居寺的兴建》转引)。

[17] 1904年,英军侵藏白居寺被毁情况,参看王毅《西藏文物见闻记(三)》,刊《文物》1960年10期。此次英军破坏的寺院,除白居寺外,江孜地区还有乃宁寺、紫金寺等著名佛寺。

　　本文初稿发表于《庆祝饶宗颐教授七十五岁论文集》(香港中文大学中国文化研究所,1993,页5~18)。此次汇集对白居寺历史和吉祥多门塔的描述作了较多的增改。

　　此文送印后,始得读熊文彬博士《白居寺藏传佛教艺术图像学研究》(打印本,1994)。博士藏族,娴于藏文,有检阅藏文文献和释读白居寺殿、塔藏文题记的方便,又直接参考了杜齐教授研究白居寺的重要著作——*Indo-Tibetica*,Vol. IV,1941(又英文本,1989)。前者特别是发现了明嘉靖十八年(1539年)博多哇·晋美扎巴写就的《江孜法王传》(藏文,西藏人民出版社,1983)中有关白居寺殿、塔的各种记录,后者主要是对杜齐关于藏文题记研究的核校,故博士所撰系研讨白居寺图像学的专门之著。拙著《白居寺调查记》率尔草就,疏误尤多。现征得博士同意,谨据博士论文转引《江孜法王传》所记有关白居寺殿、塔年代问题中,可补可正拙文者三事,摘录如下。

　　一、《江孜法王传》不仅记录了白居寺殿、塔创建之年,还记录了完工之年，又记有佛殿内各部分的开光时日。熊文综合《法王传》的记录云："白居寺大殿一层主殿和回廊建筑最早，建于1418年（明永乐十六年），但在1420年（永乐十八年）进行过扩建，即在向东西两侧增建法王殿（即左佛堂）和金刚界殿（即右佛堂）的过程中有所增补，殿内主尊释迦牟尼塑像就是1420年3月8日在决定扩建东西配殿（即左、右佛堂）时，在雕塑家查布主持下立塑完成的。因此，殿内壁画和造像的年代不能晚于1420年。东西配殿于1422年（永乐二十年）之后相继落成，东配殿法王殿完成于1422年，西配殿金刚界殿完成于1423年（永乐二十一年），这两个年代界定了这两个佛殿壁画和造像的创造年代。至于二楼西侧的道果殿的开光年代，尽管在《江孜法王传》中没有明确记载，但可以通过1424年（永乐二十二年）落成的二楼东侧罗汉殿和1425年（洪熙元年）竣工的三层无量宫殿开光的时间推断出来。它不是与1424年的罗汉殿同时落成，就是与1425年的无量宫殿同时竣工，或介于二者之间即1424—1425年完成。因此，殿内壁画和造像年代最晚不应晚于1425年……《江孜法王传》中关于吉祥多门塔1427年（宣德二年）奠基，到1436年（正统元年）5月11日开光的记载，给出一个大致的年代，也就是说吉祥多门塔壁画，在1427年至1436年5月11日十年之间相继创作而成。"（页60~61）

二、《江孜法王传》详细记录了克珠杰与白居寺的关系。熊文据《法王传》云："白居寺大殿是由江孜法王（热丹贡桑帕）和一世班禅喇嘛克珠杰共同主持修建的……1413年（永乐十一年）热丹贡桑帕为了弘传江孜地区的佛教文化事业，决定邀请这位大师到江孜主持佛教事务，封克珠杰为江孜佛教总管，参与并策划江孜弘佛事宜。1413年克珠杰应邀前往江孜，会同江孜法王策划柳园白居寺的修建……据《江孜法王传》记载，克珠杰由于与江孜法王在一些问题上发生了较大分歧……在吉祥多门塔开工的1427年就离开了白居寺。"（页15~16）

三、白居寺塔第四层东面左侧龛室内奉宗喀巴、贾曹杰、克珠杰三像。但《江孜法王传》记此龛室为持明殿,"殿内塑像分别为莲花生大师师徒三尊、莲花生八名号、密集上师、大堪布菩提萨埵和法王赤松德赞、他罗·尼玛坚参译师及其心传弟子仁钦南杰等"（页49～50），可知现在龛室的宗喀巴师徒三尊塑像，应与本塔第一层南面正中龛室右侧所设之宗喀巴塔，皆为17世纪格鲁势盛后所增设。

1995年6月

阿里地区札达县境的寺院遗迹

——《古格王国建筑遗址》和《古格故城》中部分寺院的有关资料读后

西藏工业建筑勘测设计院编辑的《古格王国建筑遗址》(中国建筑工业出版社，1988)和西藏自治区文物管理委员会编辑的《古格故城》(文物出版社，1991)是近年考察西藏西部阿里地区古代建筑遗存的两部重要著作。前者重点介绍札达、普兰两县境内的主要建筑遗址(包括古格王国宫城、寺庙、宗政府、民居、防御工事与遗址的总平面布局)和对建筑遗存特点的分析。后者是位今札达县札桑区的古格故城遗迹的较全面的考古调查报告，并附录札达县境现存其他四处遗址的调查简报。两书在描述遗迹之前，都根据过去文献，特别是抄本流传的藏文文献如《圣山志》《直贡世系》《拉达克王统记》和17世纪西方耶稣会士的各种记录，对13世纪以来古格王国地区的历史作了较全面的整理。古格地区历史整理工作，《古格王国建筑遗址》(以下简作《遗址》)的作者筚路蓝缕，成绩卓著，令人钦佩；《古格故城》(以下简作《故城》)除了进行考古记录外，还考订了许多现存的殿堂壁画的年代，获得了重要的开创性成果。现谨据两书所提供的资料与论证较全面的寺院现况辑录如下，并试作某些不成熟的订补与分析，以备探讨西藏寺院殿堂分期排年的参考。本文辑录内容计五项，共十三处建筑即十二座寺院殿堂和一处佛塔【图6-1，见174页后拉页】。

一、托林寺殿堂遗迹：1. 朗巴朗则拉康(迦莎殿)，2. 嘎波拉康(白殿)。

二、古格故城Ⅳ区南部殿堂遗迹：3. F48~60。

三、古格故城Ⅵ区以F27为中心的殿堂遗迹：4. F27，5. F35金科拉康(坛城殿)。

四、古格故城Ⅳ区中部殿堂遗迹：6. F189 嘎波拉康（白殿），7. F208 玛波拉康（红殿），8. F136 杰吉拉康（大威德殿），9. F185 卓玛拉康（度母殿），10. Y126 供佛洞，11. 札布让宗政府佛殿。

五、古格故城Ⅸ区札布让寺遗迹：12. F58 札布让寺佛殿，13. 札布让寺佛塔。

一、托林寺殿堂遗迹

托林寺[1]位札达县西北象泉河南岸台地上，原是阿里地区规模最大的寺院，是西藏佛教后弘期最早兴建的寺院之一。《故城》附录一著录此寺现况云：

> 托林寺原有规模较大，包括朗巴朗则拉康、嘎波拉康、杜康等三座大殿……近十座中小殿以及堪布私邸、一般僧舍、经堂、大小佛塔、塔墙等建筑。寺院所有建筑都受到程度不同的破坏，保存较好的只有三大殿和一座佛塔。（页325）

《遗址》《故城》两书刊露资料较多的是三大殿中的两座——朗巴朗则拉康和嘎波拉康【图6-2】。

1. 朗巴朗则拉康（迦莎殿） 上述三大殿中建筑最早、破坏最严重的一组殿堂，《遗址》名之曰迦莎殿，其记该殿的形制云：

> 迦莎殿坐西朝东，分内外二圈。内圈布置五座殿堂，呈十字形，正中系14×14米的方殿，安放着立体坛城和朗姆那佛像。方殿四向，分设6.5×7.1米四座佛殿。周围环绕3.7米回廊，系转经朝拜道。外圈东向为门厅，南、西、北三向各有殿堂三座，其中中间佛殿带转经道，外围四角又各设佛殿两座并建塔一座。
>
> 迦莎殿的建筑造型，在西藏千姿百态的佛殿之中自树一帜，独具风格。史籍记载，该建筑物系益西沃仿照桑鸢寺而建。桑鸢

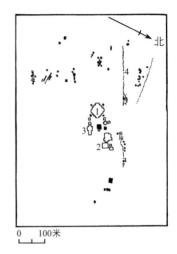

图6-2 托林寺平面示意（据《阿里地区文物志》图41）
1. 朗巴朗则拉康（迦莎殿）
2. 嘎波拉康（白殿）
3. 杜康
4. 塔墙

寺……中央的乌策大殿象征着世界中心须弥山，南北的太阳月亮殿象征日月轮，大殿四角的白青绿红四塔象征四天王天，围绕大殿有十二座建筑物象征着须弥山四方咸海中四大部洲和八小洲……托林寺的迦莎殿则把桑鸢寺一组庞大建筑群所表现的设计思想和内容，组织在一幢建筑之中。中间的方殿表示须弥山，环廊外圈四向的四组佛殿分别代表东胜身三洲、南赡部三洲、西牛贺三洲、北妙声三洲；四角四座佛塔代表四天王天等等。（页73-74）

文中并附有该殿平面示意图，图与上述文字对比探讨，可以推知托林寺迦莎殿摹仿山南地区札囊县桑耶寺之传闻并非虚构[2]【图6-3】，而现存遗迹尚存早期形制亦可大体论定[3]。《故城》附录一记录此组建筑可补充前引《遗址》处，照录如下：

> 朗巴朗则拉康意为遍知如来殿，是三大殿中年代最早者……虽然整组殿堂顶部已全部不存，塑像壁画等毁坏殆尽，但存留下来的墙垣和四角塔仍可反映出原有的早期建筑结构和风格……中心方殿即朗巴朗则拉康，主供遍知如来，四面分别紧接多吉生巴拉康、仁钦久乃拉康、堆友立巴拉康、朗堆太一拉康四座小殿……（页325）

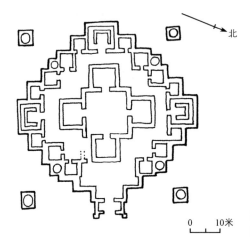

图6-3 托林寺朗巴朗则拉康平面（据《阿里地区文物志》图42）

所记中心方殿即朗巴朗则拉康。拉康主供遍智如来即仿自《西藏王统记》所记桑耶寺神殿正殿中层和上层皆以毗卢遮那佛为本尊[4]，毗卢遮那佛即密教本尊大日如来。至于四面分别紧接中心方殿之四座小殿，其供奉之主像即东方金刚部主阿閦佛、南方宝部主宝生佛、西方莲花部主弥陀佛、北方羯摩部主不空成就佛。

按托林寺创建于10世纪末古格王意希沃[5]，1322年布顿大师所撰《佛教史大宝藏论》记其事云："柯热藏王将西藏政权托付给他的兄弟松额王，自己出家为僧，起名耶喜峨（拉喇嘛）……拉喇嘛在象雄地方修建脱滴寺（即托林寺），许多译师和班智达作了出资建寺的施主"[6]，与布顿同时的蔡巴·贡噶多吉的《红史》亦记此事："柯热有两个儿子即噶惹札、德哇热札，他们父子期间修建了托林寺。"[7]五世达赖昂旺·罗桑嘉措《西藏王臣记》云："由于获得成就的班抵达大师底毗迦罗西遮罗（即阿底峡的梵语名号）有不动摇的毅力，能勇猛勤修，具足卓越神力的佛子行……这样的功德美举，拉喇嘛绛秋窝已有所闻，他派遣纳措译师为使……于是（阿底峡）尊者运用善巧方便，到达阿里地区，驻锡脱顶寺（即托林寺），对拉喇嘛绛秋窝等具造善缘的人士们，讲授了许多甚深和广大的教法。"[8]1076年，绛秋窝侄孜德又在此寺举行西藏佛教史上著名的"丙辰法会"[9]，因此，托林遂名扬全藏。前面推测朗巴朗则组殿尚存早期形制者，即指此10—

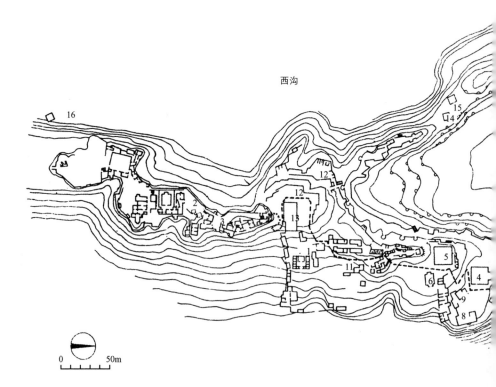

西沟

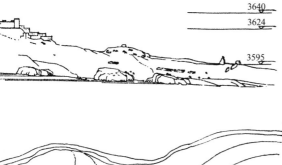
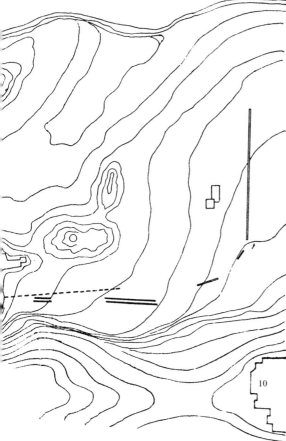

图6-1 古格王国建筑遗迹平面与东立面示意
（据《遗迹》图1-6、1-7改制）

1. Ⅳ F48～60
2. Ⅵ以F27为中心的殿堂
3. Ⅵ F35（坛城殿）
4. Ⅳ F189（白殿）
5. Ⅳ F208（红殿）
6. Ⅳ F136（大威德殿）
7. Ⅳ F185（度母殿）
8. 札布让宗政府
9. 札布让宗政府佛殿
10. Ⅸ 札布让寺
11. 僧居
12. 城墙
13. 石基
14. 菩提塔
15. 天降塔
16. 山下取水建筑

11世纪托林寺佛殿的形制。

2. 嘎波拉康（白殿） 位于朗巴朗则拉康东南，该殿发表资料较多。《遗址》刊露有殿外景（图版9）、殿门（图版10）、木构架（图115）、天花彩画（图版19）、主尊塑像（图版16）、单幅壁画（图版14）等。《故城》附录一记该殿现况云：

> 拉康嘎波（白殿）……门向南，殿内平面略呈矩形，北壁正中稍向后凸一部分作为主供佛座。殿门外原有门廊，廊顶已不存，仅余两厢墙壁，门两侧有坯砌泥塑的瓶状莲台蜀柱装饰，现大部已残[10]。殿门的框楣均加雕饰……殿内共有四十二根木柱，分为南北七排，东西六排……殿内原有塑像十五尊，现仅存北壁正中主供座上的释迦牟尼残像……东西壁前原有无量寿佛、观音、萨迦班智达等塑像四尊……现均不存，空余像座。殿内周壁遍绘壁画，以塑像背光或各类佛、菩萨、佛母、度母大像为主体，间绘各种小像及高僧修行图、供佛图等……造型、服饰与古格故城佛殿壁画同类作品基本一致……（页326）

此殿壁画佛母、度母大像的造型和服饰与古格故城ⅥF35（金科拉康）同类内容相似；殿内仅存的释迦坐像与江孜白居寺大菩提塔内塑像、殿内般若佛母壁画与白居寺佛殿六臂佛母壁画都极相似[11]；值得注意的是，此殿原奉有萨迦班智达塑像，壁画所绘祖师像中亦有萨迦祖师像，且有宗喀巴像[12]，而前引ⅥF35前壁既有萨迦五祖壁画，左壁又绘萨迦高僧仁达瓦；还绘有洛桑扎巴（宗喀巴）及其三弟子（贾曹杰、堆增札坚赞、克珠杰）像[13]。萨迦高僧与格鲁高僧并重，此两殿在现存阿里寺院诸殿堂中最为突出。又此殿柱头托木系双层式样，其上层下缘云纹曲线与ⅥF35双层托木的下层下缘云纹曲线亦极相似【图6-4】。以上诸项相似情况，大约可反映这几座建筑在时代上的接近。这几座建筑中，白居寺佛殿建于明永乐十六年（1418年），白居寺大菩提塔建于明宣德二年（1427年）[14]，因可推知托林寺嘎波拉康的时代当亦在15世纪。1801

图6-4 托林寺白殿柱头托木（1）和ⅥF35（坛城殿）柱头托木12（据《遗址》图17、《故城》图版三三：3摹绘）

年青海郭隆寺土观二世罗桑曲吉尼玛撰《土观宗教源流》（以下简作《土观源流》）记在古格地区首弘宗喀巴教法的阿旺扎巴云："他在仁钦桑布驻锡的托顶金殿寺（即托林寺）及咱让（即札达县的札布让）之芝教寺、罗当寺等诸古道场，树立大师良好教规，广传法要。"[15]阿旺扎巴的时代即在15世纪[16]，是此殿绘有宗喀巴像或与此事有关。

二、古格故城Ⅳ区南部殿堂遗迹

古格故城Ⅳ区位故城土山中部，其东南坡有F48～60一组寺院遗迹。

3. ⅣF48～60 原是一组方形内院式多室建筑遗迹。《故城》第二章第三节记此遗迹云：

> ⅣF48～ⅣF60是一组多室殿堂建筑，这种布局形式在古格遗址中是仅见的一例。位于东坡第四台地上。整个建筑后依西侧断崖崖壁，前临东侧断崖前沿。殿堂前的平台、过道和位于殿堂东侧的ⅣF48、ⅣF49、ⅣF50三室的东壁随断崖前沿垮掉了一部分。这组十三个殿堂建筑的布局比较紧凑。主殿（ⅣF60）坐西向东，位于正中（门设于东壁中间……室内平面呈长方形，东西5.7米、南北4.7米）。南北两侧各有五个殿堂相对而列；东面二个殿堂坐东向西，

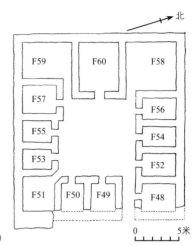

图6-5　Ⅳ F48～60平面（据《故城》图四八改绘）

十三个殿堂中央是一9×9米的方形大庭院；整体形成方形布局，东西21.4米、南北20米，总平面428平方米。这组殿堂建筑的大门设在东北角，大门向东偏南20°。有门廊，长5、宽1.5米。整个殿堂的十三个殿堂的殿顶全部坍塌……每个殿堂的内壁上，均残存壁画的痕迹，但壁画的具体内容和题材已无法辨识。（页98～100）【图6-5】

按Ⅳ F48～60，系一于后壁正中建一小型佛堂的方形僧房院式的寺院遗址。其布局渊源于印度，比哈尔邦那烂陀寺僧房院遗址最为典型。拉萨大昭寺中心佛殿第一、二两层与此亦极为相似[17]，只是四面僧房间数少、中庭欠宽敞、无四面廊道诸项与之有别。因此，或可视作印度僧房院和大昭寺中心佛殿的简化形式，此种方形僧房院类型的寺院，10世纪以后即已罕见；且此遗址面积窄小，僧房仅有十一二间，唯一的一座佛堂甚至小于较大的僧房，凡此都可反映兴建此寺院时，僧人既有限，礼佛者亦不多。综上情况，似可推测其创始之年约在10—11世纪即西藏上路弘法的初期[18]，此时期正包括1076年古格举办"丙辰法会"之后，桑噶尔帕巴喜饶大译师自古格来拉萨，进行较大规模全面修整大昭寺的时间[19]。以上推测如无大误，则此处遗址即有可能是古格故城内尚保存早期寺院的遗迹。

三、古格故城Ⅵ区以F27为中心的殿堂遗迹

此组遗迹位古格故城土山顶部王宫区[20]中部。F27又位此组遗迹的中部。F27东北方约30米处有F35金科拉康（坛城殿）。

4. Ⅵ F27 《故城》第二章第三节记此遗迹云：

> Ⅵ F27平面呈"回"字形。殿堂中间略呈"凸"字形，殿堂内东西进深10米、南北宽7.8米，西侧凸出部分为供佛大龛，宽2米、进深1.5米……门向正东……殿内共有四柱。殿堂外围有一周转经廊，廊宽2~2.2米，转经廊西侧亦有凸出部分，面阔8米，进深1.5米，只是西侧墙壁有一部分倒塌，但墙基残存清晰可辨，转经廊东侧拐角较窄，宽仅1.1米，转经廊外是这座殿堂的外大门……殿堂内正中上方残存一供佛须弥座……从两侧残存痕迹分析，两侧沿墙原列有八大弟子塑像。在殿堂内壁上，有斑斑点点的色彩残迹，显然是壁画的残存，惜已无法辨认。Ⅵ F27殿堂屋质已毁……（页81）【图6-6】

按Ⅵ F27围绕整个佛殿即包括佛堂与经堂兴建礼拜道（转经廊）的作法，在卫藏地区似只见于12—14世纪，且多为噶举、萨迦两派主要寺院所采用。噶玛噶举楚普寺现存最早的殿堂顿级康[21]和萨迦寺两处主要殿堂——北寺乌策大殿与南寺康萨钦莫大殿[22]以及蔡巴噶举修缮后的拉萨大、小昭寺[23]皆如此布局；在蔡巴噶举经营大、小昭时，也正值阿里地区与卫藏佛教往来频繁，其主要事迹如自12世纪中叶古格王赤札而德赞起，古格王室一直敬重尊奉古格境内冈仁波齐峰为圣山的直贡噶举（主寺直贡替寺，在拉萨东北）曾在古格广修佛寺[24]；13世纪直贡高僧平措加措率直贡大批僧众来冈仁波齐修法，传说僧众多时竟达五千余人[25]；14世纪古格王室支系亚泽（领地在普兰东南，喜马拉雅山南麓，位今尼泊尔西北部）王室对大昭寺再三进献金铜殿顶[26]；14世纪后期，萨迦向西发展，已退任的萨迦寺第十二代座主喇

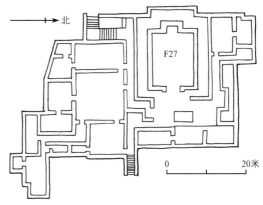

图6-6 Ⅵ区以F27为中心的殿堂遗迹平面（据《故城》图三九改绘）

嘛当巴索南坚赞（1344—1346年在位）亲去古格传法并大受供养[27]。以上事例都可给ⅥF27布局渊源于卫藏地区提供旁证。又ⅥF27并非单独存在，其北、西两面皆分布有大小僧房，南面于大小僧房内侧还建有较大面积的"可能为聚会堂或诵经堂"[28]。因此，整个王宫区中部实际是"以供佛殿堂ⅥF27为中心"的一处王室寺院遗迹。此处寺院范围远比上述Ⅳ48～60为广阔。盖自1042年阿底峡来阿里和1076年"丙辰法会"之后，二百年间古格地区佛教发展迅速，即使是王宫内部的王室寺院亦具较大规模，而非古格早期寺院所能比拟了。

5. ⅥF35金科拉康（坛城殿） 位上述王室寺院的北侧。《故城》第二章第二节记其现状云【图6-7】：

> 该殿在Ⅵ区因所占地势较高而显得很突出。殿由平面呈正方形的殿堂和略呈三角形的前厅组成……属单层平顶结构藏式建筑……前厅为后加，受地形限制，东北两面墙体沿土崖边起砌，厅平面呈不规则的三角形……厅西侧中部并排两圆柱……柱上替木分上下两层，外轮廓略呈梯形，两面均加雕饰（参看图6-4:2）……殿堂内顶为斗四藻井形式……殿堂外壁上部原有由出跳椽头、蜀柱、檐椽构架的出檐，现残损，南、北、西三面残存出跳椽头八根，均加雕饰。有两种形式：一种雕迦楼罗鸟，人首鸟身，双翅后展作飞翔状，后

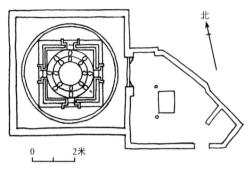

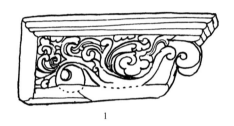 

图6-7 ⅥF35（坛城殿）平面（据《故城》图二二）

图6-8 ⅥF35外壁上方两种"出跳椽头"（据《故城》图版三四：3、4摹绘）
1. 雕饰云纹
2. 迦楼罗鸟

饰云朵；一种在两面雕饰忍冬卷草纹【图6-8】……殿堂顶现为平顶，从殿顶采集的红陶筒瓦、板瓦残片分析，原应有木构架铺瓦殿顶。顶的形式很可能为四角攒尖式。（页46～49）

《遗址》二记此殿云：

> 坛城殿保存尚好，建筑东偏南20°，平面方形，5.9×5.9米……殿中无立柱……主殿的东面附有前室，平面不规则，明显是后加的，室中有立柱二根……坛城殿内部，中间为一直径4.7米的圆台，台上有2.45×2.45米方城一座。据白辛1958年考察[29]，方城内为木制圆亭，亭中有一尊坐像。从所剩的残迹来看，应该是一座立体坛城。四周墙壁上满绘壁画，内容有本尊、度母、密宗双身、裸体神像等，色彩非常艳丽。（页16～17）

此殿既据高地，又位前述以ⅥF27为中心的寺院遗址北侧偏东不过30余米（参看图6-1），依一般西藏寺院布置坛城殿之例，疑即属该寺建置。两书皆记坛城殿的前厅（室）系后建，内设两立柱。《故城》记此两立柱上有外轮廓略呈梯形之替木，即本文前述之柱头托木。此殿前厅柱头托木系双层式样，其上层下缘只斫出一简洁弧线，无任何雕饰；下层下缘则雕出一双线云纹，与上文所记托林寺嘎波拉康托木上层下缘纹饰相似，疑非近世新作。又《故城》所记殿堂外壁上部原有的正反两面雕饰花纹的出檐椽头，系承托某种构件之木雕，形制类似柱头托木之一翼，其正反两面所雕纹饰的下缘，应是柱头托木双线云纹之复杂形式。此复杂形式的云纹，似即开始向稍后的重叠式的复体云纹方向发展。此类"出檐椽头"，皆嵌砌墙内当为建殿时原物。

此殿四周墙壁满绘壁画，保存较完好，《故城》记其大体布局云：

> 殿内四壁满绘壁画，上下可分为五个层次，均呈带状环绕一周。最上层绘一周二方连续的兽面铃铛垂帐图案……第二层绘一周高僧大德译师金刚小像……每像莲座下书写有藏文题名，标明像的身份……第三层绘一周主体大像……第四层除东墙门两侧各绘一幅说法图和礼佛图外，其余均为各类佛、菩萨、佛母、度母、神母、天女、金刚、大德的小像……第四层为"众合地狱图"长卷……第五层绘一周一整二破的菱形海螺纹条带……（页50～51）

第二层小像的藏文题名很重要，西藏文管会同志对绝大部分的题名作了汉译[30]。现谨就浅见所识者与讨论殿堂兴建先后关系较多的部分小像名称和所在位置摘录《故城》记录如下：

> （东壁即前壁）从门内南侧起，顺时针方向依次为曲杰萨班（即萨迦班智达衮噶坚赞，萨迦五祖中之第四祖[31]）、帕巴（即八思巴，萨班之侄，萨迦第五祖）……普章尊巴绛曲沃（迎请阿底峡入藏的古格王室）、拉喇嘛意希沃（绛曲沃之叔，以身殉法的古格王）。（页50）

> （南壁即右壁）阿底峡（在古格的弟子有绛曲沃、仁钦桑布等

人，后被噶当派奉为祖师）……莲花生（8世纪赤松德赞迎请入藏，后被宁玛派奉为祖师）……阿旺扎巴（格鲁派克珠格来贝桑布弟子，在古格首弘宗喀巴教法者）。（页50）

（西壁即后壁）古哈巴、黑行者、札林达日巴、足善位、金刚杵铃持者、达日嘎巴、达格巴、鲁俄巴、夏哇日……（皆印度大德和瑜伽行者）（页50）

（北壁即左壁）……仁达瓦雄努贝（萨迦派高僧，格鲁派祖师宗喀巴的主要老师）、曲杰洛桑扎巴（宗喀巴原名洛桑扎巴）、甲曹达玛仁钦（即贾曹杰，原为仁达瓦弟子，1399年师事宗喀巴，1419年宗喀巴死后，继任甘丹寺池巴）、堆增扎巴坚赞（与达玛仁钦同建甘丹寺，并与达玛仁钦号称宗喀巴二大上首弟子）、克珠格来贝桑布（即克珠杰，原为仁达瓦弟子，1407年师事宗喀巴，号称宗喀巴的内心传弟子，1432年贾曹杰卒后，继任甘丹寺池巴）。（页50）

（东壁即前壁北侧）……萨迦贡噶宁布（萨钦〔萨迦寺大师〕——萨迦第一祖）、索朗益西（即索南孜摩，萨钦第二子，萨迦第二祖）、杰尊扎巴坚赞（萨钦第三子，萨迦第三祖）。（页50）

从上述并不完备的各壁第二层主体大像上方的小像分布情况，亦可约略观察到：(1)重视佛教源头印度的祖师，绘之于主壁（即西壁、后壁）；(2)按佛殿右绕顺序，右壁绘有自印入藏的各派祖师；(3)当时萨迦教派在古格影响较大，萨迦五祖绘于主壁对面殿门的两侧，且与古格王室同列；(4)右壁莲花生之后绘阿旺扎巴，但未与格鲁派师徒排在一起，值得注意；(5)左壁格鲁派师徒像前，首列曾是洛桑扎巴老师的萨迦高僧仁达瓦[32]，似在表述格鲁与萨迦的关系，仁达瓦之后的格鲁师徒中达玛仁钦虽已有"贾曹"之称，但达玛仁钦与克珠格来贝桑布之间尚有堆增扎巴坚赞，和以后出现的宗喀巴师徒三尊组像不同。(6)1407年，克珠格来贝桑布（1385—1438年）始因仁达瓦之荐，为洛桑扎巴弟子[33]，达玛仁钦获"贾曹"称号似亦应在宗喀巴卒后，由此可知此殿壁画绘制时间的上限，不会早于15世纪初期。如可据壁画年代考虑殿堂建年，则此坛城殿在王宫区内的以F27为中心的寺院中，应是后期续建的殿堂。

四、古格故城Ⅳ区中部殿堂遗迹

此组殿堂遗迹位土山中部北端第二、第三台地上，包括第二台地上的F189嘎波拉康（白殿）、F185卓玛拉康（度母殿）、Y126供佛洞和札布让宗政府的经堂（佛殿）与第三台地上的F208玛波拉康（红殿）、F136杰吉拉康（大威德殿）。

6. ⅣF189嘎波拉康（白殿）《故城》第二章第二节记此殿云：

> 白殿位于Ⅳ区东北部的坡地平台上……更高一层的平台上为拉康玛波（红殿）。这两座殿在整个故城遗址中建筑形体最大，占据的位置也很突出。殿堂由土木结构的单层平顶藏式建筑，平面呈凸字形……阔19.05米、通深23.9米、殿内净高（不含天窗）5.9米，门向南偏东20°……殿内共有东西6排，南北7排，计36柱……后凸部分的6柱分前后两排……后排2柱立于大须弥座上，用以支撑天窗顶……柱头上为一大体轮廓略呈梯形的替木，正反两面均加雕刻……殿内原有塑像二十三尊，或毁或残，无一完整，现存残像十一躯，像座十九座，依门内两侧顺时针方向编号……（页15～17）

> 殿内各壁墙面均绘有壁画，上下分为三层……中层为壁画的主要部分，除壁北部凸出部分外，均以每尊塑像及背光为核心形成一组，在其上部和两侧绘众多小像，计有佛、菩萨、金刚、度母、高僧、国王等……每组与塑像均紧密结合，浑然一体。全殿除后凸部分外的主供像外，共有二十二尊塑像，壁画亦随之为二十二组，加上门上部分壁画和后凸部分的三面（应作左右两面）壁画，全殿

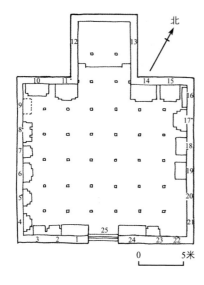

图6-9　ⅣF189（白殿）平面（据《故城》图三。图内数字系表示各组壁画的所在位置，附黑点的数字组为本文摘录部分题名的壁画组。以下同）

（主要部分的）壁画共分二十六（应作二十五）组。分组编号以门内西侧1号塑像后壁的一组壁画起首，按顺时针方向旋转，结束于（前壁）门顶上的一组。（页23）【图6-9】

二十六组壁画中，据《故城》的汉译题名考察，似以第五、八、十一、十四、十七组的高僧、国王小像部分，对研讨殿堂年代有重要的参考意义。谨就浅闻所识分组择录部分题名如下：

　　第五组（右〔西〕壁南起第二组）……塑像背光的上侧……第二行中间依次为杰布顿（夏鲁派的创始人，是萨班以后宗喀巴以前最大的一位佛教学者）、杰洛桑札西（巴）、琼布来巴（布顿弟子，宗喀巴曾从之学密法）……（页24）

　　第八组（右壁北起第二组）……最上端（第一行偏前有）贡噶宁布、益希多吉（噶当派创始人仲敦巴的三传弟子，教典派仁钦色巴的再传弟子）……第二行依次（偏前有）仁钦白桑导师（直贡噶举创始人，宗喀巴曾从之学）、克珠格布贝桑布、堆增扎巴坚赞、杰洛桑扎巴、琼布来（即琼布来巴）、布顿……（页24）

第十一组（后〔北〕壁西起第二组）……从残存壁画可辨有上下十三行小像，多附藏文题名，东侧上角为阿底峡大师和两弟子仲敦巴、俄·雷比喜饶……第三行中间有仁钦桑布（古格大译师，阿里地区阿底峡弟子们即以仁钦桑布为首，广传噶当教法），其他小像均无法辨识。（页25）

第十四组（后壁东起第二组）……塑像背光上侧及两侧保存较好，除最上行两侧和中间的三铺稍大的像外，其余小像分十六行，上下排列，计一百三十八尊。上行西侧一铺三尊像为三法王，松赞干布居中，右为赤松德赞，左为赤热巴巾，上行中央为释迦牟尼及八弟子坐像；上行东端一铺三尊像题名不清，似为古格王室高僧拉喇嘛意希沃、拉喇嘛绛曲沃、拉杰喇嘛西瓦沃等三尊。（页26）

拉康嘎波第十四组壁画的吐蕃王统画像下（自第十二行以下）续有朗达玛之子维松，其子贝考赞，其子扎西吉德尼玛衮，其子扎西衮，其子维德，维德之子赞德等六尊题名像，其下还有十九尊像无题名……应为古格王统的沿续。（页245）

第十七组（左〔东〕壁北起第二组与上述第八组相对）……塑像背光上侧及两侧可分四部分：第一部分在最上端，为二排人像……（上排有）贡噶宁布……下行依次为布顿、穷波来巴（即琼布来巴）、杰·罗桑扎巴（即洛桑扎巴）、旦增扎巴坚赞（即堆增扎巴坚赞）、克珠格列白桑布、却吉阿旺扎巴（即金科拉康南壁所绘的阿旺扎巴）……（页27）

从以上五组残存有题名的高僧、国王小像及其分布情况，约可推知：（1）殿内主壁（后壁）正中后凸部分即佛堂所在的外两侧的重要位置：左侧绘第十四组小像内容为吐蕃王统与古格王统。与左侧对应的右侧即第十一组小像，该组壁画剥落较多，残存有题名的绝大部分都是噶当高僧。另外在右壁第八组中也绘有噶当高僧，可见此殿壁画中重视噶当。（2）左右壁皆绘有萨迦第一祖贡噶宁布即萨钦小像，且都高踞最上列中。(3)格鲁洛桑扎巴凡三见,右壁二见(第五、八两组),左壁一见(第十七组),皆在第二列小像之中;三组洛桑扎巴前后俱绘与萨迦关系密切的布顿[34]和其弟子琼布来巴。(4)第八、第十七组中的格鲁派小像皆为组像,组像中无达玛仁钦,突出了克珠格列贝桑布,第十七组格鲁派组像之末,还绘有克珠格列贝桑布的弟子却吉阿旺扎巴。(5)题名中年代最迟的应是却吉阿旺扎巴,但他的生卒年代不详,如从克珠格列贝桑布的活动估计,却吉阿旺扎巴的年代应在15世纪中后期。《土观源流》记:"谷格·阿旺扎巴曾为谷格小王札西畏德和赤朗杰畏、释迦畏三昆仲的上师"[35],所引谷格小王札西畏德,疑即前述第十四组古格王札西衮之子惟德。这个推测如果不误,此札西畏德即与《直贡世系》所记16世纪上半叶的古格王吉旦旺久为同辈[36]。恰好,1981年西藏工业建筑勘测设计院同志调查嘎波拉康时,在该殿残塑佛像躯体内发现了重要的有关吉旦旺久的记录,《遗址》:

> 16世纪左右,(王宫区)曾经增建、扩建过一些建筑物如白庙(嘎波拉康)。我们在泥塑佛像的残破躯体内所藏的经卷中,发现有"国王吉旦旺久及王妃长寿健康"的字样和祝愿王国国政兴旺的祈祷词,经卷都是手抄品。藏族塑造神像有体内藏经的习惯。从塑像与建筑设计的完整统一性来看,这座白庙……可能是16世纪左右的实物。(页98)

据《直贡世系》记载:"(古格王)吉旦旺久与直贡寺第十七世法王仁钦平措(1509—1557年)同时代人。"[37]嘎波拉康的年代,得此似可论定。

此外,嘎波拉康殿内的柱头托木和殿堂形制都还可提供某些可以考虑该殿建年的线索,柱头托木的单层组织与雕饰花纹俱与托林寺嘎波拉康和古格故城ⅥF35金科拉康不同,从此嘎波拉康托木上端出现整齐的仰莲行列和下缘云头雕出重叠的复体形式推查,显然其时代已晚【图6-10】。《故城》记此嘎波拉康佛殿有树立六柱的后凸部分,此后凸部分是供奉主要佛像("座上塑像全毁"〔页20〕)的佛堂。此

图6-10　ⅣF189柱头托木（据《故城》彩版三：2摹绘）

种殿堂平面的前身，应是在佛堂（后凸部分）外围建有礼拜道，如札囊朵阿林（1438年建）[38]、强巴林（1472年建）之例[39]。15世纪以后，佛殿才逐渐废除佛堂外围的礼拜道。现知废除的较早之例，是16世纪兴建的堆龙德庆楚普寺的措康大殿[40]。因此，嘎波拉康的兴建可能迟到16世纪又多了一些旁证。

7. ⅣF208 玛波拉康（红殿）《故城》第二章第二节记此殿云：

> 位于古格故城遗址的Ⅳ区北坡第三台地上，北距第二台地上的ⅣF189拉康嘎波（白殿）20米，东北距第二台地上的ⅣF185卓玛拉康（度母殿）50多米，东南距第三台地上的ⅣF136杰吉拉康（大威德殿）20多米，形成以佛教寺庙殿堂为主体的建筑群体。拉康玛波坐西面东，门向东偏南80°，为藏式一层平顶殿堂建筑。（页28）

> 殿内平面呈长方形，南北面阔22.2米、东西进深19.4米、通高9.8米……东墙正中设大门。（页32）

> 殿堂内共立柱三十根，横五列，纵六行。（页36）

> 在拉康玛波正中，有两个前后紧贴的大须弥座。后须弥座紧贴西（后）墙壁，原供有释迦牟尼的高大泥塑像，惜塑像已毁……前面的大须弥座比后须弥座低一台，原供……塑像亦被毁。（页38）

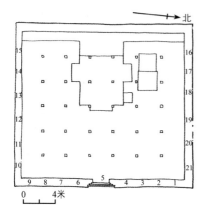

图6-11　ⅣF208（红殿）平面（据《故城》图一八）

在西（后）墙壁脚下，即主供像，南北两侧分别依西墙用土坯筑长台……（长台上）供像可能为释迦牟尼的八大弟子……墙面平整光滑。（页39）

壁画就绘制在这种墙皮之上……壁画从上到下共分三层……中层壁画是拉康玛波壁画的主体部分，主要绘制在拉康玛波殿内的东、南、北三壁上，共分二十一组。每组以中央大像（释迦牟尼坐像）为主尊，上部绘小像。（页40）【图6-11】

据《故城》所译列的名称，知左右壁上部是集中小像的所在，现择录两壁主要部位的部分小像名称和下层部分重要壁画的内容如下：

第十组（南〔右〕壁东起第一组）壁画，中央绘一尊释迦大坐像……（大坐像）西上侧绘大译师仁钦桑布……嘎玛拉西拉（寂护弟子，印度高僧，即赤松德赞延请入藏辩胜摩诃衍的莲花戒）、大译师罗旦西饶等小像。（页42）

第十二组（右壁中部东侧组）……（中央大坐像）西上侧绘摄政王达玛仁钦[41]……（页42）

第十三组（右壁中部西侧组）……（中央大坐像）西上侧绘

（残存）法王洛桑扎巴[42]、尊师莲花生……（页42）

第十八组（左壁中部西侧组）壁画……（中央大坐像）东上侧绘法王赤松德赞、法王松赞干布、法王赤热巴巾……（页43）

第十九组（左壁中部东侧组）壁画……（中央大坐像）东上侧绘……绛曲沃、拉喇嘛益西沃、拉杰喇嘛西瓦沃（绛曲沃之兄）……（页43）

第二十组（左壁东侧第二组）壁画……（中央大坐像）东上侧绘曲杰阿旺扎巴、曲杰吉必贡布（直贡噶举创始人）……（页43）

下层第三部分和第四部分壁画，绘于东壁南段，即中层壁画第六组至第九组壁画之下的"古格庆典乐舞图"和"礼佛图"是拉康玛波最精彩，也是仅有的世俗内容壁画。"古格庆典乐舞图"是表现古格城堡落成之后，举行宏大的庆典的情景……左下方是表现修建古格城堡运送石块木料的场面……（页44）

玛波拉康题名小像位置的分布，反映了格鲁派高僧地位的升高，左壁正中两组壁画的东上侧有吐蕃三大法王（第十八组）和古格王室的三大高僧（第十九组），与之对应的右壁正中两组壁画的西上侧有摄政王达玛仁钦（第十二组）和法王洛桑扎巴（第十三组），此种对应情况与嘎波拉康后壁两侧画像的安排相似，只是嘎波拉康在与吐蕃法王位置对应的左侧画噶当高僧，而玛波拉康的少数噶当高僧被绘于右壁右端。由此可窥玛波拉康壁画时期，格鲁在古格的影响已逐渐超过其他教派。

此殿无单独的佛堂设置，佛像皆奉于横长方形平面的殿堂的后壁之前，如此布局与拉萨苍姑寺15世纪中期创建、16世纪以来重修的小型佛殿相近。殿内所用托木系单层结构，其组织与纹饰皆似嘎波拉康，但托木下部重叠云头的曲线较嘎波拉康为窄长，重叠云头前端的距离亦较宽【图6-12】，整体形制有向Ⅳ F136大威德殿托木下层，甚至向Ⅳ区F185

图6-12 ⅣF208柱头托木（据《故城》图版三：1摹绘）

卓玛拉康托木发展的趋势。

15世纪以后，古格不断与邻近部落、政权发生冲突，甚至酿成战争，此殿前壁所绘庆祝古格城堡落成的壁画，应是当时王国于土山周围兴建防御工程的写照。

8. ⅣF136 杰吉拉康（大威德殿） 《故城》第二章第二节记此殿云：

> ⅣF136位于Ⅳ区东北部的坡地（第三台地）上，西距拉康玛波约15米……整个殿堂为土木结构的单层平顶藏式建筑，由凸形正殿……阔7.6米、通深10.2米、室内净高3.95米……殿内共有八柱，分为前后四排，每排二柱……殿内共有须弥座五座，后凸部分为主供大座，西北角、西南角各一座，大座前又有二座（应为后加）。座上原有塑像毁坏殆尽……（页51~53）【图6-13】
>
> 前厅与正殿周壁均绘壁画，前厅壁画保存极差，大部分遍覆烟炱……正殿一周七个壁面（东壁门两侧、南北壁、西壁两侧、后凸部分三面壁）均有壁画，上下可分三层……中层为壁画的主

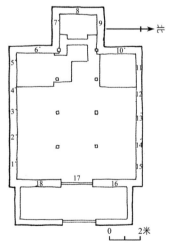

图6-13 ⅣF136（大威德殿）平面（据《故城》图二六）

体部分，绘佛、菩萨、金刚、法王、高僧等像。画像均规划成组，排列有序……每组多以一尊大像居中，众多小像上下左右排列其周。殿内壁画共分十八组……壁画的大小像下多有藏文题名，标明造像身份，大部分至今仍可辨识。（页54~55）

现于此十八组壁画中，按组的前后顺序，摘录已查得的具有较清晰的题名的部分人物和该组的大像名称如下：

第一组即南（右）壁最东端……从上往下依次为恩钦楚成仁钦尊者（洛桑扎巴戒师）……大像（已）不存。（页55）

第二组位于第一组西侧，中心大像为密集金刚……小像第一行自东至西依次为仁钦桑布译师……杰尊仁达瓦尊者。……第三行……（东侧为）仁达瓦尊者……第五行……（东侧为）却吉阿底峡，第六行为贡噶宁布尊者、拉喇嘛绛曲沃。（页55~56）

第三组（位第二组西侧）主尊大像为密集柔金刚……第六行（东侧为）大译师仁钦桑布。第七行（东侧为）玛尔巴译师（噶举派祖师）……（页56）

第四组（位第三组西侧）主尊大像为密集不动金刚……小像第一行最西侧者题名不清，其余四尊自东至西依次为喇嘛当巴索朗坚赞尊者（洛桑扎巴从之受密法灌顶）……第五行为仁钦迥乃尊者（达垄噶举高僧）……（页56）

第五组（位第四组西侧）主尊大像为高僧……小像第一行（中间两像为）曲杰顿珠仁钦（噶当高僧，洛桑礼巴从之受沙弥戒）……第四行依次为拉喇嘛释迦沃（即释迦光译师）……第九行依次为净饭王（释迦牟尼之父王）、拉杰车赤赞普、法王赤松德赞、法王松赞干布……第十行第一、二尊题名不清，以西依次为俄德尊

者（绛曲沃之弟）……拉德尊者（益希沃之侄）……（页57）

第六组为西（后）壁南侧壁面，主尊大像为宗喀巴像，头戴尖顶僧帽，内着僧袍，外披袒右袈裟，结跏趺坐，手结转法轮印，两侧各一弟子小立像……（大像上面）第二行（最后三小像是）阿底峡尊者、仁钦色巴尊者（仲敦巴弟子）、益西多吉尊者（夏巴·云丹扎巴弟子）。第三行第一尊题名不清，其北依次为森格柔布尊者（仁钦色巴弟子）、却吉坚赞尊者（益西多吉弟子）、夏巴·云丹扎巴尊者（仁钦色巴弟子）。第四行为格瓦贝尊者（旺久沃弟子）、旺久沃尊者（旺久仁钦弟子）。第五行……（北侧为）旺久仁钦尊者（却吉坚赞弟子）。第六行为阿底峡尊者……第七行为仲敦巴尊者、西绕桑布尊者（在阿里弘法的阿底峡弟子）。第八行为衮巴瓦尊者（阿底峡弟子）、楚成札西尊者（仲敦巴弟子）……第十行……（有）雄努坚赞尊者（仲敦巴弟子）……（页57）

第七组（位后凸部分的右〔南〕壁）上面第一行……（中间有）杰洛桑札巴尊者、喇嘛益西贝尊者（衮巴瓦弟子）……（页57）

第十组壁画位西壁北侧，中间的主尊大像为释迦牟尼，高肉髻，披袒右袈裟，结跏趺坐，作指地印，两侧侍立两弟子小像……第六行为达玛大尊者（即达玛仁钦）……第九行……索波钦布尊者（宁玛三素尔中的素尔波且，邬巴垄寺创建者）……（页58）

第十三组（位左〔北〕壁中间）主尊大像为胜乐金刚……第八行……（最末为）玛尔巴译师。第九行……（最末两像为）嘎玛拉希拉尊者（即莲花戒）、莲花生……（页59）

第十四组（位第十三组东侧）主尊大像为持颅心喜金刚……第九行依次为莲花生尊者……（页59）

此殿题名人物壁画，与上述诸殿同类壁画最大的不同处：（1）出现了题名作宗喀巴的洛桑扎巴大像，且位置于主要壁面——主壁即后壁的右侧（第六组），而且还将释迦牟尼画在宗喀巴相对应的后壁左侧（第十组）；（2）宗喀巴像两侧各出现了一名小型剃发的弟子立像，此两弟子像与相对应的释迦两侧弟子的服饰相同，也都未附题名；（3）左右两侧壁面都画出不少各派高僧小像，但右侧（第二、三、五、六、七组）多噶当高僧，左侧（第十、十三、十四组）多宁玛高僧；特别是右侧所绘噶当高僧小像数量之多为其他殿堂所不见。在大量噶当高僧中，还突出了仁钦色巴一系讲授《噶当六论》的噶当教典派高僧。突出的情况甚至可以参考《青史》记录[43]，在小像中排出此派一大串师徒传承系统：

阿底峡（982—1054年）—仲敦巴（1005—1064年）—仁钦色巴（博多哇，1031年或1027—1105年）—夏巴·云丹扎巴（1070—1141年）—益西多吉（甲怯喀巴，1101—1175年）—却吉坚赞（赛基布巴，1121—1189年）—旺久仁钦（拉隆给旺久，1158—1232年）—旺久沃（拉卓微衮波，1186—1259年）—格瓦贝（拉扎喀哇，1250—1286年）

此种现象，大约反映了噶当创始人阿底峡与古格有特殊因缘，后来噶当教典派可能见重于古格地区。更值得注意的是第六组画面：宗喀巴大像四周集聚了包括上述所列九名在内的噶当高僧小像竟多达十余幅，而宗喀巴格鲁派传人达玛大尊者却画在左边一侧以释迦牟尼为主像的第十组中。如此安排，不能不使人怀疑：此组壁画之设计，当出自格鲁盛世归属格鲁以后的原噶当派人之手。此外，主壁后凸部分的左侧壁面（第七组）还有以"洛桑扎巴"题名的小像厕身于噶当高僧之间的布置，这也是应予注意的现象。盖洛桑扎巴小像与宗喀巴大像并存一殿，自可说明此殿壁画的时代，正处在从小像向大像，从直呼其名洛桑扎巴向尊称之为宗喀巴[44]的过渡阶段。

大威德殿系密教殿堂，殿壁主像皆绘护法，主壁（后壁）正中的

图6-14 ⅣF136柱头托木（据《故城》图版四八：2～3、《遗址》图34摹绘）

后凸部分原为奉大威德塑像的所在，此种布局与拉萨哲蚌寺阿巴札仓佛殿相近，只是后者系五十柱三层建筑，规模较此宏大。哲蚌阿巴札仓建于1419年，且经宗喀巴亲自开光[45]，因而在格鲁密教殿堂中具有典范意义，此大威德殿布局与之相近，当非偶然。殿内柱头托木使用双层形式，每层组织与雕饰皆与嘎波、玛波两拉康特别与后者的单层托木近似，而与同为双层托木的托林寺嘎波拉康区别较大【图6-14】。又杜齐《西藏画卷》著录16世纪所绘宗喀巴唐卡[46]与上述第六组宗喀巴壁画布局极为相似：一、宗喀巴坐像两侧亦各立一比丘装弟子；二、唐卡外围亦绘小像一匝。因此，据以推测此殿年代虽较嘎波、玛波两拉康为晚，似亦不迟于16、17世纪之际。

9. ⅣF185卓玛拉康（度母殿） 《故城》第二章第二节记此殿云：

> ⅣF185位于Ⅳ区东南角斜坡的小平台（第二台地）上，西距拉康嘎波20米……该殿原由方形殿堂和门廊组成，门廊现已全毁……现存殿堂为正方形土木结构平顶藏式建筑，门向北偏东50°，殿内面积5.8×5.8平方米……殿内对称排列四柱（二排，每排二柱）【图6-15】……殿内后（南）壁原有塑像及座，现均不

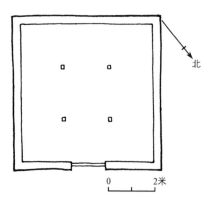

图6-15 ⅣF185（度母殿）平面（据《故城》图二九）

存……四壁遍绘壁画，因长期烟熏大多已不清，经擦拭大致可辨。（每壁）上下可分为四层……第二层为壁画主体部分，绘形体高大的佛、金刚、高僧等像。第三层绘连环画长卷式的佛传故事画和众僧像……后壁第二层有五尊大像，中央绘释迦牟尼坐像……东侧为宗喀巴大坐像……两侧有两弟子坐像，应为甲（贾）曹杰、克珠杰二人，最东侧为一佛二菩萨像……西侧为阿底峡坐像，服饰、坐式、手印均与东侧的宗喀巴像略同，两侧有两弟子坐像，应为仲敦巴、俄·雷比喜饶二人，最西侧与最东侧同为一佛二菩萨像。西壁第二层绘五尊大坐像……东壁第二层绘六尊大坐像，由北向南依次为密集不动金刚、大译师仁钦桑布、杰尊西热维色（古格王拉德子，拉喇嘛绛曲沃之兄，曾译《胜乐》）、三佛。……北壁门西侧绘二尊金刚大像……门东侧亦绘二金刚……第三层壁画各壁不一，后壁中央释迦大像，下绘佛传中的十二事业，两侧的四尊大像下均绘高僧小像，其中可辨者有米拉惹巴（噶举第二祖）、尼玛扎巴译师、宁译师、热译师、大译师（即仁钦桑布）等五尊……东西两壁第三层绘分幅长卷佛传故事画……构图方式与拉康嘎波、拉康玛波二殿有别。（页60～62）

此殿壁画突出宗喀巴和噶当祖师阿底峡较杰吉拉康（大威德殿）尤为清楚。主（左）壁正中主像为释迦，其左侧主像为宗喀巴及二弟子，右侧主像为阿底峡及二弟子，表明了宗喀巴与阿底峡的同等地位，这应是格鲁在阿底峡影响甚深的古格地区的最好传布方式，而宗喀巴的思想体系和主要著述也确是继承和发展了噶当派的思想体系，所以宗喀巴自己也公开宣扬他上承阿底峡之传，因而在很长一个时期格鲁又被称为新噶当派[47]。宗喀巴与其二弟子皆坐姿，俱戴黄色尖顶的班霞帽[48]，已与18世纪以来流行的格鲁"师徒三尊"像无殊，所以二弟子虽无题名，亦可推测是贾曹杰和克珠杰。噶当、格鲁高僧像外，其他教派高僧题名可辨识者，只有噶举的米拉惹巴和古格早期的译师，且皆绘于不甚重要的位置——第三层即主像下方成列的小像之中。卓玛拉康壁画布局遍布大像与上述诸殿不同；大

图6-16　ⅣF185柱头托木
（据《故城》图版五九:2摹绘）

像中突出宗喀巴像，又表明此殿与吉杰拉康接近，而与嘎波、玛波两拉康有较大差异。出现了标准的格鲁师徒三尊像，显然又是晚于杰吉拉康的因素，而此式的师徒三尊像以杜齐《西藏画卷》著录的17—18世纪的宗喀巴唐卡[49]为较早之例。又此殿壁画据《故城》第五章第一节所记：

  最晚的应该是卓玛拉康的壁画，与早中期相比变化较大，早期丰富多彩的造像背光到这时只剩下两种形制。人物造型全程式化，线条虽还流畅，但风格已有变化，新出现沥粉技法已经比较接近卫藏地区明清时期壁画，很可能间接受到汉地影响，这一点在侍立菩萨身上能观察到。（页261）

此殿托木上部成列的仰莲，其单瓣瘦长，下部重叠的云纹既显高细，又简化了形制；承托托木的构件，自中部以下雕饰成了直敞的斗形【图6-16】，这种斗形应是内地18世纪以来流行的式样。

10. ⅣY126供佛洞　　《故城》第二章第一节记此洞云：

  ⅣY126供佛洞位于Ⅳ区中部偏北的一道土崖下。门向南偏东35°。洞为单室，平面略呈梯形，北宽南窄，洞顶略拱，北壁正中掏进一佛龛……洞内进深3米、宽2.35～3.1米、高1.85～2.3米、佛龛宽2.15米、深0.65米、高1.45米……【图6-17】。洞内四壁及佛龛三面壁面均绘满壁画，佛龛后壁绘药师佛众会图……佛龛两侧壁分别绘大威德（东）、顶髻尊胜佛母（西）等像。东壁正中绘一高僧大像，头戴尖顶僧帽……结跏趺坐，两侧各一弟子小坐像，服饰同高僧大像，此三像似为宗喀巴及两弟子……西壁正中绘释迦牟尼大坐像，两侧侍立两弟子……相向侍立……南壁门

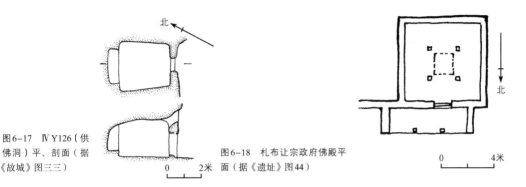

图6-17 ⅣY126（供佛洞）平、剖面（据《故城》图三三）

图6-18 札布让宗政府佛殿平面（据《遗址》图44）

> 西侧上绘六臂依怙，下绘吉祥女……南壁门东侧上绘六臂依怙，下绘大威德像。北壁东侧绘上下两尊大像，上为遍知如来，下为金刚不动佛……北壁佛龛上侧绘四臂观音坐像，中绘无量寿佛坐像，下部绘古格贵族礼佛图。（页68～69）

按此为小窟洞形式的佛殿，东壁正中高僧坐像左侧绘出莲枝经箧，右侧绘有莲枝竖剑[50]，此像虽无题名，亦可肯定为宗喀巴，两侧小坐像皆着黄色班霞帽与宗喀巴同，可以判断是贾曹杰和克珠杰，此师徒三尊像与西壁释迦及二弟子相对应；又全洞壁画中已无其他高僧形象，如此布局似可推测此时格鲁在古格信仰中，已跻独盛的地位，故宗喀巴可与佛教始祖释迦并列矣。

11. 札布让宗政府经堂（佛殿） 札布让宗政府建于Ⅳ区即土山中部第二台地西侧，《遗址》建筑遗址概貌节记宗政府遗迹简况云：

> 札布让宗政府建筑群大部分已毁成废墟，各类房屋亦分辨不清。其中有宗政府的一座佛殿保存较为完好。该殿平面方形，6.9×6.9米……内有立柱四根……殿门北向……门外设门斗（门廊），长6.8米，深1.9米【图6-18】……殿堂内部绘有释迦牟尼传记壁画。（页34）

札布让宗政府建于1683年西藏地方政府收复古格地区之后，因而宗政府佛殿的建年就不会早于17世纪晚期。参照《故城》图二和《遗址》图7，又似乎可以了解到宗政府建筑群与上述Ⅳ区F189嘎波拉康、F208玛波拉康、F136杰吉拉康、F185卓玛拉康四座殿堂南北毗连，其间既无隔墙遗迹之限，又有类似僧房等建筑遗迹的分布，更多的僧房等建筑遗迹连亘布置在玛波拉康之南的第四台地上。以上情况如果合起来考虑，即Ⅳ区和Ⅰ区的一部分，有可能是一处规模较大的寺院，它的始建当在宗政府建立之前，宗政府建立之后似又与宗政府连成一片；其始建之时，从殿堂不具礼拜道这一显著特征，可以推测应晚于Ⅵ区以F27为中心的寺院遗迹。

五、古格故城Ⅸ区札布让寺遗迹

Ⅸ区位土山东那布沟东侧北部的一高地上，在古格遗址的最北端。《故城》第二章第三节记此区遗迹云：

> 在Ⅸ区范围内，现存房屋、殿堂建筑75间，窑洞43孔，佛塔24座。（页88）

从《故城》图四零所录的Ⅸ区房屋遗迹总平面看，应是一所左殿（ⅨF58）右塔周绕僧房等建筑的寺院遗址【图6-19】。《故城》第二章第三节脚注中也记：

> 群众说这组建筑群是"札布让寺"，后来废弃了。（页88）

上述的左殿右塔遗迹保存还较好。

12. Ⅸ区F58札布让寺佛殿　佛殿位此寺院遗迹中部左侧，《故城》第二章第三节记此殿云：

> ⅨF58是Ⅸ区内唯一的宗教殿堂建筑，位于Ⅸ区房屋殿堂建筑

阿里地区札达县境的寺院遗迹　199

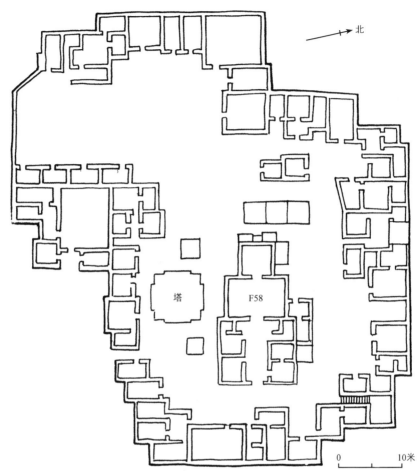

图6-19　札布让寺遗迹平面（据《故城》图四零）

群正中心，为正殿（经堂）和上殿（佛堂）两个殿堂。整个殿堂平面呈凸字形。殿堂坐西向东，外大门东偏南8°。正殿平面呈长方形，南北面阔8.8米、东西进深6米、殿内高3.8米……殿内共设两门，大门设于殿堂东部正中……另一门设于正殿西壁正中……通过此门，可进入上殿堂内。在正殿堂正中上方，残存着一供佛须弥座……佛座上所供的塑像和供佛座的上部被毁掉……上殿堂平面呈正方形，东西南北均为4.7米……堂内高5.5米。在上殿堂后墙正中，残存着塑像后背光的外轮廓，背光下残存半截佛座……座前亦残存塑像的两腿和两脚，两只脚踩于地面，根据这些残存的迹象推测，须弥座上所供的塑像是一尊善跏趺坐的强巴佛（弥勒）坐像……正殿堂和上殿堂的屋顶已毁……四壁均有壁画，因长时间的日晒雨水冲刷……只正殿的南壁和西壁还保存了一部分壁画……西壁北侧正中绘释迦牟尼大坐像和两菩萨小站像，西壁南侧正中绘宗喀巴大坐像和两弟子小站像，正殿南壁从东向西依次绘有（四组）释迦牟尼大坐像和两菩萨小站像……（和）宗喀巴大坐像和两弟子小站像……在这些大像之上，还绘有一排二十三尊像、菩萨、金刚、高僧的小坐像……正殿的大门外建有门厅……可能是殿堂建成后补建的，其墙壁也较薄……F58的北侧（F65、64）和东侧（F63、62、60、59、61），（各）有一组房屋建筑，紧依殿堂外墙……不是同时建造的，推测这组房屋是殿堂Ⅸ F58的僧舍。（页88～89）

从残存的壁画及其位置，可知正殿后（西）壁宗喀巴大坐像及二弟子小立像与释迦大坐佛及二菩萨小立像对应的布局，与Ⅳ F136杰吉拉康相同，而右（南）壁并列绘多组释迦大像与Ⅳ F185卓玛拉康相似，但此殿右壁于多组释迦之右又绘一组宗喀巴大坐像及二弟子小立像与卓玛拉康有别。此外，此殿成列布置的小像甚少也不同于杰吉拉康而与卓玛拉康相似。

13. 札布让寺佛塔　佛殿右侧佛塔系多门式，藏名札西果莽曲丹。《故城》第二章第二节记此塔云：

> 位于古格遗址第Ⅸ区的中心，殿堂建筑F58的南侧（图版七四：3）。塔顶已毁，塔斗（十三天座）仅存一部分，从现存地面到塔瓶（覆钵）顶上残存的塔斗残高17.45米。塔基已被掩埋……（塔座）平面呈多棱亚字形的须弥座……塔座之上的塔层阶（基座）……平面呈多棱亚字形，四周共有三十六个棱面……有三个大层阶，每层有……三个束腰层，在每面的三个束腰层中，共有九个方形小龛，其中第一层五个，第二层三个，第三层一个；每层的小龛中间大，向两侧渐小；三层小龛下层大上层小，即四个正面的第一层正中的方形小龛最大……第一层束腰处的五个小龛，从正中向两侧依次高宽为0.5×0.5米、0.4×0.4米、

0.3×0.3米；第二层束腰处的三个方形小龛，从正中向两侧依次高宽为0.4×0.4米、0.3×0.3米；第三层正中一个方形小龛的高宽为0.25×0.25米。（页75）

多门塔的特点即于每层基座上兴建若干小型佛殿，此塔基座小殿已缩小成龛状。又据《故城》图版七四:3所录此塔图像，知自覆钵以下部分的轮廓颇为陡瘦。按西藏多门塔16世纪以前塔基宽度与塔总高大体相若，基座所设之佛殿内绘壁画奉塑像，其例如14世纪的日喀则那塘寺南札桑波沛塔[51]、昂仁日吾其寺金塔[52]和15世纪江孜白居寺吉祥多门塔[53]。16世纪以后逐渐流行此塔形制，Ⅳ区F208玛波拉康内东壁所绘释迦八塔中之多门塔的高宽比例即与此塔相似。又寺院中心位置布置左佛殿右多门塔除此寺外，似只有前述较早的15世纪的江孜白居寺一例；白居寺的设计可能出自克珠格来贝桑布之建议，而古格的格鲁多有克珠格来贝桑布的影响，此札布让寺的左殿右塔不知与此有无关系。

札布让寺左殿右塔的四面，以大小不一的六十余间房址和多座佛塔围成一处不规则的长方形平面的大型寺院院落。院落北面坡下尚建有玛尼墙与一百零八座塔墙（现残存一百零七座）各一道，从玛尼墙上所嵌大部分河卵石上线雕的人物造型和塔墙的残塔形象观察，俱属16世纪以来格鲁盛时流行的样式，因而似可推断此札布让寺系格鲁寺院，其遭受破坏沦为废墟的时间，疑即与1630年拉达克灭亡古格有关。

根据上面对古格寺院遗迹资料的辑录与分析，已对所涉及的寺院遗迹的年代，提出了一些初步看法，现依所拟年代顺序，将上述十三座寺院建筑排列如下表6-1。

表6-1

文内编号	寺院建筑名称	初步拟定的年代	初步拟定的分期
一·1	托林寺朗巴朗则拉康（迦莎殿）	10世纪末	第一期
二·3	古格故城Ⅳ F48～60	10—11世纪	

续表

文内编号	寺院建筑名称	初步拟定的年代	初步拟定的分期	
三·4	古格故城Ⅵ F27	12—14世纪	第二期	
一·2	托林寺嘎波拉康（白殿）	15世纪前期	一段	第三期
三·5	古格故城Ⅵ F35金科拉康（坛城殿）	15世纪		
四·6	古格故城Ⅳ F189嘎波拉康（白殿）	16世纪	二段	
四·7	古格故城Ⅳ F208玛波拉康（红殿）	16世纪，较白殿为晚		
四·8	古格故城Ⅳ F136杰吉拉康（大威德殿）	16世纪末—17世纪30年代以前	三段	
五·12	古格故城Ⅸ F58札布让寺佛殿			
五·13	古格故城Ⅸ札布让寺多门塔			
四·9	古格故城Ⅳ F185卓玛拉康（度母殿）	17世纪80年代以来	第四期	
四·10	古格故城Ⅳ Y126供佛洞			
四·11	古格故城札布让宗政府佛殿			

根据初步拟定的大致年代，似可将十三座寺院建筑分做四期。第一期自10世纪末迄11世纪，大体相当于卫藏地区的第二期[54]。第二期自12世纪迄14世纪，大体相当于卫藏地区的第三期。此两期寺院布局约皆渊源于卫藏，乃至南邻印度，特别是第一期，由于10世纪古格王室德尊衮长子耶喜峨出家以来，古格佛教与印度佛教联系密切，故直接仿自印度亦属可能[55]。第二期虽只一例——古格故城Ⅵ F27，但12世纪迄14世纪，正是噶举、萨迦两派先后向阿里地区开展弘法之际，卫藏寺院影响古格当是情理中事。第三期即15世纪迄17世纪30年代以前，大体相当于卫藏地区第四期，此期遗迹可细分三段，三段皆可主要依据壁画高僧题名对照文献记载，推测各教派在古格的兴

衰简况。第一段约当 15 世纪。其时，萨迦势盛，同时格鲁也开始在阿里广泛布教，前者与喇嘛当巴索南坚赞和他的再传弟子萨迦寺堪布翱尔钦噶桑波皆来阿里传萨迦密法有关[56]；后者应是格鲁创始人宗喀巴的高徒去阿里建寺布教如堆协饶桑布及其侄协饶巴（俱为宗喀巴弟子）和古格·却吉阿旺扎巴、桑浦巴·拉旺罗朱（俱为克珠杰弟子）等人努力的结果，其中古格·却吉阿旺扎巴曾任古格小王札西畏德昆仲之上师，对格鲁之弘扬应尤著功绩[57]。第二段约当 16 世纪，此段壁画中洛桑扎巴（宗喀巴）师徒形象增多，反映了格鲁在阿里地区的迅速发展，古格故城Ⅳ区嘎波、玛波两拉康都绘有阿旺扎巴，玛波拉康壁画题名中还冠以"曲杰"称呼，说明此人在这里弘扬格鲁确实功绩卓著。萨迦高僧似只出现萨迦第一祖贡噶宁布，和前段相比，这一派明显地削弱了。由于格鲁在古格的得势，1541 年古格王札西贡于山南泽当东北的藏布江北岸，为格鲁领袖根敦嘉措（拉萨哲蚌、色拉两寺池巴，后被认为根敦珠巴的转世，即第二世达赖）兴建了阿里札仓[58]；之后，又有阿里王族丹比尼玛出任札什仓布寺座主[59]；1555 年，"阿里王拉赞普贡玛久典旺秀派人携带书信礼物前来迎请（被认为根敦嘉措转世的哲蚌寺座主）索南嘉措（即第三世达赖）去阿里地区传教。索南嘉措婉言推辞，回赠书信礼品"[60]，这类事迹的出现显然都不是偶然的事。第三段约当 16 世纪末迄 1630 年，即古格为拉达克覆灭之前。此阶段，格鲁得到强大的蒙古土默特部的支持，不仅在卫藏地区扩大了实力，在古格也明显地占了优势，杰吉拉康和札布让寺的壁画中都出现了宗喀巴的大像，且与释迦形象相并列的布局，这应是克珠杰一再称赞宗喀巴为第二佛陀[61]的具体描绘，就是在这种情况下，古格王的父亲、叔父和叔祖拉尊·洛桑惹希欧于 1618 年 7 月迎请了当时是格鲁派的策划人——哲蚌、色拉两寺座主[62]罗桑却吉坚赞来托林寺，随后，罗桑却吉坚赞又访问了古格的其他寺院[63]，罗桑却吉坚赞当时称洛桑惹希欧为"法王尊驾"，并赠予洛桑惹希欧以古格精神领袖（Spiritual Head）的称号[64]。据 17 世纪 20 年代来古格的西方传教士的记录："古格地区仅寺院的尊巴（即出家人）人数就有五六千人之多，绝大多数属黄教的。"[65]所以，当 1626 年以来，古格王积极发展基督教，对佛教进行迫害时，格鲁僧人有力量组织多次反抗，甚至发展成武装斗争，结果给长期与古格为敌的拉达克以可乘之机，举兵入侵，1630年古格国破王俘，古格覆亡[66]。1630年以后，阿里沦为拉达克控制地区五十余年。拉达克敬重主巴噶举，阿里的格鲁寺院被处于"自然状态"，殊少变动。格鲁之恢复与发展当在达赖汗弟兄噶丹策旺统率藏蒙联军于1683年驱逐拉达克占领军收复阿里之后[67]，第四期即应自此时开始。其时，格鲁在卫藏地区经清廷大力扶植，并正式册命"西天大善自在佛所领天下释教……"的五世达赖昂旺·罗桑嘉措的整理、经营已臻极盛，阿里收复后，划归拉萨噶厦政府直接管辖，第巴桑结即着手巩固发展其地的格鲁寺院。1686年，在西藏与拉达克边界上兴建了札石岗寺[68]，1687年，托林寺的僧人数字增多[69]，古格故城Ⅳ区中部的卓玛拉康和一些供佛洞大约也出现于此时。此期的下限约迄于1841年道格拉王室从拉达克边境发动的一场突然袭击。其时，英国为策应鸦片战争，支持道格拉王室军队入侵日土，攻占札布让和托林寺，并向东深入普兰，强占藏地一千七百余里，所到之处"肆行抢劫"[70]，许多村落和寺院被毁坏。是年底，藏军全面反攻，在一次雪地白刃战中刺毙道格拉的主将倭色尔，击溃侵略军，始得收复失地[71]。此后，英国等帝国主义逐步加强对西藏的侵略，西藏形势每况愈下，阿里地区的寺院已无大加修整的人力物力，加上此后百余年来不断的自然、人为的进一步损坏，1961年古格王国遗址列入第一批全国重点文物保护单位时[72]，许多寺院虽已大部沦为废墟，但尚有一定数量的寺院建筑保存较为完整。此后，尽管加强了保护措施，仍然不断出现不应有的新的损坏，这是令人非常痛心的。

此文初稿抄竟，接四川大学霍巍同志寄来西藏文管会编辑的《阿里地区文物志》（西藏人民出版社，1993），书中第四章古建筑目下列有札达县托林寺和噶尔县札西岗寺。两寺资料可补充《遗址》和《故城》两书，并应辑录于本文者有：

1. 托林寺平面布局示意图（《阿里地区文物志》，页121，图41），本文前面图6-2即据此图摹绘。

2. 托林寺朗巴朗则拉康平面图（《阿里地区文物志》，页123，图42），较《遗址》测图为详，本文前面图6-3因改摹该图。

3. 托林寺杜康殿平面图（《阿里地区文物志》，页124，图43），为《故城》附录一《札达县现存的几处古格王国时期的遗址寺院》托林寺杜康条文字记录的重要补充。《故城》附录一记杜康殿云：

> 杜康（集会殿）是托林寺仅存的两座较完整殿堂之一（另一座是嘎波拉康，本文已节录如前），位于朗巴朗则拉康东南60米的地方，由门廊和平面呈凸形的殿堂组成。门向东，殿堂东西通长25.5、南北宽19.2米。……殿内共有方柱三十六根：前半部分东西四排，南北六排；后凸的主供台上分东西三排，南北四排。（殿内）天花遍绘各种图案，基本风格与古格故城佛殿天花大体一致……殿内壁画基本完好，题材、构图、用色、用线大多与古格故城佛殿的同类作品相似……值得注意的是，在西壁东侧下部的一组古格王室成员及高僧、来宾礼佛图……整个场面和人物形象、服饰等都与古格故城几个殿堂的礼佛图或供佛图有许多共同点……（页325～326）

《阿里地区文物志》所附杜康平面图【图6-20】表明了该殿内"前半部分"即经堂所在；"后凸"的佛堂的左右侧尚各有一较佛堂略短的长条形小室。此佛堂两侧各置一小室的布局，可与和阿里地区寺院关系密切的噶当教典派主要寺院日喀则那塘寺的措钦、强巴两殿相比较[73]。后两殿佛堂两侧的长条形小室系原建围绕佛堂的礼拜道之遗迹的情况，较为明显，杜康佛堂两侧的小室当

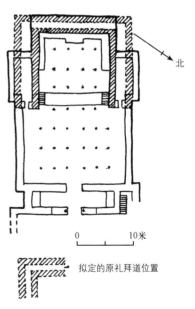

图6-20 托林寺杜康平面（据《阿里地区文物志》图43改绘）

亦如此。盖在设有礼拜道的旧殿基址上，改建不设礼拜道的新殿堂时，往往保存了佛堂两侧的礼拜道部分，使之成为长条形小室。之后，此两长条形小室逐渐形成较原佛堂略小的左右佛堂，如15世纪中期兴建的日喀则扎什伦布寺措钦大殿和吉康扎仓佛殿[74]，山南地区乃东泽当寺的白加衮巴[75]等亦属此例。托林寺杜康废除礼拜道后的改建：佛堂两侧的小室既增加了原礼拜道的宽度，又缩短了它的长度；同时，又把佛堂后面的礼拜道位置全部砌进了佛堂的后墙，因而使杜康后墙之厚度特别突出。这样消灭原礼拜道的作法，虽然没有完全相同的他例，但加厚后墙的措施，却与16世纪中期萨迦改建康萨钦莫大殿的安排类似[76]。以上根据测图的推测如无大误，此杜康原始布局的时代，似可参考那塘寺措钦大殿创建之年——13世纪末推测其上限，其下限当在已不设礼拜道的托林寺嘎波拉康的建年——15世纪前期之前。这个上下限的时间，恰好列于本文前面所拟古格地区寺院遗迹分期的第二期。至于杜康改建的时间，《故城》附录一一再论述杜康殿内天花与壁画和古格故城佛殿"大体一致""相似""有许多共同点"，而古格故城现存的几座重要佛殿都建于15—16世纪，因可推测现在所见的托林寺杜康建筑布局大约也出现于15—16世纪。

4. 噶尔县扎西岗寺即本文前面所记1686年西藏噶厦于西藏西界修建的扎石岗寺。《阿里地区文物志》记此寺云：

> 扎西岗寺创建人为达格章，原系拉达克赫米寺系统。扎西岗寺是西藏西部一座早期的寺院，曾一度隶属于拉达克辖下，公元17世纪后期，拉达克势力被五世达赖派遣的军队驱逐出境后，此寺又收归拉萨色拉寺，并由托林寺代行管辖之职，堪布由色拉寺直接委派，每三年一轮换。（该寺）外围绕环以一周濠沟，沟宽约1~1.5米，显然为防护沟之类的设施；濠沟以内，为一略呈矩形的夯土防护墙，墙之四角及两中腰有凸出的角楼及碉楼，西南及西北角上还建有两座圆形的碉楼，现以西南角上的一座保存较为完好。碉楼的墙体现高约6~8米，墙上开设有三角形或长条形的射孔。护墙的中央偏北处

为寺庙所在。殿堂平面为十字折角形……殿堂周围内有转经复道环绕一周……殿堂内共有八柱，面阔三柱，进深五柱，中央升起为擎天柱支撑天井亮棚，以便通风采光，殿内门道朝东，南北各有一小仓库，西侧设有一依怙殿（护法神殿），但已无早期壁画遗迹。（页128）【图6-21】

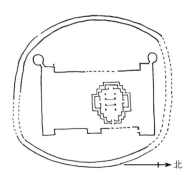

图6-21　札石岗寺平面示意（据《阿里地区文物志》图44）

根据报道的情况，试作初步考虑：（1）达格章和赫米寺俱不详，但札石岗寺殿堂布局确与托林寺朗巴朗则拉康中心部分的设计相似，环绕整个殿堂的礼拜道的安排，也确是早期殿堂的特征；此种殿堂在卫藏地区最迟不晚于14世纪，如考虑札石岗寺原系拉达克系统，结合"公元15世纪初叶和中叶，拉达克王扎巴德和次旺朗杰曾先后两次派人测绘此殿（托林寺朗巴朗则拉康），按照其独特的模式，在拉达克兴建寺庙和佛殿"[77]的事迹，札石岗寺殿堂的时间或许较14世纪略迟[78]。（2）殿堂内部南北各一小仓库的位置，原应是左右（南北）两佛堂；正（西）佛堂原来是否是护法神殿亦有可疑。（3）殿堂最外围的一周濠沟和濠沟内的夯土防护墙以及防护墙附设的防御建置，大约出自1686年西藏噶厦修建札石岗寺时；盖1683年与拉达克议和后，西藏噶厦为了保卫西部边界所增设者。（4）早期壁画已无，但是否尚存晚期壁画竟无一字描述，实为憾事；估计如有晚期壁画也很可能是1686年以来的制作。

1994年9月

注释

［1］《贤者喜宴译注（十七）》黄颢注："托林贝吉神殿即托林寺。又称托定金寺，后音讹而为托林寺……托定意为高翔，故托林寺又译作高翔寺（见《黄琉璃史》）。该寺建于公元996年，后诸阿里古格王依次增补扩建而成为阿里大寺。"（《西藏民族学院学

报》1985年2期，页92）

[2] 王森《西藏佛教发展史略》第二篇《佛教在西藏的再度传播并在民间得势》亦记此事："耶歇斡出家后，首先派仁钦桑布等人到克什米尔留学，并积极设法延请印度有名僧人来藏，同时还仿照桑耶寺修建了托林寺。"（中国社会科学出版社，1987，页30）桑耶寺系摹自印度欧丹多补黎大寺，多罗那它《印度佛教史》记该寺云："欧丹多是能飞的意思，是仿照优婆塞上升天空后，亲眼所见的须弥山、四大洲的形状而修建的。"（张建木译本，页199）托林寺又译高翔寺即源于此。

[3] 参看已收入本集的《西藏山南地区佛寺调查记》札囊桑耶寺条。

[4] 《西藏王统记》："大阿阇黎（莲花生）为修建神殿……即于兔年（787年）开始修建大首顶正殿下层……复次又修建正殿中殿，其本尊为毗卢遮那佛……正殿上层主尊为毗卢遮那……"（刘立千译本，页123～124）

[5] 藏文文献《佛教史大宝藏论》《红史》《西藏王臣记》皆记拉喇嘛意希沃为柯热，但《雅隆尊者教法史》《西藏王统记》《贤者喜宴》《阿里政教史》皆记意希沃为柯热弟松额。本文采用前说。

[6] 郭和卿译本，页190。

[7] 陈庆英、周润年译，东嘎·洛桑赤列校注本，页38。

[8] 郭和卿译本，页81～82。《红史》东嘎注243："阿底峡到此寺时，西藏译师仁钦桑布八十五岁（1042年），在此寺拜见了阿底峡……阿里古格王朝历代国王在此寺中建了许多佛像。"（陈庆英、周润年译本，页200～201）

[9] 《青史》第二辑西藏后弘期佛教云："（峨德绛曲斡的弟兄）的王子哲德在位时，于丙辰法轮大会，召集了卫、藏、康三区所有持法藏大师们，各尽其长转所有诸法轮。桑噶译师所译的《量释庄严论》也是在那时译出的。总的说来，能如上部阿里诸王对佛教那样恭敬承事，任何其他地区也是没有的。"（郭和卿译本，页48）

[10] 据20世纪30年代前期杜齐所摄照片，知殿门外面两侧瓶状蜀柱的上方饰有多层横枋，最上层中间有双鹿与法轮的标志；两蜀柱前方各树一高柱，此两高柱与门墙两端的高柱，共同支撑门檐下的枋椽；高柱端置有双层托木，托木形制与殿内托木同。参看 Cronaca della missione Scientsitica Tucci net Tibet Occidentale，1933、1934，fig.232。

[11] 参看 The Sacred Art of Tibet，1991，fig.18、19。

[12] 1988年在西藏文管会看到一份托林寺资料，其记白殿画塑云："殿中央释迦左右为八大菩萨，壁画宗喀巴、萨迦祖师、最胜佛顶轮王、白伞盖、佛顶轮王、多罗菩萨、佛母以及诸多各种怪像身。壁画年代可上溯15或16世纪。"遗憾的是，该资料未记录壁画中宗喀巴题名的具体内容。

[13] 参看本文三·5 Ⅵ F35 金科拉康条。

[14] 参看已收入本集的《西藏江孜白居寺调查记》。

[15] 刘立千译注本，页169。

[16] 参看本文四·6 Ⅳ F189 嘎波拉康条。

[17] 参看已收入本集的《西藏拉萨地区佛寺调查记》大昭寺条。

[18] 这里所谓的上路弘法的初期，可能接近于《青史》第二辑西藏后弘期佛教所记"对于

阿里上部的统治人王松额祖与父的规范和教法来说，一般虽极具信仰，然以无授受戒律的上师与弟子之故，父子三人只好于三宝前求取本来真面，而将自名也改变为耶协峨。后来始从东印度迎请来班抵达·达玛巴那，而始有众多得受具足戒的"（据郭和卿译本，页57）时代。

[19] 同[17]。

[20] 《遗址》建筑遗址概貌节谓此区为宫城区，页101～103。

[21] 参看《西藏拉萨地区佛寺调查记》堆龙德庆楚普寺条。

[22] 参看已收入本集的《西藏日喀则地区寺庙调查记》萨迦寺条。

[23] 参看《西藏拉萨地区佛寺调查记》大昭寺、小昭寺条。

[24] 参看《遗址》地理环境与历史沿革节。

[25] 参看王森《西藏佛教发展史略》第六篇《噶举派》直贡噶举节。

[26] 参看出身于吐蕃王族的释迦仁钦德于1376年所撰《雅隆尊者教法史》吐蕃王世系源流雅泽世系节（汤池安译本，页46）和《西藏王臣记》第九节（郭和卿译本，页84）。

[27] 参看阿旺贡噶索南完成于1629年的《萨迦世系史》，陈庆英、高禾福、周润年译本，页198。

[28] 引自《故城》第二章第三节，页82。

[29] 白辛《在喜马拉雅山上——昆仑山、冈底斯山、喜马拉雅山旅行记》，《新观察》1958年24期，页15～16；1959年1期，页23～24。

[30] 据《故城》编后记云："报告中所采用的藏文资料，由西藏文管会大多吉同志翻译。"

[31] 题名后面括号内的文字，系笔者附注，以下同。附注的主要根据是《青史》《萨迦世系史》《土观源流》《西藏佛教发展史略》。

[32] 王森《西藏佛教发展史略》附录二《宗喀巴年谱》："相传仁达瓦有七位大弟子，其中最有名的是宗喀巴，最善辩论的是达玛仁钦。达玛仁钦此时（1397年）在各寺依十部论书立宗答辩后，特来与宗喀巴辩论，但折中于宗而为其弟子。宗喀巴死后第一个继承他的地位的人即达玛仁钦，故又称贾曹杰。贾曹意为将继君位之王子，此称源于印度，西藏佛徒引用于宗教事务中。杰为尊称，义为主。"（页306）

[33] 参看[32]所引《西藏佛教发展史略》，页312。

[34] 王辅仁《西藏佛教史略》第六讲第六节："（布顿）成名以后，受到日喀则东南的夏鲁地方的封建领主的支持，把他请到夏鲁寺去做寺主……夏鲁寺原来和萨迦派的关系比较密切，它们相距不远，萨迦派又是一个占优势的教派，所以又有人把夏鲁派算作萨迦派的一个支派。"（青海人民出版社，1982，页183）

[35] 刘立千译本，页169。

[36] 转引自《遗址》古格王国世系表，页94。

[37] 同[36]。

[38] 参看《西藏山南地区佛寺调查记》札囊朵阿林条。

[39] 参看西藏自治区文物管理委员会《札囊县文物志》强巴林条，1993。

[40] 同[21]。

[41] 即谓贾曹杰而言,参看[32]。

[42] 此法王是指依佛法治理并护持佛法之王,非世俗的统治者,与下面吐蕃三大法王不同。

[43] 参看《青史》第五辑阿底峡尊者传承录(郭和卿译本,页161~217)、《西藏佛教发展史略》第四篇《噶丹派》(页51~67)。

[44] 王森《西藏佛教发展史略》附录二《宗喀巴年谱》:"宗喀巴成名后,藏人不直呼其名,尊称之为宗喀巴(义为宗喀上人,这和汉人古代以地望称人的习惯相同)。"(页283)

[45] 参看《西藏拉萨地区佛寺调查记》哲蚌寺条。

[46] 参看Giuseppe Tucci: *Tibetan Painted Scrolls*, II, pl.8~12。

[47] 参看王森《西藏佛教发展史略》附录一《宗喀巴传论》,页269。

[48] 王森《西藏佛教发展史略》附录二《宗喀巴年谱》:"宗喀巴此时(1388年)改戴帽,是根据松巴堪布《佛教史》。原文称其帽为班霞。'班霞'是指尖顶、下面二长带垂于两肩的那种帽子。也就是常见的宗喀巴像所戴的那种帽子。这种式样的帽子,原为印人之有班底达称号者(通达五明的人称班底达)所习用的帽式。'班霞'意即班底达帽。唯印僧及他派藏僧多用深红色,宗喀巴改用黄色为不同。"(页298)

[49] 参看 *Tibetan Painted Scrolls*, II, pl.K。

[50] 周加苍《至尊宗喀巴大师传》第二章第三节第七段记:"(宗喀巴逝世后)克珠杰……念及大师的伟大功德,生起了不可思议的信仰,哀呼道:师父,大宝恩德师,恩德无边,赡部洲的一切有情未报师之恩德啊,我的师父至尊宗喀巴呀。如是哀呼而作猛厉祈祷时,宗喀巴大师骑着以各宝饰庄严的白色狮子,大师身色红黄,手持慧剑与经函,现孺童相,服饰以各种珍宝而为庄严。示现如是(文殊)菩萨形相前来……"(郭和卿译本,页476)

[51] 参看已收入本集的《西藏日喀则那塘寺调查记》南札桑波沛所建塔条。

[52] 参看西藏自治区文物管理委员会文物普查组《西藏昂仁日吾其寺调查报告》(《南方民族考古》第四辑,1992,页193~209)。

[53] 参看[14]。

[54] 参看本集所收《西藏寺庙建筑分期试论》。

[55] 托林寺与桑耶寺同为仿自摩揭陀欧丹多补黎大寺,参看[2]。古格故城ⅥF48~60,为印度僧房院流行的布局,西藏后弘期之初,印度佛教寺院那烂陀的僧房最具典型,故ⅥF48~60亦有直接摹拟那烂陀的可能。

[56] 喇嘛当巴事迹见《萨迦世系史》仁钦岗拉章世系(陈、高、周译本,页198~200)。参看王森《西藏佛教发展史略》第五篇《萨迦派》,页84。

[57] 参看《至尊宗喀巴大师传》第二章第三节第七段,郭译本,页490~492;《土观源流》格鲁派的源流节,刘译本,页168~169。

[58] 参看王森《西藏佛教发展史略》第八篇《格鲁派》,页171。

[59] 参看《土观源流》格鲁派的源流节,刘译本,页168。

[60] 引自马连龙《三世达赖索南嘉措年谱》,《西藏研究》1992年3期,页19。杜齐《西藏画卷·第13至18世纪西藏中部简史》注释91谓:"达赖三世的名誉和黄教的威望

普及全藏，甚至此时的拉达克也派使者来给黄教各寺院及上层赠献品；《拉达克编年史》上提到这事，达赖五世撰《锁南嘉错传》说一王子……在155年前来朝觐。后者，称为古格王。"（李有义、邓锐龄译《西藏中世纪史》，中国社会科学院民族研究所，1980，页167）杜齐所记之古格王朝觐事，不知是否即指此事而言。

[61]《至尊宗喀巴大师传》第二章第三节第七段："贾曹杰登上了宗喀巴大师的法座，作圆满教主第二佛陀（指宗喀巴）法王的继承人，教政的主宰。那时，一切智克珠杰献赞辞说：具德功德能作者，授权获得狮子座，第二佛陀继承人，愿成第二无敌师。"（郭译本，页471）

[62] 牙含章《班禅额尔德尼传》第二章谓罗桑曲结未就两寺座主（西藏人民出版社，1987，页29）。此据《西藏佛教发展史略》第八篇《格鲁派》，页29。罗桑却吉坚赞1645年，由控制全藏的固始汗赠以班禅博克多的称号。

[63] 参看《班禅额尔德尼传》第二章，页29。

[64] 见卢切亚诺·伯戴克（Luciano Petech）《雅则、古格和普让的新发现》，刊《中亚研究》卷24（1980年1～2号），转引自伍昆明《早期传教士进藏活动史》第四章第二节，中国藏学出版社，1992，页134。

[65] 参看《早期传教士进藏活动史》第四章第二节，页134～135。

[66] 参看《早期传教士进藏活动史》第四章第六节，页221～232。

[67] 参看《西藏佛教发展史略》第八篇《格鲁派》，页189～200。结束战争之前的1682年，五世达赖即已逝世。

[68] 参看《西藏画卷·第13至18世纪西藏中部简史》，李、邓译《西藏中世纪史》，页139。

[69] 同[68]。

[70] 见不著撰人《西藏奏疏》卷一剿办森巴生番，道光二十一年（1841年）九月二十五日孟保折奏（折奏后录同年十一月初二日上谕。此上谕录入《清宣宗实录》卷三六一，道光二十一年十一月壬子条）。

[71] 参看《西藏奏疏》卷一剿办森巴生番，道光二十一年十二月十七日孟保折奏（折奏后录道光二十二年正月二十三日上谕。该上谕录入《清宣宗实录》卷三六六，道光二十二年正月壬申条）、当代丛书编委会《当代中国的西藏》绪论第二章第三节（当代中国出版社，1991，上册页56），毕达克《西藏的噶伦协札旺曲结布》（耿昇译，刊《国外藏学研究译文集》第一辑，西藏人民出版社，1986，页252～268）。

[72] 古格王国遗址列入第一批全国重点文物保护单位，主要是依据1957年中央新闻电影制片厂拍摄的纪录片和西藏工委文物处的调查报告。

[73] 参看《西藏日喀则那塘寺调查记》。

[74] 参看《西藏日喀则地区寺庙调查记》札什伦布寺条。

[75] 参看《西藏山南地区佛寺调查记》乃东泽当寺条。

[76] 参看《西藏日喀则地区寺庙调查记》萨迦寺条。

[77] 引自西藏自治区文物管理委员会《阿里地区文物志》托林寺条，1986。此段引文后，《文物志》又记："其后，五世达赖喇嘛时，派人为绘制大昭寺中廊壁画，四处寻找

较为完整正宗的古（寺）画像，最终将此殿作为独特完整的寺庙建筑蓝本，绘入大昭寺中廊墙壁上，使其未经毁损时的原貌得以展现。"（页122）此拉萨大昭寺所摹寺图，为了解17世纪托林寺情况提供了重要参考资料。

[78] 仿建托林寺朗巴朗则拉康更晚之例，是乾隆十五年（1751年）于北京的兴建。事见土观·洛桑却吉尼玛《章嘉国师若必多吉传》第十三章："（乾隆十五年的）一天，大皇帝问章嘉国师：在西藏为佛教建有广大功业的杰出人物有哪些？他们的主要功绩如何？章嘉国师一一详细列举，其中讲到了大译师仁钦桑波始创建托林寺，寺内正殿有四层，内设四续部佛众的立体坛城的情况。大皇帝说：在朕京城中也要建一座那样的佛殿。于是，由章嘉国师负责，在内城右方建起了一座四层金顶佛殿，内置四续部佛众的塑像。顶层殿内塑有密集像，第三层内塑有大日如来现证佛像，底层殿内作为各札仓僧众念诵三重三昧耶仪轨的场所。"（陈庆英、马连龙译本，页221）此在京城右方仿建的佛殿，疑即故宫外西路春华门内的雨花阁（参看王家鹏《故宫雨花阁探源》，刊《故宫博物院院刊》1990年1期）。又陈庆英《章嘉·若必多吉年谱》谓仿殿在颐和园后山："1751年（乾隆十六年·铁羊年·辛未），乾隆帝为了庆祝其母孝圣皇太后的六十大寿，改北京西山瓮山为万寿山……由章嘉若必多吉主持，在万寿山后山仿照西藏托林寺修建了一座规模巨大的寺院（即今北京颐和园后山香岩宗印之阁的一组寺庙建筑群，1860年毁于英法联军之手，慈禧太后修复颐和园时，改建了一部分）。"（中央民族学院藏学研究所《藏学研究》，天津古籍出版社，1990，页71）周维权《承德的普宁寺与北京颐和园的须弥灵境》谓承德普宁寺的大乘之阁和北京清漪园须弥灵境的香岩宗印之阁皆仿自桑耶寺（清华大学建筑系《建筑史论文集》第八辑，1987，页68~72）。按托林亦有摹建桑耶的记载，盖桑耶、托林同源于印度阿旃延那布尼寺，桑耶建年较早但屡经重修，托林之创虽晚，却多存原制，故后世举桑耶可以代表托林，反之亦无不可。

本文初稿发表于北京大学中国传统文化研究中心《国学研究》第三卷（北京大学出版社，1995，页567~615）。

西藏寺庙建筑分期试论

1959年、1988年两次去西藏参观、调查佛教寺庙四十余处，现根据其中三十二处寺庙内五十九座建筑的平面布局和藏式建筑中既突出又常见的一项构件——柱头托木（"xiu"）的发展演变，结合西藏自治区文物管理委员会等单位刊布的二十二处寺院内二十八座建筑（内含民居一处）中与上述相同的两项资料，初步探讨西藏寺庙建筑的分期及其有关问题。以上五十四处寺庙、八十九座建筑的所在地点、所属寺庙、建筑名称和建筑年代的考察如表7-1所列。

本文原为《西藏寺庙调查记》的最末一章——小结，所以表7-1所列的寺庙情况极为简略，其较详记录见表7-1"资料来源"栏中所记《调查记》的具体章节，敬希读者一并惠予审阅，诸多指正。引自西藏文管会等单位撰述的资料，亦记出处于来源栏，用备核查。

表7-1

寺庙序号	所在地	所属寺庙	建筑名称	建筑年代	资料来源	平面形制编号	托木形制编号
1	拉萨	大昭寺	中心佛殿第一、二层	传7世纪中期建，当时建物无存。现存建物约为8世纪后期迄9世纪初兴建之遗迹。即大昭寺现存第一阶段遗物。	《西藏拉萨地区佛寺调查记》[+]（以下简作《拉萨调查记》）大昭寺条	1	①②③

续表

寺庙序号	所在地	所属寺庙	建筑名称	建筑年代	资料来源	平面形制编号	托木形制编号
1	拉萨	大昭寺	扩建中心佛殿	11至13世纪扩建中心佛殿一层的佛堂和新建内匝礼拜道。即大昭寺现存第二阶段遗物。	《拉萨调查记》大昭寺条	13	④⑤⑪
			中心佛殿天井庭院	14世纪后期建。大昭寺现存第三阶段遗物。	同上	22	㉔
			中心佛殿前千佛廊、外大门和中心佛殿第三、四层等	17世纪中期及其以后建。大昭寺现存第四阶段遗物。包括17世纪后期所建达赖喇让、18世纪后期所建噶厦办公楼和1950年所建威镇三界阁等。	同上	49	㊳㊷㊴㊿㊻⑥⑤
2	拉萨	小昭寺	大殿佛堂	传7世纪中期建，当时建物无存。约建于8世纪后期的遗迹，虽屡经重修，似尚可考察。所谓小昭寺第一阶段遗迹即指此而言。	同上，小昭寺条	4	⑥
			扩建大殿经堂、礼拜道	约建于13、14世纪，当时建物无存，但形制尚可考察。小昭寺现存第二阶段的遗迹。	同上	16	
			大殿天井、门庭	14世纪后期建高天井。15世纪扩建门庭。小昭寺第三阶段遗迹。	同上	30	

续表

寺庙序号	所在地	所属寺庙	建筑名称	建筑年代	资料来源	平面形制编号	托木形制编号
2	拉萨	小昭寺	外大门、围墙	17世纪中期建。小昭寺第四阶段遗迹。	《拉萨调查记》小昭寺条	50	
3	拉萨	札拉鲁浦石窟寺	塔庙窟（中心柱式石窟）	传7世纪中期建，基本保持原貌，但多后世补雕。	同上，札拉鲁浦石窟寺条	5	
4	札囊	桑耶寺	乌策大殿中心部分	8世纪后期建，当时建物无存。大殿中心部分虽屡经重修，但尚保存早期形制。所谓桑耶寺第一阶段遗迹，即指此早期形制而言。	《西藏山南地区佛寺调查记》（以下简作《山南调查记》）+桑耶寺条	2、3	
4	札囊	桑耶寺	乌策大殿外匝礼拜廊道	14世纪建，虽经重修，原制尚存。桑耶寺第二阶段遗迹。	同上	2、3	㉓
4	札囊	桑耶寺	乌策大殿外门	约建于18世纪前期，基本保持原状。桑耶寺第三阶段遗物。	同上	2、3	㊵
4	札囊	桑耶寺	强巴林	8世纪后期建，当时建物无存。圆形佛堂尚存早期形制。桑耶寺第一阶段遗迹。	同上	8	
4	札囊	桑耶寺	札觉加嘎林	8世纪后期建，当时建物无存。佛堂尚存早期形制。札觉加嘎林是译经所在，故佛堂前经堂部分面积较大。桑耶寺第一阶段遗迹。	同上	9	

续表

寺庙序号	所在地	所属寺庙	建筑名称	建筑年代	资料来源	平面形制编号	托木形制编号
4	札囊	桑耶寺	康松桑康林	8世纪后期建,当时建物无存。佛堂尚存早期形制。桑耶寺第一阶段遗迹。	《山南调查记》桑耶寺条	12	
5	乃东	吉如拉康	佛堂	传8世纪前期建,佛堂尚存早期形制。佛堂内早期构件约是11世纪遗物。	《乃东县文物志》[1]吉如拉康条	6	⑫
			经堂、门庭	约建于16、17世纪。	同上	31	
6	乃东	玉意拉康	佛堂、经堂	传8世纪建,当时建物无存。佛堂、经堂尚存早期形制。佛堂内早期构件约是14世纪遗物。	《山南调查记》乃东玉意拉康条	10	㉒
7	琼结	若康	佛堂	传建于8、9世纪之际,当时建物无存。佛堂尚存早期形制。	《琼结县文物志》[2]若康条	7	
8	拉萨	旧木鹿寺	藏巴堂	传建于9世纪前期,当时建物无存。佛堂尚存早期形制。	《拉萨调查记》旧木鹿寺条	11	
9	札达	托林寺	迦莎殿	创建于10世纪末。仿桑耶寺形制。	《古格王国建筑遗址》[3]三·5	15	
			杜康	约建于14世纪。15—16世纪改建。	《古格故城》[4]附录一	84、85	

续表

寺庙序号	所在地	所属寺庙	建筑名称	建筑年代	资料来源	平面形制编号	托木形制编号
9	札达	托林寺	白殿	约建于15世纪前期。	《古格故城》附录一		⑭
10	札达	古格Ⅵ区（王宫区）	僧房院（F48～60）	约建于11世纪。疑为仿大昭寺扩建前中心佛殿的形制。	《古格故城》第二章第三节	14	
			佛殿（F27）	约建于14世纪，原制尚可考察。	同上	26	
11	拉萨	度母堂	佛堂	11世纪后期创建，13世纪改建，早期形制尚可考察。	《拉萨调查记》聂塘度母堂条	21	
			佛堂前面部分	约扩建于18世纪。	同上	55	
12	洛札	桑嘎古都寺	门廊	约建于11世纪后期。	《桑嘎古都寺的古藏文手抄本佛经试析》[5]		⑧
13	札囊	札塘寺	大殿	约建于11世纪后期。佛堂、经堂尚存早期形制，但经堂托木则系17、18世纪样式。	《山南调查记》札囊札塘寺条	17	⑦㊿
14	琼结	建叶寺	大殿	约建于11世纪后期。佛堂、经堂尚存早期形制。	《琼结县文物志》建叶寺条	18	
15	拉萨	楚普寺	顿级康	约建于12世纪，屡经重修，早期形制尚可考察。	《拉萨调查记》堆龙德庆楚普寺条	19	

续表

寺庙序号	所在地	所属寺庙	建筑名称	建筑年代	资料来源	平面形制编号	托木形制编号
15	拉萨	楚普寺	措康	约建于16世纪。	《拉萨调查记》堆龙德庆楚普寺条	32	㉛㉝
16	萨迦	萨迦北寺	乌策大殿	12世纪后期创建，18世纪改建，但早期形制尚可考察。	《西藏日喀则地区寺庙调查记》（以下简作《日喀则调查记》）+萨迦北寺条	20	⑨⑯
			列朗殿	约建于13世纪。	同上		⑩⑮
			宣旺确康	13世纪建，16世纪重修，但早期形制保存较好。	同上		⑱
			土旺敦烟	20世纪初重建。	*		㊅㊅
			衮母纠	20世纪中期建。	*		㊅①
17	日喀则	那塘寺	大殿	13世纪建，原来形制尚可考察。	《西藏日喀则那塘寺调查记》+	29	
			扩建大殿经堂	扩建于18世纪前半。	同上	56	
18	萨迦	萨迦南寺	康萨钦莫大殿	13世纪中后期建，原来形制尚可考察。	《日喀则调查记》萨迦南寺条	27	⑰
			改建康萨钦莫大殿	16世纪中期。	同上	37	㊅⑧

续表

寺庙序号	所在地	所属寺庙	建筑名称	建筑年代	资料来源	平面形制编号	托木形制编号
19	日喀则	夏鲁寺	大殿	13世纪后期建，14世纪中期重修，现基本保持重修形制。	《日喀则调查记》夏鲁寺条	28	⑲
20	乃东	昌珠寺	大殿	传7世纪中期建，当时建物无存。14世纪中期重建，此重建形制尚可考察。	《山南调查记》乃东昌珠寺条	24	⑳㉑
			扩建大殿	17世纪扩建。	同上	51	
21	札囊	亚钦寺	大殿	14世纪建，尚存早期形制。	《札囊县文物志》[6]亚钦寺条	25	
22	噶尔	札西岗寺	大殿	约建于14、15世纪之际。	《阿里地区文物志》[7]古建筑·札西岗寺条	83	
23	江孜	白居寺	措钦大殿	15世纪前期建，基本保持原制。	《西藏江孜白居寺调查记》＋	38	㉗
			古巴札仓佛殿	17世纪建。	同上	54	
			洛布康札仓佛殿	17世纪建。	同上	65	㊻
24	拉萨	甘丹寺	阳拔健	15世纪前期建，18世纪以来屡有重修，1959年时尚基本保持原制。	《拉萨调查记》甘丹寺条	46	㉖㊽

续表

寺庙序号	所在地	所属寺庙	建筑名称	建筑年代	资料来源	平面形制编号	托木形制编号
24	拉萨	甘丹寺	拉基大殿	18世纪初扩建。	《拉萨调查记》甘丹寺条	58	㊹
25	拉萨	哲蚌寺	措钦大殿	15世纪前期建，创建时形制尚可考察。	同上，哲蚌寺条	39	㉕
			扩建措钦大殿	18世纪扩建。	同上	57	㊸㊾
			阿巴札仓佛殿	15世纪前期建，基本保持原制。	同上	47	
			古玛札仓佛殿	15世纪建，基本保持原制。	同上	63	㊽
			德曩札仓佛殿	建年不详，柱头托木有19世纪末流行的样式。	同上	76	㊾
26	拉萨	色拉寺	阿巴札仓佛殿	15世纪前期建，18世纪初重修。	同上，色拉寺条	62	
			吉札仓佛殿	15世纪中期建，18世纪初重修。	同上	64	㉘㊼
			麦札仓佛殿	15世纪前期建，18世纪中期重建。	同上	75	
			措钦大殿	18世纪初期建。	同上	59	
			巴第康村佛殿	18世纪中期建。	同上	67	
27	拉萨	苍姑寺	大殿	15世纪中期建，屡经重修。	同上，苍姑寺条	45	

续表

寺庙序号	所在地	所属寺庙	建筑名称	建筑年代	资料来源	平面形制编号	托木形制编号
28	日喀则	札什伦布寺	措钦大殿	15世纪中期建,基本保持原制。	《日喀则调查记》札什伦布寺条	42	
			吉康札仓佛殿	15世纪中期建,基本保持原制。	同上	48	㉒
29	札囊	朵阿林	大殿	15世纪中期建,基本保持原制。	《札囊县文物志》朵阿林条	40	
30	札达	古格Ⅵ区	金科拉康	约建于15世纪。	《古格故城》第二章第二节		㊱
		古格Ⅳ区	白殿	约建于16世纪。	同上	33	㉞
			红殿	约建于16世纪中期,较白殿为晚。	同上	34	
			吉界拉康	约建于16、17世纪之际。	同上	36	㊱
			卓玛拉康	约建于17世纪末。	同上	86	㊲
31	札囊	强巴林	大殿	15世纪后期建	《札囊县文物志》强巴林条	41	
32	札达	古格Ⅸ区	佛殿（F58）	约建于16世纪。	《古格故城》第二章第三节	35	
33	乃东	泽当寺	白加衮巴	14世纪中期建,当时建物无存。现存大殿系16、17世纪之际重建。	《山南调查记》乃东泽当寺条	43	㉚
			则措巴	16、17世纪之际改建。	同上	44	㉙

续表

寺庙序号	所在地	所属寺庙	建筑名称	建筑年代	资料来源	平面形制编号	托木形制编号
34	琼结	日务德清寺	大殿	15世纪中期建，当时建物无存。现存大殿系17世纪后期重建。	同上，琼结日务德清寺条	60	
35	拉萨	布达拉宫	东大殿	17世纪中期建。	《拉萨布达拉宫主要殿堂和库藏的部分明代文书》+白宫与红宫条		㊺
			西大殿	17世纪90年代建。	同上		㊴
36	札囊	敏珠林	祖拉康	17世纪后期建，当时建物无存。现存大殿系18世纪中期重建。	《山南调查记》札囊敏珠林条	52	㊾
			桑俄颇章	18世纪后期建。	同上	53	
			逊琼	18世纪后期建。	同上	68	
			朗杰颇章	20世纪中期建。	同上	69	
37	札囊	朗色林庄园	第六、七层佛堂	18世纪初建。	同上，札囊朗色林庄园条		㊶
			第三层门廊	18世纪晚期建。	同上		㊾
38	乃东	安爵寺	旧大殿	约建于18世纪中前期。	同上，乃东安爵寺条	61	
39	札囊	结林措巴	佛殿	约建于18世纪中前期。	《札囊县文物志》结林措巴条		51

续表

寺庙序号	所在地	所属寺庙	建筑名称	建筑年代	资料来源	平面形制编号	托木形制编号
40	乃东	曲德沃寺	佛殿	18世纪中期扩建。	《乃东县文物志》曲德沃寺条	71	㊿
41	拉萨	丹结林	东佛殿	18世纪中期建。	《拉萨文物志》[8]丹结林条	77	
42	江孜	紫金寺	却顿札仓佛殿	约建于18世纪中期。	《日喀则调查记》紫金寺条	66	
43	拉萨	策默林	东佛殿	18世纪后期建。	《拉萨调查记》策默林条	78	
			西佛殿	19世纪前期建。	同上	80	
44	拉萨	功德林	大门、佛殿	18世纪后期建。	同上，功德林条	79	(55) (63) (64)
45	日喀则	关帝庙	大殿	18世纪后期建。	《日喀则调查记》关帝庙条		(57)
46	拉萨	惜德林	佛殿	19世纪中期建。	《拉萨文物志》惜德林条	81	
47	乃东	噶丹曲果林	佛殿	19世纪末、20世纪初建。	《乃东县文物志》噶丹曲果林条	82	
48	琼结	唐波且寺	佛殿	20世纪初建。	《琼结县文物志》唐波且寺条	73	
49	乃东	曲德贡寺	佛殿	20世纪前期扩建。	《乃东县文物志》曲德贡寺条	72	

续表

寺庙序号	所在地	所属寺庙	建筑名称	建筑年代	资料来源	平面形制编号	托木形制编号
50	札囊	阿札寺	佛殿	20世纪中期改建	《札囊县文物志》阿札寺条	70	
51	乃东	哲布林	佛殿	20世纪中期建	《乃东县文物志》哲布林条	74	
52	拉萨	罗布林卡	新宫	20世纪中期建	*		(62)
			器物库	20世纪中期建	*		(67)
53	乃东	雍布拉康	佛殿	20世纪中期建	*		(69)
54	札达	民居		20世纪后期建	《古格王国建筑遗址》三·3		(70) (71)

\+ 表内资料来源栏附有+号的文章，俱已收入本集，不另出注。

* 表内资料来源栏空白未记出处者，皆据作者当时记录。

试将表7-1所列建筑的平面形制（示意草图）和所使用的柱头托木形制（速写），按年代顺序分别列7-2、7-3两表。

表7-2、表7-3皆分五期。此五期与表7-1所举拉萨大昭寺、小昭寺建筑分四个阶段大体近似（较大的差异是11世纪迄14世纪中期，即大、小昭寺第二、三两阶段与两表相应的是第二、三、四期），而与札囊桑耶寺分三阶段差别较大，这是由于桑耶寺后世变动较大昭寺、小昭寺尤为频繁，可以肯定的17世纪以前的遗迹已极稀少，在未进行考古发掘之前，无法细作区分的缘故。现列表7-2、表7-3的五期与大昭、小昭、桑耶三寺各阶段的对应表——表7-4如下：

表7-3 柱头托木形制表

	卫藏地区						阿里地区
	单层		双层				
	第一类	第二类	第三类	第四类	第五类	第六类	
第一期（7C—10C）	①②③						
第二期（10C末—13C前半）	⑤⑥⑦	⑧⑨⑩	⑪	⑫⑬			
第三期（13C后半—14C）	⑮⑱⑲⑳㉒㉔	⑯⑰					⑭㉓
第四期（15C—17C四十年代）	㉕㉖㉘㉙㉚㉛	㉜㉝	㉝	㉝			㉞㉟
前段（17C五十年代—18C前半）	㊳㊴㊵㊶㊷㊸㊹㊺	㊴㊷㊸㊹	㊾㊿	㊶㊷	53 54	54	
后段（18C后半—20C）	62 63	61 62	63	64 65	56 57 58 59 60	64	66 70 71

① 大昭中心一、二层　② 大昭中心一、二层　③ 大昭中心一、二层　④ 大昭中心一层　⑤ 大昭中心一层　⑥ 小昭佛堂
⑦ 札塘佛堂　⑧ 古都门廊　⑨ 大昭中心乌策　⑩ 萨迦北寺列朗　⑪ 大昭中心二层　⑫ 吉如佛堂
⑬ 萨迦北寺门廊　⑭ 托林白殿　⑮ 萨迦北寺列朗　⑯ 萨迦北寺乌策　⑰ 萨迦南寺大殿　⑱ 萨迦北寺宣旺
⑲ 夏鲁大殿　⑳ 昌珠大殿　㉑ 昌珠大殿　㉒ 玉意佛堂　㉓ 桑耶乌策外礼拜道　㉔ 大昭中心天井
㉕ 哲蚌措钦　㉖ 甘丹阳拔健　㉗ 白丹措钦　㉘ 色古昔札仓　㉙ 泽当乌则错巴　㉚ 泽当白加裘巴
㉛ 楚普措康　㉜ 札什伦布昔康札仓　㉝ 楚普措康　㉞ 古格Ⅳ区白殿　㉟ 古格Ⅵ区玩坡殿　㊱ 古格Ⅳ区大威德殿
㊲ 古格Ⅳ区度母殿　㊳ 大昭干佛廊　㊴ 布达拉西大殿　㊵ 桑耶乌策大门　㊶ 朗色林六、七层　㊷ 大昭外大门
㊸ 哲蚌措钦　㊹ 甘丹拉基　㊺ 布达拉东大殿　㊻ 白居洛布康札仓　㊼ 色拉昔札仓　㊽ 哲蚌古玛札仓
㊾ 朗色林三层门廊　㊿ 札塘佛堂　51 结林措巴佛殿　52 敏珠林祖拉让　53 大昭达赖札仓　54 大昭威镇三界阁
55 功德林大门　56 曲德沃寺佛殿　57 （日喀则）关帝庙大殿　58 功德林拔殿　59 哲蚌嘎夏办公室　60 大昭威镇三界阁
61 萨迦北寺裘母钮　62 罗布林新宫　63 功德林佛殿　64 甘丹噶夏办公室　65 大昭噶夏办公室　66 萨迦北寺土旺教烟
67 罗布林器物库　68 萨迦南寺大殿　69 雍布拉康　70 札达民居　71 札达民居

表7-2 建筑平面形制

分期										
第一期（7C—10C）		1 大昭中心一、二层	8 桑耶强巴林	15 托林迦莎殿	22 大昭中心一层扩建	34 古格Ⅳ区红殿	46 甘丹阳拔健	58 甘丹拉基	70 阿扎寺佛殿	82 噶丹曲果林佛殿
		2 桑耶寺	9 桑耶札觉加嘎林	16 小昭扩建	23 桑耶乌策扩建	35 古格Ⅸ区F58	47 哲蚌阿巴札仓	59 色拉措钦	71 曲德沃寺佛殿	83 札西岗佛殿
		3 桑耶乌策大殿	10 玉意拉康	17 札塘大殿	24 昌珠大殿	36 古格Ⅳ区大威德殿	48 札什伦布吉康札仓	60 日务德清大殿	72 曲德贡寺佛殿	84 托林杜康
		4 小昭佛堂	11 旧木鹿藏巴堂	18 建叶大殿	25 亚钦大殿	37 萨迦南寺大殿改建	49 大昭中心佛殿扩建	61 安爵旧大殿	73 唐波且佛殿	85 托林杜康改建
		5 札拉鲁浦石窟寺	12 桑耶康松桑康林	19 楚普顿级康	26 古格Ⅵ区F27	38 白居措钦	50 小昭扩建	62 色拉阿巴札仓	74 哲布林佛殿	86 古格Ⅳ区度母殿
		6 吉如佛堂	13 大昭中心佛殿扩建	20 萨迦北寺乌策	27 萨迦南寺大殿	39 哲蚌措钦	51 昌珠扩建	63 哲蚌古玛札仓	75 色拉麦札仓	
		7 若康佛堂	14 古格Ⅳ区F48～60	21 (聂塘)度母堂	28 夏鲁大殿	40 朵阿林大殿	52 敏珠林祖拉康	64 色拉吉札仓	76 哲蚌德襄札仓	
第二期（10C末—13C前半）			宁玛	噶举	萨迦	噶当	29 那塘大殿	41 (札囊)强巴林	53 敏珠林桑俄颇章	65 白居洛布康札仓	77 丹结林东佛殿
							30 小昭扩建	42 札什伦布措钦	54 白居古巴札仓	66 紫金却顿札仓	78 策默林东佛殿
第三期（13C后半—14C）							31 吉如扩建	43 泽当白加衮巴	55 (聂塘)度母堂扩建	67 色拉巴第康村	79 功德林佛殿
							32 楚普措康	44 泽当则错巴	56 那塘大殿扩建	68 敏珠林逊琼	80 策默林西佛殿
							33 古格Ⅳ区白殿	45 苍姑大殿	57 哲蚌措钦扩建	69 敏珠林朗杰颇章	81 惜德林佛殿

分期		格鲁		
		大殿	札仓佛殿	康村佛殿（包括拉让佛殿）
第四期（15C—17C四十年代）				
第五期 前段（17C五十年代—18C前半）				
第五期 后段（18C后半—）				

表7-4

表7-2、表7-3的分期与年代		大、小昭寺	桑耶寺
第一期	7世纪—10世纪·吐蕃时期	第一阶段	第一阶段
第二期	10世纪末—13世纪前半·吐蕃分裂时期	第二阶段14世纪中期	第二阶段
第三期	13世纪后半—14世纪·元（萨迦地方政权时期）		
第四期	15世纪—17世纪40年代·明（帕木竹巴地方政权时期）	第三阶段	
第五期 前段	17世纪50年代—18世纪前半·清	第四阶段	18世纪初第三阶段
第五期 后段	18世纪后半—20世纪·清—现代		

根据表7-2和表7-3内提供的情况，依先后次序对五期的发展演变，试作简略分析。

第一期

自7世纪的吐蕃王朝时期起，迄10世纪西藏佛教进入后弘期之前。

建筑形制

此期寺院布局主要有两种：第一种以僧房为主，如现存拉萨大昭寺的中心佛殿[9]（1）*；第二种以佛堂为主，如复原后的札囊桑耶寺平面（2）所示。

第一种的特征是沿方形院落的四壁内侧，规整地兴建成列的为僧人安排的僧房；位于后壁正中的佛堂面积仅较一般僧房略大，并不特别突出。第二种即现存位于桑耶寺中心的乌策大殿（3）。该殿原来建筑虽早已无存，但现形制尚多存旧式；此种形制的佛殿遗迹分布于西藏各地：有只设一座佛堂的，如拉萨小昭寺（4）和西藏文管会同志调查的乃东吉如拉康（6）、琼结若康（7）；有在佛堂前接建经堂的，如

---

* 括号内的阿拉伯数字系表7-2"平面形制"栏内的编号，请参看。以下同。

桑耶寺属下的强巴林（8）、札觉加嘎林（9）、乃东玉意拉康（10）和拉萨旧木鹿寺藏巴堂（11）；还有经堂附设左右侧室的，如桑耶寺西南的康松桑康林（12）。以上三类佛殿皆与桑耶寺乌策大殿中心部分同出一源，其特点都是突出供奉佛像的方形佛堂（强巴林半圆形佛堂较为特殊）和环绕佛堂为礼拜者布置的左转礼拜道（桑耶寺乌策大殿礼拜道外围的左、后、右三面又建有内匝礼拜廊道），佛堂和礼拜道前面设有经堂，经堂的面积多窄小，僧房则兴建于大殿之外。

第一期两种主要的寺院布局都源出印度。大昭寺中心部分的平面设计与印度有名的那烂陀寺（Nalāndā）第1A、1B两号僧房院遗址，除每列僧房数字相异外，几乎完全相同。印度波罗王朝达摩波罗王（765—829年在位）时期，那烂陀寺归属新建的嘎摩罗寺，故古老相传"大昭寺是以天竺嘎摩罗寺为模式"[10]。桑耶寺，文献明确记载是按照距离那烂陀寺不远的，创建于瞿波罗王（约于7世纪后期在位）或提婆波罗王（瞿波罗王的后继者，在位四十八年）时期的"阿㳺延那布尼寺（Odantapuri）的图样"[11]设计的。

柱头托木

第一期柱头托木，现仅知大昭寺中心部分尚存实物。其特点是单层、表面雕饰形象生动多样，下缘曲线简洁（①、②）*，凡此似皆摹拟石雕作法。类似的遗物见于印度阿㳺陀（Ajantā）第1、27号僧房窟和第19号塔庙窟。又大昭寺中心部分现存早期木雕门楣和其上的本雕门额中，有浮雕短柱作界格者，此类短柱柱头所饰之单层托木，其下缘曲线已向多弧发展（③）。

此期西藏佛教寺院规模一般窄小，从布局到装饰酷似印度寺院。前者可以反映当时佛教在西藏尚未广泛流行；后者则与信奉佛教的吐蕃上层敬重印度波罗王朝佛教，因而对波罗王朝的重要佛寺和高僧极为尊崇有直接关系。此外，传开凿于松赞干布（650年在位）时期的拉萨药王山东麓的札拉鲁浦石窟寺（5），是西藏现知唯一的一处内设中心方柱四面开龛的塔庙窟，该窟形制与窟内布局俱与6、7世纪中原

---

* 括号内，外框圆圈的阿拉伯数字系表7-3"托木形制"栏内的编号，请参看。以下同。

和河西一带的同类石窟相类似，因疑它的渊源来自内地。当时内地佛教亦传播到吐蕃，拉萨出现内地式佛教石窟寺是可能的。

第二期

自 10 世纪末至 13 世纪前半。10 世纪末以来，藏族地区上下两路弘法事业渐臻兴盛，迄 13 世纪 60 年代元世祖忽必烈命萨迦八思巴领总制院事，"掌释教僧徒及吐蕃之境而隶治之"（1264 年）[12]之前，藏族地区逐渐形成的各个教派的寺院已林立于各地。

建筑形制

此期寺院殿堂形制最初多摹仿前期设计。西藏工业建筑勘测设计院实测阿里地区札达有名的创建于 10 世纪末的托林寺迦莎殿（15）[13]，证实了该寺仿照桑耶寺兴建的传闻[14]。西藏文管会于札达古格故城内王宫东北的Ⅳ区发现的一处方形内院式、以僧房为主的寺院遗址（F48～60）（14），疑是大昭寺中心佛殿第一层的缩小型，从该遗址未扩大佛堂面积和无礼拜道之设考虑，当初兴建如系摹拟大昭，时间则应在 11 世纪后半桑噶尔帕巴喜饶等修整大昭寺之前。以上两处是上路弘法早期的实例。

山南地区的寺院，多延续环绕礼拜道的方形佛堂并前建经堂的形制，如札囊札塘寺（17）和西藏文管会调查的琼结建叶寺（18）。此两寺皆 11 世纪中叶以后札巴烘协（1012—1090 年）所创建。扎巴烘协是下路弘法中有名的楚臣喜饶的再传弟子，相传他曾修建了一百多座佛寺[15]，现据札塘、建叶使用同一形制的情况，似可推知该形制应是扎巴烘协修建佛寺大殿的主要设计布局。

11 世纪后半，来自阿里的桑噶尔帕巴喜饶译师等修整大昭寺（13），不仅突出了后壁正中的佛堂，又将此佛堂前面的、为众僧房围绕的较大的内院后部视作经堂，接着促陈宁波（1116—1169 年）等似又根据桑耶寺乌策大殿建有内匝礼拜廊道的设施，为大昭寺和小昭寺（13、16）都修建了大型礼拜廊道。这种新形式的大礼拜道也出现在尚存早期形制的相传都松钦巴（1110—1193 年）所创建的噶玛噶举楚普寺的顿级康（19）和萨迦第三祖扎巴坚赞（1147—1216 年）兴建的萨迦北寺乌策大殿（20）。小昭寺和楚普寺顿级康、萨迦北寺乌策大殿都扩展了经堂，后两座还扩展了佛堂。较大范围扩展佛堂面阔，使之成为明显的横长方形，大约以1205年噶当派嘉钦汝瓦为纪念阿底峡（1054年卒于聂塘）扩建的聂塘度母堂（21）为最早。佛堂、经堂和礼拜道都显著在扩展，是第二期寺院大殿布局有别于第一期的主要特征。这个时代特征，正反映出当时藏地佛教在发展、信徒在增加，以前的旧形制已适应不了人数众多、日益频繁的宗教活动的要求。

柱头托木

第二期柱头托木除单层者外，出现了新的双层式样。无论延续以前的单层托木，或是新出现的双层托木，其下缘皆流行雕饰多曲弧线。此种多曲弧线的托木，虽与第一期大昭寺托木已出现的简单弧线有相似处，但更直接的来源似仍出自印度。7世纪开凿的阿旃陀第26号塔庙窟、第6号僧房院窟中雕出的多曲弧线柱头托木可为佐证。

本期单层托木之例，以见于大昭寺佛堂前方门楣之上的（⑤）和高起的构架上方的（④）为最早。小昭寺佛堂内柱头托木（⑥）亦属此类。较晚的札囊札塘寺佛堂内托木下缘前端曲线紧促，式样特殊（⑦），未见他例。

黄文焕同志调查洛札桑嘎古都寺佛经时，拍摄该寺门廊照片中所示的双层托木（⑧）[16]，可能是双层托木的早期形制。其下层短促低矮，前端只具弧线；上层则斫多曲弧线与上述大昭寺单层托木颇为相似。萨迦北寺乌策大殿早期托木（⑨），上下层下缘的多曲弧线已趋繁杂，显然是双层托木经过一段时间的发展后出现的样式；乌策大殿上层列朗殿早期托木（⑩）应是它的变体。

在双层托木实例中，值得注意的是出现了与内地建筑构件结合的作法。大昭寺佛堂前横枋上置一斗三升承托多曲弧线托木（⑪），是现知最早的遗迹。此种结合，实际是以一斗三升作为双层托木的下层。西藏文管会调查乃东吉如拉康，于其佛堂内发现的双层托木，更进一步将作为下层托木的一斗三升中的横拱即泥道拱的两端，也雕饰出多曲弧线（⑫）。与内地建筑构件结合的作法，在意大利杜齐教授的著作里有更为重要的例证，即康马萨玛达寺的门廊结构[17]。该门廊柱头组织不仅在一斗三升的横拱即泥道拱的两端雕饰多曲弧线，而且在相当于内地建筑的慢拱和第一、二跳华拱以及最上跳跳头的替木上，都雕饰出多曲弧线，其中慢拱和替木的多曲弧线还出现较有规律的长短弧线组合（⑬）。萨玛达寺门廊列柱间只设阑额，无普拍枋，亦无补间铺作；柱头组织的最上跳跳头用斗口跳承托替木上承橑檐枋，这些作法从内地建筑演变顺序考虑，它们流行的时间都不晚于12世纪[18]。萨玛达寺门廊柱头枋间的散斗位置和柱头铺作第一、二跳华拱之上，都装饰了木雕卧狮，这应是印度影响的产物。11、12世纪西藏佛教建筑混有印度影响并不足怪，但印度因素在西藏建筑中与内地构件结合得如此融谐，则殊值注目。

本期是西藏佛教各教派兴起、竞相争取权势支持并力谋扩大影响于下层的时期，所以增建寺院、扩展殿堂。在新的建置中较多使用内地结构，盖自10世纪末季，下路弘法诸人习法于位今青海西宁东南的登底[19]，11、12世纪吐蕃赞普后裔唃厮啰以及直迄13世纪之初曾入属吐蕃的党项建立之西夏王朝[20]，皆毗邻内地，且皆与内地经济、文化联系密切。因此，内地盛行的木构建筑通过上述诸地，逐渐传播到藏族腹地——卫藏地区。

第三期

13世纪后半至14世纪末。即自蒙元扶植萨迦教派有效管理西藏地区，迄于帕木竹巴万户绛曲坚赞兼并前、后藏，接受中原诰封，建立帕竹地方政权的初期，亦即自元世祖迄明太祖之世。

建筑形制

至元十一年（1274年）竣工的萨迦南寺康萨钦莫大殿经推测复原后（㉗），知道它比前期寺院的佛殿更扩展了佛堂、经堂和环绕佛堂、经堂的大礼拜道[21]，并对大礼拜道的外墙作了加厚的处理；另外，还在大殿入口处修建了向前突出的门庭，随后又在大殿和其他建筑的外围，兴筑起一座方形城堡。以上这些安排，除了僧人迅速增多的原因外，更与当时推行的政教合一的统治相适应。其时，萨迦南寺不仅是萨迦教派的主寺，而且是经内地王朝授权掌握西藏行政大权的地方行政中心。正是由于具有后一政治地位，自然要加强安全设施，从加强防御上考虑：加厚大范围的大殿礼拜道外墙，实际就是在大殿内壁外围又筑起一匝牢固的外壁；扩展门庭，即森严门卫；最外面增建的城堡，其目的更是显而易见。萨迦南寺这种层层设防的新的寺院模式出现后，很快就为其他万户府的主寺所仿效，现存较好的一处实例，即是与萨迦关系密切，位于沙鲁思万户府遗址范围内的13世纪80年代兴建、14世纪中前期重修的夏鲁寺。夏鲁寺大殿加厚的大范围礼拜道外墙与突出的门庭，都与萨迦康萨钦莫大殿相似，其门庭的防御设计较萨迦尤为紧严（28）。14世纪，桑耶乌策大殿四周增建上层设僧房的方形外匝礼拜廊道（23），此种另建大范围礼拜道于殿外的作法，也应是在加强防御的要求下出现的。14世纪帕木竹巴绛曲坚赞重建的乃东昌珠寺大殿，虽未建有包括围绕经堂部分的大范围礼拜道，但扩展了佛堂、经堂，则与萨迦南寺大殿、夏鲁寺大殿情况相似；横长的主要佛堂分截成若干小佛堂亦与夏鲁寺同（24）。拉萨大昭寺也扩展了中心佛殿内院被视为经堂的范围（22）。

　　西藏归附中原后，与内地往还日益密切，寺院建置的交流影响，是一个重要方面。至元十七年（1280年），桑哥奉元世祖命，入藏解决本钦贡噶桑布问题后，为萨迦修建了一座汉式门楼，达仓宗巴·班觉桑布《汉藏史集》桑哥丞相的故事节记其事云：

　　　　（阳铁龙年·至元十七年）贡噶桑布伏法……桑哥到了萨迦，修建了东甲穷章康，其门楼的样子采用汉地风格。[22]

此门楼现已不存，但萨迦南寺设有马面、角楼和女墙的方形城堡[23]，城堡外面还绕建羊马城和城濠，凡此皆是当时内地的筑城制度。萨迦北寺列朗殿檐下现存的斗拱结构，亦是典型的元建作法。以元皇室为施主的夏鲁寺大殿，经堂两侧建东西配殿、经堂柱距中心间加宽并依次递减、第二、第三两层施斗拱、梁架和歇山琉璃屋顶的木结构等，皆是内地形制。其时采用汉式建筑形制，萨迦、夏鲁之外，和内地关系较多的噶举寺院亦然，如五世达赖昂旺·罗桑嘉措《西藏王臣记》察巴噶举派掌管西藏政教事记节所记：

> 桑杰欧珠（佛成）……被选为大长官后，奠定了噶举僧伽中察巴派教法的基础。他的儿子为大长官仁嘉（宝胜）继掌父亲的长官职务后，曾去到元都，元世祖命他培修所有……寺庙……他有子三人……次子为大长官嘎邓（安乐）……他为了察巴派寺众的事务，曾七次去到元都，亲谒元帝……嘎邓请来汉族的技巧工人，修建了中院房舍及屋脊宝顶金殿等。所有这些寺院房屋以及佛像供物等都修得十分美满庄严。[24]

"屋脊宝顶金殿"即汉式建筑中金饰的起脊屋顶大殿。汉式金顶据藏文史料前弘期即已传入西藏[25]，但较广泛地出现于西藏各地似始于13、14世纪。与汉式建筑同时传入西藏的此时期还有内部装修与彩画，如萨迦北寺列朗殿，夏鲁二、三层各殿内的小木作、平棋等装修和斗拱、拱眼壁上的彩画。应予注意的还有具有浓厚内地风格的大面积壁画，札囊札塘寺佛堂壁画约是此期较早的遗迹；夏鲁门楼第二层礼拜道壁画、佛殿第一层经堂壁画约是此期较晚的实例。

本期与政治关系较浅的寺院建置与上述诸寺不同，既没有突出防御设施，也没有显著的内地影响；而是较多因袭了上期一般寺院的布局。如13世纪后期噶当派兴建的日喀则那塘寺大殿（29），即是上承聂塘度母堂的设计，仍是礼拜道围绕横长方形的佛堂，但扩展了佛堂前的经堂面积；西藏文管会调查的大约兴建于14世纪的托林寺杜康殿（84）也大体与此类似。又如西藏文管会调查的宁玛派的札囊亚钦寺，该寺建寺年代已迟至14世纪中期，但其第一、二、三各层佛堂仍沿自第一期以来的绕建礼拜道的方形佛堂形式（25）。西藏工业建筑勘测设计院在札达古格故城王宫中部发现的外绕礼拜道一匝的佛殿遗址（26）[26]，其兴建之始大约较15世纪为早，其时古格佛寺多属直贡噶举教派。

柱头托木

双层托木发展成柱头托木形制的主流，是此期托木有别于以前的鲜明特点。此种演变的出现，可能出自萨迦教派大规模修建寺院。萨迦此期所使用的托木，其上层下缘前端短促的弧线之后的多曲弧线，开始有规律地分散组成两类纹样。第一类比较复杂，如萨迦北寺列朗殿较晚的托木（列朗晚期托木）（⑮），其前端先作出短促的双曲弧线，后面饰以两组云头，两组云头之间介以缩进的半云头。第二类比第一类略为简单，如萨迦北寺乌策大殿较晚的托木（乌策晚期托木）（⑯），前端曲线后面只作出两组云头；南寺大殿托木与之略同（⑰），但其最前端曲线向前使用了后日流行的斜上的直线。第一类托木为北寺宣旺确康（⑱）、夏鲁寺大殿上层（⑲）和昌珠寺大殿内回廊外侧（⑳）柱头所沿用，但宣旺确康和昌珠的托木其最前端使用了接近第二类南寺大殿的托木形式。

单层托木此时并未消失，和前期最接近的是昌珠寺大殿内回廊外侧转弯处的四出柱头托木（㉑）；但较多的是其下缘多曲弧线虽受到双层托木新式云头纹样的影响，云头的形式却不如双层者完整、清晰，如玉意拉康门柱（㉒）和桑耶乌策大殿外匝礼拜廊道之托木（㉓）；还出现了如大昭寺中心佛殿天井柱头上那样类乎内地替木形式的简洁的单层托木（㉔）。

此时期，在内地政权直接管辖下的西藏地区，由于政教合一制度开始发展，一些控制当地政权的寺院，其建置设防也开始强化；这类寺院大都与内地关系密切，在建筑方面受到内地的影响也较为显著；同时，这类寺院尽管在设施上不断影响着西藏地区的一般寺院，但后者主要还多因袭旧制。出人意外的是，旧制的西藏寺院——绕建礼拜道的方形佛堂式的寺院大殿，在13、14世纪还远播到西夏黑水镇燕军司即元亦集乃城[27]。

第四期

15世纪迄17世纪40年代初，即帕木竹巴地方政权中后期至崇祯十五年（1642年）噶玛地方政权覆灭。

建筑形制

15世纪初期帕竹地方政权统治下的西藏地区社会比较安定、繁荣，宗喀巴进行的宗教改革得到帕竹上层的支持。永乐七年（1409年）宗喀巴于拉萨大昭寺主持的大祈愿会，即是以新受明成祖册封为阐化王（1406年）的乃东第五代第悉扎巴坚赞（1385—1432年在位）

为施主的。在扎巴坚赞等人的影响下，许多原属帕竹噶举教派的寺院转奉格鲁。宗喀巴又以继承阿底峡传统为号召，使大批噶当寺院也先后改宗格鲁。永乐十三年（1415 年）明廷又封宗喀巴弟子释迦也失为西天佛子、大国师（宣德九年〔1434 年〕又进封为大慈法王），于是该派寺院建置急剧发展。格鲁三大寺的主寺甘丹寺首先创建于上述大昭法会之后。永乐十三年（1415 年）建哲蚌寺。永乐十六年（1418 年）建色拉寺。三大寺现存主要殿堂经宗喀巴规划、奠基或开光的有永乐十四年（1416 年）兴建的哲蚌措钦大殿（39）、永乐十五年（1417 年）兴建的甘丹阳拔健（46）、永乐十七年（1419 年）兴建的色拉措钦和哲蚌的阿巴扎仓佛殿（47）。其中除色拉措钦后经改建为阿巴扎仓佛殿（62）外，其他三座俱可考其原来形制。哲蚌措钦上承噶当佛殿制度，即在经堂后方设周绕礼拜道的横长方形佛堂（39）。由宗喀巴弟子克珠杰参加设计于永乐六年（1408 年）兴建的江孜白居寺大殿（38），也是在横长方形佛堂四周绕建礼拜道。许多哲蚌早期所属的小寺院也兴建周绕佛堂的礼拜道，如经西藏文管会调查的建于正统三年（1438 年）的札囊朵阿林（40）和创建于成化八年（1472 年）、现成废墟的札囊强巴林（41），可见此种形制的佛殿，仍为格鲁早期所重视。因此，有理由怀疑色拉措钦未改阿巴扎仓佛殿之前，大约亦同此制。

甘丹阳拔健（46）和哲蚌阿巴扎仓佛殿（47）皆是密法殿，其形制似与一般佛殿不同，最大区别是其早期亦不设礼拜道。噶当不广传密法，格鲁密法殿的来源可能出自其他教派。内蒙古文物考古研究所调查的兴建于 14 世纪 80 年代以前的属萨迦教派的亦集乃城内的大黑堂（F191）[28] 的形制可备参考。西藏工业建筑勘测设计院调查的 16、17 世纪之际已归属格鲁的噶当僧人在札达古格故城中兴建的吉界拉康（大威德殿）（36）的设计，可能又受了哲蚌阿巴扎仓的影响。

不设礼拜道的佛殿大多在经堂后壁并建二或三佛堂，这种形制在格鲁初期似较经堂后壁只建一佛堂并绕以礼拜道者等第低一级，其例除前举密法殿外，各寺札仓佛殿形制大抵如此。其实，格鲁较大寺院中单独之密法殿即多与习密法之札仓佛殿合而为一，故此类密法殿似乎亦可视为札仓佛殿之一种。值得注意的是，宗喀巴弟子根敦珠巴正统十二年（1447年）于日喀则建札什伦布寺措钦大殿（42）和该寺的吉康札仓佛殿（48），都采用了无礼拜道、经堂后壁并建三佛堂的制度。这种降低札什伦布措钦等第的作法，是有意自贬于三大寺，还是在进行佛殿建置的改革？札什伦布措钦的形制，就现知实例言，它首先影响了改宗格鲁后的帕竹噶举主寺乃东泽当寺，该寺于16、17世纪之际兴建的则措巴（44）和白加衮巴（43）两座佛殿，俱是既设置了并列的佛堂，又取消了佛堂四周的礼拜道。

传为宗喀巴另一弟子贵觉多敦于正统十年（1445年）以前，在拉萨创建的苍姑寺，其佛殿建置较各寺札仓佛殿的等第又低一级，即殿内不设佛堂，供奉之像、塔皆列于经堂后壁之前（45）。此制略同于16世纪以来三大寺各札仓之下流行兴建之康村的佛殿。

15世纪前半，格鲁寺院在佛殿建筑的安排上，似已初步建立起一套等级体制：

　　寺属大殿（措钦）→札仓属佛殿→较札仓佛殿尤小的佛殿（略同稍后流行的康村佛殿）

以上体制系统，可能出自宗喀巴及其弟子的规划，但实际上既反映了当时格鲁寺院发展的迅速，同时也反映了帕竹地方政权逐渐完备的封建等级制度对佛教寺院的影响。

废除环绕佛堂的礼拜道，16世纪已成风气。噶玛噶举的主寺堆龙德庆楚普寺16世纪新建的措康大殿（32）、约略与之同时经西藏文管会调查的札达古格故城内壁画中重视噶当高僧的嘎波拉康（白殿）（33）皆取消了围绕佛堂的礼拜道[29]。萨迦南寺康萨钦莫大殿将原来礼拜道的范围并入佛堂的作法（37），约亦始于16世纪。各教派佛殿废除围绕佛堂的礼拜道，并未忽视左转礼拜像、塔的宗教仪轨，而是将礼拜道的位置从殿内移向殿外，萨迦南寺康萨钦莫大殿和楚普寺措康大殿殿外设置的露天礼拜道[30]迄今仍在使用；古格故城的嘎波拉康（白殿）和玛波拉康（红殿）殿外露天礼拜道遗迹也尚清晰可辨。这个变动，大约是受到了12世纪促陈宁波等人为缓解大昭寺礼拜者增多，在大昭佛殿周围兴建大型礼拜廊道作法的启示。此时期礼拜道位置的外迁，解决数量庞大的僧俗礼拜时的拥挤问题固然还是一个原因；但由于15世纪中叶以后，各教派寺院参与政权的争夺愈演愈烈，重要殿堂遇难罹劫已非罕见，各寺院为了增强主要建置的防御，移一般礼拜者之绕行道于殿外以防不虞，恐是更为紧要的因由。

　　废除环绕佛堂的礼拜道后，经堂后壁只设正中一佛堂之制，在卫藏地区格鲁寺院的大殿中颇为罕见，现仅知哲蚌寺阿巴扎仓佛殿一例（47）。但在阿里札达寺院中似较流行，古格故城的嘎波拉康（33）和略晚的密法殿杰吉拉康（36）[31]、Ⅸ区佛殿遗址F58（35）以及托林寺的嘎波拉康[32]皆用此制。又古格故城的玛波拉康（34）等置尊像、佛塔于经堂后壁之前，竟无佛堂之设，其制又与格鲁后来兴起的属于康村的佛殿相类。此外，托林杜康废除佛堂外围礼拜道后，还利用了佛堂外左右侧礼拜道的前部，扩展成左右小室（85）。更值得注意的是，阿里最西部噶尔扎西岗寺约于15世纪初兴建的佛殿（83），还仿效了10世纪的托林迦莎殿。以上情况，约可说明15—16世纪处于西部阿里的寺院在殿堂等第的规定上，远不若卫藏地区格鲁寺院整齐、严密。

　　萨迦南寺康萨钦莫大殿废除礼拜道后，在佛堂前面两侧各建佛堂（37），安置都却喇让两支颇章的灵塔（右为平措颇章灵塔殿，左为卓玛颇章灵塔殿），此种类乎内地左右配殿的设计，可能受到夏鲁寺大殿和白居寺大殿的影响。

　　在废除环绕佛堂的礼拜道的16世纪，以保守著称的宁玛派寺院，仍有兴建大礼拜道者，如乃东吉如拉康（31），该寺佛堂前之经堂、门庭和大礼拜道都兴建于16世纪该寺改属宁玛北派时。15、16世纪之际，小昭寺扩建前庭时，不仅保存了礼拜道，并且向前扩展了礼拜道（30），这种作法与吉如拉康相似，看来，这两例在当时可能都是有意保存旧形制。

柱头托木

　　第四期柱头托木现存遗迹大多沿袭前期双层托木的第一类，如萨迦、夏鲁的托木式样。上层托木前端的弧线向前延长，呈现狭瘦形状，其后面第一个短弧与后面的云头相连结，如哲蚌措钦大殿早期托木（㉕）、甘丹阳拔健经堂（㉖）、白居寺大殿第一层后佛堂（㉗）、色拉吉札仓佛殿早期托木（㉘）和泽当寺则措巴大殿门廊（㉙）的托木。此期较晚的托木，前端狭瘦弧线向短壮发展，其后面第一个短弧与后面的云头拉开了距离，如泽当寺白加衮巴大殿（㉚）和楚普寺措康大殿托木（㉛）。双层托木的第二类，尚未获佳例。发现了数量不多的较第二类更为简单的第三、第四两类托木。札什伦布吉康札仓佛殿的托木（㉜）在前端短壮弧线后面，只作出一组云头，是为双层托木的第三类。楚普措康大殿天井下的托木（㉝），其上层与前期大昭寺天井的单层托木只具一曲弯弧，有若内地之替木形式者，是为双层托木之第四类。

　　阿里地区札达托林寺和古格故城王宫区域 15、16 世纪左右的寺院佛殿的柱头托木，单层与双层并用。托林寺嘎波拉康柱头的双层托木，其下层下缘雕饰的多曲弧线系上层下缘的简化形式（⑭），故城金科拉康的双层托木更形简化，上层下缘仅饰出弧线（㉟），其时代较前者为晚。故城嘎波拉康（㉞）、玛波拉康俱用单层托木，其下缘已出现重叠式的复体云纹曲线，此曲线与上述第三类托木上层下缘的外轮廓线相似。故城吉界拉康的托木，虽是双层，但其纹饰则属嘎波、玛波两拉康单层托木的体系，其下缘曲线与上述第一类上层下缘曲线接近。阿里寺院托木与其东卫藏地区托木下缘曲线的相似和接近，给我们进一步探讨西藏自第三期以来的藏式托木形制的来源提供了参考线索，尽管阿里现存遗迹的绝对年代较晚。

　　第四期寺院佛殿形制与柱头托木都出现了新的式样。佛殿礼拜道迁至殿外是寺院形制变化最显著的所在。这个变化与当时新创寺院选择地形着重在便于防御的山麓相同[33]，都是各教派间为了争夺庄园、属民不断进行械斗的反映。柱头托木下缘曲线开始规范化，与各地政权、教派大事兴建，使西藏殿堂建筑在一个阶段内急剧发展有一定联系。值得注意的是上述两项变化，在主张宗教改革的格鲁寺院中，又似乎可以看到某些初步的等第差别；而这种等第差别在 16 世纪中期以后发展缓慢，看来与格鲁在教派斗争中暂时处于劣势不无关系。

第五期

　　即自清代统治西藏以来的时期。亦即自崇祯十五年（1642 年）青海蒙古厄鲁特部固始汗入藏支持格鲁，拥奉五世达赖昂旺·罗桑嘉措和顺治十年（1653年）五世达赖得到清廷册封始，迄于1957年和平解放西藏之前。有的西藏地方史谓此阶段为甘丹颇章时期。从寺院殿堂建置发展情况考察，此期可分前后两段。前段即以五世达赖时的兴建为典型，下延到乾隆十六年（1751年）七世达赖格桑嘉措亲政以前。后段特征形成于乾隆十六年清廷实施《西藏善后章程（十三条）》、成立噶厦之后不久；19世纪中期以降，即多因循成规殊少变化。

第五期前段建筑形制

前段从五世达赖崇祯十六年（1643年）主持大昭寺工程开始，修门廊，建千佛廊（49）。建千佛廊实际是为大昭佛殿前增建了一处较大的经堂。此后，又扩建了小昭门廊（50）和昌珠的经堂与门廊（51）；昌珠的外围礼拜廊道大约也完善于此时。

自17世纪中期，格鲁在西藏各教派中已占统治地位，所以18世纪前期西藏的重要寺院工程，主要是拉萨三大寺的扩建与重建。扩建与重建过程中，三大寺出现的共同特点是：1）殿堂面积扩展，反映了寺院建置等级的差异日益完备。此种差异表现在经堂用柱数量上最为清晰，具体情况例如表7-5：

表7-5

	殿堂属寺	殿堂名称	经堂柱数	建筑年代
寺院级	哲蚌寺	措钦大殿（57）	184	颇罗鼐当政时（1728—1747年）扩建
	色拉寺	措钦大殿（59）	102	1710年新建
	甘丹寺	拉基大殿（58）	102	1721年新建
札仓级	哲蚌·古玛札仓	古玛札仓佛殿（63）	102	18世纪前半
	色拉·吉札仓	吉札仓佛殿（64）	100	颇罗鼐当政时扩建
	色拉·阿巴札仓	阿巴札仓佛殿（62）	42	1710年改建
康村级	色拉·吉札仓·巴第康村	巴第康村佛殿（67）	16	18世纪中期

2）殿堂扩展后，最突出的是经堂部分。经堂是集中所属僧人听讲、诵经的所在。因此，经堂面积加大，即意味着僧人数量的增长，哲蚌措钦大殿的改造扩充，应即因此需要。3）经堂后面的佛堂，措钦大殿和札仓佛殿俱如前期札什伦布寺之制，流行分截成若干小佛堂的作法；时间较晚，经堂左右两侧流行起设置供奉尊像和灵塔的佛堂，如哲蚌措钦大殿经堂右侧和色拉吉札仓经堂两侧的布局。4）奉像、塔于经堂，不另设佛堂的小型殿堂，逐渐成为札仓属下康村殿堂的标准形制。

拉萨以外，此期修建的格鲁寺院也略如三大寺制度，如乃东日务德清大殿（60）与江孜白居寺格鲁派洛布康札仓佛殿（65）形制相同，但面积大小有别（日务德清大殿经堂七十柱，洛布康札仓佛殿经堂十二柱）。又如改宗格鲁的聂塘度母堂（55）和日喀则那塘寺大殿（56）亦俱于经堂两侧增设佛堂。此外，拉萨以外的格鲁寺院中较大的大殿和札仓佛殿也偶有使用不设佛堂的康村佛殿形制，前者如乃东安爵寺大殿（61），后者如江孜紫金寺却顿札仓佛殿（66）。

以上格鲁寺院建置的演变，虽然都继承了上一期的发展趋势，但就格鲁寺院之规模观察，很明显这个阶段应是该派建置的鼎盛时期。所以，当时不少其他教派兴建殿堂大都受到格鲁寺院的影响，如白居寺萨迦教派的古巴札仓佛殿（54）也在经堂之后并建了三座佛堂；以保守著称的宁玛教派的代表寺院之一札囊敏珠林的祖拉康（52）也在经堂两侧兴建了左、右佛堂。

一般僧俗围绕寺院的礼拜方式，约即在格鲁寺院鼎盛时期盛行起来，大昭周围的"八廓"应是门廊、千佛廊兴建之后形成的；格鲁各大寺也出现了绕寺的外围礼拜道。再后作为西藏政教中心，亦即格鲁教派中心的拉萨，甚至还出现了"林廓"——围绕拉萨市的所谓"外朝拜道"[34]。礼拜道的扩展和复杂化清楚地表明了格鲁势力的不断扩张。

第五期前段柱头托木

第五期前段柱头托木卫藏地区俱双层。第一类实例以大昭寺千佛廊（㊳）、布达拉宫西大殿（红宫即司西平措）（㊴）、桑耶乌策门廊（㊵）、朗色林第六、七层经堂（㊶）、大昭寺中心佛殿第三层（㊷）托木最具典型；其较突出的特征是上层托木前端斫出鲜明的斜上直线。哲蚌措钦晚期托木（㊸）、甘丹拉基（㊹）托木下层皆逐渐增高，是前段时期较晚的特点。第二类托木与第三期同类相较，前面云头显著较后面云头缩短，如布达拉宫东大殿（白宫即措钦）（㊺）、白居寺洛布康札仓佛殿（㊻）的托木。较晚之例与第一类特点相同，即下层托木加高，如色拉寺吉札仓晚期托木（㊼）和哲蚌寺古玛札仓托木（㊽）、朗色林三层门廊托木（㊾）。第三类如札囊札塘寺佛堂托木（㊿），其上层云头曲线已开始简化，下层亦如第二、三两类向增高发展。第四类托木有的下层前端斜上，如西藏文管会调查的札囊结林措巴经堂托木（(51)）；有的前端曲线亦较前期为柔缓，使用范围更扩大到门廊，如敏珠林祖拉康（(52)）。大约从17世纪后期起，托木又出现了两个新类。一类是五世达赖时期在大昭第三层兴建达赖拉让使用的托木（(53)）；其特点是将第一类两云头曲线之间的半云头曲线，也扩展成云头样。因此，就形成了类似三个云头并列的曲线。如以云头曲线多少排列托木等第，此类托木似应列于第一类之前，现暂依出现先后列之为第五类。另一类，如哲蚌措钦楼上所施之两层托木（(54)）；此两层托木上方皆界以散斗，散斗斗欹之下斫出类乎“皿板”部分，此种作法与大昭寺中心佛殿第三层五世达赖时所建金顶檐下铺作中的散斗相同；此类托木上层只作单云头曲线，应附在第三类之后，现暂列为第六类。本段是托木形制发展最繁杂的时期。综合观之，上述之六类托木演变的共同点是：1）上层托木大部趋向窄长；2）下层托木日益增高。第一、二两类的共同点是：1）下缘雕饰的前后两云头垂悬的情况，都逐渐处于同一水平线上；2）后面云头较前面云头逐渐加长。

阿里地区古格故城卓玛拉康的柱头托木，尚沿用该地区流行的单层形式，下缘复体云纹斜向伸延（㊲），是有别于以前形制的特点。此特点与卫藏托木云头加长、整体向窄长发展的趋势相同。

第五期前段随着格鲁寺院的大事兴建，表现在寺院各种建置的等级差别日益鲜明，如上所述殿堂面积的大小和托木下缘曲线的繁简，在此阶段似都出现了较为严格的规定。此种规定，表现在当时由内地传来的屋顶形式和斗拱组织尤其明确；最清楚的实例是五世、六世达赖时，于大昭寺三层兴建和重建的四座金铜殿顶。四座殿顶的情况略如表7-6：

表 7-6

位置	殿名	殿顶形式	檐下斗拱组织	修建年代[35]
西殿	释迦牟尼殿	重檐歇山	上檐九踩四昂 下檐五踩二翘	1310年建金顶，1647年全部更新
东殿	松赞干布殿	重檐歇山	上檐七踩三翘 下檐五踩二翘	原为琉璃瓦顶，1647年更换金顶
南殿	慈尊（弥勒）殿	歇山	檐下五踩二翘	1647年更换金顶
北殿	千手千眼观音殿	歇山	檐下五踩二翘	1310年建金顶；现存金顶的更换，约在1706年以前六世达赖仓央嘉措时期

四座殿顶使用了三个等级：面对寺门坐西的释迦牟尼殿等级最高；与释迦牟尼对面坐东的松赞干布殿殿顶形式与下檐斗拱虽同于释迦牟尼殿，但上檐斗拱则较释迦牟尼殿为低；位于左右配殿位置的弥勒与观音殿，当然不能与释迦牟尼殿相比，该两殿用单檐顶和五踩二翘的斗拱，说明其等级又低于松赞干布殿。此阶段西藏寺院建置出现的严格的等级差别，应是五世达赖为格鲁寺院制定的多种规章制度中的一部分。五世达赖制定制度本身与制度的有效实施，都反映了当时格鲁教派实力之加强和西藏政教合一制度的强化[36]，另一方面也反映了阶级关系的紧张，在这种情况下，出现了礼拜道的进一步扩展和复杂化，是可以理解的。

第五期后段建筑形制

自 18 世纪后期以来，西藏各地新建的较大寺院极为稀少，如前段所举大型的措钦大殿竟未得一例，大致可判其年代的札仓佛殿亦仅于拉萨三大寺中获两例。此阶段应予注意的是某些大寺院的呼图克图，特别是三大寺大札仓曾任掌办商上事务的呼图克图兴建拉让成风，有名的拉萨四大林即是此类建置的要例。现著录上述资料如表 7-7：

表7-7

殿堂所属	殿堂名称	殿堂布局	经堂柱数	修建年代
札仓属	色拉寺麦札仓	麦札仓佛殿（75）	经堂后建多间佛堂，经堂两侧建库房	70	乾隆二十六年（1761年）重建
	哲蚌寺德曩札仓	德曩札仓佛殿（76）	经堂后建三佛堂，经堂前建重层门廊	56	约建于18世纪后期
四大林属	哲蚌寺罗色林札仓丹结林	丹结林东佛殿（77）	经堂后建佛堂	16	乾隆二十三年（1758年）建
	哲蚌寺罗色林札仓策默林	策默林东佛殿（78）	经堂后建二佛堂，经堂两侧建长库房	20	乾隆四十二年（1777年）～五十一年（1786年）建
	哲蚌寺古玛札仓功德林	功德林佛殿（79）	经堂后建三佛堂，经堂两侧各建两佛堂	16	嘉庆元年（1796年）建
	哲蚌寺罗色林札仓策默林	策默林西佛殿（80）	经堂后建多间佛堂，经堂两侧建长库房	18	嘉庆二十三年（1818年）～道光二十四年（1844年）建
	色拉寺吉札仓惜德林	惜德林佛殿（81）	经堂后建三佛堂	48	道光二十六年（1846年）～咸丰五年（1855年）建

从上表可知：1）札仓佛殿规模已较前段为窄小；四大林喇让佛殿的规模与三大寺各札仓下属之康村相仿佛，但建年愈晚的规模愈宽大。2）札仓佛殿继续了经堂后面列多座佛堂的布局，但有的门廊部分复杂了，如哲蚌德曩札仓；有的在前段经堂两侧建左右佛堂的位置改设库房，如色拉麦札仓。3）四大林佛殿俱设佛堂，制度同于札仓佛殿；但经堂两侧的安排似无定制：丹结林、惜德林上沿早期札仓之制，不

设建置；功德林则如略晚之札仓，两侧各设佛堂；策默林东、西佛殿又同于本段札仓佛殿两侧建库房的新形制。

策默林佛殿的布局大约在十三世达赖土登嘉措（1895—1933年在位）时期，即本世纪前期，逐渐成为格鲁派新建中小型寺院的流行样式，如乃东噶丹曲果林佛殿（82）和西藏文管会调查的乃东曲德沃寺（71）、曲德贡寺（72）佛殿以及琼结唐波且寺佛殿（73）等。20世纪所建非格鲁派小型寺院佛殿亦有如三大寺康村形制者，如西藏文管会调查的1940年重建的萨迦派乃东哲布林（74）。非格鲁派寺院较早的宁玛派敏珠林逊琼大殿（18世纪晚期）（68）和该寺1943年重建的朗杰颇章（69）、经西藏文管会调查的1955年重建的噶玛噶举派的札囊阿札寺佛殿（70）经堂两侧也都建有佛堂，但特殊的是，此三殿经堂后面与前段敏珠林桑俄颇章佛殿（53）相同，还建有一佛堂，这显然都是前一时期旧制的遗存。

第五期后段柱头托木

前段柱头托木出现的共同点都继续发展。第一类典型实例有功德林大门托木（55）。第五类逐渐流行，似乎出现代替第一类的趋势，从18世纪后期的实例，乃东曲德沃寺经堂托木（56）和日喀则关帝庙门廊托木（57）起，经过19世纪甘丹阳拔健天井托木（58）和哲蚌德曩札仓佛殿托木（59）诸例，到1950年新建大昭寺内的威镇三界阁的此类托木（60），即完全有别于第一类了。第二类实例有20世纪40年代萨迦北寺兴建的衮母纠，该处托木上层下缘的前面云头曲线尚少变化（61），但50年代新建罗布林卡新宫的托木（62）上层前面云头曲线已开始简化。第三类有功德林佛殿托木（63）之例。第六类托木上层曲线简化与第三类接近；散斗斗欹使用了僵直的斜线，并取消了斗欹之下类似"皿板"的部分，其形制全同于内地，如功德林大门托木（64）。第四类实例增多，使用范围宽广，大昭寺二层噶厦办公楼用之（65）；20世纪初，萨迦北寺重建土旺敦烟小型佛殿亦用之（66），此后，拉萨罗布林卡器物库（67）、萨迦南寺康萨钦莫大殿重修第二层廊柱（68）和乃东雍布拉康重修第二层廊柱（69）[37]均用此类托木。阿里地区近代民居亦多用此类托木（71）和它的简化的单层形式（70）。其实，这类简单托木在卫藏地区包括民居在内的较低级的建筑中亦多使用。第五期后段各类托木上层下缘曲线俱趋简化，第五类和第四类实例增多，更重要的是托木制度逐渐出现了紊乱乃至解体的情况。

第五期后段与前段同，主要实例多属直接掌握西藏地方政权的格鲁寺院。18 世纪后期以来，前段原本种类清晰的柱头托木，在使用上日渐紊乱；同时，寺院殿堂建筑形制也因兴建大呼图克图的拉让而出现与以往规律不同的格局。拉让即是大呼图克图本人的家寺，拉萨四大林即是格鲁三大寺一些札仓的呼图克图的家寺。此类呼图克图都在当时西藏地方政府握有实权，他们的拉让中的主要佛殿不仅建有经堂，而且建有佛堂；经堂内设该呼图克图的宝座；佛堂，据说原奉宗喀巴像，但该呼图克图卒后，即改奉他的塑像和灵塔。类此尊奉某一呼图克图的寺院建筑的发展，以及上述托木的情况，约可共同反映此时期由于西藏上层统治阶层的争权夺利，许多制度难以维持。自 19 世纪 70 年代起，帝国主义势力又日甚一日地入侵西藏，内部腐朽势力与分裂力量相结合，19 世纪末叶，十三世达赖土登嘉措晚年虽曾致力整顿，但格鲁的黄金时代已成过去，在西藏不仅是宗教寺院，乃至整个社会，都长期处于不安定的动荡之中，因此，寺院的建筑形制和常见的柱头托木，近一个多世纪变化甚少。

注释

[1] 西藏自治区文物管理委员会《乃东县文物志》，1986。
[2] 西藏自治区文物管理委员会《琼结县文物志》，1986。
[3] 西藏工业建筑勘测设计院《古格王国建筑遗址》，1988。
[4] 西藏自治区文物管理委员会《古格故城》，1991。
[5] 黄文焕《桑嘎古都寺的古藏文手抄本佛经试析》，刊《西藏研究》1982 年 2 期。
[6] 西藏自治区文物管理委员会《札囊县文物志》，1986。
[7] 西藏自治区文物管理委员会《阿里地区文物志》，1993。
[8] 西藏自治区文物管理委员会《拉萨文物志》，1985。
[9] 大昭寺中心佛殿为方形内院式建筑，内院四壁前除后壁正中一室为佛殿外，其余成列的小室绝大部分原皆为僧房。此诸僧房曾一度被香客占用，现在几乎全部辟为佛堂，是 17 世纪后期迄 18 世纪初，即五世达赖和第悉桑结嘉措时期所改建的。参看恰白·

次旦平措《大昭寺史事述略》，陈乃曲札等译文，刊《西藏研究》创刊号（1981年）。

[10] 译文转引自黄颢《贤者喜宴摘译（三）》注释40，《西藏民族学院学报》1981年2期，页43。

[11] 引自布顿《佛教史大宝藏论》，译文据郭和卿译本，页174。阿㤭延那布尼寺或作欧丹多补黎寺（Uddaṇḍapura），多罗那它《印度佛教史》记此寺云："瞿波罗王或提婆波罗王的时期……在摩揭陀的某一地方……（有一位）优婆塞依靠起尸得到黄金，修建了欧丹多补黎大寺。'欧丹多'是能飞的意思，是仿照优婆塞上升天空后，亲眼所见的须弥山、四大洲的形状而修建的。那位优婆塞也因此被称为优底耶优婆塞……他在临终时……将法产交付给提婆波罗王。"（译文据张建木译本，页198～199）。

[12] 引自《元史·百官志三》。

[13] 托林寺迦莎殿，《古格故城》附录一《札达县现存的几处古格王国时期的遗址、寺院》作"朗巴朗则拉康"。巴卧·祖拉陈哇《贤者喜宴》作"托林贝吉神殿"（译文据黄颢《贤者喜宴译注（十七）》，《西藏民族学院学报》1985年2期，页88）。黄颢《新红史》译注192引桑结嘉措《黄琉璃史》释托林寺云："《黄琉璃》说，此寺名为托定金寺，后音讹而为托林寺。该书说：相传当初拉喇嘛益西约曾将檀板（即橇椎）抛向空中，并祈愿说，落到我徒众集合之处吧。言罢，檀板腾跃而起飞向天宫，后落地，随即在落地处建寺，乃称托定寺，意为高翔寺。"（页185）

[14] 托林寺意为高翔寺，与印度摩揭陀欧丹多补黎寺意义全同，盖以其形制即摹拟欧丹多补黎。8世纪所建之桑耶寺亦云仿自欧丹多补黎，故托林又有依照桑耶修建之传闻。王森《西藏佛教发展史略》第二篇《佛教在西藏的再度传播并在民间得势》即谓拉喇嘛益西约"积极设法延请印度有名僧人来藏，同时还仿照桑耶寺修建了托林寺"。（中国社会科学出版社，1987）

[15] 土观·罗桑曲吉尼玛《土观宗派源流·宁玛派流》记："掘藏扎巴恩协拔修建了札塘为首的一百零八处道场，取出了伏藏甚多……利益众生不浅，功绩很大。"译文据刘立千译本，页38～39。

[16] 参看［5］。

[17] 参看 Giuseppe Tucci：*Archaeologia Mvndi Tibet*，Paris，1973，pl.74。此寺据1990年6月何同志调查记录："我们来到萨玛达寺时，古寺只剩下了一堆废墟，一只狮身人面的木雕满身雨水蹲伏在角落里，这是古寺的一个建筑构件……"见《康马县访古寺——西藏文物普查手记》，刊《中国文物报》309期（1990年11月22日4版）。

[18] 跳头上承替木、椽檩枋，盛行于唐代，西安兴教寺玄奘师徒三砖塔和敦煌莫高窟第321窟壁画所示皆较早之例（参看萧默《敦煌建筑研究·建筑部件与装饰》，图163，文物出版社，1989），正定开元寺北宋建钟楼为较晚之例（参看梁思成《正定调查纪略》，刊《中国营造学社汇刊》4卷2期，1933）。宋元祐六年（1091年）成书的《营造法式》，其大木作制度部分，仅于泥道拱夹注中附记斗口跳作法，似可推知此种简单铺作当时已不被重视。木构廊檐亭塔不设补间铺作，流行于《营造法式》之前，如敦煌莫高窟四处窟檐和慈氏之塔（参看《敦煌建筑研究·唐宋窟檐，莫高窟附近的两座宋塔》）以及上述正定钟楼皆宋前期遗构。《营造法式》木构外槽檐下不用普拍枋，

但北方使用普拍枋较早，10—11世纪已渐流行，如前引慈氏之塔和辽开泰九年（1020年）所建义县奉国寺大殿（参看杜仙洲《义县奉国寺大雄殿调查报告》，刊《文物》1961年2期）。综上诸项大致可以推测萨玛达寺门廊的年代约与《营造法式》年代相近，即不晚于12世纪。

[19] 参看廓诺·迅鲁伯《青史·西藏后弘佛教》，郭和卿译本，页44~46。《西藏佛教发展史略》第二篇译"登底"为"丹底"，并附注谓："地在西宁塔尔寺东南，循化以北黄河岸上。"

[20] 参看黄颢《藏文史书中的弭药（西夏）》，刊《青海民族学院学报（社会科学版）》，1985年4期。

[21] 康萨钦莫大殿原来的布局，有两种复原设计。一是现大殿前面天井左、右和前方的浦康和历代萨迦座主灵塔殿以及平措、卓玛两颇章灵塔殿，皆是拆除大礼拜道后所兴建者，即自大殿门道两侧起，即是大礼拜道的出入口；现大殿前天井部分，应是原大殿内的天窗位置。其形制略与日喀则夏鲁寺大殿平面同（表7-2、27虚线所示）。一是与日喀则那塘寺大殿相似，礼拜道即设在现大殿左、右、后三面围墙之内（表7-2、27实线所示）。如考虑达仓宗巴·班觉桑布《汉藏史集》萨迦历任本钦和朗钦节所记：本钦释迦桑布请八思巴，新建大殿"能把杰日拉康从天窗中装进去"的谈话（译文据陈庆英译本，页224），前一项具有大天窗的复原设计可能性较大。又50年代，景家栋同志调查昌都类乌齐寺仓吉马大殿，谓"大殿三层，上覆金顶，殿外为左转回廊……大殿建筑平面作'回'形"（据1959年西藏文管会藏抄本《西藏又在昌都地区发现一座元代建筑》）。类乌齐寺仓吉马殿据云系乌金贡布建于庚申年（元延祐七年·1320年），可见绕佛堂、经堂建大礼拜道的大佛殿，14世纪前期犹盛行于藏族地区。参看四朗《类乌齐的祖拉康》，刊《西藏研究》1988年3期。

[22] 译文据陈庆英译本，页180。

[23] 萨迦南寺城堡上部的女墙，西藏和平解放前已被拆毁，改敷深色刺草。杜齐于20世纪40年代所摄照片女墙尚清晰可辨。参看 Archaeologia Mvndi Tibet，pl.71.

[24] 译文据郭和卿译本，页104~105。

[25] 如索南坚赞《西藏王统记》安达热巴坚事略节所记："（热巴坚王）于吴祥多修建柏麦札西格培寺（无比吉祥增善寺）……修建九层佛殿……大殿金盖之宝顶高与山齐，在吐蕃境内绝其伦比。乍见之下，立生净信。为防巨风，顶盖四周，系以铁链，连于四方石狮子上。"译文据刘立千译本，页137~138。

[26] 亦见《古格故城》第二章第三节王宫区（Ⅵ区）建筑。

[27] 参看本集所收的《张掖河流域13—14世纪的藏传佛教遗迹》。

[28] 参看[27]。

[29] 亦见《古格王国建筑遗址》寺庙建筑节。参看已收入本集内的《阿里地区札达县境的寺院遗迹》。

[30] 此种露天礼拜道，贡噶·罗追《萨迦世系史续编》王玉平译本作"外围巡礼道"，见王译该书第八章阿旺贡噶索朗仁青的生平事迹："（阿旺贡噶索朗仁青）二十二岁火马年（丙午·雍正四年·1726年）正月下弦吉日，在拉康钦莫的上院走廊，大师携

同密宗师及其眷属，结合修供吉祥喜金刚大彩粉坛城，举行了为期七天的隆重开光以及息灾护摩的增益护摩，最后来到了前面新的供养鼍先行外围巡礼道，当时天下起了吉祥雨"。"三十二岁火龙年（丙辰·乾隆元年·1736年）……九月，……大师和母亲以及南北寺的僧众等，来到了外围巡礼道"。（西藏人民出版社，1992，页295、307）

[31] 吉界拉康，《古格故城》第二章第二节译作杰吉拉康。
[32] 参看《古格故城》附录一《札达县现存的几处古格王国时期的遗址、寺院》。
[33] 格鲁寺院建于山麓亦与宗喀巴宗教改革建寺院远离城市有关，但与当时各宗于山地构建宗衙，即所谓宗山建筑者亦有联系。
[34] 参看西藏工业建筑勘测设计院《大昭寺》，图3，中国建筑工业出版社，1985。
[35] 此栏内容皆据《大昭寺史事述略》。
[36] 参看东嘎·洛桑赤列《论西藏政教合一制度》，郭冠忠等译本，页86。
[37] 80年代雍布拉康曾大事修缮，此托木形制是1959年调查时的样式。

本文初稿发表于《国学研究》第一卷（北京大学出版社，1993，页491~521）。此次汇集对阿里地区的寺院殿堂，根据《阿里地区札达县境的寺院遗迹》的考证，作了修正、补充。

拉萨布达拉宫主要殿堂和库藏的部分明代文书

1959年7月和1988年8月两次小住拉萨。前一次曾在布达拉宫工作五天，重点参观调查了颇章嘎布（白宫）和库藏文物；后一次是一般参观性质，仅用半天时间补记了颇章玛布（红宫）建筑。

一、白宫与红宫

布达拉宫位拉萨市西北隅红山上，是西藏地区最大的一处宗山类型的建筑群。此建筑群西南端的红山南麓连接药王山之隘口处建有塔门【图8-1】。塔门正扼拉萨西去之公路，实即拉萨市之西大门，其建年应与17世纪兴筑布达拉宫同时[1]。此塔门见录于乾隆二十七年（1762年）所修《西宁府新志》卷二一武备志西藏条：

> 布达拉塔，在藏西五里。平地突起两峰，一为布达拉山，内修金刚宝刹，乃达赖喇嘛坐禅处；一为甲里必洞山，上修楼房二座，系有行喇嘛静修处。于两山贯脉中建一塔，僧俗人等往来其间，盖西方胜境也。

布达拉宫主要建筑有白宫、红宫两组。洛桑土登《布达拉宫》据藏文记录谓：

> 布达拉宫藏历第十一绕迥木鸡年（顺治二年·1645年）重建，历时三年完成，建造了以白宫为主体的建筑群。

图8-1　布达拉宫西南隅拉萨通向西郊的塔门速写（1959年）

　　五世达赖喇嘛圆寂八年后，由第斯桑杰嘉措主持修建红宫，这是继修建白宫后，布达拉宫第二次大兴土木。红宫于藏历第十二绕迥铁马年（康熙二十九年·1690年）动工兴建，水狗年（康熙三十三年·1694年）落成，历时四年。[2]

布达拉宫建筑见于汉文文献，以18世纪初所撰《西藏志》为较早：

　　布达拉乃平地起一石山，高约二里许，就其山势叠砌成楼，高一十三层，上有金殿三座……西殿有黄帽喇嘛之祖师宗喀巴手足印……达赖喇嘛居住于内，乃西藏第一胜区也。[3]

金殿、西殿皆指当时红宫之建筑。18世纪末《卫藏通志》卷六亦记：

　　嗣经五辈达赖喇嘛掌管佛教，兼管民间事务，（于布达拉）修立白寨。又有代办事务之桑结嘉木措修立红寨；及内外房屋、金殿佛像。相传重修至今一百四十余年。其地在北山之阳，五里平坦，突起一峰，高约二里，缘山砌平楼十三层，盘磴而上。[4]

白寨即白宫，红寨即红宫。

白宫藏语颇章嘎布，因宫墙饰白色而得名。位红宫之东，故其主殿俗称东大殿（丛钦厦）【图 8-2】。该殿树三十四柱，面阔、进深俱七间（自南第三排减中间二柱处为天井），是自五世达赖以来历世达赖进行重大政教活动的地点。殿北壁前置千佛龛一列，千佛龛前正中设达赖宝座，座上方悬钤有"同治御笔之宝"的汉、满、藏、蒙四体字书"振锡绥疆"匾。殿门开在左（东）壁，门外为分前后室共立十柱的门廊，门廊东接入殿的梯阶，梯阶下方为平坦宽阔的德阳厦（东平台），专为达赖及上层僧俗官员表演的跳神打鬼和各种歌舞即在此举行。东大殿柱头托木较同时大型寺院佛殿的柱头托木形制简单【图 8-3:1】，这是应予注意的。

红宫藏语颇章玛布，外墙满涂红色故名。红宫位红山中心位置，东连白宫，是自五世达赖起历世达赖灵塔殿、佛殿等宗教建筑集中的区域，其中以五世达赖灵塔殿的享殿司西平措俗称西大殿者最大【图 8-4】，东西面阔九间，南北进深七间，用柱四十二（自南第二排减中间四柱处为天井），柱头托木形制巨大，是 17 世纪末大型寺院佛殿所用托木的典型样式【图 8-3:2】。大殿四壁各辟佛堂，西壁佛堂即五世达赖灵塔殿，殿门上方悬乾隆御书"涌莲初地"匾，匾下设达赖宝座，殿内西（后）壁前正中大塔即康熙二十九年（1690 年）所建外包金皮的五世达赖灵塔，两侧为十世、十二世达赖灵塔和两座尊胜塔等。北壁佛堂为达赖世系殿，殿西门上方悬汉藏二体字"大悲朝宗"匾，殿内除奉释迦、药师等佛像外，还有一世至五世达赖像和十一世达赖灵塔。南壁佛堂为持明佛殿，左右壁前列经橱，后壁前奉莲花生及其化身诸像。东壁佛堂为菩提道次第殿，殿内正中奉高 2 米的宗喀巴铜像，沿壁龛橱内奉噶当、格鲁高僧像 60 余尊。菩提道次第殿上层为时轮殿，殿内右侧有立体时轮铜坛城一座，右壁和后壁前列小佛龛，前壁左侧有莲花生像。红宫第三层有法王洞，传 7 世纪松赞干布曾于此静坐，现室内有松赞干布、二公主、吞米·桑布札、禄东赞等塑像。法王洞之上为观音堂，堂门上方悬同治御书汉、满、藏、蒙四体字"福田妙果"匾；堂内有鎏金铜佛龛，内奉传为松赞干布所依本尊——旃檀世自在观音像。红宫中心部位的最高处建殊

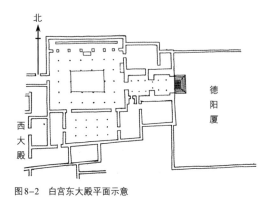

图8-2 白宫东大殿平面示意

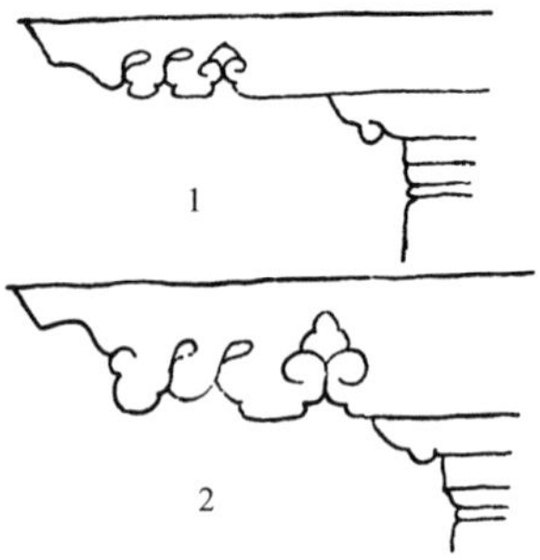

图8-3 东大殿柱头托木（1）及红宫西大殿柱头托木（2）速写

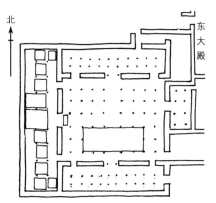

图8-4 红宫西大殿平面示意

胜三界殿，殿内置康熙六十一年（1722年）开始供奉的四体字"当今皇帝万岁万万岁"牌位，牌位上方悬乾隆画像。牌位和画像都是清廷颁赐于布达拉的，清时达赖即于此殿定期向牌位、画像朝拜。乾隆五十七年（1792年）清廷颁来金瓶后，"金瓶掣签"决定达赖、班禅灵童的仪式，亦在此殿万岁牌位前举行。

二、明代文书

布达拉宫收藏文物无论质量、数量俱为西藏诸寺院之冠。1959年7月参观调查时，我记录了元明清三代文书若干件，现择其中记录较完备的明代文书十二件列目如次；当时录出原文者即将原文抄附目下；又各目皆附简单按语备考。

1. 洪武十二年（1379年）二月二十九日准授端竹监藏信武将军加麻世袭万户府万户制诰

制诰原文：

皇帝制曰朕君天下凡四方﹂慕义之士皆授以官且俾﹂世袭其职焉惟尔端竹监﹂藏昔尔祖父世守西土尔﹂能闻朕声教委心效顺朕﹂甚嘉焉今授尔信武将军﹂加麻万户府万户俾尔子﹂孙世袭尔其招来远人绥﹂端边疆永为捍御之臣保﹂成功于不怠尔惟懋哉﹂洪武十二年二月二十六日﹂承敕郎（上钤"承敕郎印"）余燠承﹂中书舍人（上钤"中书舍人之印"）钱子文﹂

后列中书省、左丞相胡惟庸、右丞相汪广洋、左丞、右丞及大都督府、御史台考功监（上钤"考功监印"）等职官署名。考功监职官署名之前，有考功监附文：

考到端竹监藏年伍拾壹岁乌思加麻人元朝加麻万﹂户府世袭万户洪武拾贰年贰月准授世袭加麻万户﹂府万户﹂

最后为兵部附文：

信武将军加麻万户﹂府万户端竹监藏奉﹂制如右（兵部附文上钤"兵部司职之印"）﹂

下列自兵部尚书以下职官署名，署名之末记颁下年月及编号：

洪武十二年二月二十九日行﹂文字壹佰陆号﹂

兵部职官署名下有织文两处，前面的是编号：

仁字壹拾捌号

后面为织造时间和制敕局职官署名：

> 兵部……」洪武四年九月二十二日造」制敕局大使赵思田（此行署名之上织出"兵部司职之印"）」……副使袁文」

此制诰丝质，经纬组织粗松，织出之云纹亦较草率。制诰只具汉文，墨书。洪武十二年授端竹监藏信武将军世袭加麻万户府万户事，不见《明实录》《明史》。加麻万户，《元史·百官志》三作"加麻瓦万户"；藏文史料译文或作"嘉玛""嘉玛哇"[5]，位必里公（直贡）万户之南，擦里八（蔡巴）万户之北，即今拉萨市达孜之东。按自洪武二年（1369年）起，明廷即一再诏谕吐蕃各族令举元故官至京授职，洪武五年（1372年）"和（河）州卫言，乌思藏帕木竹巴故元灌顶国师章阳沙加人所信服……诏章阳沙加仍灌顶国师之号，遣使赐玉印及彩缎表里，俾居报恩寺，化导其民"（《太祖实录》卷七三，洪武五年夏四月丁酉[6]）；此后迄洪武十二年，《实录》不断著录帕木竹巴入贡、进表和明廷的赐物与设官置府等事。其时，加麻地区为帕木竹巴所控制，《太祖实录》卷一二二记：

> （洪武）十二年二月丁巳，朵甘、乌思藏灌顶国师答力麻巴剌及帕木竹巴万户府等官遣使贡方物。

二月丁巳即二月二十日，下距兵部颁下此制诰仅九日，因疑封授端竹监藏官职事或与此次帕木竹巴万户府等官遣使贡物有关。

2. 永乐元年（1403年）三月初一日晋王致葛哩麻辝麻书

致书原文：

> 晋王致书」葛哩麻辝麻久闻清誉会晤未期驰想弗怠永乐元」年正月二十九日灌顶国师处差人来从知辝麻震艮迪吉」深慰我怀今以皂纻丝金铃杵五彩边帽一顶大红纻丝青」条相袈裟壹件大红纻丝禅衣壹

件金红纻丝敞屹刺壹」件红斜皮四缝靴壹对袜全为赠至可笑留」 幸甚幸甚时」春序方殷远惟以道自重不具」永乐元年三月初一日（此行上钤"晋府图书"印）」

此书用白麻纸，墨书。汉文之后横列藏文。洪武三十一年（1398年）太祖第三子晋王棡卒，其子济熺嗣位。葛哩麻，《明实录》《明史》作"哈立麻"，即噶玛噶举黑帽系第五世噶玛巴德银协巴。哈立麻以道行卓异闻名内地，济熺致书在永乐元年二月成祖遣使往征之前。《太宗实录》卷二三记：

(永乐元年冬十月)甲子，敕晋府长史龙镡等曰：朝廷封建亲藩而选贤命材为之辅导，冀以赞成德善，不至于有过也。古之为人臣者无外交。今王府擅与西番往来，又私以车递送。王年少寡学而不知古，长史儒者谓不知古可乎。廷臣皆欲置汝于法，朕恐伤亲亲之意，姑宥不问，今后慎毋复尔，勉之戒之。[7]

疑即指此事而言。又《太宗实录》卷六零又记：

(永乐六年〔1408年〕十二月)丙戌，敕晋王济熺曰：近者，西番乌思藏阐化王奏，尔以青锦、纻丝遗之。春秋人臣无外交，所以远嫌别疑防微杜渐也。尔为国宗藩，不能恪守宪度，前与西番互市矣，今复不改，亦何恃而然欤。作福作威，人君大柄，尔以物赐外蕃，则是以王国行天子之事矣。戒之慎之，不宜复尔。

此阐化王即洪武二十一年（1388年）授予灌顶国师称号之帕木竹巴扎巴坚赞，致书谓灌顶国师处差人之灌顶国师不知是否即此敕文所云之阐化王。

3. 永乐五年（1407年）七月命哈立麻于五台山资荐大行皇后诏

诏书用黄麻纸，纸面描绘金花。汉文后列藏文，俱墨书。资荐大行皇后事见《太宗实录》卷五一：

（永乐五年〔1407年〕秋七月）癸酉，命如来大宝法王哈立麻于山西五台建大斋，资荐大行皇后。赐白金一千两，锦段、绫罗、绢布凡二百六十。

4. 永乐十一年（1413年）二月初十日大明皇帝致大宝法王书[8]

致书原文：

大明皇帝致书」万行具足十方最胜圆觉妙智慈善普应佑国演教如来」大宝法王西天大善自在佛　朕尝静夜端坐宫庭」见圆光数枚如虚空月如大明镜朗然洞澈内一大圆」光现菩提宝树种种妙花枝柯交映中见释迦牟尼佛」像具三十二相八十种好瞪视逾时愈加显耀心生欢」喜自惟德之凉薄弗足以致此惟」佛法兴隆阴翊皇度贶兹灵异亦」如来摄受功致有是嘉徵乃命工用黄金范为所见之像」命灌顶大国师班丹藏卜等颂祝庆赞朕曩闻僧伽罗」国古之师子国又曰无忧国即南印度其地多奇宝又」名曰宝渚今之锡兰山是也其地有佛牙累世敬祀不」衰前遣中使太监郑和奉香花往诣彼国供养其国王」阿烈苦奈儿锁里人也崇礼外道不敬佛法暴虐凶悖」靡恤国人亵慢佛牙太监郑和劝其敬崇佛教远离外」道王怒即欲谋害使臣郑和知其谋遂去后复遣郑和」往赐诸蕃并赐锡兰山王王益慢不恭欲图害使者以」兵五万人刊木塞道分兵以劫海舟会其下泄其机和」等觉亟回舟路已厄绝潜遣人出舟师拒之和以兵三」千夜由间道攻入王城守之其劫海舟番兵乃与其门」内番兵四面来攻合围数重攻战六日和等执其王凌」晨开门伐木取道且战且行凡二十余里抵暮始达舟」当就礼请佛牙至舟灵异非常宝光遥烛如星粲空如」月炫宵如太阳丽昼甸霆震惊远见隐避历涉巨海凡」数十万里风涛不惊如履平地狞龙恶鱼纷出乎前恬不」为害舟中之人皆安稳快乐永乐九年七月九日至京考求」礼请佛牙之日正朕所见圆光佛像之日也遂命工庄严旃」檀金刚宝座以贮佛牙于皇城内式修供养利益有情祈福」民庶作无量功德今特遣内官侯显等致所铸黄金佛像于」如来以此无量之因用作众生之果吉祥如意」如来其亮之」永乐十一年二月初十日（此行上钤"广运之宝"）」

此书用黄麻纸,纸面印出金龙攫珠及云朵纹样。汉文之后横列藏文,皆墨书。永乐八年(1410年)开始刊刻的《北藏》所收《大唐西域记》卷一〇僧伽罗国佛牙精舍条后附录一段文字与此书内容自"僧伽罗国古之师子国"以后颇为近似:

> 僧伽罗国古之师子国也,又曰无忧国,即南印度。其地多奇宝,又名曰宝渚。昔释迦牟尼佛化身名僧伽罗,诸德兼备,国人推尊为王,故国亦以僧伽罗为号也。以大神通力,破大铁城,灭罗刹女,拯恤危难,于是建都筑邑,化导是方,宣流正教。示寂留牙在于兹土。金刚坚固,历劫不坏。宝光遥爓,如星粲空,如月炫宵,如太阳丽昼。凡有祷禳,应答如响。国有凶荒灾异,精意恳祈,灵祥随至。今之锡兰山即古之僧伽罗国也。王宫侧有佛牙精舍,饰以众宝,辉光赫奕。累世相承,敬礼不衰。今国王阿烈苦奈儿,锁里人也,亵慢佛牙。大明永乐三年(1405年)皇帝遣中使太监郑和奉香花往诣彼国供养,郑和劝国王阿烈苦奈儿敬崇佛法,远离外道。王怒,即欲加害。郑和知其谋遂去。后复遣郑和往赐诸番,并赐锡兰山国王。王益慢,不恭,欲图杀害使者,用兵五万人,刊木塞道,分兵以劫海舟。会其下预泄其机,郑和等觉,亟回舟,路已厄绝,潜遣人出舟师拒之。和以兵三千夜由间道攻入王城,守之。其劫海舟番兵乃与其国内番兵四面来攻,合围数重,攻战六日,和等执其王。凌晨开门,伐木取道,且战且行,凡二十余里,抵暮始达舟。当就礼请佛牙至舟,灵异非常,光彩照曜,如前所云,旬霆震惊,远见隐避。历涉巨海,凡数十万里,风涛不惊,如履平地。狞龙恶鱼纷出乎前,恬不为害,舟中之人皆安稳快乐。永乐九年(1411年)七月初九日至京师,皇帝命于皇城内装严旃檀金刚宝座贮之,式修供养,利益有情,祈福民庶,作无量功德。[9]

可见郑和迎佛牙与激战锡兰山事迹盛传于当时。按致书所云"前遣中使太监郑和奉香花往诣彼国供养",系指永乐三年六月郑和第一次使西洋[10]。"后复遣郑和往赐诸番"系指永乐七年（1409年）十二月郑和第二次开洋[11]，费信《星槎胜览》前集锡兰山条亦记锡兰山王谋害郑和事：

> 永乐七年皇上命正使太监郑和等赍捧诏敕、金银供器，彩妆织金宝幡布施于寺及建石碑[12]以崇皇图之治，赏赐国王头目。其王亚烈苦奈儿负固不恭，谋害舟师，我正使太监郑和等深机密策，暗设兵器，三令五申，使众衔枚疾走，夜半之际，信炮一声，奋勇杀人，生擒其王。至永乐九年归献阙下，导蒙恩宥，俾复归国，四夷悉钦。

此次西行，陆容《菽园杂记》卷三记奉使太监有郑和、王景弘、侯显三人[13]。致书记永乐十一年皇帝遣侯显致所铸佛像和此书与大宝法王者，或即以其亲历锡兰之役，可备大宝法王之咨询。此大宝法王即前文所记之得银协巴。永乐四年（1406年）得银协巴来京，亦侯显奉命往征者[14]。

5. 永乐十一年（1413年）五月初十日授挫失吉明威将军乌思藏卫都指挥使司指挥佥事制诰[15]

制诰原文：

> 奉天承运」皇帝制曰帝王以天下为家故一视同仁无问远迩」尔乌思藏久遵王化昔我」皇考太祖高皇帝临御之时设卫建官于兹有年尔父」指挥佥事端竹坚藏既没尔挫失吉能继承其业效力」摅忠有加无替宜锡宠荣俾袭厥职特授尔」明威将军乌斯藏」卫都指挥使司指挥佥事尔尚益顺」天心永坚臣节抚安尔众」各遂其生俾尔子孙」世享无穷之福钦哉」永乐十一年五月初十日（此行上钤"制诰之宝"）」

制诰丝质，织出翔云纹饰和"永乐四年　月　日造"字样。末有工匠题名三行：

永乐七年八月表背匠　汪原保」　织匠　金和尚」　挽匠　陈仲礼」

制诰汉文后列藏文，俱墨书。挫失吉父端竹坚藏，洪武十二年二月准授信武将军加麻万户府万户已见前举第一件文书。后明以万户"名不称实，遂罢万户府而设指挥使"[16]，端竹坚藏因改任指挥佥事，及卒，子挫失吉袭职。挫失吉初授之明威将军（正四品），阶较其父初授之信武将军（从四品）为高[17]。又《太宗实录》卷八七：

> （永乐十一年二月）己未，以擦巴头目巴儿藏卜继其兄葛谛藏卜、挫失吉继其父冷真监藏并管着烈思巴簇林藏俱为乌思藏都指挥使司都指挥佥事……各赐诰命、彩币、衣服有差。

此挫失吉与其父冷真监藏不知即制诰所记之挫失吉与其父端竹监藏否？

6. 永乐十二年（1414年）二月十一日授妥巴阿摩葛之子哲尊巴为灌顶圆通慈济大国师制诰

制诰丝质，织出翔云飞鹤纹饰和"奉天诰命""永乐七年　月　日造"文字。末铃"制诰之宝"。汉文制诰之后横列藏文，俱墨书。《太宗实录》卷八八记：

> （永乐十一年五月）丙戌，命哲尊巴为灌顶圆通慈济大国师……赐以诰、印。

同书卷九一又记：

> （永乐十二年春正月）丙申，命妥巴阿摩葛为灌顶圆通慈济大国师，赐之诰命。妥巴阿摩葛者，故国师哲尊巴父也。

按《太宗实录》卷八七记：

（永乐十一年二月）辛酉……赐尚师昆泽（思）巴及剌麻哲尊巴等宴。

尚师昆泽思巴即于是年五月封大乘法王之衮噶扎希，属萨迦拉康拉让支；哲尊巴列昆泽思巴之次，且蒙同时赐宴，因疑哲尊巴父子亦是萨迦剌麻。

7. 宣德元年（1426年）十一月初二日授公哥儿寨官忍昝巴为昭勇将军乌思藏都指挥佥事制诰

8. 宣德元年十一月初二日授札葛尔卜寨官领占巴为昭勇将军乌思藏都指挥佥事制诰

制诰原文：

奉」天承运」皇帝制曰帝王以天下为家故」一视同仁无问远迩尔札」葛尔卜寨官领占巴世处」西陲恪遵王化既克敬承」于」天道尤能诚达于事机修职奉」贡久益虔眷兹诚悃良」足褒嘉今特命尔为昭勇」将军乌思藏都指挥佥事」尔尚益顺天心永坚臣节抚安尔众各遂」其生俾尔子孙世享无穷」之福钦哉」宣德元年十一月初二日（此行上钤"制诰之宝"）」

宣德元年十一月两制诰俱丝质，并织出翔云。前件尾残。后件末有工匠题名四行：

永乐七年七月表背匠作头　曹赛哥」秋季表背后匠　邓代」织匠　高胜安」挽匠　朱添兴」

两制诰汉文之后列藏文，俱墨书。两制诰事见《宣宗实录》卷二二：

（宣德元年冬十月）丙寅……升乌思藏公哥儿寨官忍昝巴、札葛尔卜寨官领占巴……俱为都指挥佥事，给赐银印、诰命。

公哥儿寨即后来的贡噶宗，札葛尔卜寨即后来的札噶尔宗，两寨官皆是帕木竹巴地方政权属下的贵族。明官制："都指挥金事四人，正三品"[18]，"（武官散阶）正三品初授昭勇将军……正四品初授明威将军[19]，宣德元年忍咎巴与领占巴皆以都指挥金事授昭勇将军，而前录永乐十一年制诰挫失吉同为都指挥金事却授明威将军，可见宣德之初对乌思藏职官较永乐朝为优与。

9. 成化七年（1471年）正月二十九日敕谕乌思藏大宝法王葛哩麻巴[20]

敕谕原文：

> 皇帝敕谕乌思藏大宝法王葛哩麻」巴等尔等世居西域能敬顺」天道尊事朝廷恪修职贡愈久愈虔」兹复遣使以方物来进诚意可」嘉今使回特赐尔等彩币表里」等物以示褒答至可领之故谕」大宝法王葛哩麻巴」给赐」纻丝」青一匹红一匹黑绿一匹」彩绢蓝四匹」回赐」纻丝」青十匹绿五匹黑绿十匹」钞九千锭」国师班着端竹给赐」纻丝」青一匹绿一匹」彩绢蓝二匹」成化七年正月二十九日（此行上钤"广运之宝"）」【图8-5】

敕谕黄麻纸，四周边框刷印走龙，汉文敕谕之后横列藏文，俱墨书。此次贡物与回赐事，不见《明实录》《明史》。按此时之大宝法王系黑帽系噶玛巴第七世却札嘉措（1454-1506年）。弘治三年（1490年）孝宗诏命此大宝法王为宪宗荐福[21]。又《孝宗实录》卷一〇七、一六〇记弘治八年（1495年）十二月甲戌和弘治十三年（1500年）三月庚申，遣使贡方物之大宝法王，亦是噶玛巴第七世却札嘉措。

10. 正德二年（1507年）闰正月二十一日授绰尔哲萧之徒银敦言千袭灌顶国师制诰

制诰丝质，织出翔云。诰末年月上钤"制诰之宝"。最后有工匠题名三行：

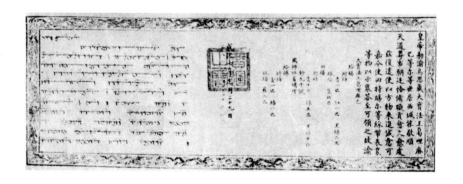

弘治八年二月分表背匠　计伏成」织匠　邵能」挽匠　段驴儿」

图8-5　明成化七年（1471年）敕书

制诰汉文之后列藏文，俱墨书。此制诰所记内容不见《明实录》《明史》。绰尔哲萧、银敦言千俱无考。

11. 正德十年（1515年）六月初　日敕谕尚师哈立麻巴

敕谕黄麻纸，纸面刷印金龙。谕末行年月上钤"广运之宝"。汉文之后列藏文，俱墨书。谕记哈立麻巴遣索南泥麻贡物并蒙赐赉事。此事见录于《武宗实录》卷一三二：

（正德十年十二月庚申）礼部尚书毛纪言："顷者，乌思藏大宝法王违例差大国师锁南坚参巴藏卜进贡，蒙恩不加深究，量减赏赐。本夷缺望，又求全赏，及求五彩佛轴等物，复具赐给。今又奉特旨遣人赍送番供。大宝法王一番僧尔，何乃上匪宠遇之隆如此？……伏望皇上轸念四川重地，追寝成命，将番供等物照例请敕付原差大国师领还，生民之福也"。不报。

按此时之哈立麻巴应是黑帽系噶玛巴第八世弥觉多吉（1507—1554年），亦即武宗遣司设监刘允耗巨资往召而未来的哈立麻巴[22]。又此刘允奉旨与哈立麻巴使团锁南坚参巴藏卜等人同行，见《武宗实录》卷一三六正德十一年夏四月丁丑条。

12. 嘉靖四十一年（1562年）五月二十日命札思巴札失坚参袭授阐化王诰[23]

诰书五色丝质，织出团龙翔云，卷轴装，卷首织篆书"奉天诰命"。墨书汉文诰文末行年月上钤"制诰之宝"。其后为横列之墨书藏文诰文，末行上端骑缝钤"广运之宝"。卷末织出"嘉靖二十四年（1545年）　月　日造"。

制诰原文：

奉」天承运」皇帝制曰佛氏」之道以清」净为宗以」慈悲为用」上以翊赞」皇度下以开」悟群迷其」徒有能承」其教者朝」廷必褒嘉」之尔札思巴」札失坚参」乃乌思藏帕木竹巴灌」顶大国师」阐化王阿吉」汪束札失」札巴坚参」巴藏卜之男」夙承梵教」恪守毗尼」化诱善类」良足嘉尚尔」父既年老」有疾不能」管事特命」尔袭授阐」化王之职尔」尚茂扬法」教丕阐宗」风永笃忠诚」式副宠命」钦哉」嘉靖四十一年五月二十日」

札思巴札失坚参请袭阐化王事，见《世宗实录》卷五二六：

（嘉靖四十二年十月）癸丑，乌思藏阐化等王请封。上以故事，遣番僧远丹班麻等二十二人为正副使，以通事序班朱廷对监之。比至中途，班麻等肆为骚扰，不受廷对约束。廷对还白其状。礼部因请自后诸藏请封，即以诰敕付来人赍还，罢番僧勿遣。无已，则下附近藩司选近边僧人赍赐之。上以为然，令著为例。封诸藏之。不遣京寺番僧自此始也。

诰文所记札思巴札失坚参即第七任阐化王阿旺札希札巴坚参，阿吉汪束札失札巴坚参巴藏卜即第六任阐化王阿吉旺秋。五世达赖昂旺·罗桑嘉措《西藏王臣记·拔住噶举派掌管西藏政教事记》记阿吉旺秋弘治八年（1495年）卒，卒后因王子年幼，由其弟京俄·却吉扎巴理事，谓：

中华曼殊室利皇帝虽有一度给敬安·仁波伽（即阿吉旺秋

赐以职封金册，但是藏王敬安·仁波伽已辞世，只好将所赐诸物搁在管事者手中，而遣回捧金册来藏的使者。继后，在仁绷同炯杰巴二人为首的诸大臣共同商议之后，遂迎请王嗣昂旺札喜扎巴（即阿旺札希扎巴坚参）继登王宫宝座……那时中原曼殊室利皇帝授扎巴炯勒以职封诏书等。直到藏王昂旺扎喜扎巴的政声美誉，已如宝幢尊胜诸方的时候，他获得灌顶国师法王等的职封称号。这般荣华威光照彻三界。[24]

与诰文所记不同。

以上明代文书十二件，除永乐元年晋王致书外，皆明廷颁与藏族僧俗官员制诰、书信。计与噶玛巴大宝法王五件，颁帕木竹巴系统的僧俗官员四件，另三件制诰俟考。内地颁予大宝法王和帕木竹巴系统的文书大量集中到布达拉宫，应与崇祯十五年（1642年）噶玛噶举黑帽系支持之噶玛政权覆灭和乾隆五十七年（1792年）废除噶玛噶举红帽系寺院有关。盖上述两事件之后，噶玛噶举主要寺院所藏历年内地颁下的各种文书大部上缴噶丹颇章地方政权。噶丹颇章于顺治四年（1647年）即移至新竣工的布达拉宫，故噶丹颇章所获之噶举文书多贮藏于布达拉宫[25]。

注释

[1] 此塔门南北两侧各有一塔建于岗上，故亦属三塔类型。西藏自治区文化厅彭错朗杰同志告我：三塔各有专名，正中塔门之塔为神变塔，其南者曰菩提塔，北者为尊胜塔。20世纪60年代因扩展拉萨西郊街道，三塔俱被拆除。该塔见录于乾隆二十七年（1762年）所修《西宁府新志》卷二一武备志西藏条："布达拉寺塔，在藏西五里。平地突起两峰，一为布达拉山，内修金顶宝刹，乃达赖喇嘛坐禅处；一为甲里必洞山，上修楼房二座，系有行喇嘛静修处。于两山贯脉中建一塔，僧俗人等往来其间，盖西方胜地也。"大昭寺达赖拉让壁画中有此三塔图像，摹绘如【图8-6】。

[2] 据仁增多吉译文，刊西藏自治区文物管理委员会《布达拉宫》，文物出版社，1985，页18~19。

[3] 据吴丰培整理本，西藏人民出版社，1982。

图8-6 大昭寺达赖拉让壁画中的拉萨三塔（摹自《大昭寺》图版31）

[4] 据西藏人民出版社排印本，1982。

[5] 参看王森《西藏佛教发展史略》第九篇《元朝任命萨迦派领袖管辖西藏十三万户》，中国社会科学出版社，1987。

[6] 《明实录》，据1940年影印江苏国学图书馆藏抄本。以下同。

[7] 其时乌思藏交通王国不仅晋藩。《太宗实录》卷六二记永乐七年闰四月"丁巳，赐肃王楧书曰：得奏必力工瓦国师等馈方物，命长史司受以俟命，已见忠实不欺之美。昔春秋致谨外交，所以防微杜渐。今既以相馈，宜始（姑）受之，后来亦宜拒绝，庶免小人谗间，而贤弟永保令名于无穷矣。"

[8] 此致大宝法王书，《文物》1981年11期刊露的西藏自治区文物管理委员会《明朝皇帝赐给西藏楚布（普）寺噶玛活佛的两件诏书》和西藏自治区文物管理委员会1985年刊印的《拉萨文物志》库藏文物敕诰部皆发表了录文和原件图版。

[9] 明北藏本《大唐西域记》卷一一僧伽罗国条附录郑和赴锡兰山一事，法人儒莲（St. Julien）等人皆曾注意。参看冯承钧译伯希和《郑和下西洋考》页31注一，商务印书馆，1935。

[10] 《太宗实录》卷三五："（永乐三年六月己卯）遣中官郑和等赍敕往谕西洋诸国并赐诸国王金织文绮彩绢各有差。"

[11] 与郑和同行的费信撰《星槎胜览》，该书前集占城国条："永乐七年己丑（1409年），上命正使太监郑和等统领官兵，驾驶海船四十八号往诸番国，开读赏赐。是岁……十二月福建五虎开洋。"据冯承钧《星槎胜览校注》本，商务印书馆，1936。

[12] 向达《西洋番国志校注》附录二之二收此碑录文："大明皇帝遣太监郑和、王贵通等昭告于佛世尊曰：仰惟慈尊圆明广大，道臻玄妙，法济群伦，历劫河沙，悉归弘化，能仁慧力，妙应无方。惟锡兰山介乎海南，人言梵刹灵感翕彰。比者，遣使诏谕诸番，海道三开，深赖慈佑，人舟安利，来往无虞，永惟大德，礼用报施。谨以金银织金纻丝宝幡、香炉、花瓶、纻丝表里、灯烛等物布施佛寺，以充供养。惟世尊鉴之。总计布施锡兰山立佛等寺供养：金壹仟钱、银伍仟钱、各色纻丝伍拾匹、各色绢伍拾匹。织金纻丝宝幡肆对，内红贰对、黄壹对、青壹对。古铜香炉伍对、戗金座全古铜花瓶伍对、戗金座全黄铜烛台伍对、戗金座全黄铜灯盏伍个、戗金座全朱红漆戗金香盒伍个、金莲花陆对、香油贰仟伍佰斤、腊烛壹拾对、檀香壹拾

柱。时永乐七年岁次己丑二月甲戌朔日谨施。"按末行所记年月，郑和等尚未离开中国，说明该碑系于国内刻就，船运至锡兰者。此碑宣统三年（1911年）发现于斯里兰卡南部高尔市，现存科伦坡国家博物馆。碑文先录汉文，次为泰米尔文和波斯文。波斯文末所记年月是永乐七年一月。参看邓殿臣《斯里兰卡的〈郑和碑〉》，刊《百科知识》1983年9期。

[13]《菽园杂记》卷三："永乐七年，太监郑和、王景弘、侯显等率官兵二万七千有奇，驾宝船四十八艘，赍奉诏旨赏赐，历东南诸蕃以通西洋。"

[14]《太宗实录》卷四七："（永乐四年十二月）戊子，遣驸马都尉沐昕迎尚书（师）哈立麻。先是，命中官侯显等往乌思藏征哈立麻。至是，显遣人驰报奏已入境，故遣昕迎之。"侯显往征的具体年月，见《太宗实录》卷一六："（永乐元年二月）乙丑……遣司礼监少监侯显赍书、币往乌思藏，征请师哈立麻。盖上在藩邸时，素闻其道行卓异，至是遣人征之。"侯显除奉旨与哈立麻得银协巴往还外，《明实录》还记其于宣德二年（1427年）四月，曾往阐化王、阐教王、灵藏赞善王、辅教王和尼八剌国王等处抚谕给赐（《宣宗实录》卷二七）。又据乾隆间人罗桑陈列南结《宗喀巴广传》，知永乐六年（1408年）、十二年（1414年），侯显又曾衔命入藏两次征请宗喀巴，但俱未果。后一次，宗喀巴遣弟子释迦也失代表入朝（参看吴均《论明时河洮岷地位与洮岷三杰》，刊《藏学研究论丛》第1辑，1989）。侯显，甘南洮州藏族，咸丰六年（1856年）贡却丹巴饶杰撰《安多政教史》记："敦请大慈法王的太监侯显，把许多财物交给他的侄子汉官侯文，让他在祖先贡玛的旧寺遗址上修建了这座寺（洮州叶尔哇寺）。"又记："这座寺院……有以石头筑就的太监侯显的灵塔……他返回家乡时，有两位汉官护送前来。"（译文据上引吴均文转引）按叶尔哇寺即圆成寺，白文固《明清的番僧僧纲司述略》记该寺云："圆成寺在今临潭城南十里许，立寺始祖可溯至明初太监侯显。据《（洮）州志》所载，永乐初，侯显衔命使西藏，途经洮州，遂立此寺，故圆成寺又名侯家寺。圆成寺建立后，请得世袭僧正札符，首以侯显之侄朔纳加产为僧正，以后叔侄相传，历明而清，承袭不绝。乾隆十二年（1417年），理藩院领命整饬河湟地区的喇嘛寺院，再令于圆成寺置僧正司。嘉庆道光朝，亦有敕封。在洮州诸僧司中，圆成寺僧正司势力最小。至光绪时，只有喇嘛四十多名，领有番民四族，不满百口。民国时期，河湟之变，寺院受到较大侵害。"（刊《中国藏学》1992年1期）因知永乐宣德间侯显衔命多次入藏，与他的民族成分、宗教信仰皆有密切关系。

[15] 此制诰，《拉萨文物志》库藏文物敕诰部分有录文。

[16] 引自《明史·职官志》五各所条。

[17] 见《明史·职官志》一。

[18] 见《明史·职官志》五都司条。

[19] 见《明史·职官志》一兵部条。

[20] 此敕谕，《拉萨文物志》库藏文物敕诰部分和《文物》1985年9期所刊文竹《西藏地方明封八王的有关文物》俱有录文并附原件图版。

[21] 参看《西藏佛教发展史略》第六篇《噶举派》。

[22] 参看《明史·西域传》三乌思藏大宝法王传。

[23] 此制诰，《西藏地方明封八王的有关文物》刊有图版并附有录文。

[24] 据郭和卿译本，页141～142。郭译自"那时中原曼殊室利皇帝授扎巴炯勒以职称诏书等"以后一段，刘立千译本作："及文殊皇帝以王名号，诰封扎西扎巴，并赐诏敕。于是，此晓仲·贡玛大王·具德阿格旺秋札西扎巴坚赞·胜一切·灌顶国师·阐化王之名称，如妙曼舞姿，始悉映现于三界明镜之中也。"（页97）
[25] 以上第4、5、9、12共四件文书，据发表资料，知现已归西藏自治区文物管理委员会庋藏。

    本文排版初校时，始获悉1959年与我一起参加中央文化部西藏文物调查工作组的宋伯胤兄曾撰《明代中央政权致西藏地方诰敕》，发表于中央民族学院藏族研究所编辑的《藏学研究文集——献给西藏自治区成立二十周年》（民族出版社，1985）。因烦马世长、苏哲两同志辗转觅得该文集，知宋兄所辑不限于布达拉宫藏品，本文与之重出的文书仅五件，即本文之第1、2、4、5、8件。此五件文书，两文的原件录文可以互校，所附作者按语亦可互补，如从便于藏学研究者参考考虑，似亦无妨并存。

    又据宋文所载大昭寺藏有永乐五年正月十八日《大明皇帝致法尊大乘尚师哈立麻书》一件、永乐五年八月十七日和同年十一月二十四日《大明皇帝致如来大宝法王西天大善自在佛书》各一件、成化二十二年七月十三日《敕谕乌思藏如来大宝法王噶哩麻巴》一件，此四件明廷颁与噶玛噶举哈立麻——大宝法王的文书，入藏大昭寺的原因与时间，约与入藏布达拉宫者同。大昭寺中心佛殿第三层有古乐器贮藏库，内藏各种鼓和三弦、六弦、八弦胡琴以及面具等，其中一兽首曲颈胡琴琴箱内贴有藏文签条，同行王忠兄汉译云：原为噶玛巴物。因知噶玛噶举文物后入噶丹颇章并不限于文书一种。

    文内所附成化七年敕谕图版（原件宽44.5厘米、长115.3厘米），是据西藏文管会索朗旺堆同志托人带来的照片制版。谨向西藏文管会和索朗旺堆同志致谢。

1993年6月

    本文初稿发表于《文物》1993年8期，页37～47。此次汇集除改正讹误十余处，还增补插图一幅。

赵城金藏[*]、弘法藏和萨迦寺发现的汉文大藏残本

一、赵城金藏经版移贮燕京弘法寺

1933年范成和尚于山西赵城广胜寺发现卷子装金藏[1]之次年，支那内学院蒋唯心先生即专程至广胜，为之董理编目，是年底，发表《金藏雕印始末考》于南京《国风》[2]。该文第三章即论此金藏雕版后入燕京，贮弘法寺；并为元弘法藏所因：

> 崔（法珍）刻藏经（即赵城金藏）原版在晋，而元代补雕在燕京弘法，为此两事连锁，必更有输版入京，归于弘法之一事，明昌四年（1193年）赵沨为崔法珍撰碑当有记载，惜有明以来，碑石久毁，无足征也。姑从旁证略推测之。崔法珍于大定八年（1168年）既受敕命授戒之异数，迨及二十三年（1183年）又蒙赐紫衣，称宏教大师，此不能无因；或即在十五年间更进所刻经版于朝，故世宗复旌其功耶。明昌七年（1196年）赵沨撰《济州普照寺禅师塔铭》，叙述大定二十九年（1189年）照公住寺建立轮藏云："□□闻京师弘法寺有藏教版，当往彼印之，即日启行，遂至其寺，凡用钱二百万有奇，得金文二全藏以归，一宝轮藏黄卷赤轴，□□□□□殿中安置壁藏，皆□梵册漆版金字以为严饰，庶儿清众易于翻阅。"（见《金文最》第一一〇卷。按碑文云得金文二全藏者，非二种，乃二部，下文一宝轮藏云云，言其一

---

[*] 周叔迦《大藏经雕印源流纪略》（刊《现代佛学》1954年4、5月号）汉文大藏经章，为此赵城金藏定名曰"金解州天宁寺藏经"。

部之装潢也）委宛详至，与其他碑中涉及藏经概五千四十八卷之陈语一句了之者迥异，或沨于明昌四年为崔氏撰碑详悉其刻藏归于弘法，印象既深，后三年为照公撰铭乃随手而出此事欤。又或弘法之有藏版为当时一新耳目之事，故历历叙入，示有异于他本欤。普照寺之往弘法印藏在大定二十九年，恰当崔法珍刻经归燕之后，赤卷黄轴可作卷子装，漆版金字可作梵册装，又皆与崔刻版式适合（原刻每纸二十三行加边缝一行，适可四折成册，六行一面。丽藏即同此式，至其间著述版本已自蜕化为册子，更适宜矣），岂非弘法之经版，即崔氏刻藏耶。此非徒一推测已也，从藏经版本之系统言，由弘法旧版蜕化为元弘法本，现存崔藏之编制，如附录简目之所列者，与元本所据之弘法旧版（见《至元录》）无不恰合，至著述之一部分名目卷帙尤可见崔刻藏之必为旧弘法，而后来元本所因以增损者。

1935年1月支那内学院单印该文时，蒋氏又于文末追记云：

> 按明昌四年赵沨为崔法珍事撰碑，即金石家所称秘书省碑（见《京畿金石考》等籍）。是崔氏刻经曾登中秘且移藏弘法，皆无可疑也[3]。李（有棠）氏《金史纪事本末》叙崔氏事，亦因秘书省碑及之，但字句多误，难明所指，本文第三章据以申论，意有未尽，因复补记数语于此，待他日之详订焉。

蒋文所引李有棠《金史纪事本末》叙崔氏事，见该书卷三〇《世宗致治》大定六年（1166年）五月戊申条考异，其全文云：

> 秘书省（碑），今在燕宏法寺。《析津志》云："宏法寺在旧城。大定十八年（1178年）潞州崔进之女法珍印经一藏进于朝，命圣安寺设坛为法珍受戒，为比丘尼。二十三年赐紫衣宏教大师。明昌四年立碑石，秘书丞兼翰林修撰赵沨记，翰林侍讲学士党怀英篆额。"盖此刹元时尚存，至明始废。姑录于此，以存金

石之遗。（据光绪二十九年〔1902年〕刻本）

李氏所论系录自《日下旧闻考》卷一百五十五。《析津志》，元熊梦祥[4]。《熊志》久佚。按北京大学图书馆藏缪荃荪艺风堂抄本《顺天府志》卷七引《元一统志》亦记此事[5]，法珍输经版贮弘法一段居然在内：

> 弘法寺在旧城。金大定十八年潞州崔进之女法珍印经一藏进于朝，命圣安寺设坛为法珍受戒，为比丘尼。二十一年（1181年）以经板达京师。二十三年赐紫衣弘教大师。以弘法寺收贮经板，及弘法寺西地与之。明昌四年立碑石，秘书丞兼翰林修撰赵沨记。翰林侍讲学士党怀英篆额。【图9-1】

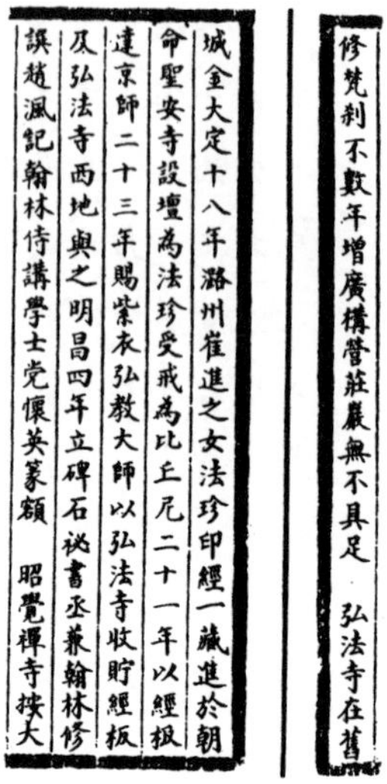
修梵刹不數年增廣構營莊嚴無不具足　弘法寺在舊
城金大定十八年潞州崔進之女法珍印經一藏進於朝
命聖安寺設壇為法珍受戒為比丘尼二十一年以經板
達京師二十三年賜紫衣弘教大師以弘法寺收貯經板
及弘法寺西地與之明昌四年立碑石祕書丞兼翰林修
撰趙渢記翰林侍講學士党懷英篆額　昭覺禪寺按大

图9-1　艺风堂抄本《顺天府志》卷七引《元一统志》书影

是蒋文之推测得此可以论定，赵城金藏与弘法藏之关系，亦可进一步探索矣。

二、元初补雕金藏经版和1959年在西藏萨迦寺发现的汉文卷子装印本大藏残本

金藏雕版入弘法后，蒙古太宗曾补刻之。蒋文第三章亦详论之：

> 元初补刻经版于载籍亦有可稽。《辨伪录》卷四（按当为卷五）云："大元启祚，睠意法门，太祖则明诏首班，弘护兹道。太宗则试经造寺，补雕藏经。"《辨伪》乃至元间奉敕实录，太宗补经云云，当为信史。《元史》卷一："太宗八年丙申（1236年）六月，耶律楚材请立编修所于燕京，经籍所于平阳，编集经史。"由

此知太宗致意文献自丙申为始，而耶律楚材实辅导之。今考楚材集甲午（太宗六年）、丙申（太宗八年）诸作之间，即有《补大藏经版疏》云："十年天下满兵埃，可惜金文半劫灰，欲剖微尘出经卷，随缘须动世间财。"（《湛然文集》一四）则太宗之因兵劫毁经，发心雕补，亦必在丙申（太宗八年）以来，而赖楚材为之策画，楚材当时已领中书，以补版疏文婉导民间合力协作，其能于干戈甫定之际，征集中书省各属之财力人力，完成胜业，盖可知也。至于补雕工事所在之地，据《弘教集》元世祖尝因大都弘法寺旧藏经版校补印造，颁行天下（《佛祖通载》卷二二引）。太宗已有藏经，世祖不应不用，故弘法旧藏当即太宗所遗，而太宗补经亦应在弘法寺矣。凡此种种，皆元初补经有征于记载者。今复按广胜寺藏中补雕事迹，乃一一与之吻合，不啻为其佐证，则现存广胜补版诸经，即其实物，可不更待费辞也。

广胜金藏中补雕之本，据蒋氏详检其数量约当现存金藏卷数四分之一。此种补雕本刻工草率，印纸黄薄。其补雕之地，蒋文第二章考在弘法：

> 补雕经版之地，未见明文刊记，与原刻同。然残有考定之资料亦与原刻同。考珍帙《大般若经》第五百七十九卷末附记雕字僧名云"本寺王普慈刁"，是必在某寺雕刻经，其寺僧乃可自称本寺。同帙《大般若经》第五百七十四卷第二纸十二行空白记："王普慈刁"，其第十七纸至二十二纸皆记："普轮刁"，王普慈与普轮补雕同一经卷，又同以普字派行，是必最相切近，或即同隶于一寺。枝帙《品类足论》卷五末跋云："大朝国燕京弘法寺雕造，僧普轮。"是普轮为弘法寺僧，普慈当亦为弘法僧也。各卷补雕僧工题名最详不过某处某寺某僧，此独正对金代刻版曰大金者特书曰大朝国，以示其独异，雕经之与此寺特有关系可想见也。弘法本辽金巨刹，燕京又中书省治所在，补雕之事，既遍集中书省属僧人，则以弘法寺为雕经之处，亦事理所许矣。

蒋氏之说有原跋可证当无可疑。

1959年9月，余随中央文化部西藏文物调查团抵萨迦教派的本寺萨迦寺，于该寺之北寺图书馆（差贝拉康）见有完整之汉文卷子装印本佛经三十一种，计五百五十五卷[6]，其内容皆翻译诸经，详见下列简目，表9-1：

表9-1 西藏萨迦北寺图书馆所藏汉文卷子装印本佛经简目

	经名	存卷数	千字文编号择记	备考	
				赵城金藏与元初补雕金藏的编号[7]	《至元录》编号
1	大般若波罗蜜多经	存413卷	卷1为天字号，卷124为辰字号，卷521为珠字号	同前	同前
2	放光般若波罗蜜多经	存17卷			
3	摩诃般若波罗蜜多经	存21卷	卷5为芥字号	同前	同前
4	光赞般若波罗蜜多经	存8卷			
5	摩诃般若波罗蜜钞经	存1卷	卷1为河字号	同前	同前
6	道行般若经	存6卷	卷1为淡字号	同前	同前
7	小品般若波罗蜜多经	存2卷	卷2、卷6皆为鳞字号	同前	同前
8	大明度经	存1卷	卷6为潜字号	同前	同前
9	胜天王般若波罗蜜经	存2卷	卷2、卷4皆为潜字号	同前	同前
10	文殊所说般若经	1卷全	羽字号	同前	同前
11	濡首菩萨无上清净分卫经	2卷全	羽字号	同前	同前
12	仁王护国般若经	存1卷	卷下为羽字号	同前	同前
13	摩诃般若波罗蜜大明咒经	1卷全	羽字号	同前	同前

续表

	经名	存卷数	千字文编号择记	备考	
				赵城金藏与元初补雕金藏的编号[7]	《至元录》编号
14	大宝积经	存32卷			
15	大方广三戒经	存2卷	卷中、卷下皆为字字号	同前	推
16	佛说无量清净平等觉经	2卷全	字字号	同前	推
17	佛说无量寿经	存1卷	卷上为字字号	同前	推
18	阿閦佛国经	存1卷	卷上为乃字号	同前	位
19	佛土严净经	存1卷	卷下为乃字号	同前	位
20	发觉净心经	存1卷	卷上为服字号	同前	让
21	文殊师利所说不思议佛境界经	存1卷	卷下为衣字号	同前	国
22	如幻三昧经	存1卷	卷下为衣字号	同前	国
23	圣善住意天子所问经	3卷全	衣字号	同前	国
24	慧上菩萨问大善权经	2卷全	裳字号	同前	有
25	大乘显识经	存1卷	卷下为裳字号	同前	有
26	大方广佛华严经	存19卷	卷31为章字号	同前	同前
27	妙法莲花经	存2卷	卷4、卷5为鸣字号	同前	凤
28	金光明最胜王经	存2卷	卷2、卷6为食字号	同前	场
29	大方便佛报恩经	存3卷	卷2、卷5、卷7皆为覆字号	同前	器
30	佛说菩萨本行经	3卷全	覆字号	同前	器
31	大乘本生心地观经	存2卷	卷2、卷6为衡字号	同前	羔

经卷大部作薄黄纸印造,刻工草拙,字体极不一致,有类福州藏者如《大方广佛华严经》,有作瘦金体者如《妙法莲花经》,亦有字体粗疏极类一般坊本者如《摩诃般若波罗蜜多经》。每卷版心高低不等,以高22厘米左右者为多,每纸行数、每行字数亦不等,以每纸二十五行、行十四字者为多。每纸首下端附雕某经第×卷第×纸某字号一小行。每卷前附护法神王版印扉画一纸[8]【图9-2】。卷末有蒙古蒙哥皇帝丙辰(1256年)张从禄等施财印造大藏木记【图9-3】,木记文云:

  蒙哥皇帝福荫里,燕京南卢龙坊居住奉佛弟子权府张从禄妻王从惠泊女张氏感如来之咐嘱,贺圣朝之弘恩,发心施财,命工印造释迦遗法三乘贝叶灵文一大藏,成(盛)一(以)黄卷,贮以琅函,安置在京大宝集寺,祈斯圣教永远流通,恭为祝严(厘)皇帝圣寿无疆,后妃储嗣太子诸王德超五帝,道迈三皇,长为九天瑞应,永作乾坤之主。伏愿满宅台眷荣花不坠于千秋,富贵恒超于万代,三涂八难,息苦停酸,九友(有)四生,速悟无生法忍。丙辰年六月朔。

据此木记可知:1)萨迦现存之五百五十五卷经卷原系一大藏之残存部分[9];2)此大藏雕造的时间,当在蒙哥皇帝丙辰年造此印本之前;3)施财印藏之人住燕京南卢龙坊[10],安置此藏之大宝集寺亦在燕京[11],而木记又未特记印藏之地,准以当时情况,此藏印造地点疑亦不出燕京也。

  此藏印造既有可能在燕京,而当时燕京弘法寺正存有如前所述之元初补雕金藏经版,该经版版式行款、卷子装以及如简目备考栏所列之千字文编号等,又俱与此藏相同,然则此藏为元初补雕金藏之印本可以无疑矣。至于以此与广胜补雕印本相校,亦发现有不同处,此盖两补雕印本印造时间不同所致。旧版递修,不同时期的印本之间,殊多差异,斯为我国古代雕版印刷之通例也。

  此藏原既安置在京大宝集寺,后以何种因缘辇来萨迦,萨迦或存

图9-2 西藏萨迦寺所藏1256年印卷子装佛经卷首　　图9-3 西藏萨迦寺所藏1256年印卷子装佛经卷末

有记录[12]，惟余不谙藏文，不能检阅；询之寺僧，云元时自北京运来，其余亦不能详。按燕京大宝集寺与圣寿万安寺极为密切[12]。圣寿万安寺即有名之白塔寺[13]，该寺之主要建筑物白塔为帝师八思巴弟益邻真据当时萨迦流行之塔式所设计[14]，是圣寿万安又与萨迦有一定的关系，因此，宝集经藏之入萨迦，其详虽不可考，但蛛丝马迹，似亦有可追踪者也[15]。

三、元弘法藏问题

影印《碛砂藏》所收元至顺三年（1332年）吴兴妙严寺校刻之《大般若波罗蜜多经》卷一末附题记云：

> 曩因《华严》板行于世，继刊《涅槃》《宝积》《般若》等经，虑其文繁义广，不无鲁鱼亥豕之讹，谨按大都弘法、南山普宁、思溪法宝、古闽东禅、碛砂延圣之大藏重复校雠已毕……至顺三年龙集壬申七月日吴兴妙严寺经坊谨志。

此大都弘法藏，据念常《佛祖历代通载》卷二二引（世祖）《弘教集》云："弘法寺藏经经版历年久远，命诸山师德校正讹谬，鼎新严饰补足以传无穷。"是元弘法盖即世祖据弘法寺所存元初补雕之金藏旧版加以校补者。蒋文第四章曾进一步考此事云：

元泰、顺（泰定至顺）间，湖州妙严寺尝据弘法、普宁、思溪、福州、碛砂五本对校损益，重刻《般若》《宝积》等经（见妙严刻本《大般若经》卷一跋），幸得从其刻本略窥元代弘法本文句独异之一斑，如《大宝积经》第三十四卷末"不了眼性空"一颂以后，又有"若了眼性空"一颂（见上海影印《碛砂藏》帝帙所收妙严寺版《宝积经》本卷），以普宁本校之，无此颂也；思溪本、福州本校之，亦无此也；碛砂本出于思溪，应亦无有是也，妙严所据五本既无其四，则此颂出处必在于第五之弘法本耳。今勘崔氏刻藏中《宝积》此卷，即明明有此颂在（其文双行加刻，乃崔刻藏校改常见之式），谓非崔藏即元弘法本之所据，而版在弘法寺者耶（此处但举一例，其余类此尚多，故非孤证也）。

按世祖校补旧藏之主要措施，似有三端：

1. 录入自景祐以来新出及前录未编诸经律论。庆吉祥《至元法宝勘同总录》卷一：

> 自后汉孝明皇帝永平七年戊辰（67—68年），至大元圣世至元二十二年乙酉（1285年），凡一千二百一十九年，中间译经朝代历二十二代，传译之人一百九十四人，所出经律论三藏一千四百四十部，五千五百八十六卷……自宋仁宗景祐四年丁丑（1037年），至今大元圣世至元二十二年乙酉，凡二百五十四年[16]，中间传译三藏四人，所出三藏教二十部，一百一十五卷，其余前录未编入者，经律论等五十五部，一百四十一卷，通前七十五部，二百五十六卷。（据影印《碛砂藏》本）

此"通前七十五部，二百五十六卷"，即系世祖校补弘法时所增入者，故《至元录》卷一在记《开元》《贞元》《景祐》诸录入录之三藏后，所列弘法入藏录之数目与此全同："弘法入藏录及于遗编，入经律论七十五部，二百五十六卷。"因此，迄至元二十二年，历代所出三藏一千四百四十四部，五千五百八十六卷，当即元弘法藏所收之数字。

2. 蕃汉对勘，《至元法宝勘同总录》卷一：

惟我大元世主……念藏典流通之久，蕃汉传译之殊，特降纶音，溥令对辩，谕释教总统合台萨里，召西蕃报底答、帝师拔合思八高弟叶琏，国师湛阳宜思，西天扮底答尾麻啰室利，汉土义学亢理二讲主庆吉祥，及畏兀儿斋牙答思，翰林院承旨旦压孙安藏等集于大都。二十二年乙酉春至二十四年丁亥夏（1285—1287年），大兴教寺各乘方言，精加辩质，自至元顶踵三龄；铨雠乃毕，虽同澜共派，并策分镳，究本穷源，若合符契，莫不一乘之性海湛湛波澄，三藏之义天辉辉星布，重光法宝，大启群迷；然晋宋之弘兴，汉唐之恢阐，未有盛于此也。经之在是录者凡一千四百四十部，五千五百八十六卷。复诏讲师科题总目，号列群函，标次藏乘，互明时代，永咏五录，译综多家，作永久之绳规，为方今之龟鉴，帝王恢弘正法之意，其至矣乎。

"经之在是录者，凡一千四百四十部，五千五百八十六卷"，亦即前述之元弘法所收之总数。是说者多谓《至元录》即世祖校补弘法旧版后之详目，亦即元弘法藏之目录[17]，当可信从；然则"至元法宝"，盖即元弘法藏之别名，故周南瑞《天下同文前甲集》卷八录赵璧《大藏新增至元法宝记》云：

我元西域异书种种而出，帝师、国师译新采旧，增广其文，名以"至元法宝"，刻在京邑，流布人间……会其部得一千四百四十，总其卷得五千五百八十有六。（据北京大学图书馆藏清初抄本）

3. 重整次第，"再标芳号"。《佛祖历代通载》卷二三引（世祖）《弘教集》云："帝命高僧重整大藏，分大小乘，再标芳号，遍布天下。"此事《至元法宝勘同总录》大德十年（1306年）克己序[18]言之较详，且与《至元录》之编辑合为一事：

爰自汉唐历代帝王公卿翻译接武，全璧未成，惟我世祖薛禅皇帝智极万善……特旨宣谕臣佐，大集帝师、总统、名行师德，命三藏义学沙门庆吉祥以蕃汉本，参对楷定大藏圣教，名之曰《至元法宝勘同总录》，华梵对辨，名题各标，陈诸代译经之先后，分大小乘教之品目，言简意密，文约义丰。

前面"萨迦寺藏经简目"所列金藏与元初补雕之金藏，即所谓经法旧版诸经之编次，有与《至元录》相异者，即以此也。

此外，元弘法所增秘密部诸经与元弘法之流布两事，尚有可考者。

元弘法所增，具见《至元录》，唯弘法增在京邑，其时江南新旧诸藏尚皆阙如，大德十年松江僧录管主八，募雕弘法秘密部于杭州路，备诸路庋经而未有者自行装印。事见碛砂本《大元续集法宝标目》卷九末管主八题记：

近平江路碛砂延圣寺大藏经板未完，施中统钞贰佰定，及募缘雕刊未及一年，已满千有余卷。再发心于大都弘法寺取秘密经律数百余卷，施财叁佰定，仍募缘于杭州路，刊雕完备，续天下藏经，悉令圆满……大德十年丙午腊八日，宣授松江府僧录广福大师管主八谨题[19]。

《天下同文前甲集》卷八赵璧《大藏新增至元法宝记》亦记此事：

……《至元法宝》刻在京邑，流布人间，江南去万里而遥，传持未遍，松江僧录管主八翻梓余杭，凡诸路庋经而未有者，许自装印[20]，藏教以完。

至正二十三年（1363年）管辇真吃剌舍其父管主八秘密经版于碛砂，事见碛砂本《大乘理趣六波罗蜜经》卷七末题记：

杭州路东北录司安国坊太平巷居住，奉佛管永兴大师辇真吃剌，发心将故父管僧录遗下秘密经版一部，含入平江路碛砂寺大藏经坊一处安顿，永远印造流通，祝延圣寿，愿大吉祥如意者。至正二十三年二月十六日奉佛管辇真吃剌谨施。

自是碛砂遂独具有依弘法刊雕之秘密经版。今弘法已佚，该藏较重要之秘密部幸存于碛砂者，即缘乎此。

《佛祖历代通载》卷二二引(世祖)《弘教集》记弘法之流布情况云：

帝命高僧重整大藏……遍布天下……帝一统天下，外邦他国，皆归至化，帝印大藏三十六藏，遣使分赐，皆令得瞻佛日。

但现可考知者似仅有三事。其一，即据前引影印《碛砂藏》所收妙严寺校刊诸经附记，知当时吴兴曾有之。其二，即蒋文第三章所记之广胜赐藏：

广胜下寺比邻延祐六年重修明应王殿碑云："泉之北，古建大刹精蓝，揭名曰广胜，不虚誉耳……世祖薛禅皇帝御容、佛之舍利、恩赐藏经在焉。"是为记载广胜藏经来源之唯一文献。

此世祖所赐，蒋氏初不敢必为何种版本，后又肯定为广胜金藏中盖有"兴国院大藏经"印之金印本，蒋文云：

（上接前段引文）然碑文简略，不能决定延祐以前何年始有藏经之赐，又不能定所赐之经，究为何种版本。广胜现存大藏经大都有寺僧印来之题记，经内又随处以朱墨涂改，并有钞补，此全不似出于恩赐而郑重视之者，可知非碑载之经也。余以为今日赐经果在，惟藏中兴国院残本粗可当之耳，此本印造精好，未见涂抹，奄帙《千臂千钵经》卷三首，且有极大方印，仿佛国玺（惜朱文黯淡不能尽辨）。又其现存之籍，自成帙《大般若经》第二百六十九至岳帙《秘藏诠》第十六前后十卷，开元、贞元、祥符诸经及著述部分皆有其本，似昔日曾备全藏者。且广胜寺僧所印藏经，中间有缺叶，当时即已抄补（此以补叶上有请经僧印知之，如维帙《显宗论》卷二末纸抄补加印），势必寺中先有定本为之依据，凡此皆可说兴国院藏为当时恩赐物也。兴国在睢州考城，元以太宗四年（1232年）取睢州，五年下南京，尽收其图籍（《元史》二）兴国院藏经当为其时所掠取，尔后数年旧版藏经补雕未就，赐经寺院唯有以旧物应付，广胜之得兴国赐本或即在其时欤（《湛然文集》卷八载，太宗三、四年间以招提院余经藏赐燕京大觉寺，亦为经版未补修时，用旧藏恩赐之例，广胜之得兴国院本，无足异也）。

此种推测，颇可置疑，既不能定世祖赐经之年，何以必谓"以旧物应付"？余意世祖既重整大藏遍布天下，而此重整之大藏，又非弘法莫属，是广胜赐经自以弘法之可能性为最大，唯此赐经是否尚有残卷杂于现存之补雕本中，抑或久已佚亡，则不能详矣。

其三，系赐峨嵋普贤道场者，见《佛祖历代通载》卷二二引（世祖）《弘教集》：

峨嵋普贤道场缺大藏经，命张大师经从驿骑递相迎送，佛法流通，福覃西蜀。

此峨嵋赐经与前述之吴兴所藏，今俱不存，其流传散佚情况，亦无可考。

（世祖）《弘教集》记世祖重整大藏，遍布天下，但就当时记录考察，似亦有费解者。缪抄《顺天府志》卷七引大德七年（1303年）立石之阎复《胜因寺碑》云：

大头陀教胜因寺，圆通玄悟大禅师溥光所造也。……至元（十八年）辛巳赐（溥光）大禅师之号。……圣上御极之初，玺书赐命加昭文馆大学士、中奉大夫，掌（头陀）教如故，宠数优异，向上诸师所未尝有。……金李琼林废馆有亭曰芙蓉，劫火之余，

屹然独存，师叹其规制宏传，购求得之，结为浮图宝刹，揭以雕
檐，楹以香木，内设毗卢法像，环庋大藏诸经。初闻藏经板木在
浙右，且多良工，遣法弟空庵普照门人宁道迁取经于余杭普宁寺，
楮墨辇运之费，（姚）仲实悉资之。仲实又以慈化三大士殿未立，
一力赞成……寺役起于至元（二十四年）丁亥，讫于大德（七年）
癸卯。

其时，燕京既有弘法经版，何谓"初闻藏经板木在浙右"，且远去普宁
赍经耶？其弘法经版自世祖校补之后，仅限于赐印，虽"宠数优异"
之溥光大师亦不能请印乎？果如是，则弘法实际之流通面并不广泛，
所以元明以来，有关弘法藏之明确记录极为稀少；而今日即弘法之残
卷零篇亦难发现也。

注释

[1] 《赵城金藏》发现之年，近人论著颇多讹误。此据范成《历代刻印大藏经略史》(《弘化小丛书》本，1954)。《略史》记发现之经过云："二十二年（1932年）春，在西安见一老头陀，从山西五台山朝拜文殊师利菩萨而来，彼向范成说：'晋省赵城县太行山广胜寺有四大橱古版藏经，卷轴式装订。'范成闻此消息，欢喜无量，立时登程前往。一到寺中，见果然不爽。将所带《圣元法宝标目》与橱中经典逐一校对。经过三月之久，又访得寺之四邻各农家亦有存此经零本，因系到寺游玩之人随手取去者……"此外蒋维乔影印《宋碛砂藏经始末记》(《刊影印宋碛砂藏》首册之二）亦记此事，不具录。

[2] 蒋唯心先生于1934年10月抵广胜寺，董理藏经计四十日。详见《金藏雕印始末考》。蒋文初刊于南京《国风》第五卷十二号（1934年12月），1935年1月南京支那内学院又单印发行。

[3] 顾炎武《京畿金石考》卷上记此碑云："金秘书省碑，赵沨撰，党怀英篆书，明昌四年立，在旧城宏法寺。"（据乾隆活字印本）按此碑与秘书省无关，金石诸书盖涉秘书丞兼翰林修撰赵沨撰文而误。蒋文据以推论崔刻曾登中秘之说，更为驰想矣。

[4] 蒋文第三章引《金史纪事本末》一段云："李有棠引旧记……"，以"旧记"代替《析津志》。周叔迦《大藏经雕印源流纪略》引李文亦略去《析津志》而不书。蒋、周两先生为何忽视李有棠之根据，殊为不解。关于《析津志》和该书著者熊梦祥事迹参看拙著《居庸关过街塔考稿》《析津志》《松云闻见录》著者熊梦祥事辑节。

[5] 此书据考，系过录《永乐大典》天字韵，顺天府原文。此《顺天府志》卷七，即《大

典》卷四六五〇、顺天府七。参看本集所收《居庸关过街塔考稿》熊梦祥辑录居庸关过街塔事迹四则原文节。

[6] 此外尚存零篇残卷若干种。据寺僧云："完整经卷原来不止此数。"按萨迦南北两寺存经之处甚多，调查匆匆，不能遍检所藏，估计实存数字，当不只此。关于此批经卷的收藏、发现情况，可参看王毅《西藏文物见闻记（二）》（刊《文物》1960 年 8、9 合期）。王文亦附有经目，因重出《佛说慧上经》，故作三十二种。

[7] 据蒋文附目和北京图书馆一部分金藏卡片目。

[8] 佛经扉画作说法图，似从元世祖起，始为永式。念常《佛祖历代通载》卷二二引（世祖）《弘教集》有云："帝命写金字藏经，卷轴前图像未定，帝云：此经是释迦佛说，止画说主，庶看读者知有所自。"

[9] 此大藏残存部分如简目所列皆翻译诸经，既无律论，更无入藏著述，此种现象颇值注意。

[10] 卢龙坊为唐幽州城旧坊，晁载之《读谈肋》卷三引路振《乘轺录》："幽州城……中凡二十六坊，坊有门楼，有蓟宾、肃慎、卢龙等坊，并唐时旧名。"（据《十万卷楼丛书》本）元初旧坊卢龙分南北两坊，并属旧城左院，朱一新《京师坊巷志稿》卷下旧坊条引《元一统志》："元初（旧城）设左右二院……左院领旧城东南、东北二隅。旧坊门之名二十……南卢龙坊、北卢龙坊……"（据 1962 年北京出版社排印本）

[11] 宝集寺唐建，元时为大刹，缪抄《顺天府志》卷七（即《大典》卷四六五〇、顺天府七）引《析津志》云："（宝集寺）在南城披云楼（《京师坊巷志稿》卷下：'披云楼，据志言当在今右安门内，旧迹无可征矣。'）对巷之东五十武。寺建于唐。殿之前有石幢记造建年月，昭著事实，备且详矣……兹寺之大概，今见于所撰《宗原堂记》，其词曰：'宗原堂者，大宝集寺之（方）丈室也。佛殿前石幢刻曰：大唐幽州宝集寺。唐碑亦有宝集之名，寺创于唐世，可考见矣。辽统和间，沙门彦珪大开讲筵……（金）大定间，沙门澄晖重兴寺宇，行业昭著，翰林学士承旨党文献公为题诸扁榜。大觉圆通大宗师守司空志玄，当承安间统领沙门，暨归国朝，行业高峻，王侯将相争趋下风，世称长公。一传而为释教都总统传戒三学都坛主行秀，再传而为领诸路释教都总统三学都坛主圆明，继以领释教都总统开内三学都坛主开府仪同三师光禄大夫大司徒邠国公知拣，至元二十二年（1285 年），世祖皇帝建圣寿万安寺于新都，诏拣公开山主之，仍命同门圆融清慧大师妙文主领祖刹……咸称其选。至正三年（1343 年）晋宁则堂仪公被诏主寺……缁徒孔盛，宗风蔚然，公为释氏之学，历抵名师，经论禅律莫不淹贯……或问堂名之故……曰吾寺自拣、文二师分主大刹，若圣寿万安、天寿万宁、崇恩福元、天源延寿，洎覃怀之龙兴，以至海内十六名刹，何啻千百，虽支分派别滋多，实皆出于宝集，此其原之当宗者。'"

[12] 萨迦南北两寺所存抄本书籍极多，其中或有此藏西来之记录。

[13] 圣寿万安寺俗呼白塔寺，元时已然。参看本集所收《元大都〈圣旨特建释迦舍利灵通之塔碑文〉校注》注释[1]）。其例又见《元典章》卷五九，工部、造作、公廨、住罢造作条："至大四年（1311 年）十一月十五日启奉皇太后懿旨节该白塔寺损坏了处修理者道来"及同书、卷、住罢不急工役条："延祐元年（1314 年）七月日江南

行省准御史台咨奉中书省札付皇庆二年（1313年）四月二十九日奏过事内一件……白塔寺是世祖皇帝盖来的寺，不修理怎中圣旨有呵。又奏白塔寺也在必合修理数目内……"（据光绪三十四年〔1908年〕刻本）

[14] 参看《元大都〈圣旨特建释迦舍利灵通之塔碑文〉校注》及该文注释[27]。

[15] 或疑此萨迦所存残经为世祖所赐，按世祖赐经应为增编之弘法藏（参看本文"三、元弘法藏问题"），此经千字文编号与《至元录》不同（参看第270页简目备考栏），且印纸薄劣，装帧亦简，故赐经之说，余所未取。

[16] 《至元录》推算的年代多有讹误，此段所引，东汉永平七年戊辰迄元至元二十二年，其间应为一千二百一十七到一千二百一十八年。宋景祐四年迄至元二十二年，其间应为二百四十八年。

[17] 参看蒋文第四章和叶恭绰《历代藏经考略》（刊《张菊生先生七十生日纪念论文集》，1931）。又按《至元录》实收部数，据日本大正一切经刊行会《昭和法宝总目录》卷二所收《至元录》之统计为一千六百四十四部，与《至元录》卷一和下引赵璧《大藏新增至元法宝记》所云之一千四百四十部不符，此问题，余别有考，此不赘。

[18] 此为管主八刊该录入《碛砂藏》时，克己所为之序。克己序云："旧梓方册，未类梵典，今前松江府僧录广福大师管主八，钦念天朝盛事，因循未彰，睿泽鸿恩，报称何及，谨刊入大藏，节续随函，于以对扬明命，昭示万世。"是管主八所据为一"旧梓方册"。此方册本，约即至元二十六年（1289年）杭州灵隐寺住持净伏《至元录序》所记永福大师刻本，净伏序云："以西蕃大教目录对勘东土经藏部帙之有无，卷轴之多寡，然文词少异，而义理攸同，大矣哉，会万物为己者，其唯圣人乎。于是宣授江淮都总统永福大师……敬入梓，以便披阅，庶广流传。"则所谓元弘法藏是否录此《至元录》，亦为颇值注意之问题也。

[19] 碛砂本《妙吉祥平等秘密最上观门大教王经》卷一末刊有管卓星吉题记："都劝缘功德主荣禄大夫行宣政院使管卓星吉，发心敬施俸资中统钞壹拾锭，雕刊秘密大藏经，补完圣教，所集殊勋，上报佛恩，端是祝延皇帝万岁、皇后齐年、太子诸王福寿千春、国界安宁、法轮常转；次愿色身康泰、法乐长隆、爵禄增崇、吉祥如意；法界有情，同圆种智者。大德十一年八月　日荣禄大夫行宣政院使管卓星吉题。"此管卓星吉应即管主八当时所募之缘主之一。

[20] 范成《历代刻印大藏经略史》："山西晋城县青莲寺存一（普宁）藏，我于二十二年前去选其可印者近百卷，摄影以补碛砂本之不足，内有一册尾端跋文载松江路僧正司管处八在各地经手雕刻大藏经版，完成八种之多……"范成所见，余疑即普宁藏自行装印管主八所刻秘密经律之一例。

此文曾以《赵城金藏和弘法藏》为题，刊于《现代佛学》1964年2期，页13~22、封三。此次汇集除改正讹误外，未作较大的增删。

榆林、莫高两窟的藏传佛教遗迹

甘肃安西榆林窟和敦煌莫高窟的晚期石窟中俱有藏传佛教遗迹,予曩撰《敦煌莫高窟密教遗迹札记》[1]曾略作记录,现西藏文管会同志邀我衰辑藏传佛教遗迹的文字于一编,因将该文"西夏统治时期的密教遗迹""蒙元时期的密教遗迹"二节中有关自唐宋密教转向藏传佛教的遗迹部分择录如下,内容结构变动无多,唯于榆林增一元代洞窟。至于莫高窟前散布的噶当觉顿式塔多座,因已摘要试论于本书所收《西夏古塔的类型》一文中,故不再录入。

一、西夏统治时期的密教遗迹

1035年[2]迄1227年,瓜沙地区隶属西夏。西夏时期此地区的密教遗迹较显著的有两种情况:一是莫高窟所表现的密教情况已较前期为衰退;另一是密教兴盛于安西境内。莫高密迹的具体内容例如表10-1。

表10-1所列二十二座例窟中,六座主室室顶画羯摩杵。表中最后两窟,其一在主室室顶,另一在主室入口上方即前室西壁门上,皆绘五方佛。窟室重要位置安排与密教关系密切的图像,出现在密迹减少的时期,是深值注意的。又表中最后两窟中的第464窟,实际是一处禅窟群的中心窟【图10-1:1】。此中心窟曾经元代改建,原来塑绘保存无多,这对进一步探索莫高窟西夏时期的密教情况,增加了困难。

与莫高情况不同的另一种西夏时期的密教遗迹,主要分布在安西

表10-1 莫高窟西夏时期窟密像例表

窟号	主室									前室		
	东壁		西壁	西壁龛				南壁	北壁	顶	西壁	
	门南	门北		龛内		龛外						
				南壁	北壁	南侧	北侧				门上	门南	门北
354	1	2											
355				1	2								
117 ☆						3							
154 ☆									3·				
165 ☆	4	5											
418 ☆												4	5
246 ☆												5	4
323 ☆												5	4
327												5	
356						6	6						
330										6			
87 ☆											7		
206 ☆											7		
291											7		
326											7		
328											7		
460 ☆	8	9											
314 ☆												10	
164 ☆	4	5				⑪	⑪						
237 ☆													11
464			12, 6·					12, 6·	12, 6·	13			
432 ☆											13		

1.不空羂索观音 2.如意轮观音 3.地藏 4.普贤变 5.文殊变 6.天王 7.羯摩杵（交杵） 8.千手千眼观音 9.千手千眼文殊 10.地藏与十王 11.水月观音 12.观音经变 13.五方佛

附☆号者，该窟开凿于西夏之前。

附·号者，表示只占该壁面的一部分。

框○者为塑像。

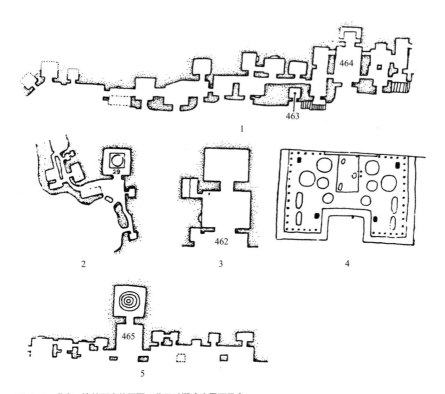

图10-1　莫高、榆林两窟的西夏、蒙元时期遗迹平面示意
1. 莫高窟第464窟及附近禅窟　2. 榆林窟第29窟及附近禅窟　3. 莫高窟第462窟　4. 莫高窟第61窟佛坛　5. 莫高窟第465窟及附近禅窟

榆林窟和东千佛洞[3]。现于以上两处各择两窟略记其内容如表10-2、10-3。以上两表清楚地反映出安西榆林窟和东千佛洞的西夏洞窟既突出了窟室中央设多层佛坛的布局，又大量绘制了曼荼罗图像。这两特征实际都是强调密教的坛场。窟中壁画虽仍显密并陈，但密画所据位置日益重要，更重要的是画面组织与风格，显然与莫高异趣。榆林窟第29窟、东千佛洞第2窟的水月观音和榆林窟第3窟、东千佛洞第5窟的文殊变、普贤变所表现的各类人物，疏朗灵活的布局，山峦、树木、流水、行云的自然情景，以及衣冠服装、各色纹饰，特别是榆林窟第29窟和东千佛洞第2窟水月观音下方出现的唐僧偕行者、白马礼拜的形象[4]，还有榆林窟第3窟十一面观音背光中显现的各种生产、生活场面，比莫高遗迹更鲜明地表现出东方影响。

表10-2　安西榆林窟西夏时期第29、3两窟内容简表

窟号		29	3
窟室平面			
坛		方形坛基，上砌五层圆坛。最上层置坐佛一，坐于莲座上。其下第四层侍立菩萨。第二、第三层像佚。最下层立护法像	八角坛，四层，坛上原塑像无存
顶		盝顶，顶正中绘莲座。莲座外围八瓣莲瓣，每瓣各书一字头外向的真言一。莲心画面已残。疑为胎藏界种子曼荼罗	平圆顶，正中绘曼荼罗。曼荼罗最内一匝绕绘五方佛，外四隅各绘一金刚杵尖端。疑为金刚界曼荼罗
前（西）壁	门南	西夏男僧俗供养人行列：第一身供养僧，西夏文题名，汉译作"真义国师普毕智海"；第二身供养人，西夏文官衔，汉译作"大瓜州监军司……"	普贤变
前（西）壁	门北	西夏女僧俗供养人行列	文殊变
后（东）壁		中为说法图，左、右为水月观音	中为释迦降魔塔。左为五十一面观音，右为十一面观音
左（南）壁		中为文殊变，前为净土变，后为曼荼罗	中为净土变，前、后均为曼荼罗
右（北）壁		中为普贤变，前为净土变，后为曼荼罗	中为净土变，前、后均为曼荼罗

表10-3　安西东千佛洞西夏时期第2、5两窟内容简表

窟号			2	5
窟室平面				
窟室前部	前（东）壁	门上	千佛	已塌毁
		门南	八臂观音	上为坐式菩萨，中为金刚菩萨，下为供养人
		门北	八臂观音	上为坐佛六，中为五观音、佛塔，下为护法金刚三
	后（西）壁		绘像二铺，每铺内绘三排坐佛。每排二身。应是两部不知名的曼荼罗	高僧说法
	右（南）壁		内为药师变，外为八臂观音	内为如意轮观音，中为八臂观音，外为文殊变
	左（北）壁		内为净土变，外为八臂观音	内、中均为观音，外为普贤变
	顶		盝顶，正中绘曼荼罗，四隅各显一金刚杵尖端	正中为穹窿顶，壁面皆毁
窟室后部（礼拜道）	右侧	南壁	水月观音	观音
		北壁	观音（？）	曼荼罗
		顶	平顶，中部绘坐佛一	平顶，花卉
	后侧	西壁	中为说法图，左、右皆画释迦	已塌毁
		东壁	涅槃变	涅槃变
		顶	平顶，中部绘坐佛三	券顶，花卉
	左侧	北壁	水月观音	四臂观音
		南壁	观音（？）	曼荼罗
		顶	平顶，中部绘坐佛一	平顶，花卉
甬道	（南）右壁		西夏供养人	已塌毁
	（北）左壁		西夏供养人	已塌毁

10世纪末叶以后，中原地区伴随新出密籍，对佛教图像进行大规模更新，汴京大相国寺壁画在太宗朝的重新绘制和神宗时饶有新意的重描最具典型。所以，熙宁五年（1072年）日僧成寻入宋，于东京显圣寺印经院等处购求新译经法和新样图像[5]，又详细记录了后苑瑶津亭中布置的法华曼荼罗及是年十一月神宗来亭烧香并以五杵加持皇帝事[6]。现存遗迹则以邻近西夏的陕北地区和12世纪中叶以后与西夏交往甚密的四川为多，特别是传柳本尊密印的赵智凤在大足宝顶营建的窟龛[7]，规模巨大且富新意。11世纪中叶以后的辽代，正值兴宗大兴密教之际，佛顶尊胜陀罗尼经幢之建立，朝野成风[8]。中天竺摩竭陀国慈贤任契丹国师，并译《一切如来白伞盖大佛顶陀罗尼》，约即在此时[9]。道宗"肇居储邸，已学梵文"（赵孝严《神变加持经义释演密钞卷首引文》）[10]。即位后，又敕命高僧编撰密著，并入藏流通[11]。道宗、天祚时，辽国寺院多建坛场，有名的清宁二年（1056年）应州宝宫寺木塔，系拟大日坛场[12]。咸雍八年（1072年）所建义州静安寺，"中其殿则曼荼罗坛"[13]。乾统三年（1103年）易州重修圣塔院，"于正堂内绘悬壁为毗卢之坛"[14]。辽代补刻的房山石经，自太康十年（1084年）起，多雕密典，迄于辽亡[15]。辽人侫密，更甚于中原。1123年金人灭辽，又三年（1126年）亡北宋。有金密迹如房山刻密、陕北密像以及分布于各地的佛顶尊胜陀罗尼经幢和雕饰密像的密檐塔等，皆沿辽宋之旧。西夏与东方宋、辽、金的关系，《金史·西夏传赞》论之曰："向无常，视三国之势强弱，以为异同焉。"可知都曾有彼此往还频繁的时期[16]，而佛教联系似更密切，其较著事例有：西夏王室曾一再修供五台[17]，五赎宋藏[18]，11世纪中期在都城兴庆敕建的高台寺和承天寺，相传都是为了贮藏宋藏。承天寺《大夏国葬舍利碣铭》记，所葬佛骨舍利系"东土名流"所致[19]，当是来自中原。西夏仁宗校藏经用南北经，南经即宋藏，北经疑是契丹藏[20]。西夏遗址多出金代遗物，黑城发现雕印精美的"平阳姬家雕印"的版画[21]，可据以推测金代晋南新兴的雕印手工业对西夏仁宗时包括佛经在内的雕印事业的大发展，有一定影响。以上事迹，可以大抵说明西夏洞窟密迹之所以出现较多的新的东方因素，是与密教在东方传播的历史背景分不开的。

更值得注意的是，安西东千佛洞第5窟东壁窟门北侧壁画，无论上部的坐佛、中部的菩萨和下部的护法形象，又都与上述两种密画情况不同，而具有现存早期藏式密像的特点；特别是中部南侧的佛塔，盖伞宽大、相轮粗短皆与乌思藏萨迦时期流行的所谓"噶当觉顿"颇多相似之处【图10-2】。榆林窟第3、29等西夏晚期洞窟也出现了面部上宽下窄，肉髻高尖的藏式佛像。按西夏藏文文献或作"北方木雅"，木雅又译作弭药，属党项羌，据藏传佛教噶举教派的著作《贤者喜宴》载，吐蕃时期即与木雅多有联系[22]。吐蕃势衰后，散居于河西会、灵一带的藏族甚众，所以当藏地后弘期噶举教派流行于康区以来，声誉远扬西夏领域。1159年，西夏仁宗遂遣使往迎噶玛噶举初祖都松钦巴，都松钦巴命弟子藏索哇赍经像来兴庆，仁宗尊为上师，为之建

图10-2 莫高窟、东千佛洞的元代遗迹速写
1. 莫高窟第285窟元建坛上的细线刻画
2. 莫高窟第285窟元建五阶坛一角及禅窟口所建塔
3. 安西东千佛洞第5窟东壁的噶当觉顿式佛塔
4. 莫高窟第465窟前室西壁噶当觉顿式佛塔

译场，译藏文佛经；其后噶玛噶举本寺——楚普寺建白登哲蚌塔，仁宗又供奉赤金璎珞与幢盖。与此同时，西夏人多甸木雅恭仁去拉萨东北墨竹工卡建直贡寺。蔡巴噶举祥仁波切弟子藏巴东沽哇等师徒七人经蒙地转道西夏译经并讲授三宝密咒；祥仁波切又命查巴僧格去西夏弘法，亦被尊为上师[23]。又据传西夏王曾去萨迦教派第三代祖师扎巴坚赞座前亲近承事，其后此西夏王孙又对萨迦第四代祖师萨班衮噶坚赞十分敬信[24]。当时，乌思藏密教两大教派的高僧都为西夏所重视，所以藏传密迹得以影响西夏。近年在宁夏银川市西北拜寺口发现的西夏或元初双塔，塔顶砌出噶当觉顿式的粗壮相轮，塔顶下装藏中出有上乐金刚唐卡、上师像唐卡各一帧，塔身外侧壁又浮雕各种密教护法形象[25]，即是这种影响表现在西夏都城附近的一例。至于藏传密迹何以安西较敦煌为显著，这当和上述新型的东方因素仅见于安西原因相同，即都与西夏西境监军司——平西军司置于瓜州有关。榆林窟第29窟窟口南侧所绘西夏装供养像题名署"大瓜州监军司"[26]，可见当时瓜州地位高于沙州，而监军司自较一般州官更多接近都城兴庆，该窟窟口南侧第一身供养僧像题名署"国师"，国师更能接近西夏王室。因此，佛教中的新派别和形象中的新式样皆率先流行于安西，当不足怪。榆林窟第29窟与一般洞窟不同，位于榆林窟东崖窟群的深密处，附近又多大小禅窟【图10-1:2】，故被推定为乾祐二十四年（1193年）甘州画师高崇德所绘之秘密堂[27]。乾祐二十四年已近西夏灭亡之年——1227年，由此可推知安西榆林窟、东千佛洞的藏传密迹，在时间上已是西夏晚期，所以藏传密迹在河西地区进一步发展，即将属蒙元阶段的遗迹了。

二、蒙元时期的密教遗迹

1227年，蒙古军队陷沙州，莫高窟第465窟前室西壁南侧有北元宣光三年（1373年）游人划记，可知莫高窟隶属蒙元约长达一个半世纪。至元十七年（1280年）于瓜沙地区和今青海西北部置沙州路，总管府设于沙州。沙州南接宣政院所辖乌思藏地，其治所又适当甘肃西部通向乌思藏的重要孔道。大德间（1297—1307 年）八思巴弟子松江府僧录管主八曾向沙州文殊舍利塔寺施西夏文大藏经[28]。泰定元年（1324 年），又以世袭吐蕃封地的镇西武靖王搠思班子阿剌忒纳失里（此云宝吉祥）出镇沙州，而自 11 世纪后期孳息于此并逐渐笃信藏传密教的西夏人众并未远移[29]，因此瓜沙地区的藏传密教，有元一代更趋发展，榆林、莫高两窟在此新形势下，遂出现了为蒙古上层尊崇的纯粹的藏传密教的洞窟。

榆林窟蒙元时期藏传密教洞窟似只第 4 窟一处。该窟位东崖下层，北邻西夏所开第 3 窟，其南为清嘉庆十三年（1808 年）重修之卧佛殿，即第 5 窟。第 4 窟窟口壁面系后世补建。窟内略作竖长方形，中部建方坛，坛上塑绘已佚，窟顶崩毁，顶壁相接处残存坐像一匝。西壁即前壁，其中部即窟门所在。窟门之南（左）绘普贤，下绘蒙古装男供养人行列，现存五身。窟门之北（右）绘文殊，下绘蒙古装女供养人行列，现存三身并一小儿。东西北三壁皆各绘壁画三铺，中间一铺皆绘曼荼罗，曼荼罗左右两侧各绘佛像一铺，具体内容略如表 10-4。

此窟无纪年题记，但壁画中的人物造型与日喀则夏鲁寺大殿壁画[31]和那塘寺南札桑波沛塔内壁画[32]颇多相似，该两处壁画的时代俱在 13—14 世纪。又第 4 窟北壁东铺壁画中所绘之中间高、两侧略低的三塔并立的佛塔，见于西藏和毗邻藏区的例证如山南札囊札塘寺佛堂后壁左侧释迦座下的三塔壁画[33]、甘肃张掖马蹄寺上千佛洞的三塔龛[34]俱是 13—14 世纪之遗迹，而现存实物亦不晚于 14 世纪前期，如元延祐六年（1319 年）所建云南昆明筇竹寺玄坚雪庵宗主塔[35]，因可推知此榆林窟第 4 窟的兴建约亦在 13—14 世纪的蒙元时期[36]。

蒙元时期莫高窟的藏传密教遗迹较榆林为多，规模最大的一处是第 465 窟及其附近。第 465 窟，具前后室，皆盝顶、方形平面。前室西（后）壁两侧和左（北）、右（南）壁各绘一噶当觉顿式佛塔【图 10-2:4】。后室正中建四阶圆坛，坛上尊像现已无存；坛上方盝顶正中及四坡分画五方佛及其眷属。东壁即后室窟门所在的前壁，满壁皆绘护法像，门上横列五身，侧有供养比丘，门北（左）侧主尊为摩诃迦罗（大黑天）；赭身，一头四臂，前两手一持颅钵，一持物不可辨，

表10-4　安西榆林窟蒙元时期第4窟平面及北、东、南壁画内容简表[30]

榆林第4窟平面		
北（右）壁	西铺	主尊像左足盘上，右足下垂。像下方有蓝身、白身护法各一，两侧绘作舞姿的供养天
	中铺	曼荼罗外圆内方。主尊像四臂，右上执二矢，左上执弓，右下执剑，左下执物漫漶，主尊所在方围四面的底色：下红、右蓝、上白、左绿。曼荼罗四隅各置一坐像
	东铺	主尊两像各垂一足相对坐。两像间置高架，上树三塔，三塔上方各有伞盖。主尊像下方绘两坐像，两侧绘作舞姿的供养天
东（后）壁	北铺	主尊像剥落漫漶。下方绘罗汉、菩萨、龙王、帝王供奉、天龙八部。两侧绘有罗汉、菩萨
	中铺	曼荼罗外圆内方。主尊像左手持两刃刀。主尊所在方围四面的底色：下黄、右灰、上红、左绿。曼荼罗四隅各绘护法一身
	南铺	主尊像趺坐，顶有金翅鸟。主尊像前左一比丘尼，右一比丘，下方列菩萨众，两侧绘坐像
南（左）壁	东铺	主尊像趺坐，两侧绘作舞姿的供养天
	中铺	曼荼罗外圆内方。主尊像六臂，主尊像所在方围四面的底色：下紫、右绿、上红、左蓝。主尊左右有作舞姿的供养天
	西铺	主尊像倚坐。左侧中部绘有牛头，下一比丘尼，右侧中部绘有狮头，下一比丘

后两手一持三股叉，一持剑，腰系虎皮，轮王坐。主尊上下方各绘六像，左右侧各绘三像，共十八像，似皆主尊之化身。下方化身像之下列六像，似皆供养像。供养像侧贴附纸条，上书汉藏文合璧的名称，其中汉文有"……巴，此云食□□□师""得□□□巴，此云□智师"

"……此云□□食睡□师便师"等。门南（右）侧主像三，上方者三目，蹲坐，双手捧一盛满供物的高足钵。下右侧者立，三目两臂，一手持颅钵，一手持月刀，并于手内横置六棱长木，髻上绕蛇，腰系虎皮。下左侧者为摩诃室利（大功德天），骑骡，三目四臂，前两手一持颅钵，一持细柄杵（？），后两手一持剑，一持三股叉，身挂骷髅璎珞，旁立兽首骡卒。三主像下方列六像，似皆供养像。西、南、北三壁各绘忿怒相护法三铺，内容略如表10-5。西壁即后壁，中铺主像双身，左右铺主像皆单身女像。三铺主像皆一面两臂，左铺女像侧面现猪首，当是金刚亥母。金刚亥母为上乐金刚之明妃，因疑此壁中铺立像为上乐金刚之双身像。南壁即右壁，三铺主像皆双身像，俱多面多臂，中铺男女像所持物中皆有花、剑、轮、杵；右（东）铺男像持有杵、铃、细柄法器和人皮；左（西）铺男像持铃、杵，男女像皆持弓，以上三铺就所持物言，似皆具有时轮金刚之特征。北壁即左壁，中铺主像双身，左右铺主像皆单身，三铺主像皆多面多臂，尤以臂数繁多为该壁各铺主像的共同特征；中铺男身十六臂俱捧颅钵，应是喜金刚；女身两臂，项挂骷髅，当是喜金刚之明妃金刚无我母。按此窟壁画分格布局，画面皆用竹笔作遒劲的细线描绘，平涂浓彩对比强烈，手心足掌皆施红色，背纹多画细密云气，这些都是13世纪迄15世纪藏画特点；而一壁三铺像，像下列小格位置供养像和喜用蓝白冷色等，又是14世纪藏画所习见[37]；前室所绘噶当觉顿式佛塔也是13、14世纪藏地流行的塔式；整个后室的设计与风格又极与萨迦北寺岗噶、宣旺两确康近似。莫高能够出现如此典型的13、14世纪左右的藏式密迹，显然是与自元世祖起既重萨迦教派领袖人物为帝师，又重当时寺庙最多流布最广的噶当派和实力甚大、且长期活动于旧西夏领域的噶举教派[38]有直接关系。此窟前室东壁南侧白粉下，有朱书题记六行："……昌府□塔寺僧人……遙吉祥秦州僧……吉祥山丹□……于元统三年（1335年）……八日到此秘密寺……记耳"，知此窟元时称秘密寺。又前室壁面有元人题记甚多，其中最早的是北壁白粉下刻画的"至大"纪元（1308—1311年），因知此窟之建当在武宗至大之前；如再考虑游人刻画时，应距创窟之年已有较长时间，则第465窟的

表10-5 莫高窟元代第465窟后室西、南、北三壁壁画内容简表

位置		主佛像	化身像（？）	供养像
西壁	右（南）铺	单身女像。三目两臂，双手交持杵铃，挂骷髅璎珞，两足各踏一俯卧魔	上方5像，左右两侧上部各3像，共11像	左右两侧下部各1像，下方列6像，共8像。像侧贴附书写汉藏文对译的题名纸条，其中汉文有书"□□里巴此云陶□师"者
	中铺	双身。男身紫色。三目两臂，双手交持杵铃，两足分别踏一仰卧魔，一侧卧魔。女身赭色。两臂，一手高举杵，一手抱持男身。两像皆挂骷髅璎珞	同上	左右两侧下部各1像，下方列6像，共8像
	左（北）铺	单身女像。赭身，侧一猪首，三目两臂，一手上举月刀，一手捧颅钵，并夹持一细柄长杵，挂骷髅璎珞，二足各踏一仰卧魔	上方6像，左右两侧上部各3像，共12像	同上。贴附纸条有书"□□鸡□巴此云养飞禽师""□□□□巴此云呼□师"者
南壁	右（东）铺	双身。男身红色。冠有化佛，三面六臂，前两手交持杵铃，中两手持细柄法器，后两手持人皮。挂骷髅璎珞，足下踏魔。女身粉色，似二臂，作拥抱状	上方6像，左右两侧各3像，共12像	左右两侧下部各1像，下方列6像，共8像
	中铺	双身。男身红色。三面三目六臂，前两手交持月刀、颅钵，中两手一持花、一持剑，后两手一持杵、一持轮。足踏侧卧魔。女身蓝色。六臂，前两手拥抱，中两手一持轮、一持杵，后两手一持花、一持剑	同上	同上。贴附纸条有书"□□宜巴，此云踏碓师"，"拶连嘞啰巴，此云持□网师"者

续表

位置		主佛像	化身像（？）	供养像
南壁	左（西）铺	双身。男身蓝色。四面三目四臂，前两手交持杵铃，后两手拉弓。足踏仰面魔，魔手捧颅钵。女身红色。四臂，前两手拥抱，后两手拉弓。	上方7像，左右两侧上部各3像，共13像	左右两侧下部各1像，下方列6像，共8像
	右（西）铺	已残。多臂，持物可辨者有颅钵、绳索等	残存上方3像、左侧3像	残存两侧下部各1像，下方3像
北壁	中铺	双身。男身蓝色。冠有化佛，饰骷髅鬘，八面三目十六臂，前两手交持颅钵，其余各手右或伸，持颅钵，钵内盛物，有各色神像和象、鹿、驴、牛、驼、猫等动物。挂骷髅璎珞。两足各踏两魔。女身红色。三目两臂，一手上举月刀，一手抱持男身，挂骷髅璎珞	上方6像，左右侧上部各3像，共12像	左右两侧下部各1像，下方6像，共8像
	左（东）铺	单身男像。右半白色，二面。左半赭色，一面。皆三目。十二臂，前两手交持杵铃；次两手一持杵，一持颅钵；次两手一提人头，一持细柄法棒；次两手一持腰鼓状物，一持绳索；次两手持人皮；最后两手高举头上，作仰捧状。挂骷髅璎珞，两足各踏一捧颅钵之魔	同上	同上。贴附纸条有书"□□哩捺巴，此云智足师"者

开凿，或可推测到 13 世纪后半[39]。此窟两侧各有禅窟多所，禅窟前方原凿通廊与第 465 窟前室相通【图 10-1:5】。原北侧廊内上方崖面涂抹白粉墙皮，绘赭色噶当觉顿式佛塔一座。塔南侧书"深入禅定"，

再南有汉文六字真言。塔北侧书"见十方佛",再北有八思巴文一行,汉文四行。塔上方墨书梵、藏、蒙文各一行。以上遗迹约皆元人专为此禅窟群而安排者。

与第465窟在整体布局上近似的另一处洞窟,是元代改建的莫高窟第285窟,即有名的有西魏大统四年(538年)、五年(539年)两发愿文壁画的毗诃罗式窟室。元时于该窟左右壁的禅窟窟口建噶当觉顿式塔[40],并于该窟内正中建五阶坛,下三阶为方坛,上二阶为圆坛,坛上图像早已无存,即此五阶坛的上面四阶也于早年被拆除【图10-2:2】[41],现存最下一阶阶面上尚残存细线刻画的双线圆形界道,双线圆形界道内画莲瓣一匝,界道外四隅画金刚杵尖端,圆界道里侧画双线方界道,方界道每面正中显一门,门两侧各画出一竖立的三股叉,叉上端画出飘扬的长幡,方界道里侧即是原建第二阶方坛处,此部分只在正中画出三匝圆线【图10-2:1】。

位于第465窟南方的第462、463两窟,也是元代的藏传密教窟室。第462窟是塔庙窟,具前后室,并附有前廊。后室方形平顶,后(西)壁上方原贴影塑千佛,壁前设佛座,像佚座亦残。前壁南侧有"至治三年(1323年)五月初三日记耳"题记。前室方形,南北坡顶,室正中原建噶当觉顿式塔一座,已损毁,仅存残段,其中覆钵残块外敷金彩尚艳。南壁内侧有"七月十八日作塔工毕记耳"题记,题记之东和前廊东侧各凿一禅室。北壁画供养人四身,中间戴姑姑冠蒙古装的女像是主像【图10-1:3】。第463窟是小型佛殿窟,平面方形,后(西)壁绘一佛二菩萨,佛手掌涂红色;上方画五方佛,皆着冠饰。南壁画骑狮文殊,上方有二排着红色尖帽的藏僧供养像。北壁绘骑象普贤。东壁门上白描护法像,其前绘一披发供养人。门南四臂金刚,前两手一持颅钵,一漫漶,持物不可辨,后两手一持细柄法具,一持剑,轮王座,下卧一魔。门北金刚口衔魔,一手持颅钵,一手持剑,轮王座。南北两壁下部绘蒙古装男供养人。顶绘莲花。

莫高窟元代密教遗迹除藏密遗迹外,另有多处受有藏密影响的传统密教洞窟,第95窟应是较重要的实例。其内容略如表10-6。

元代改建西夏建造的第464窟也应属这一类。该窟原系西夏一处禅窟群中的中心窟，元代延长了前后室间的甬道。后室基本保持原状。延长的甬道顶部绘千佛，两壁绘供养菩萨，附有蒙文榜题。重装后的前室南北壁分别绘出小幅深色地的连续善财童子参见五十三知识而证入法界的故事，每幅中亦附有蒙文榜题。前室前方南壁通道上书梵、藏、回鹘、汉四种文字的六字真言，东侧有"至正卅年（1370年）五月五日甘州乐闻"墨书题记。前室前方北壁通道上方书梵、回鹘、蒙、八思巴、汉五种文字的六字真言，东侧有宣光三年（1373年）题记。两处纪年题记皆属北元时期，似可说明此窟改建的时间约在元代后期。善财童子故事流行于内地宋元间，南宋隆兴元年（1163年）告成的有名的杭州六和塔"环壁刻金刚经及塑五十三善知识，备尽庄严"（《西湖游览志》卷二四引曹勋《塔记》），又南宋临安贾官人宅镂版的《佛国禅师文殊指南图赞》[42]，更是以图画为主叙述此事的通俗佛籍。善财童子故事与六字真言同处一窟，大约可以反映最迟在元代后期新的内地因素已影响到莫高的藏传密教了[43]。

表10-6　莫高窟元代密教窟第95窟内容简表

主室	中心柱	东面	龛内	六臂观音塑像，两侧各一天王、二菩萨
			龛壁	观音、势至等菩萨
			龛顶	六字真言
		南、北面		罗汉
		西面		无画
	礼拜道	南侧口上		水月观音
		北侧口上		虎头
		顶		六字真言
	西壁			罗汉
	南壁			罗汉
	北壁			罗汉
甬道顶				六字真言

莫高窟传统密教图像与内地密教新图像的结合，有迹象表明顺帝前期即已出现。至正八年（1348年）在莫高窟立四臂观音并梵、藏、汉、西夏、八思巴、回鹘六种文字的六字真言石碣的西宁王速来蛮，又于五代曹氏开凿的第61窟前重建后接石窟的皇庆寺。至正十一年（1351年）建成[44]。该寺窟前部分早已无存，窟内除坛上塑像外，五代绘制的壁画尚大体完好。速来蛮重修时新绘的甬道壁画也基本完整，甬道南壁画炽盛光佛出行，北壁画黄道十二宫，场面巨大，构图新颖，远较藏经洞发现的晚唐炽盛光佛绢画生动多彩，这应是摹自中原传来的宋元图样。时间再迟些，莫高窟还出现了全部根据内地新样绘制的洞窟，即第3窟。该窟是一座约3米见方的小型佛殿窟，盝顶，顶心影塑四龙，四坡绘球纹。前（东）壁门上画五方佛，门两侧各画观音一身，南、北壁各画十一面千手千眼观音一铺，后（西）壁开盝顶龛，龛内中部悬塑山石，处于山石间的原塑主像——水月观音已不存，山石两侧绘双勾墨竹，龛内外两侧各画菩萨四身。从龛内和全窟图像的布局推察，此窟应是一处观音堂。如此布置观音堂在莫高诸窟中极为特殊，不仅悬塑作法为莫高所仅见，当是新从东方传来；其壁画据艺术史家研究认为："其线描纯熟，变化丰富，以圆润秀劲的铁线勾勒面部和肢体，用折芦描表现厚重的衣纹折襞，用顿挫分明的丁头鼠尾描表现力士隆起的肌肉，又用轻利飘逸的游丝描画出蓬松的须发，为了刻画出不同的质态，作者使用了多种线描，既使形象更加真切感人，也显示了元代绘画艺术的高度发展"，"壁画设色清淡典雅，纯然中原画风"[45]。该窟西壁有作画人题记："甘州史小玉笔。"此史小玉，又见第444窟西壁龛内前北柱外侧题记："至正十七年（1357年）五月十四日甘州桥楼上史小玉烧香到此。"可知第3窟绘画时间已近元代末期；而这个绘制壁画的时间，就全窟情况看，应与该窟的开凿的时代极为接近。

注释

[1] 《敦煌莫高窟密教遗迹札记（下）》，刊《文物》1989年10期。

[2] 《宋史·外国·夏国传》上："（景祐）二年（1035年）……（元昊）遂取瓜沙肃三州"。
[3] 参看张伯元《东千佛洞调查简记》，刊《敦煌研究》创刊号，1983。
[4] 参看王静如《敦煌莫高窟和安西榆林窟中的西夏壁画》，刊《文物》1980年9期。
[5] 参看成寻《参五台天台山记》，成寻书多记北宋密迹事，其购请密籍见该书卷六至卷八。
[6] 参看成寻书卷七。
[7] 参看胡昭曦《大足宝顶山石刻浅论·柳本尊与宝顶佛教宗派》，胡文收在刘长久等《大足石刻研究》上编，四川省社会科学院，1985。
[8] 据《全辽文》所收幢记统计，圣宗时为数尚少，兴宗时突然增多。幢记最迟纪年是天祚天庆十年（1120年）松寿《为亡父特建法幢记》。后五年（1125年），天祚被俘，辽亡。
[9] 参看《全辽文》卷一二所收《房山石经丙寅岁季秋造经题记》。按此经见房山石经"丁"字经版，检丁字前面的"武"字和同属丁字经版的其他佛经，皆刻于"皇统六年（1146年）岁次丙寅"，因知此经版刊刻之年也是金皇统六年。
[10] 《全辽文》卷九有录文。
[11] 参看性嘉《显密圆通成佛心要集并供佛利生仪后序》、觉苑《神变加持经义释演密钞序》。两文录文见《全辽文》卷九。
[12] 应州宝宫寺即今山西应县佛宫寺，木塔现存。该塔顶层（第5层）正中设方坛，坛中央奉智拳印大日如来坐像，环绕大日如来为八大菩萨坐像。第4层正中亦设方坛，坛后方中央奉坐佛，两侧各立一弟子，坐佛前方左侧为骑象普贤，右侧为骑狮文殊，象狮内侧各立一驭奴。第三层正中为八角坛，奉四方佛，佛座下露出动物形象，示为生灵座。参看陈明达《应县木塔》，文物出版社，1966。
[13] 参看耶律兴公《创建静安寺碑铭》，录文见《全辽文》卷八。
[14] 参看惠察《易州重修圣塔院记》，录文见《全辽文》卷一〇。
[15] 参看北京图书馆金石组等《房山石经题记汇编》第4部分，书目文献出版社，1987。
[16] 西夏领域多出宋物，已不需缕述。所出辽物，有内蒙古东胜县东城塔村西夏城址发现辽"西京雍和坊马松砚瓦"，该城址和宁夏石嘴山市庙台公社西夏城址皆出金代铜钱，参看汪宇平《达拉特旗塔村古城》，刊《文物参考资料》1954年8期；宁夏回族自治区展览馆《宁夏石咀山市西夏城址试掘》，刊《考古》1981年1期。宁夏西夏城址多出金元时代磁州窑风格的瓷器，而宁夏灵武磁窑堡窑址的调查发掘，更可证明该窑烧造的器物受有鲜明的金代磁州窑影响，参看马文宽《宁夏灵武县磁窑堡瓷窑址调查》，刊《考古》1986年1期。以上资料，皆是西夏与东方交往频繁的物证。
[17] 事在景德四年（1007年）、宝元元年（1038年），见《宋史·外国·西夏传》上。
[18] 事在天圣八年（1030年）、景祐元年（1034年）、至和二年（1055年）、熙宁六年（1073年），见《续资治通鉴长编》，又熙宁元年（1068年），见《西夏纪事本末》卷二二。
[19] 录文见《嘉靖宁夏新志》卷二。
[20] 见北京图书馆藏西夏文《过去庄严劫千佛名经》卷末发愿文，参看史金波《西夏文

〈过去庄严劫千佛名经发愿文〉译证》，刊《世界宗教研究》1981年1期。

[21] 参看史金波等《西夏文物》，图79、80，文物出版社，1988。

[22] 参看黄颢《藏文史书中的弭药（西夏）》，刊《青海民族学院学报（社会科学版）》1985年4期。又班钦·索南查巴《新红史》黄颢译注［232］和巴卧·祖拉陈哇《贤者喜宴》，第八品、第十二品皆多记西夏崇奉噶举教派事。

[23] 参看《新红史》译注［233］。

[24] 参看郭和卿译五世达赖昂旺·罗桑嘉措《西藏王臣记·北道一些杰出人物的政教事纪》。

[25] 参看牛达生《宁夏贺兰山拜寺口西夏古塔》，刊《考古与文物》1986年1期。承于存海、何继英同志见告，该塔顶下部近年曾发现装藏一处，内遗物甚多，中有中统宝钞若干张，因疑该塔告竣之年或晚至元初。

[26] 参看［4］；史金波等《莫高窟、榆林窟西夏文题记研究》，刊《考古学报》1982年3期。

[27] 该题记书于榆林窟第19窟后甬道北壁。题记全文："乾祐二十四年□□□日画师甘州住户高崇德小名那征到此画秘密堂记之"。参看刘玉权《敦煌莫高窟安西榆林窟西夏洞窟分期》，该文收入《敦煌研究文集》，甘肃人民出版社，1982。

[28] 《沙州文录》录《西夏刻经后题记》："僧录广福大师管主八施大藏经于沙州文殊舍利塔寺，永远流通供养。"按此西夏文佛经藏日本天理图书馆。参看王静如《西夏文木活字版佛经与铜牌》，刊《文物》1972年11期。

[29] 蒙元时期藏传密教在西夏人众中发展迅速，西夏僧俗南入藏地，除向藏密各派高僧请益求经外，有的还曾任萨迦本钦，建昂仁寺，参看《藏文史书中的弭药（西夏）》。

[30] 此表内容曾参考1943年向达先生《安西榆林窟记录》，刊《考古学研究（一）》，文物出版社，1992。

[31] 参看已收入本集的《西藏日喀则地区寺庙调查记》夏鲁寺条。

[32] 参看已收入本集的《西藏日喀则那塘寺调查记》。

[33] 参看已收入本集的《西藏山南地区佛寺调查记》札囊札塘寺条。

[34] 参看本集所收《张掖河流域13—14世纪的藏传佛教遗迹》。

[35] 参看刘敦桢《云南之塔幢》刊《中国营造学社汇刊》7卷2期，1945。

[36] 北京现残存塔座的居庸关过街塔（明以来俗呼作云台），其上原亦建三塔。该塔创建之年为至正二年（1342年），参看本集所收《居庸关过街塔考稿》。

[37] 参看G.Tucci：*Tibetan Painted Scrolls*，1947。

[38] 噶举教派见重于蒙元，据《贤者喜宴》记载，先于萨迦教派的八思巴。该教派黑帽系祖师噶玛巴什，1253年即应忽必烈之召，去川西北绒域色都，后又去西夏故地布教寺。1256年，又奉宪宗蒙哥命来和林，任上师。世祖即位，疑其叛己，遂不复用。但以噶举势盛，文宗、顺帝皆曾召噶举教派大师灌顶授密，所以，终元之世，元廷对藏传密教的萨迦、噶举两派并重。参看《新红史·蒙古王统》黄颢译注［233］、［234］，［238］，［240］，［254］，［255］；郭和卿译《青史》大译师玛尔巴传承录及著名的噶举派节。

[39] 此窟后壁中铺主像上乐金刚，应是窟内壁画中的重要形象。按藏传密教噶举教派多修此本尊。宁夏银川市拜子口西夏或元初所建双塔，塔顶下装藏中发现上乐金刚双身像唐卡，西夏重噶举，故塔顶奉此像（参看［25］。如此窟建年可与拜子口双塔相比较，则其时间亦当在13世纪后半。

[40] 元于禅窟窟口建塔之前，西夏时曾在北壁西端禅窟内画佛塔和持花礼塔人4，下方墨书西夏文题记10行，题记中的纪年是西夏崇宗雍宁乙未二年（1115年），参看［26］。

[41] 1908年，法人伯希和来莫高窟时，此坛尚存，*Les Grottes de Touen-Houang*，巴黎，1920—1924，图版CCLXⅧ即是该坛北半部的图像。

[42] 宋刻本《佛国禅师文殊指南图赞》，罗振玉影印于《吉石庵丛书》初集。

[43] 第464窟即伯希和编号第181窟。此窟曾出大批元代文书，其中有用回鹘字母书写的蒙文文件。

[44] 第61窟窟前殿堂遗迹，20世纪60年代曾进行清理，发现约于明代毁于火灾。参看潘玉闪、马世长《莫高窟窟前殿堂遗址》，文物出版社，1985。1951年承莫高窟易昌恕喇嘛见告，皇庆寺后移建于窟东，即今莫高窟之上寺，下寺因王圆箓于1896年募资于下寺之南建道庙后，改称中寺。是自元以来，迄于1943年敦煌艺术研究所成立之前，莫高窟隶属藏传佛教系统竟长达五个世纪之久。至于皇庆寺改归格鲁派，应在1653年五世达赖被顺治册封西天大善自在佛所领天下释教之后。

[45] 参看段文杰《莫高窟晚期的艺术》，该文收入《中国石窟·敦煌莫高窟五》，文物出版社，1987。

本文原是《敦煌莫高窟密教遗迹札记（下）》中的六、七两节，该文刊于《文物》1989年10期，页68～86。此次汇集加了一段必要说明和改正十多处文字的讹误。

张掖河流域13—14世纪的藏传佛教遗迹

张掖河古称弱水，俗名黑水，源出今甘肃张掖地区肃南裕固族自治县（以下简称肃南）南山，经今张掖市汇山丹河北流，抵内蒙古额济纳旗入古居延海。古居延海畔有黑城，即元亦集乃路故城址。肃南南山有马蹄寺石窟。两地皆分布有13—14世纪的藏传佛教遗迹【图11-1】。1991年，予访马蹄寺和阅读内蒙古文物考古研究所李逸友同志编著的《黑城出土文书（汉文文书卷）》（以下简称《黑城文书》）[1]，始略知两地遗迹虽与藏族腹地相隔数千里，但彼此佛寺之佛塔与主要殿堂之布局却多相似，因撰是稿，就正于留心藏传佛教遗迹诸同志。

一、额济纳旗元亦集乃故城及其附近的藏传佛教遗迹

元亦集乃城经明洪武十三年（1380年）三月征西将军沐英擒元将脱火赤和洪武十七年（1384年）五月凉州卫指挥使宋晟擒西番叛酋两役[2]之后，逐渐湮废[3]。此后，直迄本世纪初，俄人科兹洛夫（1908年）、英人斯坦因（1914年）来此盗掘文物，该城始又闻于世[4]。于是，有1929年中瑞合组西北科学考察团之调查发掘和新中国成立以来内蒙古、甘肃组织的多次考古工作；其中工作量最多的一次，应是1983—1984年内蒙古文物考古研究所联合阿拉善盟文物工作站进行的共同发掘。现仅就《黑城文书》提供的资料，并参考以前斯坦因发表的简报，大体获知亦集乃故城一带所存主要的藏传佛教遗迹有：1.覆钵塔；2.寺院遗址。

覆钵塔 散布于故城内外。城外西侧、南侧和西北郊较为密集，

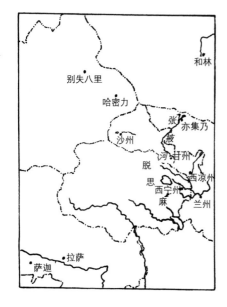

图11-1　元代张掖河流域及与其有关的重要地点位置示意

建于西北隅城墙上的一座尤引人注目。此诸塔虽皆圮残，但可辨其具有粗相轮特征之噶当觉顿者颇多[5]。据塔身形制分析，有覆钟式与接近圆形两种【图11-2】。前者源于西藏札囊桑耶寺黑塔，后者类似桑耶之红塔[6]。此两种覆钵塔身之噶当觉顿，俱流行于13—14世纪，其实例今西藏多存小铜塔，如聂塘度母堂和堆龙德庆楚普寺顿级康内供奉之品[7]；河西地区多存其雕绘，如覆钟式塔身者见肃南马蹄寺之塔龛，接近圆形塔身者见敦煌莫高窟第465窟前室之壁画[8]。

寺院遗址　城内寺院遗址甚多，其中属藏传佛教寺院就《黑城文书》图1-2《黑城遗迹平面图》（以下简称《遗迹图》）所示，约可初步推定的似有五至七处。此诸遗址从其内部布局观察，可分三类：1）佛殿；2）坛城殿或塔殿；3）护法堂。

属于佛殿遗址约有三处：

第一处即《遗迹图》中的Y2院落中间偏北的房址。该院落位故城西门内北侧，内蒙古文物考古研究所拟定之亦集乃总管府的西邻。房址南向，东西约宽15米，南北约深12米；可分前后两部分：前部左右壁各向外辟一小室，后部中间设内墙一匝。前部应是佛殿的前堂[9]；后部则系外绕礼拜道的佛堂，内墙外类似一匝甬道即礼拜道

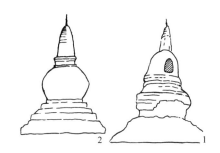

图 11-2　亦集乃故城附近的覆钵塔速写
1. 覆钟式塔身（故城西北隅）
2. 接近圆形塔身（故城城垣上西北隅）

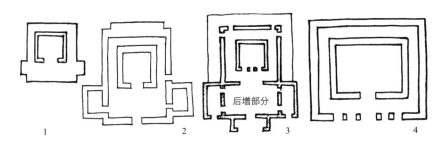

图 11-3　第一处佛殿遗址（Y2）平面示意与西藏佛寺佛殿平面示意比较
1. 第一处佛殿遗址（Y2）平面
2. 札囊阿钦寺大殿平面
3. 乃东玉意拉康平面
4. 琼结若康平面

的位置，内墙内的空间即佛堂的所在。此种前堂进深甚短并附左右对称之小室的佛殿，与仍保存 13—14 世纪重建时形制的西藏札囊宁玛派的阿钦寺大殿极为相似[10]；西藏乃东玉意拉康最早的建置约是一座未设置前堂的小型佛堂[11]，这种无前堂的小型佛堂应是更早的佛殿形制，也是此第一处佛殿的原始根据。而这种更早佛殿的形制，在西藏山南地区还可找到它的遗迹，如琼结的若康[12]【图 11-3】。

第二处位于西门内南侧，内蒙古文物考古研究所拟定之站赤之南邻，即《遗迹图》Y3 院落中之房址【图 11-4】。该处院落亦南向，遗址保存较完整。寺门址在院落南墙中间。院内中线偏北为佛殿址，宽约 12 米，深约 17 米，内部设置略同上述第一处佛殿址。此佛殿址前有对称安排的东西两殿址。三殿鼎峙原是内地佛寺流行的布局；出现于藏族地区，现存约以沙鲁万户长于至顺十年（1333 年）重建的夏鲁寺大殿为最早[13]；其次是永乐十六年（1418 年）江孜法王热丹贡桑帕兴建的江孜白居寺大殿[14]。

第三处靠近故城北墙内中部，《遗迹图》标作 F6[15]【图 11-5】。该处殿址南北深约 30 米，前堂较后面的佛堂为宽，约 16 米，周绕礼拜道的佛堂共宽约 10 米。佛堂内后部存有凹形残体，残体前面空间面

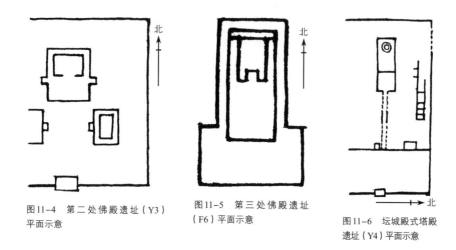

图11-4　第二处佛殿遗址（Y3）平面示意

图11-5　第三处佛殿遗址（F6）平面示意

图11-6　坛城殿式塔殿遗址（Y4）平面示意

积较大，且向前伸延至前堂后方，此种设计与西藏拉萨现存早期形制的旧木鹿寺藏巴堂相似[16]。又此殿址的全部布局与肃南马蹄寺第7窟接近。1914年，斯坦因曾于此处盗掘，后发表简报记录当时此殿址情况云："四面围墙尚巍然高耸，全室阔32呎，广逾50呎，南口已圮，墙为砖砌，厚1呎又半，四周倒塌，高才六七呎，置佛像处尚高15呎左右。当时屋顶系用木料搭成，梁桷之属今尚可见一二。室内泥沙堆积厚达4呎，清除之后，见此室原有佛像今俱毁弃无余，像座形势依稀可辨，与敦煌千佛洞结构略同。佛座上有宋熙宁钱一，当为信士施舍之物也。佛像衣饰以及小弥勒像残片散弃地下，式制与焉耆明屋所有者相似，地下尚遗有壁画残片，其仍附着壁上者，遭风日剥蚀，已不可观。此外尚有绢画残片，大约本系善男信女供养之长幡，绘画佳妙，虽甚残破，犹可窥其梗概。其中一片象征月形，千佛洞曼荼罗画顶时时见此。又有绿琉璃瓦残片及砖制相轮小塔，塔底有婆罗门书，此种相轮小塔形制与1901年斯氏在和田附近Rawak Stūpa所得者近似。"[17] 1983—1984年，内蒙古文物考古研究所于此殿址采集印本或抄件共五纸，内有经摺装印本佛经一页（F6:W70）[18]。

属于坛城殿或塔殿遗址一处，即《遗迹图》中Y4内的长方形殿址【图11-6】。Y4位故城内西南隅，靠近南城墙处。东向，分内外院。长方形殿址在内院中部，亦东向，殿址东西深约27米，南北宽约9

米，前部为前堂址，后部后方有圆形残体。此残体如原是曼荼罗遗迹，则该殿即与敦煌莫高窟约建于13世纪后半的第465窟相似[19]；如原是覆钵塔遗迹，则应与西藏萨迦北寺岗噶、宣旺两塔殿接近[20]，亦与莫高窟第465窟南侧的第462塔庙窟同类[21]。

属于护法堂遗址一处，位故城东门内南侧，内蒙古文物考古研究所拟定之"正街"街北，即《遗迹图》Y7中的F191[22]【图11-7】。Y7东向，东西深约24米，南北宽约23米，南北两侧各有窟房址一列，中部偏西为殿堂址即F191。殿堂址亦东向，东西深约16米，南北宽约10米，前部似为前堂，后部依壁设冂形坛，坛前有立像痕迹。内蒙古文物考古工作队曾对此殿堂址进行清理，发现"释徒吴智善"书《三皈依》（W.102）、"释徒智坚转诵"之《三皈依》（W.101）抄本各一册，重要的是发现了大批敬礼大黑尊（或作大黑、太黑、麻曷葛剌）的各种抄本（W.103），其中有《三水偈》《敬礼偈》《安坐偈》《奉五供养》《智者大黑八道赞》《吉祥大黑八足赞》《十方护神赞》和《大黑天咒》[23]。"在F191寺庙大殿前倒塌土中，清理出宝幡一件，墨书有'奉佛信士亦集四缚二谨发诚心于太黑殿内悬挂宝幡一首，保护男长安灾除降福'等字，可证实F191建筑址之中心的那处大寺庙，就是太黑堂遗址。"[24]按大黑尊即唐译之大黑天，该像元时为帝师之萨迦教派所特尊，因与元皇室所奉之藏传佛教关系密切，当时官中、京城内外乃至浙江杭州的重要寺院皆奉有此像[25]，故此亦集乃故城建有太黑堂并不偶然。

此外，故城东门内东街西端之东向殿堂址[26]【图11-8】和西门内西北侧的一处东向的长方形殿堂址【图11-9】，亦皆有可能为藏传佛教寺院之佛殿址。前者，斯坦因曾经盗掘，简报记此址云："自城东门有一大街直达城中废址。街尽处为一寺……寺广82呎，阔63呎，寺基成凸字形，其后突出之部分为大殿，阔12呎，广17呎。自阶石直上中央为一大厅，两傍各辟广室，大殿佛像已毁，尘积甚厚，从殿之南角积尘中觅得作梵夹本形之写本及印本西夏文书十五叶，此外残破小张甚多，大率为手写及印本汉文、西藏文文书，又有印成之小佛像一张。又获五彩麻布画西藏风佛像残片一帧。凡此种种，皆为善信

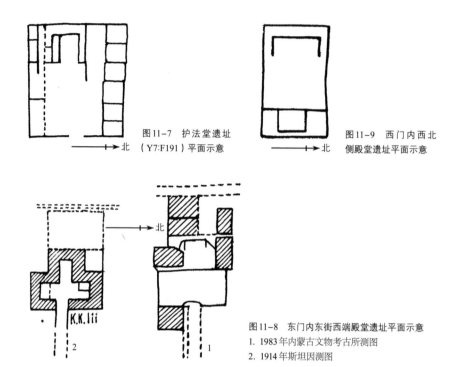

图11-7 护法堂遗址（Y7:F191）平面示意

图11-9 西门内西北侧殿堂遗址平面示意

图11-8 东门内东街西端殿堂遗址平面示意
1. 1983年内蒙古文物考古所测图
2. 1914年斯坦因测图

之士施作供养者。"[27]

　　元亦集乃城系沿西夏黑水镇燕军驻地。1226年为成吉思汗攻陷。1235年窝阔台建都和林之后，亦集乃城适处自和林南下甘州的纳邻驿道之中途。纳邻驿道为藏传佛教入蒙古地区的捷径[28]。1256年噶举噶玛巴二世噶玛拔希应蒙哥之召去和林，被封国师，赐金印，传教岭北直迄1261年[29]。噶玛拔希来和林前一年，法国教士鲁布鲁克在和林一佛寺见有念六字真言之藏传佛教僧人[30]，是和林兴建藏传佛教寺院当在忽必烈称汗（1260年）之前，由此可推知藏传佛教传入亦集乃亦早于中统建元（1260年），故《元史·地理志》三："（至元）二十三年（1286年）亦集乃总管忽都鲁言，所部有田可以耕作，乞以新军二百人凿合即渠于亦集乃城，并以旁近民、西僧余户助其力。从之。计屯田九十余顷"所记之"西僧"，当指原居亦集乃当地的藏传佛教僧人，"余户"应示有一定的户数。此"西僧余户"之入居亦集乃，自应早于元初[31]，有可能上及西夏，盖12世纪中叶西夏仁宗仁孝时，藏传佛教即在西夏境内广泛传播[32]，作为夏国西北军镇的亦集乃，当可波及。因此，上述亦集乃故城现存藏传佛教的各种遗迹，不能排除其中有创建于蒙古时期乃至西夏之世的可能性，唯目前缺乏可靠实据，无法完全确定[33]。

二、张掖马蹄寺的藏传佛教遗迹

张掖即甘州，位甘肃东西通路要冲，并有张掖河沟通南北，自古即为河西枢纽。蒙元时期设纳邻驿道又可直抵岭北等处行中书省的和林，故在甘肃七路中独称上路[34]，所以至元元年（1264年）立甘肃路总管府、十八年（1281年）建甘肃等处行中书省俱设治于此。其地藏传佛教之传播历史悠久，现存13—14世纪的藏传佛教遗迹，主要分布在今张掖市南65公里、现属肃南的自北魏以来即开凿佛教石窟的马蹄山区：1）马蹄河西岸上、下千佛洞和马蹄山南寺就崖面开凿藏传佛教塔龛；2）马蹄山北寺多藏传佛教石窟。

马蹄寺山区的塔龛现存二十余处，大部于长形龛内凿出高浮雕粗相轮塔身作覆钟形的覆钵塔【图11-10】。其形制略与亦集乃故城西北郊者相似[35]。上千佛洞有三塔龛【图11-11】，此三塔龛的三塔形制亦流行于13—14世纪，其著名例证见西藏札囊札塘寺大殿后壁下方左侧壁画（13世纪）[36]；此外，又见安西榆林窟第4窟北壁东侧壁画（13世纪）[37]；实物现存有云南昆明筇竹寺玄坚雪庵宗主塔（1319年）[38]和元大都居庸关永明寺过街塔（1342年）[39]。

马蹄山北寺藏传佛教石窟主要有第2、3、7、8四窟。

第2窟　只后壁开一龛，内一高约3米的定印大坐佛。该像虽经近年新妆，但尚存元时藏传佛教造像宽颜厚肩之特征。

第3窟　俗称三十三天[40]。调查时落雪掩阶，未克登临。1963年，甘肃文物工作队记录该窟云："该窟距地面42米，就其外观看，分为五层，第一、二、三层各平列开五窟，第四层一列三窟，最上一层一窟，共十九个窟，宛如一座宝塔。原来每层窟外崖壁上，都有木构建筑和栏杆，各窟之间以石级相连。视其窟形可分两类：一种为平面方

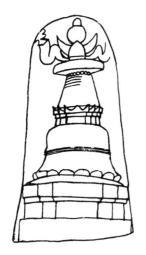
图 11-10 马蹄寺上千佛洞覆钵塔龛速写

图 11-11 马蹄寺上千佛洞三塔龛

形的人字披顶窟;另一种为平面方形的覆斗式四面坡顶窟。每窟内正壁均开一大龛,每龛内塑一结跏趺坐佛像。四壁为元代影塑千佛或壁画,有的壁画为明代重绘。"[41]

第 7 窟 俗称藏佛殿,是马蹄寺石窟中最大的一座。在一列三个入口之后,开宽 26.3 米、深 9.85 米、高约 13 米的券顶前堂。其后设宽 9 米、深 14 米、高约 10 米的平顶佛堂。绕佛堂左、右、后三面凿出宽约 3.5 米、高约 4 米的平顶礼拜道。就平面布局言,此窟与亦集乃故城内的 F6 相似。很明显其设计是摹拟较典型的格鲁教派兴盛之前藏传佛教寺院中的佛殿[42]。前堂左右壁各开上下两列龛,每列四龛;后壁两隅和中部上方共开四龛,此前后壁龛内造像现俱残缺;后壁中部下方画礼佛图,前壁画护法[43],或漫漶,或剥落,人物勾勒虽称流畅,但全部衣冠皆汉装,因疑非明以前作。佛堂后壁上下各列三龛,原像亦无存。后礼拜道后壁开七龛,前壁开五龛;左右礼拜道内壁皆开八龛,外壁皆开九龛,计全部礼拜道内共开四十六龛。龛内皆塑坐佛一尊,佛像虽经后世妆銮,但 13 世纪藏传佛教造像风貌大体尚可仿佛【图 11-12】。现以左礼拜道内壁自外向内第二龛坐佛为例,略作描述如下:螺髻宽额,面相扁圆,丰肩右袒,细腰舒膝,双手已残,从右臂垂下之势,可知原作降魔触地印。像下仰覆莲座上下缘各饰连珠

图 11-12　马蹄寺北寺第 7 窟藏传佛教造像　　图 11-13　马蹄寺北寺第 7 窟藏传佛教造像速写

一列，莲瓣塑造工致。像后身光、项光外围皆饰莲瓣、连珠。其后靠背只俱四拏：项光上方正中塑大鹏（伽噌拏，慈悲之相），两侧各塑摩竭（那啰拏，保护之相），靠背横木之下两侧各塑一兽王（福啰拏，自在之相）、一象王（救啰拏，善师之相）【图 11-13】。四拏组合不仅早于格鲁教派流行之六拏[44]，亦早于至正二年（1342 年）创建之居庸关永明寺过街塔基门券雕饰之五拏[45]，而同于大德十年（1306 年）松江府僧录管主八为《碛砂藏》补雕扉画上之四拏[46]。【图 11-14】

　　第 8 窟　即有名之马蹄殿，以窟内地面有似马蹄状之凹痕得名。位第 7 窟左上方，形制与第 7 窟似，但规模小。该窟前堂亦作横方形，前壁大部圮毁，后壁开三券门，通周绕礼拜道的佛堂。佛堂高约 5 米，后壁设龛，原像无存，新塑宗喀巴师弟三尊。佛堂与礼拜道合计宽约 8.5 米，深约 10 米；左右礼拜道前方各立天王二，后方与后礼拜道沿外壁置十八应真像，皆新塑；后礼拜道后壁中部原有龛，龛内药师像亦新绘；左右礼拜道内壁之护法与供养人像系旧绘，画中有万历二十三年（1595 年）游人题记，知原作之年当在明中叶之前。此窟虽不存明以前塑绘，但从具有礼拜道的佛堂形制和前堂后壁开三门与保存早期布局的西藏札囊桑耶寺康松桑康林、乃东玉意拉康[47]相同

等情况，似可推知其开凿时间约亦不晚于14世纪。【图11-15】

张掖南界藏族居地脱思麻，其地8世纪后半陷吐蕃后[48]，藏传佛教应即影响及此，故9世纪中期有吐蕃沙门管法成译经于甘州修多寺[49]，10世纪前半宗喀德人藏族公巴饶赛曾去甘州学律藏及四阿含及其注释[50]，公巴饶赛即下路弘法鲁梅等十人之受戒师。西夏时，甘州多藏族，故乾祐七年（1176年）立于甘州城西张掖河桥畔之《黑水建桥敕碑》阳面刻汉文，阴面著藏文[51]，其时甘州藏传佛教之盛可以推知。夏亡，蒙元建纳邻驿道，自甘州直通岭北，甘州更成藏传佛教北传的据点之一。1256年，噶举噶玛巴二世噶玛拔希应蒙哥召去和林之前，曾来甘州传教[52]。1364年，噶玛巴四世乳必多吉自大都归，曾来甘州附近建大寺[53]。尤值注意的是，元末权衡《庚申外史》记南宋少帝轶事云："国初，宋江南归附时，瀛国公幼君也，入都，自愿为僧白塔寺中，已而奉诏居甘州山寺。"此事可与《元史·世祖纪》十二记至元二十五年（1288年）冬十月，"瀛国公赵㬎学佛法于土番"、《雅隆尊者教法史》"至元十三年（1276年）蛮子国幼主在位三年后，伯颜丞相军取得国土，王被遣至萨迦出家，为拉尊，后于格坚王（元英宗，1321—1323年在位）时被杀，其血如乳……。此系据瞻巴拉国师

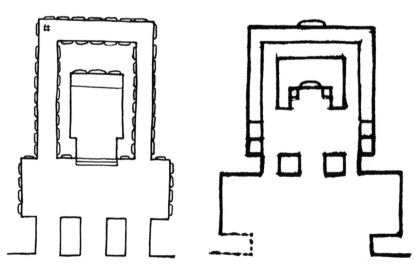

图11-14　马蹄寺北寺第7窟平面示意　　图11-15　马蹄寺北寺第8窟平面示意

怙主[54]所述书之"[55]、《佛祖历代通载》卷三二"至治三年（1323年）四月，赐瀛国公合尊死于河西"等记载相对照，得知赵㬎国亡，习藏传佛教，曾去西藏萨迦学法，后居甘州山寺，卒于河西[56]。此甘州山寺疑即张掖马蹄山南北寺。马蹄山南北寺，15世纪初仍为著名之藏传佛教寺院，《万历甘镇志·建置志》祠祀条记："普观寺，城南一百三十里祁连山下，内有浮屠塔，古名马蹄寺，开创无考。有石门二十，石洞七，共三十余处，每洞广狭不一，俱凿大小佛像。永乐元年（1403年），土人依洞立为禅堂。永乐十四年（1416年）敕赐今额。"《乾隆甘州府志》卷四古迹条亦记，普观寺明时犹"番僧五六百人，人知其为甘郡第一丛林"。番僧即藏传佛教之藏族僧人[57]。

三、余　记

在初步董理甘州、亦集乃现存13—14世纪的藏传佛教遗迹过程中，逐步了解到此诸遗迹固然导源于西藏，但考虑其直接影响，似尤应注意藏族集居区的东北边陲，即祁连山南元脱思麻路一带，亦即今青海省海北藏族自治州、海西蒙古族藏族自治州东北部和与其毗邻的西宁市及其附近各族自治县的有关遗迹。9世纪，吐蕃赞普达磨灭佛，吐蕃本土佛教中断百余年，而脱思麻地区处吐蕃外围，尚有奉佛僧人散布其间[58]。11世纪藏传佛教复兴，教派林立之后，各教派又陆续派人来此传教立寺。宋绍圣中（1094—1097年），武举人李远官镇洮，奉檄军前记其经历见闻，撰《青唐录》，内著录今西宁一带的吐蕃政权都城青唐城西"建佛祠广五六里，缭以冈垣，屋至千余楹……吐蕃重僧，有大事必集僧决之……城中之屋，佛舍居半；惟国主殿及佛舍以瓦，余虽主之宫室亦土覆之"[59]。可见其地佛教盛行与佛寺之众多[60]。因此，13—14世纪甘州、亦集乃的藏传佛教与祁连山南脱思麻地区藏传佛教的关系，自应较与吐蕃本土更为密切。

明洪武二十五年（1392年）建成之青海乐都瞿昙寺前殿——瞿昙寺殿[61]，系一周绕礼拜道之佛堂，其前方左右又相对建一小殿【图11-16】，此三殿鼎峙之布局与亦集乃故城Y3寺院同；而周绕礼

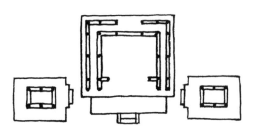

图11-16 青海乐都瞿昙寺前殿及左右小殿平面示意

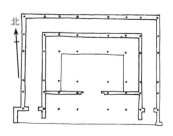

图11-17 青海湟中塔尔寺夏敦拉康平面示意

拜道之佛堂则与上述西藏琼结若康同，其形制尤为古老。又青海湟中塔尔寺康熙五十六年（1717年）兴建、七世达赖罗桑格桑嘉措为之作开光法事的夏敦拉康（长久住世佛殿，俗称花寺）亦是外绕礼拜道的佛堂设计[62]【图11-17】。此青海两佛殿就建年言，俱晚于前列之甘州、亦集乃诸藏传佛教寺院；但从佛殿只具佛堂之形制考察确属早期制度。按此种外绕礼拜道之佛堂的寺院殿堂，西藏腹地10世纪以后即后弘期以来兴建之佛寺中已极罕见，13世纪似已绝迹[63]。因此，瞿昙寺前殿和塔尔寺夏敦拉康设计之根据，疑即源于本地寺院之殿堂。据此，似乎亦可推知藏传佛教渊源久远的原脱思麻路即今青海东北部，其藏传佛教寺院的布局，至少自11世纪藏传佛教复兴以来，约已出现不同于吐蕃本土即西藏腹地新兴起的佛寺的某些特点。此已不同于同时期西藏腹地的佛寺安排，由于地缘关系影响毗邻之甘肃及其以北，亦是情理中事。唯此问题尚需调查较多的青海藏传佛教寺院及其遗迹之后，始可进一步作出判断。现仅姑献此疑，盼望留意甘青藏传佛教寺院诸同志批评指正。

注释

[1] 该书为内蒙古文物考古研究所《内蒙古额济纳旗黑城考古报告》之一，科学出版社，1991。

[2] 《明太祖实录》卷一三〇："（洪武十三年三月壬子）西平侯沐英师至灵州，遣侯骑侦知脱火赤等兵次亦集乃路，英遂率师……涉流沙凡七日夜至其境，去穹庐五十里，分军为四道，至夜啣枚而进，合围之，擒脱火赤、爱足等，尽获其部曲以归。"同书卷

一六二："（洪武十七年五月丙寅）命凉州卫指挥使宋晟等率师讨西番叛酋。兵至赤（亦）集乃路，擒故元海道千户也先帖不儿、国公吴伯都剌赤、平章阿米等及其部属一万八千七百余人。收其壮士九百八十人，余悉放还。"

[3] 亦集乃故城发现有纪年的文物中，最迟的是在城内东街路南的一家店铺内发现的一方刻有北元天元元年款的铜官印。天元元年即洪武十二年（1379年），因知洪武十三年、十七年两次战役后，此地即已沦为荒墟。参看《黑城文书》上篇，拾壹《北元初期的新史料》。

[4] 科兹洛夫、斯坦因盗掘黑城情况，参看罗福苌《俄人黑水访古所得记》、向达《斯坦因黑水获古纪略》。两文俱刊《国立北平图书馆馆刊》四卷三期（1930）。

[5] 参看史金波等《西夏文物》，图版19、20，文物出版社，1988。

[6] 参看王毅《西藏文物见闻记（续）》，附图，刊《文物》1961年6期。

[7] 参看已收入本集的《西藏拉萨地区佛寺调查记》。

[8] 参看已收入本集的《榆林、莫高两窟的藏传佛教遗迹》。

[9] 此前堂部分的原始形制即是围绕佛堂的礼拜道的前面一段，但自藏传佛教后弘期以来，西藏寺院即逐步扩充前堂的面积，发展成为集聚寺僧诵经的经堂。参看已收入本集的《西藏寺庙建筑分期试论》。

[10] 参看已收入本集的《西藏山南地区佛寺调查记》。

[11] 同[10]。

[12] 参看西藏文物管理委员会《琼结县文物志》若康条，1986。

[13] 参看已收入本集的《西藏日喀则地区寺庙调查记》。

[14] 参看已收入本集的《西藏江孜白居寺调查记》。

[15] 此处遗址斯坦因标号为S.K.K.I.i，参看[4]引向达文。

[16] 同[7]。

[17] 录自[4]引向达文。

[18] 参看《黑城文书》下篇，拾玖《佛教类》。

[19] 同[8]。

[20] 参看《西藏日喀则地区寺庙调查记》。

[21] 同[8]。

[22] 此处遗址斯坦因标号为S.K.K.I.Vi，参看[4]引向达文。

[23] 同[18]。

[24] 参看《黑城文书》上篇，捌《亦集乃路的宗教信仰及其他》。

[25] 参看本集所收《元代杭州的藏传密教及其有关遗迹》。

[26] 此遗址斯坦因标号为S.K.K.I.ii，参看[4]引向达文。

[27] 录自[4]引向达文。

[28] 参看陈得芝《元岭北行省诸驿道考》，刊《元史及北方民族史研究集》第一期（1977）。自甘州南逾南山即进入藏族居住区，元时属吐蕃等处宣慰使司都元帅府所辖之脱思麻路。

[29] 参看王森《西藏佛教发展史略》第六篇《噶举派》，中国社会科学出版社，1987。

［30］ 见道森《出使蒙古记》，转引自韩儒林等《元朝史》下册，第八章"元代的边疆各族"，人民出版社，1986。

［31］ 至元八年（1271年）十一月乙亥，忽必烈始颁"建国号曰大元"诏，见《元史·世祖纪》四。

［32］ 参看史金波《西夏佛教史略》第三章"西夏佛教发展概述"，宁夏人民出版社，1988。

［33］ 参看已收入本集的《西夏古塔的类型》。

［34］ 见《元史·地理志》三。

［35］ 参看《西夏文物》，图版20。

［36］ 同［10］。

［37］ 参看《中国石窟·安西榆林窟》，图版187，日本平凡社，1990。

［38］ 参看刘敦桢《云南之塔幢》，刊《中国营造学社汇刊》7卷2期（1945）。

［39］ 此塔现仅存塔座，参看本集所收《居庸关过街塔考稿》。

［40］ 《民国东乐县志》卷一古迹条记此窟云："即寺僧所谓之三十三天也"。民国于张掖县东乐堡设县，其地现属肃南。

［41］ 1963年甘肃文物工作队的报告《马蹄寺、文殊山、昌马诸石窟调查简报》，刊《文物》1965年3期。此段文字系摘自董玉祥《河西走廊马蹄寺、文殊山、昌马诸石窟群》，该文收在甘肃省文物考古所《河西石窟》，文物出版社，1987。

［42］ 参看《西藏寺庙建筑分期试论》。

［43］ 参看《河西石窟》，图版153～155。

［44］ 参看工布查布《造像量度经解》论座位及背光制条。

［45］ 参看［39］。

［46］ 同［25］。

［47］ 同［10］。

［48］ 《元和郡县图志》卷四〇陇右道下："甘州，永泰二年（766年）陷于西蕃。"

［49］ S.5010《诸星母陀罗尼经》有法成壬戌年（842年）译经记，页2073《萨婆多宗五事论》有法成丙寅年（846年）译经记。参看陈寅恪《金明馆丛稿二编》（上海古籍出版社，1980）所收《大乘稻芉经随听疏跋》和王尧《藏族翻译家管·法成对民族文化交流的贡献》，刊《文物》1980年7期。

［50］ 参看《西藏佛教发展史略》第二篇《佛教在西藏的再度传播并在民间得势》。

［51］ 参看王尧《西夏黑水桥碑考补》，刊《中央民族学院学报》1978年1期。

［52］ 同［29］。

［53］ 同［29］。

［54］ 瞻巴拉国师疑即《元史·释老传》所记之"瞻巴国师"，参看《元代杭州的藏传密教及其有关遗迹》。

［55］ 《雅隆尊者教法史》，吐蕃王族后裔释迦仁钦撰于明洪武九年（1376年），译文据汤池安译本，页25。

［56］ 参看王尧《南宋少帝赵㬎遗事考辨》，刊《西藏研究》创刊号，1981。

［57］ 16世纪后期，甘州藏传佛教犹盛，故三世达赖索南嘉措于万历六年（1578年）自

甘州派人向明廷贡马并致书当时宰辅张居正。参看《西藏佛教发展史略》第八篇《格鲁派》。

[58] 同[50]。

[59] 此据涵芬楼排印《说郛》卷三五所收的节录本。

[60] 据1986年青海省文物管理处编印的《青海的寺院》，知该省东北部现存藏传佛教寺院中尚有多座13—14世纪非格鲁派创建的佛寺，如噶当派创建的化隆夏群寺（1349年）、噶举派创建的平安夏宗寺、萨迦派创建的同仁隆务寺（1301年）和循化的边都寺等。

[61]《乾隆西宁府新志》卷一五祠祀志碾伯县番寺瞿昙寺条："瞿昙寺在（碾伯县）城南四十里，明永乐初敕建。授国师二、禅师三，赐地甚广。又金印一、银印一，围各一尺二十。玉章一、牙章二。殿宇雄丽，有御制碑文。洪熙、宣德中复赐御制二碑文。瓶、炉、香案皆宣德佳制也。"同书卷三二艺文志录明仁宗《瞿昙寺碑》曰："我国家自太祖高皇帝躬膺天命，抚有万邦……崇奖佛教，设置官府于中外，专理教事，而官其徒之良者……又念远迩郡县靡不置寺宇以严崇奉，而西宁接壤天竺，乃佛所从入中国者也……于是命官相土，审位面势，简才饬工，肇作兰若，高阙壮丽，赐名瞿昙……我太宗文皇帝以大德嗣大位……乃于瞿昙寺重作奉佛之殿……朕祗承大统，君临亿兆……惟祖宗之成宪率履不忘，重惟兹寺，太祖皇帝肇之于前，太宗皇帝作之于后，二圣功德与佛不二，表而章之其在于朕……"又录明宣宗《瞿昙寺后殿碑》云："朕慕承天序……兹于瞿昙寺继作后殿，用修先志。"又寺存永乐十六年《皇帝敕谕碑》记班丹藏布起盖佛殿赐名宝光事。是瞿昙寺前、中、后三殿建年历历可考，即前殿瞿昙殿建于洪武，中殿宝光建于永乐，后殿隆国建于宣德。参看瞿昙寺文物管理所等撰《瞿昙寺》封三乐都瞿昙寺平面图，1985。

[62] 此承建筑历史研究所陈耀东同志见告，并绘图惠示。参看郭和卿译，色多·罗桑崔臣嘉措《塔尔寺志》塔尔寺中现有的佛像、经、塔等概况节，青海人民出版社，1986；李志武等《塔尔寺》，图版44，文物出版社，1982。

[63] 同[42]。

本文发表于《北京大学学报（哲学社会科学版）》1993年2期，页60～69。

武威蒙元时期的藏传佛教遗迹

1991年4月，应武威专署之邀，滞武威四整天，承专署、市和博物馆诸同志的引导，重点了解了自汉唐以降的重要文物。现结合部分文献将武威市郊蒙元时期与藏传佛教有关的遗迹整理如下。

1227年西夏亡，其前一年西凉（凉州）即为成吉思汗所陷。1235年窝阔台封次子阔端于西夏故地。1243年，阔端承制得专封拜开府西凉，此西凉城即仍夏时之旧。现存凉州一带的蒙元遗迹，即以与阔端一系和与之关系密切的藏传佛教萨迦派上层人物有关者最为重要。

凉州著名的四座藏传佛教寺院：白塔寺（武威城东南20公里）、海藏寺（城西北5公里）、金塔寺（城西南15公里）、善应寺（城西10公里莲花山）相传皆为萨迦第四祖萨迦班智达贡噶坚赞（以下简称萨班）所建[1]。后两处闻已荒废，此次走访者仅为前两寺。

白塔寺原为凉州最大的藏传佛教寺院，其范围据云：东西二里半，南北一里半，原有围墙，有若城垣。《乾隆武威县志·建置志》寺观条记此寺名百塔寺，云以"内有大塔，四环小塔九十九，因得名"。该寺近年屡遭拆毁，现仅残存大塔自覆钵以下部分，大塔相传即萨班塔，最下建方形基座，其上为十字折角塔座，塔座宽约8米。塔座之上为覆钵。自基座至覆钵残高约5米【图12-1】。全部皆夯筑，但基座、塔座都残存砌砖痕迹，知塔毁之前外表包饰青砖。覆钵内曾出有大

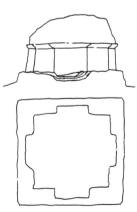

图12-1　白塔寺残存大塔立面与平面速写

量模制小陶塔，又出明宣德五年（1430年）《重修凉州白塔志》、宣德六年（1431年）《建塔记》两小碑，承市博物馆孙寿龄馆长之介，得睹两碑拓本。宣德五年碑正面镌汉文十四行，录文如下：

> 重修凉州白塔志」凉州为河西之重镇，距城东南四十里有故寺，俗名白塔，不知」起于何代，原其本乃前元也燀火端王重修，请致」帝师撒失加班支答居焉。师后化于本寺，乃建大塔一座，高百」余尺，小塔五十余座，周匝殿宇非一，元季兵燹，颓毁殆尽，瓦砾」仅存。宣德四年，西僧妙善通慧国师琐南监参因过于寺，悯其无存，乃募缘重修寺塔，请命于」朝，赐寺名曰庄严。宣德五年六月，塔先成，所费甚重，」肃王殿下捐泥黄金，特命琐南监参等缮写《大般若经》一部，凡一十」四函，计三百卷，不月而成，施费无量，仍造小塔十万，实于大塔」之心。及」钦镇甘肃太监王安、平羌将军都督刘广、都指挥吴升及诸檀善等」由是书此志于塔中，俾后之君子知其所自，千百载后同善之」士幸勿毁之，必与存之，共布福惠，岂不美乎。谨志。」大明宣德五年岁次庚戌六月吉日。」

所记也燀火端王，即阔端；撒失加班支答即萨迦班智达。碑阴横镌藏文二十五行。此碑圆首，据拓本测通高50厘米，宽29厘米。宣德六年碑正面碑首镌篆书"建塔记"三字，碑面镌汉文十二行：

> 清信奉」佛」肃府内臣黄潮宗法名福聚，感戴四恩覆荫」三宝维持，无由答报，谨发诚心，喜舍赀财，于凉州重兴」白塔寺，内命工起建」菩提宝塔一座，所集福利专为祝延」圣寿」肃王千秋，更祈风调雨顺，五谷丰登，」国祚绵长，边疆宁谧，军民乐业，」四恩普报，三有均资，法界有情同圆种智者」大明宣德六年岁次辛亥六月初吉日立石」肃府内臣黄潮宗」化主妙善通慧国师伊尔吉琐南监参。」

碑首镌梵文三，碑阴面镌汉文四行：

献陵尊阳生刘硕书丹」古杭儒士沈福镌字」石工贺进」泥水匠作头李常」

此碑扁圆首，据拓本测通高42.8厘米、宽26厘米。

大塔东侧耕田中树有清康熙壬戌（二十一年·1682年）《重修白塔碑记》一通，碑额篆书《重修塔院碑记》。因时间仓促，仅录得碑记前半所述建塔始末、尸骨灵异及最末所记撰人与年月：

重修白塔碑记」昔阿育王造塔八万四千，而震旦国□□□□□六座，甘州之万寿塔与凉之姑洗塔居其二焉。若白塔不知创自何代，近缮译」番经知系果诞王从乌斯藏敦请」神僧，名板只达者来凉，即供奉于」白塔寺，时年已六旬矣。后六载即涅槃，沐浴焚化，空中见祥云五色霞光万道，于口上坎骨显出」西天孔字，即哑字也。于顶骨显出文殊」菩萨、喜金刚佛二尊。于囟门骨显出典勺佛。于后脑骨显出释迦佛像。于两耳上显出尊圣塔二座。于两膝盖显出观音菩萨、救度佛母二尊。于手指上显出弥勒佛、不动怒佛。于胸前显出金刚杵。于中间显出西天　字，即吽字也，兼舍利无数，光彩照耀，王与众」等靡不踊跃赞叹，合掌恭敬，缘建白塔，将」板只达金身灵骨装入在大塔内，其余众塔俱有舍利。缘板只达原系金刚上师化现流传，经二十五转身，故显化灵异一至于此。予于康熙十一年间延请净宁寺法台魏舍喇轮真同弘济寺罗汉僧罗旦净从番经译出，而始知白塔之源流也。元此塔摄受」极大，据经典云：若有人观想，或手摸眼观并绕道一转，添泥一把，培土一块，赞谈经咒真言，功德无量，永不堕三途之苦。□塔土或落在飞禽走兽身上，亦得解脱。在我中土众生或未深知，若西番之喇嘛高僧来绕塔者络绎弗绝，诚知此塔功德实与阿育王」所造之姑洗、万寿两塔等，而我中国之人特未知耳……」

靖逆侯靖逆将军标下随征同知古勾章颜翼超薰沐撰」时」龙集康熙壬戌年菊月□□吉旦立」

所记果诞王即阔端，板只达即班智达。番经云云应是藏文记录。此类藏文记录或可于西藏萨迦寺求得之[2]。宣德九年（1434年）达仓宗巴·班觉桑布撰《汉藏史集》，其下篇《具吉祥萨迦世系简述》据萨迦历代祖师传，记萨班塔建于凉州幻化寺："萨迦班智达护持法座三十五年，于七十岁的阴铁猪年（辛亥·1251年）十一月十四日，在诸种神异兆伴随下，在凉州幻化寺[3]去世。在该地建有纪念他的佛塔，并经常祭祀。"[4]因疑此白塔寺或即藏文文献中之幻化寺。又阿旺贡噶索南《萨迦世系史·昆氏家族之世系》记该塔建成后，由"上师八思巴前去凉州，为法王（萨班）之灵塔开光"[5]。

海藏寺位武威旧城西北郊，相传萨班曾驻锡此寺，但该寺现已无确切的蒙元遗物。寺内最早的建筑是最后的大殿——无量殿。殿面阔三间，进深二间，周绕副阶，外观歇山重檐，斗拱疏朗，五铺作出双假昂，殿身无内柱，用四椽栿，脊槫下有康熙三十年（1691年）重修梁记。副阶前廊左侧立《海藏寺藏经阁碑》记："明成化间（1465—1487年），太监张睿因其旧而庀材鸠工……康熙三十六年（1677年），少保孙公来莅五凉，悲庙貌之凌夷，捐货而葺之"，碑阴镌雍正三年（1725年）钦命执照。右侧有乾隆五十四年（1789年）邑人孙俌撰修葺碑记。因知此殿原为藏经阁，创建于成化，入清屡经修葺，故结构虽多明制，而细部已杂清式【图12-2】。无量殿前为天王殿，殿基原为一高台，殿门上悬"灵均古台"匾，传说此高台筑于前凉张茂[6]，验台版筑夯层薄厚不匀，薄者8厘米，厚有超过13厘米者，因疑其夯筑时间似不在西夏之前，而与萨班时代接近。

又近年迁建于大云寺后的原火神庙大殿内，陈列铜头铁身藏僧坐像一尊，等身大小，面部表情严肃，原供奉于城东南15公里大河驿之铜佛寺。据传过此之西藏喇嘛多认定即萨迦坐像【图12-3】。果是，此像应是萨班逝世后不久所铸。

按萨班事迹主要著录于藏文文献，中国社会科学院民族研究所王森先生曾辑录整理，所撰《西藏佛教发展史略》第五篇《萨迦派》中，有对萨班较全面的评述，现摘其有关部分：

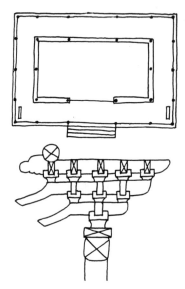 

图12-2　海藏寺藏经阁平面及现存斗拱速写　　图12-3　原火神庙大殿内的铁身铜头藏僧造像

　　1240年，阔端派他的将官达尔汗台吉多达率军进藏，发现藏地由各个地方势力割据，不相统属，难于单靠武力进行控制。多达建议阔端选用当地领袖，协助蒙古人进行统治。在当时的（西藏）各教派中，他见到噶丹派寺庙最多，分布最广；达垄塘巴戒律清整，最有德行；萨迦派的班智达学富五明，声誉最隆。他建议阔端召见萨班。萨班在1244年受阔端召，他就在当年带着他的两个侄子八思巴和恰那，以及随从人等从萨迦动身。到拉萨以后，他让他的两个侄子八思巴、恰那和一部分随从先去西凉，他个人沿途逗留。看起来，这可能是他和卫藏各个地方势力对于归顺蒙古进行磋商。1246年，萨班才到达凉州，当时阔端为推选可汗不在凉州。1247年，阔端回凉州后，才和萨班见了面。阔端和萨班议妥了卫藏归顺蒙古的条件后，由萨班写了一封公开信，劝说卫藏僧俗各个地方势力接受条件归顺蒙古。卫藏地区从此归蒙古统治，实际也从此时加入祖国版图，同时萨班也为萨迦派取得了它在卫藏地区的政治、宗教领袖地位。

　　萨班个人此后就一直住在西凉……萨班在西凉曾经为阔端治

愈过一次比较严重的病，因此，更得到了阔端对他的信任。相传他在西凉也讲授过佛法，在讲经时有四个人为他做翻译，分别把他的话译为蒙古语、畏兀儿语、汉语和当地的藏语。萨班又曾为蒙古语采用古畏兀儿文的字母的字形，创制过一套蒙文字母。他的两个侄子，遵从阔端的命令，八思巴仍继续学习佛法，恰那则改着蒙族服装，学习蒙语。1251年，萨班死于西凉……1251年，阔端、萨班相继逝世。同年，蒙哥即位于库腾敖拉，将汉族地区和藏族地区划为其弟忽必烈的分地。藏族地区原为阔端领地至是易主。

萨班来凉，促成了蒙藏、藏汉民族间的团结，维护了祖国的一统。其后驻锡凉州，卒后又即西凉建塔，盖其时藏族地区隶属阔端，萨班居凉正是不断加强与内地联系的一项重要措施；而白塔寺和萨班墓塔于以后年代仍在发挥维系民族团结的作用[7]。因此，萨班的功绩值得永久纪念，其寺、塔应酌予修复；前述萨班造像亦当作为重要历史人物形象予以保护，不应仅视为艺术品陈列而已。

阔端一系的遗迹在凉州境内有墓地、斡耳朵城址和永昌路城址。阔端墓地见录于《乾隆甘肃通志》卷二五凉州府陵墓条："永昌王阔端墓，在永昌县东南一百二十里斡耳朵城，其西又有妃墓。"斡耳朵城见同上书卷二三凉州府古迹条："永昌县斡耳朵古城，在县东南一百二十里，俗传为永昌王牧马城，地名广（黄）城儿。有永昌王避暑宫，遗址尚存。"阔端墓地情况不详。位于黄城儿（现写作皇城）的斡耳朵古城，甘肃文物研究所戴春阳同志曾往调查，云确有遗迹可辨。永昌路城见《大明一统志》卷三七陕西行都指挥使司甘州左卫古迹条："永昌城，在凉州卫城北三十里，元永昌路治此。"该城之建，《元史·世祖纪》四云至元九年（1272年）阔端子"诸王只必帖木儿筑新城成，赐名永昌府"，寻改府为路，至元十年（1273年）七月"省西凉府入永昌路"。《元史·地理志》三又记："至元十五年（1278年），以永昌王宫殿所在立永昌路，降西凉府为州，隶焉。"永昌路城明清置永昌堡，现名永昌镇。镇内王宫遗址近代犹存[8]。元城遗迹，据市博物馆胡宗秘馆长谈：夯筑城垣尚完好，方形，每面约长0.5公里。城南2公里石碑沟，有火州畏兀儿（高昌回鹘）君臣墓葬，墓冢已不显露，但遗有丰碑多座，现存原地的有至正二十三年（1363年）《西宁王忻都公神道碑》[9]，有名的至顺三年（1332年）《亦都护高昌王世勋碑》现仅存下段，1933年移陈武威民众教育馆，即今市博物馆[10]。

《亦都护高昌王世勋碑》《乾隆武威县志·文艺志》碑记条曾录全文[11]，该碑详记火州畏吾儿王室入属蒙元后，因海都、都哇东侵逐次移居永昌[12]和与蒙元皇室世为婚姻事：

至顺二年（1331年）九月□日，皇帝若曰：予有世臣帖睦儿补花，自其先举全国以归我太祖皇帝……至帖睦儿补花佐朕理天下，为丞相，为御史大夫……昔其父葬永昌，大夫往上冢，其伐石树碑而命国史著文而刻焉……太祖皇帝龙兴于朔漠，当是时，巴而术阿而的斤亦都护在位，知天命之有归，举国入朝，上嘉之，妻以公主曰也立安敦，待以子道，列诸第五……次子玉古伦赤的斤嗣为亦都护……薨。弟乌木剌的斤嗣为亦都护……薨。至元三年（1266年），世祖皇帝用其子火赤哈儿的斤嗣为亦都护……十二年（1275年）都哇、卜思巴等率兵围火州……其后入朝，上嘉其功，锡以重赏，妻以公主曰巴巴哈儿，定宗皇帝之女……还镇火州，屯于州南哈密力之地，兵力尚寡，北方军猝至，大战力尽遂死之。子纽林的斤方幼，诣阙请兵北征，以复父仇。上壮其志，锡金币钜万，妻以公主曰不鲁罕，太宗皇帝之孙女也。主薨，又尚其妹八卜义公主，遂留永昌焉……（武宗皇帝时）嗣为亦都护……仁宗皇帝始稽故实，封为高昌王……八卜义公主薨，尚公主曰兀剌真，阿难答安西王之女也。领兵火州，复立畏吾而城池。延祐五年（1318年）十一月二十一日薨。子二人，长曰帖睦儿补花，次曰篯吉，皆八卜义公主出也。次曰太平奴，兀剌真公主出也。帖睦儿补花大德中（1297—1307年）尚公主曰朵儿只思蛮，阔端太子孙女也。至大中（1308—1311年），从父入觐，备宿卫……出为巩昌等处都总帅达鲁花赤，奔父丧于永昌……嗣为亦都护高昌王……天历元年（1328年）十月，拜开府仪同三司上柱国录军国重事知枢密院事。明年正月……让其弟篯吉嗣为亦都护高昌王。篯吉尚公主曰班进，阔端太子孙女也。主薨，又尚其妹曰补颜忽礼……[13]

所记帖睦儿补花、篯吉所尚公主皆阔端孙女，即诸王只必帖木儿或其兄弟行之女。出嫁纽林的斤的两公主皆太宗孙，疑即阔端女，故纽林的斤以"北方军"势盛，"遂留永昌"，后"丧于永昌"，并"葬永昌"。永昌者，其岳家欤？阔端父子以婚姻维系邻近的地方权势，亦施之于其南邻藏族地区。1244年，阔端召萨班，同年萨班的两侄八思巴和恰那多吉即抵西凉，此后，恰那长期住在凉州，《汉藏史集·具吉祥萨迦世系简述》记恰那事迹云：

上师八思巴的弟弟恰那多吉生于其父（桑察·索南坚赞）五十六年的阴土猪年（己亥·1239年）。他六岁时，作为法主萨迦班智达的随从前往凉州……他从萨迦班智达和八思巴那里学习了灌顶和许多经咒。汗王阔端让他穿蒙古服装，并把公主墨卡顿嫁给他。他朝见薛禅皇帝后，薛禅皇帝封他为白兰王，赐给金印，并为他设置左右衙署，委派他治理整个吐蕃地区。在整个吐蕃和萨迦派中，他是最早得到王的封号和职位的人。[14]

阿旺贡噶索南《萨迦世系史·昆氏家族之世系》记恰那后期事迹云：

恰那多吉在凉州等地住了十八年，二十五岁时返回萨迦大寺。此后三年中，他努力修行，引领众生成熟解脱。二十九岁时即阴火兔年（丁卯·1267年）七月一日于廊如书楼示寂。[15]

《汉藏史集·具吉祥萨迦世系简述》又记恰那子达玛巴拉合吉塔在凉五年：

恰那多吉（后来）娶了夏鲁万户家的女儿玛久坎卓本为妻，她于恰那多吉去世后六个月的阴土龙年（戊辰·1268年）正月生下达尼钦波达玛巴拉合吉塔。由八思巴护持此遗腹子……达玛巴拉十四岁时到了朝廷,他虽然只受了沙弥戒,但继承了上师八思巴的法座……后来,达玛巴拉娶了诸王启必帖木儿的公主丹贝为妻,住了五年,受命返回吐蕃,到了朵甘思。[16]

启必帖木儿即只必帖木儿。达玛巴拉滞凉时期约在至元晚期。至正二十三年(1363年)成书的蔡巴·贡噶多吉《红史》的《萨迦派世系简述》中,还记录了达玛巴拉的堂弟、八思巴异母弟达尼钦波桑波贝之子索南桑布年轻时也曾居凉:

达尼钦波桑波贝……住在蛮子地方时,所生的儿子为索南桑布大师,年轻时在凉州被封为国公。格坚皇帝在位时还俗,娶公主门达干,被封为王,返回蕃地,在朵甘思去世。[17]

达尼钦波桑波贝居蛮子地方的时期,是自至元十九年迄元贞元年(1282—1296年)[18],依此推算索南桑布年轻时,约当成宗大德年间,其时诸王只必帖木儿尚健在[19]。由上可见阔端父子不仅结亲畏兀儿,亦联姻萨迦,且又肩负安抚、卫护两方之重任。在蒙元一代,特别是蒙元前期,阔端一系镇抚河西,在维系西部与西南诸族和安宁边境等方面都起了重要作用。因此,有关他们的遗迹、遗物,亦应进行系统的调查,予以重视。[20]

1994年5月,趁调查天梯山、金塔寺石窟之便,除再访武威白塔寺外,还参观了1987年发现的亥母洞【图12-4】。亥母洞位武威西南新华乡缠山村,系就崖体裂罅稍加修葺者。洞前建小殿,小殿为近年所重修,据殿内右侧所立清雍正四年(1726年)亥母洞石碣,知此近年重修系袭用清初故址。据孙寿龄馆长介绍[21]:1989年清理小殿后部坍落之土石时,于殿后壁前发现早期木沿佛桌,桌上及附近尚存有西夏文活字印本《维摩诘所说经》一经折式长卷,同出有西夏末期乾定申年(1224年)、酉年(1225年)、戌年(1226年)[22]文书。是此清初小殿又沿承更早的旧基。小殿后壁左侧即亥母洞开口处。洞窄长,内原建喇

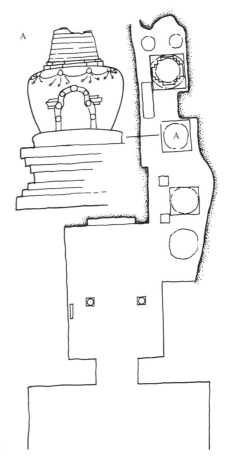

图12-4 亥母洞平面和A塔（自前第三塔）速写

嘛塔四座，纵列成行，四塔皆圮残，自前第二塔刹柱上缠绕唐卡一帧，第三塔即示意图【图12-4】内之A塔，是四残塔中保存较好者。该塔相轮中部以上虽已坍失，但从残存部分如相轮粗壮、塔门形制以及覆钵上部垂饰之璎珞样式等，仍可大致推测其年代不晚于13—14世纪，盖与上述佛桌附近所存之西夏文佛经和乾定年文书为同时物。第四塔下部砌出复式十字折角形基座，此式基座亦为13—14世纪喇嘛塔中所习见。第三、四塔间，靠右壁地面凿出长方槽，内堆置模制小陶塔甚多，此即《元史·释老传》所记："擦擦者，以泥作小浮屠也。"亥母洞后壁右侧有小洞，须匍伏而进，因深暗未入。亥母洞不见文献记录，但其名耆老相传，且有雍正碑可证[23]，当无讹误。按亥母系藏传佛教噶举派修密法之重要本尊[24]，藏文文献记自 12 世纪后半，西夏王室即与噶举关系密切[25]。西夏亡后，忽必烈亦曾重视有德行、法力大的噶举高僧[26]。元至元九年（1272 年），八思巴领总制院即掌管全国佛教事务之后，噶举在甘青地区的传播并未停止[27]。元至正二十八年（1368 年），顺帝北奔后，明廷更有意扶植噶举[28]。因此，16 世纪后半蒙古土默特部俺答汗迎请三世达赖索南嘉措之前，噶举寺院在甘青多有发展[29]，然则此武威亥母洞之经历绵远，实自有其悠久之历史背景也。

注释

[1] 1994 年承武威市博物馆赠康熙壬戌《重修白塔碑记》拓本一份，知此碑文后半有"凉州之西莲华寺与南之金塔寺，北之海藏寺，并东之白塔寺，俱系圣僧板只达所建，以镇凉州之四维，俾人民安居乐业，永享太平之福……"之语，因疑上述武威耆旧之传言，或即渊源于此碑。

[2] 达钦阿美夏·阿旺贡噶索南《萨迦世系史·昆氏家族之世系》记萨班火化后云："（辛亥·1251 年）阴历十一月十四黎明时分，曾出现各种宝幢、妙音、供赞和地震，法王萨班圆寂矣。阴历十一月二十五日，火葬遗体之青烟幻变为彩虹，众生听见各种妙音。法王（萨班）大部分遗骸变为无数的自现舍利和佛像。要赞颂法王萨班利众生之事迹，正如雅垅巴扎巴坚赞所云：顶之胜髻为喜金刚，美丽无垢之文殊身，额相似如总摄轮群，后颈部位藏薄伽梵，肩骨长有喀萨巴尼，脚掌乃属观世音，背脊有密宗四佛母，双膝下跪见救度母。右手指向那伽森林，弥勒法转之大手印，十幻化乃依止此身。梵天音为空性狮声，无生意赞刻有'阿'字，二耳上有一尊胜塔，势言金刚见名为'吽'，纯洁思想生自成法身，亦有无数各种舍利。"似与此碑所记之灵异有关。《萨迦世系史》撰就于明崇祯二年（1629 年），译文据陈庆英等译本，页97~98。

[3] 《萨迦世系史》记此幻化寺云："（阔端）请魔术师们在一前所未有的地方幻变一座奇异之寺庙，此后阔端对法王萨班说：你是被我召请来的一位贤者……现在幽静地方有一圆满寺庙，特赐与你，请前往……当到达此地时，法王一看即知悉此为幻变之寺庙，遂被除许多怖畏守门之鬼魔，并把开光之花撒向其他尊者身上。据传当时未破除之幻术，现在还能看到，故称之为幻化寺。"陈庆英等译本，页91。

[4] 据陈庆英译本，页202。

[5] 据陈庆英译本，页118。

[6] 张茂建灵均台见《晋书·张轨传附子茂传》。谓灵均台在今武威城北，始于《大明一统志》。该书卷三七陕西行都指挥使司甘州左卫官室条："灵均台在凉州卫治北，晋明帝太宁初张茂主姑藏时所筑，遗址尚存。"

[7] 萨班精通显密佛法和五明诸论，学识渊博，当时即闻名于世。主要著作有《三律仪

论》《正理藏论》和《萨迦格言》。萨迦派失势后,盛名不衰,为噶举、格鲁等教派僧人所尊重。"文革"前,青藏僧人过凉多谒塔礼拜。

[8] 《陇右金石录》卷二记武威关帝庙落成碑云:"按此碑……在武威永昌堡先师庙,题为大明崇祯辛巳(十四年·1641年)三月庙宇落成虔赞碑有云:武威郡之北三十里有遗址曰永昌堡,乃元亦都护高昌王建都也。我太祖乘六御天,诞受万夏,内修关庙,年深颓坏,重为修葺……盖原就高昌王宫建庙,崇祯时又复重修。清时又改为先师庙。"所云高昌王建都、高昌王宫皆因涉永昌镇石碑沟有《亦都护高昌王世勋碑》而致误。

[9] 危素撰文,《陇右金石录》卷五有录文。

[10] 除以上两碑外,尚有实物已佚的虞集撰至顺二年(1331年)《孙都思氏世勋之碑》,《道园学古录》卷一六录有该碑全文。《亦都护高昌王世勋碑》下段右侧有1934年武威人贾坛、唐发科铭记云:"此元亦都护高昌王世勋碑也……清末被土恶没之地中,后复凿其半为碾磨。癸酉(1933年)秋,始于高昌乡石碑沟访得其处,掘出之,移置教育馆。"见党寿山《亦都护高昌王世勋碑考》,刊《考古与文物》1983年1期。

[11] 此碑背面镌回鹘文,回鹘文与正面的汉文并非对译,可能根据同一内容分别撰写,参看耿世民《回鹘文亦都护高昌王世勋碑研究》,刊《考古学报》1980年3期。卡哈尔巴拉提、刘迎胜《亦都护高昌王世勋碑回鹘文碑文之校勘与研究》,刊《元史及北方民族史研究集刊》8期(1984)。

[12] 《西宁王忻都公神道碑》亦记畏兀儿移居永昌事:"(中书平章政事斡栾)大父讳阿台不花……从亦都护火赤哈儿宣力靖难……仍封答融罕之号。亦都护来朝,挈家以从,跋履险阻,行次永昌,相其土地沃饶,岁多丰稔,以为乐土,因之定居焉。"

[13] 参看黄文弼《亦都护高昌王世勋碑复原并校记》,《文物》1964年2期,党寿山《亦都护高昌王世勋碑考》。

[14] 陈庆英译本,页206。

[15] 陈庆英等译本,页171。

[16] 陈庆英译本,页207~208。

[17] 据陈庆英等译,东嘎·洛桑赤列校注本,页44~45。

[18] 据《萨迦世系史·昆氏家族之世系》的叙述推算,陈庆英译本,页173~175。

[19] 《元史》最后一次记录只必帖木儿,见《武宗纪》二:"(至大三年〔1310年〕八月)己巳,以诸王只必铁木儿贫,仍以西凉府田赐之。"知其逝世当在此事之后。

[20] 阔端子辈与萨迦除联姻关系外,八思巴与阔端第二子蒙哥都、第三子只必帖木儿关系密切。1251年,阔端、萨班相继去世后,八思巴写给以后为其授比丘戒的堪布法主札巴僧格信末的文句:"阴水鼠年(壬子·1252年)二月三日,写于凉州王官之佛殿,祝愿吉祥。"(《萨迦世系》陈庆英等译本,页121)其时,蒙哥都嗣王位。《红史》记1253年"当忽必烈汗驻在六盘山之时,凉州大王蒙古都与上师(八思巴)一起前去会见,十分欢喜。王子忽必烈赠给凉州大王蒙古马军一百去迎萨迦人(指八思巴)……"(陈庆英译,东嘎校注本,页43)《萨迦世系史》又记八思巴"为同辈人及后代写了无数语言流畅易于理解的著作书信和教诫等,其中……传授给皇帝

的教诫及其要义类的有《给启必帖木儿所写的珍宝串珠》……《给启必帖木儿的信》……《给王子启必帖木儿的信》……为写造佛经而作的赞词有……《为王子启必帖木儿写经而作之赞词》……回向及赞颂吉祥方面的有……《为启必帖木儿父母写的四行诗》、《为大王妃所写四行诗一首》"（陈庆英等译本，页152～155）。以上八思巴写给启必帖木儿的教诫、赞词等，内容虽不得其详，但从数量多、方面广，可以推知他们的关系远非一般施主与福田的往来。启必帖木儿即只必帖木儿。他们往来时间，据八思巴或称启必帖木儿为王子这一点考察，似应在阔端末年和蒙哥都嗣王时代，亦即自1251年迄八思巴于上都参加1258年僧道辩论前后。

[21] 参看孙寿龄《西夏泥活字版佛经》，刊《中国文物报》第376期（1994年3月27日3版）。此经确为活字印本，但是否为泥活字版目前似难论定。

[22] 乾定是西夏献宗德旺纪元，乾定四年德旺卒，次年（1227年）夏主睍降，西夏亡。

[23] 雍正四年石碣首行即云："大亥母者……"，可知其时洞或殿、寺名亥母。

[24] 噶举派主要修法中有"亥母秘修"（参看土观·罗桑曲吉尼玛《土观宗派源流》第二章第二节别宗的源流·噶举派源流。刘立千译本，页62），其著名事例有：塔波噶举创始人塔波拉结从米拉热巴学法，米拉热巴即授以"亥母加持法"（廓诺·迅鲁伯《青史》第八辑大译师玛尔巴传承录及著名的噶举派。郭和卿译本，页299）；塔波拉结再传弟子桑杰热钦在住修时，曾亲见"至尊金刚亥母"（《青史》郭译本，页314）；元至正二十年（1360年）四世黑帽系噶玛巴乳必多吉至大都，为顺帝父子"授金刚亥母灌顶"（《青史》郭译本，页327）等。《土观宗派源流》撰成于清嘉庆六年（1801年）。《青史》成书于明成化十四年（1478年）。

[25] 参看史金波《西夏佛教史略》第三章"西夏佛教发展概述·藏传佛教的发展"，宁夏人民出版社，1988，页52～53。

[26] 参看《青史》郭译本，页38；巴卧·祖拉陈哇《贤者喜宴》黄颢译注（二），刊《西藏民族学院学报》1986年3期，页25～27。《贤者喜宴》撰就于明嘉靖四十三年（1564年）。

[27] 参看《青史》郭译本，页321～322、326～330；王森《西藏佛教发展史略》第六篇《噶举派》，中国社会科学出版社，1987，页105～107。

[28] 参看《青史》郭译本，页331；王森《西藏佛教发展史略》，页107～109。

[29] 武威以南经天祝、乐都抵西宁一线，多14—15世纪奉噶举、16世纪后半以降改宗格鲁的藏传佛教寺院，其中现存并较著名的有：天祝境内的天堂寺、极乐寺、达隆寺，永登境内的妙因寺、显教寺，乐都的瞿昙寺，平安的夏宗寺和西宁的弘觉寺等。参看蒲文成《甘青藏传佛教寺院》，青海人民出版社，1990，页6、48、69、554、558、560、562。

本文初稿是河西访古丛考之一《武威行》的第四部分，发表于《文物天地》1992年3期，页5～10。此次汇集除一般正误外，增补内容较多的是1994年再访武威时新了解到的白塔寺与亥母洞的遗迹。

永登连城鲁土司衙和妙因、显教两寺调查记

1991年4、5月间,应兰州市和武威、张掖、嘉峪关市之邀,调查自兰州市西迄嘉峪关市的地上古代遗迹。5月4日去兰州市所属的永登县,5日专程往访永登县西南大通河畔连城乡的鲁土司衙和妙因、显教两藏传佛教寺院【图13-1】。

一、鲁土司衙

鲁土司 蒙元后裔,元亡归明,被封连城,清仍其世职。《乾隆平番县志·官师志》庄浪土司[1]条记其世袭渊源云:

> 掌印土司指挥使鲁凤翥,其始祖脱欢,元平章政事[2],明初率部投诚,安置庄浪西山之连城。二世巩卜矢加,以功升百户。三世什加,以军功升都督同知,赐姓鲁。什加生鉴,鉴以功擢指挥使。自此以后,遂以鲁为姓。以指挥使为世袭职[3],国初归附,仍其世职。[4]

鲁土司衙门文物管理所据《鲁氏世谱》《重续鲁氏家谱》和晚近事迹撰陈列说明文字,内记鲁土司情况云:

> 鲁土司始祖脱火,乃元皇室后裔,皇庆二年(1313年)世爵安定王兼平章政事。从洪武三年(1370年)投明分土起,至民国二十年(1931年)废除土司制度,共传十九世,五百六十一年。

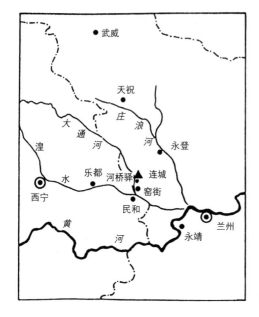

图 13-1　连城的地理位置

直接承袭土司职权者二十三人，摄职土司二人。

　　赐封大片自治区域，总面积约 9000 平方公里，包括今永登县仁古区的大部和天祝、西囤、永靖、民和、乐都等县区的部分地区[5]。辖土民二万一千六百八十六人，番民二千三百六十五人，土军一千二百人。

　　民国十四年（1925 年）五月，承基袭职，民国二十年（1931 年），末代土司鲁承基任青海省政府参赞和甘肃省连城保卫团司令部司令。民国二十九年（1940 年），将衙门、土地、森林等出卖给马步青……承基有一子鲁勋，1975 年病逝，绝嗣。

鲁土司衙始建于明初，宣德、成化、嘉靖间皆有修葺。最近一次规模较大的重修在清嘉庆间，大堂梁记"大清嘉庆二十三年（1818 年）……重建"，祖先堂上层梁记"嘉庆六年（1801 年）六月吉日重修"可证。此次修建系十五世鲁纪勋袭指挥使时，前引陈列说明文字记纪勋事迹云：

十五世鲁纪勋（1778—1850年）乾隆五十七年（1792年）袭指挥使，嘉庆二年（1797年）参加镇压四川王二槐等白莲教起义。嘉庆二十四年（1819年）仁宗六十寿辰，召热河觐见。道光六年（1826年）张格尔反，支前功加二品衔、珊瑚翎顶。道光十年（1830年）进京贺元旦。三十年（1850年）病卒。

纪勋袭职时，应是清代鲁土司最盛世，彼又曾两次入京，其经手的土司衙重修设计，自当有所依据。现土司衙建筑大体保持嘉庆重修时布局【图13-2】。

衙南向。中轴线上的建置，最南建砖照壁和三间四柱木构牌坊，牌坊中心间上嵌"世笃忠诚"匾牌，牌坊左右各建一牌楼门。牌坊北为广场，广场北侧向北纵列四层院落。第一层院自两侧砌八字墙的硬山面阔三间大门（俗呼六扇门，【图13-3】）起，北迄于硬山面阔三间、进深二间、上悬"提督衙门"匾的二门。二门内为第二层院，院北为前建三间抱厦的大堂【图13-4】，大堂歇山顶，面阔五间、进深三间，堂内悬"报国家声"匾。大堂后的第三层院，院南壁设小门，门名如意；门内为内宅，堂曰燕喜，面阔五间，进深三间，歇山顶，堂前两侧有东西厢。燕喜堂后为第四层院，院南壁开歇山顶朝阳门，门北升九阶为祖先堂【图13-5】，堂二层，面阔五间，进深三间，歇山顶，上层后檐柱向内出单翘单假昂，上承七架梁，此类似插拱的作法，19世纪初，西北民间仍在使用，颇值注意【图13-6】。祖先堂前两侧各建配楼，亦二层。此第四层院后有库房院，构架简率，似为后增建筑。此自南而北四层院落的鲁土司衙宅与一般地方衙署只具三层院落——仪门院、设厅院、宅堂院者[6]不同，而与同为土司衙的四川渡口市米易县西北普威街的普济州土司衙布局相同。后者的具体情况见录于陈显寰《渡口民族建筑调查》：

（普济州土司世袭衙门）系明洪武年间由朝廷批谕修建的。开工于洪武十八年（1385年），竣工于洪武廿一年（1388年），至今已有六百年历史……明朝大将沐英、蓝玉等调集云贵各地少数民

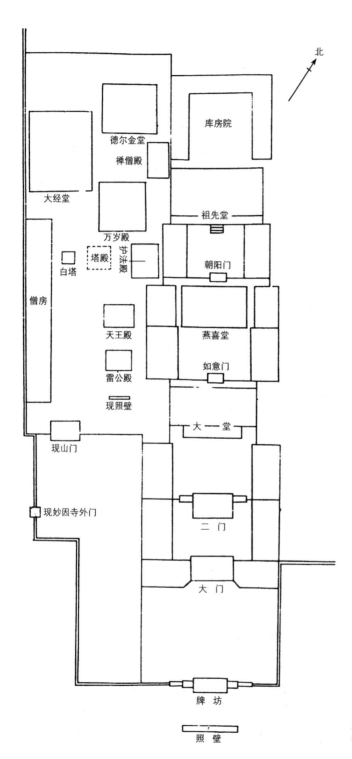

图 13-2 鲁土司衙主院与妙因寺平面示意
（据鲁土司衙门文物管理所1986年测图改绘）

图13-3　鲁土司衙大门（六扇门）

图13-4　鲁土司衙大堂

图13-5　鲁土司衙祖先堂

族武装，在这里（普济州）剿灭了元朝平章月鲁帖木儿。吉家土司的老祖宗阿喆撒加，便是从贵州普定卫应征前来的一支彝族武装首领，因战功……被晋升为正五品爵靖远侯，并改封为世袭普济州长官司土知州，赐姓吉。并由朝廷批谕剑南道，拨银新修了普济州长官衙门……现存大堂一栋、碉楼一座，大门前官道、内墙、衙神庙、花厅一处……最可贵的是一些老人还能将已经坍塌或损坏的部分建筑详尽地回忆起来……兹根据实地勘察调查结果，并参照原普济州土司的嫡传后代现米易县政协吉友仁副主席的介绍，绘出普济州土司衙门的全部复原图。整个土司衙门中部为官衙……官衙部分为建筑主体，系四院五进平面布置，大门外为弧形八字红墙……大门以内、二道门以前，两厢各有一两层楼房，围成衙门第一院。……二道门设门三开，中门最大……穿过上述的二道门楼，即达衙门第二院，正面即土司大堂……土司大堂为七开间七架五柱，悬山式顶，上覆琉璃瓦……大堂即土司审案之公堂，当年堂上设有"肃静""回避"等木牌……大堂以后，进入第三院，正上方为土司眷属住房……再后为第四院，正中上方为土司祖堂……衙门大门外……有一个大照壁，高三丈六、长七丈二、厚数尺……[7]

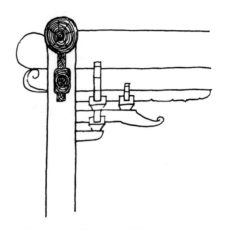

图13-6　鲁土司衙祖先堂上层后檐柱内向的斗拱结构速写

甘肃连城、四川普威南北相距千余公里，且山川隔绝，而两土司主人族属之蒙古、彝族又素无往还，因此，两处土司衙宅布局基本相同的情况，不能不使人怀疑它们的营造，都是根据当时规定的制度。上引《渡口民族建筑调查》记普济州土司衙"系明洪武年间由朝廷批谕修建的"，正可作为这一推测的重要论据。又按《明会要》记王府与公侯宅第除与一般品官相同都建有门屋、厅堂（殿）外[8]，还另备有家庙：

> 弘治八年（1495年）定王府制：前门五间……前殿七间，后殿七间。家庙一所，正房五间，厢房六间，门三间。（卷一四七·工部一·营造一·王府制）

> 公侯前厅七间或五间，两厦九架。造中堂七间九架。后堂七间七架。门屋三间五架……家庙三间五架。俱用黑板瓦。（卷五九·礼部十六·房屋器用等第）

王府公侯之家庙即与土司衙之祖先堂（祖堂）院相类，此为地方衙署和一般品官宅第所无之建置，疑与土司职掌既和一般地方官有别，而又同于诸王公侯皆可世代相袭有关。

二、妙因寺和显教寺

妙因寺位鲁土司衙西邻，系鲁土司之家寺。《鲁氏世谱》记此寺云：

> 明宣德二年（1427年）三月二十二日敕谕更名曰妙因寺。

知寺创建当在宣德二年之前。蒙元皇室贵族多佞藏传佛教，而连城所在的大通河下游一带又近藏传佛教下路弘法之策源地[9]，因可推知脱欢率部被安置在大通河东岸连城不久，即创建此寺。鲁土司门文物管理所藏"邑人探花黄谏撰"《景泰元年（1450年）敕赐大通寺记》抄件，记云：

> 庄浪大通河桥驿，乃土金右军都督鲁公贤之故里也。公之弟剌斡罗祝思自稚年萌善心，早成就，戒行甚谨，而人多敬慕之。比以兹土灾旱相继，遂于所居之旁建寺，以为修禳之所……越一载工完。是以大殿、山门、堂庑、库院、垣墉、垛闼、仓廥、园

湮靡不备具……正统壬戌年（七年·1442年）冬，始请于朝，□赐名为大通寺，具命番僧那尔藏住持，领众焚修之。

庄浪大通河桥驿即今西大通堡，连城乡之东南邻。土金右军都督鲁贤即鲁土司三世祖什加[10]，因疑其弟"于所居之旁"营建之大通寺即妙因寺，然则"越一载完工"者，应是指重修工程而言。大通寺屡见于《明实录》，最早著录是《宪宗实录》卷二二四：

成化十八年（1482年）二月辛酉，陕西庄浪卫大通寺番僧札失丹班建寺于本寺东南隅……来朝贡，乞赐名。诏赐东南隅寺曰显教。

显教寺尚存大殿一座，其位置正处妙因寺之东南。其次是孝宗、武宗时大通寺番僧屡次来朝入贡和赐宴、赐物的记录：

弘治十五年（1502年）三月戊子，陕西瞿昙寺[11]都纲尼麻藏卜等、庄浪大通等寺……各来贡，赐彩段表里等物有差。（《孝宗实录》卷一八五）

弘治十七年（1504年）十一月壬辰，陕西大通等寺番僧那尔卜等来贡。赐宴并彩段、衣服等物如例。（《孝宗实录》卷二一八）

正德二年（1507年）十二月乙未，大通等寺番僧那尔卜等来朝，贡佛像、驼、马等物。赐宴及彩段、衣物有差。（《武宗实录》卷三三）

正德四年（1509年）四月甲子……大通等寺番僧那尔卜等……来贡，赐宴，给赏有差。（《武宗实录》卷四九）

以上所记大通寺番僧那尔卜，不知与前引黄谏《大通寺记》中之番僧那尔藏有无关系？此后大通来贡的番僧是速南监藏：

正德九年（1514年）正月己丑，大通寺番僧速南坚藏等……

图13-7 妙因寺万岁殿

来朝,贡方物。各赐绛段等物有差。(《武宗实录》卷一〇八)

正德九年正月癸巳……大通寺番僧速南坚藏等各来贡,赐宴,给赏如例。(《武宗实录》卷一〇八)

正月癸巳为正月己丑的后四天,前者记贡物给赏,后者记赐宴给赏,应属一回朝觐的两次活动的记录。正德以后,庄浪大通寺即不见著录,此当与武宗以还,明廷对藏传佛教的重视程度日益削弱有一定关系。

寺现山门偏在寺中轴线建筑之西。门内东北有照壁。照壁后自南而北中轴线上列殿堂四座。最前为硬山顶、面阔进深俱三间之雷公殿(雷公鹰嘴故俗称鹰王殿),内新塑哼哈二将。殿北原为天王殿,歇山顶,面阔进深俱三间,内旧塑四天王,已拆除,现设转经筒,改称转经殿。再北为原奉万岁牌位之万岁殿【图13-7】,殿外观重檐歇山顶,其下檐覆盖包砌外壁的副阶一匝。与副阶合计该殿面阔进深各五间,中心间宽阔,用补间铺作二朵;次间一朵,梢间无补间(妙因、显教两寺主要殿堂建筑结构接近宋元制度,故本文记录构件称谓多采《营造法式》名词。以下同)。角柱侧脚显著。檐柱间阑额粗壮,出头处杀四角。其上普拍枋扁平，出头处饰海棠曲线。檐柱柱头后面与内柱间用不出头的穿插方勾连。柱头铺作、补间铺作俱用外插昂、重拱、计心、四铺作。插昂面起中脊，昂下置未雕饰曲线的华头子。华头子后尾作单抄。外插昂与内单抄之上俱承令拱、耍头。外面令拱、耍头之上承橑檐枋与橑檐槫，内部则承素枋。柱头橑檐枋、素枋与内部斫作月梁样之札牵相交，札牵外伸抵檐下，出头部分雕饰若清式昂尾上斗口内伸出之三福云，札牵后尾插入内柱，其下承以自内柱伸出之单抄丁头拱【图 13-8】。转角铺作上层角昂之上未置平盘斗与宝瓶，而于老角梁下皮却垂悬一长形宝瓶。万岁殿正中歇山顶下为面阔进深俱三间之佛堂，檐下铺作与相应位置的下檐铺作同。佛堂内新塑三世佛和四臂观音。佛堂外四周之单檐副阶系左转礼拜道之所在。礼拜道内外壁旧绘饶具汉风的佛传故事壁画【图 13-9】。此殿传建于宣德二年（1427 年）。万岁殿前右侧有咸丰十年（1860 年）重修之护法殿，原内奉之护法像，近年移去连城北天祝藏族自治县某藏传佛教寺院。万岁殿前左侧为塔儿殿，殿内塔婆毁于 1958 年。塔儿殿之左原建有白塔一，亦毁于 1958 年，现存者系 1988 年新建。万岁殿北的德尔金堂【图 13-10、11】，为寺最后一座殿堂。该殿歇山顶，布绿琉璃瓦，面阔进深俱三间，中心间宽甚，用补间三朵，梢间用一朵。阑额、普拍枋、角柱和老角梁下垂悬宝瓶等作法，皆与万岁殿同。柱头、补间铺作皆用三下昂、重拱、计心、六铺作。三下昂俱作外插昂，似尚未见他例。檐柱柱头向外伸出之穿插方头雕饰若清式之桃尖曲线。殿内所奉三世佛、八大菩萨、二护法和左右壁悬塑三十六护法皆新作。德尔金堂前右侧为雍正时（1723—1735 年）所建禅僧殿，面阔进深皆三间，歇山顶。左右壁画密像，正壁两侧画大威德，盖僧人修密之所，亦本寺之另一护法殿也。德尔金堂前左侧为面阔七间、进深六间，外绕副阶一匝，重檐歇山顶之大经堂，堂内空敞，列柱三十，据云可容八百喇嘛同时诵经。20 世纪 60 年代，辽宁沈阳文溯阁四库全书曾一度庋藏此堂内[12]。现堂后壁前奉宗喀巴、贾曹杰、克珠杰师弟三尊像【图 13-12】。

连城地当自甘肃入藏之要冲，顺治九年（1652 年）五世达赖昂

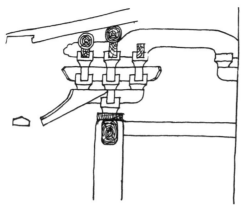
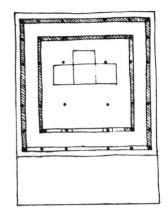

图13-8 妙因寺万岁殿外檐柱头铺作速写　　图13-9 妙因寺万岁殿平面示意

图13-10 妙因寺德尔金堂

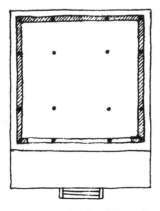
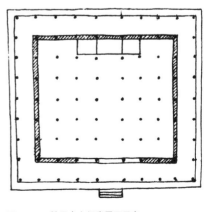

图13-11 妙因寺德尔金堂平面示意　　图13-12 妙因寺大经堂平面示意

旺·罗桑嘉措、乾隆四十五年（1780年）六世班禅罗藏华勒丹伊西来京和1936年九世班禅却吉尼玛返藏途中，皆曾驻锡此寺，故此寺香火直迄近代犹未衰落。

显教寺位鲁土司衙东南，与衙隔街相望。亦一藏传佛教寺院。该寺早年荒废，仅存已改作民用的残破大殿一座【图13-13】。殿歇山顶，面阔进深俱五间，中心间补间二朵，次间、梢间无补间。阑额、普拍枋、角柱和角科垂悬宝瓶之制同妙因寺万岁殿和德尔金堂【图13-14】。檐柱柱头自内伸出之穿插枋头雕饰桃尖曲线与德尔金堂同。柱头与补间铺作皆双下昂、重拱、计心、五铺作【图13-15】。下昂皆外插昂，昂面斫出中脊，华头子无曲线以及耍头上伸出之札牵头雕饰云头等俱与万岁殿同，唯瓜子拱、令拱上缘皆雕饰⌒线，颇为别致，不见于妙因诸殿堂。大殿门施锁，觅主人不得，从窗棂内窥，知殿内正中三间原为佛堂，外绕佛堂四周一间宽广之部位应是原左转礼拜道之所在。殿内堆置杂物，未见塑像，四壁绘画亦不可辨，但檐下彩画和拱眼壁间残存之护法形象尚存旧迹。此寺见录于《明宪宗实录》和《明孝宗实录》。《宪宗实录》卷二二四记成化十八年（1482年）二月赐名显教事，已见前引文，知该寺创建当在成化十八年之前。鲁土司衙门文物管理所同志告我：连城乡人相传此殿为永乐九年（1411年）建。不知有何根据。成化十八年赐名显教之后，《孝宗实录》两记显教寺僧事，其一记寺僧与瞿昙寺僧[13]同时来贡：

弘治十三年（1500年）三月丁卯……显教寺番僧远丹坚剉等，三竹瞿昙等寺番僧班剌相竹等……各来贡，赐彩段钞锭等物有差。（卷一六〇）

另一记该寺僧请袭其师国师名号：

弘治十四年（1501年）八月戊辰，陕西显教寺番僧远丹坚挫、殊胜寺番僧舍剌先吉各请袭其师国师、禅师之职。从之。（卷一七八）

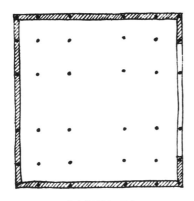

图13-13 显教寺大殿平面示意

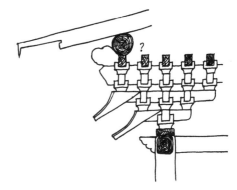

图13-14 显教寺大殿柱头铺作速写

图13-15 显教寺大殿外檐铺作

明制国师可直接贡物京师[14]，可见15、16世纪之际，显教寺亦曾跻入较重要的番寺之列。妙因万岁殿、德尔金堂和显教寺大殿兴建年代大体接近。显教寺大殿传永乐九年（1411年）建，妙因万岁殿传建于宣德二年（1429年），是此三座木构皆15世纪初期遗物。现就此次仓促记录摘其可与内地古建相比较的几项列如下表13-1：

表13-1

部分结构 \ 实例	《营造法式·大木作制度》（宋崇宁二年·1103年）[15]	江苏苏州保圣寺天王殿（宋）[16]	江苏苏州保圣寺大殿（宋）[17]	河南登封少林寺初祖庵（宋宣和七年·1125年）[18]	山东广饶关帝庙正殿（宋建炎二年·1128年）[19]	山西繁峙岩山寺文殊殿（金）[20]	山西临汾东岳庙行宫戏台（元）[21]	山西芮城城隍庙大殿（元）[22]	山西长治崇庆院正殿（元）[23]	山西繁峙三圣庙正殿（元）[24]	陕西韩城三圣庙献殿（元）[25]	陕西韩城彰耀寺大殿（元）[26]	陕西兴平文庙大成殿（明洪武五年·1372年）[27]	山西大同普化寺山门（金）[28]	山西大同普化寺三圣殿（金）[29]	山东曲阜孔庙第十一号碑亭（金）[30]	山西繁峙寺宁寺毗卢殿（元）[31]	陕西西安府文庙伋门（明正统七年·1442年）[32]	陕西西安城箭楼（明嘉靖五年·1526年）[33]	河北安平圣姑庙大殿（元大德十年·1309年）[34]	河北定兴慈云阁（元）[35]	山西襄汾普净寺后殿（元）[36]	山西浑源永安寺传法正宗之殿（元）[37]	陕西西安清真寺二门（明嘉靖元年·1520年）[38]	陕西西安钟楼（明洪武七年·1384年）[39]
1 铺作用外插昂[40]	√	√	√	√	√	√	√	√	√	√	√	√	√	√	√										
2 华头子无雕饰[41]						√	√	√	√	√															
3 阑额宽厚[42]																√	√	√	√						
4 普拍枋出头雕饰海棠曲线																	√		√						
5 老角梁下垂悬宝瓶	√			√	√															√	√	√	√		
6 心间用补间铺作二朵																				√	√	√	√	√	
7 副阶内柱与檐柱间用穿插枋																									√

表 13-1 所列七项内容，仅是匆忙间所目睹者，其中 1~4 为显教寺大殿、妙因寺万岁殿和德尔金堂所共有；5~6 为显教寺大殿和万岁殿所共有；7 似仅见于万岁殿。以上极不完备的资料，似可给我们提示：1）连城明初建筑保存旧制较多，如著录于《营造法式》的铺作用外插昂、心间用补间两朵、内柱出丁头栱和元代流行的普拍枋雕饰海棠曲线等；2）金代出现的阑额宽厚作法和穿插枋的使用，从连城实例可知明清官式流行的大额枋和穿插枋渊源甚古；3）从现存遗物看，连城两寺主要殿堂和建年接近的其他地区建筑比较，与山西、陕西建筑特别是陕西官式建筑关系最为密切。按明初兴建陕甘一带的王府、衙署等官式建筑，俱据当时工部规定之法式，其工匠亦多有来自京师者，因疑此曾蒙敕谕赐名的妙因、显教两寺的主要殿堂之营建，受到当时官式建筑影响较多，是颇为自然之事。

又显教寺大殿和妙因寺万岁殿三间见方的佛堂，四周绕建礼拜道的安排，是 15 世纪以前藏传佛教佛殿流行的布局，而万岁殿重檐歇山下檐覆盖的一匝礼拜道与青海乐都明洪武二十六年（1393 年）所建瞿昙寺前殿[43]形制相同，更值得注意的是，亦与西藏日喀则地区重建的夏鲁寺门楼第二层上所建重檐歇山周绕礼拜道的布顿堂完全相同[44]。夏鲁寺系元至顺四年（1333 年）"夏鲁万户长吉哉从内地请来许多汉族工匠，同当地工匠合作重新修建"的[45]。看来，这种重檐歇山的藏传佛教佛殿最迟在 14 世纪中期即已出现，并于 14 世纪中期迄 15 世纪已流行于西藏及甘青地区[46]。1983—1984 年，内蒙古文物考古研究所曾在额济纳旗元亦集乃城址（即黑城）内发现不少寺院遗迹，其中 Y2、Y3 是两处比较清晰的方形佛堂外绕一匝礼拜道的藏传佛教寺院佛殿遗址[47]，可以估计这两处藏传佛教佛殿的原来立面，很可能接近于上述夏鲁寺门楼第二层、瞿昙寺前殿和妙因寺万岁殿或显教寺大殿这类殿堂；而亦集乃城址内 Y2、Y3 的建年，从该城兴废历史考虑，至晚亦应在明洪武十三年（1380 年）明军围陷该城之前，甚至可能早到西夏时期，西夏亡于 1227 年[48]。据此似又可推知最早的汉藏建筑融合的藏传佛教佛殿或许还出现于重修夏鲁寺之前的内蒙古西北部[49]和甘肃地区。唯此问题，需要进一步考察 14 世纪以前的蒙元时期西北一带藏族集居区和更早的原西夏、原唃厮啰地区的藏传佛教寺院的遗迹始可论断。

注释

[1] 庄浪土司即连城土司。《乾隆平番县志·官师志》记："庄浪土司，掌印世袭土司指挥使一员……隶西宁镇掌印土司指挥使所管。"又庄浪一名始于元初，《乾隆平番县志·地理志》记："元灭夏，至元元年（1264年）始立庄浪县，属永昌路。明洪武五年（1372年）宋国公冯胜平定河西，改县为卫……永乐元年（1403年）庄浪卫……隶陕西行都司。康熙二年（1663年）改卫为所。雍正三年（1725年）裁所，设平番县，隶凉州府。"解放后，改县名永登。

[2] 脱欢见《元史》卷二四《仁宗纪》一："（皇庆二年〔1313年〕九月）戊申，封脱欢为安定王，赐金印。"又见卷一一三《宰相年表》二："至正元年（1341年）脱迎任平章政事。七年（1347年）任右丞。"

[3] 《明史》卷一七四《鲁鉴传》记其祖自明初归附，迄鉴孙经事。

[4] 《清史稿》卷五一七《土司列传》六记顺治二年（1645年）鲁典归附，迄光绪十一年（1885年）鲁服西袭职。又记顺治十六年（1659年）鲁宏归附，迄光绪二十一年（1895年）鲁焘嗣职。

[5] 《乾隆平番县志·官师志》记鲁土司辖地："土司地方，连城迤东至平番交界，路长一百四十里；迤南至皋兰之张家河湾、河州之思家台、碾伯之川口等处，路长一百五十余里；迤至西宁之冰沟口，路长十里；迤北至镇羌属之喜鹊岭，路长一百四十里。"

[6] 自宋元以来，地方衙署中轴线上一般皆建仪门、设厅、宅堂三院。参看拙著《地方衙署布局杂考》（即刊）。

[7] 陈文刊中国科学院中华古建筑研究社编辑之《中华古建筑》，中国科学技术出版社，1990。

[8] 如《明会典》卷五九所记："一品、二品厅堂五间九架……门屋三间五架……三品至五品厅堂五间七架……正门三间三架……六品至九品厅堂三间七架……正门一间三架……庶民所居房舍不过三间五架。"

[9] 参看王森《西藏佛教发展史略》第二篇《佛教在西藏的再度传播并在民间得势》，中国社会科学出版社，1987。

[10] 鲁土司衙门文物管理所所撰陈列说明记："明成祖赐第三世失迦鲁姓名贤。"

[11] 瞿昙寺现存，位青海乐都。该寺洪武时赐寺额，见录于《太祖实录》卷二二五："（洪武二十六年〔1393年〕二月）壬寅……西宁番僧三刺贡马。先是（洪武二十五年〔1392年〕），三刺为书招降罕东诸部，又创佛刹于碾白南川，以居其众，至是始来朝，因请护持及寺额。上赐名曰瞿昙寺。敕曰：自有佛以来，见佛者无不瞻仰，虽凶戾愚顽者亦为之敬信。化恶为善，佛之愿力有如是耶！今番僧三剌生居西土，踵佛

之道，广结人缘，辑金帛以创佛刹。比者，来朝京师，朕嘉其向善慕义之诚，特赐敕护持。诸人不许扰害，听其自在修行，违者罪之，故敕"。同书卷又记："（洪武二十六年三月）丙寅，立西宁僧纲司，以僧三剌为都纲……复赐以符曰……今设僧纲司，授尔等以官，给尔符契。其体朕之心，广佛功德，化人为善，钦哉。"可见明初瞿昙寺即是西宁一带僧寺之首，位其东北的庄浪大通等寺当归其统属。

[12] 1966年10月13日至1971年6月，共计存鲁土司衙门大经堂四年零八个月，然后于1998年9月18日移至兰州甘草店专库，存放了三十五年之久，2006年6月23日又移兰州九州台。以上摘自郑志华、何志华《避战火四库全书颠沛流离大半中国》，《东方收藏》2011年1期。

[13] 同[11]。

[14] 成化六年（1470年）有明确规定，见《宪宗实录》卷七八："（成化六年四月）乙丑……工部奏：四夷朝贡人数日增，岁造衣币赏赉不敷。上命礼部议减各夷入贡之数，尚书邹幹等具例以闻……幹等以乌思藏原无定立则例，议请……国师以下不许贡……从之。"同书卷一二五又记僧官次于国师一级的禅师不得遣徒贡物："（成化十年〔1474年〕二月）甲戌，乌思藏答都寺佑善禅师锁南坚粲以朝廷颁赐诰印升职事，欲遣其徒诣阙谢恩并贡方物。事下礼部，尚书邹幹等言：旧有敕乌思藏三年一朝贡，而禅师不得径遣，但夷人之情亦宜俯顺，取旨裁决。诏令五、七人来，不为例。"

[15] 参看梁思成《营造法式注释》卷上大木作制度，图26，中国建筑工业出版社，1983。

[16] 同[15]。

[17] 参看大村西崖《塑壁残影》，第八图，1926。

[18] 参看刘敦桢《河南省北部古建筑调查记》，刊《中国营造学社汇刊》6卷4期，1937；祁英涛《对少林寺初祖庵大殿的初步分析》，刊《科技史文集》第二辑，1979。

[19] 参看颜华《山东广饶关帝庙正殿》，刊《文物》1995年1期。

[20] 参看山西古建筑保护研究所《繁峙岩山寺》，文物出版社，1990。

[21] 参看张驭寰《山西元代殿堂的大木结构》，刊《科技史文集》第二辑，1979。

[22] 同[21]。

[23] 同[21]。

[24] 同[21]。

[25] 参看刘临安《韩城元代木构建筑分析》，刊《中华古建筑》，1990。

[26] 同[21]。

[27] 参看何融《关于明代大木结构研究》，刊《中华古建筑》，1990。

[28] 参看梁思成等《大同古建筑调查报告》，刊《中国营造学社汇刊》4卷3、4合期，1933。

[29] 同[28]。

[30] 参看梁思成《曲阜孔庙之建筑及其修葺计划》，刊《中国营造学社汇刊》6卷1期，1935。

[31] 同[21]。

[32] 同[27]。

[33] 同[27]。

[34] 参看刘敦桢《河北省西部古建筑调查纪略》，刊《中国营造学社汇刊》5卷4期，1935。

[35] 同［34］。

[36] 同［21］。

[37] 同［21］。

[38] 同［27］。

[39] 同［27］。

[40] 显教寺大殿、妙因寺万岁殿、德尔金堂皆用外插昂，但组织互异：万岁殿四铺作与《营造法式》所记和苏州角直保圣寺天王殿、繁峙岩山寺文殊殿、韩城三圣庙献殿后檐、彰耀寺大殿山檐之四铺作外插昂略同。显教寺大殿五铺作双插昂，德尔金堂六铺作三插昂，皆不见他例。登封少林寺初祖庵大殿、大同善化寺山门、长治崇庆院正殿、繁峙三圣寺正殿、兴平文庙大成殿所用之五铺作，系由单抄单插昂组成，与显教寺大殿之五铺作不同。广饶关帝庙正殿和芮城城隍庙大殿虽皆用双下昂五铺作，但前者系由一插昂、一真昂组成，后者第一跳作假昂，亦俱不同于皆用插昂之显教寺大殿。大同善化寺三圣殿所用六铺作系由单抄双插昂组成，亦与德尔金堂用三插昂者有别。

[41] 连城三殿堂插昂下之华头子俱无雕饰曲线，与《营造法式》所记雕出双卷瓣者不同。此种不作出饰线的作法，似早于《营造法式》。

[42] 连城三殿堂与表中所举阑额宽厚诸例，其阑额宽度俱小于普拍枋，与明清一般官式习见之额枋宽于平板枋者有别。又连城三殿堂阑额出头四隅抹杀的作法亦颇罕见。

[43] 参看瞿昙寺文物管理所《瞿昙寺》，1985。余玉龙《青海名刹——瞿昙寺》，刊《文物天地》1992年4期。

[44] 参看已收入本集的《西藏日喀则地区寺庙调查记》。

[45] 参看欧朝贵《汉藏结合的建筑艺术夏鲁寺》，刊《西藏研究》1992年1期。

[46] 西藏实例有永乐十六年（1418年）江孜法王热丹衮桑帕兴建的江孜白居寺大殿，参看已收入本集的《西藏江孜白居寺调查记》。

[47] 参看内蒙古文物考古研究所《黑城出土文书（汉文文书卷）》，图壹—2《黑城遗迹平面图》（科学出版社，1991），和本集所收《张掖河流域13—14世纪的藏传佛教遗迹》。

[48] 西夏流行藏传佛教情况，参看史金波《西夏佛教史略》第三章《西夏佛教发展概述》，宁夏人民出版社，1988。

[49] 以上推论如可证实，则过去一般认为内蒙古地区兴建外观具有浓重汉风的藏传佛教寺院始于土默特部俺答汗率部于万历七年（1579年）自青海东返原牧地——今包头、呼和浩特一带以后的看法，至少晚了2至3个多世纪。

本文初稿发表于《考古学研究（二）》（北京大学出版社，1994，页1~9）。此次增注释［12］。又自原注［12］起，迄最末的原注［48］，各增1数字。又在汇集于斗拱对比部分增建炎二年（1128年）建山东广饶关帝庙正殿一例。

呼和浩特及其附近几座召庙殿堂布局的初步探讨

1993年7月，应内蒙古自治区文化厅之邀，去和林格尔、托克托两县调查古墓、古城址。归途于呼和浩特及其附近参观藏传佛教寺院两天，计重点参观的殿阁建筑九座，分属大召、席力图召和美岱召。此诸殿阁多汉藏混合式建筑，既多具大小起脊布瓦的歇山或重檐歇山顶和檐下施斗拱等汉式作法，又根据藏式建筑形制设计其平面布局、主要围墙及部分装饰。本文着重描述其中六座殿堂的平面布局，并据浅见所及藏传佛教系统的殿堂演变情况，试对其形制的差异略作初步探讨。

大　召

大召蒙语作依克召。依克汉译为大。大召位于万历三年（1575年）俺答汗所建归化城的南部，其始建之年似与归化城为同时。《明实录·神宗实录》卷四三记其事云：

> （万历三年十月）丙子……顺义王俺答遣夷使乞佛像、经文、蟒段等物，所盖城寺乞赐城名。镇臣以闻。部复谓：俺答恪守盟约，禁戢部落，迄今五载，劳委可嘉，所请勿拒也。上然之。赐城名归化……[1]

后五年即万历八年（1580年），俺答汗又遣使请赐寺名，《神宗实录》卷一〇七：

（万历八年十二月）辛丑……顺义王俺答纳款归化，因遣夷使请敕赐所盖造寺名，并加西番僧觉义为大觉禅师。上从之。

大召汉名弘慈寺即此次万历所敕赐者[2]。

大召主要殿堂是寺中轴线上南向的面阔七间的大殿【图14-1】。大殿前部为深八间的经堂，堂内横纵的中心间间距俱加宽，自南第四、第七两行内柱两侧端各减一柱，自南第五、第六、第七的三行内柱中心部位各减二柱。最后一列内柱前设座三，中者最高，右次之，左又次之。大殿后部即紧接经堂的佛堂。佛堂阔、深俱五间，外侧绕建围廊一匝，南面围廊与经堂后壁连建，并于东北隅辟小门，通向东面围廊。佛堂自南第三、第四两行内柱中心部位各减二柱。堂内沿左、右、后壁建高坛。后壁前坛上正中奉三世佛，两端各一宗喀巴像。左右壁前坛上中间各奉四菩萨，其南端各奉一护法[3]。后壁坛前右设三世达赖索南嘉措像，左设四世达赖云丹嘉措像。三世达赖曾于万历十四年迄十六年（1586—1588年）来内蒙古，既主持俺答葬礼，又主持大召佛像的开光法会，接着又主持了俺答继承者都古棱汗的葬礼[4]。四世达赖系俺答曾孙，万历二十年（1592年）被认为三世达赖转世，三十年（1602年）入藏。是此两世达赖皆与内蒙古多有因缘，故奉其造像于大召佛堂。大殿经堂、佛堂檐下所列斗拱和平板枋与额枋出头斫截之曲线以及上述柱网中多用减柱等皆属明式，知现存建筑尚多存创建时旧制。康熙二十七年（1688年）钱良择《出塞纪略》所记：

（五月）十八日己丑……至归化城，为蒙古要地，设有镇守，其广如中华之中县……城南民居稠密，是城内数倍……俗最尊信喇嘛，庙宇林立，巍焕类西域之天主堂，书番经于白布，以长竿悬之，风中飘扬若旗帜。中一庙尤壮丽，金碧夺目，广厦七楹，施丹艧，正中直上如斗，顶及四壁皆画山水、人物、鸟兽、云霞、神佛、宫殿，亦类西洋画。（据《昭代丛书》辛集卷二三）

疑即指此召，广厦七楹约指殿之面阔；正中直上如斗系形象描述经堂

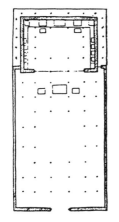

图14-1 大召大殿平面示意

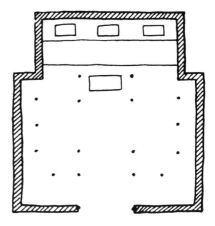

图14-2 大召乃迥庙平面示意

中部藏式直上之平顶结构；其时大殿距清初的两次维修（崇德五年·1640年，顺治九年·1652年）为时不久，故仍壮丽，金碧夺目[5]。

大召西巷西侧有乃迥庙，率大召护法庙堂，近年改为小佛殿【图14-2】。殿前部为阔、深各五间的经堂，后部为阔三间、深二间的佛堂。经堂、佛堂内部皆减柱。佛堂后壁尚存旧画骑象护法，壁前建长坛，坛上新塑三世佛。此乃迥庙建筑疑亦是明晚期或清初遗构。

席力图召

席力图召或译锡热图召，汉名延寿寺，位大召之东，呼和浩特旧城之石头巷。以席力图呼图克图驻锡于此故名。该召兴建曾得到三世达赖之支持[6]，知其建年亦在万历间。初创时规模甚小，即今召西侧护法堂院的位置[7]。

护法堂院现存前后两佛殿。后佛殿俗称"古庙"，传为席力图召的最早建筑【图14-3】。"古庙"硬山造，阔五间，深四间，内以厚墙分割作三部分：中间部分为具前厦的阔、深皆三间的佛堂；佛堂左、右侧各隔出一长间。佛堂内减中心两柱，沿左、右、后壁建坛，后壁前坛上正中原奉释迦，现新塑大威德等护法像。天花、藻井俱旧物。左长间以前奉三世佛，现新塑千手眼十一面观音。右长间以前奉护法像，

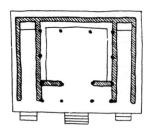

图14-3 席力图召"古庙"平面示意

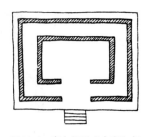

图14-4 席力图召"古庙"复原平面示意

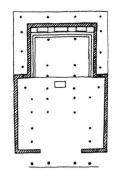

图14-5 席力图召"古佛殿"平面示意

现新塑绿度母。此"古庙"布局特殊，当非创建时原貌。意者，其原始设计应是周绕礼拜道的小型佛堂【图14-4】，中间部分佛堂的前厦和最后三间以及其左右侧的长间，皆是原礼拜道的位置。

前佛殿俗称"古佛殿"【图14-5】，殿前设三间前廊，廊后为阔、深俱五间的经堂，经堂后接阔、深皆三间的佛堂，佛堂外左、右、后三面设廊。经堂前部减四柱，最后一排中心两柱前置高座。佛堂正中减二柱，堂内沿左、右、后壁设坛。后壁前坛上奉三世佛，左右壁旧绘十八罗汉、四天王，天花、藻井亦是旧物。此"古佛殿"建筑布局大体与大召大殿相似，但经堂不与佛堂外左、右、后廊相通，使佛堂外三面廊形同虚设，此盖晚近重修后的情况。

席力图召大殿是呼和浩特诸召殿堂中之最大者【图14-6】。殿前建七间前廊，廊后为阔、深各九间的大殿。多棱廊柱、方形殿柱和殿内柱网无减柱之制以及柱头置托木等，皆藏式结构，为此行参观呼和浩特藏传佛教殿堂中仅见之例。柱头托木下缘曲线并列三垂云头【图14-7】，准西藏诸寺院托木演变顺序[8]，应是五世达赖昂旺·罗桑嘉措时期以来的流行形制，因可推知，此现存大殿兴建年代不应早于17世纪后半。按四世席力图因保卫呼和浩特有功，在清廷的支持下扩建本召，工程历时两年，迄康熙三十五年（1696年）基本完成。据诺门·达赖《朱色格·朱拉传记》载：

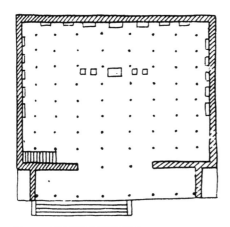

图14-6 席力图召大殿平面示意

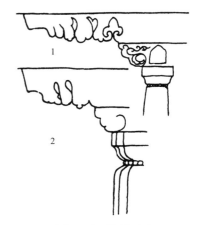

图14-7 席力图召大殿柱头托木速写
1. 内柱托木 2. 廊柱托木

康熙三十五年，扩建后的席力图召分为三层，最前面是可以容纳一千名喇嘛举行诵经法会的大都纲（庙堂）；其后是十二丈见方分上下两层的主庙（后殿），主庙外壁彩漆精画，十分美观；最后面是十四丈长的天堂楼房。都纲两旁又各修三座小庙，后楼两旁又各修两座小庙。[9]

从以上记录结合现存情况，似可推测：（一）最前面可容千名喇嘛诵经的大都纲，当即此大殿，此大殿应是藏传佛教寺院中的经堂结构；（二）大都纲后面的上下两层的主庙（后殿），1943年焚毁[10]，据该召管理人员介绍，此后殿系佛堂，原有四十九间。此佛堂与大殿（经堂）间有约深5~6米的窄长庭院，庭院后方设石阶，升阶始得入主庙（佛堂）。是席力图召的佛堂与经堂俱为单独建筑，并未连建一起；（三）现大殿（经堂）后壁前所奉三世佛、宗喀巴（三世佛右侧）、一世席力图（三世佛左侧）等造像，当为佛堂被毁后，移奉于经堂者。

美岱召

美岱召或作麦达力召，以万历三十年（1602年）四世达赖入藏后，西藏特派麦达力呼图克图驻锡此召故名[11]。该召位呼和浩特去包头的公路中段北侧的大青山南麓。召外围建方形城堡，城堡南面正中辟门，门券上方嵌砌石门额，门额上沿横镌蒙文、藏文寺名一行，其下竖镌汉文十行：

元后敕封顺义王俺答呵嫡孙钦升龙虎将军」天成台吉妻七庆（？）大义好五兰妣吉[12]誓愿虔诚」敬赖三宝选择吉地□□山□盖灵觉寺泰和」门不满一月工城（程）圆备神力助□□□□□也」（以上小字四行）皇图巩固」帝道咸宁」万民乐业」四海澄清」（以上大字四行）大明金国丙午年戊戌月己巳日庚午时建木作温仲石匠郭江」

知此麦达力召汉名灵觉寺，方城完工于丙午年即万历三十四年（1606年）。方城内建筑物颇多，最主要的是泰和门后的大雄宝殿、三佛阁和东侧的太后庙【图14-8】。

大雄宝殿【图14-9】前建阔三间、深二间门廊，廊后接建阔、深各七间的经堂，再后又接建阔、深俱五间，外绕围廊一匝的佛堂。经堂东北、西北两隅皆辟小门与佛堂外侧之围廊相通。经堂最后一排中间两柱前设高座，四壁画十八罗汉。佛堂最后一排中间两柱间建高坛，原奉银佛像；后壁画释迦及两弟子，周绕绘佛传，下部画四天王等；左右壁画宗喀巴师徒三尊及宗喀巴成道故事，下部画藏传佛教诸护法像；左壁下部蒙古供养人像中，绘有三娘子与顺义王扯力克像和五兰妣吉迎请麦达力呼图克图像。以上壁画和部分彩画虽多经后世重描，但大部保存旧时构图，特别是其中有关寺史的人物形象，殊值珍视。大雄宝殿后阔、深各三间三层楼阁式的三佛阁，是召内唯一绿琉璃瓦顶的建筑。三佛阁底中两层皆外绕围廊。底层后壁前奉三世佛，左右壁绘有莲花生、宗喀巴和三世、四世达赖像。中层壁画画度母。此殿壁画不似重描旧作，皆新绘。大雄宝殿与三佛阁俱减柱造，檐下斗拱亦属明制，值得注意的是两殿阁同处一轴线上，且方向一致，而此轴线却与方城基线不平行，方向与城门（泰和门）亦相错位。内蒙古包头市文物管理所同志推测此种现象应是"主体建筑（指上述殿、阁建

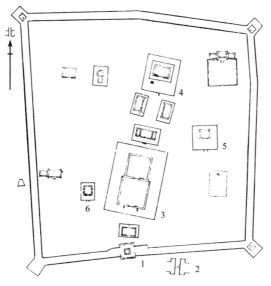
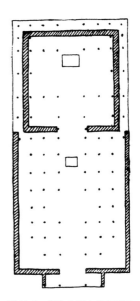

图14-8 麦达力召平面示意（据《美岱召》）
1. 泰和门
2. 泰和门剖面
3. 大雄宝殿
4. 三佛阁
5. 太后庙
6. 乃迥庙

图14-9 麦达力召大雄宝殿平面示意

筑）先建成，城墙及城门为后来增筑的"[13]，即谓此两殿阁建于万历三十四年之前，分析起来，这种说法还是颇有道理的。

　　位于方城内东侧的太后庙，阔、深各三间，外绕围廊一匝。此庙系三娘子灵塔殿，殿内正中原奉3米高覆钵式檀香木塔一座。"文革"中，塔被拆毁，塔腹和塔下地宫内发现发辫、头饰、梳篦、腰刀、盔甲等和骨灰箱二件，当是三娘子夫妇遗物。近年在原位置修复灵塔，遗物分类展览于殿内陈列柜中。因此，今天的太后庙已成为三娘子纪念堂。三娘子本名钟金哈屯，为俺答汗第三妻，智勇兼具，主张与中原和平互市，深受俺答汗信任，曾与俺答同赴青海迎请三世达赖。俺答卒，三娘子执掌权柄，维护土默特部的安定与中原的贡市，万历十五年（1587年）明封忠顺夫人，万历四十年（1612年）卒[14]。三娘子在明与蒙、藏友好关系中作出重大贡献。当年创建太后庙和今天重修纪念堂，正说明她长期受到蒙、藏、汉民族的共同尊敬与爱戴。太后庙用减柱，外檐斗拱亦异于清制，从其建置方向与泰和门一致，推知其兴建之年不会早于万历三十四年，如建于三娘子卒后，则又不早于万历四十年。

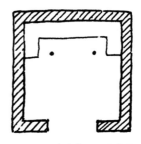

图 14-10　麦达力召乃迥庙平面示意

又大雄宝殿西南侧建有藏传佛教护法堂——乃迥庙【图 14-10】，系二层方形藏式小楼。楼下层后壁前建坛，奉护法诸像；上层奉麦达力呼图克图坐像，俱新塑。此楼方向与泰和门一致，知建于兴筑方城之后。

上述九座建筑中，除麦达力召三佛阁和太后庙系纯汉式建筑外，其他七座殿堂，即大召大殿和乃迥庙，席力图召大殿和护法堂院的前后两佛殿——"古庙""古佛殿"，麦达力召大雄宝殿和乃迥庙的建筑布局似各有特点，现排除可能出自重修时的改动，仍可分出五种形制。

Ⅰ. 外绕左转礼拜道的小型佛堂

即复原后的席力图召"古庙"形制。此种形制渊源古老，流行于西藏地区前弘期和 11 世纪藏地恢复佛教后不久，较早的遗迹有琼结若康佛堂[15]和改建前的乃东吉如拉康[16]，但在甘、青、内蒙古西部，13—15 世纪乃至更晚尚有修建此类小型佛堂者，如西夏至蒙元时期的额济纳旗黑城 Y2 院落中的佛殿址[17]、洪武二十五年（1392 年）建成的青海乐都瞿昙寺前殿[18]、宣德二年（1427 年）兴建的甘肃连城妙因寺万岁殿[19]，其再迟之例竟晚至康熙五十六年（1717 年）青海湟中塔尔寺兴建之夏敦拉康（俗称花寺大殿）[20]。

Ⅱ. 经堂与外绕围廊的佛堂连建的佛殿

以麦达力召大雄宝殿最为典型，经堂后壁两隅设门与佛堂围廊相通，仍保存沿佛堂外壁左绕礼拜之制度。此围廊与左转礼拜道相异处，即无封闭之外壁。按佛堂外建围廊，在西藏寺院中，似始于札囊桑耶寺乌策大殿和乃东赞塘玉意拉康的外围礼拜廊道[21]。此两处外围礼拜廊道的修建，约不晚于 14 世纪。应予注意的是，桑耶乌策与玉意拉康佛堂外围礼拜廊道之内，尚建有左转礼拜道，与此第二种形制不设左转礼拜道者有别，17 世纪五世达赖昂旺·罗桑嘉措（1617—1682 年）和第巴桑结嘉措（1679—1703 年在位）时期于拉萨大昭寺中心佛殿外围增设之嘛尼噶拉廊道颇为相类[22]，但此大昭寺廊道在时间上已晚于麦达力召大雄宝殿[23]；至若麦达力召大雄宝殿在外绕围廊的佛堂之前，还连接营造经堂的佛殿，卫藏甘青似尚未发现类似的实例。呼和浩特大召大殿亦属此种形制，经堂后壁西南隅原设小门处，重修时砌墙封阻，知左转礼拜之制早已废除，但东北隅小门尚存，接通围廊之迹仍可考察。又席力图召"古佛殿"亦属此形制，唯后世重修时，将经堂后壁两隅通接围廊处全部阻塞，原来布局遂不显著。

Ⅲ. 经堂、佛堂连建的佛殿

即大召的乃迥庙形制。此种形制与上述Ⅱ形制的主要差异：（一）佛堂不设外绕围廊；（二）佛堂进深也较短窄。就整体佛殿形制观察，它与永乐十七年（1419 年）秋建成的拉萨哲蚌寺阿巴札仓大殿[24]颇为相似，此两处形制相似的殿堂，都是供奉密像的所在。

Ⅳ. 经堂与佛堂分建

即席力图召大殿与已焚毁后殿的布局。此种经堂与佛堂分建形制的佛殿，不见于西藏，疑系接受内地佛寺分建多座殿堂于中轴线上的影响。按内地佛寺分置讲堂、佛殿的作法，明代即出现于甘青一带的藏传佛教寺院中，其实例如甘肃连城妙因寺经堂建于佛殿西侧；崇祯十二年（1639 年）青海湟中塔尔寺兴建三十六柱经堂于佛殿之前[25]，更与席力图召制度接近。

Ⅴ. 兼有经堂、佛堂两内容的小佛殿

麦达力召护法堂——乃迥庙属此类。置所奉尊像于殿堂后壁之前，18 世纪以来西藏格鲁寺院之小型殿堂多用此制，其例有拉萨苍姑寺[26]和乃东哲布林佛殿[27]。

以上五种形制中的Ⅲ（大召乃迥庙）、Ⅴ（麦达力召乃迥庙）和Ⅳ的经堂部分（席力图召大殿）的兴建，正值清廷于藏传佛教独重格鲁之时，且上述三召又皆通过达赖与格鲁教派发生较密切的关联，所以其建筑形制取法于格鲁，自无足怪。Ⅰ（席力图召的"古庙"）、Ⅱ（麦达力召大雄宝殿、大召大殿、席力图召的"古佛殿"）两种，就兴建时间言，皆早于Ⅲ、Ⅳ、Ⅴ，其中殿堂有的虽与三世或四世达赖有一定关系，但毕竟不同于自五世达赖以来清廷特宠格鲁的情况[28]。兹据《明实录》武宗、世宗、穆宗、神宗四朝的记载：

（一）知俺答及其后裔于隆庆万历间，多次向明廷请番经、番像和喇嘛番僧。

《穆宗实录》卷六五：

> 隆庆六年（1572年）正月丙子……北虏顺义王俺答请给文（金）字番经及遣剌麻番僧传习经咒。总督尚书王崇古以闻，因言：虏欲事佛戒杀，是即悔过好善之萌，我因明通弊，亦用夏（变）夷之策，宜顺夷情以维贡市。礼部亦以为可许。上从之。

《神宗实录》卷一九：

> 万历元年（1573年）十一月癸未……给虏酋顺义王俺答佛像、番经。赏前传经番僧二人禅衣、坐具、纻丝番僧衣并靴袜。授在虏番僧九人官，仍给禅衣、坐具、僧帽及给其番官四人彩段二表里、木棉布四匹。礼部复王崇古请也。

《神宗实录》卷三五：

> 万历三年（1575年）二月乙未，顺义王俺答奏讨剌麻番僧。遣通事官一员，送原差番僧坚参把（札）巴等四名以往。

《神宗实录》卷一一一：

> 万历九年（1581年）四月庚申，虏酋俺答请讨番僧。诏前番僧坚参扎巴等往，事完仍回。

《神宗实录》卷一一六：

万历九年九月庚寅，番僧坚恭（参）扎巴等四员名自房帐传经还。上多其有化道属夷之功，赏禅衣、坐具及僧服、靴袜等物有差。

《神宗实录》卷二五六：

万历二十一年（1593年）正月戊辰，礼部尚书罗万化题：顺义王并忠顺夫人请讨番僧学习经典，无非成（戒）杀之意，督臣代为咨取。今将前项番僧领占班麻等四名，令其随带番经，刻限起程。仍咨总督衙门差人转发房送（廷），听其事完日送回该镇。上从之。

（二）又悉俺答之前即有蒙古部酋亦卜剌经甘青西屯乌思藏。嘉靖、万历时，俺答祖孙三代又时往来西海，会番僧，建佛寺，入番域。

《武宗实录》卷一〇〇：

正德八年（1513年）五月庚午……房酋亦卜剌次于讨表（来）川，遣使阿卜都等至肃州，乞赐蟒衣、锦绢。复遣把巴歹等速之仍乞边地驻牧修贡……谕使效顺，移营荒野，房遂西入乌思藏屯据。[29]

《世宗实录》卷四七〇：

嘉靖三十八年（1559年）三月乙亥……总督陕西三边军务侍郎魏谦吉以俺答拥众盘踞西海，势将入犯，条奏预防七事……上从部议。[30]

《神宗实录》卷三七：

万历三年（1575年）四月甲戌……俺答子宾兔住牧西海，役属作儿革、白利等诸番,随令寄信松潘番汉,以迎佛盖寺为名,属传衅息。

《神宗实录》卷六〇:

万历五年(1577年)三月甲辰,俺答欲赴西宁青海寺,会番僧设醮,请开马市、茶市。又求都督金印,以便出入。[31]

《神宗实录》卷六一:

万历五年四月癸亥……顺义王俺答建寺西海岸,以寺额请,赐名仰华。[32]

《神宗实录》卷二二六:

万历十八年(1590年)八月庚午……陕西督抚奏言:顺义王乞庆哈自伊祖款贡,传之三世,已二十年,朝廷封赏未为不厚。今本王西来,坐视部夷抢掠……本王自仰华寺以至绰逊口渡河,直趋捏工川,皆在番域……

按明廷与藏传佛教往还密切的是噶举派,萨迦次之,故所遣往俺答祖孙处的喇嘛番僧亦应是此两派僧人。明季甘青一带藏传佛教寺院亦多噶举、萨迦所属,前述乐都瞿昙寺、连城妙因寺等甘青较早的藏传佛教寺院,皆于18世纪以后始与格鲁派发生联系[33]。因此,可以推知与西藏较早的佛教殿堂形制有关的Ⅰ、Ⅱ两种,应与17世纪五世达赖昂旺·罗桑嘉措整齐格鲁派殿堂后之形制无涉,其来源当于格鲁殿堂以外求之[34],然则噶举乎?萨迦乎?抑或别有其他因素?此问题当需调查包括甘青等地在内较多的藏传佛教寺院后,方可进一步论定。

注释

[1] 本文所引《明实录》皆据1940年影印南京江苏国学图书馆藏抄本。关于大召兴建之年，金启琮《呼和浩特召庙、清真寺历史概述》（以下简称《金文》）分述部分大召条谓："1578年（明神宗万历六年）俺答汗（阿勒坦汗）迎接西藏达赖三世琐南坚错于青海地方，许愿在呼和浩特将'生灵依庇昭释迦牟尼佛像用宝石金银庄严'。（《蒙古源流》）从这时起便开始兴建大召。"（刊《中国蒙古史学会论文选集》，1981，内蒙古人民出版社。该文后收入《漠南集》，内蒙古大学出版社，1991）王森《西藏佛教发展史略》（以下简称《王文》）第八篇《格鲁派》亦记："索南嘉措随俺答汗于同年（1578年）去土默特……到土默特以后，俺答汗又在那里创建了一所大寺，名为大乘法轮洲，这是蒙古族地区第一座黄教大寺。"

[2] 殿内原奉银制释迦牟尼像，故俗呼银佛寺。

[3] 大召大殿佛堂内尊像布局与格鲁寺院相近，即奉三世佛八大菩萨等。此种安排渊源甚古，西藏乃东王意拉康13、14世纪的尊像布局即已如此。

[4] 马连龙据《三世达赖喇嘛传》撰《三世达赖喇嘛索南嘉措年谱》（以下简称《马文》）："火狗年（1586年），俺答汗之孙都古棱汗派使者来迎请达赖喇嘛，切盼与他会晤。于是，达赖喇嘛又日夜兼程到达青城（即今内蒙古的呼和浩特），他给俺答汗所造的佛像装藏开光……主持了俺答汗的葬礼……火猪年（1587年）……当年都古棱汗去世，他去主持葬礼。"（刊《西藏研究》1992年3期）又注[1]引《金文》附年表云："1586年，达赖三世从青海经鄂尔多斯至呼和浩特，为弘慈寺银佛主持开光法会，弘慈寺遂成为漠南名刹。"万历十五年（1587年）三世达赖在呼和浩特直接向明廷入贡，并取得封号，事见《神宗实录》卷一九一："万历十五年十月壬戌……北虏顺义王扯力克进表文、鞍马、弓矢……剌麻番僧（归化西番僧）觉义、答赖等各贡马……。丁卯……番僧答赖准升朵儿只唱名号，仍给敕命图书。"1588年，达赖应明廷之邀，取道察哈尔来北京，中途卒于卡欧吐密地方。

[5] 注[1]引《金文》总述部分谓《出塞纪略》所记之召庙是席力图召。

[6] 注[4]引《马文》记："火狗年（1586年）……同年，达赖剌嘛在归化城建锡热图召寺。"

[7] 参看注[1]引《金文》分述部分席力图召条。

[8] 参看已收入本集的《西藏寺庙建筑分期试论》。

[9] 原著系蒙文，译文据《金文》转引。《朱色格·朱拉传记》又作《托音二世传》。小召托音二世南丁罗布森札木苏（1671—1703年），康熙三十四年（1695年）奉康熙命入藏，席力图召大喇嘛充副使。康熙三十七年（1698年）托音二世任呼和浩特掌印札萨克达喇嘛。康熙四十二年（1703年）托音二世卒，席力图四世继任呼和浩特掌印札萨克达喇嘛。

[10] 注[1]引《金文》附年表："1943年（民国三十二年）席力图召发生火灾，后殿焚毁。"

[11] 萨纳囊彻辰洪台吉《蒙古源流》卷七记此事云："图伯特地方之胡土克图与墨尔根喇嘛等共议，以蒙古地方竟无继续达剌喇嘛掌教坐床之喇嘛，乃拣择巴特玛三博斡巴克什之高徒大慈津巴札木苏之呼必罕根敦巴勒藏札木苏实哩巴达喇嘛，系壬辰年（万

历二十年·1592年）生，年十二岁遣往蒙古地方。岁次甲辰（万历三十二年·1604年），十三岁到彼，即坐圣识一切斡齐尔达赖喇嘛索纳木札木苏于蒙古地方所设之床，普众遂称为大慈迈达哩胡土克图。"（据1975年影印文渊阁《四库全书》本）

[12] 内蒙古包头市文物管理所编辑的《美岱召》（内蒙古人民出版社，1984）赞同此天成台吉妻七庆（?）大义好五兰妣吉即阿拉坦汗（俺答汗）孙媳托克推·达赖夫人之说。该说的主要根据是《蒙古源流》所记麦达力于丙午年（万历三十四年·1606年）为托克推·达赖夫人所造弥勒像开光事："岁次丙午年，（麦达力）十五岁，阿勒坦汗之侄（孙）妇托克对玛齐克布延图达赉哈屯用各色宝石造成弥勒佛像，恳请开光。喇嘛乃持诵秋密坛城散花之际，天降花雨……"此丙午年或即门额记录灵觉寺泰和门之建年。又《罪惟录·三娘子传》记："忠顺王俺答死，其长子兴都克隆哈黄台古……袭封王，弃前配五兰比妓……三娘子计足羁制之"，此五兰比妓不知与此有关否。

[13] 参看注[12] 所引《美岱召》。

[14] 三娘子部分文物现由北京中国历史博物馆入藏。三娘子事迹，参看《万历武功录》卷九、《罪惟录》列传卷二八《三娘子传》。

[15] 参看西藏自治区文物管理委员会《琼结县文物志》若康条，1986。

[16] 参看西藏自治区文物管理委员会《乃东县文物志》吉如拉康条，1986。

[17] 参看内蒙古文物考古研究所、阿拉善盟文物工作站《黑城出土文书（汉文文书卷）》，图壹-2，科学出版社，1991。

[18] 三世松巴·益西班觉（1704—1788年）《如意宝树史》记瞿昙寺之创建云："噶举派海喇嘛（桑木札西）受到洪武皇帝尊崇。其侄三丹罗追于第七胜生水猴年、明洪武二十五年（1392年）壬申修成瞿昙寺。"（译文引自黎宗华、李延恺《安多藏族史略》，青海民族出版社，1992，页144）《太祖实录》卷二二五记瞿昙寺云："洪武二十六年（1393年）二月壬寅……西宁番僧三刺贡马。先是，三刺为书招降罕东诸部，又创佛刹于碾白南川，以居其众，至是始来朝，因请持及寺额。上赐名曰瞿昙寺。敕曰……今番僧三刺生居西土，踵佛之道，广结人缘，辑金帛以创佛刹。比者，来朝京师，朕嘉其向善慕义之诚，特赐敕护持。诸人不许扰害，听其自在修行，违者罪之。故敕。"时河湟未靖，罕东初降，明廷鼓励其地兴建佛寺，敬信释迦，亦弭乱有效之措施。瞿昙寺是当时在西宁一带兴建最早的藏传佛教寺院，也是明廷一直重视的藏传佛教寺院。所以，永乐、洪熙、宣德三朝皆续有兴建，兴建殿堂的规模也愈来愈大。该寺现尚保存较好，重要的明代匾额亦多完好，其中洪武赐额仍悬在瞿昙寺前殿门上方，额面自左横书"瞿昙寺"三字，额左上方书汉藏两体字"敕赐"，额右侧书年月"大明洪武贰拾陆年囗月囗日立"。参看瞿昙寺文物管理所编辑之《瞿昙寺》（1985）。

[19] 参看已收入本集的《甘肃连城鲁土司衙和妙因、显教两寺调查记》。

[20] 参看陈耀东《青海塔尔寺》，刊建筑历史研究所《建筑历史研究》第三辑，1992；已收入本集的《张掖河流域13—14世纪的藏传佛教遗迹》。

[21] 参看已收入本集的《西藏山南地区佛寺调查记》。

［22］ 参看西藏工业建筑勘测设计院《大昭寺》，图4-1，中国建筑工业出版社，1985。
［23］ 参看已收入本集的《西藏拉萨地区佛寺调查记》。
［24］ 同［22］。
［25］ 同［20］。
［26］ 同［23］。
［27］ 注［16］引《乃东县文物志》哲布林条："哲布林原属萨迦派寺庙，创建人叫索朗降材。至20世纪时，这些建筑已基本毁掉。1940年，由当时堪布喇嘛修建了现存的哲布林。"此现存哲布林已属格鲁派寺院。
［28］ 参看注［1］引《王文》第八篇《格鲁派》。16世纪以后，蒙古地区个别汗王仍有信奉噶举、萨迦两派者，参看《王文》第十篇《明代卫藏地方政教情况》。
［29］《神宗实录》卷二九四记亦卜剌至青海为正德四年（1509年）："万历二十四年（1596年）二月癸丑……兵部题：叙西宁官军获捷功次。西宁孤亘山南，控扼清（青）海，国初曾于山海置设安定、罕冬（东）四卫，抚插归附戎羌，壮我藩篱，故称无虞。自正德四年房酋亦卜剌窜入海濡，残破四卫……"
［30］《明史》卷三三〇《西域传》二西番诸卫条："北部俺答猖獗……羡青海富饶，（嘉靖）三十八年（1559年），（俺答）携子宾兔、丙兔等众数万众，袭据其地……已，引去，留宾兔据松山，丙兔据青海，西宁亦被其患。隆庆中（1567—1572年），俺答受封顺义王，修贡惟谨，二子亦敛戢。"
［31］《蒙古源流》卷六记俺答信佛事："博硕克图济农己丑年（嘉靖八年·1529年）生，岁次辛丑（嘉靖二十年·1541年）年十三岁，至是立为济农。至三十七岁（乙丑·嘉靖四十四年·1565年）往见其叔阿勒坦汗，谏云：从前失陷城池，与中原人结仇，以致出亡失统，今汗寿已高（时阿勒坦汗年六十岁），渐至于老，事之有益与今生以及来世者，惟在经教，先贤曾言之。今闻西方纯雪地方有大慈大悲观音菩萨出现，祈遣使请来，照从前神祖呼必赍彻辰汗与胡土克图帕克巴喇嘛设立道教，岂非盛事。阿勒坦汗深为嘉许，遂与右翼三万人和好。即于丙子年（万历四年·1576年），令阿勒坦汗之阿都斯达尔罕阿奇依达尔罕彻辰鸿台吉之鸿郭岱颜巴克实等充为使人，往请圣识一切之索纳木札木苏胡土克图……使人等将至，三万人共议在青海之察卜齐雅勒地方修造庙宇。岁次丁丑（万历五年·1577年），右翼之三万人乘马往迎，直至察卜齐雅勒地方……"又注［4］引《马文》记："铁羊年（1571年），蒙古土默特部首领顺义王俺答汗萌生佛念，向来到他的营帐的佐格阿井喇嘛询问西藏佛教。阿升喇嘛向他详细介绍索南嘉措，俺答汗为之心动，则派以大臣那则吾为首的使团进藏，邀请索南嘉措……水鸡年（1573年），俺答汗的使节到达哲蚌寺，向索南嘉措呈献了大量礼品和俺答汗的亲笔信，邀请他去蒙古传教……索南嘉措专程去贡日噶波，征求帕竹法王的意见。帕竹法王认为满足俺答汗的愿望也符合格鲁派及其施主的利益，经过反复商议，最后决定接受俺答汗的邀请。索南嘉措与俺答汗的使节讨论了在青海湖滨举行会晤事宜，并派戒师宗哲桑布先去青海联系，并带了索南嘉措赠给俺答汗的一瓶长寿净水……火牛年（1577年）……俺答汗派遣的使臣阿都斯达尔罕等再次来到拉萨，告知俺答汗来到青海，希望在那里举行会晤，敦请索南嘉措前往蒙古传法。索南嘉措

答允……于十一月十六日从哲蚌寺出发前往青海……土虎年（1578年）五月十五日，俺答汗携其妃子及其部属数万人，着白衣，乘白马，亲自来欢迎索南嘉措，迎至正在兴建的仰华寺（察卜恰勒庙）下营，大张喜庆筵宴……"

[32] 注［4］引《马文》记土虎年（1578年）索南嘉措于仰华寺，"举行了近十万人的集会……会后，索南嘉措为新建成的仰华寺举行开光仪轨，命名为特钦曲科林（大乘法轮洲）。此寺即《明史》所记丙兔所盖寺，《明史》卷三三〇《西域传》二西番诸卫条："乌斯藏僧有称活佛者，诸部多奉其教。丙兔乃以焚修为名，请建寺青海及嘉峪关外，为久居计。廷臣多言不可许。礼官言：彼已采木兴工，而令改建于他所，势所不能，莫若因而许之以鼓其善心，而杜其关外之请……帝许之。丙兔即得请，又近胁番人，使通道松潘以迎活佛……万历二年（1574年）冬，许丙兔市于甘肃，宾兔市于庄浪，岁一次。既而寺成，赐额仰华……十六年（1588年）……丙兔……死，丙兔子真相移驻莽剌川。（俺答从孙）火落赤移驻涅土川，逼近西宁，日蚕食番族……西陲大震……（十九年·1591年）（尚书郑洛）进兵青海，焚仰华寺，逐其余众而还。"《神宗实录》卷二三三："万历十九年三月癸卯……自俺酋建寺之后，东套二房借口礼拜迎佛，肆行抢掠。至是，经略郑雒振威堵剿，奢酋遣使认罪，归还所掠，并三娘子俱各回巢出口。经略欲俟其归，复大建旄鼓剿捕大酋，仍将夷寺尽行烧毁，以绝二房西牧之念。与南科臣所议毁寺之见相同，具题以请。从之。"该寺遗址在今西宁市西、青海湖西南岸，现属共和县。

[33] 参看蒲文成《藏传佛教诸派在青海的早期传播及其改宗》，刊《西藏研究》1990年2期。

[34] 俺答祖孙虽与三世、四世达赖关系密切，但其时甘青一带格鲁寺院为数尚少。迄五世达赖以后格鲁势盛，不仅增建寺院，且噶举、萨迦诸派寺院亦多改宗格鲁。

本文原刊《文物》1994年4期，页41、53～61。

西夏古塔的类型

宁夏回族自治区文物管理委员会和宁夏文物考古研究所近年清理、维修了一批自治区范围内的西夏古塔，现已汇集有关的调查和勘测的各种记录，出版专题报告，给研究西夏文物和西夏历史特别是西夏佛教史迹的工作，提供了重要的第一手资料。蒙宁夏文物管理委员会同志们的厚意，允许我在本书付印之初，利用这批资料，并结合甘肃和内蒙古自治区西部的部分遗迹，对西夏地区 11 世纪迄 14 世纪的古塔，试作一次粗线条的类型探讨。

一

西夏古塔形制繁杂，大别之可分七型。

Ⅰ型　塔身作一般的多层楼阁状。此型塔有图像木塔一例和明清重修的砖塔各一例。清代重修的砖塔即银川市西南隅现自治区博物馆院内的原承天寺塔（Ⅰ1）[1]。该塔据《嘉靖宁夏新志》卷二所录《夏国皇太后新建承天寺瘗佛顶骨舍利轨》，创建于"天祐纪历，岁在摄提"（西夏天祐元年·1050 年）。《乾隆宁夏府志》卷六坛庙条记："承天寺在光化门内东，夏谅祚建，有记。明洪武初（1368 年），一塔独存[2]。万历间（1573—1620 年）重修……乾隆三年（1738 年）地震塔废。"嘉庆二十五年（1820 年）再度重修，据云"仍然保存了西夏原塔的基本造型"[3]。此所谓保存了基本造型者，大约是指平面八角十一层，可以按层登临的楼阁式的大体轮廓。中宁鸣沙州城安庆寺塔即鸣沙塔（Ⅰ2），八面七层楼阁式砖塔，塔砖有"隆庆四年（1570 年）庆府重建"字样[4],《嘉靖宁夏新志》卷三鸣沙州城条记:"安庆寺,寺内浮屠相传建于谅祚之时(1049—1068年在位)者。"现塔外貌皆为明制,相传建于谅祚之时者,约与承天寺塔相同,也是仅存其平、立面的大概情况而已。图像木塔绘于甘肃安西榆林窟第3窟东壁南侧壁画五十一面观音立像的上方(Ⅰ3)[5]。塔方形,下有低台基,台基正中设阶道,七层,每层每面皆三开间,顶部画出束腰座,座上建下弛上窄的较粗壮之相轮,轮顶有大宝盖,盖上出刹立宝珠。榆林窟第3窟和第29窟时代接近,皆西夏晚期所建。第29窟与一般洞窟不同,位榆林窟东崖窟群之深密处,左右又凿有大小禅窟五六处,因被推定为榆林窟第19窟后甬道北壁"乾祐二十四年(1094年)……画师甘州住户高崇德……到此画秘密堂"题记中之秘密堂[6]。乾祐二十四年即西夏仁孝最后一年,是榆林窟第3窟壁画约亦绘于11世纪末叶。又毁于1927年地震,曾经明人补葺的凉州大云寺木塔,据西夏天天佑民安甲戌(五年·1094年)《重修护国寺感通塔碑》记西夏乾顺及其母重建此塔竣工后,记录其形制有"七级宝塔"和"四面"的描述[7],因知西夏于西土辅郡重建的凉州塔亦属此型的一座七层方形楼阁木塔。

Ⅱ型 多层塔身,但自第二层以上各层上下檐间距显著缩短,因或名之密檐式。此型西夏古塔宁夏地区保存较多。1990年,被炸毁的贺兰县贺兰山拜寺口内砖建方塔,是现知较早实例(Ⅱ1)[8]。据以前所摄照片和1991年清理遗迹得知此方塔下无基座,平地起十三层,第一层塔身高耸,第三、十、十二层各开一方室,塔顶早年坍毁。该塔不见著录,清理遗迹时,发现有大批文物与鸟粪堆积一处,从堆积文物埋于砖堆上部,似可推测此批文物应是该塔天宫内之装藏。文物中有较明确年代的最晚遗物,是雕印汉文西夏仁孝的施经发愿文。据现存有纪年的西夏汉文佛经印本统计,仁孝施印佛经多在12世纪60年代迄90年代之初。因此,约可估计此塔之兴建在仁孝在位(1140—1194年)的后半期[9]。拜寺口北坡台地一处寺院废墟存有东(Ⅱ2)、西(Ⅱ3)双塔[10]。二塔相距约80米,形制相似,皆为八角平面,十三层,不设基座,第一层塔身高耸,塔内为空筒结构,顶建束腰座,上置粗壮相轮,东塔存轮八,西塔存轮十一。西塔顶部束腰座内砌小室，即该塔之天宫，内有为鸟粪覆盖之装藏文物甚多，其中年代最晚的文物是一枚元代建国号以前所铸之"大朝通宝"银币和中统元年（1260年）冬开始印造的中统元宝交钞两纸（一纸叁佰文，一纸伍佰文），两纸俱未雕印八思巴文，又似可表明印造此中统交钞的时间，应在至元六年（1269年）诏颁行蒙古新字之前。因此，西塔最后竣工之日已是1227年西夏灭亡之后的蒙元初期。东塔形制与西塔相似已如上述，但东塔自第二层起皆建叠涩平座与西塔有异；又东塔塔身影塑和塔顶束腰座俱较西塔简洁，但塔身影塑中的兽面双目，东塔嵌用瓷珠，西塔则只用黑色涂画；整个塔身造型东塔亦较西塔为挺秀。韦州康济寺塔（Ⅱ4）[11]，位同心县韦州古城东南隅，平面八角，密檐十三层，空心砖塔。自第二层塔身起，设叠涩平座。塔顶建两层束腰座，座上建置早年塌毁。1985年修缮该塔时，发现有关建年的遗物有：塔底层檐角朽木洞内出有"大明嘉靖六年（1527年）……修葺"题记的《金刚经》《陀罗尼经》；第九层檐上拆出有西夏文题记的方砖二块半；塔顶束腰座下佛龛内有墨书西夏文砖四块和刻划汉文题记方砖十八块、墨书汉文题记方砖一块，汉文题记方砖中有十三块有明万历九年（1581年）纪年；最重要的一件是在塔前填土中发现的万历十年（1582年）《重修敕赐广济禅寺浮图碑记》。碑记中记："我太祖高皇帝平定海内，混一区宇，分封靖祖（朱㮵，太祖第十六子，洪武二十四年〔1391年〕封庆王，建国于宁夏，谥曰靖）以兹土为井牧之所。于时，中有浮图九级，未及完。历数代始自福公鸠工聚财，爰加修葺，九级之上更增四级……凡三载及成……嘉靖辛酉（四十年·1561年）无何地震山崩……浮图倾颓若昔，前功用虚。福公暨徒志珠勉欲奉行旧志，卒绌于财力，遂格不举，迄今二十余年，是万历庚辰（八年·1580年）我国祖典宝张公来任兹土，佐政之余，多所修葺……复增四级于九级之上。"据上述有关文物可知：1）康济寺塔于明洪武二十四年庆王就国韦州时，九层以上未完工。按洪武五年（1372年）明取宁夏后，即"徙其民于陕西"，九年（1376年）立卫所，又"徙五方之人实之"（《嘉靖宁夏新志》卷一"宁夏总镇建置沿革"条），因可推知康济浮图之建，当在前元之世。2）入明后，有福公者修葺，并增建四层，其时盖即前引《金刚经》等题记所记之嘉靖六年。3）增建之四层，嘉靖四十年倾毁，万历八年又复增建。从1985年修缮该塔时，于塔束腰座下佛龛内发现的万历九年铭方砖，可知此次复建后，迄今似无大变化。又与万历纪年砖同出的西夏文砖，其文字经译识者多为人名姓氏，无具体年代[12]。

Ⅲ型　单层亭榭式。此型塔有木构两例。现移建于敦煌莫高窟前，原在老君堂的慈氏塔为较早实例（Ⅲ1）[13]。塔八角单层，内下砌叠涩座，座上建土坯塔身，外绕木构廊柱一匝，柱上设阑额及交叉出头的普拍枋和双抄偷心五铺作斗拱，双抄头皆斫作批竹昂式。檐椽以上铺柴泥起圆攒尖顶，顶端建葫芦形宝珠，顶与宝珠皆经后世补修。此塔建年不详，但从使用普拍枋一项可知晚于莫高窟现存宋初的上承唐制不用普拍枋的四座木构窟檐[14]。河西地区使用普拍枋最早之例，见于榆林窟第3窟南壁观无量寿经变壁画[15]和张掖文殊山万佛洞东壁弥勒经变壁画[16]，此两处壁画皆绘于西夏中晚期。又此塔普拍枋于外檐角柱端相交后出头的作法，在内地最早见于辽开泰九年（1020年）所建辽宁义县奉国寺大雄殿[17]，抄头斫作昂形内地最早见于宋天圣年间（1023—1032年）所建山西太原晋祠圣母殿[18]。由以上木构的细部对比，似可推测慈氏塔建于1035年西夏攻占沙州之后迄仁孝即位（1140—1193年在位）之前这一时期，是颇有可能的。Ⅲ型塔的另一实例，是武威西郊林场发现的西夏天庆元年迄七年（1194—1200年）刘氏墓中所出装藏骨灰的木塔（Ⅲ2）[19]。塔八角单层，下叠涩四阶，上设塔身，塔身外壁书梵文《归依三宝》《圣无量寿一百八名陀罗尼》《一切如来百字咒》《药师琉璃光王佛咒》《圣日光天母心咒》五种经咒[20]。塔身之上起八角攒尖顶，顶正中立刹，刹作覆钟塔身的覆钵塔状。又贺兰县宏佛寺塔天官内出千佛塔唐卡一帧[21]，所画千佛塔（Ⅲ3）皆作方形单层，其顶部绘出覆钟塔身的覆钵塔。此塔与上述武威刘姓骨灰木塔，除塔身不作八角和宝盖上方画仰月、日轮外，大体相似，其年代当亦相近。

Ⅳ型　单层叠涩尖锥顶，此型八例皆图像。莫高窟第285窟北壁西侧禅窟后壁画四身西夏供养人捧花礼一方塔（Ⅳ1）。方塔底层正中设门，底层之上递次窄短叠涩十层，十层叠涩上方树刹，刹顶有宝盖。塔下墨书西夏文题记十行。汉译文略云："雍宁乙未二年（1115年）九月二十三日麻尼则兰、嵬立盛山……一行八人，同来行愿。"[22]雍宁系西夏仁孝父乾顺纪元。其他七例皆雕于贺兰山韭菜沟西崖上。七例有繁简两式：繁者叠涩层次与形制和上述莫高窟壁画接近（Ⅳ2）[23]，其时代约亦相若；简者叠涩层次少，并表示出刹柱自下向上贯通于宝盖之上（Ⅳ3）。此Ⅳ型覆钵塔似只出现于仁孝之前。

Ⅴ型　塔的相轮部分作出莲花藏世界为此型特点。此型现知三例：一为实物；另两例是图像。实物为一土塔（Ⅴ1）[24]，位莫高窟南成城子湾古城北，平面八角，单层。下叠两层束腰基座和一层莲座，上立收分显著的塔身。塔身每角各塑出八角倚柱，柱间塑阑额，柱上塑把头绞顶造上承替木的简单铺作，塑出的泥道拱作翼形拱状。补间铺作作与驼峰相似的变形叉手。铺作之上以混枭、仰莲出檐，顶塑垂脊八，再上为束腰座，座上粗壮之相轮部分四周错落塑出莲瓣七匝，每瓣尖端各立单层方塔，最上一匝莲瓣的中间，建八角基座，上置大型方塔一座。方塔顶露有木刹柱。该塔塔身外四斜面原塑天王像，布局与前述慈氏塔同；塔内室壁画风格亦近慈氏塔。但此塔只用阑额，不施普拍枋，与莫高窟现存四座宋初窟檐同[25]，因疑其建年较慈氏塔略早。此型塔之图像资料，俱出榆林窟第3窟东壁中间九塔变壁画[26]。壁画两侧各绘四塔（Ⅴ2），正中画降魔大塔（Ⅴ3）。此九塔相轮部分皆绘与上述成城子湾土塔相轮部分相同的莲花藏世界，但相轮与塔身之间绘出颇似密檐式的多层束腰座，殊为别致。尤应予以注意的是，正中降魔大塔相轮部分的莲花藏世界左右两侧又各立一小方塔。按此图系正视画法，因疑此莲花藏世界四隅皆应有小塔一座，后面两侧的形象或为前方小塔掩蔽不显。以上推测如果不误，则此莲花藏世界型的西夏古塔又有采用金刚宝座之塔式者。又此塔莲花藏世界下方最上层束腰座平面颇似十字折角形。此种形制的基座又见于Ⅵ、Ⅶ两型。

Ⅵ型　上部覆钟式覆钵、下部楼阁式的复合形制。此型现仅知贺兰县东北潘昶乡宏佛寺塔一例（Ⅵ1）[27]。宏佛寺塔砖砌，无基座，下部之八角三层楼阁直接砌建于夯土地基之上。每层楼阁倚柱柱头和平座皆用阑额、普拍枋，其上皆施一斗三升斗口跳简单铺作。第三层平座栏杆之上砌十字折角束腰座三层和圆形束腰座四层，再上为中间饰有叠涩束腰线脚的覆钟形覆钵塔身。再上又建十字折角束腰座，座上残存粗壮圆相轮两轮。覆钵塔身上部建有方形小室，内装藏文物甚多，其中有纪年可考的最晚的文物是乾祐二十一年（1190 年）编辑的《番汉合时掌中珠》的残叶[28]。按 1193 年西夏仁孝卒，是此塔之建最早亦在 1190 年之后，即仁孝在位之最末几年。

Ⅶ 型　覆钵形式的塔身最为突出，即一般所谓藏传佛教流行之喇嘛塔。此型塔塔身覆钵的形制亦不一致，大别之有四种亚型。

1. Ⅶ A 型　覆钵塔身作覆钟式。内蒙古额济纳旗黑城原是西夏黑水镇燕军司驻地，该城内外遗有覆钵塔二十余座，其中保存较好、年代较早的是形制简单塔身作覆钟形者（Ⅶ A1）[29]。宁夏省石嘴山市涝坝沟口北侧北崖浮雕（Ⅶ A2）[30]，除覆钟塔身之上饰有仰覆莲座外，形制与上述黑城者相似。1909 年，俄人科兹洛夫自元亦集乃城即原西夏黑水镇燕军司驻地黑城的元代废寺内攫去的约绘于 13、14 世纪的八臂观音曼荼罗木板画[31]和圣三世明王唐卡[32]中，皆绘有覆钟式覆钵塔：前者宝盖之上画出仰月、日轮（Ⅶ A3），与榆林窟元代第 4 窟北壁西侧绿度母壁画上方所绘覆钟式覆钵塔（Ⅶ A4）[33]多类似处；后者形制较简，其相轮上部向内收进、宝盖上置宝珠和覆钵塔身之下饰仰莲一匝等作法（Ⅶ A5）皆异于同时同型塔。甘肃民勤位银川正西，元属永昌，明设镇番，其地有白塔寺塔（Ⅶ A6）[34]，覆钟塔身较高，该塔相轮曲线和盖上宝珠等虽俱与圣三世明王唐卡所绘者相似，但基座特高更与此型塔晚期发展出的特征相符，是其创建之年虽无可考，但从整体形制推查，疑又晚于元代晚期。

1251 年，萨迦班智达贡噶坚赞逝世凉州不久，徒众于幻化寺（即今武威东白塔寺）为其建墓塔，该塔自塔身中部以上已圮毁（Ⅶ A7）[35]，但下部还存有覆钟式覆钵的向外侈出的遗迹，其原貌似可据张掖马蹄寺千佛洞北区崖面浮雕塔群之覆钟式塔（Ⅶ A8）[36]复原，盖两者皆建有单层十字折角基座，其年代约亦相若也。

榆林窟第 4 窟北壁东侧壁画正中绘三塔，塔身皆作高长覆钟式

（ⅦA9）[37]。莫高窟东岸元代僧塔亦多此式，其基座高耸者（ⅦA10），应属元代晚期。

2. ⅦB型　覆钵塔身作高桶状。此式覆钵塔有一例有纪年可参考，即建于1190年以后的贺兰宏佛寺塔天宫内所出此式小木塔（ⅦB3）[38]。此塔身高耸与前述榆林第4窟北壁东侧所绘之三塔接近。此外，在内蒙古黑城（原西夏黑水镇燕军驻地）遗址内还出土了一座小木塔（ⅦB2）[39]。该塔塔身高壮，下具较高的束腰基座，是此型的典型样式。榆林窟第3窟南壁东侧六臂观音曼荼罗正中塔龛（ⅦB4）[40]亦属此式，唯塔身较宽，相轮之上施仰月、日轮与基座作十字折角形颇有差异。安西东千佛洞第5窟东壁所绘此式塔（ⅦB1）[41]，相轮短，宝盖大，束腰基座简单，就其形制论，似较前三者为早。莫高窟元僧塔中亦有此式塔（ⅦB5）[42]，塔身莲座和多层十字折角基座俱与前述塔身高长的覆钟式僧塔（ⅦA10）同，两者当属同一时期之遗迹。

3. ⅦC型　覆钵塔身略作球状。贺兰宏佛寺塔天宫中出八相塔唐卡一帧[43]，所绘塔式似可作为此型较标准的形制（ⅦC3）。俄人科兹洛夫自黑城攫去之汉文印本《大方广佛华严经·入不思议解脱境界普贤行愿品》之末，录有仁孝死后三年即1195年（天庆乙卯），其后罗氏的发愿文，文内列举多项佛事活动，中有"散施八塔成道像净除业障功德共七万七千二百七十六帧"一款[44]，因疑此宏佛寺塔所出八相塔唐卡或即1195年罗氏所散施者之一。此塔覆钵以上与上述黑城所出小木塔（ⅦB2）相似。石嘴山市涝坝沟口北侧山崖上较小的一座浮雕塔（ⅦC1）[45]和黑城西北隅城垣上所建土塔（ⅦC2）[46]的叠涩基座与覆钵以上的束腰座俱较简单，该两塔的时代应较上述八相塔唐卡描绘者为早。莫高窟元窟第465窟前室壁面画四塔（ⅦC5）[47]，覆钵皆略作球状，宝盖上方之宝珠画作宝瓶样；此窟前室有元时题记甚多，其中最早的是至大纪元（1308—1311年），因可推知壁画年代约在13世纪后半。莫高窟第285窟南北两壁禅窟口外后世皆贴壁面增塑出一座接近高桶状覆钵塔（ⅦC6）[48]，此类塔之塔身与重层十字折角基座之间塑有莲座，宝盖之上宝珠已略具宝瓶形式；此后世增塑诸塔之时代，应较上述第465窟四塔壁画为晚，而与莫高窟诸元代僧墓塔相近，其建年约可与至正八年（1348年）西宁王速来蛮于莫高窟所立之六字真言石碣相比，已是14世纪遗迹。

位于青铜峡市南黄河西岸的一百零八塔，皆属覆钵塔[49]。一百零八座塔作等腰三角形排列在峡口山东坡的十二级阶梯之上。原塔皆土坯砌建，清初始包砖。1987年，全面维修此塔群时，拆除砌砖发现原土坯塔尚有可略窥其形制者，基座皆作十字折角式，第96号塔塔身保存较多（ⅦC4）[50]，其轮廓与前述宏佛寺塔所出八相塔唐卡所绘者近似。按明天顺五年（1461年）所修《大明一统志》卷三七宁夏卫山川条记："峡口山在卫城西南一百四十里，两山相夹，黄河经其中，一名青铜峡，上有古塔一百八座"，已称此塔群为古塔，是其始建之时有可能是西夏晚期。

4. ⅦD型　覆钵作扁圆状，莫高窟东岸一残土塔内出有印本西夏文《妙法莲花经·观世音普门品》，内版画叶中有此式塔（ⅦD1）[51]。该印本与仁孝校定之《金刚般若波罗蜜多经》印本同出，约亦是仁孝末年以前物。固原须弥山石窟北部松树洼区第112窟内建塔一座（ⅦD2）[52]，扁圆塔身上置方形相轮座，塔身基座作叠涩式，按须弥山石窟出现覆钵塔以此窟为最早，其时代约在元代。固原虽不属西夏故地，但元时该地区之藏传佛教却与宁夏河西一带关系密切，故此覆钵塔之类型排列可附宁夏河西之末。

上述西夏古塔共七型四十例。现按建年之大致顺序，排次其示意图表如下【图15-1，见374页后拉页】。

二

从类型图表上可较清晰地看出西夏古塔的兴建，大体可分三个阶段。

第一阶段　即自西夏元昊称帝建国迄仁宗仁孝以前（1038—1139年）。此阶段现存Ⅰ型实物二座，Ⅲ、Ⅴ型实物各一座，Ⅳ型雕刻、图像三例，共七例。

Ⅰ型即元昊子谅祚时所建承天寺塔（Ⅰ1）和安庆寺塔（Ⅰ2）。

两塔俱经后代重修，但两塔之八角楼阁仍沿原状，溯其原型当如河北定县开元寺所存宋咸平四年（1001 年）创建之料敌塔[53]。

Ⅲ型单层八角（Ⅲ1），此型塔现存以唐天宝五年（746 年）河南登封会善寺净藏禅师塔为最早[54]。

Ⅳ型单层四角叠涩顶，其形制似与敦煌莫高窟第 76 窟东壁宋初壁画八塔变中所绘之单层叠涩塔有一定渊源关系[55]；而敦煌宋初壁画之粉本约亦来源于内地。

Ⅴ型即上建千叶莲台的单层八角塔（Ⅴ1），此型塔已知的最早例，是山西五台佛光寺东南的唐塔[56]，其次有辽重熙间（1032—1055 年）所建河北丰润车轴山寿峰寺塔[57]和北京房山辽代华塔[58]。

由上可知，此第一阶段所存四型西夏古塔的形制，即使有本地传统因素，其来源亦多出自中原。

西夏虽与赵宋多争端，但元昊父德明即"晓佛书，通法律"[59]，故母卒为祈冥福修供五台（1007 年），后又乞赐佛经（1031 年）。元昊"通蕃汉文字"，亦"晓浮图学"[60]，求九经，赎宋藏，兴修寺塔。其子谅祚又"慕中国衣冠"，礼"从汉仪"[61]。谅祚子秉常再赎宋藏，刊印汉文与西夏文佛经。秉常子乾顺更尊儒教，"建国学（儒学），设弟子员三百，立养贤务"[62]。夏人效慕宋朝已屡见于文献记载。西夏与多承唐制的契丹关系密切远逾于宋，自德明父继迁附辽以来，继迁本人和元昊、乾顺皆与辽皇室联姻，按时贡方物，并搜求铜铁于辽。宋势盛于夏时，辽即一再遣使入宋"讽与夏和"[63]。至于佛教方面的联系，谅祚时即曾进回鹘僧、金佛、《梵觉经》于辽。仁孝时重校西夏佛藏所用"北经"，应是辽清宁八年（1062 年）竣工的契丹藏，此藏西传当在秉常、乾顺之世；所以，1095 年乾顺进回鹘僧新译之贝叶经于辽，其目盖在完善契丹藏。西夏慕宋文化，慑辽兵威，对宋辽之佛教因缘尤源远流长，故夏境第一阶段的寺塔建置取法东土，自属情理中事。

第二阶段 即自仁孝以后以迄西夏亡（1140—1227 年）。仁孝在位五十三年（1140—1193 年），是西夏兴盛时期。此时期和仁孝以后的西夏晚期佛教盛行，所以现存这个阶段的西夏古塔实物和图像的数量远远超过了前一阶段。

属于Ⅰ型的安西榆林窟第3窟东壁绘出的三座木塔（Ⅰ3），其形象与四川通江千佛崖唐浮雕七层木构楼阁相似[64]；也和敦煌莫高窟第61窟西壁于五代后晋天福三年（947年）以后不久所绘五台山图中的四层木构应化度塔接近[65]。

Ⅱ型拜寺口内密檐方塔（Ⅱ1）形制源于唐石塔。关中唐代砖塔亦多此式，如陕西周至八云寺塔[66]、蒲城崇寿寺塔[67]等；河北正定开元寺和山西永济普救寺两座经后世重修的唐代方形砖塔亦属此式[68]。拜寺口双塔密檐八角空心（Ⅱ2、3）与创建于宋天圣间（1023—1032年）的山西芮城圣寿寺砖塔结构相同[69]；拜寺口双塔一东一西，分列佛寺前方，此种布局亦来源于中原，宋辽时仍在流行，前者如有名的汴京大相国寺[70]，后者如辽宁北镇崇兴寺双塔[71]。

Ⅲ型即武威刘氏墓中所出骨灰木塔（Ⅲ2），该塔应如第一阶段建于地上木塔之简化缩小型。

Ⅴ型榆林窟第3窟东壁九塔变中所绘之八塔（Ⅴ2）当是第一阶段单层莲花藏塔的复杂化；九塔变中心的降魔大塔作金刚宝座式（Ⅴ3），按此式之Ⅴ型塔又见河北正定广惠寺多宝砖塔。正定塔"号称唐建，金大定（1161—1189年）、明景泰（1450—1457年）……屡次重修"[72]，从该塔仿木斗拱形体硕大和多用斜拱等项考察，应是金大定间遗物。

Ⅵ型即上覆钵、下楼阁复合型的贺兰宏佛寺塔。此型塔、幢流行于辽金，现知有具体年代可考的有辽开泰、太平间（1012—1031年）所立河北涞水大明寺西石幢[73]和辽清宁四年（1058年）天津蓟县观音寺舍利塔[74]。此外，河北易县双塔庵西塔[75]，北京昌平银山延圣寺南冈塔[76]，北京房山云居寺北塔[77]等，皆辽金旧迹。

Ⅶ型塔盛行。此型塔渊源于藏传佛教。此型之四种亚型皆可于卫藏古塔中觅得其原型。ⅦA覆钟塔身见于山南札囊桑耶寺黑塔，ⅦC球形塔身见于桑耶寺红塔，ⅦD扁圆塔身见于桑耶寺绿塔、白塔[78]。ⅦB塔身较高者见于拉萨聂塘度母殿[79]和后藏萨迦寺所藏之铜铸噶当觉顿[80]。桑耶四塔创建于8世纪，历代重修多遵旧制，聂塘与萨迦铜塔的年代亦俱不晚于13世纪。青铜峡一百零八覆钵塔亦源于西藏。

西藏西部芒囊译师寺附近排成一列的一百零八塔[81]即是一例。塔群作等腰三角形的排列方式亦见于西藏西部，如意大利人杜齐《西藏考古》图版 95 所录出于西藏西部或后藏的一枚陶制圆形擦擦，其面上即印出了一组塔群的中间部分[82]。

  西夏古塔的第二阶段，结合文献及其他资料分析其形制，似可推知：1）西夏建塔仍多袭中原制度，仁孝倡儒学，"尊孔子为帝，设科取士"[83]；夏人普遍认为宋虽南渡，"衣冠礼乐非他国比"[84]，故甘肃川蜀之路畅通，第二阶段 I、II 两型的渊源当与此有关。2）西夏"与辽国世通姻契"[85]，并多佛教因缘已如前述。与金往还亦密，易丝帛，求医药，榷场贸易尤盛，《金史·交聘表》上记贞元二年（1154 年）夏使"请市儒、释书"，内蒙古额济纳旗黑城发现刊印精致的"平阳姬家雕印"版画[86]，表明金代晋南新兴的雕印手工业给西夏仁孝时期包括佛经在内的雕印事业的发展以较大影响。因此，Ⅵ型塔与Ⅴ型中的金刚宝座式塔传自辽金地区亦非偶然，值得注意的是Ⅴ、Ⅵ两型都在塔身上部出现了藏传佛教艺术流行的十字折角束腰座和Ⅲ型塔顶出现藏传佛教覆钵式塔样的塔刹，此种情况不见于内地，应与当时西夏地区流行Ⅶ型即一般所谓之喇嘛塔有一定联系。3）第二阶段主要流行于藏传佛教地区的Ⅶ型塔，在西夏境内急遽发展，这显然是西夏和吐蕃关系的改善并日益亲密的反映。按党项与吐蕃往还历史悠久。11 世纪以来，自灵、夏迄甘、凉，原是吐蕃部族游牧范围的地区不断为西夏所蚕食。于是，藏传佛教的影响在西夏日益扩大。12 世纪乾顺与青、唐联姻，更打通了西夏与吐蕃腹地的联系。因此，仁孝时期藏传佛教各派的高僧纷纷北上，据藏文史料记载仁孝的上师，有噶玛噶举派的高僧[87]，也有蔡巴噶举高僧[88]，还有萨迦派高僧[89]。北京房山云居寺发现明正统十二年（1447 年）刊印的藏汉合璧《圣胜慧到彼岸功德宝集偈》卷前列译勘人名中举仁孝与"觉贤帝师波罗显胜"共同"再详勘"[90]，研究者认为此帝师"很可能是藏族僧人"[91]。自仁孝以后，西夏王室一直尊奉藏族高僧，藏文史料记载：西夏第九代王多杰曾敬礼萨迦第三祖扎巴坚赞[92]。又记：1227 年，成吉思汗征服西夏时，曾"向西夏王的上师后藏人通古哇·旺秋扎西请问佛法"[93]，此后藏人通古哇·旺秋扎西即上述蔡巴噶举高僧。从以上所举这些藏族僧人与西夏王室的事迹，可以估计他们来西夏不仅传授三宝经咒、译校佛经，也必然会带来藏传佛教宗教建置方面的仪轨和范本。Ⅶ型塔的迅速发展和十字折角束腰座等藏传佛教流行的某些形象的出现，正是藏传佛教在此阶段得到广泛传播的具体实证。

  第三阶段 西夏亡后，原西夏地区即隶属蒙元，以迄元亡，亦即自1228年迄14世纪70年代。此阶段古塔只存Ⅱ型中之空心八角密檐塔和Ⅶ型塔。前者数量少，分布也限于西夏故地的东部，且包括续成西夏未竟之业如拜寺口双塔中之西塔和元亡尚未完工如韦州康济寺塔等跨建于前后阶段的古塔；而Ⅶ型塔不只数量多，各种遗迹分布地点亦极广阔，本文所列远非已知数字之全部，仅就可反映以下两项主要情况之举例而已：1）前阶段Ⅶ型的四种亚型此阶段虽仍具备，但ⅦA即覆钟塔身者最流行。2）Ⅶ型各亚型的基座皆向高发展，前阶段出现的十字折角束腰座较普遍使用；其用于塔身下基座者盛行多层的作法。此两项发展趋势，恰是当时萨迦派兴建噶当觉顿流行的趋势。至元八年（1271年）由帝师八思巴弟国师益邻真设计的大都大圣寿万安寺塔即今北京白塔寺白塔[94]，应是13、14世纪最具典型的Ⅶ型塔。

  蒙元灭西夏，其遗民大部留居原地崇佛如故，故王恽辑《乌台笔补》录其于至元五年至九年（1268—1272年）任职御史台时[95]，所上之《弹西夏中兴路按察使高智耀不当状》有"高智耀[96]资性罢软，不闻有为，事佛敬僧，乃其所乐，迹其心行，一有发僧耳……兼河西土俗，太半僧祇"的议论。南宋理宗嘉熙元年（1237年）徐霆疏记《黑鞑事略》云："霆见王檝云：某向随成吉思攻西夏，西夏国俗自其主以下皆敬事国师……国师者比丘僧也。"此西夏国师比丘僧系指藏传佛教之僧人。马祖常《河西歌》："贺兰山下河西地，女郎十八梳高髻，茜根染衣光如霞，却召瞿昙作夫婿"[97]，可作夫婿之瞿昙，亦当是藏传佛教僧人。马祖常后至元四年（1338年）卒，卒年六十，可知元代中期原西夏佛教重要地点——都城中兴府附近之贺兰山一带，仍是藏传佛教胜地。西夏亡后，西夏故地藏传佛教继续盛行的主要原因，除了西夏时期及其以后俱有大批藏传佛教信徒与高僧[98]外，有元一代特重藏传

图15-1 西夏佛塔类型示意

佛教更为关键。蒙元统治者最初接触藏传佛教的成吉思汗即因缘西夏重视萨迦[99]；其次是 1235 年受封于西夏故地的窝阔台次子阔端[100]，阔端于 1243 年开府西凉之次年，即召藏传佛教重要人物萨迦寺座主萨迦班智达衮噶坚赞（简称萨班）来凉州。1247 年，阔端与之议妥卫藏归顺的条件，和平解决了卫藏问题。此后，萨班一直驻锡凉州。1251 年，阔端、萨班相继逝世。再次是忽必烈。1251 年蒙哥将原阔端领地的卫藏划归忽必烈。次年，忽必烈召藏传佛教噶玛噶举、萨迦两派主持人入见。1253 年，萨班之侄八思巴进谒忽必烈，忽必烈从之受密教灌顶。1260 年，忽必烈即帝位后，命八思巴领总制院（后改宣政院）事，掌管全国佛教事务，并封之为国师、帝师。此后，元廷帝师与宣政院事俱由萨迦派僧人担任，以迄元亡。藏传佛教中萨迦派长期为元廷重视，所以萨迦流行之噶当觉顿遍建于元代各地，而西夏故壤既有胜国旧习，又近卫藏地区，且比内地变动殊少，故其遗迹保存较多。另外，西夏亡国，其王室南奔后藏，长期受庇于萨迦，因而屡得元廷封赠，甚至有出任萨迦本勤者，也有深研教法，荣获"班智达"称号者。这批以王室为中心的入藏的西夏遗民的宗教活动，是否还可影响其故乡虽无可考，但其事迹在讨论西夏与萨迦关系时，亦不容忽视。五世达赖撰《西藏王臣记》特立北道一些杰出人物的政教事记专章辑录西夏王后裔事：

> （西夏王第九代多杰之子）棍却有子三人，三人中有绷德，对法王萨迦·班抵达十分敬信。他有子六人，六人中的扎巴达曾经获得元世祖忽必烈的诏命，颁赐宝印，受任为司徒之职。他建立了北派昂仁大寺……他的儿子名多杰贡波，依照父与祖的事业轨范，掌握了萨迦大长官的职务。他对四众都能很好地恭敬承事。多杰贡波有子六人，六子中的朗喀敦巴去到元帝座前，获得元帝封赠为国公，赐水晶封册等物。后来加封为大元国师，并赐水晶印章。他对萨迦及昂仁为主的所有寺庙十分崇敬，常作供养。他对于政教相辅而行的事业也作得很好。他有子二人……由长子（仁清绛称）承袭他父亲的职务，传说他是观自在的化身转世。他的长子国公却扎伯让得授司徒匡国事务之职；次子名达哇绛

称，生有子女多人，其中一女即昆敦·索朗巴大师的母亲。他的兄弟名绛央巴，能记忆前生曾为萨迦·班抵达的侍徒等事。他精研学术，才识渊博，掌灌顶国师之职，应父兄之命传授出家的学处……国公却扎伯让之长子达清·朗嘉扎让，掌大司徒之职；次子棍却勒巴得袭爵世代侯，政业兴旺，极盛一时。特别是长子朗嘉扎让曾经精研大译师绛秋哲谟等许多大德的论著……他在印度金刚座堪布·侠日布遮及播冻却勒朗嘉大师座前，听受了许多甚深和广大的法要。他对于《时轮密法》特别善巧精通……他又建造了很多时轮的立体坛场等身语意所依（即佛像、经、塔等）诸物……他对于一切学术明处特具广博慧眼，以此身为藏王而兼备班抵达的美名，令印度方面骄傲一时的才智之士，莫不惊服……继达清之后为朗喀泽旺多杰，有子三人……次子出家为僧；三子恭嘎勒巴拥有南北全部，负有威名。后来，由他们三昆仲传嗣而出有……扎喜垛杰旺波等人。扎喜垛杰是记别中受命主持大阿阇黎莲花生大师的甚深法要的教主[101]。

五世达赖亲信桑结嘉措在第巴任上（1674—1705年）所撰《黄琉璃史》记拉堆北部隶属萨迦教派的昂仁寺一带犹多西夏王裔，且一直住持昂仁寺，相传不绝[102]。中国社会科学院民族研究所王森先生于1987年刊布了他的《西藏佛教发展史略》，该书第九篇《元朝任命萨迦派领袖管辖卫藏十三万户》中，分析这支入藏的西夏王室与萨迦的关系云：

后藏西部，特别是拉孜县以西，藏人总称为拉堆。拉堆又分南北二部……拉堆洛是拉堆地区的南部，洛义为南，即拉孜以西雅鲁藏布江以南的那个地区……拉堆绛，绛义为北，即指拉孜以西雅鲁藏布江以北那一地区。藏文资料都说是首邑在绛昂仁的那个地方。这一地区的地方势族，是西夏王室的后裔，成吉思汗灭西夏时，自西夏来投靠萨迦，定居昂仁的。从元初直到明末，这一族一直是那一带的一个地方掌权者。他们和萨迦昆氏家族有密切关系，从13世纪晚期到14世纪屡受元朝封赐大司徒、国公、大元国师等号。他家世袭（拉堆绛）万户长职是可能的。但是我们没有在资料里具体见到他家的哪一个人曾经受封过万户长。

以上事迹不见汉文载籍，所以研讨西夏史事论及者较少。按自元大都、明清以来的北京去卫藏，西过西夏故地，南下青海，逾唐古拉山口，经羊八井；西去日喀则、萨迦，或东去拉萨、乃东，此条北方入藏通路开辟已久，昂仁密迩萨迦，从萨迦与元廷往还频繁和居住昂仁隶属萨迦教派的西夏王裔又与元廷有直接联系等方面考察，原西夏地区的藏传佛教继续受到故国王室人员的某些影响亦非不可能之事，唯目前尚乏实证，殊难进一步论述。

注释

［1］ 见史金波等《西夏文物》，图版11，文物出版社，1988。（Ⅰ1）括号内的数字，系图表15-1的类型编号，以下同。

［2］ 《大明一统志》卷三七宁夏卫寺观条："承天寺在卫城西，宋时夏人建，后废，独存一塔，本朝庆府重建。"

［3］ 引自《宁夏名胜古迹》银川地区承天寺塔条。宁夏回族自治区文物普查领导小组办公室，1984。

［4］ 引自《宁夏名胜古迹》银南地区鸣沙塔条。

［5］ 见敦煌研究院《中国石窟·安西榆林窟》，图版144，日本平凡社，1990。

［6］ 参看已收入本集的《榆林、莫高两窟的藏传佛教遗迹》。

［7］ 西夏文《重修护国寺感通（应）塔碑》曾三译汉文，现将有关大云寺木塔形制的不同译文录入下表15-1：

表15-1

罗福成《重修护国寺感应塔碑铭·碑阴西夏国书》(《国立北平图书馆馆刊》4卷3期，1930)	妙塔七劫七等觉，□严四面四河治，□树□□□□如□金头柱玉□□安……一院殿帐雾青□七级宝塔人铁□
陈炳应《凉州重修护国寺感通塔碑·西夏文碑铭的译文》(《西夏文物研究》，1985)	妙塔七级上等觉丹壁四面治四河木檐（？）□□如飞腾金头玉柱相映现……一殿院帐现青雾七级宝塔□□攀
史金波《重修护国寺感通碑西夏文碑铭译文》(《西夏佛教史略》，1988)	妙塔七节七等觉严陵四面四河治木干覆瓦如飞鸟金头玉柱安稳稳……一院殿堂呈青雾七级宝塔惜铁人

[8] 参看牛达生等《宁夏拜寺沟方塔出土一批珍贵文物》,《中国文物报》1991年12月29日第一版。
[9] 承宁夏自治区文物考古研究所函告,该刊印之汉文施经发愿文中的纪年是"大夏乾祐庚子十一年五月初口……",乾祐庚子即公元1180年。
[10] 参看于存海、何继英《贺兰县拜寺口双塔》,《西夏佛塔》,文物出版社,1995。
[11] 参看《西夏佛塔》所收的《同心县康济寺塔》。
[12] 西夏亡后,西夏文仍在流行。1962年在河北保定发现的明弘治十年(1502年)西夏文石经幢,是目前所知有明确年代可考的最晚的西夏文字遗物。参看王静如等《保定出土明代西夏文石幢》,《考古学报》1977年1期。20世纪30年代,陈寅恪先生曾在德国柏林图书馆见该馆所藏明万历(1573—1615年)写本藏文甘珠尔,发现上面偶有西夏文字,因推测万历时期尚有通解西夏文者。此塔西夏文人名砖与万历纪年砖同出,可能给万历时尚有通解西夏文者添一佐证。
[13] 参看《莫高窟附近的古建筑——成城子湾土塔及老君堂慈氏之塔》,《文物参考资料》1955年2期。
[14] 即开宝三年至七年(970—974年)所建第427、437窟窟檐、开宝九年(976年)所建第444窟窟檐和太平兴国五年(980年)所建第431窟窟檐。参看萧默《敦煌建筑研究》唐宋窟檐节,文物出版社,1989。
[15] 见《中国石窟·安西榆林窟》,图版150～152。
[16] 见甘肃省文物考古研究所《河西石窟》,图版128,文物出版社,1987。
[17] 参看杜仙洲《义县奉国寺大雄殿调查报告》,《文物》1961年2期。
[18] 参看陈明达《营造法式大木作研究》第七章实例与法式制度的比较,文物出版社,1981。
[19] 见《西夏文物》,图版255。参看钟长发等《甘肃武威西郊林场西夏墓清理简报》,《考古与文物》1980年3期。
[20] 梵文经咒汉译名系蒋忠新同志考定,转引自史金波《西夏佛教史略》第三章"西夏佛教发展概述",宁夏人民出版社,1988。
[21] 参看《西夏佛塔》所收之《贺兰县宏佛塔》。
[22] 见《西夏文物》,图版405。
[23] 据宁夏自治区文物管理委员会所摄照片。
[24] 参看[13]和《敦煌建筑研究》莫高窟附近两座宋塔节。关于莲花藏世界的表示,除如此类表现于相轮部分外,还多表现于莲座的莲瓣上,参看霍熙亮《敦煌地方的梵网经变》,《中国石窟·安西榆林窟》。
[25] 参看[14]。
[26] 见《中国石窟·安西榆林窟》,图版141、143、144。
[27] 参看[21]。
[28] 俄人科兹洛夫从黑城掠去的大批西夏文书籍中,有此书足本,蝴蝶装,共三十七页,卷首录编者骨勒茂才乾祐庚戌二十一年(1190年)序。此书有1924年罗福成据原书过录的影印本行世。

［29］见《西夏文物》，图版20。
［30］同［23］。
［31］见《西夏文物》，图版84、86。
［32］见《西夏文物》，图版81。
［33］见《中国石窟·安西榆林窟》，图版186。
［34］见张驭寰、罗哲文《中国古塔精萃》，科学出版社，1988，页185。
［35］参看已收入本集的《武威蒙元时期的藏传佛教遗迹》。
［36］见《河西石窟》，图版102、103。
［37］见《中国石窟·安西榆林窟》，图版187。
［38］见《西夏文物》，图版256。
［39］参看［21］。
［40］见《中国石窟·安西榆林窟》，图版153。
［41］参看张伯元《东千佛洞调查简记》，《敦煌研究》创刊号（1983）。
［42］据北京大学考古系资料室所藏照片。
［43］参看［21］。
［44］转录自《西夏佛教史略》附录一。
［45］同［23］。
［46］见《西夏文物》，图版19。
［47］参看［6］。
［48］参看［6］。
［49］参看《西夏佛塔》所收的《青铜峡市一百零八塔》。
［50］承参加拆除工程的于存海同志见告。
［51］该书藏敦煌研究院资料室。
［52］同［42］。
［53］见《中国古塔精萃》，页26。
［54］参看刘敦桢《河南省北部古建筑调查记》登封县会善寺条，《中国营造学社汇刊》6卷4期，1937。
［55］见敦煌文物研究所《中国石窟·敦煌莫高窟五》，图版106～109，文物出版社，1987。
［56］见《中国古塔精萃》，页35。
［57］参看宋焕居《丰润车轴山寿峰寺》，《文物参考资料》1958年3期。
［58］见《中国古塔精萃》，页13。
［59］引自《辽史·西夏外记》。
［60］引自《宋史·夏国传上》。
［61］同［60］。
［62］引自《宋史·夏国传下》。
［63］同［59］。
［64］参看陈明达《四川巴中、通江两县石窟介绍》，《文物参考资料》1955年2期。

［65］ 参看拙著《敦煌莫高窟中的五台山图》,《文物参考资料》2卷5期，1951。

［66］ 见《中国古塔精萃》,页165，参看鲍鼎《唐宋塔之初步分析》,《中国营造学社汇刊》6卷4期，1937。

［67］ 见《中国古塔精萃》,页167。

［68］ 见《中国古塔精萃》,页27、45。

［69］ 见《中国古塔精萃》,页40。

［70］ 参看徐苹芳《北宋开封大相国寺平面复原图说》,《文物与考古论集》,文物出版社，1986。

［71］ 见《中国古塔精萃》,页64。

［72］ 参看梁思成《正定调查纪略》广惠寺华塔条,《中国营造学社汇刊》4卷2期，1933。

［73］ 参看刘敦桢《河北省西部古建筑调查纪略》涞水县大明寺条,《中国营造学社汇刊》5卷4期，1935。

［74］ 参看天津市历史博物馆考古队等《天津蓟县独乐寺塔》,《考古学报》1989年1期。

［75］ 参看《河北省西部古建筑调查纪略》易县双塔庵东西塔条。

［76］ 参看北京市文物工作队《北京昌平银山宝塔群调查》,《文物资料丛刊》4,1981。

［77］ 见《中国古塔精萃》,页13。

［78］ 参看王毅《西藏文物见闻记——山南之行》,《文物》1961年6期。

［79］ 参看已收入本集的《西藏拉萨地区佛寺调查记》聂塘度母堂条。

［80］ 见《中国古塔精萃》,页216。

［81］ 见 Giuseppe Tucci：*Archaeologia Mvndi Tibet*（《西藏考古》）,图版82,1973。

［82］ 上引杜齐书中定此擦擦为13世纪物。

［83］ 同［62］。

［84］ 同［62］。

［85］ 引自《金史·西夏传》。

［86］ 见《西夏文物》,图版79、80。

［87］ 《西夏佛教史略》第三章"西夏佛教发展概述"转述《贤者喜宴》的记录云："据藏文文献《贤者喜宴》的记载，西藏佛教噶玛噶举派初祖法王都松钦巴（1110—1193年）很受西夏王泰呼的崇敬。泰呼王派遣使臣入藏迎请都松钦巴到西夏传法，都松钦巴未能前来，便派遣弟子格西藏索哇来到西夏。藏索哇为西夏王尊为上师，传授藏传佛教的经义和仪轨，并组织力量大规模翻译佛经，很受宠信。后来都松钦巴在他所建粗布寺修造白登哲蚌宝塔时，西夏王又献孝金璎珞及幢盖各种饰物。都松钦巴死后，在其焚尸处建造吉祥聚米塔，藏索哇又自西夏作供献，以金铜包饰此塔。书中记此西夏泰呼王为西夏第五代王，按西夏王顺序，第五代应是仁孝。仁孝在位时间为1140—1193年，与都松钦巴在世时间大体相当。"《贤者喜宴》噶玛噶举高僧巴卧·祖拉陈哇撰于明嘉靖四十三年（1564年），该书刊于洛札，故又名《洛札佛教史》。

［88］ 西藏大学教授东嘎·洛桑赤列《红史校注》（624）："藏巴敦库瓦，又称藏巴敦库瓦旺秋扎西，他是贡塘香喇嘛（1123—1194年）的弟子，最初受西夏的邀请，并在西夏宏扬了蔡巴噶举的教法……他生卒年不详。"（据陈庆英等译本《红史》,页270）

[89] 阿旺贡噶索南《萨迦世系史》:"(扎巴坚赞,1147—1216年)弟子有一名叫国师觉本者,前往米涅(西夏),做了米涅王之应供喇嘛,由此得到银器、奇稀之咒士衣和鹿皮华盖等大批财物……全部敬献于三宝……"(据陈庆英等译本,页52)。上述之鹿皮华盖,该书另一处记:"八思巴(向薛禅汗〔即忽必烈〕)又说:我的祖父(扎巴坚赞)之时,西夏王曾献一可将公鹿从角尖整个罩住的锦缎伞盖。汗王派人到萨迦去察看,回报真有此物。"(页107)阿旺贡噶索南是萨迦高僧,出身于萨迦家族,撰就此书的时间是明崇祯二年即1629年。

[90] 参看罗炤《藏汉合璧〈圣胜慧到彼岸功德宝集偈〉考略》,《世界宗教研究》1983年4期。

[91] 参看《西夏佛教史略》第六章"西夏的僧人"。

[92] 五世达赖昂旺·罗桑嘉措于清顺治五年即1648年撰《西藏王臣记》,内北道一些杰出人物的政教事记中记"木雅司乌王(按即元昊)传嗣到第七代为木雅嘉哥(即安全),后由木雅嘉哥次第传出木雅生格达(即遵顼)。生格达之子名多杰(即德旺),他去到扎巴绛称(即扎巴坚赞)大师的座前亲近承事,这样也就和萨迦开始建立起联系。"(郭和卿译本,页110)

[93] 引自东嘎·洛桑赤列《论西藏政教合一制度》,郭冠忠等译本,页45。

[94] 见《中国古塔精萃》,页15,参看本集所收《元大都〈圣旨特建释迦舍利灵通之塔碑文〉校注》。

[95] 《秋涧先生大全文集·附录》录嗣子公孺所撰《王公神道碑铭并序》:"至元五年(1268年)肇立御史台,首拜监察御史……前后申明典制,弹劾奸邪凡一百五十余章,窃直敢言,不畏强御,于政体多所裨益……权贵为侧目。九年(1272年)陞授承直郎平阳路总管府判官。"

[96] 《元史·高智耀传》:"高智耀河西人,世仕夏国……夏亡,隐贺兰山……世祖在潜邸已闻其贤,及即位召见……擢西夏中兴等路提刑按察使。"

[97] 《马石田文集》卷五录此歌。瞿昙于此作佛教僧人解。

[98] 如安西榆林窟第29窟西壁门南高僧供养像中的真义国师西壁智海(参看王静如《敦煌莫高窟和安西榆林窟中的西夏壁画》,《文物》1980年9期)和八思巴弟子延祐元年(1314年)卒的弘教佛智三藏法师沙啰巴观照(《佛祖历代通载》卷二二)。另外,《木雅五贤者传》载:"热德玛桑格大师等五位西夏名僧,早期几乎都去过桑普寺求师学经。他们还到过夏鲁寺、萨迦寺、奈那寺及觉木隆等地寺院,其中有的人还得到布顿大师(1290—1364年)的称赞(见高景茂译本)。"(以上转引自黄颢《藏文史书中的弭药(西夏)》,《青海民族学院学报》(社会科学版)1985年4期)

[99] 王森《西藏佛教发展史略》第九篇《元朝任命萨迦派领抽管辖卫藏十三万户》记:"1206年,蒙古成吉思汗建蒙古国。就在这一年,他兵临西夏,曾到甘青藏区的柴达木地方,这一地区的藏族即已归顺蒙古。由于西夏王室和萨迦派有联系,使成吉思汗注意到卫藏地区。有的资料里说,这时成吉思汗曾致书于萨迦寺的大喇嘛,表示尊重喇嘛教,并有意派兵进藏。西藏各地方势力慑于蒙军威力,集议对策,并派出代表二人,一为雅隆觉阿第悉衮噶,一为蔡巴衮噶多吉。看起来,这两个地方势力在当时的西藏是实力较强能够左右当地局面的,他们向成吉思汗请求纳贡降附。当时蒙军又转

征他方，所以除受降以外，没有来得及对西藏地区实际进行统治。这一说法虽然有很可疑之处，而藏人、蒙人所著史书，多有提及此事者，姑且录于此，待以后译考。"

[100] 西夏人对阔端颇为敬重，蔡巴·贡噶多吉《红史》西夏简述节录有阔端传说一事："西夏杰廓王（即安全）的转世是蒙古王子阔端。阔端到北面都城时，在以前西夏杰廓王被杀的地方修建寺庙，并将杀害杰廓王的人家全部族灭……以上是依据西夏禅师喜饶益希所说而记下来的。"（陈庆英等译，东嘎校注本，页25）《红史》成书于元至正二十三年，即1363年。作者蔡巴·贡噶多吉以精通蔡巴噶举派教法和经论而知名于当时。

[101] 郭和卿译本，页110～113。

[102] 转引自《藏文史书中的弭药（西夏）》。Luciano Peotech（毕达克）整理 Alfonsa Ferrari（费拉丽）笺注钦则旺布《卫藏道场圣迹志》（撰就于光绪十八年·1892年）时，于笺注〔536〕后，据廓诺·迅鲁伯《青史》、松巴《如意宝树史》附录的《方格年表》和《黄琉璃史》附记昂仁寺情况云："（昂仁的甘德绛巴林）是萨迦派法师达孜拉伽巴释迦桑哥于1225年创建的，大元罗古罗思监藏于1354年重修。在宗喀巴时期，它部分地被黄教夺取。在17世纪末，它拥有十五个萨迦派札仓和十个格鲁派札仓。"（沈卫荣等译，刊《国外藏学研究译文集》第五辑，页529～530）。

本文初稿刊《西夏佛塔》（文物出版社，1995，页1～15）。

元大都《圣旨特建释迦舍利灵通之塔碑文》校注

元大都释迦舍利灵通之塔，即今北京西城妙应寺白塔[1]【图16-1、2】。塔附近原有元世祖至元间如意祥迈长老奉敕撰之《圣旨特建释迦舍利灵通之塔碑文》刻石。明万历间，沈榜撰《宛署杂记》卷一九记"妙应寺……一名白塔寺，元至元八年修。有塔记"（据1961年北京出版社排印本）的塔记和万历《顺天府志》卷二所记"妙应寺有敕建碑"的敕建碑，大约皆指此碑而言。和沈榜同时的蒋一葵所撰的《长安客话》卷二所记元至元八年世祖发塔事迹和白塔制度，也是摘自此碑。由此可知，此碑石明万历时尚存寺内。但自崇祯初刘侗、于奕正撰《帝京景物略》时，似即混妙应寺白塔、辽寿昌二年道殿所造释迦舍利塔为一事，其卷四白塔寺条云："塔自辽寿昌二年，相传藏法宝种种，有光静夜，疑是塔然（燃）。至元八年，世祖发视之，舍利二十粒、青泥小塔二千，石函铜瓶香水盈满，前二龙王跪而守护。案上无垢净光陀罗尼五部，轴以水晶。金石珠琢异果十种，列为供。瓶底一钱，钱文至元通宝四字也。世祖惊异，乃加崇饰铜网石栏焉。"（据1957年上海古典文学出版社排印本）清初孙承泽《春明梦余录》卷六六更确定为辽建："辽白塔，建于寿昌二年。塔制如幢，色白如银。至元八年加铜网石栏。"（据古香斋袖珍十种本）元建白塔故事，至是完全湮晦。《梦余录》卷六七曾慨叹燕京旧碑之佚："燕京旧碑多为中贵取置神道，或重修庙宇改勒新文，亦古今之所同慨也。"孙录所述，当指前明事。按明中叶以还，阉宦专横用事，始于万历之末，天启一朝虐焰最盛，祥迈碑石之亡，其即在此时乎？

往岁，检读释藏，于祥迈《至元辨伪录》卷末得此碑全文。全文

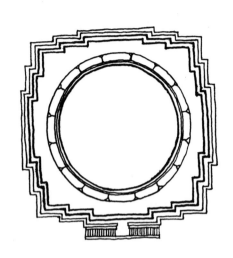

图16-1 妙应寺白塔平面（据《中国建筑简史》第一册图5-31）

图16-2 妙应寺白塔立面（据《妙应寺白塔》）

共二千五百余言，记述白塔创建缘起和兴修经过极为详尽，为考证该塔历史最重要的原始记录。近读黄盛璋、于柯诸同志讨论白塔年代文章[2]，知此碑文尚未为留心北京古迹的同志们所注意，因取流行较广的清光绪三十三年刻本《辨伪录》为底本[3]，校以1935年上海影印宋版藏经会影印之碛砂藏本[4]、北京图书馆所藏元刻《大元至元辨伪录》[5]和北京大学图书馆所藏明洪武南藏本[6]，试为勘定碑文全文如下；间附注释，则系以直接与白塔有关诸问题为限。

校注将竣，承北京市文物组惠假新抄1936年菩提海、何瑛共译[7]清乾隆间章嘉国师[8]所撰之《京西门白塔因缘志》[9]一册。志中间一段，内容和行文组织均与此碑文极为相似。意者，清乾隆间龙藏方刊就，精通汉文并更定大藏经经咒的章嘉国师，自有可能阅读《辨伪录》，是《因缘志》与碑文相似部分，盖即根据祥迈书敷衍以成文者；至于其间有出入处，约系藏译或自藏转汉时润饰或误译所致。或云，章嘉国师除《辨伪录》外，也可能别有所据，特别是藏文著述。白不谙藏文，无法穷其原委，因将《因缘志》中间一段，全部散入注内，敬希读者方家，多有指教。

圣旨特建释迦舍利灵通之塔碑文

影印碛砂藏本《大元至元辨伪录》（以下简称"碛砂"）、元刻《大元至元辨伪录》（以下简称"元刻"）、明洪武南藏本《至元辨伪录》（以下简称"南藏"）以及明永乐北藏、清雍正龙藏等本均五卷。清光绪三十三年单刻《辨伪录》时，析卷五为五、六两卷，此碑文列《辨伪录》最末，故光绪单刻本属卷六，余本皆在卷五。

如意长老奉敕撰〔"如意"前原有"元"字，据碛砂、元刻、南藏删〕

如意长老即《辨伪录》著者祥迈。元释念常《佛祖历代通载》卷二一："至元二十三年乙酉，大都道者山[10]云峰禅寺住持如意祥迈长老奉敕撰《辨伪录》五卷[11]。"（据日本《大正藏》卷四九）大云峰住持袭祖沙门雪豀野老贵吉祥《辨伪录序》云："如意者，俗姓乎（呼）延氏，太原人也。系乎（呼）延赞之裔，世传缨冕累叶，播迁代郡，因为家焉。九岁落绀，随师请业。玉离荆岫，价重之德弥彰，桂去幽岩，馨香之风远递。阿师内穷三藏之奥，外核九流之源，名冠于中华，声闻于朝野……加以禅参于五派，傍阅于群书，既有雄才巨笔，持（特）专著述，远思之外，汲引无穷，挫邪则有吼石之功，扶正则具鞭尸之德……实觉海之龙鳞，乃佛门之柱础。切见全真道士者丘处机、李志常、史志经、令狐璋等，学业庸浅，识虑非长，并为鄙辞，排毁正法，击兹布鼓，窃比雷同，使中下之流，咸生邪见，钦奉薛禅圣明皇帝发大悲心，愍其盲瞽，恐堕泥犁，敕令制斯论（《辨伪录》）耳……右如意所作文赋《注解四经序》《韩文公别传》[12]《性海赋》等，在世已传。"康熙《永平府志》卷二一有《祥迈传》："祥迈别号如意野老，住持昌黎道者山。性警敏，洞悉禅机，尝著《莲花经序》及注释。序成，佛前祝曰：某愚昧，恐不能阐发大道，如文可传，碎而复合。乃剪撤之，须臾，微风鼓凑如故，一字不乱，众皆异之，遂刊传。"清释幻轮《释鉴稽古略续集》卷一亦录有如意禅师云："讳祥迈，博通内外典章，洞彻禅微理致，住持名都巨刹……有《弘传序注》，《载法华要解》。"（据《大正藏》卷四九）此外，祥迈著述又见北京大学图书馆藏缪荃荪传抄本《顺天府志》卷七引《大元一统志》："崇仁寺，在旧城玉田坊，有兴平府道者山大云峰禅寺住持如意老人为中都崇仁寺第一代清慧大师璞公撰德行碑。至元九年正月朔，传法沙门显辩立石。"

盖闻三祇炼行，证真净之法身，六度修因，果圆融之妙觉，无生无灭，绝三际之去来，不晦不明，离百非之眹〔碛砂、元刻、南藏作"朕"，依文意推测当作眹〕迹。但以真慈易物，昔愿今酬，凤纛迦维，龙飞道树，无相见相，顿彰百亿之身，常名非名，普应大千之界。破十军于座上，声振于九天，会诸圣于觉场，光流于万国，御三轮而赴感，遐迩咸周，悬四辩以谈诠，圣凡总被。教阐一十二部，门开八万四千，蕴十智之韬钤，知来藏往，运六通之神鉴，洞古披今，绾十号以称尊，跨三界而独步，智穷真际，十圣庆获于朝闻，妙极重玄，六师甘欣于夕死。拔火宅之热恼，引解脱之清凉，无劳传说之霖，济四生于六道，非假曦和之照，荡七趣之重昏。慈云荫有顶之天，法雨润无疆之域，万灵翊卫，若众星之拱北辰，五印倾心，类百川之宗东海。岂止孕虞育夏，甄殷陶周，实乃弹压九流，牢笼万汇。纵周公之制礼作乐，仲尼之赞易修书，庄老之谈玄，轲雄之论道，张华之博物，辅嗣之通微，郭璞之多闻，左慈之神化，舒向金玉渊海，马班黼黻河汉，并驰驱于域内，言未达于大方，宜为治世之高贤，难作出尘之教主。若非理包象外，道越寰中，蔽群圣〔"圣"原作"贤"，据碛砂、元刻、南藏改〕而不惭，冠百家而拔〔"拔"原作"不"，据碛砂、元刻、南藏改〕萃，何能总斯众妙，集此大成者哉！

逮乎化缘将谢，顾命殷勤，正法付于阿难，心印传于迦叶，然后拂衣双树，脱屣金河，超二死之樊笼，湛三默〔"默"原作"点"，据碛砂、南藏改〕之圆寂。然而大慈不悋，利物情深，粉金刚不坏之身，留舍利通灵之骨，色含明玉，坚侔真金，龙王天帝各分建于自〔"自"按文意当作"贝"〕宫，印度阎浮竞崇兴于宝塔。百年之后，敬奉弥隆，有阿育轮王统摄赡部，广树灵塔八万四千，从此神迹遍于五天，圣化罩于四海。洎乎汉明夜梦，声教昭宣，译梵贝于兰台室中，绘金容于显节陵上，始波腾于帝纪，终风靡于间阎。由是吴王创起于建初，隋主盛兴于京洛，皇都帝邑棋布伽蓝，沃野名山星陈窣堵，莫不金盘耀日与仙掌以相高，宝铎摇风杂天音而共响。层甍偃蹇，上轶于太〔"太"，碛砂、南藏作"大"〕清，叠栱骈罗，傍回于日月。丹楹雁列，绀瓦鸳分，金龙蚴蟉于华梁，玉凤翱翔于绣户，忽若龙宫之化出，恍疑天上之移来。斯皆发自于信心，非是诱惑而妄作。

我大元之有天下也，宗尧祖舜，踵禹基汤，圣道协于金轮，明德光于玉历，应乾革命，有此武功。英声震于百蛮，威凌加于万国，八荒入贡，九服来宾，纂四圣之丕图，膺千载之期运，规亿兆之远度，恢奕世之宏纲，纬武经文，制礼作乐，建都定鼎，树阙〔"阙"元刻作"关"〕营宫，以为非巨丽无以显尊严，非雄壮无以威天下。遂乃辟阊阖、构元殿、兴杰阁、架紫宸，饰以丹青，缛以绮缋，金题玉碣，上下交辉，藻棁雕梁，纵横散彩，行商容之洪范，列步武之威仪，陈钟鼓以宴王侯，会百僚而朝万国，将将济济；穆穆煌煌，真天子之盛礼也。听政之暇，留意佛门，遵祖宗之旧章，行宽仁之温诏，凡是佛子悉获肃安，屡召名僧讲论玄奥，诚心佛法，诵百藏之金文，探赜未闻，聆三乘之妙义。恒虑新都既建，宜卜永年，以福为基，莫如起塔，冀神龙之扶护，资社稷之久长。

  唐罽宾沙门般若译《佛说造塔延命功德经》云："如是我闻，一时佛在舍卫国祇树给孤独园……尔时波斯匿王在大众中……佛告言……诸佛如来有善方便，能令大王获殊胜利，近延寿命……（大王）应先发心持佛净戒修最上福……王白佛言，唯愿世尊为我救护，所说发心持佛净戒修最上福，我便奉行，亦令国人奉行此法，未知发何等心，持何等戒，何福为上，唯愿如来为我宣说，佛告大王言：发心者发四无量心，言持戒者持不杀戒，修上福者无过造塔，想愍救护一切众生，诸天善神常来守护，不相舍离，如影随形，发生大王无边福利。大王建立佛塔福利难思，三世佛如来所共称赞……"（据《大正藏》卷一九）

即于都城坤隅禁苑之内，箕踵漫衍，埭坨宽平，磨玉砣珉，树斯宝塔。

白塔所在的位置，适在元大都西侧偏南，即所谓之坤隅。其地此云"禁苑"，碑末铭作"帝苑"，程钜夫《楚国文宪公雪楼程先生文集》卷七《凉国敏慧公神道碑》谓之"西园"（据陶氏涉园影印明洪武本）。按此苑园，系金代所设，即《金史·地理志》上所记："（中都）京城北离宫有太宁宫……西园……"（据百衲本《二十四史》影印元刻本）之西园。元世祖城大都之后，该地并未即刻利用，所以王恽《秋涧先生大全文集》卷一七《西苑怀古》有云："行殿基存焦作土，踏锥舞厌草留茵。"原注："踏锥，舞名。见景元所录金人遗事。"（据《四部丛刊》影印明弘治刻本）

初，旧都通玄关北，有永安寺，殿堂废尽，惟塔存焉。观其名额，释迦舍利之塔，考其石刻，大辽寿昌二年三月十五日显密圆通法师道殿之所造也。

旧都指金中都言。通玄为中都北门之一，《金史·地理志》上："中都城门十三……北曰会城，曰通玄，曰崇智，曰光泰。"通玄关即通玄门外，元初或云"通玄北郭"，《秋涧先生大全文集》卷八〇《中堂纪事》上："（中统二年三月）五日丙寅未刻，丞相祃祃与同僚发自燕京，是夕宿通玄北郭。"道殿辽高僧，撰《显密圆通成佛心要集并供佛利生仪》[13]。该书释性嘉后序云："道殿字法幢，俗姓杜氏，云中人也。家传十善，世禀五常，始从龆龀之年，习于儒释之典，天然聪辩，性自仁贤,博学则侔罗什之多闻,持明则具佛图之灵异……每念生灵懵于修证,由是寻原讨本,……析理遂成于一卷,号之曰《显密圆通成佛心要集并供佛利生仪》。"(据《大正藏》卷四六)陈觉序云:"今显密圆通法师者,时推英悟,天假辩聪,髫龀礼于名师,十五历于学肆,参禅访道,博达多闻……既而厌处都城,肆志岩壑,积累载之勤悴,穷大藏之渊源……以谓所阅大小之教,不出显密之两途……因是错综灵编,纂集心要,文成一卷,理尽万途。"《显密圆通成佛心要集》道殿署衔作:"五台山金河寺沙门。"按此五台在今河北蔚县,乾隆《蔚县志》卷五:"五台山在城东一百里……北台最高……(东麓)又有寺,沟窑寺即辽时饭僧金河寺。"是道殿离中都后,北去蔚县五台山,成佛心要集即撰于该山之金河寺。其撰述之年,该书卷末道殿有云:"今居末法之中,得值天佑(祐)皇帝菩萨国王率土之内流通二教,一介微僧幸得遭逢,感应之心,终日有怀……"天祐皇帝为辽道宗之尊号,由此可知,道殿先在中都建塔,继去金河写书,其时均属道宗之世也。又按五台山金河寺,为辽代名刹,圣宗、道宗皆曾亲临该寺,见《辽史·圣宗纪》四和《游幸表》(据百衲本《二十四史》影印元刻本)。《京西门白塔因缘志》:"……是妙吉祥净妙国土,佛灭度已二百余季,当有罗汉名马冬戛及般之达郭巴舄那,斯二圣者共以满瓶佛舍利子、大小诸乘契经多部、若塑若画佛身形等,斋临比土,与汉明帝梦寐所见,适合符节,由是因缘,帝及眷属咸生敬信,始由圣者发明开建五台胜地,帝与圣者乃以所将净妙舍利造塔多座。肇使此都有白塔,名根本道场,于焉出现。考此道场,唐皇御赞,词采独多,时根本塔实坐落于通元关北云安寺中,厥后迄辽寿昌二季春之朔,爰有圣僧多乌前者,敬加严饰。"按根本塔即碑文所记之释迦舍利之塔。《因缘志》托言白塔创自唐以前,故对碑文中释迦舍利之塔为辽寿昌二年所造一事,改译作"(根本塔)辽寿昌二季春之朔……敬加严饰"。所谓"唐皇御赞,词采独多",即指碑文后部征引之唐太宗赞,通元关即碑文之通玄关,此避清圣祖讳改。云安寺即永安寺;多乌前即道殿,皆以辗转译音而有异。

内有舍利戒珠二十粒、香泥小塔二千、无垢净光等陀罗尼经五部，水晶为轴。

  自"大辽寿昌"迄"水晶为轴"一段，约系节自辽碑。辽碑久佚，亦未见著录。《京西门白塔因缘志》："……敬加严饰。诸凡塔内佛舍利子都二十颗，妙香所造小塔二千，顶髻离垢、白伞盖等法身舍利五种，分贮杂宝水晶珍妙器中，皆各了了，灿然可见。"按法身舍利即以碑文所记之无垢净光等五部大陀罗尼为上首，此似误与佛舍利子，即所谓生身舍利相混，故臆解碑文陀罗尼之"水晶为轴"，作"分贮杂宝水晶珍妙器中"。"皆各了了，灿然可见"两句，疑系涉"分贮杂宝水晶珍妙器中"而妄增。

因罹兵燹，荒凉芜没，每于净夜，屡放神光，近居惊惶，疑为失火。即而仰视，烟焰却无，乃知舍利威灵，人始礼敬。

  《帝京景物略》卷四引《草木子》古今谚云："元初有童谣曰：塔儿红，北人来作主人翁；塔儿白，南人作主北人客。"[14]塔儿红，当指此事而言。按元末有关此类塔的童谣，似不仅《草木子》所记北京白塔一事，《元史》卷五一《五行志》二亦记有彰德路天宁寺塔忽变红色："（至正）二十八年六月壬寅，彰德路天宁寺塔忽变红色，……先是河北有童谣云：塔儿黑，北人作主南人客；塔儿红，朱衣作主人公。"

  《京西门白塔因缘志》："……灿然可见。草木繁茂，蓊郁拱绕，用资荫蔽，外莫能睹，不为盗贼水火所侵。恒于黑夜，放大光明，邻比居民，咸生火畏，惊呼骇走，而往省察，则舍利塔所发辉耀，惊奇赞叹，欢喜皈敬，精诚顶礼。"按自"草木繁茂"以下四句，似据碑文"荒凉芜没"一辞所引申。"不为盗贼水火所侵"疑为"因罹兵火"之误译。

奉御秃列奏其祥瑞，上闻而信之，欲增巨丽，俾开旧塔，发而详视，果有香泥小塔，下启石函，中有铁塔，内贮铜瓶，香水盈满，皎然鲜白，色如玉浆，舍利坚圆，灿若金粟。前二龙王跪而守护，案上五经宛然无损。金珠七宝异果十种，列而供养。瓶底获一铜钱，上铸"至元通宝"四字。乃知圣人制法，预定冥中，待时呈显，开乎天意，即至元八年三月二十五日。帝后阅之，愈加崇重，即迎其舍利，立斯宝塔。

《宛署杂记》卷一九："妙应寺，旧名大圣寿万安寺，因有白塔，一名白塔寺，元至元八年修，有塔记。"所记之年代，即出此碑。《长安客话》卷二："白塔寺……世传是塔创自辽寿昌二年，为释迦佛舍利建，内贮舍利戒珠二十粒，香泥小塔二千，无垢净光等陀罗尼经五部，水晶为轴。后因兵燹湮没，每于静夜现光，居民惊疑失火，仰视之烟焰却无，乃知舍利威灵，人始礼敬。元至元八年，世祖发而详视，果有香泥小塔，石函铜瓶，香水盈满，色如玉浆，舍利坚固，灿若金粟，前二龙王跪而守护，案上五经，宛然无损，金珠七宝异果十种，列而供养，瓶底获一铜钱，上铸至元通宝四字。数已预定，有如此异常，帝后阅之，愈加崇重，即迎舍利，崇饰斯塔。取军持之像，标驮都之仪。碱砆下磬（成），琼瑶上钌。角垂玉杵，阶布石栏。檐挂华鬘，身络珠网。珍铎迎风而韵响，金顶向日而光辉。亭亭岌岌，遥映紫宫。制度之巧，盖古今所罕有矣。"（据1960年北京出版社排印本）更是摘录此碑文。按此碑所记"至元八年三月二十五日"，当如《客话》所理解，为世祖详视旧塔所出各种遗物之日。"帝后阅之，愈加崇重，即迎其舍利，立斯宝塔"应在至元八年三月二十五日之后，其具体年月，文献无征。至于该塔完工之时，延祐三年春程钜夫所撰该塔设计人阿尼哥神道碑云在至元十六年，《楚国文宪公雪楼程先生文集》卷七《凉国敏慧公神道碑》："延祐三年春，以集贤大学士邦宁颢之言，有诏树碑于凉国敏慧公墓道，翰林学士承旨某为之文。臣某谨奉诏。公讳阿尼哥，波罗国王之胄……少长每有所成，巧妙臻极……若西园之玉塔陵空，皆公心匠之权舆……（至元）十六年，建圣寿万安寺。浮图初成，有奇光烛天，上临观大喜，赐京畿良田亩万五千，夫指千，牛百，什器备。"又世祖"立斯宝塔"，为当时佛教界盛事之一，许多释氏书皆有记录，《大元至元法宝勘同总录》至元二十六年杭州灵隐禅寺住持沙门净伏序有云："大元天子佛身现世间，佛心治天下，万几暇余，讨论教典……遂乃开大藏金经，损者完之，无者书之，修大宝塔而放光；造诸梵而增新；塑诸佛而现瑞"（据影印碛砂藏本）。《佛祖历代通载》卷二二亦云："定光佛塔毫光发现，帝命开视，内有舍利，光耀人目，由是重建宝塔。"

《京西门白塔因缘志》："……精诚顶礼。积渐既久，遂为元室帝侧近臣都统领闻，敷陈原委，奏达宸聪，帝生胜信，乃诣塔所作意，思惟内有何等？爰启塔门，见众妙香塔下石函，内藏铁塔，铁塔内置赤铜宝瓶，盎然中满，晶莹透彻，甘露玻璃以为色状，佛舍利子光明耀□，金瓶下矍然二大龙王作擎举状。案净无尘，置陀罗尼契经五部、金珠七宝、种种药材以及果实，一一充溢，盛设攒拥，繁如华鬘，备极庄严。瓶底复有金钱一颗，取而审视钱面，豁见至元通宝四字凸出，帝思至元实乃己号，大觉圣人不可思议，未来之事靡不彻了，遂生无上皈敬之心。至元八季春念五，帝后眷属施多金宝，肇始修建高胜塔身，千万人众于根本塔兴不思议大供养已，簇拥迎供于大塔内。"按"二大龙王作擎举状"与碑文"前二龙王跪而守护"有异。"案净无尘，置陀罗尼契经五部"，似为碑文"案上五经，宛然无损"之误译。"种种药材"不见碑文。"帝侧近臣都统领闻，敷陈原委，奏达宸聪"，碑文作"奉御秃列，奏其祥瑞"；"一一充溢……备极庄严"，碑文作"列而供养"；"千万人众……迎供于大塔内"，碑文作"迎其舍利，立斯宝塔"，类此碑简志繁之处，约为据碑文所敷衍者。至于志文解释"至元八季春念五"为世祖"肇始修建高胜塔身"之日，疑是强将碑文"即至元八年三月二十五日"一句，向下文连读而致误，因此，"至元八季春念五"，开始建塔一说，在未发现其他证据之前，实不能遽信也。

取军持之像，

> 军持系梵语，或译作军迟。宋释道诚《释氏要览》卷中："净瓶，梵语军迟，此云瓶，常贮水，随身用以净手。寄归传云：军持有二：若瓷瓦者是净用，若铜铁者是触用。"（据《大正藏》卷五四）白塔塔身（即碑所云之"瓶身"）和相轮（俗呼十三天）部分合观之，恰是瓶状。此种瓶状塔为喇嘛教所特有，其来源似尚无定论，其类型大体上可分两式。塔身低、相轮粗、华盖宽大如白塔者，藏语云"噶当觉顿"[15]，西藏地区盛行于萨迦时期，萨迦北寺八思巴灵塔[16]和萨迦第一代本勤释迦贤、第二代本勤向准、本迦瓦、第四代本勤庆喜贤等人灵塔[17]以及康马雪囊寺塔[18]、拉萨东郊大塔[19]等皆属此式，其较晚之例，为明永乐十二年所建江孜白居寺十万佛像塔[20]。中原地区即始于此白塔，此外同为阿尼哥设计之五台山大塔[21]、至元末开雕于杭州灵隐寺飞来峰之塔龛[22]、延祐间建北京护国寺双塔[23]以及武汉黄鹤楼址的胜像宝塔[24]等，均与白塔大抵相类。喇嘛教格鲁派兴盛之后，另一种早期流行的塔身高、相轮细、华盖小、藏语名"觉顿"的塔型[25]，在西藏地区逐渐恢复，并很快取得了优势，这种情况，不久即影响到中原，明中叶以后内地各处兴修的喇嘛塔，皆作此式[26]。

标驮都之仪，

> 唐释玄应《一切经音义》卷二四："驮都，谓坚实也。此亦如来体骨舍利之异名。"（据清同治宝晋斋刻本）

妙罄奇功，深穷剞劂，琼瑶上钖，砡砆下成，

> 琼瑶，美玉。砡砆，石之似玉者。钖，钖砌也，《文选》卷一

班固《西都赋》李善注："钿砌，以玉饰砌也。"（据《四部丛刊》影印宋刻本）"琼瑶上钿，碱砆下成"，即形容此塔为玉石所砌，与此碑文"磨玉砣珉，树斯宝塔"和碑铭"营斯玉塔"诸句相应。按白塔全部皆于心部外，围砌青砖，青砖外再涂3~8厘米之白灰一层，白灰层磨压光洁，俨然玉石雕造，碑文和前引《凉国敏慧公神道碑》所云之玉塔，皆系形容之词，并非实录也。又此青砖外侧之白灰层，年久易脱落，历代所谓重修白塔，其主要工程大抵为剥去旧白灰层，重新再抹饰一层而已。最近一次抹饰，为1937年"旧都文物整理实施事务处"所重修，塔座南面西隅有刻石记其事。

表法设模，座镂禽兽，角垂玉杵，阶布石栏，

"座镂禽兽""阶布石栏"皆已无存。"角垂玉杵"约即指塔座角隅之角石高浮雕作杵状者而言。

檐挂华鬘，身络珠网，珍铎迎风而韵响，金盘向日而光辉，

"檐挂华鬘"，疑即指华盖四周下垂之透雕装饰物。"身络珠网"已无存。金盘当即华盖。华盖周垂铜铎三十六，故此云"珍铎迎风而韵响"也。

亭亭高耸，遥映于紫宫，岌岌孤危，上陵于碧落，制度之巧，古今罕有。

《京西门白塔因缘志》："……簇拥迎供于大塔内。大塔外现众多金刚如来菩萨身像凸出，亦复现有持妙供品好天女像，亦复现有悬网环、垂珠宝、金制宝铃钟等，如水晶山，光明炽耀，堪作世间一切苍生所皈敬处。"按此节与碑文不尽相同。

爰有国师益邻真者，西番人也。聪明神解，器局渊深。显教密教，无不通融，大乘小乘，悉皆朗悟，胜缘符会，德简帝心。

> 益邻真，《元史·世祖纪》译名不一。《世祖纪》五："（至元十一年三月）帝师八合思八归土番国，以其弟亦邻真袭位"；《世祖纪》六："（至元十三年）九月壬辰朔，命国师益怜真作佛事于太庙"；《世祖纪》七："（至元十六年）帝师亦怜吉卒。"[27] 五世达赖语自在妙善《西藏王臣记》亦记其事："（发思巴）弟宝幢，亦博通经续，发思巴由元返藏后，上命其嗣帝师位。四十二岁寂于汉土。"（据刘立千节译本，刘译本名《续藏史鉴》，1945年成都华西大学华西边疆研究所排印本）

每念皇家信佛，建此灵勋，益国安民，须凭神咒，乃依密教，排布庄严，安置如来身语意业，上下周匝，条贯有伦。第一身所依者：先于塔底，铺设石函，刻五方佛白玉石像，随立〔"立"，各本皆同，但依文意推测似为"方"之讹〕陈列，傍安八大鬼王、八鬼母轮，并其形象，用固其下；

> 白塔既为国师益邻真依密教排布庄严，则排布之日，似不能早在至元十一年三月益邻真袭位之前；而此种排布，又系从塔底开始，所以其时自当距该塔兴建之初相去不远。《元史·世祖纪》四最末云："是岁（至元九年）……建大圣寿万安寺。"按大圣寿万安寺之建，由于安奉栴檀瑞像，《佛祖历代通载》卷二二："帝（元世祖）一日曰：栴檀瑞像现世佛宝，当建大刹安奉，庶一切人俱得瞻礼，乃建大圣寿万安寺。"而该像于至元十二年始自南城圣安寺移来仁智殿，《楚国文宪公雪楼程先生文集》卷九《栴檀佛像记》："（栴檀佛像）南还燕宫内殿居五十四年。大元丁丑岁三月，燕宫火，尚书省石抹公迎还圣安，居五十九年，而当世祖皇帝至元十二年乙亥，遣大臣孛罗等备法仗羽驾音伎四众奉迎居于万寿山仁智殿。"因疑兴

建大圣寿万安寺之议，不能早于至元十二年；所以前引《旃檀佛像记》和《佛祖历代通载》卷二一均谓"丁丑（至元十四年）建大圣万安寺"；前引《凉国敏慧公神道碑》和《元史·世祖纪》七又均记在至元十六年（《元史·世祖纪》七：〔至元十六年〕建圣寿万安寺于京城。"）然则《世祖纪》四所云至元九年建大圣寿万安寺者，其即指白塔创始之时欤[28]？

《京西门白塔因缘志》："……堪作世间一切苍生所皈敬处。大元帝时，复有藏中大阿阇黎，传讹名倚林吉加意，其真名乃文殊剑，显密五明，罔不通达修证，获得胜妙，悉地彻已了，知二种真实，鼎值皇帝深信佛法，普于三宝，欢喜供施，如法资具，雅堪称号信佛法王。阿阇黎檀越爰相筹议，于舍利塔踵事增华，添高益大，般若等经及四本续首尾次第，书命木上，集无量数显密契经，珍袭秘置于大塔内，宝器舍利以实中腹，新造白玉五方如来诸佛身像，配于八面，比之周匝有忿怒男及忿怒女多尊围绕，以为呵护其下。"按倚林吉加意即碑文之益邻真。"其真名乃文殊剑"为碑文所无。"雅堪称号信佛法王""般若等经及四本续首尾次第"俱为碑文所无。"书命木上"之后附汉译者之按语云："按命木，藏名叟心，即装藏用之直木。"疑为碑文"条贯有伦"一语相应。"集无量数显密契经……以实中腹"疑与碑文"第一身所依者，先于塔底，铺设石函"句有关。

次于须弥石座之上，镂护法诸神：主财宝天、八大天神、八大梵王、四王九曜，及护十方天龙之像；

按白塔须弥座亦非石砌，与前述之白塔制作相同。据现在白塔寺保管员白喇嘛云："塔座四周原嵌有各种形象之雕砖，以其残损特甚，故1937年重修时均以白灰抹平，未予保留。"此隐于现在白灰层内之雕砖，其即碑文所述于须弥石座之上所镂之护法诸神乎？

后于瓶身,安置图印、诸圣图像,即〔"即"原作"及",据碛砂、元刻、南藏改〕十方诸佛、三世调御、般若佛母、大白伞盖、佛尊胜无垢净光、摩利支天、金刚摧碎、不空罥索、不动尊明王、金刚手菩萨、文殊、观音,甲乙环布。第二语所依陀罗尼者,即佛顶无垢、秘密宝箧、菩提场庄严、迦啰沙拔尼幢、顶严军广博楼阁、三记句咒、般若心经、诸法因缘生偈,如是等百余大经,一一各造百千余部,夹盛铁锢,严整铺累。第三意所依事者,瓶身之外,琢五方佛表法标显,东方单杵,南方宝珠,西方莲花,北方交杵,四维间厕四大天母所执器物。

此瓶身之外所"琢五方佛表法标显"和"四维间厕四大天母所执器物",今俱不存。武汉胜像宝塔亦琢有"五方佛表法标显",但位置于须弥座每面之中部,与此琢于瓶身者不同。《京西门白塔因缘志》:"……以为呵护其下。狮座上有众多大护法王、帝释梵天等及诸方护法神十、天龙八、萨神亦八、十有八、毘沙门等大天王四、威猛神九,诸尊并皆以石为质。诸空隙处,又复置有模印所成佛菩萨像,暨持种种供器供品好天女像,掩映严丽,不可胜计。此上则有般若佛母、顶髻白盖、顶髻尊胜、顶髻无垢、顶髻寂静、具光耀母、秽迹金刚、冬雍暇巴、无颠倒佛暨金刚手与观世音、文殊尊等大菩萨。口尊则有顶髻无垢、秘密舍利、无上菩提、十万璎珞、微妙顶首、宝尊胜盖、大力超胜、顶髻炽燃、拾级履楼、三聚净戒吉巧心等分类真言,数各百千,合为十万,实于铁函。意尊则有大塔内围四方石上,南置珍宝,西置莲花,北羯磨杵,东金刚杵及与四隅雕刻所显四妙天女所执持物。"按"般若佛母"前之"此上则有"与咒名之后的"合为十万",皆为碑文所无。诸咒名与碑文有异,《因缘志》记诸咒名之后附汉译者按语云:"以上咒名中土多尚不传,苦无成语足资依据,勉为径译,愧难甚惬",据此知汉译咒名不足据。"大塔内围四方石上"即碑文之"瓶身之外"。

又取西方佛成道处金刚座下黄腻真土，及此方东西五台、岱岳名山圣迹处土〔"土"原作"士"，据碛砂、元刻、南藏改〕，龙脑沈笺、紫白旃檀、苏合郁〔"郁"，碛砂、元刻、南藏均作"骨"〕金等香，

> 乾隆《蔚县志》卷五："五台山在城东一百里，其山五峰突起，俗称小五台，又东五台，以别于晋之清凉山。"

金银珠玑，珊瑚七宝，共擣香泥，造小香塔一千〔"千"原作"干"，据碛砂、元刻、南藏改〕八个；又以安息、金颜、白胶、熏陆、都梁、甘松等香；和杂香泥，印造小香塔一十三万，并置塔中，

> 清宣统二年，北京护国寺东舍利塔下部崩塌，内出印造之小泥塔甚多，刘敦桢先生《北平护国寺残迹》文中曾附有线图二种，高4厘米左右，径3～4厘米[29]。
> 《京西门白塔因缘志》："……四妙天女所执持物。复有印度金刚座土、五台诸山大刹水土暨白丁香、红白旃檀合沉香等诸上妙香、金银、真珠、珊瑚、琥珀、众宝石等，共萃为细末，所造萨擦百三十万，充于塔内"。按萨擦之后附汉译者按语："萨擦乃译（藏）音，形如塔而渺小。"[30]当即碑文之小香塔。碑文"印造小香塔一十三万"，与此百三十万之数字有异。

宛如三宝常住不灭，则神功圣德，空界难量，护国佑民，于斯有在。

> 《京西门白塔因缘志》："……充于塔内。塔外高量四十三套。所起塔相令人瞻仰，犹如纯白水晶山王，祥瑜骈臻，庄严灿备，如是具足，无量三宝，全力加持，亦即叠云无数尊圣，庄严成就，白塔周匝九类四生，福德所感净妙国土。"[31]按此节与碑文不尽相同，其记"塔外高量四十三套"，更为碑文所无。此塔高数字之后，附有汉译者按语云："俗谓两臂平

伸，左右手尖相距之长度为一拓。现由塔院地面计至塔顶，适得二十丈八尺。伞盖直径适得七拓。"

窃论古今贤哲，但载空名，校其灵踪〔"踪"原作"縱"，据碛砂、元刻、南藏改〕，杳然无迹。黄帝乔山之冢，谩葬衣冠；虞舜苍悟之陵，空委韶乐。伏羲但存于八卦，文命唯设于九畴。奚闻不朽之真，讵见刚贞〔"贞"原作"真"，据碛砂、元刻、南藏改〕之骨？岂若牟尼舍利神化无方，炼而愈精，锤而愈固，金坚玉润，历古恒传，圣帝明王累朝钦奉，故唐太宗皇帝有赞〔宋释法云《翻译名义集》卷五引此赞作"(宋)太宗皇帝圣制颂"（据《四部丛刊》影印宋刻本）〕云：功成〔"成"原作"德"，据碛砂、南藏和《翻译名义集》引文改〕积劫印纹端，不是南山得恐难。眼觑数重金色润，手擎一片玉光寒。炼时百火精神透，藏处千年莹彩完。定果熏修真秘密，信〔"信"《翻译名义集》引文作"正"〕心莫作等闲看。又〔原无"又"字，据碛砂、元刻、南藏增〕宋仁宗皇帝赞凤翔法门寺舍利塔偈曰：金骨灵牙体可夸，毫光一道透云霞，历代君王曾供养，累朝天子献香华。铁锤任打徒劳力，百火焚烧色转加〔"毫光一道透云霞"以下，原作"铁锤任打徒劳力，累期天子献香华。历代君王曾供养，为火焚烧色转加"。据碛砂、元刻、南藏改〕。年年只闻开舍利，何曾顶戴老君牙？宋仁宗皇帝观礼舍利述偈赞〔《翻译名义集》引作"(宋)仁宗皇帝御制赞"〕云：三皇掩质皆归土，五帝潜形已化尘，夫子域中夸是圣，老聃〔"聃"《翻译名义集》作"君"〕世上亦言真。埋躯秖见空遗冢，何处将身示后人？惟有吾师金骨在，曾经百炼色常〔"常"《翻译名义集》作"长"〕新。察此至言，可为龟鉴。按龙树菩萨《智度论》云：如来舍利济物将终，变作轮王如意宝珠，犹与群生为大利益，则真灵不歇，福世何穷！

今天子不忘付嘱之言，恒存外护之意，笃信佛理，食息匪移，凡殿宇新成，必召僧梵讲，新都适就，先创斯塔，托佛力之加佑，冀宝祚之永长，保大业之隆昌，享天禄于遐载，惧陵迁而谷变，恐鸿烈而弗传，爰诏末释，发挥斯道。余才非琳、远，学愧生、融，勉力摛毫，乏曹娥之八字，竭情抒思，劳杨雄之五神，钦吾皇弘赞之心，嘉舍利重光之美，手舞足蹈，谨系铭言：

金藏云垂，玉蕊华芳，妙哉贤劫，千佛表祥。圣祖能仁，第四出世，云起陀天，风翔迦卫。天擎宝盖，龙吐金盆，东西独步，上下称尊。道成摩竭，智满觉场，青莲出水，皓月腾光。声偏尘方，法周沙界，无为而化，不言而会。剖尘中经，指衣内宝，迷者知归，愚者怀道。教设三乘，本为一实，大事一周，归神常寂。戒定熏修，广流舍利，福庇人天，恩沾动植。初兴西竺，后播东州，龙宫帝阙，礼供无休。僧会感灵，吴邦首建，魏后真诚，永宁大闸。钦惟我皇，眷怀正道，墙堑佛门，匡弼法宝。筑此金城，营斯玉塔，楚璧回环，燕珉周匝。绵联珠网，交络华缨，光生帝苑，壮观王城。檐倾远岫，户映乔林，松风飒飒，桂魄沈沈。至元统号，圣意难量，塔中显出，方见其详。惟兹神造，福我帝居，与天同久，万古不渝。

白塔之建，此碑一再记述其目的为福帝居。友至元二十五年大圣寿万安寺成，成宗时又置世祖、裕宗影堂于寺之后，镇慑都邑之说，遂渐归于寺，缪荃孙传抄本《顺天府志》卷七引《大元一统志》云："大圣寿万安寺，按大都图册，国朝建北大刹，在都城内平则门里街北，精严壮丽，坐镇都邑。"但白塔巨制，其压胜意义仍存民间，故清朱彝尊《日下旧闻》引明孙国敉《燕都游览志》犹有："相传西方属金，故建白塔镇之"（据清乾隆刻本《日下旧闻考》卷五二）之记载。

注释

[1] 此塔通体颜色灰白，表面亦未施彩绘，故有白塔之俗称。元张翥《蜕庵诗集》卷一（戊子〔元顺帝至正八年〕）四月十四日习仪白塔寺有旨翥升院判诗（据《四部丛刊》续编影印明刻本）之白塔寺，清朱一新《京师坊巷志稿》卷上引《析津志》"福田坊，在西白塔寺"（据1962年北京出版社排印本）之西白塔寺，皆是此寺。《元史·五行志》二记"至正二十八年六月甲寅，大都大圣寿万安寺灾"时，亦云："此寺旧名白塔。"是白塔之俗名，元代即有之矣。

妙应寺为明景泰八年改，《宛署杂记》卷一九："妙应寺旧名大圣寿万安寺……景泰八年宛民郭福请于朝，修寺，赐今名。刑部侍郎董矩记。"景泰八年正月英宗复辟，改元天顺，所以《长安客话》卷二、《帝京景物略》卷四和《春明梦余录》卷六六，又均作天顺元年。

[2] 黄盛璋《北京白塔寺的白塔创建年代与中尼文化交流》，《现代佛学》1961年4期；于柯《关于北京妙应寺白塔的创建年代》，《考古》1962年5期。

[3] 光绪三十三年刻本，据卷前应诠序，知出自清龙藏，但文字多讹误，且又妄增卷数，为现存《辨伪录》最劣之本。

[4] 张伯淳《辨伪录序》："至元辛卯（至元二十八年）之岁孟春，大云峰长老迈吉祥钦奉皇帝明命，撰述《至元辨伪录》，奏对天颜，睿览颁行，入藏流通。"是此书入藏之前，并未单刻，因此元藏所收，当是该书的最早之本。此"入藏流通"之元藏，应即至元敕刊之弘法藏，弘法藏现已无存，据叶恭绰《碛砂延圣院小志》和《影印碛砂版大藏经例言》（两文均刊影印宋碛砂藏经首册之一）所考碛砂武迄遵字函为大德十年至十一年松江僧录管主八依大都弘法寺本所补刊，碛砂本《大元至元辨伪录》收在何字函，适在管主八补刊诸经之中，是弘法祖本虽亡，从其所出之碛砂犹在，碛砂之为《辨伪录》最佳之本，并不是偶然的事。

[5] 北京图书馆所藏元刻本，半叶十行，行廿字。有"钱曾之印""遵王""季振宜藏书""香严居士""潘祖荫藏书记""张""之洞私印"等藏书印。卷前《大元至元辨伪录随函序》下有注文云"何字函"，卷末亦有注文云"以上并在大藏何字函"。碛砂藏《辨伪录》正排在何字，因知此单刻本出自碛砂，并非大藏以外的另一系统。

[6] 明南藏《辨伪录》行款与书中的提行情况皆同碛砂本，知系复自碛砂。此后，明北藏、清龙藏诸本皆沿自此系统。日本《大正藏》卷五二所收之《辨伪录》出自明北藏，见《大正新修大藏经勘同目录》（刊《昭和法宝总目录》第一卷）。

[7] 《京西门白塔因缘志》卷前录菩提海、何瑛题衔全文为："西藏塞（色）拉寺格西、青海文家寺堪布、菩提海上师讲授"，"北平菩萨优婆夷何瑛曼慧敬译"。文家寺在青海民和县。

[8] 此为第三世章嘉呼图克图。清释聚用《重校清凉山志》卷三有传云："纯庙登极，（章嘉国师）应诏入京，翻译大藏中一切咒语，以汉满蒙藏四体并列，使读者了然，不限方域，刊为梵笈，用广流传。尝言其国有狼达尔玛汉者，灭法毁教，其后补缀未全，而经已佚，因假楞严善本，四译而归之。又佐庄亲王修《同文韵统》。"（据1933年苏州弘化社排印本）此外，清昭梿《啸亭杂录》卷一〇（据清宣统元年中国图书公司排印本）、近人谦喻《新续高僧传四集》俱有传，不具录。于道泉《释注明成祖遣使召宗喀巴纪事及宗喀巴复明成祖书》附录三节译蒙文《章嘉喇嘛智慧教幢传》记此章嘉云："章嘉游戏金刚一名章嘉智慧教灯，于第十二胜生之丁酉年（康熙五十六年）正月初十日生于西宁，父名古噜丹津，母名卜结。"（于文刊《庆祝蔡元培先生六十五岁论文集》，下册）承民族学院李有义先生见告，清华大学藏清末北京嵩祝寺藏文版《历代章嘉世系》，其记第三世有云："第三世章嘉呼图克图，名绕贝多吉（译意为'游戏金刚'），清康熙五十六年生于青海夏麻帕察，通汉满蒙藏文，著作丰

富，文字优美，极为乾隆所崇信，也为蒙藏喇嘛所尊奉。乾隆四十一年卒于北京，墓塔在山西五台山镇海寺"。

[9] 此书藏文原本藏所不详。北京市文物组新抄系据1938年白杨曾抄本过录者。白本原藏妙应寺，现存雍和宫。又妙应寺七佛殿北檐下悬有此文节录匾。

[10] 道者山在河北昌黎。民国《昌黎县志》卷二："道者山，县西北二十里，其上旧有道者寺故名。山麓有云峰寺"。

[11] 念常记如意撰《辨伪录》之年，与[4]引张伯淳《辨伪录》序所记不同，不详其所据。

[12] 北京图书馆藏有此书明刻本，书名作《韩文公别传注》，前后集各一卷。

[13] 《显密圆通成佛心要集》原书不分卷。后世翻刻有析为上下两卷者，如通行之清同治十一年金陵刻经处刻本；有分上中下三卷者，如明朱俊栅校刻本，即明精一堂刻本。

[14] 1959年中华书局《元明史料笔记丛刊》所收合校本《草木子》，无此条。

[15] 此承拉萨色拉寺堪布隆珠塔格和日喀则札什伦布寺堪布纳旺金巴等大喇嘛见告，并云："相传为噶当教派所创。"按噶当教派宗风大振于11世纪中晚期，参看《续藏史鉴》，该书系五世达赖昂旺·罗桑嘉措《西藏王臣记》的节译本，刘立千译，华西大学华西边疆研究所排印本，1945。

[16] 《元史·世祖纪》九："（至元）十九年……造帝师八合思八舍利塔。"该塔近代曾加修饰，但原建形态尚未尽失。

[17] 参看已收入本集的《西藏日喀则地区寺庙调查记》萨迦寺条。

[18] 参看王毅《西藏文物见闻记（四）》，《文物》1961年1期。

[19] 承旅居拉萨多年的祝维汉先生见告，此塔为噶举策（蔡）巴派开派寺院之塔。

[20] 同[18]。

[21] 《楚国文宪公雪楼程先生文集》卷七《凉国敏慧公神道碑》："最其（阿尼哥）平生所成，凡塔三……"其一在山西五台山，"大德五年建浮图于五台，始构有祥云瑞光之异。"按此塔即明永乐、嘉靖、万历三朝再三重修之大塔院寺"释迦文佛真身舍利宝塔"。参看明释镇澄《清凉山志》卷四著录之永乐庚辰太宗文皇帝御制五台感应序（据明万历刻本）和大塔院寺现存之嘉靖十七年《五台山大塔院寺重修阿育王所建释迦文佛真身舍利宝塔碑》、万历十年《敕建五台山大塔院寺碑记》。

[22] 参看日本人关野贞、常盘大定《支那佛教史迹》（东京日本佛教史迹研究会，1927）第5辑，图版87。

[23] 参看刘敦桢《北平护国寺残迹》，刊《中国营造学社汇刊》6卷2期。

[24] 武昌胜像宝塔，方志皆记为元建。如同治《江夏县志》卷二："宝像塔在黄鹤楼前，元威顺王太子墓。王名宽澈普化。墓用塔，元制也。塔高三丈，石色润白。"塔前石坊亦记为元建，清孙星衍《寰宇访碑录》卷一二著录："胜像宝塔石坊题字，正书，至正三年。湖北江夏。"（据商务排印本）民国《湖北通志·金石志》一四引《湖北金石诗注》："胜像宝塔四大字匾额，字径六寸，首行题威顺王太子建六字，末行题大元至正四字，在黄鹤楼前石牌坊上。"但1955年5月武汉市文物管理委员会拆除重建该塔时，于塔心内室，发现有"洪武二十七年岁在甲戌九月乙卯谨志"刻铭之铜瓶，是该塔建年究竟是元，还是明初，尚不能断。参看蓝蔚《武昌黄鹤楼胜像宝塔的

拆掘工作报导》，刊《文物参考资料》1955年10期。

［25］此承色拉寺堪布隆珠塔格等大喇嘛见告。

［26］同［23］。

［27］益邻真事迹又见《元史·释老传》："帝师八思巴……（至元）十一年请告西还，留之不可，乃以其弟亦怜真嗣焉……亦怜真嗣为帝师，凡六岁，至元十九年卒。"此至元十九年当为至元十六年之误。关于益邻真译名问题，承李有义先生见告："按继八思巴为帝师者，系策琳沁（此从清毕沅《续资治通鉴》卷一八四《元纪》二，沅注有云：'旧作赤怜真，今改'）亦邻真或益邻真均系讹传。德格旧抄本藏文《萨迦世系》载：'八思巴有异母弟琳沁坚参'，'琳沁'为简称，'策'系帝师之简称。琳沁坚参意译为'宝幢'。"

［28］大圣寿万安寺为元代皇室在大都兴建的重要工程之一。《佛祖历代通载》卷二二记该寺四界为世祖所亲定："帝（世祖）建大圣寿万安寺，帝制四方，各射一箭，以为界至。"至元十四年或十六年开始兴建之后，世祖曾命中卫军伐木供料，《元史·世祖纪》十："（至元二十二年十二月）戊午，以中卫军四千人伐木五万八千六百，给万安寺修造。"是年世祖又亲命知谦为寺第一代开山主，缪荃荪传抄本《顺天府志》卷七引《宗原堂记》："……继以领释教都统开内三学都坛主开府仪同三师（司）光禄大夫司徒邠国公知谦。至元二十二年，世祖皇帝建圣寿万安寺于新都，诏栋（谦）公开山主。"至元二十五年万安寺主要工程大抵告竣，《元史·世祖纪》十二："（至元二十五年夏四月）甲戌，万安寺成。佛像及窗壁皆金饰之，凡费金五百四十两有奇，水银二百四十斤。"装饰华丽有若内廷，《元史·五行志》二："此寺旧名白塔，自世祖以来为百官习仪之所，其殿陛栏楯，一如内廷之制。"其内部布置，世祖亦曾亲自主持：至元二十六年移奉旃檀瑞像于寺后殿，《楚国文宪公雪楼程先生文集》卷九《旃檀佛像记》："（至元）二十六年己丑，自仁智殿奉迎（旃檀佛像）居于（大圣寿万安）寺之后殿焉"，此事亦见《元史·世祖纪》十二："是岁（至元二十六年）……幸大圣寿万安寺，置旃檀佛像"；两廊亦因世祖之意未置塑像，《佛祖历代通载》卷二二："帝（世祖）建大圣寿万安寺成，两廊拟塑佛像，监修官闻奏，帝云不须塑泥佛，只教活佛住。"其整体布局，可从樵拟此寺兴建之普庆寺情况推知。姚燧《牧庵集》卷一一《普庆寺碑》："至大之元（皇帝为皇祖妣徽仁裕圣太后建大承华普庆寺）……乃市民居，倍售之值，跨有数坊。直其门为殿七楹，后为二堂，行宁（厅）属之，中是殿堂，东偏仍故殿，少西叠甓为塔，又西再为塔，殿与之角峙。自门徂堂，庑（厅）属之，中是殿堂，东偏仍故殿，少西叠甓为塔，又西再为塔，殿与之角峙。自门徂堂，庑以周之。为僧徒居中建二楼。东庑通庖井。西庑通海会市，为列肆，月收僦赢，寺须是资。大抵樵拟大帝（世祖）所为圣寿万安寺而加小，其磐础之安，陛陁之崇，题桼之骞，藻绘之辉巧不劣焉，亦大役也。"（据《四部丛刊》影印《武英殿聚珍版丛书》本）世祖卒，成宗即置世祖、裕宗影堂于此寺，《元史·五行志》二："成宗时，置世祖影堂于（大圣寿万安寺佛）殿之西，裕宗影堂于殿之东，月遣大臣致祭。"此后，万安寺工程仍在继续，《元史·百官志》三："至大四年因建大圣寿万安寺，置万安规运提点所……延祐二年陞都总管府……（天历）三年

以万安规运提点所既废，复立万安营缮司。"是天历三年以后，万安工程犹未停止。自至元十四年或十六年以来，迄天历三年以降，前后历五六十年所经营之大圣寿万安寺，大约毁于至正二十八年六月甲寅火，《元史·五行志》二："（至正二十八年六月）甲寅，大都大圣寿万安寺灾。是日未时，雷雨中有火自空而下，其殿脊东鳌鱼口火焰出，佛身上亦火起。帝闻之泣下，亟命百官救护，惟东西二影堂神主及宝玩器物得免，余皆焚毁。"其时下距顺帝北走不过二阅月（《元史·顺帝纪》十："〔至正二十八年闰七月丙寅〕夜半，开健德门北奔。八月庚申，大明兵入京城"），元皇室已无余力再筹恢复矣。明初，寺已荒废，白塔似为仅存之重要遗物，所以《宛署杂记》卷一九记："至宣德八年敕修白塔"，而未及其他。至于该寺再建，则迟至明景泰八年，参看［1］。今日妙应寺规模，大体沿袭景泰再建之制，所存元物除白塔外，似仅三佛殿、七佛殿两殿基及两殿基间之穿廊基，即所谓工字殿基而已。

［29］同［23］。

［30］萨擦，《元史·释老传》译作擦擦："又有作擦擦者，以泥作小浮屠也。"

［31］《京西门白塔因缘志》于"净妙国土"之后，记明迄清乾隆十八年之修饰事迹，以其有关白塔历史，因附录如下："塔前复建佛殿僧厨，四事（时）供养，靡不周赡。厥后大明景泰三年，成化三年及与嘉靖十一年时，并曾饰补此高胜塔暨佛殿宇，身口意尊，敬供僧伽衣食资物。逮我大清康熙皇帝廿有七年，重加修缮，于此黄教僧众所居真阿兰若最极钦赞，施钱粮等多兴供养。今大法王乾隆皇帝十有八年，崇饰大塔，复于塔巅增口佛陀舍利甚多，兼复实有护国顶髻大白伞盖真言宝鬘世尊所说全部大藏一切语尊，塔及殿宇悉令严好。"

此文清抄后，蒙向觉明先生见告："最近期《现代佛学》所刊鉴安《饶云别录》中，记有卷子本《辨伪录》。"按鉴安文刊《现代佛学》1962年第2期，据云曾在太原山西省文物管理委员会见《辨伪录》四卷，该书原在赵城广胜寺"金藏"的鉴字帙，后归赵城好义村张筱衡先生收藏，张氏得此书在1933年蒋唯心整理"金藏"之前，所以为蒋目（蒋目附《金藏雕印始末考》之后）所未载。我获此意外消息不久，承山西文管会惠寄《辨伪录》照片，校读之下，颇为失望，其讹误之多，较清光绪三十三年刻本为尤甚："印度阎浮竞崇兴于宝塔"之"宝"，误为"实"；"译梵贝于兰台"之"贝"，误为"具"；"英声震于百蛮"之"蛮"，误为"变"；"深穷剀剧"之"剀"，误为"部"。若此之类，不遑枚举。正在疑惑间：忽于卷末得"元至正辨伪录卷第五营八"一行，因细审照片，始发现此书原为抄配。按《辨伪录》唯有明南藏排在"营"字，而明南藏本《辨伪录》的全名，又正作《元至元辨伪录》，然则，此广胜寺"金藏"鉴字帙中之《辨伪录》并非元刻，盖后人据明南藏本草率抄补者也。自是弘法原本《辨伪录》复出之梦，于焉告终，现存《辨伪录》最佳之本，仍不能不推碛砂矣。

附　记

顷读新出版的陈庆英、马连龙汉译章嘉弟子土观·罗桑曲吉尼玛（1737—1801年）所撰《章嘉国师若必多吉传》（藏文原名汉译应作《具善教法严饰奇异殊胜善说》），知乾隆以前白塔寺即与章嘉有施主关系，该传第五章记："（雍正时）白塔寺的喇嘛等一些皇宫里的僧官……都请求担任章嘉活佛的主要施主。"第十三章记乾隆十六年（1751年）以后，章嘉奉敕在北京、承德两地建寺立庙（在宫城内仿托林寺建佛堂，在避暑山庄仿桑耶寺建普宁寺），章嘉之撰《京西门白塔因缘志》（《章嘉传》译本所附《章嘉若必多吉著作目录》译作《北京西门之白塔寺志·宏扬正信》）约即在此阶段。

1989年2月

本文原刊《考古》1963年1期，页37～47、50。此次重刊除校改错字和对［8］［17］两注有更动外，另写附记一则如上，并增加插图两幅。

居庸关过街塔考稿

居庸关过街塔，现塔毁基存，此残存之塔基，即1961年3月所公布的第一批全国重点文物保护单位名单中之"居庸关云台"[1]。该塔为元顺帝所建重要佛教建筑物之一，位在自元大都至上都通路之上，规制弘巨，形式特殊，为当时往来两都者所注目，是以词臣游客屡有记述。唯入明以来，此种记述散佚甚多，其偶存者[2]亦多诗篇，诗篇重吟咏，记事则不足，故元亡塔毁之后，其原来情况遂日渐隐晦。白近年搜集佛教考古文献资料，发现元末熊梦祥辑录此塔事迹四则，熊氏以叙述大都及其附近故事见称，且其中居然录有已佚之欧阳玄《居庸关过街塔铭》全文，欧阳铭为过街塔创建之基本史料，因据以检核遗迹，旁证有关记录，撰居庸关过街塔考。本文内容：首录新发现史料原文，并略考其来源及辑录者熊氏事迹；次叙过街塔兴建沿革、形制意义及券壁雕饰诸项；末附该塔原状示意图及图说。

一、熊梦祥辑录居庸关过街塔事迹四则

1. 四则原文

（一）北京大学图书馆藏缪荃孙艺风堂抄本《顺天府志》（以下简称缪抄府志）卷一四昌平县关隘条引《析津志》【图17-1】云：

（居庸关）在（昌平县）西北四十里。天下山皆出昆仑，其高一千里，犹人之有顶也。上党为之脊，由上党而西，则为北条、中条、南条，直入终南陇蜀，相接牂牁越巂，入于南海。东

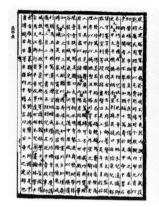

图17-1 艺风堂抄本《顺天府志》卷一四引《析津志》《松云闻见录》书影

则膺韩腹赵,喉魏口然(按"然"为"燕"之讹),跨辽东,负绝漠,连亘数千里,入于三韩、肃慎、高句丽。居庸在直都城之北,中断而为关,南北三十里,古今夷夏之所共由,定(疑"定"为"是"之讹)天所以限南北也。每岁圣驾行幸上都,并由此涂(途),率以夜度关,跸止行人,到(按"到"为"列"之讹)笼烛夹驰道而趋,南龙虎台,北棒槌店,皆有次舍,国言谓之纳钵关,置卫领之,以司出入。至正二年(1342年)今上始命大丞相阿鲁图、左丞相别儿怯不花创建过街塔,在永明寺之南,花园之东。有穹碑二,朝京而立。车驾往回或驻跸于寺,有御榻在焉。其寺之壮丽,莫之与京。关之南北有三十里,两京扈从大驾春秋往复多所题咏,今古名流并载于是。

此缪抄府志,曾藏德化李盛铎木犀轩,李氏题书衣云"此书乃从《永乐大典》抄出",但未言所据。按北京图书馆藏大典本《顺天府志》残本二卷[3],其前卷末有"《永乐大典》卷之四千六百五十"一行,此残本前卷正与缪抄府志卷七全同,检《永乐大典目录》[4]卷一三,其卷四六四四至卷四六六三天字韵下,列顺天府一至二〇,而卷四六五〇适为顺天府七。由此可知:缪抄府志与北京图书馆藏所谓大典本《顺天府志》残本者,皆系照录大典顺天府原文[5];而缪抄府志卷一四当即大典卷四六五七、顺天府一四。

（二）北京某氏藏抄本《析津志》（以下简称抄本《析津志》）岁纪条云：

> 大驾于八月内或九月初，自李陵台一纳钵之后，次第而至居庸关南佛殿，亦上位自心创造，并过街三塔，雄伟踞高穹，碑屹立，西则石壁，东则陡峻深壑，蔚为往来之具瞻，界截天堑，古今重名，此其一也。

此抄本《析津志》，系过录原为山阴李宏信小李山房旧藏，后归会稽徐维则铸学斋之旧抄本者。该书原佚书名，李氏以书末录有《宪台通纪》序，疑为《宪台通纪》。徐氏考其非是，但未断为何书[6]，现题《析津志》，当出李氏之后，不悉为何人所定。按该书内有"臣梦祥曰……"一则，夹注录"已上并见《析津志》"者六处，考现存熊梦祥《析津志》佚文，直接间接俱出自大典，而此书眉端又录有"查大典原本……俱原本叙置"校记一则，是此书亦系自大典抄出[7]，至于此条是否引自《析津志》，并无直接证据。

（三）缪抄府志卷一四昌平县关隘条引《松云闻见录》【图17-2】云：

> 过街塔铭，欧阳玄文。关旧无塔，玄都百里，南则都城，北则过上京，止此一道。昔金人以此为界，自我朝始于南北作二大红门，今上以至正二年（1342年）始命大丞相阿鲁图、左丞相别儿怯不花等创建焉。其为壮丽雄伟，为当代之冠，有敕命学士欧阳制碑铭。皇畿南北为两红门，设局镐，置斥候。每岁之夏，车驾清暑滦京，出入必由于是。今上皇帝继统以来，频岁行幸，率遵祖武。一日，揽辔度关，仰思祖宗勘定之劳，俯思

图17-2 艺风堂抄本《顺天府志》卷一四引《松云闻见录》书影

山川拱抱之壮，圣衷惕然，默有所祷，期以他日，即南关红门之内，因两山之麓，伐石甃基，累甓跨道，为西域浮图，下通人行，皈依佛乘，普受法施。乃至正二年（1342年）二月二十一日以宿昔之愿，面谕近臣旨意若曰："朕之建塔宝，有报施于神明，不可爽然，而调丁匠以执役则将厉民，用经常以充费则将伤财，今朕辍内帑之资，以助营缮，儌工市物，厥直为平，庶几无伤财厉民之虑，不亦可乎。"群臣闻者莫不举首加额，称千万寿。于是，申命中书右丞相阿鲁图、左丞相儿怯不花（按"儿"前脱"别"字）、平章政事帖木儿达识、御史大夫太平总提其纲，南星剌麻其徒日亦恰朵儿、大都留守赛罕、资政院使金刚吉、太府监卿普贤吉、太府监提点八剌室利等，授匠指画，督治其工，卜以是年某月经始。山发珍藏，工得美石，取给左右，不烦挽输，为费倍省。堑高埋庳，以杵以械，墌坚且平，塔形穹窿，自外望之，输（按"输"为'轮'之讹）相奕奕。人由其中，仰见图覆，广壮高盖，轮蹄可方。中藏内典宝诠，用集百虚，以召诸福。既而缘崖结构，作三世佛殿，前门翚飞，旁舍棋布，赐其额曰："大宝相永明寺"。势连岗峦，映带林谷，能令京城风气完密，如洪河之道，中原砥柱以制横溃，如大江之出三峡，激滟以遏奔流，又如作室，北户加瑾，岁时多燠。由是邦家乂宁，宗庙安妥，本枝昌隆，福及亿兆，咸利赖焉。五年（1345年）秋，驾还自滦京，昭睹成绩，乃作佛寺，行庆讲（按"讲"为"讃"之讹）仪。明年三月二十日，中书左丞相别儿怯不花、平章政事纳璘、教化、参知政事朵儿典（按"典"为"直"之讹）班等，请敕翰林学士承旨欧阳玄为文，江浙行省平章政事达世帖木儿书丹，翰林学士承旨张起岩篆额，勒之坚石，对扬鸿厘，上允所请，于是中书传谕臣玄等。玄谨拜手稽首言曰：自古帝王之建都也，未有不因山河之美以为固者也，然有形之险，在乎地势，无形而固者，在乎人心，是故先王之治天下，以固人心为先。固之之道，惟慈与仁，必施诸政，是故使众曰慈，守位曰仁，六经之言也，求之佛氏之说，有若符合者矣。我元之初取金也，既入居庸，寻振旅而出，盖知金季之政,不足以固人心也,又奚必据险以扼人哉。世皇至元之世,南北初一,天下之货聚于两都,而商贾出是关者,讥而不征,此王政也。皇上造塔于其地,一铢一粟,一米一石,南亩之夫一无预焉,于以崇清净之教,成无为之风,广恻隐之心,行不忍人之政,冥冥之中,敷锡庶福,阴骘我民。观感之余,忠君爱上之志,油然以生,翕然以随,此志固结,岂不与是关之固相为悠久哉。且天下三重,王者行之制度其一事也,制度行远,莫先于车,三代之世,道路行者,车必同轨,今两京为天下根本,凡车之经是塔也,如出一辙,然则同轨之制,其象岂不感着于是乎。车同轨矣,书之同文,行之同伦,推而放诸四海,式诸九围,孰能御之。珠请欤(按"珠请欤"三字不辞,当有脱讹)诗曰:燕代之山,蟺蜿西来,气脉趋海,折而东回。廓为皇都,磅礴所踵,司我北门,实为居庸。居庸为关,以逻以遮,中辟黄道,岁迓翠华。圣皇凝情,妙契佛法,诞即通达,兴造宝塔。日官测圭,大匠置埶,出赀内府,成是截薛。相彼竺乾,浮屠以居,上祠金容,次庋宝书。维佛愿力,证彼三乘,功德之最,浮屠计层。维此居庸,地宜玄武,奚崇功德,用镇朔土。凿石于山,神献坚良,平堑为址,厥址正方。载蜿载垔,中通如关,覆地半围,匪璜匪玦。千叶万绮(按"绮"为"骑"之讹),行径憧憧,息彼邪道,同归正宗。正宗维何,奚靖奚清,仁不嗜杀,慈不尚争。德音飒飒,王度平平,慧日法云,光帱大千。思昔夏后,铸鼎象物,民逢魑魅,赖是禳祓。九牧之金,裒贡九州,孰若是塔,功成优游。民不知劳,兵不知级(按"级"为"疲"之讹),攘兹扼塞,靖安疆场。眷言胜因,非比有漏,式翠且固,天子万寿。皇畿巍巍,垂裕后人,词臣作歌,请勒坚珉。

按今传欧阳玄《圭斋文集》十五卷本[8],系其宗孙铭、铺于明成化初掇拾于灰烬之余者,已佚此铭,但卷末附明危素撰《大元故翰林学士承旨光禄大夫知制诰兼修国史圭斋先生欧阳公行状》中曾记玄撰此铭事,云:"(至正)三年(1343年)……居庸关过街塔成,奉敕撰碑,赐白金五十两。"

（四）缪抄府志卷一四昌平县关隘条引《松云闻见录》云：

> 百招长老有过居庸十咏，耶律抑（按"抑"为"柳"之讹）溪喜而和此。……驱车荦确上居庸，古涧流泉拂晓风，当道朱扉司管钥，过街白塔耸穹窿。碑镌赑屃朝京阙，仙与弥陀峙梵宫，巡幸百年冠盖盛，六龙行处五云从。南口永明寺过街塔。

百招长老无考。耶律柳溪名希逸，楚材孙，铸子，曾官淮东宣慰使，见盛如梓《庶斋老学丛谈》及《元史·耶律铸传》。

2.《析津志》《松云闻见录》著者熊梦祥事辑

《析津志》《松云闻见录》两书俱为元末熊梦祥撰。《析津志》或名《析津志典》，熊撰见明李贵《丰乘[9]·艺文志》："析津志典，熊自得著。"[10]又见乾隆《南昌府志》卷六一引县志："熊自得，字梦祥，丰城人……著有析津志。"《松云闻见录》撰人姓名不见著录，其与梦祥关系，系由该书现存诸条与《析津志》关系极为密切及梦祥号松云，其集亦名《松云道人集》所推知者。《松云闻见录》就翻检所及，似仅见于缪抄府志，府志引该书，多附《析津志》之后，前引欧阳铭即与其前之《析津志》文紧相衔接，而缪抄府志卷一一宛平县古迹条所引《松云闻见录》一则，又似由《析津志》中所转引者。此外，综观两书现存内容，其叙事行文亦极相若，唯志文简、录文繁是为异耳，意者，录其志之别编欤？

熊梦祥，《元史》《新元史》俱无传。元顾阿瑛《草堂雅集》[11]卷六录熊诗十二首，其前附小传云："熊梦祥，字自得，江西人。博读群书，傍通音律，能作数体书。乘兴写山水，尤清古，无庸工俗状。以茂才举教官，不乐拘制，辄弃去，以诗酒放浪淮浙间，卜居娄江上扁得月楼，与予为忘年交，旷达之士也。号松云道人"[12]。清顾嗣立《元诗选》[13]三集庚，据《松云道人集》录熊诗十四首，其中八首与《草堂雅集》重，诗前所附小传可补雅集所录者，有："梦祥……以茂才异等荐为白鹿书院山长，授大都路儒学提举、崇文监丞，以老疾归，游淮浙间……年九十余卒。其所著述有《释乐书》行于世。"康熙《丰城县志》[14]卷九亦录熊传云："熊自得，字梦祥，横冈里人。博学强记，尤工翰墨。元以茂才异等荐为白鹿洞书院山长，授大都路儒学提举、崇文监丞。以老疾归，年九十余。"张翥《蜕岩词》卷上《春从天上来》注记熊号松云子，后至元二年（1336年）曾于广陵品箫以定音调云："广陵冬夜，与松云子论五音二变十二调，且品箫以定之，清浊高下，迭相为宫，犁然律吕之均，雅俗之应也。不觉漏下，月满霜空，神情爽发。松云子吹《春从天上来》曲，音韵凄远，予亦飘然作霞外飞仙想，因倚歌之，用记客次胜趣。是夕，丙子（后至元二年）孟冬十又三夕也。"《赵氏铁网珊瑚》卷五元人诸帖条录欧阳玄、张翥《赠松云隐君》帖，欧阳帖云："豫章熊君自得携所著书，入都城西北斋堂村……崇真张宜相真人偕往，作诗送自得，兼柬宜相……"张翥帖云："燕垂赵际中有村，正在西湖之上源……近闻《京志》将脱稿，贯穿百氏手自繙……"两帖所记"携所著书"、"近闻《京志》将脱稿"，盖皆指《析津志》而言也。此外，《草堂雅集》卷四录郑元祐题熊自得丛竹便面诗，卷九录姚文奂题熊松云画"茆山秋色图"，卷一〇录于立题熊自得画"月岩图"，是熊绘事之见于著录者。熊亦"工翰墨"，"能作数体"，乾隆《南昌府志》卷六一引县志记其"得米芾家法，兴致幽远"。考梦祥于娄江除与玉山主人交游外，可考者尚有郯韶（《草堂雅集》卷九有韶寄熊自得诗）、陈基、陆仁（俱见《玉山草堂名胜集》卷二八）、张守中、袁华、于立（俱见《名胜集》卷八）诸人。熊趋娄江至少似有两次：一在至正十年（1350年），《玉山草堂名胜集》[15]卷二八碧梧翠竹燕集陈基序云："今年孟春，予还自北方，（玉山）隐君首以书见招，过草堂为旬日之聚。……而豫章熊松云、娄江陆良贵适至，隐君乃列绮席，设芳俎于碧梧翠竹间，相与投壶雅歌，饮酒欢甚，且即席赋诗，而以碧梧栖老凤凰枝为韵，予探得老字，馀则各有所属，诗皆辄成，独松云子饮酣长啸，上马驰去，得栖字不赋云。至正十年（1350年）岁次庚寅正月十一日。"一在至正十二年（1352年），同书卷八熊梦得春辉楼分题诗序："至正壬辰（至正十二年·1352年）七月二十六日，予自淮楚来，于是道途梗阻，虽近郡不相往来，独予以六月达吴，凡相知者莫不惊讶予之迂而捷也。"前引阿瑛谓其弃教官，"放浪淮浙间，卜居娄江上"，当指此至正壬辰事。然检抄本《析津志》古迹条却有引《析津志》记至正壬寅（至正二十二年·1362年）故事[16]，因疑梦祥于元末又曾北上大都，若《析津志》、若《松云闻见录》皆其再来大都以后所完成者也。

二、居庸关过街塔兴建沿革

1. 创建过街塔与立过街塔铭

缪抄府志卷一四引《析津志》："至正二年（1342年）今上始命大丞相阿鲁图、左丞相别儿怯不花创建过街塔。"此系据欧阳玄过街塔铭。同书、卷引《松云闻见录》所录欧阳铭云："今上以至正二年（1342年）始命大丞相阿鲁图、左丞相别儿怯不花等创建焉"，复又详述此事经过："今上皇帝继统以来……一日揽辔度关……默有所祷，期以他日，即南关红门之内，因两山之麓，伐石甃基，累甓跨道，为西域浮图……乃至正二年（1342年）二月二十一日以宿昔之愿，面谕近臣……于是申命中书右丞相阿鲁图、左丞相别儿怯不花、平章政事帖木儿达识、御史大夫太平总提其纲，南星剌麻其徒曰亦恰朵儿、大都留守赛罕、资政院使金刚吉、太府监卿普贤吉、太府监提点八剌室利等授匠指画，督治其工，卜以是年某月经始。"是过街塔开始创建之年，确在至正二年（1342年），其完成之日，欧阳铭云："（至正）五年（1345年）秋，驾还自滦京，昭睹成绩，乃作佛事，行庆赞仪。"按《元史·顺帝纪》[17]四："（至正五年·1345年）八月戊午祭社稷。是月车驾还自上都"，而过街塔门券西壁所雕汉文《如来心经略抄》[18]末却署："至正五年（1345年）□次乙酉九月吉日西蜀成都宝积寺僧德成书。"然则至正五年（1345年）八月顺帝自上都返大都，经过街塔时，该塔工程并未完全竣工，最低门券壁面之刻文尚未告成也。欧阳铭云："（至正）五年（1345年）秋……明年三月二十日，中书左丞相别儿怯不花、平章政事纳璘、教化、参知政事朵儿直班等，请敕翰林学士承旨欧阳玄为文，江浙行省平章政事达世帖木儿书丹，翰林学士承旨张起岩篆额，勒之坚石，对扬鸿厘，上允所请，于是中书传谕臣玄等。玄谨拜手稽首言曰……"是欧阳撰铭在至正六年（1346年）。《圭斋文集》卷末附录危素欧阳公行状"（至正）三年（1343年）……居庸关过街塔成，奉敕撰碑"所记塔成、撰碑之年当皆有误。又按此碑疑即抄本《析津志》所记"……过街三塔，雄伟据高穹，碑屹立"之碑，该碑南向，故缪抄府志卷一四引《松云闻见录》记耶律柳溪和百招长老《过居庸十咏》之《南口永明寺过街塔》云："碑镌赑屭朝京阙"，同书、卷引《析津志》云："有穹碑二，朝京而立。"至于"有穹碑二"中之另外一碑，已不可考。

2. 创塔立碑有关诸人

创建过街塔有关诸臣工，前引欧阳铭叙述綦详，但检《元史》，若"中书右丞相阿鲁图、左丞相别儿怯不花、平章政事帖木儿达识、御史大夫太平总提其纲"诸人，其任铭中之官职，除帖木儿达识任平章政事始于至正元年（1341年）外，其余皆在至正三年迄五年（1343—1345年）间，参见下表17-1：

表17-1

	至正元年（1341年）	二年（1342年）	三年（1343年）	四年（1344年）	五年（1345年）	六年（1346年）	七年（1347年）
阿鲁图				五月，中书右丞相（《元史·宰相年表》《本传》）[19]	中书右丞相	是年罢相（《本传》）	
别儿怯不花	中书平章政事（《宰相年表》《本传》）十二月，江浙右丞相（《宰相年表》）	江浙右丞相	十二月，中书左丞相（《顺帝纪》四）	中书左丞相	中书左丞相	中书左丞相	正月，中书右丞相，五月罢（《顺帝纪》四《宰相年表》）

续表

	至正元年（1341年）	二年（1342年）	三年（1343年）	四年（1344年）	五年（1345年）	六年（1346年）	七年（1347年）
帖木儿达识	中书平章政事（《宰相年表》《本传》）	中书平章政事	中书平章政事	中书平章政事	中书平章政事	中书平章政事	四月，中书左丞相，九月卒（《顺帝纪》四、《宰相年表》）
太平		六月，中书右丞（《宰相年表》）	中书右丞	二月，中书平章政事（《宰相年表》）	宣徽院使（《本传》《宪台通纪续集》[20]）十月，御史大夫（《顺帝纪》四《宪台通纪续集》）	御史大夫	六月，中书平章政事（《顺帝纪》四、《宰相年表》）十二月，中书左丞相（《顺帝纪》四、《宰相年表》）

是欧阳铭所录"总提其纲"诸人之官职，实系至正六年欧阳玄奉敕撰铭时之情况。至于欧阳铭谓至正二年（1342年）二月二十一日面谕近臣，申命阿鲁图诸人一事，检上表阿鲁图、帖木儿达识和太平三人其时固可在帝侧，而别儿怯不花却远官江南，此文献有阙耶？抑欧阳误记欤？则不可解矣。

过街塔门券壁面刻有六种文字之经文咒语，其中五种文字附刻造塔功德记[21]。此诸功德记中亦有创建该塔或与创建该塔有关人名之记录，兹据其东壁汉文造塔功德记[22]及村田治郎编《居庸关》卷一所收另四种文字之译文与欧阳铭所述列表对照如表17-2。

按造塔功德记所记之"帝师喜幢吉祥贤"不见欧阳铭，《元史》亦佚其名，刘立千节译五世达赖语自在妙善《西藏王臣记》[23]作"庆喜幢"，谓其为八思巴侄萨迦第七代法王达勤之子，第八代法王空妙、第九代法王喇嘛当巴之异母兄；并述其事迹云："（达勤）二妇永达摩生

表 17-2

创建过街塔有关诸人

欧阳玄过街塔铭	中书右丞相阿鲁图	左丞相别儿怯不花	平章政事帖木儿达识	南星（Namka-sin）刺麻其徒日亦恰采儿（Rin-Chen-rdorje）	御史大夫太平	大都留守赛罕	资政院使金刚吉（Rdo-rje-bkraçia）	大府监卿普贤吉（Kunbzan-bkraçia）	大府监提点八剌利（Balas-iri）	备考
东壁，汉文造塔功德记	帝师喜幢吉祥贤（Kun-dga dgahrgyal-mtshan-dpal-bzan-PO）	无	无	无	御史大夫太平	大都留守赛罕	资政院使金刚义	大府大卿（以下缺文）	缺文	
西壁，藏文造塔功德记	吉祥喜幢吉祥喇嘛帝师	无	无	……（以上缺文）宝金刚	缺文	赛罕留守	金刚义院使	……（以上缺文）大卿	八剌室利大府监提点	参照长尾雅人译文，但据其记音略有改动
西壁，八思巴文造塔功德记	欢喜幢吉祥贤喇嘛帝师	无	无	南加煌喇嘛弟子宝金刚	太平大夫大法官	赛罕留守	金刚义院（使）	？	？	参照西田龙雄译文，但据其记音略有改动
西壁，畏兀儿文造塔功德记	……（以上缺文）喇嘛	无	无	国师南加煌喇嘛弟子机煌金刚	缺文	缺文	缺文	……（以上缺文）大卿	八剌室利提点	参照藤枝晃译文，但据其记音略有改动
东壁，西夏文造塔功德记	喜幢吉祥喇嘛	无	无	国师南加煌机资	……大夫……太平	大都留守赛罕	资政院使金刚义	大府大卿……？	提点八剌室利	参照西田龙雄译文，但据其记音略有改动

长子幼亡，二子庆喜妙生为泰定皇帝之师，三子庆喜幢为绕多那室利与妥欢帖睦尔（元顺帝）之师，二人皆曾远赴胡土……法王代传，至帝师庆喜慧（庆喜幢之异母兄）时，分其弟兄为四大方丈……一分帝师庆喜妙生之弟庆喜幢，生大卫法幢、大卫慧幢……即称为拉康方丈。"又云："（帕摩主巴主）司徒菩提幢……闻萨迦本勤自在精进又率兵围大寺，复折还，指萨迦，自在精进兵败被擒……尔时帝师庆喜幢……皆往诉于元，称司徒菩提幢兵毁萨迦寺，逐其余万户司。司徒为释上疑，乃派仲勤、慧吉携白狮子皮等珍宝入贡于元，帝深知其情，反赐司徒王号，令其子孙世袭。"按《王臣记》菩提幢之擒自在精进在甲午年（至正十四年·1354年）建帕摩主巴王朝之后，是庆喜幢之任帝师，直迄至正十四年（1354年）之后[24]。欧阳铭中之"南星喇嘛其徒曰亦恰朵儿"，汉文及西田译西夏文功德记皆简作"国师南加惺机资"，长尾等人译藏文、八思巴文、畏兀儿文功德记作"国师南加惺弟子宝金刚"。按南星喇嘛即《元史·顺帝纪》二"（至元二年·1336年）以燕帖木儿居第赐灌顶国师曩加星吉，号大觉海寺，塑千佛于其内"之曩加星吉[25]。宝金刚即日亦恰朵儿之意译，其事迹无考。欧阳铭中之"大都留守赛罕"，汉文、西夏文功德记作"大都留守安赛罕"；欧阳铭"资政院使金刚吉"，汉文功德记作"资政院使金刚义"；"太府监卿普贤吉"，除西夏文记外，各种文字多有剥缺；"太府监提点八剌室利"，汉文、八思巴文两记皆剥缺。自大都留守赛罕以下诸人均无考。五种文字均未记阿鲁图、别儿怯不花、帖木儿达识三人，而诸官中以太平为首，八思巴文记且于太平之前加管理者之词句[26]，因疑太平者实建此塔之具体负责人[27]。

欧阳玄奉敕撰铭，原由左丞相别儿怯不花诸人之请，欧阳铭详记此事，俱见前引。请敕以左丞相别儿怯不花领衔，盖其时阿鲁图已罢相，右丞相尚虚而未设也[28]。别儿怯不花之次列平章政事纳璘、教化，纳璘又作纳麟，自至正四年（1344年）二月由河南平章政事入为中书平章政事，七年（1347年）出为江南行台御史大夫，见《元史》之《宰相年表》、《本传》及《宪台通纪续集》。教化于至正六年迄八年（1346年—1348年）任中书平章政事，见《宰相年表》。教化之后列参知政事朵儿直班，朵儿直班于至正五年（1345年）九月自资政院使任中书参知政事，六年（1346年）七月升右丞，见《顺帝纪》四、《宰相年表》及《本传》。为玄铭书丹者江浙行省平章政事达世帖木儿，为玄铭篆额者翰林学士承旨张起岩。达世帖木儿《元史》作塔识帖木儿，《本传》谓其"尤好学书"。明陶宗仪《书史会要》[29]卷七作达识帖木儿，谓其"大字学溥光，小字亦有骼力。"黄溍《金华黄先生文集》[30]卷八所录《丞相冀宁文忠王（铁木儿达识）祠堂记》："上旨……赐王母弟今大司农达世贴睦尔使书于石"，此达世贴睦儿亦即此人也。张起岩，《书史会要》卷七谓："其书见于篆法处是宜，皆有胜韵。"《元史·本传》，记其"善篆隶"，当时敕立诸碑之篆额，多出其手[31]，《金华黄先生文集》卷二六所收《集贤大学士荣禄大夫史公（惟良）神道碑》又为一例。按《圭斋文集》卷九《元封秘书少监累赠中奉大夫河南江北等处行省参知政事护军追封齐郡公张公（起岩父范）先世碑》，记起岩祖铸山、父范俱善书："（起岩祖）工书，得黄豫章、米襄阳笔法……（起岩父）能大小篆隶行楷，皆遒劲有体"，是起岩善篆隶，系承自家学也。又起岩与欧阳玄过从甚密，前引《张公先世碑》中，玄自述与起岩之关系云："玄登第出起岩榜下，同朝十年，入翰林为僚友，齐公（起岩父范）之墓玄为之志，先玄父渤海侯蒙恩赐碑，上敕起岩，故玄闻（撰张公先碑）命，不敢以固陋辞。"

3. 过街塔与永明寺

顺帝建过街塔竣，不久又建大宝相永明寺，欧阳铭云："既而缘崖结构，作三世佛殿，前门翚飞，旁舍棋布，赐其额曰大宝相永明寺。"寺在元居庸关南[32]，故又简称居庸关南佛殿，抄本《析津志》云："……次第而至居庸关南佛殿，亦上位自心创造，并过街三塔。"帝往来两都或驻跸于此，缪抄府志卷一四引《析津志》："……过街塔在永明寺之南，花园之东……车驾往回或驻跸于寺，有御榻在焉。其寺之壮丽，莫之与京。"又据以上两则，知塔在寺南；且寺、塔关系颇为密切，故缪抄府志卷一四引《松云闻见录》所录百招长老《过居庸十咏》

中《南口永明寺过街塔》一题寺塔连书，而元乃贤《金台集》[33]卷二《上京记行居庸关》诗亦塔寺连文："浮图压广路，台殿出层麓"，其自注又云："关北五里，今敕建永明宝相寺，宫殿甚壮丽，三塔跨于通衢，车骑皆过其下"，则永明寺兴建之后，过街塔即隶于该寺乎？果如是，此永明寺当与过街塔相距不远，按现存塔基东侧临溪流，西则傍山麓，以此地理环境与"过街塔在永明寺之南"一语相比观，则该寺位置约在今日过街塔基北邻西侧之民居附近。

4. 明清时期之过街塔与泰安寺

原存过街塔基上之明正统十三年（1448年）六月四明冯益撰《敕赐居庸关泰安寺修建碑》[34]云："居庸关在京师西北，连山重岳，而中□之关险，北阙之巨防也。旧有佛祠。两关之中衢，垒石为台，如垣墉之状，窍其下以通，而上建寺宇以栖佛□，复即窍之两间刻诸天神，庄严备具，实一方之胜，而历岁□久，栋甍弗完，漆垩漫灭。正统八年（1443年）春，镇守宣府等处右少监赵公琮、总戎永宁伯谭广、镇守居庸关指挥李公景相与议而新之……未几台殿截然，获复旧观。左少监赵公复命诸侄礼范令为佛像者三，置诸殿内，以备供养，中为毗卢遮那，（左为）文殊，而右为普贤，其高各六尺五寸，而□□之者其高十六尺有奇。而守永宁谷公春又即窍之空刻佛者千，而林公寿则为之庄严，凡经五载，以正统十三年（1448年）□月告成，而李公状闻于朝，赐寺额曰泰安，▢▢一藏，且申敕俾护持之……"细绎碑文知：（一）三塔之毁，已历有年所，毁后所建之寺宇，于正统八年（1443年）时即已栋甍弗完，按正统八年（1443年）上距元亡（顺帝至正二十八年，1368年）不过七十六年，是塔毁创寺之时，当在元明易代之际以迄明朝初叶。（二）正统八年（1443年）开始于塔基上重建佛殿，内奉毗卢遮那与文殊、普贤，并于塔基门券两壁补刻（？）、装銮千佛，凡此诸工程，经历五载，正统十三年（1448年）告竣，朝敕额曰"泰安"；庄严千佛的林公寿，或即塔基门券西壁右侧"正统十年（1445年）五月十五日功德主信官林普贤发心修建"刻铭中的林菩贤。（三）"▢▢一藏"与碑阴所列当时该寺首座、都管、监寺、藏主、副寺、维那等僧人都二十余人一事合观之，则可发现面积有限之过街塔基上部平面（宽 25.81 米、深 12.9 米），除建一佛殿外，自无余地容纳如此众多之经书、僧众，是当时之泰安寺必于此塔基之外别有院宇。明王士翘《西关志》[35]居庸卷十艺文条录嘉靖十九年（1540年）任巡按西关御史泰和萧祥曜[36]所撰《叠翠书院记》云："居庸旧有泰安寺，岁久圮坏弗葺，时余姚贡士孙汝贤字允功，命诸生司业其中，予视事，暇往课之，见无以蔽风雨，命分守张镐即僧室之空者稍加芹理，凡十六间，中为聚乐堂以为朝夕会讲之所，余则师生分布以居。"此叠翠书馆，据同书居庸卷三学校条载："叠翠书馆一所，在泰安寺后，嘉靖二十年（1541年）御史萧祥曜改立，有碑记，见存。"由此可知，泰安寺果另有建置，且范围甚大，嘉靖间曾分其后部设叠翠书馆。此范围甚大之别院，其即元大宝相永明寺之旧址乎？

景泰初（1450年）内迁居庸关城于长坡店，乾隆《延庆卫志略》[37]关隘条："明太祖既定中原，付大将军徐达以修隘之任，即古居庸关旧址，垒石为城即今上关。景泰初，王师败于土木，兵部尚书于谦言：'宣府京师之藩篱，居庸京师之门户，宜亟守备'，乃以佥都御史王镕镇居庸，修沿边关隘，因旧关地狭人稠，度关南八里许古长坡店，创建城垣，即今延庆卫城也。周围一十三里三十七步有奇，东跨巽山之上，西跨兑山之巅，南北二面筑于两山之中，高四丈一尺，厚二丈六尺，东西二面依山建筑，高厚不等。"故今居庸关南门石门额书："景泰五年（1454年）五月吉日立"，北门额书："景泰五年（1454年）十月吉日立"。其全部毕工之时，《明英宗实录》[38]卷二五四景泰附录七二云："景泰六年（1455年）六月己丑……修居庸关城毕工，命工部造牌（碑），翰林院撰文，刻置关上，以纪其绩。"长坡店即过街塔所在地，此后塔基遂位于关城之中，明清两代因多记其事矣。

弘治间，称塔基曰"石台云阁"，《西关志》居庸卷八艺文条录弘治壬戌（弘治十五年·1502年）科进士、本关人雷宗[39]《石台云阁》诗三首：

横衢高阁驾云头，守将筹边作胜游，
上遏丹霄摩兽吻，下临碧涧瞰龙湫，

阑干吟依双眸豁，树杪风来万壑秋，
自是红尘飞不到，恍疑身世在瀛洲。

谁筑巍然霄汉头，居庸分境称追游，
珍珑八槛开明月，绕缭千层锁玉湫，
步入天台忘昼夜，身登青闶乐春秋，
不知尘世有凡梦，大啸浑如卧碧洲。

谁把山岩任意钻，构成台阁到天端，
四窗风雨襟怀洒，万里乾坤眼界宽，
阶砌每依云气满，阑干常挂月光寒，
碧苔红藓芒鞋湿，回首浑忘日已残。

正德间，又称"泰安寺石阁"，同上书、卷又录正德六年（1511年）任巡抚都御史芜湖李贡[40]《偕从司徒登泰安寺石阁》诗：

山麓为关正自雄，仙台又起半街中……

至嘉靖二十七年（1548年）王士翘纂修《西关志》时，始于居庸八景之中出现"石阁云台"之名，该书居庸卷四古迹条附居庸八景云："石阁云台，按本关通衢叠石为台，创自元时，其上四围阑干□□工巧壮丽，殿阁巍然，势耸霄汉故名。"

石台、石阁、云台等新名，显系拟自不究故实之明代文人。而民间则仍相传为塔，康熙《昌平州志》[41]卷二六述闻条记明武宗轶事云："居庸关通衢有塔，石甃也。四隅凿金刚，须眉宛然，明武宗幸宣大，乘舆经此，金刚有怒视状，马辟易不前，武宗命以烟熏之，马乃行。"同书、卷又记明隆庆万历间西域僧礼此塔事："居庸石塔……明隆万间西域僧见之辄拜。"康熙十六年（1677年）以前，顾炎武谒明陵时，记此塔更径名之曰：过街塔，《昌平山水记》[42]卷上："（居庸关）城之中有过街塔，临南北大路，垒石为台如谯楼，而豁其下以通车马。上有寺名曰：泰安，正统十二年（1447年）赐名。下龛处刻佛像及经，有汉字，有番字……"光绪《延庆州志》卷首录居庸关图，图中据明志刻出上建佛殿之塔基[43]，其旁则增刻"过街塔"三字。顾氏与光绪州志之用原名，当系询之乡人，是民间直迄清末，不仅知之为塔，并过街塔之原名亦未忘怀也。

正统十三年（1448年）建成于塔基上之佛殿，康熙四十一年（1702年）五月毁，乾隆《延庆卫志略》山川条记其事云："云台石阁在关城南门内……正统十二年（1447年）因旧存塔基，建佛殿五楹，远望如在云端，康熙四十一年（1702年）五月毁于火。"此后，荆棘丛生于塔基上者历二百五十余年。

三、居庸关过街塔形制、意义及其他

1. 居庸关过街塔形制、意义

抄本《析津志》记此塔为"过街三塔"，《金台集》卷二《上京纪行居庸关诗》注云："三塔跨于通衢"，是居庸关过街塔基之上，元时并建三塔。此事门券壁面所刻五种文字之造塔功德记中，亦均有记载，其东壁汉文功德记云："建立高显窣堵波，三乘三宝及□□，□□□等建三塔，果报唯一□无差，开一乘门明不二，于一天人师塔中。"建三塔开一乘门出自此铭，则三塔之说可以无疑。至于其所以建三塔者，汉文功德记云："奇哉敬礼法身之宝尊，由离形显初中后……圣明天子益群生，要路之中施福利，佛菩提心坚固信，建立高显窣堵波（以下见上引）……"此记三塔缘由一段，阙泐颇多，按之藏文功德记，除现存汉文铭记中之三乘、三宝之外，尚有三皈依处、三解脱门、三身等因[44]。此外，以门券西壁汉文《如来心经略抄》所记"礼一切佛百八拜，□□心明安塔中……三世如来视如一，□□□□百千本，造塔安置而庄□……经中佛自说伽陀，彼一塔中安心□，□□轮橧着标帜，同三世佛全身藏，满百千塔此应知，□□放无垢光明……是故我今称赞礼"等语推之，则又似与三世佛有关，而与居庸关过街塔关系密切之大宝相永明寺，恰亦"缘崖结构，作三世佛殿"（欧阳铭），塔寺相应，其崇礼之对象盖亦有相通之可能也。

居庸关过街塔据欧阳铭知以"南星剌麻其徒曰亦恰朵儿"为首,"授匠指画,督治其工",而门券壁面五种文字功德记于"国师南加惺机资"等人之前,又举"帝师喜幢吉祥贤",是此塔设计,亦与元代皇室所建大都大圣寿万安寺白塔,即今北京妙应寺白塔[45]同有西藏萨迦喇嘛之参与,则此三塔个体之形制,当亦如大都大圣寿万安塔之取其时最为盛行之"噶当觉顿"式之喇嘛塔[46],故欧阳铭中谓之为"西域浮图"而"塔形穹窿"也。喇嘛塔尚白色[47],此居庸三塔自不例外,故缪抄府志卷一四引《松云闻见录》所录百招长老之《南口永明寺过街塔诗》有云:"过街白塔耸穹窿。"

2. 过街塔基门券壁面之雕饰

欧阳铭后附诗有云:"上祠金容,次庋宝书,维佛愿力,证彼三乘。"此金容、宝书,即指过街塔基门券壁面所雕之图像经咒。该图像经咒之内容,八思巴文、畏兀儿文、西夏文、汉文功德记中皆有记录[48],试归纳之,计得三类,如下表17-3:

表17-3

	生身舍利		法身舍利	护法	备考
八思巴文功德记	阿閦佛、普明佛、金刚手、阿弥陀、释迦诸佛曼荼罗	十方及贤劫千佛	法身舍利	护法天王	据西田龙雄译文
畏兀儿文功德记	阿弥陀、(释迦)、普明、阿閦、金刚手五曼荼罗	十方及贤劫	法身舍利	四方持国天	据藤枝晃译文
西夏文功德记	五智自性五曼荼罗	十方佛及千佛等	三藏法	守护正法四天王	据西田龙雄译文
汉文功德记	"幞覆五佛胜中□"	"紫金光聚十如来,千佛端严摄受相"	句身舍利:"无垢莲花顶髻明,及以十字密言等"	"□□持国四王众"	

此诸内容在各壁的具体情况是：五曼荼罗位在券顶，故汉文功德记以"幌覆"形容之，欧阳铭谓"仰见图覆"也。十方佛位于券顶两侧斜面，千佛雕于十方佛间，汉文功德记谓"紫金光聚十如来"，八思巴文、畏兀儿文记亦有黄金诸像之说，因可推知门券壁面之雕像，原皆金饰装銮。以上诸像[49]，即所谓之生身舍利。法身舍利即门券两壁正中所雕之《佛顶尊胜陀罗尼》和《佛顶放无垢光明入普门观察一切如来心陀罗尼经》之约略。护法四天王分别雕于门券两壁之左右隅。此外，门券南北两券面各雕"六拿具"[50]，券面足部各雕交杵。六拿具为西藏喇嘛教各派佛像背光中所常见，交杵即羯磨杵[51]，两者亦皆取意于护法也。

按上述内容与元大都大圣寿万安寺白塔之装藏、雕饰颇为近似，兹据元释祥迈《圣旨特建释迦舍利灵通之塔碑文》[52]，参上表例，列白塔情况如下表17-4：

表17-4

第一身所依者（生身舍利）			第二语所依陀罗尼者（法身舍利）	第三意所依事者
"先于塔底铺设石函，刻五方佛白玉石像，随立（方）陈列，傍安八大鬼王、八鬼母轮，并其形象，用固其下"	"后于瓶身安置图印诸圣图像，即十方诸佛、三世调御……甲乙环布"	"次于须弥石座之上镂护法诸神……及护十方天龙之像"	"即佛顶无垢……如是等百余大经……箧盛铁锢，严整铺累"	"瓶身之外，琢五方佛表法标显……四维间厕四大天母所执品物"

过街塔雕饰与此相异者：（一）两者生身舍利之主要内容，白塔为五方佛像，过街塔为五曼荼罗，前者置于塔底，后者置于券顶，券顶无法安置立体形象而以平面之曼荼罗代之，如此排布当为仪轨之所容，故拉萨西门塔亦然，拉萨大昭寺约为萨迦时代补建之大殿内门顶亦然也；（二）白塔于瓶身图诸圣像，过街塔则取其主要者——十方诸佛雕于左右壁上；（三）过街塔壁面所刻之法身舍利——陀罗尼，除白塔所藏之第一种外，又雕《佛顶尊胜陀罗尼》，此两陀罗尼即所谓五大陀罗

尼之前两种[53];（四）白塔又于瓶身外琢五方佛标显等，此项不见过街塔各种记录，意者或为过街塔所略，或亦饰于塔身，而与之一并早已毁无矣。综上所述，可知两塔之差异，只在繁简，过街塔系摄其主要内容，在取意上并与白塔无殊。此盖两者同建于元代，同有西藏萨迦喇嘛之参与设计，故其"排布庄严"自当同出一源[54]，而其所以如此排布者，祥迈碑文云："爰有国师益邻真者……每念皇家信佛，建此灵勋，益国安民，须凭神咒，乃依密教排布庄严，安置如来身语意业，上下周匝，条贯有伦"；汉文造塔功德记云："如法安置□塔门，功能灭除千劫罪……帝师喜幢吉祥贤，庆赞□□□□□……□慎风雨五谷登，河清海晏如□花"，是其宗教目的亦极相一致也。

3. 过街塔渊源与大都附近之过街塔

过街塔塔下设门以通往来，因又有"塔门"之称，居庸关过街塔门券东壁汉文功德记云："如法安置□塔门。"或名"门塔"见《佛祖历代通载》卷二二引（世祖）《弘教集》："外邦贡佛舍利，帝云：'不独朕一人得福'，乃于南城彰义门高建门塔，普令往来皆得顶戴。"按此种塔门或门塔形制之塔，系于元时随西藏喇嘛教萨迦派以俱来[55]，唯今日西藏萨迦时代之过街塔均已无存，现存者皆萨迦以后物，且其式多于塔基之上建置一塔，著名之拉萨西门塔[56]即其一例，然则若居庸三塔者，其过街塔中之异例欤？抑萨迦时代所特有之形式欤？文献实物既皆阙如，兹亦弗能遽断矣！[57]

大都除"司其北门"之居庸关过街塔与前引世祖所建南城彰义门门塔之外，南口似别有一过街塔，《元史·顺帝纪》二："至元五年（1339年）四月癸巳……立伯颜南口过街塔二碑"，其事在居庸关过街塔兴建之前。此外，卢沟桥畔亦建立之，事见《元史·顺帝纪》四："至正十四年（1354年）夏四月……造过街塔于卢沟桥，命有司给物色人匠，以御史大夫也先不花督之。"按北趋南口、居庸，南渡卢沟，为当时大都最重要的两条通路；自卢沟而东，其时南城繁盛，自南北来大都者，因多取道南城西壁北侧之彰义门，然后北上，故欧阳玄讽彰义塔门为名利关，《圭斋文集》卷三《过阶（街）塔诗》云："蓟门城头过街塔，一一行人通窦间，今朝送客又还入，那忍更投名利关。"玄友人许有壬亦曾感慨系之，《至正集》[58]卷二八《过街塔诗并序》云："过街塔，原功（欧阳玄字）名之曰雪窦，又谓之名利关，窦言其状，关言其实也。过之有感，赋二口号：'来往憧憧急欲飞，此关参透古来稀，老夫今日出关去，却是罢参真歇归'，'石城琼壁耸浮屠，一窍开通作要途，为问几人能不窦，更从窦外觅江湖'。"因此可知，元皇室于此诸处兴建过街塔，其实际意义除一般皇家奉佛建塔之祈求福利、延寿和所谓益国安民、河清海晏[59]外，亦犹西藏拉萨西门立塔，并取其正扼主要交通隘口，以收若（世祖）《弘教集》所记"普令往来皆得顶戴"、欧阳铭所记"下通人行，皈依佛乘，普受法施"之愚民之效耳！

附录：居庸关过街塔复原示意图及图说

有关居庸关过街塔之文字记录整理粗竟，似犹有未能尽言者，因不揣门外，试拟复原示意图及图说如下。示意图之作，系先从考察三塔之个体形制入手，次就塔基上部现存情况推定三塔之平面布置，然后立面示意即可据之求得。

1. 三塔个体形制之推定

如前稿居庸关过街塔形制、意义节所述，此三塔个体形制应为当时流行之噶当觉顿式之喇嘛塔，而此种噶当觉顿亦有时间、地区之别，所幸居庸关过街塔门券西壁左侧所雕北方多闻天王左胁侍所捧之噶当觉顿尚属完整，此过街塔自身所提供之材料，自为复原所凭借之第一手资料；至于其细部之剥蚀与部分之崩毁，则取距离最近的北京地区或时间最近的武昌胜像宝塔[60]等同类型之元代遗物为之补充。

多闻天王左胁侍所捧佛塔之形制【图17-3】：塔下部设十字折角形须弥座式之塔座二层，各层各面折角均向内递收二折。上层须弥座之上施圆形覆钵塔身座，此圆形覆钵塔身座准以北京护国寺双塔[61]、妙应寺白塔和武昌塔，知原为覆莲一匝。覆莲之上设粗线道一层以承覆钵塔身。塔身上置方形"塔脖子"[62]，塔脖子略有剥蚀，其原状亦当如上述诸塔例，作十字折角之须弥座式，折角内收之数字，以其

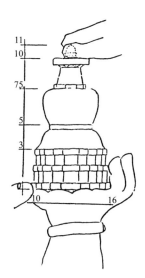

图17-3 居庸关过街塔门券西壁多闻天王左胁侍所捧之喇嘛塔速写

宽度推之，约与北京护国寺双塔、武昌塔同为一折。塔脖子之上为"十三天"。再上为仰莲一匝。仰莲之上置大伞盖。大伞盖之上已崩毁，此崩毁处甚为低窄，如拟之以北京妙应寺白塔和武昌塔之高型宝瓶，则崩毁处之位置难以容纳，因取如北京护国寺双塔之简单宝珠形式补焉[63]。又此浮雕小塔，包括上部崩毁部分之高度，与下层塔座宽度之比，约为11:6（参见图17-3），此比数和与之年代几乎相同之武昌塔高9.363米、座宽5.68米情况极为近似，是知此虽雕刻小品，但其设计固甚认真也，因据以推定三塔个体之大体轮廓。

2. 塔基上部平面之拟定

塔基上部如何布置三塔平面，则首需解决三塔是否有大小、高低之别。按如前稿形制、意义节所考，三塔者取意于三宝、三乘、三皈依处、三解脱门、三身、三世佛，此诸"三"内容皆不应有主次之分；而当时之各种文字记录于此三塔亦无不同之形容；此外，塔基上部平面略作一阔25.81米、深12.9米之矩形，如三塔有大小，在布局上亦难于安排[64]。因此，推测塔基上部之三塔极有可能如元代三世佛[65]作大小相同一并排列之布置。

三塔大小与相列之式既已估定，其具体面积拟据塔基上部现存绕

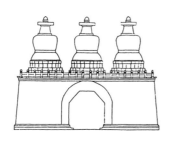

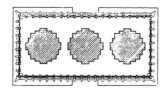

图 17-4 居庸关过街塔复原示意

图 17-5 居庸关过街塔塔基（云台）

置于四周的元代石栏杆推之。栏杆面阔为十九版，进深为九版，试以每塔各占 5 平方版之面积计，则中塔与左右两塔间、左右两塔与左右侧栏杆间，皆适有一版之隔，而三塔与前后栏杆间，皆余二版之距离。如将每塔面积再较 5 平方为扩大，则塔基上部之宽度即感不足；反之则三塔间及其前后之空罅亦嫌过宽，准以一般佛塔基沿较窄及与此塔关系较密之明成化间所建北京真觉寺金刚宝座塔[66]，塔基上部前后余地较宽、左右空罅甚窄之例，遂取每塔各占 5 平方版之数，于是并立之三座方形塔座平面即可绘出。至于十字折角须弥座式塔座之向内递收情况之推定，则系既根据前述门券西壁北方多闻天王左胁侍所捧佛塔之实况，又依上述诸元代喇嘛塔实例，拟为每面最外之正中一段为最宽，取其三之二为两侧次二段之宽度，三之一为最内二段之宽度，而最外正中一段宽度之实际数字，则以与其相对之栏版宽度为准绳。

3. 立面之求得

过街塔立面之塔基部分，系据现存塔基立面实况。塔基之上即依以上所拟之平面投入三塔之具体部位，三塔之高度则按前述塔高与座宽 11:6 之比数求得，而三塔塔身各部位之高度，亦略据北方多闻天王左胁侍所捧佛塔之比例推定【图 17-4】。

图既成，或谓三塔高度超过现存塔基高度，既与明清间所建金刚宝座塔[67]情况不类；亦与承德普陀宗乘庙之三塔水门异趣；且中塔适位门券之上【图17-5】，门券之荷重量是否可以胜任？按明清金刚宝座塔虽与过街塔关系较密，但究属不同类型；承德水门塔虽与过街塔相似，但两者用途有别，结构亦异[68]。据已知元代过街塔如广西桂林万寿寺舍利塔[69]和较晚之过街塔与过街塔式之僧塔，如拉萨西门塔、北京法海寺门塔[70]、承德普宁寺大乘阁四隅之喇嘛塔[71]，以及北京动物园南侧之僧塔[72]等皆塔身高于塔基[73]；且此三塔高度系据当时噶当觉顿实例推定，如拟另作安排，实难更觅较多之论据。复原之作，原本推测，推测之设计虽容有分歧，但其与原物符合之程度，则有决于工作者各方面之知识水平，至于门券之上是否可载中塔重量一事，更非白能力之所能辨，因此，一并前稿均盼有关同志多所教正。

注释

[1]　《第一批全国重点文物保护单位名单》，刊《文物》1961年4、5合期。

[2]　参看《日下旧闻考》卷一五四边障居庸关条，清乾隆刻本。

[3]　该书系北京通学斋孙殿起于1930年在济南访得（参看孙殿起《庚午南游记》，刊《文物》1962年9期），后归北京图书馆。解放前南运北京图书馆善本书籍，是书亦在其中。此据北京图书馆所藏该书之显微胶卷。

[4]　据《连筠簃丛书》本。

[5]　缪抄府志亦系残本，存卷七至卷一四，即过录大典卷四六五〇、顺天府七至卷四六五七、顺天府一四。北京图书馆藏所谓大典本《顺天府志》二卷，其前卷即大典卷四六五〇、顺天府七，其后卷与缪抄府志校，知为大典卷四六五一、顺天府八。按两书行款不同，分段亦异，因知彼此相互无直接关系，意者两书俱出自大典原本。又按缪氏自大典录出该书时在清光绪丙戌（十二年·1886年），见缪氏《艺风堂文续集》卷四《永乐大典考》："丙戌，志伯愚侍读锐始导入敬一亭观书，并允借阅……前后阅过（大典）九百余册……钞出……顺天志诸书。"（据1910年刻本）。其时大典顺天府即存卷七至卷一四，见《艺风堂藏书记》卷三"顺天府志残本七卷"条（据1900年刻本）。缪氏自《大典》抄《顺天志》事，又见文廷式《纯常子枝语》卷三："《永乐大典》今存于翰林院者，仅八百余册。余乙酉、丁亥（光绪十一年至十三年·1885—1887年）在京时，志伯愚詹事方协办院事，曾借读三百余册，其可采之书，惟宋元地志为最多……明初顺天志尚存数册，付缪筱珊前辈钞之。其时，《顺天府志》已成，未能补入。"（江苏人民出版社1962年印本）

［6］ 见该书末徐氏清光绪二十三年（1897年）跋语。《宪台通纪》一卷，元赵承禧撰，明初录入大典卷二六〇八，该卷原为董康所得，董曾部分录刊之于《中国学报》。1959年中华书局影印《永乐大典》，此卷入第三十二册。

［7］ 抄本《析津志》之内容，首录祠庙（？首缺），次祠祀、学校、风俗、河闸、桥梁，末为古迹。按此内容准以缪抄府志卷一一至卷一四所录顺天府属县之体例（各县大体皆以建置沿革、县境、至到、城池、廨宇、坊市、乡社、民军屯、坛场、祠庙、学校、风俗、山川、关隘、桥梁、古迹、寺观、户口、田粮、宦迹〔或名宦〕、人物、孝义、贞妇、仙释、土产、场冶、灵异为顺序），知适为缪抄府志卷七至卷一〇所录顺天府本府之所缺（缪抄府志卷七至卷一〇之内容为寺、院、阁、塔、宫、观、庵、户口、田粮、额办钱粮、名宦、人物、忠节、孝行、贞妇、仙释、土产、灵异），因疑此抄本《析津志》亦为过录大典之一部，若更以上举顺天府属县体例之顺序度之，此抄本《析津志》之内容，正值缪抄府志卷七之前，则所谓《析津志》者，其即大典卷四六四×顺天府×至卷四六四九顺天府六之过录本乎？

［8］ 今传《圭斋文集》各本俱从明成化本出，此所据《四部丛刊》本，即影印成化本。

［9］《丰乘》，明嘉靖刻本，藏浙江宁波天一阁。此条系承宁波市文物保管委员会抄示。

［10］《析津志典》又见录于明杨士奇《文渊阁书目》卷一八："析津志典三十四册"（据《读画斋丛书》本），但不著撰人。清钱大昕《补元史艺文志》卷二考定该书为熊撰云："熊自得析津志典。字梦祥，丰城人，崇文监丞。"（据开明《二十五史补编》本）钱氏未言所据，疑即出自下文所引之康熙《丰城县志》。又《日下旧闻考》卷一六〇录清张鹏《日下旧闻》序："熊自得燕京志，刘崧之北平志、北平事迹，戚不磷、郭选卿之燕史，其少者或数卷，多或至数百卷，是皆燕志也，而未之见焉，焉得无憾。"所记之《燕京志》，疑亦此书。

［11］ 据《影宋丛书》本。

［12］ 崇祯《太仓州志》卷一三亦录有熊梦祥传，考其内容系节自《雅集》，因不具录。

［13］ 据清康熙秀野草堂刻本。

［14］ 康熙《丰城县志》，藏浙江温州市图书馆。此条即承该馆所抄示。

［15］ 据北京大学图书馆藏影抄元刻本。按陈序亦见录于陈基《夷白斋稿外集》（据《四部丛刊三编》影印明抄本）。

［16］ 抄本《析津志》古迹条："南城坊有唐卢龙节度使刘评碑，颜真卿书丹。其碑至厚，长四尺，至正壬寅（至正二十二年·1362年）二月凿断作四截，以象舆入内庭为台……已上并见析津志。"此段之前，录笞女台："笞女台在京南城放生池东，高三丈，蒿草芃芃，谇之乡老俱称金萧后笞宫女于上，因名之。"此笞女故事，又见《元诗选》三集庚，自熊梦祥《松云道人集》中选录《笞女台歌并引》之引文中，文字基本相同，因知抄本《析津志》所谓"已上并见析津志"者，并无讹误也。

［17］ 据百衲本《二十四史》本。

［18］ 本稿所引过街塔门券两壁汉文刻字，皆据罗福成《居庸关石刻》（刊《国立北平图书馆馆刊》4卷3号）和藤枝晃之录文（收村田治郎所编《居庸关》〔京都，1958〕卷一中。西壁汉文刻文内容为佛经，无标题，藤枝晃考其出自宋施护译《佛顶放无垢光

明入普门观察一切如来心陀罗尼经》，因拟名作《如来心经略抄》。

[19] 明权衡《庚申外史》："至正四年（1344年），诏以阿鲁图广王为右丞相。"（据《学津讨原》本）按《元史·阿鲁图传》："阿鲁图，博尔术四世孙……由经正监袭职为怯薛官，掌环卫，遂拜翰林学士承旨，迁知枢密院事。至元三年（1337年）袭封广平王。至正四年脱脱辞相位……以阿鲁荐。"

[20] 《宪台通纪续集》一卷，元唐惟明撰，见录于《永乐大典》卷二六〇九。中华影印本收此卷于第三十二册。

[21] 过街塔门券两壁刻文所使用之六种文字为梵文、藏文、八思巴文、畏兀儿文、西夏文和汉文。除梵文外，皆附刻造塔功德记，而西夏文和汉文除造塔功德记外，尚附有《如来心陀罗尼经》之节文，即前谓之《如来心经略抄》。

[22] 东壁汉文刻文亦无标题，"造塔功德记"一名，系藤枝晃等人所拟。按此段刻文之末记："……（以上缺文）藏述西天斡则罗悉如达儿……（以上缺文）西圙國都宝圙寺僧德成略润斯文并笔授。"因知此汉文功德记原系译文，德成润饰笔授，其口译者，盖即德成署名之前之西天斡则罗悉如达儿。至于其原文，据汉文功德记云："钦奉圣诏记功圙，梵番蒙古之本义，采摭经（缺文）"知为藏文和八思巴文。

[23] 刘译本名《续藏史鉴》，成都华西大学华西边疆研究所排印本，1945。庆喜幢为本名，喜幢吉祥贤所附之"吉祥贤"，刘译本于帕摩主巴王朝"称幢吉祥贤"后附译者按语云："'吉祥贤'三字为德学兼优之美誉，元明史中喇嘛名号后有'监藏卜'者，即是此意，非原名也。"

[24] G.Tucci：*Tibetan Painted Scrolls*（罗马，1949）卷二所附表一"萨迦世系"据藏文史料谓：喜幢吉祥贤1310年生于Icags K'yi，二十二岁来中原为帝师，1358年四十八岁卒于萨迦。依此可知《元史·文宗纪》五："（至顺三年·1332年）三月庚午朔，帝师至京都……乙未……以帝师泛舟于西山高粱河，调卫士三百挽舟"之帝师，即是此人。1358年即至正十八年，帝师为终身职，是至正十八年以前各书所记之帝师，如《夷白斋稿》卷二六《天惠贤首教记》："前金行宣政院事张公乃休绩为请于帝师，宠锡今名……至正十二年（1352年）……记"所记帝师；《元史·顺帝纪》六："（至正）十三年（1353年）春正月庚午朔，帝师请释放在京罪囚"所记之帝师；元陶宗仪《南村辍耕录》卷二："累朝皇帝先受佛戒九次，方正大宝……此国俗然也。今上之初入戒坛时，见马哈剌佛前有物为供，因问学士沙剌班曰：此何物？曰：羊心。上曰：曾闻用人心肝者有诸？曰：尝闻之而未尝目睹，请问剌马。剌马者帝师也。上遂命沙剌班传旨问之。答曰：有之，凡人萌歹心害人者，事觉则以其心肝作供耳。以此言复奏。上复命问此羊曾害人乎。帝师无答"（据《四部丛刊三编》影印元刻本）；同书、卷："今上皇太子之正位东宫也，设谕德，置端本堂以处太子讲读。忽一日帝师来启太子母后曰：向者太子学佛法顿觉开悟，命乃学孔子之教，恐损太子真性……"之帝师，皆此人也。元释念常《佛祖历代通载》卷二二："癸酉（1333年）今上皇帝……六月初八日登宝位，改元统元年，礼请公哥儿监藏（藏）班藏（藏）卜为帝师"（据《大正藏》卷四九），元释德辉《百丈清规》卷前录鼠儿年（丙子·后至元二年·1336年）四月十一日帝师公哥儿监藏班藏卜法旨（据《大正藏》卷

四八），此公哥儿监藏（藏）班臧（藏）卜，即喜幢吉祥贤之音译。又后藏夏鲁寺藏有此帝师鼠儿年四月十六日藏文法旨原件一件，见前引 G.Tucci 书，Ⅱ，页 751（页 752 原件录文，页 670~672 英译）。此外，元叶子奇《草木子》卷三上："元京未陷先一年，当午有红云一朵，宛然如一西番塔，虽刻画莫能及，凝然至晚方散。后帝师以国事不振，奔还其国。"（据中华书局《元明史料笔记丛刊》本）所记之帝师，以其事在至正二十七年（1367年，至正二十八年〔1368年〕八月明兵陷大都），知与此喜幢吉祥贤无关，而《明太祖实录》卷九一："洪武七年（1374年）秋七月……故元帝师八思巴之后公哥坚藏巴藏卜遣赐（使）来朝，请师号。……诏以公哥坚藏巴藏卜为圆智妙觉弘教大国师，（赐）玉印狮纽。"（据1940年影印江苏国学图书馆藏抄本）所记之公哥监藏巴藏卜，亦别为一人。参看 G.Tucci 书，Ⅰ，页253。

[25] 按此事，《元史·顺帝纪》二重出。另一列于至元三年（1337年）末云："征西域僧伽剌麻至京师，号灌顶国师，赐玉印。"此事又见《庚申外史》："至元二年（1336年）诏征西域匜剌麻至京，礼为帝师，仍（乃）以故太师燕帖木儿第赐之。"

[26] 参看《居庸关》卷一所收西田龙雄译文。

[27] 太平以御史大夫督建此塔，或以其曾被"文宗召为工部尚书，都主管奎章阁工事"（见《元史·本传》）乎？然顺帝时以御史大夫督塔并不只此，至正十四年（1354年）又命御史大夫也先不花督卢沟桥塔，事见下引《元史·顺帝纪》四文。

[28] 参看《元史·宰相年表》及阿鲁图、别儿怯不花传。

[29] 据影刻明洪武刻本。

[30] 据《四部丛刊》影印元刻本。

[31] 参看缪荃荪《艺风堂金石文字目》卷一六、一七，据光绪三十二年（1906年）刻本。

[32] 元代居庸关在今关城之北，参看下引乾隆《延庆卫志略》文。

[33] 据《诵芬堂丛刊初编》影印元刻本。

[34] 此碑原存居庸关过街塔基之上，1948年前往调查时，即已断为三石。1960年北京市文物组清理塔基，将此三石移置于基下西南隅。该碑见录于明王士翘《西关志》居庸卷四祠庙条："泰安寺……有四明冯益撰碑，以记其事。"《西关志》明嘉靖刻本，北京图书馆藏书，解放前南运台湾，此据北京图书馆藏显微胶卷。

[35] 参看[34]。

[36] 萧祥曜任巡按西关御史事，参看《西关志》居庸卷三官司、巡按西关御史条。

[37] 乾隆《延庆卫志略》，旧抄本，北京图书馆藏书。

[38] 据1940年影印南京国学图书馆藏抄本。

[39] 雷宗事迹参看《西关志》居庸卷四人物条。

[40] 李贡任巡抚都御史事，参看《西关志》居庸卷三官司、巡抚都御史条。

[41] 康熙《昌平州志》，北京图书馆藏书。

[42] 据1962年北京出版社排印本。

[43] 《西关志》卷首录"西关总图"，其中居庸关城南门内即绘出上建佛殿之塔基，但无"过街塔"三字。

[44] 参看长尾雅人译文，长尾文刊《居庸关》卷一中。关于汉文造塔功德记与藏文功德记

之关系参看［22］。

［45］参看已收入本集的《元大都〈圣旨特建释迦舍利灵通之塔碑文〉校注》。

［46］参看［45］。

［47］喇嘛塔尚白色，其元代实例，除大都大圣寿万安寺释迦舍利灵通之塔外，尚有大德五年（1301年）所建之五台山塔，该塔明代历朝重修，参看《元大都〈圣旨特建释迦舍利灵通之塔碑文〉校注》，附注［21］。此外，文献所记之白塔，不胜枚举，其重要者有杭州宋官白塔，元张翥《蜕庵诗集》卷四有雷火焚故宫白塔诗云："数声起蛰乍闻雷，骤落千山白雨来，恐有怪龙逃电取，未应佛塔被魔栽，人传妖鸟生讻火，谁觅胡僧话劫灰，岂复神灵有遗恨，冷烟残烬满荒台"（据《四部丛刊续编》影印明刻本），此塔当即《元史·世祖纪》二所记："（至元二十五年〔1288年〕二月）江淮总摄杨琏真加言以宋宫室为塔一、为寺五，已成"之塔。其时大都万寿山尚有玉塔殿，见《元史·世祖纪》十一。至元二十七年（1290年）五月丁巳又于京师"建白塔二，各高一丈一尺，以居咒师朵四的性吉等七人"（《元史·世祖纪》十三）。清代喇嘛塔亦如之，清顺治间所建辽宁沈阳四塔与北京北海白塔，皆其昭著者。

［48］参看［18］。

［49］以上诸像皆具有典型的西藏萨迦时期遗物之特征，五曼荼罗与西藏萨迦北寺坛城殿所列三大曼荼罗极为相似，十方佛及千佛亦与西藏各寺所藏萨迦以迄帕木竹巴初期之幡画风格相同。至于前引冯益碑谓"即穿之空，刻佛者千"，为正统间谷春所补，当有讹误。

［50］六拿具多为背光之饰，见清蒙古工布查布《造像量度经解》。其用于塔门券面上，除居庸关过街塔之例外，1959年南京市文物保管委员会曾于南京聚宝山琉璃窑址发现明初拟饰于有名之大报恩寺琉璃塔门之六拿具琉璃券面一组（参看南京博物院《明代南京聚宝山琉璃窑》，刊《文物》1960年2期）。该组六拿具，现已复原陈列于南京博物院，其内容略与居庸者异，谨录《造像量度经解》原文，相互比较如下表17-5：

表17-5

居庸关过街塔门券面	南京大报恩寺塔门券面	《造像量度经解》（据清同治十三年〔1874年〕金陵刻经处刻本）
大鹏一	大鹏一	"背光制有云六拿具者：一曰伽噌拿，华云大鹏，乃慈悲之相也；"
鲸鱼二	鲸鱼二	"二曰布啰拿，华云鲸鱼，保护之相也；"
龙子二	龙子二	"三曰那啰拿，华云龙子，救度之相也；"
童男骑怪兽二	有翼怪兽二	"四曰婆啰拿，华云童男，福资之相也；"
	狮子兽王二	"五曰福啰拿，华云兽王，自在之相也；"
象二	象二	"六曰救啰拿，华云象王，善师之相也。是六件尾语俱是拿字，故曰六拿具。又以合为六度之义。"

两相校比，知居庸关过街塔者为原始，如龙子颈上出七蛇首，童男骑怪兽等，皆萨迦旧制。而大报恩寺塔虽亦取法西藏，但龙子之上身已与传统之飞仙无异矣。

[51] 南北两券面之券足部分共饰交杵四,交杵护法见唐中天竺阿地瞿多译《陀罗尼集经》卷四《十一面观世音神咒经》:"次说七日供养坛法……若有沙门、若婆罗门、善男子等,诵于秘密法藏,要决成就大验,若国王心生决定忏悔众罪,愿欲见闻部大道场法坛会者,先觅清净宽大院宇精华大舍……其外院四角各安叉二跋折罗如十字形,又中院四角准前者,各安二跋折罗,亦交叉者如十字形。"(据《大正藏》卷一八)其用于塔四围,实例见西藏桑鸢寺,萨迦教持金刚福幢《西藏王统记》记兴建(桑鸢)其余各殿塔节云:"阿阇黎于慈氏洲造光燃塔,镇压鬼女微中马。更以四围之角架金刚杵,成为百零八塔之式,每杵下有一舍利。"(据王沂暖译本,上海商务印书馆,1949年)因知居庸关过街塔之制,当亦原自萨迦也。

[52] 参看[45]。

[53] 参看清蒙古工布查布《造像量度经续补》装藏略(据清同治十三年〔1874年〕金陵刻经处刻本)。

[54] 白塔下引文知为益邻真所设计。益邻真(Rinrgyal)意译作"宝幢",为与此居庸关过街塔有关之帝师喜幢吉祥贤之叔祖,参看刘译《续藏史鉴》。

[55] 按西藏萨迦过街塔,当源于印度。后藏那塘寺度母殿藏有"大明永乐年施"刻铭之中印度佛陀伽耶精舍木、石制模型一组(参看刘艺斯《西藏佛教艺术》图版11,文物出版社,1957),其门皆作过街塔式,唯四隅与精舍大塔殿相同,皆各立一小塔斯为异耳。关于印度过街塔,E.Dieg谓盛于南印度,参看该氏所著 *Die Kunst Indiens*,1925,页40~42、62~64、68。

[56] 此塔建年无考,据其形制与位置推之,疑建于明中叶喇嘛教格鲁派兴起之后。

[57] 西藏过街塔虽多存如拉萨西门塔之例,但清乾隆三十五年(1770年)于承德仿拉萨布达拉所建之普陀宗乘庙(参看乾隆《热河志》卷八〇寺庙四普陀宗乘庙条),其内三门即为一上列五塔之塔门,庙外西侧又有上建三塔之水门。后者虽为水门,且仅于塔基下部开三小窦,与过街塔意义有别,但塔基之上列三塔则与居庸关过街塔相似。此外,该庙东侧尚有于顶部并建五塔之僧房,凡此诸例,虽属间接,但西藏昔日亦流行多塔式之过街塔,似无可疑(普陀宗乘庙诸塔,参看关野贞等《热河》卷三,东京,1934)。

[58] 据清宣统三年(1911年)河南教育总会石印旧抄本。

[59] 参看[45]。

[60] 武昌胜像宝塔建于元至正三年或四年(1343年或1344年)。参看蓝蔚《武昌黄鹤楼胜像宝塔的拆掘工作报导》(刊《文物参考资料》1955年10期)及《元大都〈圣旨特建释迦舍利灵通之塔碑文〉校注》附注[24]。

[61] 参看刘敦桢《北平护国寺残迹》,刊《中国营造学社汇刊》6卷2期,1935。

[62] "塔脖子",清初官匠或名之曰"四出轩",参看[61]。

[63] 敦煌莫高窟第465窟前、后室壁画元代噶当觉顿式喇嘛塔甚多,其伞盖之上均各置一宝珠,是塔顶置宝珠,亦元代流行之作法。

[64] 承德普陀宗乘庙三塔水门上部平面作扁十字形,故其中塔较左右两塔略高。此塔基上部平面作矩形,如左右两塔较低小,则矩形平面之两端将过于空敞,故此三塔如有大

小之别，在布局上将难以安排。

[65] 其例如山西浑源永安寺元延祐二年（1315年）所建传法正宗殿中之元塑三世佛。参看拙作《浑源古建筑调查简报》，刊《雁北文物勘查报告》，1951。

[66] 过街塔与金刚宝座塔关系密切，可从中印度佛陀伽耶精舍之例窥知。参看 [55]。

[67] 明清间金刚宝座塔除上述北京真觉寺一例外，尚有清雍正间所建之呼和浩特慈灯寺金刚宝座塔、乾隆间所建之北京碧云寺金刚宝座塔。

[68] 参看 [57]、[67]。

[69] 参看张益贵等《广西最老的宝塔——舍利塔》，刊1963年12月1日《广西日报》。张文据传与此塔有关之舍利石函铭谓为唐显庆四年（659年）建。此舍利石函铭，原系伪作，见清叶昌炽《语石》卷四塔铭条（据商务《国学基本丛书》本）。兹按该塔亦西藏噶当觉顿式。又该寺亦与元顺帝有较密切之关系（参看《庚申外史》及嘉庆《临桂县志》卷二〇古迹四万寿寺条），因疑该塔亦为元建。

[70] 参看梁思成等《平郊建筑杂录》二，刊《中国营造学社汇刊》3卷4期，1932。

[71] 承德普宁寺系清乾隆二十年（1755年）仿西藏三摩耶庙（或译作桑鸢寺）建（参看乾隆《热河志》卷七九寺庙三普宁寺条）。按桑鸢寺四隅之塔并非过街塔式，参看王毅《西藏文物见闻记（六）山南之行》，刊《文物》1961年6期。

[72] 此塔无考，因扩建马路已拆除。

[73] 现知唯一例外，即 [57] 所述承德普陀宗乘庙之内三门。该门上部并列五塔，塔身自不能过于高大。此外，如同寺五塔僧房、普宁寺大乘阁前之一塔僧房（参看《热河》卷二）、须弥福寿庙（按系仿西藏札什伦布，清乾隆四十五年〔1780年〕建。参看乾隆《热河志》卷八〇寺庙四须弥福寿庙条）。外西侧之一塔僧房（参看《热河》卷四）等，亦皆取塔低于台之过街塔式，但其用途和过街塔不同，且其台多作多层之式，因此当不能与一般过街塔一并而论矣。

追　记

1.《析津志》、《松云闻见录》撰人熊梦祥事迹，又见康熙、雍正《江西通志》，康熙志较略，雍正志卷六七引《人物志》所记较详。本文前引乾隆《南昌府志》所记系转录雍正志。雍正志卷一六二又转录明胡俨《胡祭酒集》卷七所收之《题熊自得画》："丰城熊自得，元时以艺事入都，有声于公卿间。此小画二方，真得米老家法而兴致幽远，因可与商（琦）高（克恭）班矣，然数十年来，乡人束为故纸，余得而表出之。"（按此文为二卷本《颐庵文选》所未收）《胡集》于《题熊自得画》之后，记有胡幼时，与熊相识的轶事云："余幼时，尝识自得与熊太古先生于乡饮大宾之列，二先生物故久矣，而余亦年几五十，

图17-6　云南昆明筇竹寺玄坚雪庵塔（据《中国营造学社汇刊》7卷2期图24重绘）

想其风采，为之慨然。"胡俨南昌人，《明史》本传记其："少嗜学，于天文地理律历医卜无不穷览。洪武中，以举人授华亭教谕……永乐二年（1404年）九月拜国子祭酒……朝廷大著作多出其手，重修《太祖实录》《永乐大典》天下图志皆充总裁官。"是胡既与熊为同乡，且知之甚稔；同时又总裁大典天下图志，然则从未剞劂之熊氏诸作得入大典，其即因缘于胡俨欤？

2. 近检北京大学图书馆所藏缪荃荪《戊子（光绪十四年·1888年）日记》稿本，于四月六日条下得缪氏自记校《顺天志》之经过云："校《顺天志》毕。还同听秋声图手卷及《永乐大典》三册于志伯愚……《永乐大典》中有明初《顺天府志》二〇卷，今存四六五〇起，四六五七止，为府志卷七至卷二四。"是缪抄府志出自大典，缪氏言之綦详，实无需考证，本文前面所论可以复甄。又此书原于大典究作如何安排？检现存大典若影印本第二十一、二十二册所收之湖州府，第二十三、二十四册所收之梧州府……等皆与灵石杨氏目录符合，以地名作标题，此有关大典分目体例，自不容有顺天府志之例外，然缪氏既目睹原书，并又屡屡言之；且有北京图书馆所藏另一抄本亦题《顺天府志》者为之旁证，似亦不应有误。两说之中，何所取舍，白学植殊浅，不能遽断。

3. 顺德某氏《燕京杂记》："（居庸）关里有石塔跨于街者，谓之过街塔，俗谓之半截塔，形如塔基无上截，故名。塔之下拱如石桥，两边刻金刚像，杂以佛经，字亦端好。四围刻龙凤及竹木形，工巧精绝"。按此书以《屑玉丛谈初集》《小方壶斋舆地丛钞》两本为最早，两书刊于光绪四至六年（1878—1880年）间，是杂记撰年当在光绪四年以前。稽之书中所载故实，又可推知不晚于咸同间（1851—1874年），由此可证塔基上部所建之泰安寺于康熙四十一年（1702年）被毁之后，即无建置；而过街塔之名，亦一直为民间所沿用也。

此文原刊《文物》1964年4期，页13~29。此次重排略有增删。附录过街塔塔座上方三塔的复原设想，因近年发现的13—14世纪三塔图像和实物，皆作中间塔体大于两侧塔体的形制，可知原拟三塔同高宽的考虑有误。关于13—14世纪三塔图像资料，请参看已收入本集的《西藏山南地区佛寺调查记》札囊札塘寺条。现存实物似只有刘敦桢先生于抗战期间在云南昆明县筇竹寺发现的玄坚雪庵宗主（卒于元延祐六年·1319年）塔一例。该塔左右两塔自相轮（十三天）以上部分似系补砌，但从基座低于中塔基底这一迹象，可以推测中塔高于左右塔。现据刘先生《云南之塔幢》（刊《中国营造学社汇刊》7卷2期，1945）中之图24重绘【图17-6】，用备进一步研讨居庸关过街塔复原问题时参考。

元代杭州的藏传密教及其有关遗迹

一

至元十三年（1276年）二月元军入临安，次年二月"诏以僧亢吉祥、怜真加加瓦并为江南总摄，掌释教"（《元史·世祖纪》六）。至元十八年（1281年）冬，诏毁伪撰道书之后，江南释教都总统杨琏真加改道观为佛寺，张伯淳《大元至元辨伪录随函序》记其事云：

  至元十八年冬，钦奉玉音颁降天下，除道德经外，其余说谎经文尽行烧毁。道士爱佛经者为僧，不为僧者娶妻为民。当是时也，江南释教都总统永福杨大师琏真佳大弘圣化，自至元二十二（1285年）春至二十四年（1287年）春，凡三载，恢复佛寺三十余所，如四圣观者，昔孤山寺也。道士胡提点等舍邪归正，罢道为僧者，奚啻七八百人，挂冠于上永福帝师殿之梁拱间。[1]

又拆毁南宋宫殿、陵寝，兴建塔寺，《元史·世祖纪》一〇：

  （至元二十一年〔1284年〕九月）丙申，以江南总摄杨琏真加发宋陵冢所收金银宝器，修天衣寺……。二十二年春正月……庚辰……毁宋郊天台。桑哥言："杨辇真加云，会稽有泰宁寺，宋毁之以建宁宗等攒宫；钱塘有龙华寺，宋毁之以为南郊，皆胜地也，宜复为寺，以为皇上、东宫祈寿。"时宁宗等攒宫已毁建寺，敕毁郊天台，亦建寺焉。

郭畀《客杭日记》记杨琏真加于旧宫建寺塔：

> 至大元年（1308年）十月十八日……是日游大般若寺。寺在凤凰山之左，即旧宫地也。地势高下，不可辨其处所。次观杨总统所建西番佛塔[2]，突兀二十余丈，下以碑石凳之，有先朝进士题名并故宫诸样花石，亦有镌刻龙凤者，皆乱砌在地。山峻风寒，不欲细看而下。次游万寿尊胜塔寺，亦杨其姓者所建，正殿佛皆西番形象，赤体侍立，虽用金装，无自然意。门立四青石柱，镌凿盘龙，甚精致；上犹有前朝铜钟一口，上铸淳熙改元（1174年）曾觐篆字铭在，皆故物也。

田汝成《西湖游览志》卷七《南山胜迹》记此事较详：

> 报国寺，元至元十三年（按"十"前脱"二"字，至元二十三年即公元1286年），从胡僧杨琏真伽请，即宋故内建五寺，曰报国、曰兴元、曰般若、曰仙林、曰尊胜。报国寺即垂拱殿，殿角有银杏树，其实无心……。兴元寺即芙蓉殿。般若寺即和宁门。仙林寺即延和殿。尊胜寺即福宁殿，下有曲水流觞[3]。杨琏真伽发宋诸陵，建塔其上，其形如壶，俗称一瓶塔，高二百丈，内藏佛经数十万卷、佛菩萨像万躯，垩饰如雪，故又名白塔。至顺辛未（二年·1331年）正月十四日黎明，雷震之。至正末，为张仕诚所毁。其寺钟，即故内禁物也。……四寺虽隘，而景致宏丽，延祐、至正词，诸寺递毁。

约与《游览志》同时纂修的《嘉靖仁和县志》卷一二所记宋宫五寺内容，可补田文者有：

> 大报国禅寺……即垂拱殿基为之……至正末毁于兵，惟佛殿存……洪武二十四年（1391年）立为丛林。兴元教寺……即宋芙蓉殿基为之，延祐六年（1319年）寺毁，继建未完而罹兵革，遂废。般若寺……在宋和宁门侧，亦毁于兵火，张氏筑城，遂以为城基。

小仙林寺……即宋后殿基为之；初，仙林寺住持荣佐岩结杨琏真伽，请殿基为小仙林寺特建一塔，方半而止，俗称半橛塔；寺亦寻废，惟存半橛塔，七八十年前犹存，今亦废。尊胜寺……即宋寝宫基为之，基址高亢。……杨琏真伽发宋诸陵，建镇南塔于冈上，以镇王气。（尊胜）寺至正壬辰（十二年·1352年）……废。[4]

"西番佛塔""其形若壶""俗称□瓶塔"者，即当时土蕃萨迦教派流行之噶当觉顿，若至元八年（1271年）所建由八思巴弟益邻真设计之大都大圣寿万安寺白塔者[5]。"赤体侍立"的西番佛菩萨像，即藏传密教所奉形象。元灭南宋，于江南所置总摄释教之主要僧官，多属帝师一系之萨迦派之僧人，故所经营之塔寺佛像，亦多当时大都盛行之萨迦系统的藏密形象，现存西湖飞来峰一带之元代龛像[6]如第11、16、45、57、65、67龛坐佛，第15龛倚坐佛，第22、24、46、48龛菩萨坐像，第64龛尊胜佛母像，第52龛尊胜塔龛[7]，第4、5、43龛护法像等，皆较明显地具有萨迦形象的特点，可以为证[8]。建于西湖东岸吴山之宝成寺，其正殿后壁崖面东侧至治二年（1322年）"朝廷差来官"雕造的"麻曷葛剌圣相一堂"[9]，更足证明当时杭州所雕藏传密像与大都关系密切。藏密麻曷葛剌形象之东传，源于八思巴。达仓宗巴·班觉桑布于1434年撰集之《汉藏史集》上篇第二三节"伯颜丞相的故事"有云：

此时（至元十一年·1274年），（忽必烈）皇帝又对上师八思巴道：如今遣伯颜领兵攻打蛮子地方如何？上师回答说：彼足以胜任，我将为其设法求得吉兆。上师遣尼泊尔人阿尼哥，犹如幻化之工匠般，出力在巨州[10]地方兴建一座神殿，内塑护法摩诃葛剌主从之像，由上师亲自为之开光。[11]

此后，元皇室屡建麻曷葛剌像于京城内外的重要佛寺，其见录于现存《经世大典·工典·画塑[12]》佛像条者有：

仁宗皇帝皇庆二年（1313年）八月十六日，敕院使也纳，大圣寿万安寺内五间殿八角楼四座，令阿僧哥提调，其佛像……西南北[13]角楼马哈哥剌等一十五尊……东西角楼四背马哈哥剌等一十五尊。

（延祐）七年（1320年）四月十六日，诸色府总管朵儿只等奏，八思吉明里董阿二人传旨，于兴和路寺西南角楼内塑马哈哥剌佛及伴绕神圣，画十护神，全期至秋成。塑工命刘学士之徒张提举、画工命尚提举二人率诸工以往……秋间朕至时作庆赞，毋误也。马哈哥剌一，左右佛母二，伴绕神一十二圣。

泰定三年（1326年）三月二十日，宣政院使满秃传敕，诸色府可依帝师指受，画大天源延圣寺……西南角楼马哈哥剌等佛一十五尊。[14]

该书又记泰定帝即位之初，于宫中塑麻曷葛剌像：

至治三年（1323年）十二月三十日，敕功□使阔儿鲁、同知安童、诸色府杨总管、杜同知等，延华阁下徽青亭门内[15]，可塑带伴绕马哈哥剌佛像……正尊马哈哥剌佛一，左右佛母二尊，伴像神一十二尊。

《辍耕录》卷二"受佛戒"条更记元代皇帝即位前，须于供有麻曷葛剌像之戒坛受戒：

累朝皇帝先受佛戒九次，方正大宝……今上（顺帝）之初入戒坛时，见马哈哥剌佛前有物为供……

可见麻曷葛剌像与元皇室关系密切。以上所录元皇室塑造诸像皆已毁废，而吴山宝成寺雕镌之"麻曷葛剌圣相一堂"尚大体完好。按该堂圣像，既系"朝廷差来官"所造，其图样约亦来自大都，早已无存的元皇室所奉之麻曷葛剌,或可据此宝成寺造像仿佛其形制[16]。又《大清太宗皇帝实录》卷四三记清太宗讨元顺帝直系子孙察哈尔部林丹汗时,得元初八思巴所铸麻曷葛剌像故事:

> (崇德三年〔1638年〕八月)壬寅,实胜寺工成。先是,上征察哈尔国时,察哈尔汗惧,出奔图白忒[17]部落,至打草滩而卒。其国人咸来归顺。有墨尔根喇嘛载古帕斯八喇嘛所供嘛哈噶喇佛至[18]。上命于盛京城西三里外建寺供之,至是告成,赐名实胜寺……东西建石碑二。东一碑前镌满洲字,后镌汉字。西一碑前镌蒙古文,后镌图白忒字。碑文云……至大元世祖时,有喇嘛帕斯八,用千金铸护法嘛哈噶喇,奉祀于五台山,后请移于沙漠。又有喇嘛沙尔巴胡土克图复移于大元裔察哈尔林丹汗国祀之。我大清宽温仁圣皇帝征破其国,人民咸归,时有喇嘛墨尔根载佛像而来[19]。上闻之,乃命召喇嘛往迎,以礼异至盛京西郊。因曰:有护法不可无大圣,犹之乎有大圣不可无护法也。乃命工部卜地建寺于城西三里许,构大殿五楹,装塑西方佛像三尊……东西庑各三楹,东藏如来一百八龛、托生画像并诸品经卷,西供嘛哈噶喇……营于崇德元年(1636年)丙子岁孟秋,至崇德三年戊寅岁告成,名曰莲华净土实胜寺……大清崇德三年戊寅秋八月吉旦立。国史院大学士刚林撰满文,学士罗绣锦译汉文……

此故事如无大误,则麻曷葛剌形象东传源于八思巴和该像与元皇室关系密切两事又得佐证。此传自蒙元后为满清奉祀之麻曷葛剌像,其形制与宝成寺造像似亦有联系,唯此问题已超出本文范围,容另文考述。

二

吴山宝成寺创于五代吴越时,《乾隆杭州府志》卷二八引《吴山志》云:

宝成寺在宝莲山南，吴越王妃仰氏建，名释迦院。宋大中祥符间（1008—1016年）改今额。

元人因寺石壁雕凿之龛像，似不见万历四十年（1612年）以前的明人记载。盖入明后，寺久荒凉，故《西湖游览志》、吴之鲸《武林梵志》只记其地为黎氏园、有吴东升题字和建大观楼诸事。《游览志》卷一二《南山城内胜迹》云：

宝成寺，晋天福中（935—944年）建释迦院。宋大中祥符间，改额宝成寺，有石观音、罗汉像。壁间有苏子瞻宝成院赏牡丹诗……诗镌石壁，笔法甚遒。其旁有"岁寒松竹"四字，乃成化间（1465—1487年）吴东升题者。

《武林梵志》[20]卷一《城内梵刹》云：

宝成寺……宋大中祥符间改今额。岁久废为黎氏园[21]。万历壬子（四十年，1612年），方伯吴公清复捐资建大观楼，开砌石径，焕然一新。

近年发现《宝成寺住持成实重修石碣》记万历四十三年（1615年）十二月起功重修正殿和麻曷葛剌龛右侧所雕万历四十五年（1617年）重妆铭记，始知宝成寺于万历四十年以后才再度重修。此重修之宝成寺，清初又形荒芜，康熙末倪璠撰《神州古史考》记此寺云：

吴山……稍南为石佛山，旧有宝成讲寺，今寺废，石佛尚存。

所记尚存之石佛，约即雍正五年（1727年）厉鹗所咏之麻曷葛剌佛【图18-1】。厉诗见《樊榭山房集》卷五。厉杭州人，多识两宋辽金蒙元故事，所撰《麻曷葛剌佛并序》考述吟咏麻曷葛剌既确且详，因移录其全文如下：

麻曷葛剌佛在吴山宝成寺石壁上，复之以屋。元至治二年（1322年）骠骑卫上将军左卫亲军都指挥使伯家奴所凿。案《元史》泰定帝元年塑马合吃剌佛像于延春阁之徽清亭下。《辍耕录》亦称马吃剌佛，盖梵音无定字故也。元时最敬西僧，此其像设狞恶可怖，志乘不载，观者多昧其所自，故诗以著之。寺古释迦院，青滑石如饴，何年施斧凿，幻作梵相奇。五采与涂饰，黯惨犹

图18-1　宝成寺麻曷葛剌像

淋漓。一躯俨箕踞，努目雪两眉，赤脚踏魔女，二婢相夹侍，玉颅捧在手，岂是饮月支。有来左右侍，骑白象青狮，狮背匪锦幪，荐坐用人皮，髑髅乱系颈，珠贯何累累，其余不尽者，复置戟与铍。旁纪至治岁，喜舍庄严资，求福不唐捐，宰官多佞辞。我闻刘元塑，妙比元伽儿，搏换入紫闼，秘密无人知。此像琢山骨，要使千年垂，遍翻诸佛名，难解姚秦师。游人迹罕到，破殿虫网丝，来观尽毛戴，香火谁其尸。阴苔久凝立，想见初成时，高昌畏吾族，奔走倾城姿，施以观音钞，百定鸦青披，题以朴樕笔，译写蟠蚓螭，照以驼酥灯，深碗明流离，供以到羊心，洁于大祀牲，红兜交膜拜，白伞纷葳蕤，琅琅组铃语，逢逢扇鼓驰，到今数百祺，眩惑生凄其，但受孔子戒，漫书胆巴碑（赵子昂延祐二年奉命书胆巴帝师碑。胆巴华言秘密），访古为此作，聊释怪谍疑。

明清易代，寺复荒废之后，"复之以屋"者似只此一龛，故厉鹗以还公私著录凡志宝成寺龛像者，如许承祖《雪庄西湖渔唱》卷六[22]、汪师韩《韩门辍学续编》[23]《乾隆杭州府志》卷二八[24]等均仅及此龛。至近代，即此一龛又掩于民舍内，历有年所。1982年，杭州市决定整理宝成寺址。1988年，拆除寺内全部民房，于麻曷葛剌龛右侧又

清出龛像两处。由布局位置与龛内造像,知此三龛像原为一组,俱雕凿于因岩结构之宝成寺正殿后岩壁【图18-2】。麻曷葛剌龛原为东侧龛,龛内雕三像,中为麻曷葛剌倚坐像,左为骑狮侍者,右为骑象侍者,三像形象略如厉诗所咏,唯麻曷葛剌两腋下各夹置之人头,是否是"二婢相夹侍"尚可置疑;仰卧之魔女下,新清出的莲座则系厉所不及见者。至治二年铭刊于龛左缘,文云:

> 朝廷差来官骠骑卫上将军左卫亲」军都指挥使伯家奴发心喜舍净财庄」严麻曷葛剌圣相一堂祈福保佑宅门」光显禄位增高一切时中吉祥如意者」至治二年月日立石」【图18-3】[25]

中龛最大,内雕三世佛【图18-4】。三世佛皆具光焰,上眼右袒,坐于十字折角式须弥座上。像头俱佚,手臂亦残,但细查遗迹可知正中和东侧坐佛均作触地印之降魔相,西侧坐佛为施定印之禅定相。西侧龛内像佚,只存像座,龛外缘雕山岩,表示已佚之像应是一禅居于山崖窟龛中之高僧像。山岩两侧各凿四小龛,现亦为空龛;对照有关遗物,知两侧诸小龛内原或置护法像,或置高僧像。前者如飞来峰第52龛尊胜塔龛;后者如拉萨布达拉宫所藏约为13世纪织造的蔡巴噶举派创始人向蔡巴尊追札的缂丝唐卡[26],此唐卡织造地点有可能即是当时织造工艺水平高超的杭州。三世佛是13世纪以还,藏传密教佛堂中所奉的主要佛像[27]。宝成寺元代龛像最应注意的是东西两侧龛。东侧龛之麻曷葛剌,已如前述并非一般护法神像,然则与之对应的西侧龛中的高僧,当亦非一般高僧。按前引《汉藏史集》记八思巴亲自为巨州麻曷葛剌塑像开光之后云:

> 此依怙像(指麻曷葛剌像)之脸面,朝向南方蛮子地方,并命阿阇梨胆巴贡噶在此护法处修法。[28]

八思巴所以令胆巴于麻曷葛剌像处修法,除胆巴系因八思巴之荐为国师外,胆巴世奉此神,并曾屡致灵异,约亦为重要原因。《佛祖历代通

图18-2　宝成寺元代龛像平、立面示意（据1989年速写）

图18-3　至治二年铭拓本

图18-4　宝成寺三世佛中龛内正中佛像（头和右手系后接。徐苹芳摄）

载》卷二二记其一系列随祷而应之事迹：

> 师名功嘉葛剌思，此云普喜名闻。又名胆巴，此云微妙。西番突甘斯旦麻人。幼孤，依季父，闻经止啼，知其非凡，遣侍法王上师……上师令巴至西天竺国参礼古达麻室利，习梵典，尽得其要……巴入中国，诏居五台寿宁。壬申（至元九年·1272年）留京师，王公咸禀妙戒。初，天兵南下，襄城居民祷真武，降笔云：有大黑神领兵西北方来，吾亦当避。于是列城望风款附，兵不血刃。至于破常州，多见黑神出入其家，民罔知故，实乃摩诃葛剌神也，此云大黑。盖师祖父七世事神甚谨，随祷而应，此助国之验也。乙亥（至元十二年·1275年）师具以闻。有旨建神庙于涿之阳，结构横丽，神像威严，凡水旱蝗疫，民祷响应。己丑（至元二十六年·1289年）……令往潮州……有枢使月的迷失奉旨南行，初不知佛，其妻得奇疾，医祷无验，闻师之道，礼请至再，师临其家，尽取其巫觋绘像焚之，以所持数珠加患者身，惊泣乃苏，且曰：梦中见一黑恶形人释我而去。使军中得报喜甚，遂能胜敌，由是倾心佛化。师谓门人曰：潮乃大颠韩子论道之处，宜建刹利生。因得城南净乐寺故基……枢使董工兴创，殿宇既完，师手塑梵相，斋万僧以庆赞之……元贞乙未（元年·1295年）四月，奉诏住大护国仁王寺，敕太府具驾前仪仗，百官护送。寺乃昭睿顺圣皇后所建，其严好若天宫内苑移下人间。是年，遣使诏师问曰：海都军马犯西番界，师于佛事中能退降否。奏曰：但祷摩诃葛剌自然有验。复问曰：于何处建坛。对曰：高粱河西北瓮山有寺，僻静可习禅观（观）。敕省府供给严护……于是建曼拏罗依法作观，未几，捷报至。[29]

赵孟頫《大元敕赐龙兴寺大觉普慈广照无上帝师碑》记胆巴亦强调其祠祭麻曷葛剌屡彰神异事：

> 皇帝即位之元年（至大四年·1311年）[30]，有诏金刚上师

胆巴赐谥大觉普慈广照无上帝师，敕臣孟頫为文并书，刻石大都寺[31]。五年（延祐二年，1315年）[32]，真定路龙兴寺僧迭瓦八奏，师本住其寺，乞刻石寺中，复敕臣孟頫为文并书……至元七年（1270年），与帝师巴思八俱至中国，帝师者乃圣师之昆弟子也。帝师告归西蕃，以教门之事属之师，始于五台山建道场，行秘密咒法，作诸佛事，祠祭摩诃伽剌，持戒甚严，昼夜不懈，屡彰神异，赫然流闻，自是德业隆盛，人天归敬……皇元一统天下，西蕃上师至中国不绝，操行谨严且智慧神通，无如师者……延祐三年（1316年）□月立石。[33]

胆巴与麻曷葛剌既有如此众多之因缘，因疑宝成寺与麻曷葛剌龛相对的西侧空龛，或即奉置胆巴造像处。前引厉鹗咏麻曷葛剌诗末章有讽赵孟頫撰胆巴帝师碑之句："但受孔子戒，漫书胆巴碑"，并谓"访古为此作，聊释怪谍疑"，尽管樊榭先生当年没有注意西侧空龛，但似乎也在怀疑宝成寺龛像与胆巴有关！又元人龛像所在之吴山，位原南宋大内前朝天门北侧高地，逼近南宋宫禁，为形势之区。明人犹谓为城内诸山之首，"盖以地蟠中轴，为一城之镇也"（《神州古史考》引《旧志》），因可推知元代建像选地于此，应与就宋宫立塔寺同寓有厌胜意。《汉藏史集》上篇第二十三节"伯颜丞相的故事"记南宋少帝赵㬎等人1276年被押送大都，见巨州所建麻曷葛剌神殿事：

> 当蛮子国王及归降之众到来时，有人给他们指示巨州依怙殿。彼等说：在我们地方，望见军中出现一大黑人及其侍从，原来大黑人住在此处。[34]

此传闻一直流传到现在，王士伦、赵振汉所撰《西湖石窟探胜》第八回"大黑天显灵传神话"记：

> 解放前，这一带庙宇林立，香火缭绕，迷信色彩浓厚，神话传说很多。相传元兵攻城时，曾遭守城的官兵奋力抵抗。以后，

由于大黑天显灵，带了许多天兵天将，腾空而行，在城内降临，于是守兵大败。这也就是元统治者对大黑天特别崇拜的原因，还派遣伯家奴到杭州雕造石像，供人们顶礼膜拜。[35]

为了降伏宋人，择旧都城中形势之地建立佛寺，内设曾协助元兵破杭的麻曷葛刺像龛和世奉此神并随祷而应的胆巴国师像龛，就当时蒙元统治者深佞藏密的情况言，应是情理中事。

三

元代杭州有关藏密遗事，除前述诸项外，可补述者尚多，浅闻所及，似以西天寺——西天元兴寺遗迹、流放萨迦派重要人物于江南、织造西蕃幡画——唐卡和刊雕西蕃经咒、版画四事最应注意。

宋宫五寺有文献可进一步考述其历史者，仅一西天寺——西天元兴寺。清雍乾间，杭州学人记录宝成寺麻曷葛刺像同时，又注意到当时保存于宝成寺西南万松岭乌龙庙中之元兴寺铜钟。《樊榭山房集》卷八《元西天元兴寺钟题名跋》云：

> 西天元兴寺在吴山西南，清平山之东，与凤凰山相接，宋故宫芙蓉殿也……贡礼部师泰《玩斋集》有建寺碑……可补此记之缺。夏大理时正《成化杭州府志》云：宋故宫寝殿基为尊胜寺，和宁门基为般若寺，后殿基为小仙林寺，垂拱殿基为报国寺，与元兴而五。至正壬辰（十二年·1352年）七月，寇至郭万户屯，罗木桥东营与对敌，市民咸登望江亭以觇寇退，命军士焚之……（张）士信且拆白塔以筑城，五寺又递湮矣。今遗址已不可考，独钟存万松岭乌龙社庙中，题字阳文，在栾间，上下俱铸作蒙古书。吾友丁处士敬身拓得墨本，命予考证。予尝登凤山之原，空林眢井，触目苍凉，不谓钟虡尚留，两朝废兴之感备焉，故为之书。

铜钟铭记全文见录于《两浙金石志》卷七，文云：

太师开府仪同三司上柱国录军国重事中书右丞相和宁忠献王脱脱为江浙等处行中书省左丞相时，以开山住持僧西天高达摩实理板的达之请，于延祐己未（六年·1319年）春三月，建西天寺。至正壬辰毁于火，戊戌（十八年·1358年），王之子仪同三司江浙等处行中书省右丞相兼知行枢密使领行宣政院事节制诸军便宜行事达识贴睦迩顾瞻感慨，捐俸鼎创以继先志。更扁山曰清平，寺曰西天元兴，□蕲皇帝万岁，皇后齐年，皇太子千秋，风调雨顺，国泰民安。提点僧公哥古鲁、住持智明普照大师依仁屹剌识巴、讲主监造朝列大夫同知浙东道宣慰使司副都元帅于应辰。大元至正十八年十月初三日置。[36]

厉鹗所记贡师泰所撰寺碑，见《贡礼部玩斋集》卷九，题《重修清平山西天元兴寺碑》，文云：

杭之吴山西南行数百步，其势委而复起，曰清平山，右旋而东，浮图居焉，曰西天寺。延祐丙辰岁（三年·1316年），赠太师中书右丞相和宁忠献王脱脱始来江浙为丞相，时会西天高达摩实理板的达师驻锡兹山，王见而异之曰：此佛祖上乘人也，涉流沙万里东来，而适与吾遇，非夙缘乎。乃厚出金帛施之，俾拓地创业，建大昭提，且为修息之所。越二年，王还朝。师居山中益久，一日谓其徒曰：吾归西天矣。遂拂袖出，莫知所之。后有见之秦陇间者，时已百余岁矣。至正乙未（十五年·1355年），天子以江浙用兵之久，民力凋敝，思复重臣治之，遂以王季子中书平章达实帖木尔阶金紫光禄为左丞相，凡招降讨逆赏功罚罪一切许以便宜。居数年，政大修举，上闻而嘉之，遣使锡劳，加仪同三司。因感叹曰：此皆先王之教，非臣之能也，其将何以报国家之恩宠而慰安先王哉。间以暇日，登览湖山，访求遗事，则寺毁已久，独旧钟存榛莽间，王之名识俱在，徘徊顾望，惕然兴怀。乃出锡金，规复旧制，工师效能，民吏协劝，曾不逾月而穹堂邃宇、广殿重门、藏经之室、悬钟之楼，香积之橱、栖禅之馆，冈不毕具。缭以周垣,甃以文石,朱楹雕题,宝幢珠络,佛菩萨天人之像,香花灯烛之供,钟鱼铙鼓之音,铿鍧炳耀,视昔益加盛焉。乃更号山曰清平,寺曰西天元兴。又于殿左创屋四楹,奉祠先王,割田以供祀事,余以饭其僧尼,所以尽心图报者,可谓无所不用其极矣。[37]

综上两元代金石铭刻及前引《西湖游览志》《嘉靖仁和县志》之有关记事,知至元二十三年(1286年)杨琏真加因宋芙蓉殿基所建之兴元寺或兴元教寺,延祐三年(1316年)江浙等处行中书省左丞相脱脱又为开山住持僧西天高达摩实理板的达厚施金帛,拓地创业,兴建西天寺。延祐六年(1319年)工竣。至正十二年(1352年)毁于战火,十五年(1355年)元廷又以脱脱子达识贴睦迩为左丞相莅江浙,许以便宜。十八年(1358年)达识贴睦迩慨寺荒废,捐俸重建西天元兴寺[38]。时寺之提点僧为公哥古鲁,住持僧为智明普照大师依仁屹剌识巴。是该寺终元之世俱属与蒙元统治者上层关系密切的藏传佛教寺院,而开山住持高达摩实理获有精通五明之板的达(Paṇḍita)称号,可证是一位藏传佛教的高僧。现西天元兴寺之铜钟与碑石皆佚不存,乌龙社庙亦不详所在,但临安宋宫范围已大体测定,其中诸殿位置经过考古发掘当可推断,则就芙蓉殿基兴建之兴元教寺——西天寺的遗迹,约亦不难寻觅。

元世祖重萨迦,尤敬八思巴。萨迦派中凡与八思巴相忤者,世祖多流之于蛮子地方——江南。蔡巴·贡噶多吉《红史》十二《萨迦世系简述》记至元十七年(1280年)萨班及八思巴西部弟子情况:

法王伯侄的弟子分东、西、上三部……西部传承最初是伍由巴索南僧格大师投奔法王(萨班),桑察大师拨给他细脱拉章。他的一个弟弟的儿子喇嘛衮曼也投奔法王,他和他的弟弟贡噶则兄弟二人后来站在本勤贡噶桑波一边,与八思巴意见不合,故由薛禅皇帝下令将他们流放,哥哥衮曼死在蛮子地方。[39]

衮曼逝世的"蛮子地方",《汉藏史集》作"江南蛮子地方"[40]。当时作为江南主要流放萨迦派人之地,应是杭州。至元十八年(1281年)世祖流八思巴异母弟意希迥乃之子达尼钦波桑波贝于杭州,此事详见《萨迦世系史》:

> 八思巴去世时,萨迦昆氏家族在世的男性成员,就只有达尼钦波桑波贝和达玛巴拉[41]堂兄弟二人……达玛巴拉之父恰那多吉是八思巴的同母弟……(有子)五岁就夭逝了。达尼钦波桑波贝(之父意希迥乃系八思巴异母弟,且为侍女所生),其地位自然不及达玛巴拉……当八思巴去世时,因事先已决定……尽管堂兄弟二人中,达尼钦波桑波贝年长,还是由达玛巴拉继承了法座……当追荐八思巴的法会结束时……二十一岁的达尼钦波桑波贝应大臣俄布之请,前往朝廷。因此有人向朝廷控告他违反追念八思巴的规矩。皇帝下令予以追查。至元十九年(1282年)将达尼钦波桑波贝流放到离京城海路二十多程站的一座大城苏州,后来又有圣旨,将他流放到再远七程站的一座大城杭州居住。以后,他又到离杭州十程站的普陀,修习瑜伽行。达尼钦波桑波贝在江南时,还娶了一个汉女为妻,并生有一子,但很早就夭折了[42]。……终忽必烈之世,也没有人敢于出来为他恢复地位。至元三十一年(1294年)忽必烈之孙元成宗即帝位,由曾经担任过八思巴侍从的扎巴俄色[43]任帝师,在扎巴俄色及萨迦派二部分上层人士的一再申诉下,将他从江南找回,下诏由他担任萨迦派的教主,并承袭昆氏家族世系。此时(大德元年·1297年)达尼钦波桑波贝已三十六岁,终于结束了他在南方度过的十六年流放生活。皇庆元年(1312年)元朝又封他为国师,在政治上也恢复了荣誉。[44]

13世纪末叶,达尼钦波桑波贝已是萨迦昆氏世系之独苗,此后昆氏一系皆出自达尼钦波桑波贝。达尼钦波桑波贝十三子,据《萨迦世系》《红史》所记,有三子任帝师,二子尚主封王,二子曾封国公,五子曾任国师[45]。故《汉藏史集》谓"萨迦派的权势与财富也以此上师在位时最为兴盛"[46]。日后如此煊赫之萨迦首脑，二十至三十六岁时，寓居包括杭州在内的江南，虽属流放，实系特殊人物，与元世祖流放生于临安的南宋少帝赵㬎于萨迦相类似[47]。两者皆是汉藏关系史上之重要事迹，且又同为官修史籍所讳言者。

元时杭州工艺上承南宋繁荣，各色丝织和雕版印刷尤极兴盛，布达拉宫所藏向蔡巴尊追札缂丝像有可能为13世纪杭州织造，已如前述。同藏于布达拉宫的另外两幅——不动明王（帕玛顿月珠巴）缂丝像【图18-5】和密集金刚织锦像[48]，也极可能是13、14世纪杭州所产。最近在美国纽约大都会博物馆承屈志仁先生之介，得睹一残幅缂丝，其下部列像中有清晰的蒙古装束之供养人像，该缂丝时代亦不晚于14世纪。以上丝织唐卡制作俱极精细，疑皆出自杭州"巧工"[49]，其原因除了杭州是当时丝织工艺水平最高的地点和其地与土蕃交往密切外，藏族地区从杭州定制丝织唐卡直迄近代犹未衰歇，札什伦布寺藏萨迦贡噶坚赞（1182—1251年）织锦像，像下缘织出汉藏两种文字款识，汉文款识为"中华民国浙江杭州都锦生丝织厂织"即是一例[50]，有力地印证了此悠久之历史传统。

元代杭州雕版印刷，以刊印佛书为大宗。松江府僧录管主八主持雕印多种文字佛经，有名于大德间。民国二十五年（1936年），上海影印宋版藏经会影印《碛砂藏》[51]，该藏第五八六册遵字九《大藏圣教法宝标目》卷九末录管主八愿文云：

> 上师三宝加持之德，皇帝太子福荫之恩，管主八累年发心，印施汉本、河西字大藏经八（五）[52]十余藏，华严诸经忏、佛图等西蕃字三千余件经文外，近（"近"后增"见"字）平江路碛砂延圣寺大藏经板未完，施中统钞贰佰锭及募缘雕刊，未及一年已满千有余卷，再发心于大都弘法寺取秘密经律论数百余卷，施财叁佰锭，仍募缘于杭州路，刊雕完备。续天下藏经悉令圆满，集于（是）功德，回向西方导师阿弥陀佛、观音、势至、海众菩萨；祝延皇帝万岁，太子诸王福寿千春，佛日增辉，法轮常转者。

图18-5　拉萨布达拉宫藏不动明王（帕玛顿月珠巴）缂丝像（据《西藏唐卡》图版102）

大德十年（1306年）丙午腊八日，宣授松江府（路）僧录广福大师管主八谨题。

日本善福寺藏《碛砂藏》本《大宗地玄文本论》卷三末所刊管主八愿文记述雕印经图的内容更为详细：

上师三宝佛法加持之德，皇帝太子诸王复护之恩，管主八誓报四恩，流通正教，累年发心印施汉本大藏经五十余藏，四大部经三十余部（华严大经一千余部），经论律疏钞五百余部，华严道场忏仪百余部，焰口施食仪轨三千余部，梁皇宝忏、藏经目录、诸杂经典不计其数。金银字书写大华严、法华经等共计百卷，装严佛像金彩供仪，刊施佛像图本，斋供十万余僧，开建传法讲席，逐日自诵大华严经一百部，心愿未周，钦睹圣旨，于江南浙西道杭州路大万寿寺雕刊河西字大藏经三千六百二十余卷、华严诸经忏板，至大德六年（1302年）完备。管主八钦此胜缘，印造三十余藏及大华严经、梁皇宝忏、华严道场忏仪各百余部，焰口施食仪轨千有余部，施于宁夏、永昌等路寺院，永远流通。装印西蕃字乾陀般若白伞（盖）三十余件经咒各十（千）余部，散施土蕃等处流通读诵。今见平江路碛砂延圣寺大藏经板未完，遂于大德十年（1306年）闰正月为始，施财募缘，节续雕刊，已及一千余卷。又见江南闽浙教藏经板，较直北教藏缺少秘密经论律数百卷，管主八发心，敬于大都弘法寺取到经本，就于杭州路立局，命工刊雕，圆备装印补足。直北、腹里、关西、四川大藏教典，悉令圆满。集斯片善，广大无为，回向真如实际，装严无上佛果菩提，西方教主无量寿佛、观音菩萨、势至菩萨、清净海众菩萨；祝延皇帝万岁，圣后齐年，太子诸王福寿千春，帝师法王福基巩固时清道泰，三光明而品物亨；子孝臣忠，五谷熟而人民悦，上穷有顶，下及无边，法界怀生齐成佛道者。大德十年丙午腊月成道日，宣授松江府僧录管主八谨愿。[53]

两愿文所记西蕃字经文即藏文经文。此管主八所刊当是藏文经文之雕印和藏族地区流通印本佛经之始。相传皇庆元年（1312年）至延祐七年（1320年）藏地那塘寺札巴喜饶雕版的第一部藏文藏经印本，即所谓那塘古版大藏者[54]，应是在此影响下出现的。管主八事迹不详[55]，但从"管主八"（Bkahhgyur-Pa）三字是土蕃所称通经藏大师的译音[56]和管主八本人经历考察，不难推定他即使不是当时帝师直系的萨迦喇嘛，也是萨迦一派重要高僧。又前引管主八愿文中所记之"佛图""佛像图本"，似可以《碛砂藏》之扉画当之。检影印《碛砂藏》，知该藏每帙之首册卷前皆装帧成四折，画框43.2~43.8×23.8~24.7厘米的佛说法版画一幅，内容有八种样式，按《碛砂藏》每帙的千字文顺序，每八个字重复一次。现列千字文开头的八个字（天、地、玄、黄、宇、宙、洪、荒）帙号和所附扉画的具体情况列表18-1如下：

表18-1

序号	扉画所在经帙	内容简况	刊记
1	天一《大唐三藏圣教序》	坐佛右向说法，周绕弟子、菩萨和诸天。上方两侧云端列化佛	"陈升画""□玉刊"
2	地一《大般若波罗蜜多经》卷一一【图18-6】	左佛、右高僧对坐说法，天雨花。佛左、僧右各立两弟子	
3	玄一《大般若波罗蜜多经》卷二一	分左右两栏：左栏三折，坐佛右向说法，周绕弟子、菩萨、诸天和化佛，右上方一供养人，汉装官服，捧炉；右栏一折，白伞盖坐像，下方列四护法，上方列三小白伞盖	"陈升画"
4	黄一《大般若波罗蜜多经》卷三一	坐佛右向说法，周绕弟子、菩萨、诸天和化佛，佛座前右侧斜置供桌，桌上设五供：食物、法螺、灯、炉、花盘	"杭州众安桥杨家印刷""杨德春"
5	宇一《大般若波罗蜜多经》卷四一	略同2，但右侧高僧戴左右各垂长耳的萨迦帽[57]	

续表

序号	扉画所在经帙	内容简况	刊记
6	宙一《大般若波罗蜜多经》卷五一【图18-7】	分左右两栏：左栏三折，佛坐菩提树下正向说法，周绕弟子、菩萨诸天，天雨花，佛座左侧一供养人，汉装官服，捧炉；右栏一折，四臂菩萨坐像，后两臂，右手持剑，左手持弓，前两臂，右手持矢，左手执花，花上着宝箧	"雍庭礼李氏舍财""孙祐刊"
7	洪一《大般若波罗蜜多经》卷六一	分左右两栏：左栏三折，坐佛右向说法，周绕弟子、菩萨、诸天，佛座前置矮供桌，桌上设五供——花瓶、炉、灯、法螺、食物（？），坐佛左侧一供养人，汉装官服合掌立，坐佛右侧一汉装道士合掌立；右栏一折，合掌菩萨坐像，右侧有菩萨侍立，上部列诸天，诸天上方有山岩花树	
8	荒一《大般若波罗蜜多经》卷七一【图18-8】	坐佛右向说法，周绕弟子、菩萨、诸天，上两侧云端列化佛，佛座前左侧一供养人汉装官服，手持行炉，坐佛右上方一汉装道士合掌立	"陈升画""陈宁刊"[58]

这八种版画所绘形象，除所记汉装供养人、汉装道士和部分天部外，皆所谓"梵式"的土蕃式样[59]：如佛髻上置宝严、广额方面、耳垂扁长、肩宽腰细、多作转法轮印；菩萨耳佩圆形优波罗花，体态窈窕；高僧内着覆肩背心，或戴左右各垂长耳的萨迦帽等。其中人物面相宽扁，表情板滞，佛背光纹饰繁缛，背光之后的靠背设大鹏、鲸鱼、兽王、象王四拿[60]，菩萨白毫或作长形等，更具14世纪萨迦寺院形象的特征[61]。因此推测碛砂扉画主要部分来自萨迦，但经杭州汉族画工、刊工重摹雕木时，或有增改，故序号3、4、6、7、8扉画中杂有汉装人物[62]。

蒙古统治者肆虐江浙，义军兴起，与蒙元统治者关系密切的藏传

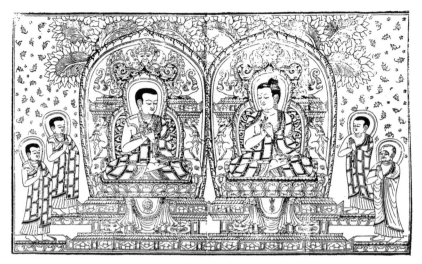

图 18-6 《碛砂藏》地字号一扉画

图 18-7 《碛砂藏》宙字号一扉画

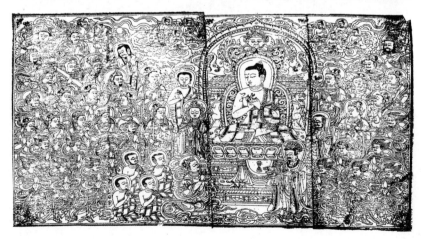

图 18-8 《碛砂藏》荒字号一扉画

佛教寺院及其有关遗物，自难幸存。入明以后，更多被摧毁、湮没[63]，故清代学人虽勤于搜求，所获无多。按藏传佛教流行于上层，但作为宗教文化的各种遗迹，却是说明具有悠久历史传统的汉藏两大民族间文化交流与友好往还的物证。杭州西距藏族地区五千里而遥，且已逾中原而近东海之滨，其地所以出现各类藏佛教遗迹，实多由于政治原因；此诸政治因素，正是藏族地区作为中国版图之一部早已开始于六七百年之前的重要史实。兹就吴山宝成寺元代龛像之重新发现，不惮疏略，初步梳理杭地藏传密教之有关资料如上，率尔之作，难免遗误，尚祈关心杭州史实与藏学诸同志不吝指正。

注释

[1] 田汝成《西湖游览志余》卷二五《委巷丛谈》摘录此文，文末又记："而飞来峰石壁皆镌佛像。王元章诗云：'白石皆成佛，苍头半是僧'。鉴湖天长观有道士为僧者，献观于总统云：'贺知章倚托史弥远声势，将寺改观，乞原日寺额'。杨髡从其语，真可笑也。"

[2] "西番"系指当时藏族居住区，又见本文（二）所引《佛祖历代通载》。本文（二）引延祐三年（1316年）赵孟頫碑作："西蕃"，本文（三）引大德十年（1306年）管主八愿文作"西蕃"或"西番"。按元时仍沿用吐蕃一词，但作"土蕃"，见前引管主八愿文；《元史》简作"土番"。又作西天，见本文（三）所引至元十八年（1358年）钟铭和贡师泰所撰寺碑。

[3] 《西湖游览志》卷一九《南山分脉城外胜迹》亦记尊胜寺云："寺在正阳门外尊胜巷，故宋福宁殿也。元僧杨琏真佳改殿为寺。有尊胜塔，俗称白塔。"

[4] 田汝成两志，据《西湖游览志自叙》知校刻于嘉靖二十六年（1547年），《嘉靖仁和县志》沈朝宣领衔纂修于嘉靖二十八年（1549年）。田、沈录应多据其前方志。现存有关早期方志即《成化杭州府志》，待查。

[5] 参看已收入本集的《元大都〈圣旨特建释迦舍利灵通之塔碑文〉校注》。

[6] 以下所列飞来峰造像龛号，系据黄涌泉《杭州元代石窟艺术》，中国古典艺术出版社，1958。

[7] 前引《西湖游览志》所记尊胜塔，其形制可据此塔龛推测。又元时土蕃地区萨迦派多建此塔，参看已收入本集的"西藏佛寺调查记"诸篇。

[8] 关于飞来峰现存藏传密教造像的具体情况，参看洪惠镇《杭州飞来峰"梵式"造像初探》，《文物》1986年1期。

[9] 麻曷葛剌，梵文作 Mahāk-āla。唐不空译《仁王护国般若波罗蜜多经》卷下作"摩诃迦罗"。良贲奉敕所撰疏云："言摩诃者，此翻为大；言迦罗者，此云黑天也。上

句梵语，下句唐言。大黑天神，斗战神也，恭祀彼神，增其威德，举事皆胜，故享祀也"。慧琳《一切经音义》卷一〇释摩诃迦罗云："摩诃迦罗，梵语也。唐云大黑天神也。有大神力，寿无量千岁，八臂，身青黑云色……虎牙上出，作大忿怒形，雷电烟火以为威光，身形极大，足下有一地神女天，以两手承足者也"。神恺所记《大黑天法》云："大黑天神者，大自在变身也。五天竺并吾朝诸伽蓝等皆所安置也。有人云：大黑天神者，坚牢地天（神）化身也……肤色悉作黑色，头令冠乌帽子，悉黑色。令着袴驱褰不垂，令着狩衣裙短袖细……彼有大力，即加护人，所作勇猛斗战等法，皆得胜也，故大黑天神即斗战神也"，此唐密摩诃迦罗形象，曾见敦煌莫高窟藏经洞所出五代宋初之绢画或纸画中，如松本荣一《敦煌画の研究附图》所收之第167、第174和第188图，其形象虽与藏密麻曷葛剌略有差异，但其作用特别是"斗战神"这一项则与藏密完全相同。又麻曷葛剌汉译异文甚多，参看吴世昌《密宗塑像说略》，北平研究院《史学集刊》第3期，1937。

[10] 元代无巨州。《佛祖历代通载》卷二二记："麻诃葛剌神……随祷而应……有旨建神庙于涿之阳"，因疑此巨州或系涿州之误译。

[11] 译文系据陈庆英译本，页172～173。

[12] 《经世大典》已佚，此《工典·画塑》部分，系清末文廷式从《永乐大典》卷一八二八七中抄出。1916年，王国维据文氏抄本编入《广仓学窘丛书》时，题书名作《元代画塑记》。书中只记元成宗元贞元年（1295年）至文宗至顺元年（1330年）间事，并非有元一代全部画塑事迹。

[13] 此"北"字疑是衍文。按现存《经世大典·工典·画塑》部分记录麻曷葛剌所据位置，皆在寺之西南角楼。此现象殊值注意。

[14] 大圣寿万安寺西南角楼的布置亦作十五尊。按前引兴和路寺情况，知此十五尊即"麻曷葛剌主从之像"，其内容为"马哈哥剌一、左右佛母二、伴绕神一十二圣"，与宝成寺主从之像不同，参看本文（二）。又敦煌莫高窟第465号石窟后室东壁入口北侧画麻曷葛剌像一铺，主尊四臂轮王座，主尊上下方各绘六像，左右侧各绘三像，似皆主尊之化身，既与宝成寺主从之像不同，亦异于此之十五尊，参看已收入本集的《榆林、莫高两窟的藏传佛教遗迹》）。

[15] 此事又见《元史·泰定帝纪》一："（至治三年）十二月……塑马哈吃剌佛像于延春阁之徽清亭。"《日下旧闻考》卷三〇据《禁扁》《昭俭录》《析津志》诸书，谓《元史》所记之延春阁系延华阁之误。《旧闻考》引《昭俭录》云："延华阁在兴圣宫后，徽清亭在延华阁后，圆亭之东，与芳碧相对。"按此奉麻曷葛剌像之地，疑即《析津志》所记位于"（延华）阁西有娑罗树，微（徽）清殿（亭）西有大威德殿，墙西有方碧亭"（《永乐大典》卷四六五〇《顺天府》七引）之大威德殿。大威德梵语作"焰曼德迦"Yamataka。《佛祖历代通载》卷二二记，世祖时"有上士名刺温卜，以焰曼德迦密乘之要，见称于世，帝师（八思巴）命公（积宁沙啰巴观照）往学此法"。麻曷葛剌与焰曼德迦皆作忿怒相之护法像，《析津志》作者所以误奉麻曷葛剌地为大威德殿，或即因此。

[16] "麻曷葛剌圣相一堂"的内容和布局虽与《经世大典》所记不同，但主尊麻曷葛剌的

形象应无大差异。

[17] "图白忒"即"土伯特"之异译。《圣武纪》卷五《国朝抚绥西藏记》上："西藏古吐蕃，元明为乌斯藏，其人则谓之唐古特，亦曰土伯特……（康熙）三十三年（1694年）达赖剌麻入贡，言已年迈，国事决第巴，乞锡之封爵，诏封第巴桑结为土伯特国王。"

[18] 《大清太宗皇帝实录》卷二一："天聪八年（1634年）十二月丁酉……墨尔根喇嘛载护法嘛哈噶喇佛像至"（"佛像"北京大学图书馆藏旧抄本作"金身"）。

[19] 《大清太宗皇帝实录》卷二四："天聪九年（1635年）秋七月癸酉……又蒙古大元世祖忽必烈时，帕斯八喇嘛以千金铸佛一尊，后汤古忒国沙尔巴胡土克图喇嘛携之归于元太祖成吉思汗后裔察哈尔林丹汗。今察哈尔国灭，阖属来归，此佛已至我国"。同书卷二七："天聪十年（1636年）春正月壬子……上命备陈诸祭物，祀嘛哈噶喇佛于佛寺（实胜寺）内。又以已故沙尔巴胡土克图自孟库地方送佛像至，命造银塔一座，涂以金，藏其骸骨于塔中，置佛殿左侧，礼祀之。""汤古忒"即"唐古特"之异译，参看[17]。据此知奉嘛曷葛剌来盛京的主要喇嘛应是沙尔巴和墨尔根两人。又按沙尔巴胡土克图属萨迦派，1617年来林丹汗处，其后曾主持林丹汗之译经，转藏为蒙，完成一百一十三部的蒙文大藏（甘珠尔），康熙末年敕令刊布。参看海西希《蒙古的宗教》，耿昇译《西藏和蒙古的宗教》，页390～391、394，天津古籍出版社，1989。

[20] 《武林梵志》卷前有万历壬子（四十年·1612年）吴用先序和吴之鲸所撰《纪略》，知该书纂成于万历四十年之前。

[21] 许承祖《雪庄西湖渔唱》卷六"吴山路宝成寺"条引《武林梵志》此句作："洪武后，寺废为黎氏园。万历间重修。"

[22] 《雪庄西湖渔唱》卷前有乾隆十八年（1753年）彭启丰序和乾隆十六年（1751年）许承祖自序。

[23] 汪师韩《韩门辍学续编》所收"麻曷葛剌佛铁四太尉"条，有"樊榭先生没于壬申（乾隆十七年·1752年），十余年矣，恨无从举此就正之"句，知汪文撰于18世纪60年代。汪氏此条征引文献虽增于厉文，但云"麻曷葛剌佛译言欢喜佛"，又谓元明文献所记诸淫亵之像"皆即麻曷葛剌佛也"，均有讹误。又云："今宝成寺所凿，土人或称麻栗抡答佛，应是当时闻有此佛号，遂以是当之而实非也"，麻栗抡答即麻曷葛剌之音讹，非别有之另一新佛号。

[24] 《乾隆杭州府志》，乾隆四十四年（1779年）修。卷二八"宝成寺"条引《清波类志》记麻曷葛剌龛"旁有畏吾儿之文"。维吾尔文题记现已无存。厉鹗诗"想见初成时，高昌畏吾族"，疑与此"畏吾儿文"有关。

[25] 此造像铭记全文，以钱大昕《潜研堂金石文跋尾续》卷六贞所收录文为最早。

[26] 此唐卡见录于西藏自治区文物管理委员会《西藏唐卡》，图版62，文物出版社，1985。《西藏唐卡》题名作"贡塘喇嘛向像"。又近年宁夏银川市西北拜寺口元塔顶下发现一处装藏，内奉有13世纪所绘高僧唐卡一帧，其画面亦如此布置。

[27] 《经世大典·工典·画塑》佛像条亦多记三世佛。如"武宗皇帝至大三年（1310年）正月二十一日，敕虎坚帖木儿丞相，奉旨新建寺……正殿三世佛三尊……"；"（延

[28] 译文据陈庆英译本,页173。

[29]《元史·释老传》所记胆巴事迹,较《通载》简略,如记海都犯界事云:"元贞间,海都犯西番界,成宗命(胆巴)祷于摩诃葛剌神,已而,捷书果至。"又胆巴于家乡今青海玉树自治州移多县所建之朵藏寺迄今尚口传胆巴故事甚多,参看周生文、陈庆英《大元帝师八思巴在玉树的活动》,《西藏研究》1990年1期。

[30] 赵碑所云之皇帝,系元仁宗。至大四年(1311年)春正月庚辰武宗卒,三月庚辰仁宗即位。此"皇帝即位之元年"应是至大四年。

[31]《佛祖历代通载》卷二二记胆巴"元贞乙未(元年·1295年)四月奉诏住大护国仁王寺……壬寅(大德六年·1302年)……五月十八日……师即敛容端坐面西而逝。上闻悲悼不胜,赐沉檀众香,就上都庆安寺结塔茶毗……是月二十九日,敕丞相答失蛮开视焚塔,见师顶骨不坏,舍利不计其数,轮殊坐毡如故,回奏加叹,敕大都留守率承应伎乐迎舍利,归葬仁王寺之庆安塔焉"。知此大都寺即大护国仁王寺。《日下旧闻》卷二一录《大护国仁王寺恒产之碑》云:"初,至元七年(1210年)秋,昭睿顺圣皇后于都城西、高梁河之滨,大建寺宇,三年而成。时裕宗在东宫,襄善赞美,所以奉慈闱,尊梵王、弘法海之盛心,无所不用其极。"乾隆三十九年(1774年)朱筠等奉敕撰《日下旧闻考》,该书卷九八辑录此寺遗文时,即云:"护国仁王寺今无考",可知18世纪护国仁王寺已不可踪迹矣。

[32] 此五年即仁宗即位五年,应是延祐二年。

[33] 真定路龙兴寺即今河北正定隆兴寺。此碑钱大昕撰跋时即已不存,《潜研堂金石文跋尾续》卷六:"今真定原石久失,此本乃后人翻刻入法帖者。"本录文系据北京图书馆所藏《壮陶阁帖》利五所收复刻拓本。《壮陶阁帖》霍邱裴氏所刻,末有乙酉(光绪十一年·1885年)潘祖荫跋,知非钱大昕所见法帖。此帖承北京图书馆徐自强同志检出,并寄来复印件,谨申谢忱。

[34] 译文据陈庆英译本,页176。

[35]《西湖石窟探胜》,上海人民出版社,1981。

[36]《两浙金石志》,嘉庆间阮元辑录,道光四年(1824年)校刊行世。录文后所附跋文对铜钟形制的描述,不如厉鹗所记清晰;所论厉文差错,似亦多出误解。

[37] 据北京大学图书馆藏明嘉靖刻本。

[38] 达识贴睦迩于杭州曾广建寺观。《西湖游览志》卷一二《南山城内胜迹》记:"至德观……元至正毁……行省丞相达识帖木儿重建,构星宿阁,塑三天帝真、五星九曜、周天星宿、后土神杀之像……末毁"。同书卷一八《南山分脉城内胜迹》又记"灵寿寺在曲阜桥东,元至正二十一年(1361年)江浙行省左丞相达识帖睦尔建。本畏吾氏世族,故称畏吾寺。"

[39] 译文据陈庆英、周润年译,东嘎·洛桑赤列校注本,页47,三部或译作三院,三院情况参看王森《西藏佛教发展史略》第五篇《萨迦派》,中国社会科学出版社,1987。

[40] 陈庆英译本，页222。

[41] 达玛巴拉，《元史·世祖纪》九作"答耳麻八剌剌吉塔"。《至元法宝勘同总录序》作"达哩麻八罗阿罗吃答"。

[42] 《红史》记此事云："他住在蛮子地方时，所生的儿子为索南桑布大师，年轻时在凉州被封为国公，格坚皇帝（英宗）在位时还俗，娶公主门达干，被封为王，返回蕃地在朵甘思去世。"译文据陈庆英、周润年译本，页44~45。

[43] 扎巴俄色，《元史·释老传》作"乞剌斯八斡节儿"。

[44] 译文据王辅仁、陈庆英《蒙藏民族关系史略》页60~61的节译，中国社会科学出版社，1985。

[45] 《萨迦世系》资料转引自《西藏佛教发展史略》第五篇《萨迦派》附表一。《红史》有关资料见陈庆英、周润年译本，页44~45、215~216。

[46] 陈庆英译本，页210。

[47] 参看王尧《南宋少帝赵㬎遗事考辨》，《西藏研究》1981年1期。

[48] 《西藏唐卡》图版102著录帕玛顿月珠巴缂丝。仁增多吉等撰说明云："上有梵文颂词，下是藏文题款，意思是说，这幅缂丝唐卡是由江尊追查做好送给其师扎巴坚赞的。扎巴坚赞是萨迦第五祖师第三位，曾任萨迦法台，说明这幅唐卡乃是宋朝末期在内地定做的。"按扎巴坚赞卒于1216年，即成吉思汗即位之十一年。其时萨迦尚未与蒙古发生关联，遑论南宋。意者，该缂丝应是1279年临安陷元后的作品。其时代约与向蔡巴尊追札缂丝相近。密集金刚织锦著录于《西藏唐卡》，图版85。此织锦从出现卷云地纹考察，应较帕玛顿月珠巴缂丝为晚，织造时间约在14世纪，织丝成像盛于元代。《经世大典·工典·画塑》叙录云："古之象物肖形者，以五采章施五色，曰绘曰绣而已。其后始有范金埏土而加之采饰焉。近代又有织丝以为象者，至于其功益精矣。"（《国朝文类》卷四二所收《经世大典·工典·画塑》序录作："绘事后素此画之序也，而织以成像宛然如生，有非采色涂抹所能及者，以土象形又其次焉。然后知工人之巧，有夺造化之妙者也。"王国维《元代画塑记》跋认为系《（经世）大典》"书成后，有所改易"之故。据《经世大典》所载，知此种高级肖像工艺皆用之于皇室，如记"成宗皇帝大德十一年（1307年）十一月二十七日，敕丞相脱脱、平章秃坚帖木儿等，成宗皇帝、贞慈静懿皇后御影依大天寿万宁寺内御容织之；"又如"英宗皇帝至治三年（1323年）十二月十一日，太傅朵觓、左丞善生、院使明理董瓦进呈太皇太后、英宗皇帝御容……即令画毕复织之"。为织造御影作画的亦需高手，如《楚国文宪公雪楼程先生文集》卷七《凉国敏慧公神道碑》记"世祖上宾……（阿尼哥）追写世祖、顺圣二御容织帧奉安于仁王、万安之别殿……大德五年（1301年）……又命（阿尼哥）织成裕宗、裕圣二御容奉安于万安寺之左殿"。可见织丝形象等级之高贵。

[49] 《经世大典·工典·画塑》："大德四年（1300年）九月二十四日，速古儿赤、众家奴、合剌撒哈都奉旨，秘书监所蓄书画选其佳者……依张参政所言，驰驿杭州，取巧工裱褙。"按该书记工匠处甚多，但云"巧工"则只此一例。

[50] 见《西藏唐卡》，图版60。16世纪以后归属札什伦布寺之那塘寺，18世纪曾雕印萨

迦贡噶坚赞版画，其布局全同此织锦，因知此织锦即据那塘寺版画所摹织者。刘艺斯《西藏佛教艺术》图版52（文物出版社，1957）录有察庸藏萨迦贡噶坚赞版画之复制品。

[51] 上海影印宋版藏经会系据当时西安开元、卧龙二寺所藏《碛砂藏》影印。此原本《碛砂藏》，现藏西安陕西省图书馆。

[52] 影印本《碛砂藏》第五六五册多字十《大乘理趣六波罗蜜多经》卷一〇末，亦刊有此愿文，文字略有差异，现将异文录于括号内，以下同。

[53] 影印本《碛砂藏》第五八一册践字三《大宗地玄文本论》卷三末无此刊记（影印本《碛砂藏》遗漏刊记颇多，不知此刊记是否影印时漏印，参看杨绳信《论碛砂藏》，刊《文物》1984年8期）。此系引自王国维《两浙古本考》卷上"元杂本·河西字大藏经"条，王文撰于壬戌岁（1922年）。括号内的字，系据《佛书解说大辞典》别卷《佛典总论》小野玄妙所撰《钦定大藏经下刊本时代》引文增补，日本大东出版社，1978。

[54] 参看杨茂森《论藏文大藏经的版本》，《西藏研究》1989年2期。

[55] 管主八或作管处八，其事迹诸书所载大抵不出上述管主八自撰愿文之内容。《碛砂藏》第五六五册多字七《大乘理趣六波罗蜜多经》卷七末有其子题记云："杭州路东北录事司安国坊太平巷居住，奉佛管永兴大师辇真吃剌，发心将故父管僧录遗下秘密经板一部，舍入平江路碛砂寺大藏经坊一处安顿，永远印造流通，祝延圣寿，愿大吉祥如意者。至正二十三年（1363年）二月十六日奉佛管辇真吃剌谨施"。知管主八卒后，其子永兴大师管辇真吃剌直迄元末犹寓居杭州，并继承其父奉佛施舍诸功德。

[56] 王静如《河西字藏经雕版考》注14："管主八当为西藏Bkah hgyur-Pa（西藏读为 Kantśieur Pa，蒙古读为 Kantsut-pa），意为通经藏大师，中国之三藏法师或足当之。今蒙、藏诸僧尚以此称高僧。bkan意为'语'，hgyur意为'译'，西藏之Pa，犹中土之称父。此乃商之于吾友于道泉先生而得其指示者。"王文刊《西夏研究》第一辑，1932。

[57] 萨迦帽，参看杜齐《西藏的宗教》插图8《萨迦巴的帽子》中的a。该图附说明云："这是萨迦巴们的帽子，与译师们的帽子很相似，但没有尖端。由于俄尔巴也戴这种帽子，所以大家也以俄尔帽之名称呼它。"耿昇译《西藏和蒙古的宗教》，页163~164。

[58] 张新广《陈宁其人及回鹘文八阳经版刻地》曾统计现存陈宁所刊书籍版画的年代，以此藏扉画为最早，其次有《至大（1308—1311年）重修宣和博古图》附图、《回鹘文佛说天地八阳神咒经》扉画和元官刻大藏的扉画。元官刻大藏刊竣的时间，已迟至顺帝至元二年（1336年）。张文刊《世界宗教研究》1988年1期。

[59] 工布查布《造像量度经引》："所谓梵式者，世祖混一海宇之初，你波罗国匠人阿尼哥善为西域梵像，从帝师巴思八来，奉敕修明堂针灸铜像，以工巧称，而其门人刘正奉以塑艺驰名天下，因特设梵像提举司，专董绘画佛像及土木刻削之工，故其艺绝于古今，遂称为梵像，此则所谓梵式者也。"

[60] 工布查布《造像量度经解》谓："背光制，有云六拏具者。一曰伽噌拿，华云大鹏。……

图18-9 杨琏真加施刊之扉画(据《中国版画史图录·唐宋元版画集》图八)

二曰布啰拿,华云鲸鱼……三曰那啰拿,华云龙子……四曰婆啰拿,华云童男……五曰福啰拿,华云兽王……六曰救啰拿,华云象王……是六件之尾语,俱是拿字,故曰六拿具。"扉画佛像靠背只具大鹏、鲸鱼、兽王、象王,故拟之为四拿。

[61] 参看本集所收"西藏佛寺调查记"诸篇。

[62] 郑振铎《中国版画史图录·唐宋元版画集》收有杨琏真加施刻之扉画一帧【图18-9】,画框24.7厘米×40.4厘米,五折,分左右两栏:左栏坐佛右向说法;右栏似在殿前译经的场面,殿有榜曰万寿殿。右缘雕"都功德主江淮诸路释教都总统永福大师杨琏真佳"一行。此帧扉画纯为汉式。因知亡宋不久,在杭所雕佛经扉画尚因宋旧。大德六年(1302年)管主八开雕佛像图本时,已去宋亡二十余年,其时杭州已多萨迦僧俗,故扉画设计遂以萨迦式样为主;八幅中序号为1、2、5的三帧应是较标准的萨迦图画。

[63] 参看《西湖游览志余》卷六和《武林掌故丛编》第六集所收《张岱岣嵝山房小记》。

此文发表后,中央民族学院王尧教授函示:"管主八其人,其子名管永兴大师辇真吃剌,看来,管字应为其姓。拙见管为吐蕃大姓Mgos或Vgos,即管·法成的出身氏族;另有管·库巴拉则、管·熏奴贝等大译师均为同一族人。若然,则管主八对音为Vgosgrubpa"管氏成就。"

又承西安同志见告,扶风法门寺塔内贮藏《普宁藏》零本若干册,其一有题记,记胆巴曾是刊刻该藏的功德主。按《普宁藏》系元至元六年迄二十二年(1269—1286年)雕造于杭州路余杭县南山大普宁寺,是此题记为胆巴之与杭州又提供了一项前所未闻的因缘。

此文初稿发表于《文物》1990年10期，页55～71。此次汇集另增插图一帧，并补写说明一则如上。

1995年看拙稿《中国石窟寺研究》校样时，曾对此文作一次增订，现仅将当时录自沈卫荣《元朝国师胆巴非噶玛巴考》（刊《元史及北方民族史研究集刊》第十二、十三合期〔1990〕）中的两段较重要的文字转录如下，以便留意元奉摩诃葛剌神和于京南涿州兴建庙宇的同志们参考。

程钜夫《楚国文宪公雪楼程先生文集》卷七《凉国敏慧公（阿尼哥）神道碑》记阿尼哥："（至元）十一年（1274年）建乾元寺于上都，制与仁王寺等。……十三年建寺于涿州，如乾元制"。（陶氏涉园影刊明洪武刻本）

柳贯《柳侍制文集》卷九《护国寺碑》："延祐五年（1318年），岁在戊午，皇姊鲁国大长公主新作护国寺于全宁路之西南八里，直大永庆寺之正（西），以为摩诃葛剌神专祠，亦既考成，命某篆其事于碑。某谨按摩诃葛剌神，汉言大黑天神也。初，太祖皇帝肇基龙朔，至于世祖皇帝绥华纠戎，卒成伐功，常隆事摩诃葛剌神，以其为国护赖，故又号大护神，列诸大祠，祷辄响应。而西域圣师太弟子胆巴亦以其法来国中，为上祈祠，因请立庙于都城之南涿州。祠既日严而神益以专。……全宁东北京师千二百里，其地当芦川之上，淮安甘泉二山之间，阴幽之气，渟蓄萃结，其食兹土，非神孰宜。今大长公主有藩首重是祠，使为其法者严事如式。"（《四部丛刊》影刊元刻本）

涿州摩诃葛剌庙制比乾元、仁王，可见规模之高大，唯检乾隆州志、民国县志皆无踪迹可寻（不知正德〔天一阁藏〕、嘉靖〔北京图书馆〕两志残本有无记录，待查），盖元亡庙废，湮没已久，地上既已无存，只有盼河北省和涿州市文物工作诸同志在城建工程中予以关注它的地下遗迹了。

后　记

——节录《安多政教史》的有关部分

1991年4月，调查武威白塔寺时，即听说甘南拉卜楞寺高僧智观巴·贡却乎丹巴饶吉（1801—1866年）的《多麦教法史》已有汉译本，但遍觅不得。1994年5月，再去河西，兰州大学杜斗城同志告我：该书系青海师范大学吴均等同志汉译，译名《安多政教史》，1989年已于甘肃民族出版社出版。托他设法商购，迄无回讯，盖此类书籍印数较少，出版日久，即不易寻求。1995年底，不意甘肃文物考古研究所张宝玺同志烦人将吴译本带来北大，长期企望的浩瀚巨作，一朝竟备案头，百朋之锡何以逾此！丹巴饶吉撰是书，曾遍访安多地区藏传佛教寺院，并参考藏文图书多达三百余种，编写修订历时三十二年，直迄作者殁世的前一年（清同治四年·1865年）始克完稿。丹巴饶吉既查访了安多寺院的现况，又阅读了大量寺志资料，他的书被誉为了解青甘和川西藏传佛教寺院的必读之作，洵非虚语。拙著涉及的几处甘肃藏传佛教寺院，该书第五章"论湟水北部地区政教发展情况"中，皆有较详的记述，现利用"后记"篇幅，择要节录有关部分，作为拙著的补充。

一、张掖马蹄寺（参看本集所收《张掖河流域13—14世纪的藏传佛教遗迹》）

据说彼寺是吉巴尔王之子洛择丕以智慧利剑驯服了龙魔的地方……驯服孽龙镇压其头和身躯的遗迹和以智慧剑装藏的佛塔。石崖上有二十五处佛窟，许多雕刻在石岩上的佛陀像，一座大石崖上

有两座新佛窟、大经堂及称为西夏王的大塔。(吴译本,页143)

(明)甘州提督曾迎请第三世达赖喇嘛索南嘉措,遵照皇帝的圣旨,约有十三万大军在马蹄寺迎接。(页143)

马蹄寺以其右侧石岩上有格萨王马蹄的足迹而得名,藏语叫噶丹旦曲林寺。该寺院由琼察格西拉丹修建。他转世的活佛阿旺南嘉任彼寺的喇嘛。寺内有大经堂和密宗院。以喜饶云丹昂贡等官员为首的拉、琼两大部落向达赖喇嘛献过百件布施。彼寺由一些学识精湛,德行高尚的人及德古夏仲、阿旺格勒嘉措、拉让巴·阿旺喜饶、章徐噶居·华丹茨成等依次任堪布,后由土观呼图克图担任堪布,由他委任密宗院的法台群纳夏仲·阿旺茨成为洛穹,由赛赤活佛罗桑图丹尼玛任常住寺院代表。土观呼图克图赞颂道:多麦北边区域里,有称拉琼之地方,古时有一大菩萨,称洛择丕王子,制伏毒龙之圣地,即此凉爽之大滩。人们认为这里是喇嘛阿哇杜德瓦三位师尊住过的上中和下三静室。石崖之上雕刻着许多佛塔和佛窟,遍布山谷甚稀奇,应是殊胜之圣地!尤其崖上掘静房,幽僻清净令人喜……(页143~144)

马蹄寺格萨王马蹄足迹,即指第8窟马蹄殿内地面的凹痕。马蹄寺之得名即缘于此。格萨王是藏族英雄史诗人物,他的传说虽广布藏族居住区,但传说他活动的地带和各种遗迹[1],主要分布在今四川西北部和青海南部,马蹄寺的遗迹,大约是现知最北的一处。此遗迹的出现,应与13世纪以来,萨迦、噶玛两教派传布到张掖有一定关系,故《万历廿镇志》谓此寺"古名马蹄寺"。所记该寺创建的传闻和三世达赖以后的建置与改宗格鲁教派之盛况,皆是了解马蹄寺史的重要资料。

二、武威白塔寺(参看本集所收《武威蒙元时期的藏传佛教遗迹》)

(凉州城东)四十里有白塔寺,也叫夏珠巴第寺(意为东幻化寺)……萨迦班智达法王……在此居住了五年,讲授了甚深妙法。铁猪年（辛亥·1251年）七十岁圆寂……修建了一座装有一位阿罗汉和一位菩萨的灵骨和舍利、其他舍利十颗、用金银和墨水写的许多份陀罗尼咒、许多经书的章节及十万泥塑小佛像为内藏，仿迦当佛塔形式、高十六寻的灵骨塔。古籍中则记载，在吉祥萨迦寺中，修建了灵骨金塔，上述的自然现显各圣物作为内藏，都装入这座灵塔之内，由圣·八思巴法王等做了开光安神仪轨云。（页139～140）

众生怙主八思巴时期，这座萨迦寺院有比丘千余名。大经殿背面的佛塔内装有贵重的十万小泥佛像。萨班圣师徒时期，有令人目眩意夺的数处稀奇的佛堂和拉让，此后由于发生了火灾逐渐破落了。大明初期，佛塔佛殿又遭火灾，有重新维修了的文字记载。康熙皇帝御极初期，又把佛殿修葺了一次。古籍记载说："大经堂中央供着金刚持，左右是金刚手菩萨和度母；右侧是释迦能仁佛，左右是二胜，在此右侧是利见佛，他的左右是须菩提和迦叶；主尊左侧是无量光佛，其左右是黄独雄本尊和则噶温保；他的右侧是药师佛，其左右是达图和芒钦。东西两边各有四尊近侍佛子。右侧顶端有持杖马头明王……左侧顶端有蓝色不动佛。天花板六个大方格藻井的中央，是释迦尊和十六尊者；右侧是十尊忿怒尊，围绕宝髻转轮忿怒明王；左侧是近侍佛子，围绕着释尊。前面中央部分是普明大日如来，其左右是阿閦佛和三尊无量寿佛的曼荼罗。二百六十个小方格藻井中，门头上方是四尊忿怒明王，其余为三十五尊忏悔佛、五部佛等佛陀、菩萨、声闻与独觉等共二千六百尊佛像。"左右各有六层壁画。右边第一层是止贡噶居派历代上师传承：金刚持……帕摩竹等。第二层是全知者圣·罗桑扎巴、白文殊菩萨、扎巴坚赞等。第三层是数尊时轮金刚佛像。第四层是各成就者怛特罗中所说的五尊佛母……大威德等。第五层是度母……及事业阎罗王。第六层是五尊奥赛见玛……赤事业阎罗王。左边第一层是萨迦班智达……布瓦哇等萨迦道果的传承。第二层是萨桑·麻迪班钦、大轮上师传承、布顿仁钦竹、大译师释迦桑波等和各种佛母。第三层是时轮金刚部中所说的六尊佛母。第四层是五部六面阎罗王……五部大轮。第五层是尼拜派的二十一尊度母。第六层是威猛相金刚手菩萨……二部金刚瑜伽、十六尊明妃。门上面是时轮金刚……卓译师等时轮金刚的上师传承。大门右侧壁上是五部胜乐、四臂怙主及其师承。大门左侧壁上是五部喜金刚……四部先行等佛母化身的使者及其师承……由于佛殿已经破损不堪，这些佛像等虽说从前原有的，但从法王圣师徒（即宗喀巴及其徒众）的像来看，是以后时期的；从壁画上一些上师传承也可以识别出是以后的建筑。此外，还有新修的供奉本尊、护法等药泥佛像的数座佛殿。（页140～141）

大明第十三代皇帝万历十三年（1585年）立碑……这座石碑虽记载噶玛巴活佛坚赞诞生之地为兴都府，在噶玛地方居住，由阿丹汗、鄂尔多斯贝图等邀请前往鄂尔多、土默特、喀喇沁、其卡尔、喀尔喀等地弘法，使该地君臣属民都皈依了佛法……于郡伦地方修建了许多佛殿，迎请《甘珠尔》大藏经……虎年[2]，维修了此处的佛塔等。上面规定供养噶玛灵塔的佛殿、佛塔等，任何人都不得侵犯，违者依法严惩云云。但据达隆巴说："这是对萨迦班智达的灵塔故意歪曲的叙述，否则，是哪一位噶玛巴活佛的灵塔，究竟如何？竟无法确认！"[3]（页141～142）

武威白塔寺萨班灵塔现仅存自覆钵以下部分，覆钵以上的形象和全塔高度，可据丹巴饶吉书中之"迦当佛塔形式，高十六寻"的记载大体复原。其外貌当与元大都释迦舍利灵通之塔即今北京妙应寺白塔类似。盖萨迦塔由八思巴法王做"开光安神仪轨"，而元大都塔系出自八思巴弟国师益怜真（宝幢）之"排布庄严"[4]，两塔皆采取当时萨迦习用"迦当佛塔"之形式[5]。丹巴饶吉又记明初此寺"遭火灾"后，曾"重新维修"，约即指宣德间肃府内臣与国师锁南坚参重修事[6]。重修竣工后，似即如现已佚亡的万历十三年碑文中记此寺即属噶玛教派，故详录生于兴都府的噶玛巴活佛坚参事迹。至于根据"古籍记载"：

"大经堂中央供奉着金刚持"的造像群和左右壁壁画分六层绘制的构图,皆与17世纪后期格鲁寺院流行的塑绘有异,因疑此"以前原有的"图像,在"康熙皇帝御极初期又把佛殿修葺了一次"之前,即已存在;修葺云者,或仅限于重妆。塑绘中引人注意的是,位于左右壁中间层——第三层的时轮金刚和时轮金刚部的六尊佛母上方右壁,"第二层,是全知者圣、罗桑扎巴、白文殊菩萨、扎巴坚赞等""法王圣师徒"如此布置宗喀巴师徒的图像,约可提供创造壁画的年代:直呼宗喀巴之名——罗桑扎巴,其弟子又只标明一扎巴坚赞[7],这应出自五世达赖之后,格鲁徒众盛称"师徒三尊",在宗喀巴绘画两侧突出达玛仁钦(贾曹杰)和克珠杰的形象以前的设计[8]。

三、武威海藏寺(参看本集所收《武威蒙元时期的藏传佛教遗迹》)

(凉州)城北五里处,有海藏寺,古书记载说:萨迦班智达在此处曾讲经说法,大转法轮。并收服了使蒙古阔端汗患龙病的龙魔。该寺有称为当时的圣地之门具有加持力的水井一处。主要的依止处有灵验的佛塔、三世佛、近侍佛子、金刚持、大日如来、无量寿佛、十六尊者等像。院中墙壁上画有各种佛像,有供奉大威德和许多护法神的依怙殿、汉地版的《甘珠尔》大藏经。(页139)

从丹巴饶吉以前的藏文记录——"古书记载"的内容,可知海藏寺原应是藏传佛教寺院,康熙壬戌(二十一年·1682年)《重修白塔碑记》列此寺为萨班所建的凉州四寺之一,或非虚构。改为汉寺当在明代重修之后。天王殿台基传为前凉灵均古台旧址之说,约亦为明人所伪托[9]。

四、武威亥母洞(参看本集所收《武威蒙元时期的藏传佛教遗迹》)

凉州城以南三十里处,有称为哈蟆洞的金刚亥母寺……从前这里有一位张屠夫,一个八岁的女孩多次从他那里买心肝内脏。一天,屠夫为索要肉钱,尾追上去,见到五个女孩子在进行会供。屠夫由于没有拿到肉钱,便生气地将为首的一个女孩子拦腰抱住,立即飞上了天空,身体留在有情世间,以后覆抹了薄薄的一层药制香泥。其他四个女孩子也全部飞上了天空。屠夫得到了信解，现在还有屠夫们前来祭祀的风俗……（女孩子）这尊像在红砂岩的岩洞中，洞口修建有佛堂……右边有约一人高的释尊香泥塑像，听说里边有屠夫的尸体；左边是金刚持和度母像。外面佛殿里有喜金刚等许多浮雕像，墙壁上绘有神变庄严画。这座佛殿曾遭火灾，但金刚亥母像没有受损。这是汉族地区四尊金刚亥母像之一。其他据说一尊在庄浪，一尊在肃州，一尊在山东。（页137～138）

此似是武威亥母洞见于著录的唯一一处。从丹巴饶吉的记录，可知其时即19世纪中期金刚亥母像尚未损坏，金刚亥母寺似亦存在。至于所记屠夫与女孩的传闻，疑是后来聚居附近不明藏传佛教敬奉亥母之原委的汉民所编造。

五、连城大通寺（参看本集所收《永登连城鲁土司衙和妙因、显教两寺调查记》）

　　大通城（即连城）里有金刚持寺，这座寺内的佛像等历史是这样的：大成就者德洛哇见到了金刚持圣容后，虽然获得了以紫金制造神像征兆，但实际却很难制造。此时，从天空降下一尊一卡高紫金制的金刚持神像，并且说："我乃你份内佛像，最后要到红面地域（即藏族居住区）"。如此说了几遍。以后，他（德洛哇）又把这尊紫金造的金刚持神像交给了纳绕巴。当玛尔巴尊者去接纳绕巴的遗骨及骨饰时，金刚持神像说道："我也要去。"于是一同到了卓吾隆地方……蒙古察哈尔王统治藏区时，佛像和纳绕巴尊者的遗骨等又被他接去。藏区的神鬼跟在后面，施展神通，把这些佛像等隐藏在库库尔图勒彼岸的雪山里。纳绕巴的遗骨现在还存放在那里，而佛像则以神通来到这里。被一个人看到后，告诉了鲁土司，他想请到自己的家里，虽使用各种办法，但没有成功。却听佛像说："在这里修建一座小庙吧！"遂建造了这座寺庙，虔诚供奉。经过了几代之后，有叫作洛登巴喇嘛者扩建了该寺庙，塑造现在的这尊金刚持佛像，把原来佛像作为内藏装了进去，供在那里。另外还有智慧尊直接隐入的药泥塑造的法王像等许多塑像及画像。还有从瞿昙寺迎来的青铜铸造的三世佛像……及以银汁书写的《甘珠尔》大藏经和朱红书写的《丹珠尔》大藏经等。寺庙后边有两座大佛塔和许多佛像、佛经和佛塔。从前由桑木达杰林寺院（即大通大寺，以其位于妙因寺东故又称东大寺）的比丘们奉行奉祀金刚持定期大法会。火羊年（丁未·1727年），由衮卓仁波且阿旺曲智嘉措做施主，创建了祈愿神变法会，讲授佛法，举行抛掷施食祭，聚有比丘一千五百名，由尊者教授黑帽跳神。……（尊者）想到此时正值祈愿法会开始之际，最好有一部关于佛像、佛经和佛塔历史的记载，但是没有。初二日晚间，看到了宝帐怙主圣容，次日晚上，从看不见形象的处所发出的声音，讲述了关于佛像的来源经过，尊者根据授记，著成《白莲妙树（因？）寺志》，有雕板行世。这座寺院现在由鲁嘉（家）阿阇黎的历世转世化身和鲁土司供施双方把它和大寺（即大通大寺）结合一起共同护理。（页128）

大通寺藏语称大通多吉强，多吉强汉译金刚持，原此寺主殿德尔金堂系奉金刚持为主尊，故名。此金刚持像和其他较早的佛像、佛经和佛塔俱已不存。文中提及的本寺寺志——《白莲妙树（因？）寺志》，亦不知尚有印本流传否？又大通大寺位天祝县城西南水磨沟内，《安多政教史》亦有记录："据说是鲁嘉（家）喇嘛喜饶尼玛于土羊年（己未·1619年）修建。过去有许多萨迦派和噶玛派的圣哲到过这儿。"（页127）清初改宗格鲁，相传六世达赖仓央嘉措曾来此寺任堪布[10]。

1996年1月

注释

[1] 参看任乃强《〈藏三国〉的初步介绍》（1944）、黄颢《藏文史书中的格萨尔》、肖崇索《格萨尔王传在国外》（1980），以上三文俱刊降边嘉措等编《〈格萨尔王传〉研

文集（一）》，四川民族出版社，1986；佟锦华《格萨尔王与历史人物的关系》，刊《民间文学论坛》1985年1期；降边嘉措《格萨尔初探・传说和遗迹》，青海人民出版社，1986；刘立千译《天界篇》，1985。

[2]　此虎年，疑是戊寅，即万历六年・1578年。石碑记载的噶玛活佛事迹，似与《明神宗实录》卷一〇七所记"（万历八年十二月）辛丑……顺义王俺答汗纳款归化，因遣夷使请……加西番僧觉义为大觉禅师。上从之"之西番僧觉义有关。

[3]　达隆巴撰有《白塔寺寺志》。建于佛殿内的噶玛灵塔，与"维修了此处的佛塔"——萨迦灵塔似不应混为一谈。

[4]　参看本集所收《元大都〈圣旨特建释迦舍利灵通之塔碑文〉校注》。

[5]　参看本集页402的注释[15]。

[6]　参看本集所收《武威蒙元时期的藏传佛教遗迹》。

[7]　此扎巴坚赞与作为永乐七年（1409年）大昭寺大祈愿会总施主的阐化王同名，是以持戒著名的宗喀巴弟子。

[8]　参看西藏阿里古格故城金科拉康（坛城殿）、嘎波拉康（白殿）、玛波拉康（红殿）的壁画，见本集所收《阿里地区札达县境的寺院遗迹》。

[9]　灵均古台/传说，最早见于明天顺五年（1461年）修竣的《大明一统志》。

[10]　参看蒲文成等《甘青藏传佛教寺院》天祝藏族自治区妙因寺节，青海人民出版社，1990。

征引汉译藏文文献简目

本集征引汉译藏文文献较多，这些译本既多近年新译，印刷单位又遍布各地，搜求不易，因将这部分书刊排出简目，以便检索。

1. 拔协（增补本）译注

    相传12世纪发现的掘藏，一般认为写定于13世纪以后，佟锦华、黄布凡译注，四川民族出版社，1990。

2. 佛教史大宝藏论（布顿佛教史）

    布顿·仁钦珠（1290—1364年）著，该书撰于1322年，郭和卿译，民族出版社，1986。

3. 朗氏家族史（朗氏灵犀宝卷）

    绛曲坚赞（1302—1371年）著，赞拉·阿旺、佘万治译，西藏人民出版社，1988。

4. 红史

    贡噶多吉（1309—1364年）著，该书撰就于1346年，东嘎·洛桑赤列校注，陈庆英、周润年译，西藏人民出版社，1988。

5. 雅隆尊者教法史

    释迦仁钦德著，该书撰就于1376年，汤池安译，西藏人民出版社，1989。

6. 西藏王统记

    索南坚赞（1312—1375年）著，该书最后完成于1388年，刘立千译，西藏人民出版社，1987。

7. 西藏王统记

    王沂暖译，该书系译名相同的另一译本，商务印书馆，1949。

8. 王统世系明鉴

    陈庆英、仁庆扎西译，该书系《西藏王统记》的另一译本，辽宁人民出版社，1985。

9. 汉藏史集

    达仓宗巴·班觉桑布著，该书撰于1434年，陈庆英译，西藏人民出版社，1986。

10. 青史

    廓诺·迅鲁伯（1392—1481年）著，该书初稿完成于1478年，郭和卿译，西藏人民出版社，1985。

11. 新红史

    班钦·索南查巴（1478—1554年）著，该书撰就于1538年，黄颢译注，西藏人民出版社，1984。

12. 贤者喜宴（洛札教法史）摘译（一）（二）（三）（五）（六）（七）（八）（九）（十）（十二）（十三）（十七）（十八）（十九）

    巴卧·祖拉陈哇（1504—1566年）著，该书完稿于1564年，黄颢译，《西藏民族学院学报》1980年4期，1981年2、3期，1982年1、2、3、4期，1983年1、4期，1984年1期，1985年2、4期，1986年1期。

13. 贤者喜宴译注（一）（二）

    黄颢译注。即《贤者喜宴摘译》（十九）之继续，因自摘译（十九）之后，系全文汉译，故改名。《西藏民族学院学报》1986年2、3期。

14. 印度佛教史

    多罗那它（1575—1634年）著，该书撰就于1608年，张建木译，四川民族出版社，1988。（7，[15]）

15. 萨迦世系史

    达钦阿美夏·阿旺贡噶索南（1597—1659年）著，该书撰就于1624年，陈庆英、高禾福、周润年译，西藏人民出版社，1989。

16. 西藏王臣记

    五世达赖昂旺·罗桑嘉措（1617—1682 年）著，该书撰于 1643 年，郭和卿译，民族出版社，1983。

17. 续藏史鉴

    刘立千译，该书系《西藏王臣记》的节译本，华西大学华西边疆研究所排印本，1945。

18. 佛历年表（附松巴·益西班觉〔1704—1788 年〕于 1748 年撰就的《如意宝树史》内）

    嘉木样·谢贝多吉（1648—1721 年）著，黄颢译，《藏文史料译文集》，中国社会科学院民族研究所，1985。

19. 颇罗鼐传

    策仁旺杰（1697—1763 年）著，该书撰就于 1733 年，汤池安译，西藏人民出版社，1988。

20. 噶伦传

    策仁旺杰著，该书撰就于 1762 年，周秋有译，西藏人民出版社，1986。

21. 京西门白塔因缘志（北京西门之白塔寺志·宏扬正信）

    章嘉若必多吉（1717—1776 年）著，1936 年菩提海、何瑛译，北京文物研究所藏抄本。

22. 萨迦世系史续编

    贡噶·罗追（1729—1783 年）著，王玉平译，西藏人民出版社，1992。

23. 章嘉国师若必多吉传

    土观·罗桑曲吉尼玛（1737—1801 年）著，该书 1798 年雕版刊印，陈庆英、马连龙译，民族出版社，1988。

24. 土观宗派源流

    土观·罗桑曲吉尼玛著，该书撰就于 1801 年，刘立千译，西藏人民出版社，1984。

25. 至尊宗喀巴大师传

    周加苍著，该书撰就于 1845 年，郭和卿译，青海人民出版社，

1988。

26. 安多政教史

智观巴·贡却丹巴饶吉（1801—1866年）著，该书完稿于1856年，吴均等译，甘肃民族出版社，1989。

27. 卫藏道场圣迹志

钦则旺布（1820—1892年）著，刘立千、谢建君译，《藏文史料译文集》，中国社会科学院民族研究所，1985。

28. 笺注卫藏圣迹志

费拉丽（Alfonsa Ferrari, 1918—1954年）译注，毕达克（Luciano Peotech）整理，此系钦则旺布书的另一译注本，沈卫荣、汪利平重译，《国外藏学研究译文集》第5辑，西藏人民出版社，1989。

29. 觉囊派教法史

阿旺洛追札巴著。书中记录最迟的事迹是米滂晋美旺波任康区壤塘寺曲杰活佛八世。八世曲杰认定的时间是1892年，因知此书撰就应在1892年以后。许得在译，西藏人民出版社，1993。

30. 塔尔寺志

色多·罗桑崔臣嘉措（1845—1908年）著，该书撰就于1903年，郭和卿译，青海人民出版社，1986。

31. 白史

根敦琼结（1903—1951年）著，法尊译，西北民族学院研究所，1981。该书始撰于1946年。次年，作者被噶厦迫害入狱。仅完成一部分吐蕃时期的历史。

32. 那塘寺堪布传承史

那塘寺藏抄本，撰人不详，王忠译，未刊稿。

33. 夏鲁寺史

夏鲁寺藏抄本，撰人不详，王忠译，未刊稿。

34. 夏鲁派源流

札什伦布寺藏木刻本，撰人不详，王忠译，未刊稿。

35. 娘地（江孜）佛教源流

    白居寺藏抄本，琼波却尊著，该书撰于17世纪中叶，王忠译，未刊稿。

36. 大昭寺史事述略

    恰白·次旦平措执笔，陈乃曲札、陶长松译，《西藏研究》创刊号，1981。

37. 论西藏政教合一制度

    东嘎·洛桑赤列著，郭冠忠、王玉平译，西藏人民出版社，1985。

38. 格萨尔王传第一本——天界篇

    撰人不详，刘立千译，西藏人民出版社，1985。

39. 敦煌本吐蕃历史文书

    王尧、陈践译注，民族出版社，1980。

40. 吐蕃金石录

    王务译注，文物出版社，1982。

附录 20世纪50年代西藏建筑摄影选辑

《藏传佛教寺院考古》已校初样，本书责任编辑蔡敏同志携来1959年中央文化部西藏文物调查组同志拍摄的西藏照片一批，嘱我选录较清晰可制版者若干幅。因择以寺院建筑为主要内容的图片共六十八帧，附录篇末。

这些图片绝大部分已作为王毅同志《西藏文物见闻记》的插图，连续发表在《文物》1960年6期迄1961年6期中；这次重印，除了给本书第一部分的前八个题目增加了形象资料外，主要是免去读者翻检旧刊物的不方便。其中少量初次刊露的图片，或许还可对今后清理某些遗址，或是重修、新建有关建筑有一定的参考意义。

1 布拉达宫

2　拉萨市西门门塔（20世纪60年代因扩展道路已拆除。门塔左右曾各建一小塔，参看图8-6）

3　哲蚌寺

附录 20世纪50年代西藏建筑摄影选辑 483

4 楚普寺大殿措康及其前所立江浦建殿碑。据碑文所记立于"堆龙之江浦"（参看图1-49）

5 楚普寺大殿措康殿门上所悬"大转法轮之寺"匾额（参看图1-52）

6　桑耶寺正门（门上嵌置咸丰所书"宗乘不二"匾额）

7　桑耶寺乌策大殿正面（参看图2-3）

附录　20世纪50年代西藏建筑摄影选辑　485

8　桑耶寺乌策大殿背面

9　桑耶寺乌策大殿东南隅

10　桑耶寺乌策大殿殿门悬钟和"格鲁伽蓝"匾额（参看图2-10）

11　桑耶寺乌策大殿殿门外南侧兴佛证盟碑（参看图2-9）

附录 20世纪50年代西藏建筑摄影选辑 487

12 桑耶寺白塔（参看图2-1）

13 桑耶寺红塔（参看图2-1）

14 桑耶寺黑塔
（参看图2-1）

15 桑耶寺绿塔
（参看图2-1）

16 桑耶寺绿塔塔基东面（正面）

17 朗色林庄园藏式七层高楼（参看图2-20）

18　朗色林庄园藏式高楼第三层入口门廊

19　昌珠寺前院后部及其后的大殿

20　昌珠寺大殿第二层及第二层后部佛堂上覆盖的金顶

21　昌珠寺大殿第二层重檐下结构

22　昌珠寺大殿前廊柱头托木

23　昌珠寺大殿前廊十字形柱头托木

附录　20世纪50年代西藏建筑摄影选辑　493

24　昌珠寺大殿前廊列柱及壁画

25　昌珠寺前院前廊所悬铜钟（参看图2-28）

26　玉意拉康（参看图2-34）

27　玉意拉康上层檐下铺作和金顶

附录　20世纪50年代西藏建筑摄影选辑　495

28　泽当寺

29　泽当寺则措巴大殿，该殿系就原寺一札仓基础上所改建（参看图2-39）

30　夏鲁寺

31　夏鲁寺大殿门楼（参看图3-2）

附录　20世纪50年代西藏建筑摄影选辑　497

32　夏鲁寺大殿门楼第二层佛堂内雕像（一）

33　夏鲁寺大殿门楼第二层佛堂内雕像（二）

34　夏鲁寺大殿门楼第二层佛堂内雕像（三）

35　夏鲁寺大殿佛殿上层回廊柱头托木（参看图3-3）

36　夏鲁寺佛殿上层回廊和右佛堂

37　夏鲁寺佛殿上层后佛堂

38　夏鲁寺佛殿上层后佛堂檐下铺作（参看图3-4）

39　夏鲁寺佛殿上层后佛堂内部

附录　20世纪50年代西藏建筑摄影选辑　501

40　夏鲁寺佛殿上层左佛堂檐下铺作（参看图3-5）

41　札什伦布寺

42　萨迦北寺（参看图3-10）

43　萨迦北寺乌策大殿上层列朗檐下铺作
（参看图3-11）

44 萨迦北寺乌策大殿上层列朗所用较晚形式的柱头托木（参看图3-11）

45 萨迦北寺西部噶当觉顿式塔群

46　萨迦北寺释迦桑布塔殿和其右侧的噶当觉顿式塔（参看图3-12）

47　萨迦北寺得勿纠传八思巴祖父贝钦沃布修行处

48 萨迦北寺得勿纠护法殿门窗外沿人面雕饰（一）

49 萨迦北寺得勿纠护法殿门窗外沿人面雕饰（二）

50　萨迦南寺（参看图3-17。南寺后方隐约有两处林丛，近者为平措颇章所在地，远者为卓玛颇章所在地）

51　紫金寺索伯札仓的正面和东面（参看图3-22）

52　乃尼寺仅存的佛殿（该殿系过去一扎仓所改建）

53　雪囊寺经堂内早期的须弥座

54　雪囊寺外噶当觉顿式塔（参看图3-23）

55　那塘寺觉冈大殿经堂入口（该殿经堂后改为印经院）

56　那塘寺觉冈大殿经堂前排左侧两柱及两柱上方所悬"普恩寺"匾额

57　那塘寺觉冈大殿经堂内排列整齐的经板架

58　那塘寺措钦大殿三层度母堂所藏印度菩提伽耶寺院建筑模型（参看图4-6）

59　那塘寺春哥布札仓（参看图4-10）

60 那塘寺塔院

61 那塘寺南札桑波沛塔

62　江孜市街与白居寺

63　江孜宗山

64　白居寺大佛殿正面（参看图5-1）

65 白居寺大菩提塔和大佛殿正面西侧
（参看图5-1）

66 白居寺大菩提塔第五层门饰的上部

附录 20世纪50年代西藏建筑摄影选辑 515

67 白居寺大菩提塔第六层南面门上的绘饰

68 白居寺仁定扎仓和凯居殿（参看图5-10）